교회와 신학의 역사 원전 II

중 세 교 회

편역
리터(Adolf Martin Ritter)
로제(Bernhard Lohse)
렙핀(Volker Leppin)

공 성 철 옮김

교회와 신학의 역사 원전II
중 세 교 회

2010년 3월 15일 / 초판 1쇄

편역 / 아돌프 마르틴 리터, 베른하르트 로제(†), 폴커 렙핀
옮긴이 / 공성철
펴낸이 / 김성재
펴낸곳 / 한국신학연구소

등록 / 1973년 6월 28일 제5-25호
주소 / 110-030 서울시 종로구 청운동 115-1
전화 / 02)738-3265 팩스 / 02)738-0167
E-mail / ktsi@chollian.net
홈페이지 / http://ktsi.or.kr

Kirchen-und Theologiegeschichte in Quellen Vol. II : Mittelalter
Excerpted, translated and commented
by Adolf Martin Ritter, Bernhard Lohse(†), Volker Leppin

값 23,000원

ISBN 978-89-487-0327-6 93230

파본은 교환해 드립니다.

교회와 신학의 역사 원전 II

중 세 교 회

편역

리터(Adolf Martin Ritter)

로제(Bernhard Lohse)

렙핀(Volker Leppin)

공 성 철 옮김

한국신학연구소

편역자들의 머리말

철저하게 수정되어서 새롭게 제시하는 이 시리즈(KThQ)의 제2권의 작업은 아주 오랫동안 지지부진하였다. 기쁘게도 이 수정 작업을 위해서 은퇴한 함부르크의 우리 동역자 베른하르트 로제를 공동저자(13-15세기)로 모실 수 있었다. 1997년 3월 29일 그가 너무나도 갑작스럽게 사망하면서 드러난 것은 그가 벌써 자기가 맡은 부분을 위해서 이미 퇴고를 마친 하나의 구상을 마무리하고 있었다는 사실이었다. 그때부터 그것의 최종 형태를 위한 책임을 그의 부인 안네로테 로제의 동의를 얻어서 폴커 렙핀이 맞게 되었다.

우리의 소망하는 바는 이것이다. 다양한 관점을 가진(그리고 이 나라에서는 여전히 계속해서 일반화된 "서방식의" 시야를 좁힘 없이) 중세의 교회사와 신학사에 성실하게 몰두하도록 흥미를 주는 신뢰도 가며 실용적이기도 한 참고서를 만들어내는 것이다. 우선은 진공 강의나 개괄적 강의를 위한 원전모음집을 생각했지만 독자적 연구를 위한 것도 생각하였다; 이 때문에 각 원선들에다가 이 시리즈에서는 일반적인 짧은 서론과 해설 및 더 폭넓게 이끌어주는 참고문헌 안내도 덧붙였다.

중세는 우리가 아는 바대로 아주 호감 있는 연구대상에 속하지 않는데, 특별히 개신교 신학도들에게 그러하다. 하지만 자기 자신에 관해서 계몽이 된 개신교도 종교개혁 이전 전통에 뿌리를 내리는 것이 아주 절실히 필요하다고 우리는 생각한다. 그러니까 다른 교회 특히 "가톨릭" 교회(로마-가톨릭, 동방정교회와 성공회)와의 관계에서의 자신의 대화 능력뿐 아니라 다른 종교들 특별히 유대교와 이슬람과의 관계에서의 대화 능력도 여기에 달려 있다. 하지만 고대와 초기 중세는 기독교와 이슬람뿐 아니라 "고전 유대교"의 "형성시기"였다. 결국 바로 중세 연구는 문화적 잠재능력(말하자면 우리 유럽의 정체성 해석을 위한)의 의미에서 본다면 사실 모든 교양 있는 유럽인들에게 무조건 권해야 한다; 왜 개신교 남녀 신학도들은 아니겠는가? 마지막으로 감사의 말씀을 드려야겠다: 우선 이 책이 헌정되는 분에게 드려야 한다. 하이코 아우구스티누스 오버만: 이 분은 이 시리즈를 계획하고 현실화시키는 데에 절대로 지울 수 없는 역할을 감당하였다. 이와 같이 이 제2권을 수정하는 작업에 참여하는 세 사람 모두에게 조언자로 자신을 내어주시기를 더 생산적이고 더 관대하기를 우리가 바랄 수 없을 정도로 해주셨다. 그분에 의해서 이미 인사를 받은 그 뒤늦은 생일선물이 돌연히 추모책자가 될 수밖에 없었다는 사실이 우리를 슬픔으로 가득하게 한다. 우리의 감사함에는 그것이 아무런 영향을 주지 못한다! 출판사에는 그 인내심, 공정성과 귀한 보살핌에 대해서, 동역자들인 한스-아르민 개르트너, 발터 베르쉰과 헤르비히 쾨르게만스(모두가 하이델베르크 소속)에게는 없어서 안 될 언어학적인 도움에 대해서, 부목사인 세바스챤 리터에게는 지칠 줄 모를 뿐 아니라 헌신적인 컴퓨터와 씨름하는 기술적인 도움에 대해서, 프리데리케 알젠, 스벤 후뢸리히, 카이-헨닝 하아스와 다니엘라 오펠에게는 학생의 눈으로 비판적으로 강독한 것과 마지막으로 서로 이상적으로 협력해서 작업한 데에 대해서 감사드린다. 우리는 우리 맡은 부분들을 바꾸어서 읽었다. 하지만 그래도 남아있는 오류에 대한 책임은 오직 자기에게 있다: 곧 1-39. 61과 71번에서 발견되지 못하고 남아있는 오류들에 대한 책임은 리터에게, 나머지에 대해서는 레핀에게 있다.

하이델베르크-예나, 2001년 부활절

아돌프 마르틴 리터 폴커 렙핀

역자의 말

독일에서 학위를 하고 와서 좀 더 고급스러운 신학교육을 하자는 그럴 듯한 생각은 실상 손쉽게 할 수 있고 또 해야 하는 것도 하지 못하게 하면서 학자의 삶을 살게 하였다. 그러다가 몸담고 있는 대전신학대학교에서 2000년 교회 역사를 모두 가르치다 보니 강의와 세미나가 "만담"이 되지 않게 하려는 최소한의 목적으로 필요한 원전을 한 부분씩 번역해서 사용하게 되었다. 그러면서 본 시리즈가 비록 원어(라틴어, 희랍어, 때로는 시리아어, 러시아어 등)에서 독일어로 번역된 것을 다시 번역하는 작업이라는 한계와, 독일 편집자들의 선별 작업에 끌려가는 한계가 있지만 최선의 대안책이라 생각하며 번역하였다. 이 첫 결실이 2006년에 이 원전모음집 1권인 고대교회의 출판이었다. 이 책이 출판되고 다양한 인사를 받았는데 그중 지금은 이름도 연락처도 가지고 있지 않은 어느 감리교 목사님의 전화가 인상적이었다. '서점에 들러 책을 보다가 고대교회를 발견하고 모처럼 좋은 책을 구하게 되어 기뻐서 전화했다고 하면서 언제고 2권이 나오면 본인이 교정을 해줄 의향이 있다'는 인사였다. 지면을 빌어서 그때의 제 마음에 있던 감사의 마음을 전한다.

학교에서 수업을 하며 본인의 번역물이지만 고대교회 이 책 자체가 가지는 학문적 가치에 힘입어서 자신 있게 소개를 하고 사용하였다. 시간적인 한계 때문에 샅샅이 섭렵하는 수업은 하지 못하면서도 보람도 느꼈고, 또 2판이 나올 때가 오면 수정해야 할 곳도 발견하기도 하였다. 그러다가 2008년도에는 호남신학대학교 신학대학원생들과 함께 제1권인 고대교회만을 가지고 수업을 하였는데 실망하지 않을 만한 좋은 시간들이었다. 원전의 힘을 경험하는 수업을 할 수 있어서 이 작업을 하는 본인이 뿌듯함을 느꼈던 것이 사실이다. 그래서 언젠가 이 시리즈 5권 모두를 번역하게 되면 그것으로만 수업을 하는 날도 기대하게 되었다.

교회와 신학의 역사 원전모음집 2권인 중세교회가 1권에 이어 3년만에 빛을 보게 되었다. 1권에서 번역자로서 "멀지 않은 장래에 본 시리즈 2권인 중세편도 빛을 보게 되기를" 바란 소망이 이루어진 것 같아서 기쁘다. 실제 번역의 기간으로 본다면 3년이 걸릴 정도는 아니었지만 현역 교수로서 가르치고 연구하면서 부분부분씩 하다가 보니까 이렇게 되었다고 변명해 본다. 번역을 마무리하고 끄적이는 역자의 말을 번역자의 후기를 포함시켜 몇 마디 하려고 한다.

번역을 하면서 가능한 한 우리 말로 바르게 옷을 입히려고 모든 감각을 동원하였다. 최선을 다 해 본다고 했지만 그래도 만족스럽지는 못하다. 그 이유 중 가장 일반적인 것으로는 독일어 단어 하나도 빼놓지 않고 하려는 성실함은 일상적으로 편안한 한국어 표현방식이 될 수 없도록 하고 있다는 점이다. 이 점은 피해보려고 다시 읽어 보고 수정하는 노력을 하였지만 시원하지는 않다. 다른 어려움은 반대로 너무나 부드럽게 의미를 전달하도록 매끈하게 번역을 하니, 학문성을 약화시킨 것이 아닌가 하는 의구심을 갖게 한다. 접근을 용이하게 하는 번역은 어느 단어에 논쟁의 여지가 있는지 찾아보기 어렵게 하고 있었다. 그렇다고 모든 중요한 부분을 콤마나 짙은 색으로 표시하며 가는 것도 한계가 있었던 것이 사실이다. 이럴 수도 없고 저럴 수도 없는 것 같이 느껴지는 이 어려움은 앞으로도 학문 발전에 기여하기 위해서 번역하는 학자들이 가질 수밖에 없는 고민이 아닌가 하고 생각해 본다.

아주 실제적이고 또 시급한 것인데, 중세교회와 관련된 명사들의 통일된 용어집이 없는 데서 온 어려움이 있다. 현재 고대교회와 관련해서 로마 가톨릭에서 인명, 지명 통일 작업을 어느 정도 마무리하였고, 교부학회에서도 그러한 작업을 계속하고 있다. 중세교회와 관련해서도 그러한 용어집 편찬 작업이 매우 시급하다고 느끼는 것으로 본 번역자의 한계를 독자들이 감안해 줄 것을 기대해 본다.

마지막으로 꼭 드러내고 싶은 포괄적인 의구심이 있다. 과연 이 번역이 우리나라 신학이 발전하는 방향으로 활용이 될 수 있는지, 그렇게 되고 있는지 하는 것이다. 정말 기대한 것과는 너무나 먼 결과물이 되고 있다면 그 이유로 번역자 자신이 책임져야 할 부분이 없지 않아 있을 것 같다. 이유는 항상 부족한 것을 느끼기 때문이다. 그런데 혹시 그 이유가 번역자의 문제가 아니라 우리 신학계가 공동으로 대안을 마련해야 할 우리 신학계의 현주소라면 그것은 우리 모두의 문제가 될 것이다. 우리말이 가지는 한계, 학문현장에 있는 자들을 어쩔 수 없게 하는 교회와 신학풍토, 신학에 거는 기대감 자체의 결여 같은 것들은 "원전모음집" 같은 신시한 학문적 작업보다 대중적인 것을 더 선호하게 할 수도 있다고 생각이 된다. 물론 답은 그럼에도 불구하고 책임성을 느끼는 자들이 그저 묵묵히 절대 가치를 추구해 가는 것밖에 다른 것이 없다는 것은 분명하다.

넋두리와 같이 말하다보니 이 결실을 기꺼이 출판해 주시는 한국신학연구소에 정말 감사의 마음이 든다. 현재 연구소는 출판 작업은 거의 하지 않고 있는데도 이 시리즈에 관심을 두고 번역을 기다려준 연구소의 자세가 이미 학문 발전에 기여하는 것이라고 사료되어 홀로 가는 길이 아님을 느끼게 된다. 또 독일 Neukirchener 출판사는 고대교회 번역권을 주면서도 동시에 중세교회 번역권도 주었다. 그리고 본인들은 인세는 요구하지 않고 번역물만 세 권 보내달라고 하는 말에 한국에 사는 본 역자는 많은 것을 생각하게 되었다. 한국어를 읽지는 못하겠지만, 진심으로 독일 출판사에 감사드린다. 이 출판사가 이 시리즈 3권인 종교개혁 번역도 허락해 준다면 조금은 더 빠른 시간 내에 빛을 보게 될 것으로 보인다.

Soli Deo gloria!

2010년 1월

아름다운 마을 아치울에서

목 차 | Contents

1. 494년 겔라시우스 1세가 황제 아나스타시우스 1세에게 보낸 편지가 말하는 두 권세론(편지 12, 2)

451년 칼케돈 공의회에 이어서 발생한 소위 "단성론 논쟁"(고대교회 I, Nr. 93h.i.를 보라) 동안 로마 교회는 황제의 "단성론적인" 고문인 콘스탄티노플의 총대주교 아카키우스를 파문하였고, 동방교회와의 교회관계를 파기시켜 버렸다("아카키우스 분열"). 이러한 맥락에서 교황 겔라시우스 1세(492-496)는 명문을 남겼다. 이 문장들은 교회법 저술과 위-이시도르 교령집(아래 Nr. 24를 보라) 그리고 그라티안의 법령집(아래 Nr. 36을 보라)에 삽입된 덕분에 중세에 가장 많이 인용되는 글에 속하는 것이 되었다.

(2) 고귀하신 황제여, 세상을 고귀하게 통치하는 그[권세는] 오직 둘밖에 없습니다(duo sunt quippe, imperator auguste, quibus principaliter mundus hic regitur): 주교들의 거룩한 권위(auctoritas[1] sacrata pontificum)와 통치자의 권세(regalis potestas)입니다. 이 중에서 사제들(sacerdotes)에게는 보다 큰 무게(pondus)가 주어지는데, 그들이 사람 중에서는 통치자들(reges)을 위해서까지도 하나님의 심판 앞에서 변호를 하여야 하기 때문입니다. 매우 자비로우신 아들이여(fili clementissime), 당신은 그 위엄(dignitas)에서 인류를 초월합니다; 하지만 하나님의 일을 맡은 자들 앞에서는 겸손히 머리를 숙이고 그들로부터 안녕의 보장을 기대하여야 하며, 하늘의 성례(sacramenta)를 받을 때와 똑같이 그들의 합당하게 베풀어줌에도 신앙의 위계질서에 따라 명령이 아니라 복종하여야 합니다. 이 면에서 당신이 그들의 판

단에 매이는 것이지 그들이 당신에게 매이는 것이 아니라는 것을 당신은 알고 있습니다; 거룩한 사제들이 공공의 질서 문제는 위로부터 당신에게 주어졌다는 것을 알아서 당신의 법에 복종하며 세속적인 일에서 고유의…… 결정들[2]에 대해서 반대한다는 인상을 주지 않았다면, 존귀한 비밀들(mysteria)을 나누어주는 일을 맡은 자들에게 당신은 어떻게 대하여야 하겠습니까? 그러므로 사제가 신앙적인 일에 대해 말해야 할 것을 침묵한다면 그것은 결코 사소한 잘못이 아닙니다; 따라서 복종해야만 하는 데도 그 복종하는 것을 무시하는 자들은 커다란 위험에 처하게 될 것입니다. 신자들의 마음이 하나님의 일을 하는 자들인 모든 사제들에게 복종해야 한다면 하물며 그 보좌에 앉은 이(교황)에게는 얼마나 더 해야 하겠습니까? 그는 (가장 높으신) 하나님(divinitas summa)의 뜻에 따라서(존귀함으로는) 모든 사제들보다 뛰어나며, 앞으로 그 후 세대 안에서 온 보편 교회가 경건하게 머리 숙여서 공경하였던 분이십니다.……[3]

원전 : E. Schwartz, Publizistische Sammlungen zum Acacianischen Schisma, München 1934 (ABAW.PH NF 10); M-A 462; DH 347.—참고문헌: L. Knabe, Die gelasianische Zweigewaltentheorie bis zum Ende des Investiturstreites, Berlin u. a. 1936 (HS 292); F. Dvornik, Pope Gelasius and Emperor Anastasius I., in: ByZ 44 (1951) 111-116; W. Ensslin, Auctoritas and potestas. Zur Zweigewaltenlehre des Papstes Gelasius I., in: HJ 74 (1955) 661-668; U. Duchrow, Christenheit und Weltverantwortung, Stuttgart (1970) [2]1983, 328-332; W. Ullmann, Gelasius I. (492-496). Das Papsttum and der Wende der Spätantike zum Mittelalter, Stuttgart 1981.

1) 이 말은 누구보다도 K.-H. Lütcke, "Auctoritas" bei Augustin, 1968에서 증명

하였던 것처럼 로마의 전형적인 개념을 다루는 것이다. 희랍어에서는 이 말에 상응하는 말은 πειθώ ("설득하다")이다. 수사학에서는 원래 연역법의 합리적인 증명과 반대로 설득을 통한 칭찬의 원리를 지칭한다. 정치적으로 이것은 로마 원로원에서 제도화하였다. 반면에 관료들(총독, 호민관 등)은 행정적인 권세(potestas)를 가졌다. 이 편지는 auctoritas와 potestas의 상반됨을 교회의 영적인 힘과 황제의 세속적 힘의 관계로 넘기고 있다.

2) 슈바르츠(E. Schwartz)는 여기서 하나의 공백을 가정하면서 아래와 같이 보충하였다: [ne vel in rebus mundanis exclusae] parere vel a deo tibi permisae [videantur obviare sententiae]; 문장의 반쪽은 이러하다: "고유의 결정에 복종하거나 아니면 하나님이 당신에게 허락한 결정에 반대하는 것처럼."

3) 유스티니아누스 1세의 수정법령(Nobelle) 6의 서론에 나오는 "두-권세-이론"(535)과 그 본문인 Nr. 8을 비교하라.

2. 뚜르의 그레고리가 말하는 프랑크 왕 클로드비히의 세례

(Historiarum libri II 30f.)

통치자로 등극한(481/482) 클로드비히(Chlodovech)는 처음에는 많은 프랑크 왕국의 작은 왕 중 하나에 불과하였는데—더구나 이방인으로서—고울 지역의 공교회 주교들과 좋은 관계를 가지려고 노력하였다. 이는 분명 자기의 통치는 공교회, 곧 로마시대부터 절반 정도는 온전하게 남아 있는 제도와 동맹해야만 안전하리라는 생각에서 온 것이다. 동시에 그는 고트족의 왕 테오데리히의 압력에 저항하였다. 테오데리히는 클로드비히를 게르만—"아리우스주의" 국가들 연맹에 포함시키려고 하였고, 이러한 이유로 "아리우스식의" 신앙고백을 수용하도록 종용하였다. 이것은 그의 공교회 교인인 부인의 회심권유보다 훨씬 더 단호하였다. 아마도 498년 또는 499년—이 년대는 여전히 논란거리이다—성탄절에 클로드비히가 공교회주의로 전향하고 세례를 받는 일이 일어났다. 이것의 괄목할 만한 정치적 의미는 벌써 당시 사람들에게 간파되었다.—어떻게 그렇게 되었는가를 뚜르의 주교 그레고리(593/594년 사망)의 "프랑크족의 역사"(Historiarum libri decem)에 있는 아래 본문이 묘사하고 있다:

(30) 하지만 왕비는 그에게 쉬지 않고(non cessabat praedicare) 참 하나님을 인정하고 우상(idola)숭배를 거부하라고 하였다. 하지만 그는 알레만인들[1)]과의 전쟁에 휘말려들 때까지 헌신을 하도록 자신을 내맡길 수 없었다: 그 곤경이 그로 하여금 자기의 의지가 과거에 거부하였던 그것을 고백하도록 강권하였다. 양쪽 군대의 충돌이 무시무시한 피비린내 가운데 끝이 나고 클로드비히의 군대는 완전한 전멸 직전에 이르렀다. 이 상황에 처해서 그는 자기 눈을 하늘로 치켜 올리고, 마음속에서는 양심의 가책으로 고통을 받으며, 얼굴은 눈물로 범벅이 되어 가지고 아뢰었다: "예수 그리스도여, 클로딜데(Chrodichilde)가 말하기를(praedicare) 당신은 고통 가운데 있는 자들에게(laborantibus) 도움을 주시며 당신에게 소망을 두는 자들에게 승리를 주시는 살아계신 하나님의 아들(filius Dei vivi)이라고 하였나이다; 내가 간절히 부복하여(devotus efflagito) 당신의 영광으로 가득찬 도우심을 간구하나이다: 나의 대적을 이김을 나에게 허락하셔서 나로 당신 이름으로 성별된 백성들이 경험했다고 말하는 그 능력(virtus)을 체험하게 하시고 그래서 내가 당신을 믿으며 당신의 이름으로 세례 받게 하소서. 내가 내 신들에게 간구하였으나 그들은 나를 돕기에는 너무나 멀리 있음(elongati sunt ab auxilio meo)을 경험하였나이다; 그래서 그들은, 자기 종들에게 도움을 주지 않는 그들은 아무런 힘도 없다고 생각합니다. 이제 당신께 간구하며, 당신께 믿음을 드리기 원합니다; 이제 나를 내 원수의 손에게 구하옵소서." 이 말대로 알레만인들은 뒤돌아서 도망치기 시작하였

다. 자기들의 왕이 죽은 것을 깨달은 순간 그들은 다음과 같이 말하면서 클로드비히에게 무릎을 꿇었다: "제발 더 이상 백성을 잃게 하지 마옵소서; 우리는 이미 당신의 것입니다." 그래서 그는(더 이상의) 전쟁을 중단시켰고, 백성을 위로하였고 평화로이 귀향하였다; 왕비에게 그는 그리스도의 이름을 부름으로 말미암아 자기가 어떻게 승리를 하였는가를 말하였다[그의 통치 15년 되는 해에 일어났다[2)]].

(31) 이어서 왕후는 랭스의 주교인 성 레미기우스(Remedius)를 비밀리에 모셔 오도록 명령하였고, 왕의 마음에 "구원의 말씀"(행 13, 26)을 주시라고 간청하였다. 비밀스럽게[3)] 만난 자리에게 주교(sacerdos)는 왕이 하늘과 땅의 창조자인 참 하나님을 믿으며 왕 본인뿐 아니라 누구에게도 이로울 것이 없는 우상들을 거부한 것을 설명하기 시작하였다. 그런데 그가 이렇게 응수하였다: "거룩하신 아버지시여 나는 기꺼이 당신을 청종하겠나이다; 하지만 (그러기에는) 한 가지 할 일이 있습니다(restat): 내게 복종하는 백성(populus)들이 내가 자기들의 신들을 떠나는 것을 받아들이지 못합니다; 하지만 내가 가서 당신의 말에 따라 그들과 대화하겠습니다." 그가 자기 백성들과 만났을 때, 모든 백성들이 아직 그가 말도 꺼내기 전에―하나님의 능력이 먼저 그들에게 임하여서―바로 그 자리에서 외쳤다: "자비하신 왕이시여, 우리는 그 사멸할 신들을 버리고 레미기우스가 선포한 그 죽지 않으시는 하나님께 복종할 준비가 되었나이다." 이 사실을 사람들이 최고 사제(antestes)에게 알렸고, 이어서 이 사제가 기쁨에 겨워서 (세례의) 연못을 준비하도록 하였다. 수를 놓은 천들이 도로(전면)에 걸렸고 교회들은 흰 휘장으로 장식되었다; 세례성전(baptistirium)이 세워졌고, 향유가 뿌려졌으며, 향초들이 빛을 발하였다. 그리하여 세례성선의 온 내부는 천상의 향기로 가득 찼다; 하나님께서는 이러한 은혜를 자기들이 낙원의 향내 속으로 들

어온 것을 느끼는 자들에게 선사하였다. 먼저 왕이 주교에게 세례받기를 원하였다. (따라서) 제2의 콘스탄틴(novus Constantinus)인 그가 세례반(lavacrum)으로 가서 오래도록 가지고 있던 문둥병(leprae veteris morbus)으로부터 깨끗하게 되고 깨끗한 물 가운데에서 오래도록 가지고 있던 더러운 얼룩으로부터 벗어나게 되었다.…… 그런데 거룩한 주교 레미기우스는…… 그 거룩함으로 말미암아 실베스터의 기적[4]과 비교될 수 있을 정도로 뛰어났다.…… 그러니까 왕은 삼위일체의 전능하신 하나님을 고백하였고(omnopotentem Deum in Trinitate confessus) 성부와 성자와 성령의 이름으로 세례를 받고 그리스도 십자가 표시와 함께 성유부음을 받았다(delebutus). 그의 군인 3000명 이상이 세례를 받았다.[5]

원전 : Gregorii ep. Truon., Historiarum libri decem, II 30f., W. Giesebrech의 번역에 근거해서, R. Buchner가 새롭게 개정함, 2 Bde., Darmstadt [5]1977 (Freiherr-Vom-Stein-Gedächtnisausgabe, Bd. II), 116-118.—참고문헌: R. Weiss, Chlodwigs Taufe: Reims 508, Bern 1971; J. M. Wallace-Hadritt, The Frankish Church, London 1983; R. Schneider, Das Frankreich, München [2]1990 (Oldenbourg Gruddr. d. Gesch. 5), 특히 10/13. 103/105(참고문헌 포함).

1) 고을지역에 프랑크족이 쳐들어 오고 같은 시기에 로마 제국의 남은 지역을 점령할 때 알레만인들(서고트족 외에)은 프랑크족의 라이벌이었다(쉬아그리우스[Syagrius] 통치하에). 알레만인들의 거주지역은 그 당시 부분적으로는 보름스에서 (바젤에 있는)아욱스트까지의 라인 강을 따른 좁다란 지대였다. 물론 이 지역은 엘자스와 때에 따라서는 랑그레스와 베장송까지의 라인 강의 서쪽 지역을 포함하고 있다. 동쪽경계가 레히(Lech)를 통해서 형성되었으리라고 짐작이 되는 반면, 프랑크족을 상대로 하는 북쪽경계는 보름스와 마인쯔 사이로 지나갔다.
2) 아마도 후대의 첨가이다(어쩌면 그레고리 자신의 것일 수 있다). 이 사실이 승리로 끝난 알레만인들과의 전투시기를 496/497로 추산하게 한다; 하지만 좀 더 정확하

게 말한다면 아마도 497년이나 498년이다(위에 제시한 본문이 부분적으로 보여준다).

3) 본문은 [Quem]…… arcessitum이 맞지, in arcessitus로 교정해서는 안 된다는 것을 전제하고 있다. 뒤의 경우로 본다면 이렇게 번역되어야 할 것이다: "그가 나타나자 사제(= 주교)가 그에게 비밀스럽게…… 시작하였다……".

4) 그레고리는 여기서 노골적으로 콘스탄틴-실베스터 전설을 암시한다. 중세 초기의 "Constitutum Constantini"(아래 Nr. 17을 보라)의 위조에도 나와 있듯이. 실베스터 전설에 따르면 과거에 콘스탄틴 황제가 그리스도인을 죽인 탓에 문둥병으로 벌을 받았는데 교황 실베스터 1세(314-335)의 세례로 해방되었다. 이와 같이 클로드비히의 세례에 관한 이야기는 메로빙 왕의 콘스탄틴 황제 모방(imitatio Constantini)이라는 이상에 의해서 주도되었고 그러므로 실베스터 전설에서 얻어낸 특징들로 꾸며졌나; 이것과 관련해서는 W. Levinson, Konstantinische Schenkung und Silvester-Legende, Vatikanstadt 1924 (StT 38), 159-247; W. Pohlkamp, Kaiser Konstantin, der heidnische und der christliche Kult in den Actus Silvestri, FMSt 18 (1984), 357-400을 비교하라.

5) 이것도 실베스터 전설의 영향임에 틀림없다; 이 숫자("3000명 이상")는 거기나 여기에서나 행 2, 41(오순절 역사)에서 온 것이다. 다른 해석 가능성을 내 동료 볼프람(Herwig Wolfram[Wien])이 제시해주고 있다; 그에 따르면 언급한 그 숫자는 다음과 같은 인상도 가져다 줄 수 있다는 것이다: "온 족속"이 왕의 결정을 따랐다(H. Wolfram, Die Goten, [4]2001, 106f.와 409f., 이것은 자기의 Gotische Studien II [MIOG 83, 1975], 313, 각주 103과 이것을 보충하는 내용에 근거를 두고 있다).

3. 철학자 보에티우스

480년경 로마의 고위귀족 혈통(Anicii 혈통)에서 나서 524년 동로마와의 소위 반역적 내통 명목으로 처형된 보에티우스는 자신의 두 개의 아리스토텔레스 문서(De categoriis; De interpretatione) 및 신플라톤주의자 포르피리오스가 남긴 아리스토텔레스의 "소 논리학"에 대한 "안내서"(Isagoge) 번역과 주석으로 중세 문화의 가장 중요한 초석의 하나를 세웠다. 그가 감옥 안에서 저술한 위로자인 철학(De consolatione philosophiae)과 가진 대화는 중세에 가장 많이 읽히고 가장 많이 주해가 되고 해석이 된 책 중 하나이다. 가다라의 메니포스 양식의 모델을 따라서 그 안에는 총 39개의 다양한 길이의 시구들이 본문을 구성하고, 논증 전개를 깊이 있게 만드는 역할을 하는 하나의 산문으로 엮어져 있다. 산문 부분들은 고대까지 거슬러가는(플라톤!) 전통을 따라 대화형식으로 집필되었다.

a) 철학의 모습(Cons. Phil. 1, 1-6)

(1) 그러한 일을 말없이 혼자 생각하며 눈물에 찬 송사를 철필의 도움으로 그려냈다. 이러는 동안 나의 머리로 아주 고귀한 외양의 한 여인이 다가왔다. 그는 불꽃같으며 사람의 일반적인 능력을 넘어 꿰뚫어 보는 눈초리를 가졌고 절대로 자기 나이로는 볼 수 없을 만큼, 나이가 들었음에도 불구하고 생기 있는 피부색과 지치지 않는 젊음의 힘을 가지고 있었다; 그녀의 크기는 정확하게 말할 수 없다. 왜냐하면 그녀는 때로는 인간의 일반적인 크기로 줄어들었고, (2) 때로는 그 머리가 하늘에 닿았기 때문이다. 그녀가 자기 머리를 더 높이 들 때면 하늘로 뚫고 들어가서 그녀를 바라보는 사람의 시야에서 사라졌다. (3) 그녀의 옷은 아주 가는 실로 이루어졌고, 손상되지 않는 천으로 세심하고도 예술적으로 짜여 있었다; 내가 훗날 알게 되었는데—이것을 나에게 알게 한 이는 바로 그녀였다—그것을 그녀 자신의 손으로 짰던 것이다. 그 외양(species)은 연기에 그을린 그림들에서 흔히 보듯이 흘려보낸 세월의 그늘을 뒤집어쓰고 있었다. (4) 아래 자락에는 희랍어 문자 Π, 위에는 Θ가 수놓아져 있는 것을 읽을 수 있었다.[1] 그리고 이 두 문자 사이에는 계단형식으로 몇 개의 계단이 수놓아져 있었는데, 그 위를 따라서 아래 문자에서 위 문자들(elementum)로 올라가는 것이 가능했다. (5) 하지만 이 옷을 폭력적인 사람들의 손이 갈갈이 찢었고[2], 그리고는 각 사람이 자기 능력에 걸맞는

조각들을(particulas quas quisque potuit) 탈취해 갔다. (6) 마지막으로 그녀의 오른 손은 책을, 왼손은 이와 반대로 홀을 들고 있었다.

b) 찬송(Cons. Phil. 3, 아홉 번째)

"제3권의 아홉 번째 시는 하나의 찬송으로, 그 크기로 보아도 이 작품의 중간이고, 사고의 중심이라고 보아야 한다. 그 중심적 위치라는 점은 이 작품 안에 다양한 시구들이 이 본문을 중심하여 대칭적으로 엮어져 있다는 사실이 뒷받침한다. - 바로 앞에 있는 산문에서 철학이 모델로 다루었던 플라톤의 티마이오스, 그 외에 아리스토텔레스와 신플라톤적인 사고의 모티브들을 발견할 수 있다. 이 모티브들과 함께 그리고 그 안에서 이 찬송을 시작하는 구절에는 창조자 하나님의 선에 대한 기독교적 이해가 들어있다……"(H. A. Gärtner).[3)]

영원한 계획 가운데 세상을 다스리시고, 하늘과 땅의 창조자이신 당신은 영원으로부터 움직이시며 시간을 명하시고 고요한 중에 만물이 움직이도록 하시며 외부의 그 어떤 원인에 의해서 이끌려서, 표류하는 재료로 작품을 만드시지 않고, 최고선의 내부에서 생겨나는 미움이란 없는 그 선 안에 있는 형상이 이끄는 분: 당신은 만물을 인도하시되 위에 있는 원형으로부터 하시고, 생각 가운데서 영광에 찬 세계를 이끌어내시고, 곧 최고로 선하게, 그 세계를 원형과 비슷한 모형으로 만드시며 또 완전한 분에게 완성된 부분들을 만들도록 명하십니다.

당신은 숫자로 원소를 묶어내시므로 추위가 불길 속으로, 건조함이 액체로 가도록 하심으로 불이 안으로 도망치거나 범람이 땅을 가라앉히지 못하도록 하셨나이다.

당신은 세 부분으로 나누어진 자연의 주심으로 모든 것을 움직이게 하는 영혼을 만들어내시고 그것을 혼연일체로 있는 지체들 안으로 용해시키시며; 영혼은 그 움직임을 나누어 이중 원으로 돌게 하였으므로, 영혼은 자기 자신 속으로 돌이켜 영의 깊음을 싸고돌기도 하고, 또 동시에 주위를 돌되 비슷한 모습으로 하늘을 싸고돕니다.

당신은 더 작은 영혼들과 존재들을 불러내기를 비슷한 이유로 하시고 덧없는 것들을 가벼운 동반자들과 묶어서, 나누시기를 뒤의 것들은 땅에 앞의 것들은 하늘에로 나누셨습니다; 관대하신 규정을 따라, 당신을 향하여 그들을 돌아오게 하시되, 불에 의해 인도되게 하셨나이다.

영에게, 오 하나님이여, 그 고상한 자리를 얻게 하소서;

선의 원천을 보도록 하소서; 빛이 그토록 보이게 된다면, 정면으로 당신께 영의 눈이 머물게 하소서!

지상 곤고함의 무게와 안개를 둘로 나누소서!

당신 자신의 그 광채 가운데서 비추소서; 이는 당신은 청명함이시기 때문입니다,

당신은 모든 믿는 자들의 고요한 안식이며, 당신을 봄이 최종 목표이며, 시작이고, 움직이게 하시는 분 당신은 인도자요, 길이요 동시에 마지막이시나이다.

원전 : Anicii Manlii Severini Boethii Philosophiae Cosolation iteratis curis ed. L. Bieler, Turnhout 1984 (CChr. SL 94).— 번역: Trost der Philosophie. Übers. u. hg. v. K. Büchner, Stuttgart 1971 그 이후로 자주 인쇄 (Reclam UB 3154; H. A. Gärtner [아래], 539-541을 따라서 인용.—참고문헌: H. Chadwick, Boethius. The consolations of Music, Logic, Theology, Oxford 1981; Boethius and the Liberal Arts. A Collection of Essays. Ed. by M. Masi, Bern 1981; Boethius. Hg. v. M. Fuhrmann- J. Gruber, Darmstadt 1984 (WdF 483).; H. A. Gärtner (Hg.), Kaiserzeit II. Von Tertullian bis

Boethius, in: M. von Albrecht (Hg.), Die römische Literatur in Text und Darstellung, Bd. 5, Stuttgart 1988 (Reclam UB 8070 [7]); G. J. P. O′ Daly, The poetry of Boethius, London 1991.

1) "희랍어 문자 Π와 Θ는 실용적 철학의 첫 글자와 이론적 철학의 첫 글자로 본다. 동시에 보에티우스의 표상은 이론을 향한 상승, 영적인 관조로의 상승을 가지고 있다"(H. A. Gärtner, 위의 책 536).
2) "갈갈이 찢어진 옷의 이유를 철학은 뒤에서(1, pr. 3) 스스로 제시한다: 플라톤과 아리스토텔레스를 이어서 에피쿠로스주의자들, 스토아주의자들 그리고 다른 철학자들은 철학의 옷을 갈갈이 찢었고 그렇게 함으로 철학 전체를 가진 것으로 생각했다" (H. A. Gärtner, 위의 책 538).
3) H. A. Gärtner, 위의 책 538.

4. 고대의 기초교육을 중세로 전달한 자 카시오도르

(Inst. I 30, 1-2)

카시오도르(약 485-약 580)도 고대의 교육을 중세에 전달함으로 평가할 수 없을 정도의 업적을 세웠다. 무엇보다도 자기가 555년 세운 비바리움 수도원의 수사들로 하여금 책을 필사하도록 하였다. 훗날 베네딕트 수도사들이 물려받은 이 노력을 통해서 그는 괄목할 만한 수준으로 고대 문헌을 구출한 자가 되었다. 게다가 그는 무엇보다도 자기가 "Institutiones"라고 제목을 붙인 신학과 세속 학문 안내서와 "바른 필사에 관해서"라는 총람을 통해서 중요한 인물이 되었다. 보에티우스는 고대의 철학적 교육이상을 대표하는 라틴어를 사용하는 마지막 주자로 간주할 수 있다. 그렇다면 카시오도르는 이와 경쟁하는 수사학적 이상의 마지막 대표자라고 하겠다.

(1) 하지만 내가 원하는 것을 아주 노골적으로 말하리라(fateor votum meum): 너희의 육체적 노력으로[1] 이루게 되는 직무 가운데 필사자들(antiquarii)의 노력은 특별한 이유 때문에 가장 내 맘에 든다. 곧 그들이 믿을 만하게(veraciter) 베끼기만 한다면 말이다. 왜냐하면 그들은 자기들의 정신을 단련시킴으로써 자기들의 구원에 기여를 하고 있기 때문이다. 그들은 반복해서 거룩한 문서들을 읽고(relegendo scripturas divinas), 자기들의 필사 작업으로 주님의 계명을 널리 확산시키고 있다. 그들의 노력은 복되다고 칭찬함이 마땅하며, 그들의 전력질주는 칭송할 만하다. 곧 사람의 손으로 설교하며 손가락을 가지고 말씀을 해석하며 죽은 자들에게 구원을 소리 없이 전하고 사탄의 그 금지된 계략에 대항하여 펜과 잉크로(calamo atramentoque) 싸우는 것을 말한다. 말하자면 필사자가 주님의 말씀을 베끼는 그만큼 사탄은 상처를 입는다. 그는 겨우 한 자리에 앉아 있지만 자기 작품을 퍼뜨림으로 몇 개의 속주에 미치고 있다; 거룩한 장소에서 그의 애씀이 이루어낸 것이 읽혀진다; 일반인들(populi)[2]이 듣고 그로 말미암아 자기들의 왜곡된 원함으로부터 돌이켜(a prava vol-untate convertant) 깨끗한 마음으로 하나님을 섬기게 된다; 그는(필사자는) 거기 없지만 자기 작품을 통해서 일하고 있는 것이다.…… 어쨌든 많은 작품이 아주 놀라운 이 예술(ars)을 위해 이루어졌다; 하지만 주님의 의로움의 저울(libra)을 위해서 애쓰는 자들을 서적 필사자들(librarii)이라고 명명하는 것으로 충분하다. (2) 단지 필사자들이 문자를 혼동함으로 매우 귀한 작품을 오자들과 섞어버리거나 훈련이 되지 않은 교정자가 오류를 정정하려고 하지 않게 하기 위해서는 옛날의 바른 정서법 저술가들[3]의 책들을…… 읽어야 한다. 이 문서들을 나는 할(얻을) 수 있는 한 엄청난 지식욕으로 모았다. 그리고 아무도 언급한 필사본에 여전히 남아 있는 불분명함으로 말미암아 혼란에 빠지지 않게 하여야 한다. 왜냐하

면 그 안에는 옛 격변화의 혼동으로 말미암아 대부분이 뒤죽박죽 되어 있기 때문이다. 이 때문에 나는 많은 노력을 경주하였고 "바른 필사법"이라는 제목 아래에 따로 따로 묶어놓은 모음집 속에 발췌한 규칙들이 너희 손에 닿도록 하였고, 불분명함을 제거하고 나서 정신이 아주 편하게 정정의 길로 가도록 하는데 힘을 썼다.…… 어쩌면 너희의 지식을 더 개선하게 할 수 있는 또 다른 자(저자)들을 발견할 수도 있을 것이다. 하지만 이미 말한 자들을 거듭거듭 반복해서 지치지 않는 열정으로 읽는다면 그들은 너희가 무지의 어두움으로부터 빠져나오게 할 것이다; 그렇다면 그때까지 몰랐던 것이 대부분 확실한 지식이 될 수 있을 것이다.

원전 : Cassiodori Senatoris Institutiones. Ed. R. A. B. Mynors, Oxford (1937) ^{2}1961.—참고문헌: R. Schlieben, Christliche Theologie und Philosophie in der Spätantike, Berlin 1974 (AKG 46); F. Brunhölzl, Geschichte der lateinischen Literatur des Mittelalters, I: Von Cassiodor bis zum Ausklang der karolingischen Erneuerung, München 1975; S. Krautschick, Cassiodor und die Politik seiner Zeit, Bonn 1983; H. A. Gärtner (위 Nr. 3), 554ff.

1) 수도원적 육체노동 계율에 관해서는 아래 Nr. 5e를 보라.
2) 곧 희랍어 λαοί; 여기서 독일어 평신도(Laie[n])가 왔다.
3) 곧 바른 정서법에 관한 책의 저자들. 카시오도르에게서 언급된 자들은 아래와 같다: Velius Longus (주후 2세기), Curtius Valerianus, Papirianus, V와 B에 관해서는 Adamantius Martyrius (6세기 초), 또 이 사람은 첫째, 중간, 마지막 음절에 관해서 그리고 단어에 나오는 문자 B의 세 종류의 위치에 관해서, Eutyches는 숨소리(aspiratio)에 관해서, Focas 또는 Phocas(3/4세기)는 성의 구분에 관해서 저술하였다.

5. 누르시아의 베네딕트

누르시아의 베네딕트, "서방 수도원 제도의 아버지"는 480년경 움브리아(중부 이태리)에서 태어나서 이태리를 황폐화 시킨 비잔틴과 동고트 사이의 전쟁(고대교회, Nr. 93 i를 비교하라) 직전에 숩이아코(Subiaco)에 파코미우스 규율을 따르는 은둔자들 정착지를 만들었다. 그러니까 이것은 모함 탓에 이곳을 떠나 몇 명의 수도사와 함께 서쪽으로 향해서 캄파니아의 몬테 카시노에 아폴로 신전 잔재 위에 하나의 수도원을 세우기 전이었다. 정확히 529년, 곧 역사적 사건들이 결집된 해(다른 것들은 차치하고 아테네 학교, 더 정확하게 말한다면 법학과와 철학과가 유스티니아누스 1세 치하에서 폐쇄된 해)에 이 일이 일어났다는 것은 아주 불확실하다. 이 수도원을 위해서 베네딕트는 540년에 자기 "규율"을 작성하였는데, 다른 규율(무엇보다도 선생의 규율(Regula Magistri)이라고 불리는)을 이용하고 또 자기 경험들을 평가하면서 하였다. 이 규율은 배우지 못한 수도사도 이해될 수 있는 라틴어, 곧 이미 몽환적인 여러 특징을 나타내는 라틴어로 작성되었다.—이 수도원은 베네딕트가 죽고 한 세대 후에 롬바르드족에 의해서 파괴되었지만 베네딕트 수도원 제도는 결코 죽지 않았다. 오히려 베네딕트 규율은 서방의 중세적이고 수도원적인 공동생활의 기본 지침서요 기본법이 되었다. 칼 대제와 그보다 더 그의 아들 경건 왕 루이는 가장 큰 덕을 보았다. 칼의 명령으로 완성된 규칙서는 옛날 성 갈렌이었던 수도원에 보존되어 있고(Codex 914), 이곳 도서관에 공개적으로 전시되어 있다.

a) 베네딕트 규율 서문

(1) 내 아들아 선생의 계명을 들으라(Obsculta, o fili, praecepta magistri), 네 마음의 귀를 기울이고, 자애로운 아버지의 훈계를 기꺼이 받아들여 실천하여, (2) 순종의 노력을 통해서 네가 불

순종의 태만 때문에(per oboedientiae laborem-per inoboedientiae desidiam) 벗어난 것으로 돌이키라. (3) 이제 내 말이 네 것이 된다면, 너는 네가 원하는 자가 될 수 있느니라. 네 자신의 욕심들(propriis voluntatibus)을 버리고 참 되신 왕인 주 그리스도를 위한 싸움을 싸우고(domino Christo vero regi militaturus), 그 패하지 않는 영광스러운 순종의 무기를 거머쥐기만 하면 말이다. (4) 우선: 선한 것을 행하기 전에 이루어주시기를 꾸준히 기도함으로 그분을 귀찮게 하여(살전 5:17 비교) 이미 우리를 자기 아들들로 여겨주시는 분께서 앞으로는 우리의 악한 행위들에 대해서 탄식하시지 않도록 하라.…… (21) 그러니까 우리 허리를 무장하기를(눅 12:35 비교) 믿음과 선행 가운데 있는 충성(fide vel observantia bonorum actuum)으로 하고 복음의 인도함 따라 그의 길을 감으로 자기 나라로 우리를 부르시는 분을 보게 되기(ut mereamur eum…… videre) 원한다. (22) 하지만 우리가 그분의 나라 성막(tabernaculum)에 거하려고 하는데(시 15:1; 마 17:4) 선한 행위 가운데 그리로 달려가지 않으면 결단코 그 목적에 이를 수 없다.…… (40) 따라서 이 계명들(praecepta)에 대한 순종을 위한 전쟁을 위해서 우리 마음과 몸을 무장해야 한다. (41) 우리 본성으로는 거의 불가능한 모든 것을 위해서 주님의 은혜의 도우심(gratiae suae……adiutorium)을 그분께 간구하사.…… (45) 그래서 주님을 섬기기 위한 학교(dominici scola servitii)를 세워야 한다. (46) 이 설립으로 우리가 목적하는 바는 그 어떤 엄한 것이나, 그 어떤 어려운 것(nihil asperum, nihil grave)을 명하는 것이 아니다(마 11:30 참조). (47) 그러나 어느 정도는 엄해야 하는데, 그 이유는 오류를 개선하고 사랑을 유지하기 위해서는 그것이 필요하다고 이성과 정당성이 요구하기(dictante aequitatis ratione) 때문이다. 그러므로 두려움 때문에 당장 구원의 길을 떠나지 말라; 그 길이 지금 처음에는 잠시 좁을 수밖에 없다(non est nisi angusto initio incipienda: 마 7:13f.를 참조). (49) 하지만 수도원적 삶(conversatio)과 믿음 안에서 진보한 자에게는 마음이 넓어진다. 그래서 그는 사랑의 그 말할 수 없는 희열 속에서 하나님 계명의 길을 재촉하게 된다. (50) 그러니까 절대로 그의 교훈(magisterium)에서 벗어나지 말고, 수도원 안에서 죽음을 맞을 때까지 그의 가르침에서 벗어나지 말자. 이렇게 우리는 인내로써 그리스도 고난에도 참여하여서(고후 1:7; 빌 3:10 참조) 그분 나라의 상속자들이 되자(regno eius mereamur esse consortes).

b) 순종(5장)

겸손의 첫 걸음은 주저함 없는 순종이다(Primus humilitatis gradus est oboedientia sine mora). 이것은 그리스도 사랑을 그 어떤 것보다 더 귀하게 여기는 자들의 것이다(qui nihil sibi a Christo carius aliquid existimant). 그들이 찬양하는 거룩한 봉사(servitium sanctum)나 아니면 지옥에 대한 두려움 때문에 아니면 영생의 영화로움 때문에 상급자(maior)가 무엇을 명령하기만 하면 그들에게는 아무런 주저함이 없다: 그들은 이것을 마치 하나님으로부터 온 명령인 것처럼(ac si divinitus imperetur) 즉시로 이행한다.……

c) 겸손(7장)

(앞서서 눅 18:14과 시 131:1. 2 인용이 있고나서) 형제들아 우리가 최고 겸손의 정상(summae humilitatis…… culmen)에 이르고 사람들이 이생에서 닿으려고 하는 하늘에 있는 저 고상함에 빨리 이르기 원한다면 우리를 저 위로 이끌어줄 행위들을 통해서 야곱에게 꿈에 나타났던 저 사다리(scala)를 세워야 한다(창 28, 12). 곧 그 위에서 천사들이 오르락 내리락 하는 것이 그가 보았던 사다리이다. 사람이 자기 고양(exaltatio)을 통해서 내려

가고 자기를 낮춤(humilitas)으로 올라가는 것(눅 18, 14)으로 이해하여야 한다. 그런 식으로 세운 사다리는 세상에서의 우리 삶이니라(nostra…… vita in saeculo); 우리 마음이 겸손하게 되면(humiliato corde) 주님께서 그것을 하늘까지 세워주신다. 이 사다리의 가로대(latera)를 우리는 우리 몸과 우리 영혼이라고 부른다; 하나님의 부르심(evocatio divina)은 이 가로대에 겸손과 훈육의 여러 디딤판을 붙여주심으로 우리가 거기를 밟고 오르게 하셨다.……[1)]

d) 사유재산(33. 34장)

(33) 무엇보다도 수도원에서 이 악은 뿌리째(radicitus) 근절되어야 한다. 누구도 수도원장의 명령 없이(sine iussione abbatis) 어떤 것을 주거나 받거나 자기 것으로 소유하는(habere proprium) 것을 허락하면 안 된다. 어떤 것도 안 된다: 필사본(codex)도, 필사판도, 펜(graffium)도, 아무 것도 안 된다; 또한 수도사들은 절대로 자기 몸과 자기 뜻도 마음대로 처분할 수 없다. 하지만 필요한 것은 모두 수도원의 아버지에게서 얻어야 한다.…… (34) "각자에게 필요에 따라 나누어졌다"(행 4, 35 참조)고 기록되었듯이 이것은 지켜야 한다. 하지만 이 말로 인물의 명성이 날 수 있다고 말하려는 것은 아니다—있어서는 안 된다!—; 오히려 한 사람 한 사람의 취약한 능력을 주목하여야 한다. 적게 필요한 사람은 하나님께 감사하고 한탄하지 않아야 한다; 하지만 많이 필요한 자는 자기 연약함 때문에 낮추고 교만하지 않아야 한다, 이는 다른 자들이 사랑이 가득해서 배려하는 것이기 때문이다.……

e) 기도와 노동(48장)

태만은 영혼에 해롭다(Otiositas inimica est animae); 때문

에 형제들은 정해진 때에 손으로 하는 노동(labor manuum)과 또 정해진 시간동안 거룩한 독서(lectio divina)에 매진하여야 한다. 그러므로 이 두 가지를 아래의 규정을 통해서 시간적으로 규정하는 것이 옳다고 판단된다: 부활절부터 10월 1일까지 일찌감치 1시 이후부터 약 4시까지 필요한 작업을 수행한다. 4시부터 섹스트(점심 기도)를 행하는 6시까지 독서에 몰두하여야 한다. 하지만 6시 이후에는 책상에서 일어나서 자기 침대에서 철저한 침묵을 하며 쉬어야 한다. 혹시 읽고 싶으면 다른 사람에게 방해가 되지 않도록 혼자 읽어야 한다. 제9시과는 조금 일찍 지키되, 그러니까 8시간 동안 지키고는 다시금 베스파까지 노동과 관계한 일을 하여야 한다. 혹시 지역적인 상황(necessitas loci)이나 (수도원의) 곤궁함이 수도사들이 자신들의 손으로 밭의 식물을 가져오도록 한다면 이로 인해서 불평하면 안 된다; 수도사들이 자기들의 손으로 일해서 산다면 그때 그들이 참 수도사들(monachi)인 것이다. 곧 우리(수도원) 교부들과 사도들처럼(고전 4, 12; 행 18, 3 참조) 말이다; 하지만 소심한 자들(pusillanimes) 때문에 모든 것은 정도껏 이루어져야 한다.……

원전 : Die Benediktsregel, lat./dt. Hg. im Auftrag der Salzburger Äbtekonferenz, Beuron 1992.—참고문헌: B. Jaspert, Die Regula Benedicti—Regula Magistri-Kontroverse, Hildesheim (1975) 2판 1997 (RBS. S. 3); K. Zelzer, Zur Stellung des textus receptus und des interpolierten Textes in der Textgeschichte der Regula S. Benedicti, in: RBen 88 (1976) 205-246; A. de Vogüé, Die Regula Benedicti, Hildesheim 1983 (RBS. S. 16).

1) 규율은 아래에 열 두 단계의 겸손을 열거한다: 1. 하나님 경외함(timor dei)을 항상 눈앞에 둠; 2 자기 욕심(propria voluntas)에 그 어떤 기쁨도 갖지 않음; 3. 상급자에게 온전한 순종으로(omni oboedientia) 복종함; 4. 겪은 불의에서도 순

종적인 견딤; 5. 수도원장 앞에서 하는 모든 악한 생각의 겸손한 고백; 6. 분담되었거나 자기에게 지워진 가장 작은 것과 가장 마지막 것에 만족함; 7. 말로만이 아니라 행동으로 자기를 낮춤; 8. 오직 규율이 주는 훈계와 교부들의 모범만을 향함; 9. 웅변은 은, 침묵은 금; 10. 웃음도 제어함; 11. 항상 적은 말과 깊이 생각한 말만 족히 여김; 12. 몸의 자세도 겸손을 나타내도록 함.

6. 어거스틴 유산의 선별 과정: 제 2차 오렌지 공의회(529)의 반펠라기우스주의 논쟁

카르타고 공의회(418)와 에베소 공의회(431)에서 펠라기우스주의를 공식적으로 정죄하였음(고대교회, Nr. 92 참조)에도 불구하고 어거스틴의 은혜론과 예정론(같은 곳 Nr. 91 o-q 참조)에 관한 새로운 논쟁이 그의 생존 시에 발발하였는데, 이 논쟁은 겨우 100년 후에야 결말짓게 되었다(소위 "반펠라기우스 논쟁"[429-529]). 이번에는 그 어디보다도 북아프리카와 서쪽 고울 지역의 수도원들이 피해를 보게 되었다. 이들은 어거스틴의 원죄론과 "선행은총"(gratia praeveniens)에는 찬성하지만, 신앙의 시작(initium fidei)과 의지적인 신앙태세(credulitatis affectus)는 인간의 몫이라고 하였다. 왜냐하면 하나님의 구원 보편성(딤전 2, 4 참조)—그리고 수도사적 완전을 향한 노력!—을 충족시켜야 하기 때문이었다(논쟁 맞수들: 한쪽에 존 카시안[약 430 사망], 레리눔의 빈센츠[450년 이전에 사망], 리에즈의 파우스투스[약 500년 사망], 다른 쪽에 아퀴나티엔의 프로스퍼 티로[455년 이후 사망]와 루스페의 풀겐티우스 주교[533년 사망]). 아를르의 캐사리우스 대주교(502-542)는 반펠라기우스주의를 우선 교회정치적인 이유로 공격하였고, 제2차 아라우시오(오렌지) 공의회에서 성공적으로 정죄되도록 만들었다.—9세기부터는 기억에서 사라졌던 이 공의회의 결정은 13세기에 처음으로 재발견되었고 그리고는 무엇보다도 트렌트에서 있었던 토론(KThQ III, Nr. 106 참조)으로 말미암아 기억 속에 남게 되었다.

a) 반펠라기우스주의의 유전된 죄 또는 원죄 반대

법령 1. 아담 범죄의 잘못(offensa praevaricationis)으로 말미암아 인간은 철저히 그러니까 몸과 마음이 "아주 악하게 변하지 않았고"[1], 단지 몸만 썩게 되고 영혼의 자유는 손상되지 않고 남아있다고 누군가 말한다면 그는—펠라기우스 오류에 오도되어서—성경을 대적하는 것이다.…… (인용: 겔 18, 20; 롬 6, 16. 벧전 2, 19는 참조).

법령 2. 아담의 범죄는 자기뿐이지 그의 후손들에게까지 해로운 것이 아니라고 한다거나, 결국 죄에 대한 형벌인 육신의 죽음뿐이지 영혼의 죽음인 죄가 한 사람을 통해서 온 인류에게 전달된 것은 아니라고 단언하는 그는 하나님을 부당하게 만들게 된다; 그는 사도(바울)에게 이의를 제기하는 것이다.…… (롬 5, 12 참조).[2]

b) 반펠라기우스주의 은혜론 반박

법령 3. 하나님의 은혜는 인간의 간구를 따라(invocatione humana) 주어지지만, 우리가 간구하는 것이 바로 은혜의 탓이 아니라고 말하는 자는 선지자 이사야 및 그 사도(바울)를 반대하고 있다.…… (인용: 롬 10, 20; 사 65, 1 비교하라).

법령 4. 하나님께서는 우리를 죄에서 깨끗하게 하기 위해서 우리의 원함을 기다리고 있다고 주장하지만(contendit) 우리가 깨끗하게 되기를 원하는 것도 성령이 우리 안에 부어넣어지고(infusio) 활동하심 탓으로 감사해야 할 것이라고 고백하지 않는 자는 솔로몬을 통해서 말씀하시는 성령 자신(잠 8:35 [LXX])과 사도(빌 2:13)를 대적하는 것이다.……

법령 5. 자라나는 것(augme-ntum)과 마찬가지로 신앙의 시작(initium fidei)과 의도를 가진 믿음의 준비(credulitatis affectus)는—우리가 죄인을 의롭게 하는 그 신앙과 또 거룩한 세례의(거듭-)태어남에 이르는 수단이 되는—은혜의 선물, 곧 우리의 의지를 불신앙에서 신앙으로, 무신론에서 경건함으로 바꾸는 성령의 숨 불어넣으심이 아니라 본래 우리 안에 있다(naturaliter nobis inesse)고 말하는 자는 사도적 가르침(apostolica dogmata)을 대적하는 자가 분명하다; 복 되신 바울은 가르친다.…… (빌 1:6. 29; 엡 2:8 비교하라). 왜냐하면 우리가 하나님을 믿는 그 신앙이 본성적으로 (우리) 자신 것이라고 하는 자는 그리스도의 교회에 속하지 않은 모든 자들이 믿는 자라고 말하는 것이기 때문이다.

법령 6. 하나님의 은혜가 없이 우리가 믿고 원하고 사모하기만 하면 우리에게 자비하심이 하나님으로부터 주어진다고 하지만, 우리가 믿고 원하며 마땅한 방식으로 모든 것을 할 수 있으려면 우리 안에 성령의 부어주심과 숨을 불어넣으심으로 말미암아야 한다는 것은 고백하지 않는 자; 나아가서 은혜가 도와주시는 것을 겸손이나 인간의 순종에 달려있는 것으로 만들면서도(aut humilitati, aut oboedientiae humanae subiungit gratiae adiutorium) 우리가 순종하며 겸손하게 되는 것이 바로 은혜의 선물이라는 데에는 동의하지 않는 자는 사도의 선포를 부인하는 자이다.…… (고전 4:7; 15:10)

c) 아를르의 가이사리우스의 결론(conclusio)

인간의 자유의지(liberum arbitrium)는 아담의 죄로 위축되어서 하나님의 선행하는 자비의 은혜가 무조건 필요하게 되었다. 그리스도 강림 이후에도 은혜는 구원이 필요한 자의 재량에 달려있지 않다(빌 1:29; 1:6; 고전 4:7; 약 1:17; 요 3:27). 공교회의 신앙을 따라 우리가 확신하는 것은 세례 받은 모든 사람은 받은 세례의 은혜 덕분에, 이들이 충성되게 애쓰려고 했다면(si fideliter laborare voluerint) 그리스도의 은혜와 동역으로(Christo auxiliante et cooperante) 영혼 구원에 필요불가결한 것을 이행할 수 있고 또 그래야만 한다. 그런데 어떤 사람들은 하나님의 권능으로 인해서 악으로 예정되었다는 것을 우리는 믿지 않는다; 믿지 않을 뿐 아니라 그런 식으로 악을 도모하려고 하는 자가 있다면 우리는 혐오감에 차서 그들을 교회공동체로부터 몰아낸다(cum omni detestatione illis anathema dicimus). 또 우리 구원을 위해서 우리가 모든 선행의 시작을 하며 차후에 하나님의 자비로 말미암아 지원을 받는 것이 아님을 우리는 고백하며 믿는다; 심지어 그 어떤 공로들[3](bona merita)이 선행함 없이 자기에 대한 믿음과 사랑을 우리에게 불어넣어줌으로 우리가 세례의 성례(sacramenta)를 신실하게 사모하게 하시고 세례 후에는 그분의 도우심으로 그분을 기쁘시게 하는 일을 행할 수 있게 되도록 하시는 분도 그분이시다. 그러므로 아주 확실하게 믿을 것은 주님께서 낙원으로 부르신 강도(눅 23:43)의 신앙, 주님의 천사가 파송된 백부장 고넬료(행 10:3)의 신앙, 또 주님 자신을 영접할 수 있었던 삭개오(눅 19:6)의 신앙도 본성의 선물이 아니라 하나님 은혜의 거저주시는 선물이었다는 사실이다.

원전 : DH 370-397.—참고문헌: E. Mühlenberg in: HDThG I, 464-476; G. Haendler, Die abendländische Kirche im Zeitalter der Völkerwanderung, Berlin [3]1987 (KGE I/5), 7장과 8장; C. Tibiletti, Rassegna di studi e testi su i "semipelagiani", in: Aug. 25 (1985) 507-522; O. H. Pesch-A. Peters, Einführung in die Lehre von Gnade und Rechtfertigung, Darmstadt (1981) [2]1989, 34-42; A. Angenendt, Das Frühmittelalter, Stuttgart (1990) [2]1995, 79-81. 99-103.

1) Augustin, De nupt. et concup. II 34, 57 (CSEL 42, 315).
2) Augustin, C. duas ep. Pelag. IV 4, 4-7 (CSEL 60, 524-528).
3) meritum은 단순히 "공로"만이 아니라 "허물", "잘못"도 말한다; 이런 점에서 bona merita("선한 공로"와 구별해서)로 표현하는 것은 의미심장하다.

7. 위 아레오바고의 디오니시우스

520년경부터 바울에 의해서 회심한 "아레오바고의 디오니시우스"(행 17, 34)라는 이름으로 하나의 문서 뭉치가 전해져 왔다. 이 집필자는 스스로를 "장로 디오니시우스"라고 밝히고 있지만 "역사적" 면밀성을 접목시켜 가면서 자기가 사도와 동시대인인 듯한 인상을 주고 있다(인상을 주려고도 한다). 이 "알려진" 아레오바고 사람과의 동일시시킨 것은 놀랍게도 빠르게 먹혀들어갔고 르네상스까지 거의 의문시되지 않았다. 이 동일시는 "아레오바고" 문서 뭉치에 거의 사도적 명성을 주었는데, 특히 서방과 기독교에 속한 동방에서 그러하였다. 더욱이 종교개혁 전야, 그것도 르네상스와 인문주의 주변에 있는 사람들이 성경이 아니라 "디오니시우스"를 원전에서 읽으려고 희랍어를 배울 정도로 주목의 중심을 차지하게 되었다. 중세 후기에는 무엇보다도 "디오니시우스"에게 매혹되도록 만드는 "부정하는", 말하자면 극단적으로까지 끌고 가는 "부정신학"이 그것이다. 반면에 그 몇 세기 전에는 우선적으로 만물의 구조와 위와 아래 사이의 교제에 관한 그의 가르침과 천사들의 위계질서에 관한 그의 가르침이 관심의 대상이었다.

a) 우주의 구조와 하늘과 땅 사이의 소통 구조(Coel. Hier. IV 1-3)

(1) (계층의 정의와 그 기능 설명 다음으로 이 작품의 독특한

대상: 천사들의 위계질서, 이들에 관한 지식은 성경에 있는 증언들을 우화적으로 해석해야 얻을 수 있다.) 무엇보다도 먼저 이 진리가 언급되어야 한다. 곧 자비함으로 인해서, 자기 자신은 모든 존재를 초월하는 모든 신격화의 원천(ἡ ὑπερούσιος θεαρχία)은 존재하는 모든 것의 존재를 실재가 되도록 하면서 실존으로 불러내었다. 그가 존재하는 모든 것을 자신과 교제하도록 부르되 각 존재 자신의 이해력(ἀναλογία)을 감안하여 가능한 만큼 하게 했다는 것이 만물의 원인이며 또 모든 것을 초월하는 자비의 특징이다. 따라서 모든 존재자는 존재를 초월하며 만물의 원인이 되는 신성으로부터 분출되는 섭리(πρόνοια)에 참여한다. 말하자면 모든 존재자는 모든 사물의 존재이며 원천에게 참여하지 않는다면 존재하지 못한다. 모든 생명 없는 것이 그의 순수 존재를 통해서 그에게 참여한다(하지만 존재를 초월하는 신성은 만물의 존재와 동등한 의미를 가진다); 반면에 모든 살아있는 존재는 생명을 선사하지만 모든 생명을 초월하는 그의 능력에 참여한다. 모든 사고하는 존재와 이성적 존재는 이 사고와 이성을 완전히 초월하며 자기 안에서 완전하며 모든 완전을 앞서는 그의 지혜에 참여한다(τῆς αὐτῆς ὑπὲρ πάντα καὶ λόγον καὶ νοῦν αὐτοτελοῦς καὶ προτελείου σοφίας). 하지만 그(곧, 신의 섭리에게 딱 맞닿은)의 주변이 여기에 여러 모습으로 참여하는 그 존재들을 만든다는 것이 분명하다. (2) 여기서 도출되는 것은 천상적 존재들의 거룩한 신분들(διακοσμήσεις)은 그 원천이 주는 은사에 참여하기(τῆς θεαρχικῆς μεταδόσεως ἐν μετουσίᾳ γεγόνασιν)를 단순히 존재하는 자들(= 생명 없는 존재들)과 (또한) 이성 없는 자들과 인간적인 방식으로 지성을 갖춘 존재들보다 더 높은 정도로 참여한다는 사실이다.…… 따라서 그들(천상적 존재들의 거룩한 신분들)은 그(신)와 우선적으로 교제하고 다양하게 교제하는 자들이고 (그렇게 또한) 탁월하며 여러 모습으로 그 신적인 원천

의 감추어짐에 눈길을 보내는 자들이다(ἐκφαντορικαὶ τῆς θεαρχικῆς κρυφιότητος). 그러므로 그들은 또한 무엇보다도(그 누구보다도) 천사라는 명칭이 합당하다. 왜냐하면 신적인 원천으로부터 나온 빛이 그들을 가장 먼저 비추고 그들을 통해서 우리의 파악능력을 넘어서는 계시가 전달되기 때문이다.…… (3) 하지만 혹시 누가 주장하기를 성도들 가운데 어떤 사람들에게 하나님의 계시가 간단하게 그리고 직접적으로 주어졌다고 한다면 그는(성경의) 거룩한 말씀으로부터 이것도 깨달아야 한다: 하나님의 그 감추어진 존재 그 자체는 "누구도 보지 못했고"(요 1, 18; 딤전 6, 16과 요일 4, 12 비교), 현재도 볼 수 없다; 그러나 물론 하나님의 현현이 성도들(ὅσιοι)에게 나타나되 하나님 방식의 계시의 범위 안에서 거룩하면서도 또 바라보는 자들이 파악할 수 있는("비유적인") 면모를 수단으로 나타났다.…… 아니면, 성경의 전승은 거룩한 율법 주심이 하나님으로부터 직접적으로 모세에게 주어졌다고 발하면서 우리로 하여금 그것이 바로 신적이며 거룩한 것(율법주심)(출 25, 40 비교)의 한 복사본(스케치)이라고 진실로 고백하게 한다. 하지만 다른 면에서는 그 하나님 나타냄(θεολογία)[1]은 오해의 여지없이 우리에게 그것이 천사를 매개로 해서(갈 3, 19 비교하라) 우리에게 왔다고 가르치고 있지 않는가? 하지만 하나님께서 세우신 질서(θεονομικὴ τάξις)는(오직) 첫 번쌔 깃들을 매개로 두 번째 것들이 하나님께 상승하는 것으로 규정하고 있다.[2] 이밖에도 아래 법칙은(나란히) 아래위로 서열이 매겨져 있는 이성적 존재들(지성적 것들, νόες)에게만이 아니라 동등한 것들 안에서도 모든 질서의 원천에 의해서(ταξιαρχία) 확립되어 있다: 모든 계층 범위[3]에는 서열과 힘에서 첫째, 중간, 그리고 마지막이 있으며, 하나님께 더 가까운 자들("더 신적인 자들")이 비밀의식을 행하는 사제와 지도자로서 마지막 자들이 하나님께 가까이 다가가며, (그를 통해서) 조명되며 (그와) 교제하도록 봉사한다.

b) 존재자들의 우주 안에서의 천사들의 위계질서

(1) 하늘 위 존재들의 구성이 얼마나 많고 또 어떤 모습인지, 그들의 영역에 소속되어 있는 계층이 어떻게 움직이는지는 내 생각에 그들의 신격화도 그의 덕분인(θεωτικὴ αὐτῶν τελεταρχία) 모든 성별함의 근원만이 알고 있다; 게다가 그들 자신도 자기들의 힘과 조명과 자기들의 거룩하면서 세상보다는 우월한 선한 질서를 알 수 있다. 말하자면 천상 영들(νόες)의 비밀과 그들 각자의 거룩하고도 거룩한 완성을 아는 것은 우리에게는 불가능하다. 혹시 언젠가 누가 하나님(신격화의 원리)께서 그들, 곧 자기들 본연의 것을 아는 자들을 통해서 자신의 비밀로 인도함에서 무엇을 우리에게 주었는가를 말해주지 않는다면 말이다. 따라서 우리는 우리 자신의 노력(αὐτοκινήτως)으로부터는 아무 것도 말할 수 없다. 오히려 거룩하게 된 하나님을 아는 자들이 무엇을 보았든지 간에, 그들이 우리를 어디로 끌어들이는지만 우리 능력이 닿는 한 기술하려고 한다. (2) 하늘에 소속된 모든 존재하는 것을 하나님 지식(곧 성경)은(그들의 존재를) 나타내는 아홉 개(존재)의 이름들을 붙여주었다; 이것들을 이제 우리의 신적인 비밀의식사제("봉헌하는 자")[4]가 세 개짜리 그룹(τριαδικαὶ διακοσμήσεις)세 개로 세분하였다. 그가 생각하는 것처럼 첫 번째는 항상 그리고 가장 가까운 데서 하나님을 둘러싸고는 그와 함께 하고 우리에게 전승되어 오듯이 매개 없이는 다른 자들과 하나가 될 수 없는 그룹이다. 이를테면 최고로 거룩한 "보좌들"(골 1, 16)과 많은 눈과 많은 날개들을 가진 무리들, 히브리어로는 케루빔과 세라핌이라고 하는 것들이 하나님을 둘러서 직접적으로 원을 그리고 서 있는데, 거룩한(성경) 말씀이 계시하는 것처럼, 다른 모든 자들보다 더 가깝게 있다고 그는 말한다. 그러니까 우리의 유명한 선생(καθηγεμών)은 삼조씩의 구성은 유일하며 자체 안에 동등한 구성으로서 존재적으로 최고의 계층이라고 이름지었다; 그

어떤 다른 것들도 이보다 더 신적인 모습을 가지고 처음으로 효력을 발생하는 신적인 광선들에 더 직접적으로 노출되어 있지 않다. 두 번째는 권세, 통치와 힘(엡 1, 21 비교)들이 함께 만든 그룹이며, 셋째는 천사, 대천사와 권능들(ἀρχαί), 곧 하늘 계층의 마지막 빛(ἐπ' ἐσχάτων τῶν οὐρανίων ἱεραρχιῶν)의 그룹이다.

c) 이름 부를 수 없는 자와 하나 됨(신비신학 1. 5)

(1, 1) "모든 존재, 모든 신적인 것과 모든 선을 초월하며, 기독교인들의 신적 지혜(θεοσοφία) 너머에 이르도록 크신 당신, "삼위일체"께서 우리를 그 비밀에 가득찬(성경) 말씀의 최고봉으로 이끌어 인도하시되 모든 빛 너머인 것처럼 모든 알 수 없음 너머로 인도하소서. 거기에 비밀에 가득하여서 가려있는 침묵 가운데 있으며, 강한 빛 때문에 온 어둠 안에 있는 신비한 행위들은 하나님 지식(θεολογία)에게도 감추어져있나이다: 단순, 절대 그리고 불변. 그 꿰뚫을 수 없는 어둠 안에서 이들은 광채로도 탁월하십니다. 모든 다른 것들보다 더 발하는 큰 힘을 가지고 있습니다; 완전히 파악할 수 없고 볼 수 없는 것 중앙에서 그들은 아름다움에서도 다른 것들을 무색하게 만드는 그 광채로 눈먼 영들을 가득 채우십니다." - 이것이 나의 기도입니다. 하지만 사랑하는 디모데여, 당신은 그 비밀스러운 관찰에 몰두하는 것을 중단하시 바십시오. (이런 방식으로) 당신 이성의 자극에 대해서와 마찬가지로 감각적 인식과도 결별하십시오; 생각이 파악한 것에 대해 단절하듯 감각들이 느끼는 것도 단절하고, 비존재자와 존재자에게 동일하게 하십시오. 대신에 가능한 한에서 비인식적인 길을 통해서 그 모든 존재와 인식을 넘어서는 분과의 합일로 자신을 전개시키십시오. 왜냐하면 모든 일들과 마찬가지로 당신 자신을 무조건 그리고 한없이 포기할 때에만이 정결하게 신적 어둠의 그 존재를 초월하는 빛으로 고양되며 모든 것을 버리고 모든 것으로부터 놓임

받게 되기 때문입니다(1, 2). 하지만 헌신되지 않은 자는 누구도 거기에 대해서 듣게 되지 않는 것을 기억하십시오. 나는 물질적 세상에 매여 있으며 존재하는 것에 관한 그들의 사고력 너머에는 아무 것도 존재하지 않는, 곧 존재를 능가하는 방식으로는 존재하지 않는 자들에 관해서 말하고 있는 것입니다. 오히려 그들은 자기들의 인식능력으로 어둠을 자기 덮개로 만드시는(시 18:12) 자를 영적으로 차지할 수 있다고 생각합니다.…… (1, 3) …… 왜냐하면 거룩한 모세는 먼저 자기 자신을 정결케 하고 그 다음에 그런 방식으로(정결하게) 되지 않은 자들에게서 떠나라고 명령을 받았기 때문입니다.[5] 하지만 그는 완전히 정결하게 되고나서 많은 소리를 내는 나팔소리를 들으며(출 19, 16; 20, 18비교하라) 정결하고, 넓게 비추는 빛 가운데서 번쩍이는 충만한 빛을 보았습니다. 그 후에 백성들로부터 떨어져 나와서 선택받은 제사장들을 동반하고는 하나님 산 정상에 이르렀습니다(출 19, 20). 단 그는 결코 거기에서 하나님 자신을 만나지 않았고, 하나님 자신을 보지도 못했고—그는 볼 수 없습니다—그가 계시는 곳을 보았습니다(출 20, 21; 24, 9-11).…… 그 후에(모세는) 인식이 파악할 수 있는 모든 것을 향해 자신을 닫고는 가시적이며 볼 수 있는 것의 영역에서도 떠나서는 무지의 흑암[6], 참으로 신비한 곳(흑암)으로 빠져 들어 갔습니다. 거기서 모든 것을 초월하는 자 오직 그의 특징인 파악할 수 없고 볼 수 없는 것 안에 휩싸여버렸습니다. 그렇지만 그는 자기나 다른 사람 누구의 소유물이 아닙니다. 모든 인식행위가 멈추어짐으로 그는 절대로 알 수 없는 분과 더 높은 의미에서 하나가 된 것입니다. 그리고 (더 이상) 아무것도 인식하지 않으면서 그는 이성을 초월하는 방식으로 인식합니다.

4장은 감각적으로 인식할 수 있는 모든 것의 최고의 근거는 감각적으로 인식할 수 있는 영역에 속하지 않는다고 진술하고 있다. 마지막 장은 한 걸음 더 나아가 지적인(오직 영적으로만 파악할 수 있는) 영역에 상응하는 것을 규명하고 있다.

(5) (감각적으로 인식할 수 있는 것보다) 더 높이 상승하면서 우리는 그것(만물의 원인)에 관해서 말하기를 그것은 혼도 아니고 영도 아니라고 합니다; 그에게는 상상력, 생각, 이성이나 사고를 포함시키면 안 됩니다, 또 그를 이성과 생각과 동일시해도 안 되며 그는 표현되지도 않고 생각되지도 않습니다. 그는 숫자도 서열도 아니고, 거대함도 사소함도 아니고, 동등도 부등도 아니고, 유사함도 차이남도 아닙니다. 확고한 위치도 갖고 있지 않으며 움직이지도 않고 쉬지도 않습니다. 그에게 힘을 귀속시켜서도 안 되고 힘과 동일시해도 안 되고 빛과 동일시해도 안 됩니다. 그는 살아있지도 않고 삶과 동일하지도 않습니다. 또 그는 존재도 아니고 영원도 아니고 시간도 아닙니다. 그는 사색적으로 파악되지도 않고 알려지지도 않습니다. 또한 진리와도, 또는 지배력이나 지혜와도 동일하게 취급되어도 안 됩니다. 그는 일자도 아니고 단일성도 아니며 신성도 아니고 선도 아닙니다. 그리고 우리 표현으로 이해하는 의미로 영(πνεῦμα)도 아니며 아들 됨이나 아버지 됨과 동일시되어도 안 되고 우리나 다른 존재가 인식하는 그 어떤 것과도 동일시되어서는 안 됩니다. 그는 비존재의 영역에도 존재의 영역에도 속하지 않습니다. 사물들은 그를(실제의) 그의 모습대로 인식하지 않고 그도 사물을 그 실제의(곧 제한 내지는 합성된) 존재 안에서 인식하지 않습니다. 그는 모든(존재) 규정, 이름부름과 인식을 벗어납니다. 그는 어둠과도 빛과도 동일시되어서는 안 되며, 오류와도 진리와도 안 됩니다. 우리는 그분에게 어떤 것을 귀속시킬 수도 제거시킬 수도 없습니다. 오히려 그분 다음으로 자리 매겨진 것과 관계해서 긍정이나 부성의 표현을 한다고 해도 우리가 긍정하고 부정한 것이 그분 자신은 아닙니다. 왜냐하면 모든 것을

완성하며 만물의 유일한 근원인 그는 모든 긍정을 초월하는데, 이는 모든 제한을 벗어나고 모든 것을 초월하는 그에게 그 어떤 부정도 근접하지 못하는 것과 같은 것이기 때문입니다.

원전 : Corpus Dionysiacum II: Dionysius Areopagita. De corlesti hierachia— De ecclesiastica herarchia— De mystica theologia—Epistulae, hg. v. G. Heil—A. M. Ritter, 1991 (PTS 36).—참고문헌: Pseudo-Dionysius Areopagita. Über die himmlische Hierarchie—Über die kirchliche Hierarchie, eingel., über. u. 각주 첨부 v. G. Heil, Stuttgart 1986 (BGL 22); Pseudo-Dionysius Areopagita. Über die Mystische Theologie und Briefe, eingel. übers. u. 각주 첨부 v. A. M. Ritter, Stuttgart 1994 (BGL 40), 책 마다 참고문헌이 보충됨; P. Rorem, Pseudo-Dionysiuj, New-York-Oxford 1993; 동일저자-J. Lamoreaux, John of Scythopolis and the Dionysian Corpus. Annotating the Areopagite, Oxford 1998; F. Mali, Eine erst Summa theologiae, (kath.-theol.) Habil. Augsburg 1997.

1) 우리 저자에게서 아주 자주 만나는 이 개념의 근본 의미는 현대의 의미인 "(책임성 있는) 하나님론"이 아니고 바로 "하나님 말씀"이다.
2) 저자 자신과 그가 끼친 영향의 역사(특별히 교황 보니파키우스 8세[아래 Nr. 52]의 교서 "Unam Sanctam"과 비교하라)에서의 이 중개 원리의 의미에 관해서는 "신비신학"과 주해가 있는 서신들의 번역본을 참조해야 한다(132, 각주 98).
3) "위계질서"는 개념적으로 저자가 새롭게 만들어낸 것이다("신조어"). 큰 영향을 끼친 새로운 개념을 만든 것이다. "위계질서"는 "성화된 사물들에 대한 권능"이라고 옮겨야한다; 그렇지만 "성화원리"(성화의 근원)라는 의미의 뉘앙스도 담고 있다.
4) 이렇게 "디오니시우스"는 자기 글 "하나님 이름에 관하여"의 여러 곳에서 말하고 있는 자기의 신비스러운 선생을 소개하고 있다. 하지만 삼분법의 생각은 철학자 프로클로스, 특히 그의 플라톤 신학 안에 나오는 원리들과 전적으로 상응하고 있다 (G. Heil은 자기가 주해를 한 번역본에서 이렇게 타당하게 보고 있다).
5) 다음에 나오는 것과 관련해서는 우선적으로 니사의 그레고리의 De vita Moysis II 152-170과 비교하고; "무지를 통한 인식"과는 Plotin, Enn. V 5, 7과 비교하라.

6) 중세 서방에서의 아주 중요한 영향력의 발자취에 관해서는 영향력이 있는 신비적 문서인 "무지의 구름" 하나만을 제시해야 할 것이다; 이와 관련해서는 Ph. Hodgson, The Cloud of the unknowing and the Book of privy couseling, London 21958과 비교하라.

8. 비잔틴의 시각에서 보는 두 권세

(유스티니아누스 1세, 법령 6[535], 서언)

이 문서는 거의 40년 이전에 교황 겔라시우스 1세가 황제 아나스타시우스 1세에게 보낸 자기 편지(편지 12, 2)에서 전개시켰던(위 Nr. 1을 보라) "두 권세론"은—원리상—동방 사고와 얼마나 힘들일 필요도 없이 걸맞는지[1)]를 보여주기 때문에 많은 관심의 대상이며 중요하다. 두 문서의 비교는 비잔틴주의의 고전적인 대표자인 황제 유스티니아누스 1세(527-565)가 틀림없이 그에게 알려진 이 가르침에 관심을 갖고, 어떤 것들은 폐기시키고, 다른 것들은 중점을 변경시킨 것을 알려준다; 결코 사소하다고 할 수 없는 강조점을 다르게 한 것 외에 모든 무게가 겔라시우스 1세에게서 보는 것과 똑같이 땅에 있는 두 권세가 신적인 근원과 공공의 복지를 이루어보려는 공통의 목적을 가지고 있다는 데에 있다.

위로부터 오는 자비로 말미암아 인간에게 있는 두 개의 아주 큰 하나님 선물은 분명히 사제권과 (황제의) 통치이다(Maxima quidem in hominibus sunt dona dei a superna collata clementia sacerdotium et imperium); 하나는 하나님의 일을 염려하고, 다른 하나는 인간적인 일(고려하는 데)에서 최고 정점에 있으면서 인간들을 배려하다. 동일한 원리(principium [ἀρχή])에서 나와서 이 둘은 인간들의 삶을 꾸미는 일에 매진한다. 그러므로 황제의 열정은 어떤 것을 향해서도 주교들의 명예로운 위치(honestas)를 향해서 만큼 힘을 기울여서는 안 되며, 이보다 더 이들(주교들)은 그들(황제들)을 위해서 항상 하나님께 간구하여야 한다(cum utique et pro illis ipsis semper deo supplicent). 말하자면 하나(곧 사제권)가 모든 점에서 흠 없이 건재하며 하나님을 향한 담백함(fiducia[παρρησία])을 잃지 않고, 다른 하나(곧 황제권)는 자기에게 맡겨진 사회를 위해 바르고도 공정한 방식으로 모든 필요를 제공한다면(recte et competenter exornet), 인류에게 유익한 모든 것이 이들에게 이르게 하는 바로 이 아름다운 조화(consonantia quaedam bona[συμφωνία τις ἀγαθή])가 도래할 것이다.……

원전 : Corpus Iuris Civilis, vol. III, recogn. R. Schoell,…… absolv. Gu. Kroll, Berlin 1895, 35f.—참고문헌: M. Clauss, Die von Kirche und Staat zur Zeit Justinians, in: Klassisches Altertum, Spätantike und frühes Christentum (FS A. Lippold), hg. v. K. Dietz, Würzburg 1993, 579-593; K. Bringmann, Imperium und sacerdotium. Bemerkungen zu ihrem ungeklärten Verhältnis in der Spätantike, in: P. Kneissl— V. Losemann (Hg.), 'Imperium Romanum'. Studien zur Geschichte und Rezeption (FS K. Christ), Stuttgart 1998, 61-72; K. L. Noethlichs, Art. Iustinianus (Kaiser), in: RAC Lfg. 149/150, 1999, 668-763 (폭넓은 참고문헌 포함); K. -H. Uthemann, Kaiser Justinian als Kirchenpolitiker und Theologe, in: Aug. 39 (1999) 5-83.

1) 바로 이 이유 때문에 "서방식"과 "동방식"의 사고가 그토록 오랜 동안 일반화되었을 정도로 대치시키는 것(서방의 "신정정치" 대 비잔틴의 "황제교황주의(Caesaropapismus")은 꽤나 문제가 될 수 있다.

9. 초창기 아일랜드 수도원교회

400년이 지나가며 로마제국의 지배가 분명하게 종지부를 찍으면서 모든 군대가 브리타니아로부터 물러나고, 이와 함께 섬이 자치를 하게 될 때, 그곳에 있던 일단의 기독교인들도 브레타뉴로 이동하였다. 하지만 그 섬에 남아 있던 기독교인들은 선교를 감행하였고, 아일랜드인들(스코트인들) 가운데서 뚜렷하게 결실을 맺게 되었다. －6/7세기의 아일랜드 교회는 수도원교회였다. 말하자면 베네딕트 이전 수도원이었는데, 아마도 패트릭(461년 3월 17일 사망, 하지만 492년 아르마그(Armagh) 주교로 사망하였을 수 있다.)이 고을(Auxerre?)에서 알게 되었을 수 있는 수도원으로 12세기까지 존재하였다. 수도원의 영향권은 부족의 경계와 일치하였다. 치리권은 수도원장들의 손아귀에 있었다. 목회자인 그들은 초기 아일랜드 기독교의 내면적 삶의 대부분을 형성하였는데, 특별히 개별적 고백과 속죄 수준의 단계를 갖춘 고해성사(Beichtbuße)를 통해서 형성하였다(동방 수도원에서 받아들였을 행위이다). 하지만 초기 아일랜드 수도원의 가장 커다란 업적은—학문적이며 예술적(책자의 그림!) 영역을 제외한다면—선교의 영역에 있다. 또한 이것은 초기 아일랜드 교회의 수도원적 특징이 끼친 영향이다(그리스도를 위한 자발적인 나그네 됨 [Peregrinatio propter Christum]).

a) 패트릭의 "고백"

(1) 완전히 시골뜨기이며, 죄인이고 모든 믿는 자들 중에서 가장 초라하고도 가장 천대받을 나 패트릭(Ego Patricius peccator rusticissimus et minimus omnium fidelium et contemptibilissimus apud plurimos)은 타부르니의 반나벰[1] 마을에 살던 장로 포티부스의 아들인 집사 칼포르니우스를 아버지로 두었다. 그는 그 인근에(작은) 땅을 가지고 있었다; 거기에서

나는 포로가 되었다. 당시 16살이었다. 그때는 내가 참 하나님을 몰랐고, 아일랜드로 수천 명의 사람과 함께 사로잡혀 갔다—그것은 우리가 벌어들인 것이었다(secundum merita nostra); 왜냐하면 우리는 하나님을 멀리 했고(사 59:13 비교) 그의 명령을 지키지 않았으며(창 26:5 비교하라) 우리 사제들, 곧 우리의 구원을 기억하도록 만드는 자들에게 불순종하였었다(non oboedientes fuimus[2]); 그래서 주님께서 우리에게 자신의 분노를 쏟으시고 우리를 수많은 백성들 가운데로(사 42:25 비교하라), 곧 내 하찮음(parvitas mea)이 지금도(여전히) 이방족속들 가운데 살고 있는 것처럼 여겨지는 그 "세상의 끝까지"(행 13:47) 흩어 놓으셨다. (2) 그런데 여기서 주님께서는 나의 불신(incredulitatis meae)의 "의미"를 "드러내셔서"(눅 24:45) 물론 나중이지만[3] 나의 죄악을 깨닫게 되었고 온 마음으로 나의 하나님이신 주님께 돌아오게 하셨다(욜 2:12f.비교하라) 그가 나의 "비천함을 돌아보시고"(눅 1:48; 삼상 1:11) 내가 그를 알기도 전에 나의 어림과 나의 무지함을 긍휼하게 보시고 나를 보호하셔서 내가 깨우침을 받았고 선과 악을 구분하게 되었다; 그분은 아비가 아들에게 하듯 나를 보호하시고 위로하셨다.

(9) 때문에 벌써 오랫동안 여기에 대하여 기록하려고 생각하였지만 지금까지 망설였다; 그러니까 다른 사람들처럼 나는 배우지 않았기 때문에(didici) 사람들 "(입)"에 "오르내리는 것"(시락 28:27f.)을 두려워했다.…… 더욱이 우리가 기록한 것의 맛스러움(saliva)에서 쉽게 알 수 있듯이 우리가 "말하고 표현하는 방식"(요 8:42)이 다른 언어로 번역되었다.……

(16) 아일랜드로…… 납치해 간 다음에—매일같이 나는 그런 이유로(곧 노예이기에) 양을 돌보았고, 낮에는 자주 기도하였는데—, 하나님의 사랑이(나에게) 점점 다가왔고 하나님을 경외함과 믿음이 자라고 하루에 100번 밤에도 거의 그만큼 기도할 만큼 마

음이 움직였다.…… (17) 거기서 밤이면 다음과 같이 말하는 음성을 들었다: "네가 금식한 것이 좋도다; 곧 너의 고국으로 가게 될 것이다"…… (23) 그렇게 몇 년 후에 나는 다시 브리타니아에서 내 부모와 함께(또는 나의 사람들[parentibus meis]) 있게 되었다. 그들은 나를 자기들의 아들(혹은 자기들의 것)로 영접해 주면서 내가 겪은 모든 고통은 지나고 이제 다시는 자기들을 떠나지 말라고 진심으로(ex fide) 애원하였다. "그런데 내가 거기서 환상 가운데에서" 아일랜드에서 빅토리쿠스라고 하는 사람이 많은 편지를 가지고 온 것을 "보았다"; 그가 그들 중에서 하나를 나에게 주기에 내가 그 편지의 앞부분을 읽었는데 이렇게 되어 있었다: "아일랜드인들의 소리"(Vox Hiberionacum),…… 그 순간 나는 서쪽 바다 근처에 있는 보클룻(Voclut) 숲에 사는 사람들의 소리를 듣고 있다고 믿었다. 그들은 마치 "한 입"(단 3:51)처럼 외쳤다: "[거룩한] 종(puer) 당신에게 애원합니다, 와서 우리 가운데 이후로는(adhuc) 있어 주십시오." 나는 그것을 더 계속해서 읽을 수 없었고 정신이 번쩍 들 정도로 그것은 "마음"(행 2:37[!])을 꿰뚫었다. 그토록 많은 시간이 지난 후에 주님께서 그들의 부르짖음대로 그들에게 이것을 허락하신 것을 감사하나이다.……

(34)…… 보십시오, 우리는 사람이 없는 곳에까지 복음이 전파된 것에 대한 증인들입니다.…… (41) 도대체 어떻게(마로) 한 번도 하나님을 알지 못하고 오늘까지 우상과 귀신을 섬길 뿐이었던 아일랜드에 이제는 주님의 백성이 생겨났고(눅 1:17 비교) (그들이) 하나님의 아들들이라고 불려서 아일랜드 왕들의 아들과 딸들을 그리스도의 수도사와 동정녀들로 생각하는 데까지 이르렀다는 말인가? (43) 나는 그들을 떠나서 브리타니아로 가려고 계획하였고—내 조국과 내 사람들이 그곳에 있었기에 기꺼이 그렇게 "준비하였는데"(시 118:60[불가타])—; 그뿐 이니라 고올지방까지[4]가서 형제들을 만나고 내 주님의 성인들의 면모를 대하려고 하였는데:

하나님께서는 내가 그것을 그토록 원한 것을 아셨는데; 그럼에도 불구하고 나는 "영에 사로잡혔다"(행 20:22)…… (58) 그러므로 나의 하나님 자신이 세상 끝에서 "얻은"(사 43:21 비교) 자기 백성을 내가 버리는 것이 하나님으로부터 허락되지 않았다. 나는 하나님께서 내게 인내(perseverantia)를 주시고 세상을 떠날 때까지(transitus) 내 하나님을 위해서 충실한 증인이 되기에 부족하지 않게 해 주실 것을 간구하였다. (62) 하지만 하나님을 믿고 그를 경외하는 자들에게 이 문서, 곧 마땅히 죄인이며 배우지 못한 패트릭이 아일랜드에서 쓴 이 문서를 읽거나 받기를 원하는 자 모두에게 부탁하기를 나의 무지(mea ignorantia)가 어떤 사소한 것을 하나님의 뜻대로 만들었다거나 증명하였다고 말하지 말라고 하였다; 차라리 당신들은 아주 확실한 진리를 따라서 판단하고 믿어야 합니다: (모든 것이) "하나님의 은혜로라"(요 4: 10). 이것이 죽기 전 나의 고백입니다(Et haec est confessio[5)] mea antequam moriar).

b) 픽트족의 선교사 콜룸바 1세의 이오나 섬의 파루키아 수도원 설립(존귀한 자 베다, 교회사 III 4)

앞(3, 3)에서 북 움브리아의 왕 오스왈드(Oswald, 634-642)에 대한 이야기가 나온다. 이오나의 아이단(Aidan)이 일단의 아일랜드 수도사들과 함께 와서 린디스판 섬에 정착한 것은 자기 백성을 위해서 이 왕이 선교사를 요청하였기 때문이었다. 여기에 그들은 수도원을 지었는데, 이것은 동시에 북 움브리아의 주교 보좌가 되었다. 마지막 부분은 말하기를 "주교 아이단 자신은 수도사였지만 그 섬으로부터 파송되었다는 것이다. 그들의 수도원은 오랜 세월 동안 북 아일랜드(septentrionales Scotti)의 거의 모든 수도원들과 픽트족의 모든 수도원들 중에서 으뜸이었고 그 사회를 끌고 가는 지도권(의 위치)을 가졌었다(regendisque eorum populis praeerat). 이 섬(이오나)은 법적으로는 브리타니아에 속했고 어떤 큰 강(fretum)으로 인해서 구분되지 않지만 이 브리타니아 지역(plagae)에 거주하는 픽트인들이 넘겨준 덕분에 오래 전부터 아일랜드 수도사들에게 맡겨졌었다. 왜냐하면 그들(픽트족)이 그들의 설교 가운데에서 그리스도에 대한 믿음을 얻었기 때문이었다."

(4) 주님께서 성육신하신지 565년 그러니까 유스틴 2세[6]가 유스티니아누스의 후계자로서 로마제국의 통치권을 얻은 때 아일랜드(Hibernia)에서 수도사의 자세와 삶을 보이는 콜룸바[7]라는 이름의 장로이며 수도원장 한 명이 브리타니아에서 북쪽 픽트족 지역에 하나님 말씀을 선포하기 위해서 왔다. 이곳은 가파르고 두려움을 불러일으키는 산악들로 말미암아서 그들(픽트족)의 남쪽 지역과 구분이 된 지역이다. 그러니까 이 산들의 이쪽(곧 남쪽)에 거주하는 남 픽트족은 그들 자신의 말에 따르면 벌써 오래 전에 우상 숭배의 잘못을 버리고 진리를 믿는 신앙을 받아들였다. 엄청난 존경의 대상이며 브리타니아 백성들(Brettones)로부터 온 거룩한 인물인 주교인 니니안이 로마에서 믿음과 진리의 비밀에 대하여 훈련받고 나서 규율에 따라서 그들에게 복음을 전파하였기 때문이었다. 거룩한 주교인 마틴의 이름과 교회 때문에 유명한 그 주교보좌에는 그의(니니안의) 시신이 많은 성인들과 함께 안장되어 있다. 그 보좌는 지금은 앵글 족속의 소유이다. 베르니시에르[8] 지역에 속해 있는 이 지역은 일반적으로 흿호른(Ad Candidam casam[9])이라고 불리는데, 그 이유는 그가(니니안이) 거기에서 브리타니아인들에게는 익숙하지 않은 관습을 따라서 교회를 돌로 세웠기 때문이다. 콜룸바는 맬콘[10]의 아들 브루데(Bridius), 굉장히 힘 있는 왕이 픽트족을 다스릴 때 브리타니아에 왔다; 그의 통치 아홉 번째 해였다. (콜룸바는) 말씀과 그리스도를 믿는 모범으로 그 백성을 변화시켰다. 그래서 위에서 언급한 섬(아이오나)을 그

들로부터 받아서 거기에 하나의 수도원을 세웠다. 그것은 그렇게 크지 않았다: 앵글족의 계산방법으로 약 다섯 후펜[11]이었다. 이 섬은 오늘날까지 그의 후계자들의 소유로 있다. 그가 77세로(죽고), 그러니까 (선교-) 선포를 하기 위해 브리타니아에 도착한지 약 32년 되던 해에 죽고 그곳에 장사되었다. 브리타니아에 오기 전에 그는 아일랜드에 유명한 수도원을 세웠다. 그 수도원은 참나무가 많아서 아일랜드 말로 디어막흐(Derry), 곧 참나무 숲이라고 하였다. 이 두 수도원(데리와 아이오나)으로부터 그때 이래로 그의 제자들(discipuli)로 말미암아 수많은 수도원이 브리타니아와 아일랜드에 세워졌다; 그들 중에서 그의 시신이 있는 바로 그 섬에 있는 수도원(아이오나)이 선두(principatus)를 차지하였다.

이 섬은 항상 수도원장-사제(abbas presbyter)를 지도자로 두었는데, 그의 지도권(ius)은 그 전 지역(provincia)만이 아니라 —아주 이상한 질서로—주교들도 따라야만 했다[12]; 이로써 주교가 아니라 사제였고 수도사였던 그 첫 번째 선생의 본을 따른 것이었다. 그의 삶과 가르침(verba)에 관해서는 수많은 책을 그의 제자들이 보존하고 있다. 그와 관계된 것은 무엇이 되었든지[13]: 그것을 우리는 그가 자기 후계자들, 곧 극도의 금욕, 하나님 사랑, 규율에 따른 가르침(regularis institutio) 면에서 탁월한 자들에게 전달한 것이 확실하다고 여긴다. 최고의 축제(곧 부활절)와 관련해서 본다면 물론 오랜 동안 세상 끝에(iuxta orbem) 살던 그들에게 아무도 부활절 축제에 대한 공의회의 결정들(synodalia paschalis obseruantiae decreta)을 전해주지 않았기 때문에 불확실한 주기들(circuli)을 따르고 있었다; 단지 예언서와 복음서와 사도들의 책들에서 경건과 정결의 일들에 대해서 배워야만 했던 것은 엄청난 성실함으로 지키고 있었다. 이 부활절 준수는 우리 주님 오시고 715년이 될 때까지 정확하게 150년 동안 그들에게 유효하였다.

c) 킬다르 이중 수도원의 교회 내부(코기토수스의 성 브리기다의 생애)

(788D)⋯⋯ 하지만 그 교회 재건 때에 일어난 기적을(miraculum) 기억하여야 한다. 그 교회는 주교 콘레즈[14]와 성처녀 비르깃[15]의 그 명예로운 시신이 관 속에 놓여(789A) 잘 치장된 제단의 오른 쪽과 왼쪽에 있는 교회이다. 이들은 금, 은 보물과 귀한 보석들로 장식되어 있다. 그 위에는 금은 면류관이 달려있다. 많은 수의 남녀 신앙인들에 맞추어서 교회는 널따란 평지에 세워졌고 현기증이 날 정도로 높다; 벽화로 장식되었고(decorata pictis tabulatis) 내부에는 판자로 된 벽으로 나누어진 세 개의 성당(oratoria)을 제공하고 있지만, 이 셋 모두 단 하나의 지붕 아래 놓여 있다. 물감으로 그린 그림으로 장식되고 대마포 천으로 덮여 있는 하나의 벽은 교회 동편 부분을 이쪽에서 저쪽으로 가로지르고 있다. 그 양끝에는 두 개의 출입문이 있다. 오른쪽 문을 통해서 (789B) 주교(summus pontifex)가 자기의 수도원 학생(regularis scola)과 거룩한 신비한 일을 거행하기 위해서 임명된 자들과 함께⋯⋯ 성소에 와서 제단(으로 간다) 다른 문, 곧 횡단벽 왼쪽 끝에 있는 문을 통해서는 수녀원장이 수녀들[puellae]과 경건한 과부들과 함께 (제단 있는 곳에) 이른다. 이는 예수 그리스도 몸과 피의 식사(convivium)를 향유하기 위해서이다. 그 집 바닥(domus pavimentum)을 절반으로 나누는 다른 벽은 서쪽편[16]에서부터 그 횡단벽에까지 이른다. 교회에는 많은 창문이 있다. 문양들이 있는 오른쪽 문을 통해서는 사제들과 경건한 남성 신도들(populus fidelis)이 들어오고; 왼쪽에 있는 다른 문으로는 일상적으로 동정녀들과 믿음 있는 부녀자들이 들어온다(789C). 이렇게 하나의 넓은 성당에(in una basilica maxima) 큰 무리의 사람들이 신분, 지위와 성별에 따라서 벽들로 서로 구분되었다. 하지만 영적으로는 하나가 되어 전능하신 하나님을 경

배하는 것이다.[17)]

d) 콜룸바 2세의 "수도원규율"[18)]:

형제들의 수도규칙(Incipit ipsa regula[19)] coenobialis fratrum). (I) 사랑하는 형제들인 거룩한 교부들은 식사하기 전이나 잠자리에 들기 전 또는 마땅한 시간에 죄의 고백을 하라고 규정하였다; 이는 고백과 속죄는 죽음으로부터 자유하게 하기 때문이다(confessio et paenitentia de morte liberant). 따라서 고백을 할 때 사소한 죄일지라도 남겨두어서는 안 된다; 이렇게 기록되어 있다: 사소한 것을 남겨두는 자는 차츰차츰 몰락의 길을 가게 된다(시락 19, 1). 이에 따라서 규정되기를: 식사 때 강복(benedictio)을 갈망하지 않고 아멘으로 화답하지 않는 자는 여섯 대의 매로 다스려져야 한다. 마찬가지로: 식사 때 다른 형제가 필요하지도 않은데 말을 한 자도 여섯 대의 매로 가르쳐야 한다. 숟가락에다 십자성호를 긋지 않고 그것으로 먹는 자, 또 말할 때 소음을 일으키는 그러니까 일상보다 크게 (말하는) 자도 여섯 대의 매로 다스려야 한다.

(II) 등불에다 십자성호를 긋지 않은 자[20)], 그러니까 어린 형제가 등불을 켜서 선배에게 십자성호를 긋도록 하지 않으면(그는) 여섯 대의 매를 맞아야 한다. 어떤 것을 자기 것이라고 하면 여섯 대. 식사용 나이프로 식탁에 구멍을 낸다면 열 대의 벌을 받아야 한다. 형제들 중 요리하는 것과 음식을 나르는 일을 하는 형제가 아주 조금이라도 쏟으면 공동기도 후에 형제들이 그를 위해 기도하는 가운데 기도로 교회 안에서 (참회해야 한다). 예배 때(synaxis), 그러니까 시편낭송(cursus) 때 자기를 낮추는 것(humiliatio[21)])을 잊으면,(이 뜻은:) 각 시편 끝에 교회에서 몸을 낮추는 것을 잊으면 같은 방식으로 참회하여야 한다. 이와 같이 빵조각을 떨어뜨린 자도 교회 안에서 하는 기도로 다스림 받아야

한다; 하지만 아주 조금 빠뜨렸다면 작은 벌만 부과해야 한다.

(III) 하지만 소홀함, 망각 또는 태만으로 인해서 놀라울 정도로 많은 양의 액체나 고체(마른 것)를 버리게 한 것을 용서하려면 오랜 기간의 속죄가 필요하다(longa venia…… paeniteat): 12개의 시를 노래한다면 12시간 동안 그는 교회에서 쭉 뻗고(prostratus) 누워서 어떤 지체도 움직이면 안 된다. 아주 많이(multum) 손실케 하였다면 무조건 얼마나 많은 양의 맥주, 아니면 얼만큼의 물건을 태만 때문에 버리게 했는지 계산하여야 하며, 몇 날 동안의 자기 몫을 잃게 했는가를 알아야 한다. 그렇게 해서 포도주 대신 물을 마셔야만 한다. 식탁에 무엇인가를 쏟아 바닥에 흘렸다면 우리 규정대로 그 자리에서 용서를 구해야 한다 …….[22]

원전 : L. Bieler (Hg.), Libri Epistolarum Sancti Patricii Episcopi, I. II (원문과 주해), Dublin 1952; Bede's Ecclesiastical History of the English People, ed. B. Colgrave - R. A. B. Mynors, Oxford (1969) ²1991; Cogitosus, S. Brigidae vita virginis a Cogtoso adornata, in: PL 72, 775-790; S. Columbani opera, hg. v. G. S. M. Walker, Dublin 1957 (SLH 2).—참고문헌: H. Chadwick, The Age of Saints in Early Celtic Church, Oxford 1961; L. Bieler (Hg.), The Irish Penitentials, Dublin 1963; R. P. C. Hanson, St. Patrick, Oxford 1968; W. Nyssen - R. -P. Sonntag, Der Gott der wandernden Völker, Leipzig 1969; H. Löwe (Hg.), Die Iren und Europa im frühen Mittelalter, 2 Bde., Stuttgart 1982 (그 중 특히 W. Berschin, Ich Patricius…… Die Autobiographie des Apostels der Iren: I, 9-25); Irland und Europa. Ireland and Europe, hg. v. P. N. Chatháin - M. Richter, Stuttgart 1984; A. Angenendt, Das Frühmittelalter, Stuttgart ²1995, §33-35.

1) 이 지역 파악을 위한 다양한 시도들에 대해서는 L. Bieler, The Life and Legend of St. Patrick, Dublin 1949, 51-53. 133f.를 보라.

2) Conjugatio periphrastica (변화 동사 대신에 온 합성 형태); 이 의미에 관해서는 마 19, 21f.를 보라(erat enim habens multas possessiones) – 패트릭의 라틴어 성경에 대한 좋은 예이다(W. Berschin).
3) 어거스틴, 고백록 10, 27, 38과 비교하라: sero te amavi.
4) 여기에 관해서는 아일랜드의 가장 오래된 역사서인 "Book of Armagh"에 있는 패트릭의 격언을 비교하라: 하나님 두려워함을 나는 갈리아와 이태리와 에트루리아의 티리아(?) 바다의 섬들을 다니는 내 길의 인도자로 삼았노라(in insolis, quae sunt in mari terreno [in: L. Bieler (Hg.), The Patrician Texts in the Book of Armagh, Dublin 1979 (SLH 10), 123]).
5) 어거스틴에게서와 마찬가지로 이 본문에서도 confessio는 세 가지의 의미를 갖는다: "죄의 고백"(confessio peccati), "하나님 은혜 찬양"(confessio laudis) 또 "신앙고백"(confessio fidei). 이것으로 본문의 내용도 함께 부족하나마 우회적으로 표현되었다(W. Berschin). confessio의 세 번째 의미에 관해서는 무엇보다도 첫 절이나 3-5장에 나오는 그 감동적인 신앙 해석을 보라.
6) 유스티니아누스 1세의 조카이자 후계자로서 565년에서 578년까지 통치하였다.
7) "비둘기"이며, 아일랜드 식으로는 Colum Cille("교회의 비둘기")인데 사실은 Crimthann(약 520/22 출생, 597년 6월 9일 사망)이다. 아일랜드와 브리타니아의 위대한 성자들 중 하나이다.
8) 중세 초기 – 앵글로색슨 왕국으로서 스코틀랜드 남동쪽 해변에 있었다.
9) 이집트 상부(테베)에 있는 "하얀 수도원"에 대한 암시로 베다에게서 왔다. 무엇보다 아트립의 셰누트(약 385-465 동안 원장)의 사역으로 인해서 명성을 얻었으며, 이로써 아일랜드 수도원이 동쪽에 끼친 영향의 남아 있는 많은 흔적 중 하나가 된다.
10) 약 557-586(?).
11) Hiden(라틴어: familiae): 하나의 농장과 그에 딸린 한 가족이 관리하는 경작지 명칭.
12) 아일랜드의 수도원교회의 이 특징(수도원장 휘하에 있는 수도사 주교들 또는 수도원 통솔과 서임권이 수도원장 한 사람에게서 하나로 묶어져 있는 것)은 대륙에서의 아일랜드의 선교에 대한 주된 마찰의 하나가 되었다.
13) 앵글로색슨족 보도자가 거리를 두게 된 주된 이유가 바로 뒤이어서 제시되고 있다: 아일랜드와 로마의 부활절 관습의 차이였다.
14) Brigida-Birgit에 의해서 설립된 킬다르 수도원(Cell Tara)의 제 일대 주교 Conláed.
15) 약 455 둔달크(Dundalk)에서 출생, 약 525년 사망. 킬다르에서 655년 코기토수스가 그녀의 생애를 집필하는 임무를 부여받았다. 여 수도원은 1540년 폐지될 때까지 존속하였다; 그와 함께 결합되어 있던 남자수도원은 후에 어거스틴 참사회가 되었는데, 마찬가지로 헨리 8세 치하에서 폐지되었다.
16) Migne 본문에서는 잘못된 방식으로 a parte orientali라고 하였다.
17) 이중 수도원의 존재는 수도원교회가 주변 지역을 위한 예배 처소로 이용된 것과

마찬가지로 초기 아일랜드 수도원의 특징이었다; 또한 성가대와 교회본당 사이를 가르는 벽은 아일랜드 선교가 동방에 끼친 강력한 영향에 대한 많은 특징들 중 하나인 동방교회의 성상금지(Ikonostase)를 연상시킨다.

18) 아일랜드 남동쪽에 있는 Leinster 속주에서 약 543년에 출생해서 봅비오에서 615년 11월 23일 사망한 콜룸바 2세에 의해서 하나의 "수도규칙"(regula monachorum)이 보존되었다. 수도사들의 성직자적 삶과 금욕적 삶의 근거에 관한 규정들이 포함되어 있다.

19) "수도원 규칙"의 총 15개장에 대한 짧은 목차가 먼저 나온다.

20) "축복"이라는 말이 라틴어 signare(= 십자성호를 긋다)에서 파생될 수 있지만(?) 라틴어 원문들이 가진 구분들(benedictio, signatio)도 권할 만하다.

21) 아래에서 말하는 것처럼 Prostration을 말한다. 곧 양팔을 벌리고 바닥에 쭉 뻗치고는 얼굴은 아래를 향하는 겸손을 위한 행동을 말한다.

22) 아일랜드 수도원의 또 다른 특징인데, 현재 존재하고 있으며 또 모든 살못에 대해서 상응하는 속죄를 기록하고 있는 참회서에서와 비슷하게 콜룸반의 "수도규칙"에서 속죄는 "더 이상 교화한다든가, 개선한다든가 치유한다는 식으로 이해하고 있지 않다; 오히려 우선 처벌이다; 나쁜 것을 행한 자는 상응하는 '속죄율'에 따라서 속죄해야 한다. 하지만 속죄는 '무엇보다도 갚음의 성격'을 가진다. 반면에 '죄인의 치료와 개선은 두 번째 목적'이다"(B. Poschmann을 전거로 제시하면서 A. Angenendt, a. a. A., § 34).

10. 수도사 교황 대 그레고리(590-604)

540년경 태어난 대 그레고리는 부유한 로마 원로원 혈통이며 국가에 봉사하고 또 수도원적인 경건도 있는 가문의 전통 가운데서 성장하였다. 그는 아주 어려운 상황에서 로마 교회의 수장에까지 이르렀다. 한때 아우구스투스의 "황금도시"는 결국에는 처참한 거주지역으로 전락하였다. 자기 자신을 새 교황은 가난한 자들의 "회계직원"이라고 생각하고는 넓은 지역으로 흩어져 있는 교황의 "소유영지"인 이태리의 넓은 "개인소유"를 "가난한 자들의 재산"으로 보면서 그 관리를 새롭게 정리하였다. (어거스틴의 문구에서) 그가 만들어낸 "하나님 종들의 종"(servus servorum

Dei)이라는 호칭은—오늘날까지 교황 호칭을 구성하는 요소로서—"수도사 교황"의 첫 번째이며 탁월한 그에게는 우두머리라는 의미가 아니라 유용함(non praeesse, sed prodesse)을 의미하였다. 또한 기억할 만한 것은 그레고리가 기독교와 유대교의 관계를 강조하였는데, 이 강조는 중요하였고, 중세 내내 "교정을 해가면서" 영향을 끼쳤다는 사실이다. 교회 정치적으로 그는 특히 유스티니아누스 1세 제국(위 Nr. 8를 참조)에서 겪었던 바와 같은 "비잔틴에 포로된 삶"으로부터 벗어나는 길을 걸었고 서방 백성들과 관계를 맺었다. 그레고리는(보니파티우스 8세; 아래 Nr. 52를 보라) 암브로시우스, 히에로니무스 어거스틴에 이어(고대교회 Nr. 82. 85f. 91을 참조하라) 네 번째로 서방의 위대한 교회교사로 열거되었다. 간단하게 말해 중세는 그를 "모범교황"으로 간주하였다(H. Fuhrmann). 그는 자기 저작들로 중세 교회적 삶의 "기본서적"을 만들어내었다(특별히 주석, 도덕 및 목회신학). 그에 의해서 누르시아의 베네딕트(위 Nr. 5를 보라)도 더할 나위 없는 모델 격의 수도원장으로 추앙되었다. 마지막으로 예전과 경건성에 관한 것으로 중세 초기에는 "그레고리안식"이라고 여겨지는 것은 완전히 모델이 되어야 하는 것으로 간주되었다. 이렇게 이 인물은 고대에서 중세로의 전이의 화신이 되었다.

a) 대 그레고리와 문자의 중첩된 의미(욥기 주석["Moralia"], 레안더[1]에게 보낸 편지)

(3) 우리가 먼저 알아야 할 것은 어떤 본문구절들을(quaedam) 우리는 역사적(-문자적)인 해석(historica expositione)을 하면서 빠르게 지나간다는 사실이다; 어떤 본문들은 앞을 가리키고 있다는 점을 눈여겨서 우의적인 해석방법을 도구삼아서 철저하게 조사한다(per allegoriam quaedam typica investigatione perscrutamur). 그리고 또 어떤 것들은 우의적으로 고양시켜야 하는 윤리적 요점만을 천착하면서 생각한다(quaedam per sola allegoricae maralitatis instrumenta discutimus); 마지막으

로 어떤 것(성서구절)들은 우리가 한꺼번에 모든 수단들(instrumentarium)을 사용하고, 그래서 삼중성(문서의 의미)을 전달하려고 하면서 대단히 세밀하게 탐구한다(per cuncta simul sollicitius exquirentes tripliciter indagamus). 말하자면 우리는 첫 번째 것을 기초(fundamenta)로 삼는다. 이것이 역사적 의미(historia)이다; 이 위에 우리 영의 건물(fabrica mentis)을 신앙의 영채로 세우는 것이다, (곧) 우리는 이 본문들을 넘어서 가리키는 것(per significationem typicam)이 (본문 안에) 표현되어 있다는 것을 발견하는 식으로 한다; 마지막으로 마치 색을 입히듯이 도덕적인 적용을 한다는 것의 매력을 덧붙이면서(per gratiam moralitatis) 이 건물을 장식한다.[2] 진리의 말씀을 내면적으로 튼튼하게 하는 영양분(reficiendae mentis alimenta)이 아니고 다른 것으로 생각해야 하겠는가? 절대로 그럴 수 없다! 다양한 방식과 여러 수단을 동원하여 생각하면서 우리는 우리 식탁에 초대된 것과 같은 독자가 과식하는 것을 막기 위해서 입에다 음식을 갖다 주는 것이다. 자기에세 제공되는 다양함을 그가 눈여긴다면 그는 자기 눈에 아주 맛나게(elegantius) 주어지는 것을 먹을 수 있다. 하지만 때로는 역사적 내용이 분명하게 드러난 곳(aperta historiae uerba)에서는 가능한 빨리 모호한 곳으로(ad obscura) 가기 위해서 탐구를 생략한다; 이떤 경우에는 본문이 아무런 의미도 주지 않는다(aliquando autem intelligi iuxta litteram nequeunt); 피상적으로 본다면 그러한 구절들은 오류로 이끌 뿐이지 독자의 깨우침으로 이끌지 않기 때문이다(nequaquam instructionem legentibus, sed errorem gignunt).……

b) 목자직임의 전제("목회규범"[3])

(1, 10) *목자의 직임(regimen)을 수행할 자는 어떠해야 하는*

가: 이 사람은 사람들이 본받아 살 수 있는 모범으로 모든 면에서 자신을 발전시켜야 한다: 모든 육체적인 격정에 대해서는 죽고 성령(의 가르침)을 따라 살고 (이)세상의 모든 행복을 뒷전에 제쳐두고 어떤 불쾌함도 두려워하지 않고 오직 내면적인(가치) 추구를 하는(sola interna desiderat) 자여야 한다. 최고로 잘 어울리는 복장으로, 몸은 너무 약하지 않고, 영은 너무 창피하지 않을 정도가 되어서 몸과 영이 그를 방해하지 않아야 한다(nec omnino per imbecilitatem corpus, nec ualde per contumeliam repugnat spiritus). 그는 남의 것(재산)을 탐하는 오류를 범해서는 안 되고 자기 것을 풍성하게 나누어 주어야 한다. 동정심을 발휘하는 데(per pietatis viscera)에 앞장서고 용서에는 빨라야 한다. 하지만 마땅하지 않은 관대함 탓에(plus quam deceat ignoscens) 정직(공평)의 성채를 이탈하는 데로 기울어져서는 절대로 안 된다. 허락되지 않은 것은 탐하지 않아야 하며 다른 사람에 의해서 행하여지는 경우에는 자기 자신의 잘못이라도 되는 것처럼 안타까워해야 한다. 자기와는 관계도 없는 나약함에 대해서는 진심으로 가슴 아파하여야 하지만 이웃의 행복에 대해서는 마치 자기 자신의 행운인양 기뻐해야 한다. 그가 하는 모든 일에서 누구 앞에서도 부끄럽지 않을 정도로, 심지어 자기 과거를 보더라도 부끄럽지 않을 정도로 다른 사람의 본이 되어야 한다. 또 갈증으로 시달리는 이웃의 마음을 자기의 가르침 물줄기로 적셔주는 식으로 살도록 노력하는 것이다.

이 장은 다시 한 번 다윗의 본을 따라서(시 30:7f.; 119:6f. 참조) 매일 자기를 살피고 자기를 시험하는 필요성을 분명히 하면서 끝맺는다.

c) 목회자 대 그레고리(여황제의 시녀 그레고리아에게 보낸 편지: 목회규범, VII, 22)

자신의 죄가 많다는 것을 한탄하고 있는 각하(dulcedo

vestra)의 간절한 편지를 받았습니다. 그분이 전능하신 하나님을 열렬히 사랑하고 계시다는 것을 알며, 저는 그의 자비하심, 곧 그 (진리의) 말씀의 입이 과거 어떤 성스러운 여인을 향해서 하신 것과 같은 판단을 당신께 내리고 계심을 믿습니다: "그녀의 많은 죄가 사하여졌느니라; 이는 그녀가 많이 사모하였기 때문이니라"(눅 7:47)…… 그런데 그녀의 편지에는 당신의 사랑도 첨부되어 함께 있어서 당신 죄가 용서되었다는 계시가 저에게 왔다고 쓰기 전에는 쉴 수도 없게 만든다면(눅 11:8 참조), 당신은 어려우면서도 유익하지도 않은 것을 요구한 것입니다: 어려운 것은 저는 계시가 올 만한 가치가 없기 때문입니다; 무익한 이유는 당신 죄와 관계해서는 당신 일생의 마지막 날 그 죄 때문에 (후회하며) 가슴을 칠 기회가 한 순간이라도 남아 있는 그런 경우가 아니라면 확신을 가져서는 안 되기 때문입니다. 이 날이 밝아올 때까지 당신은(당신 자신에 대해서) 항상 의혹을 가져야 하며 떨고 죄악 앞에서 (culpae) 두려워하여야 하고 매일 매일 통곡해야(만) 합니다. 분명히 사도 바울은 이미 삼층천으로 올라가서 "낙원에 이르러 사람이 가히 말할 수 없는 그 형언할 수 없는 말"(고후 12, 4)을 들었습니다; 그럼에도 불구하고 그는 항상 두려움에 차 말하였습니다: "내가 내 몸을 쳐 내게 복종하게 함은 다른 사람에게 전한 후에 버림받지 않으려 함이라"(고전 9, 27). 이미 하늘에 이끌려간 자가 여전히 두려워하였습니다; 하물며 땅에 거하는 자가 염려하지 않을 수 있겠습니까? 깊이 사랑하는 나의 딸이여 안온함 (securitas)은 나태함의 어머니가 되곤 한다는 것을 생각하십시오. 그러니까 이생에서는 당신을 나태하게 만드는 소망(spes)을 가져서는 안 됩니다. 기록되었습니다: "항상(하나님을) 경외하는 자는 복되도다"(잠 28, 14); 또 "여호와를 경외함으로 섬기며 즐거워할찌어다"(시 2:11). 그러므로 당신의 마음을 이생의 짧은 시간 동안 근심토록 함으로 끝도 없이 안온함(securitas)을 즐길 수 있기 때문에 한없이 기뻐하여야 합니다.……

d) 대 그레고리와 유대인보호(목회규범, IX, 195)

그레고리가 칼리아리(사르디니아)의 주교 야누아리우스에게. 당신 도시로부터 유대인들이 와서 우리에게 하소연하였습니다. 곧 하나님의 뜻으로 유대교의 미신(superstitio)에서 기독교의 하나님 신앙으로 바꾼 베드로라는 인물이 자기 수세일, 곧 부활절에 막돼먹은 도당을 모아 그들과 함께 심각한 분노를 불러일으키면서 그리고 당신의 뜻과는 무관하게 자기가 칼리아리에 있는 회당을 장악하고는 그곳에 우리 하나님, 곧 주님의 어머니 초상과 경배받아 마땅한 십자가를 자기가 세례 탕(fons)에서 나올 때 둘러주었던 흰 가운과 함께 펼쳐놓았다는 것입니다. 우리 아들들, 곧 명예스러운 군대장교(magister militum) 유파테리우스와 존귀하신 총독 스페신데오 또 당신의 도시의 다른 귀족들로부터 이것을 인증하는 문서적인 진술도 우리에게 입수되었습니다. 또한 덧붙이기를 위에서 말한 그 베드로에게 당신이 그런 행동을 금지했다고 하였습니다. 거기에 대해서 우리가 알게 되자마자 당신이 선한 주교(sacerdos)답게 비판받아 마땅한 일은 아무 것도 일어나지 못하도록 했다는 것은 너무나 옳았다고 판단하였습니다. 하지만 이 비행에 참여하지 않음으로써 당신이 이 일을 불쾌해 한다는 것을 알아챌 수 있도록 하였기 때문에, 당신의 의지에 긴장을 늦추지 않게 하며 나아가서 이 일에 대한 당신의 그 판단을 철저히 존중하면서 당신께 권합니다. 곧 마땅한 경외심으로 초상과 십자가를 그곳에서 치우고 폭력적으로 발생시킨 손상을 다시 온전하게 하십시오(quod violenter ablatum est reformare); 왜냐하면 유대인들에게 새로운 회당 건립을 금지한 바로 그 법규정(legalis definitio)은 그들에게 현재까지의 회당 소유를 허락하고 있는 것이기 때문입니다.[4] 위에서 말한 베드로와 또 그가 방자하고도 부

끄러운 행동을 하는 데에 동조하고 박수를 쳤던 다른 사람들이 자기들은 그렇게 해서 유대인들을 회심토록 만들기 위한 신앙의 열정으로 그렇게 했다고 변명할 수 없도록 해야 합니다. 이를 위해서 그들(유대인들)에게 함부로 해서는 안 된다(temperantia)는 것을 그들이 잊지 않도록 하고 유대인들의 (회심의) 의지를 불러일으키고 그들 의지에 반해서 강요하지 않도록(ut trahatur ab eis velle non ut ducantur invite) 분명하게 하십시오. 기록되었습니다: "즐거이 내가 당신께 예물을 드리나이다"(시 54:8), 또 "기꺼이(ex voluntate mea) 내가 당신을 송축하리이다"(시 28:7). – 당신과 마찬가지로 이 일을 기뻐하지 않는 당신의 아들들과 단결하여서 당신의 성스러움이 당신에게 허락된 주교의 경고를 통해서 당신 도시에 사는 자들 가운데 선한 협조(gratia)을 일으키기를 바랍니다; 이는 원수를 조심하여야 하는[5] 바로 오늘과 같은 상황에서 백성 가운데에 반목이 있어서는 안 되기 때문입니다.

원전 : Sancti Gregorii Magni Moralium Libri sive Expositio in Librum B. Iob. hg. v. M. Adriaen, Turnhout 1979 (CChr.SL 143. 143A); Liber regulae pastoralis, in: MPL 77, Registrum epistolarum, MGH.Ep.Greg. 1.2. – 참고문헌: E. Caspar, Geschichte des Papsttums, II, Tübingen 1933, 306-514; D. Hofmann, Die geistige Auslegung der Schrift bei Gregor d. Gr., Münsterschwarzach 1968; R. A. Markus, From Augustine to Gregory the Great, London 1983; G. R. Evans, The Thought of Gregory the Great, Cambridge 1986; G. Haendler (위 Nr. 6과 같은 책), Kap. 10; M. Fiedrowicz, Das Kirchenverständnis G. d. Gr., Freiburg 1995 (RQ Suppl.).

1) 레안더는 세빌리아의 주교며 더욱 유명한 이시도르의 전임자이다; 그레고리는 콘스탄티노플에서의 외교적인 임무를 함께 하던 시절 이후로 레안더와 밀접한 우정을 나누었다.

2) 그레고리는 우의적 의미 안에서 다시 한 번 "유형적 의미"와 "윤리적 의미"를 구분하기 위해서 먼저 "역사적 의미"와 "우의적 의미"를 구분하였다.
3) 중세에는 Liber regulae pastoralis(목회규칙서)가 재속 성직자들을 위한 것을 의미하였고, 베네딕트 규율은 수도사들을 위한 것이었다(B. Altaner).
4) 고대 후기 로마의 황제 법에 있는 유대인 보호에 관해서는 고대교회 Nr. 87을 보라.
5) 롬바르드 왕 아길울프에 대한 경고인데, 그는 휴전 상태가 끝나자마자 곧바로 다시 전쟁을 시작하였다(이 규칙 IV, 2; V, 34. 36; VI, 63 등등과 비교하라).

11. 대 그레고리와 앵글로 색슨 선교

a) 존귀한 자 베다의 보고(교회사, I 23, 25)

(23) …… 하나님의 계시를 따라(instinctus) 그는(교황 그레고리) 황제(Maurikios/Mauritus[1]) 재위 14년이고 브리타니아에 앵글족이 당도한(지) 약 150년이 되는 해에 아우구스티누스와 그와 함께 다른 많은 하나님을 경외하는 수도사들을 파송하여 그들이 앵글족에게 하나님 말씀을 선포하도록 하였다. 그들이 교황의 지시를 따라서 그 사역을 이미 받아들이고 또 어느 정도 전진하였을 때 부끄러운 두려움에 휩싸였다; 야만적이고 원시적이고 신앙이 없는 족속이고 자기들이 전혀 습득하지 못한 언어를 가진 그들에게 가기보다 차라리 집으로 돌아가는 것이 낫겠다는 생각을 하게 되었다. 그리고 이것이 더 확실한 일이라는 일치된 결론에 이르렀다. 즉시로 그들은 그(그레고리)가 만일 앵글족들이 받아들여 주기만 한다면 그들의 주교로 서품하려고 생각한 아우구스티누스를 집으로 보냈다; 그는 복되신 그레고리가 자기들이 그토록 위험하고 힘들며 불확실한 순례의 길(peregrinatio[2])을 더 계속할 필요가 없다는 결론을 내리도록 겸손하게 간청하여야 하였다. 그는

(그레고리) 그들에게 용기를 북돋아주는 편지를 보내어서 하나님의 도우심에 의지하여 선포의 사역을 계속하라고 설득하였다.…… (24) 그리고는 존경하는 교황(pontifex)께서는 아를르의 대주교인 에테리우스에게도 아우구스티누스가 브리타니아로 가는 길에 우호적으로 영접해줄 것을(부탁의 편지를) 보내었다.…… (25) 이렇게 복되신 아버지 그레고리의 격려로 말미암아 힘을 얻고 아우구스티누스와 그와 함께 한 그리스도의 종들(famuli)은 그 선포의 사역(opus Verbi)으로 되돌아가서 브리타니아에 이르렀다. 켄트의 왕은 그 당시 에델베르트(Aedelberct)였는데, 그는 앵글족의 남쪽 백성과 북쪽 백성을 나누는 훔베르 강 너머까지 자기 지배영역을 넓힌 아주 힘 있는 자(통치자)였다. 켄트의 동쪽 해변을 마주하고는 작다고 할 수 없는 섬 타넷(Tanatos)이 있었다.…… 주님의 종들인 아우구스티누스와 그의 동료들은 그곳에 발을 디뎠다.…… 며칠 후에 왕이 그 섬에 와서 자기 보좌를 노천에 배설하고는 아우구스티누스에게 자기를 보필한 자들과 그곳에서 논쟁(colloquium)할 것을 명하였다. 옛 미신을 따르는 그는 그러니까 혹시라도 그들이 마술(malefica ars)을 펼 수 있어서 들어오면서 속이고 자기를 (그렇게) 자기들의 세력에 끌어들이지 못하게 하려고 그들을 숙소로 영접하지 않았다. 그들은—귀신이 아니라 하나님의 능력으로 무장하고—왔고 군기로는 은 십자가와 (자기들의) 주님(이고) 구주의 초상화를 가지고 왔으며(crucem pro vexillo ferentes argenteam, et imaginem Domini Saluatoris in tabula depictam) 기도송(laetaniae)을 부르며 자기들과 또 자기들이 도우려고 온 그들에게 똑같이 영원한 구원을 주실 것을 주님께 간구하였다. 왕의 명령에 따라서 자리를 잡고는 그와 또 함께 배석한 보필하는 자들(comites)에게 생명의 말씀을 선포하자마자 그가 이들에게 대답을 하였다: "그대들이 제시하는 말씀과 약속들은 참으로 귀하도다; 하지만 이것은 새롭고도 불확실

(incerta)하기에 거기에 동의할 수 없으며 온 앵글족과 함께 내가 그토록 오랫동안 섬겼던 모든 것을 버릴 수 없도다. 하지만 그대들이 이방인으로서 그토록 먼 곳에서 여기로 왔고, 내가 명시했다고 생각하는 대로 그대들이 참되고도 가장 아름답다고 여기는 것을 우리에게 전하기를 갈망하기 때문에 우리는 그대들을 방해하지 않으려 하며 나아가서 그대들을 손님으로 친절하게 받아들이고 생활에 필요한 것을 공급할 것도 고려하려고 하노라; 또한 설교로 그대들 종교의 신앙을 위해서(fidei vestrae religionis) 그대들이 얻을 수 있는 자들이 누가 되었든 얻는 것도 막지 않겠노라." 이어서 그는 이들에게 자기 왕국 전체의 수도(metropolis)인 켄터베리(in civitate Doruvernensi)에 숙소(mansio)를 선물하였다.……

b) 주교 아우구스티누스에게 주는 대 그레고리의 기원(목회규범, XI, 36)

"높은 곳에서는 하나님께 영광이요 땅에서는 기뻐하심을 입은 사람들 가운데 평화로다"(눅 2, 14[불가타]). 이는 한 알의 밀알이 홀로 하늘에서 통치하지 않고 땅에 떨어져 죽었기 때문입니다(요 12, 24 참조). 그의 죽으심으로 우리가 살고, 그의 연약함으로 우리가 강하여졌고, 그의 고통으로 말미암아 우리가 고통에서 벗어났느니라. 그를 향한 사랑으로 우리는 우리가 모르는 형제들을 브리타니아에서 찾았고, 그의 은혜로 말미암아 우리는 무지 중에 우리가 찾던 자들을 발견했습니다. 앵글족이 전능하신 하나님의 은혜의 역사와 당신의 형제애에서 나온 노력으로 말미암아(operante omnipotentis Dei gratia et tua fraternitate laborante) 오류를 떨쳐내고 거룩한 믿음의 빛으로 감싸게 되었기 때문에 여기 모든 믿는 자들의 마음에 얼마나 큰 기쁨이 왔는지 누가 적절하게 표현할 수 있을까요.…… "나의 아버지께서 지금도 일하시니 나도 일하노라"(요 5, 17)라고 말씀하신 분의 역사가 아니라면 이것이 누구의 역사이겠습니까? 세상(mundus)이 인간의 지혜가 아니라 그분의 능력(virtus)으로 회심한다는 것을 보여주기 위해서 (과거에) 배우지 못한 선포자들을 선택하여 세상에 보내셨습니다. 지금도 그분은 앵글족 중에서 약한 자들을 통해서(per infirmos) 놀라운 일을 일으키려 하심으로 같은 일을 행하시고 있습니다. 하지만 너무나 사랑하는 형제여, 이 하늘의 선물(donum caeleste)에서 가장 큰 기쁨과 함께 최고의 두려움을 느껴야 합니다. 곧 전능하신 하나님께서 자신이 선택했다고 여기시는 이 족속에게 당신의 사랑을 통해서 놀라운 이적을 보도록 하신 것(magna miracula ostendit)을 내가 압니다. 그러므로 당신은 두려움 가득한 이 하늘의 선물을 기뻐하시고, 기뻐하면서도 이 선물로 인해서 최고의 경외감을 가지실 필요가 있습니다(timendo gaudeas et gaudendo pertimescas).

c) 왕 에델베르트에게 보낸 내 그레고리의 편지(목회규범, XI, 37)

그러므로 전능하신 하나님께서 예외 없이 선한 자들로 백성들을 통치하도록 하심으로 그들을 통해서 모든 신하들에게 자신의 자비하심(pietas)의 선물이 흘러가도록 하셨습니다. 우리가 보는 바대로 이것이 당신이 최고자리에서 통치하는(gloria) 앵글족에게도 해당됨으로 당신에게 주어진 은사를 통해서 당신에게 복종하는 족속 모두에게도 하늘의 자비하심이 이르게 되었습니다. 때문에 영예로운 아들이시여 하나님께서 주신 은사를 조신한 마음으로 보존하시기 바랍니다. 기독교 신앙을 당신을 섬기는 백성들 가운데 펼치는 일에 매진하십시오. 당신의 정직함(바름)의 열심(zelum rectitudinis tuae)을 회심하는 일에 몰두시키면서 그것을 키워나가십시오; 우상숭배(idolorum cultus)를 몰아내시고, 이방인들의 신전(fanorum aedificia)을 파괴하시고 견책, 엄포, 달램, 처벌,

선한 행실에서의 당신의 본을 통해서 당신 신하들이 도덕적으로 깨끗한 삶을 살게끔 하십시오. 그렇게 하면 당신이 그분의 이름과 그분의 인식을 세상에 펼치실 그 하늘에 계신 분이 당신께 보응하실 것입니다. 당신이 이방인들(gentes) 가운데서 그분의 영광을 찾고 보존하려 하시는 바로 그분이 바로 당신의 명예로운 이름도 후손들 가운데에 더욱 명예롭게 하실 것입니다. 이렇게 과거에 극도로 하나님을 경외했던 황제(piissimus imperator) 콘스탄틴도 로마제국이 거짓 신 숭배를 버리도록 만들었고 이 나라를 자기 자신과 마찬가지로 전능하신 하나님(과) 주 예수 그리스도께 무릎 꿇게 하셨으며 그를 섬기는 백성들과 함께 전심으로 자신을 그분께로 돌이키셨습니다. 이 덕분에 그의 칭송이 과거 황제들보다 월등하고 선행에서 선배들을 능가했던 것만큼이나 그의 명예가 그의 앞에 있던 자들보다 훨씬 빛나는 것이다. 때문에 이제 당신의 영광은 한 분 하나님, 곧 성부와 성자와 성령에 대한 지식을 당신에게 맡겨진 왕들과 백성들에게 주도록 서두르심으로 명예와 공로에서 당신 나라의 과거 왕들을 당신이 능가하시기 바랍니다.[3)]

원전 : Venerabilis Bedae historia ecclesiastica gentis Anglorum, v. G. Spitzbart(번역), Bd. 1, Darmstadt 1982 (TzF 34); 이밖에는 Nr. 10에 있는 원전을 참조하라. —참고문헌: S. Brechter, Die Quellen zur Angelsachsenmission Gregors d. Gr., Münster 1941; G. Jenal, Gregor d. Gr. und die Angelsachsen-mission, in: SSAM 32 (1986) 792-849; M. Wallace -Hadrill, Ecclesiastical History of the English People, Oxford 1988; A. M. Ritter, Das Mittelalter als Zeitalter der Missions-geschichte, in: ZMR 79 (1995) 97-110, 특히 100-103.

1) 582-602년의 비잔틴 황제.

2) Peregrinatio propter Christum, 아일랜드-스코틀랜드 선교의 기본 모티브(위 Nr. 8을 보라).

3) 앵글로색슨족들 가운데 있던 기독교의 발전에 관해서는 특별히 존경받을 자 베다의 작품인 "앵글족의 교회사"를 보라(특히 교회사 II 13; III 25 [다른 것들 중에서 특히 흥미로운 이유는 개종자들의(게르만) 전래종교와 또 고대교회와는 차이가 나는 중세적 선교의 특징에 대한 최대한의 소급이기 때문이다]).

12. 코란

서로마의 폐허 위에 있던 정치적 사건들의 무게중심이 5세기에서 8세기 사이에 지중해 지역에서 오늘날 (북)서유럽으로 옮겨갔다는 것은 특별히 기독교 이후 가장 최후에 등장한 종교인 이슬람(= "헌신", "복종")의 덕분으로 보아야 한다. 창시자는 약 570(580?)년 메카에서 태어난 모함메드(무함마드 = "높이 찬양받은 자")이다. 약 610년부터 그는 자신이 계시전달자라는 것을 자각하고 곧바로 자신의 계시를 코란(= "재인용", "강연")에 기록하기 시작했다; 그 안에서 모함메드는(봉해버리는) "예언자들의 봉인"으로, 이슬람은 일신론의 왕관으로 간주되고 있다. 메디나로의 "천도"(헤지라)의 해(622)는 무슬림들 가운데에서 자기들 시간계산의 시작으로 보고 있다. – 모함메드가 죽을 때(632)까지 이슬람은 일단 아라비아에서 승리를 구가하고 그 후에 급속한 승리의 여세 가운데에 다른 곳들에 이어 지중해 속주들을 굴복시킬 수 있었다. 그 융성과 확장은 서구 "야만인"들을 여러 세기를 거치는 동안 완전하게라고는 할 수 없지만 어쨌든 지중해 문명의 중심에서 그리고 특별히 동로마제국에서 단절시켰다.

a) 이슬람의 가장 중요한 기도(Sure 1 = "여는 기도" [Fatiha]): (1. 자비롭고 은혜로우신 하나님의 이름으로) 2. 온 세계 인간

의 주님이신 하나님을 찬양하라, 3. 자비롭고 은혜로우신 분을, 4. 그는 심판의 날에 통치하시는 분이시다! 5. 당신을 우리가 섬기며, 당신께 도움을 간구하나이다. 6. 우리를 올바른 길로 이끄소서, 7. 당신의 분노로 굴러 떨어지고 오류를 범하는 자들의 길이 아니라, 당신께서 은혜를 베푸신 자들의 길로!

b) 유일신론("보좌의 시", Sure 2, 255)

하나님(은 오직 한 분이시다). 그분 외에는 어떤 신도 없도다. (그는) 살아계시고 한결같으시다. 그에게 피곤함도 잠도 엄습치 못하도다. 하늘과 땅에 있는(모든) 것이 그의 것이로다. (천상의 존재 중) 누가—그의 허락 없이—(심판의 날에) 그에게 변명할 수 있겠는가? 그분은 그들의 앞과 뒤에 무엇이 놓여있는가를 아신다. 하지만 그들은 거기에 대해서 아무 것도 모른다—그분이 허락하신 것 외에는 말이다. 그의 보좌는 하늘과 땅 너머에 이르도다. 그래서 그들을(위험으로부터) 보존하시는 것이 그에게는 어렵지 않도다. 그는 존귀하신 분이시고 능력있는 분이시다.

c) 최후 심판(Sure 99-101)

(99) 1. (장차) 땅이 자기의(강한) 지진으로 인해서 흔들리고 2. (죽은 자들을) 지고 있는 자기의 짐을 털어버리고 3. 이것을 겪는 사람이 말하기를 '(도대체) 땅에 무슨 일이 났느냐' 하면, 4. 그날에 땅이 말해야 할 것을 말할 것이로다, 5. 왜냐하면 주님께서 그에게 입력하셨기 때문에. 6. 그날에 사람들이(서로) 갈라져서 (아니면 [다양한 무리들로] 나누어져서?) 일어남으로 (지상의 삶에서 이룩한) 일들이(각각) 지적될 (수 있을 것이로다). 7. 그러면 한 사람이 (겨우) 먼지 무게만큼이나 선을 행했다면, 그는 볼 수 있도록 그것을 받게 되리라. 8. 그런데 한 사람이 (겨우) 먼지 무게만큼의 악을 행했다고 한다면 그도 (이와 같이) 볼 수 있도록

그것을 받게 될 것이다.

(100) 1. 헐떡거리며 달리고, 2. (발굽으로) 불꽃이 튕기도록 하며 3. (이른) 아침에는 기습을 하고, 4. 그러면서(?) 먼지를 일으키고 5. (급작스럽게 원수들의) 무리 한가운데에 있는 자들에게[1]! 6. 사람이 자기 주님을 향해서 정말로 감사하지 않고 (그의 자비에 대해서 전혀 감사치 않으면서) 7. (오히려) 이것을(스스로) 증언하고 있다. 또 그는 (이 세상의) 재물에 대해서 불같은 열정으로 가득 차 있도다. 8. 도대체 그는 (언젠가 맞닥뜨리게 될 것을) 모른단 말인가? (언젠가) 무덤 속에 있는 것이 깨끗이 정리되고, 9. 사람이 자기 속(생각과 마음)에 감추고 있는 것이 볼 수 있도록 드러나게 된다면, 10. 그날에 그들의 주인이 그들에 대해서 잘 알게 될 것이다.

(101 ["덜커덩거림"]) 1. 덜커덩거림! 2. 무엇을 그렇게 부르는가? 3. 무엇을 그렇게 부르는지 네가 어떻게 알 수 있겠는가? 4. 그날에 사람들이(불에 타버린) 나방같이 될 것이기 때문에(바닥에) 흩어져서 누워있고, 5. 산들은 뒤엉킨 구름 같고 (그 정도이다!). 6. (자기의 선행 덕분에) 무거운 저울접시를 가진 자는 7. (낙원에서) 즐거운 삶을 영위하리라. 8. 하지만 가벼운 저울접시를 가진 자, 그에게 그 일이 일어나리라(?[2]) 9. 하지만 그것이 무엇을 의미하는지 네가 어찌 알 수 있겠는가? 10. 활활 타오르는 (뜨거운) 불을.

d) 유대인–기독교인–무슬림(Sure 5, 5. 46-48)

(5) 오늘 너희에게 좋은 것들을 (먹도록) 허락되었다. (너희 중) 책을 지킨 자들이 먹도록 허락된 것이 너희에게 허락되었고, (그와 같이) 너희가 먹는 그것은 너희를 위한 것이다. 너희 중 책을 지킨 자들의 고귀한 믿음 있는 여성들과 (사회에서) 고귀한 여성들은 (너희가 결혼하도록 허락되었다.) 너희가 그들에게 그들의

삯을 주고, (동시에) 너희가 귀한 남편의 (역할을 감당하지), 음행을 저지르고 애정행각을 펼치지 않는다면 말이다. 그리고 (바른) 신앙을 거부하는 자[3]가 하는 일은 망하리라. 또한 저 나라에서 (결국에는) 불이익을 겪게 될 자들에게 속하게 된다.

(46) 우리가 그들(곧 이스라엘 자손의 하나님 남자들) 뒤로 마리아의 아들 예수가 가도록 하여서 그가 그의 앞에 토라가 있었음[4]을 입증케 하였다. 그리고 우리는 그에게 올바르게 이끌어줌과 의무를 담고 있는 복음을 주어서 그의 앞에 있는 토라의 내용들이 있었고[5], 그것은 하나님을 경외하는 자들을 위한 바른 인도함과 권고하심이라는 것을 인증하도록 하였다. (47) 복음의 사람들은 (이제) 하나님께서 그 안에다가 내려 보내주신 것에 따라서 결단하여야 한다. 하나님께서 (계시의 책으로) 내려 보내주신 것을 따라 결단하지 않는 자들은(진짜) 죄인이다. (48) 우리가(마지막에) 진리와 함께 책(곧 코란)을 너에게 내려 보내어서 그 책으로 하여금 책에 있는 것이 책보다 먼저 있었음을 입증하고, 그것을 확실하게 하도록 하였다. 이제 하나님께서(너에게) 내려 보내주신 것에 따라서 그들(유대인들과 기독교인들?)을 상호 간에 구분하라. 그리고 진리로부터 너에게 온 것에서 이탈하여 그들의(인간적인) 경향들을 좇지 말라!―너희(다양한 신앙에 속해있는) 각자를 위해서 우리가 (고유한) 관습과 (고유한) 길을 정하였노라. 그래서 하나님께서 원하시기만 했다면 너희를 유일한 공동체로 만드셨으리라. 하지만 (너희를 다양한 공동체로 나누시고) 그는 자기가 너희에게(곧 너희 각 그룹에게 계시로) 주신 것 안에서 너희를 검증하고자 하셨다. 이제 선한 일에 앞 다투도록 하라! 하나님께로 언젠가 모두 돌아가리라. 그러면 너희가 (이곳에서) 하나 되지 않았던 것에 대해서 그가 너희를 깨닫게 하시리라.

e) 코란이 말하는 예수(Sure 3, 59; 4, 157f.; 171-173)

(3, 59) 예수는(그 만들어짐과 관련해서는) 하나님 앞에서 아담과 같다. 그를 하나님은 흙으로 만들었다. 따라서 그는 그에게 겨우 이렇게 말하였다: 있으라!, 그러자 그가 있었다.[6)]

(4, 157) (문맥: 하나님께서는 유대인들이 믿지 않고 마리아를 반대하여 엄청난 비난을 불러왔기에 이 불신앙에 대해 벌로 그들을 봉인하셨다[7)] (157) 그리고 (그들이 아래와 같이) 말했기 때문이다: '우리가 그리스도 예수, 마리아의 아들이고 하나님이 보내신 자를 죽였다.' 하지만 그들은 (실제로) 그를 죽이지 않았고 십자가에 못 박지(도) 않았다. 오히려 (다른 자가) 그들에게 비슷하게 보여 (그를 예수로 오해하여 죽였다). 그에 대해서 (또는 그것에 대해서) 일치를 보지 못한 자들은 그에 대해서 (또는 그것에 대해서) 의심하고 있다. 그들은 그에 관한 (또는 그것에 관한) 지식을 갖고 있지 않고 오히려 짐작을 따르는 것이다. 그래서 그들은 확실히 그를 죽이지 않았다(곧 그들은 자기들이 그를 죽였다고 확실하게 말할 수 없다). (158) 그것이 아니나, 하나님께서 그를 (하늘에 있는) 자기에게로 올리셨다. 하나님은 능력이 있으시고 지혜로우시다.

(4, 171-173) (171) 너희 성경의 사람들아[8)]! 너희 신앙 안에서 너무 널리 나아가지 말고 하나님을 대항해서는 아무 것도 말하지 말라, 진리를 말하는 외에! 그리스도 예수, 곧 마리아의 아들은 단지 하나님께서 보내신 자요 그분이 마리아에게 전한 자신의 말씀이요 그의 영이시다. 그러므로 하나님과 그의 보내신 자를 믿고 (하나님이 하나 가운데 있는) 세 분(이라)을 말하지 말라! (이런 것 말하는 것을) 그만 하여라! 그것이 너희에게 더 좋으니라. 하나님은 오직 한 분이시니라. 그를 찬양할지니라! 한 아들을 갖는 것을 (그분은 초월하신다). (오히려 모든 것) 곧 하늘과 땅위에 있는 모든 것이 그의 것이로다. 그리고 하나님은 통치하시기에 충분하

시도다. (172) 그리스도는(오직) 하나님의 종이 되심을 경멸하지 않으시리라, 또한 (하나님께) 가까이 서 있는 천사들도 그러하리라. 그래서 그 하나가 하나님을(문자적으로는 그를) 섬기는 것을 경멸하며 (그토록) 교만하다면 (이것은 전혀 의미를 가질 수 없다). 그분은 그들(곧 사람들) 모두를(언젠가) 자기에게로 모으실 것이라. (173) 믿으며 옳은 것을 행하는 자들에게 그분은 온전한 삯과 자기 은혜로(그 이상으로) 더 주실 것이다. 하지만(그를 섬기는 것을) 경멸하고(그토록) 교만한 자들에게는 그가 고통스러운 벌이 있도록 하시리라. (그러면) 그들은 하나님 외에 친구도 얻지 못하고 도와주는 자도 얻지 못하리라.

원전 : Der Koran. Übersetzung von R. Paret, Stuttgart [5]1989.—참고문헌: Der Koran. Kommentar und Konkordanz v. R. Paret, Stuttgart 1971; Der Koran. Übersetzung mit Erläuterung v. A. Th. Khoury, Gütersloh [2]1992; derselbe u. a. (Hg.), Handbuch Recht und Kultur des Islams in der deutschen Gesellschaft, Gütersloh 2000; A. Falaturi—U. Tworuschka, Der Islam im Unterricht, Braunschweig [3]1996.

1) "여기서 걸고 맹세하는 그(여성적) 존재는 아마도 말들을 의미하고 있다"(R. Paret).
2) "문자적으로 그의 모친은 하비야(Hawija)이다, 곧 원래: 망하다"(R. Paret).
3) "문자적으로 믿음을 믿지 않는 자"(R. Paret). – 일반적 이해에 따르면 Sure 5, 5는 코란의 마지막 구절 가운데 하나이며, 모하메드 사망 직전에 계시되었다; 그는 유대인과 기독교인들과의 모든 논쟁에도 불구하고 문서를 소유한 자들과의 공존에 대해서 긍정적 표현을 하였다. "우호적인 관계와 상대적인 인정을 증언하고 있는 사실들이 증명하는 바는 상호 간의 다툼은 신앙의 문제가 아니라 항상 다른—사회적, 경제적, 군사정치적 – 원인들이었다는 사실이다" (A. Falaturi-U. Tworuschka, 위의 책 29).
4) "또는: 그보다 앞서 있던 것, 곧 토라(?)"(R. Paret).
5) 바로 앞의 각주를 보라.
6) "tertium comparationis는 새 창조이다(일반적인 탄생 과정은 없이)"; 아래 각

주도 참조하라.

7) "'비난' 이라는 것은 마리아가 혼인의 관계를 가지지 않았다는 것과 그러한 관계에서 아기 예수가 나왔다는 것을 말한다"(R. Paret). - 동정녀 탄생에 관해서는 Sure 19, 16-33도 보라.

8) 항상 "문서소유자들": 유대인, 기독교인, 무슬림을 말한다: - 예수의 "하나님의 아들 됨"을 부인함에 관해서는 Sure 112(예술적인 글자로 제시되었는데, 예를 들면 독일에서는 지금까지 가장 크다는 만하임 모쉐의 둥근 지붕에 있는 것!)도 보라; "1 Sag.: 그는 하나님, 오직 한분이시다, 2 하나님, 철저히 그분 자신에게로 인간이(자신의 곤경과 근심 중에) 의지할 분이시다. 3 그는 산출하지도 않으시고 산출되지도 않으셨다. 4 그리고 아무도 그와 동등하지 않다."

13. 게르만 선교사이며 교회개혁자인 보니파티우스

675년 웨섹스에서 태어난 빈프리트(Wynfreth) - 보니파티우스는 716년 그리스도를 위해서 이방 땅으로 가기 위해서(peregrinatio propter Christum!) 수도원적 - 교회적으로 전도 양양한 활동을 접었다. 한창 꽃피는 앵글로색슨 교회, 곧 그가 한 번도 연결을 끊지 않은 그 교회에 의지하여 보니파티우스는 자기의 선교의 열정에서 일어난 실패들로 인해서 놀라 물러서지 않았다. 718년 라인 강 동쪽 게르만지역 전체의 선교전권을 가지러 로마에 갔다. 선교사에서 차츰 중첩해서 혼란에 빠진 프랑크족의 국가교회를 다시 조직하는 자(Reformator)가 되었다. 마지막으로 마인쯔의 주교로(그리고 이와 함께 프랑크 왕국의 교회수장으로) 활동하는 보니파티우스의 삶의 마지막은 소년 때의 계획(뿌리가 유사한 대륙의 색슨족 선교)을 다시 붙들었다. 이미 시작된 프랑크족 국가교회의 개혁을 완전히 관철하는 것은 불가능하다는 사실이 도출되자 그는 색슨족을 향한 선교의 길을 열기 위해서 대륙으로 향하였고 754년 6월 5일 독쿰(그로닝엔 서쪽)에서 수행자들과 함께 이방 프리슬란트 사람들에 의해서 죽임을 당하였다.

a) 교황 그레고리 2세가 보니파티우스에게 이방인 선교 위임(편지 12 [719년 5월 15일])

하나님 종들의 종[1] *그레고리가 하나님을 경외하는 장로 보니파티우스에게*

…… 당신은 이미 언급한 계획이 가진 경건한 자극(affectus)을 생각하며 신중하게 사도적 보좌에 조언을 구하였습니다. 이는 한 몸의 지체들 중 한 지체로서(고전 12, 27 참조) 머리에게 물으면서 마음의 충동(motus mentis)을 점검하려 하며, 그 판단에 복종하면서 그 인도를 따라 바른 길을 가기에 열심을 내고 단단히 형성된 공동체의 완전한 능력 가운데 설 수 있기 위해서 한 것입니다. 그러므로 나눌 수 없는 삼중성의 이름으로 하나님의 은혜로 우리가 그 직책을 행사하며 그의 거룩한 보좌(locus sacrae sedis)를 소유한 그 복된 수석사도인 베드로의 흔들리지 않는 권세에 힘입어 당신의 경건한 겸비함을 지도하며 명령합니다: 하나님 은혜의 말씀 가운데에서(in verbo gratiae Dei) 주님께서 이 땅에 주려고 오셨고(눅 12, 49) 그로 인해서 당신도 비췸을 받은 것으로 보이는 그 구원의 불 가운데에서 당신은 하나님께서 인도하심으로 이를 수 있는 그 불신앙의 오류에 붙들려 있는 모든 족속에게 하나님 나라의 직무를 이행하되, 우리 주 그리스도의 이름을 알리고 진리에 관해서 확신하도록 함으로 이행하십시오; "능력과 사랑과 근신하는 영"(딤후 1, 7) 가운데에서 깨닫지 못한 마음들에게 그 두 계약을 충실하고도 합당한 방식으로(consona ratione) 선포(하도록)하십시오. 마지막으로 하나님의 인도하심으로 믿기를 원하는 자들을 받을 때(Initiatio) 당신이 지키려고 애를 쓰게 될 성례규율(disciplina sacramenti)과 관련해서는, 당신을 교육할 때 이미 당신에게 건네준 우리 사도적 보좌의 그 직무규정을 준수하기를 원합니다. 하지만 위임받은 활동을 위해서 혹시 빠진 것이 있는 것을 알게 될 경우에는 가능한 한 거기에 대

해서 우리가 알 수 있도록 힘써 주어야 합니다. 안녕을 빕니다.

b) 보니파티우스의 주교서약(편지 16[722년 11월 30일])

주(우리) 하나님과 우리 구주 예수 그리스도의 이름으로; 하나님께로부터 관을 받은 주님이며 위대한 황제 레오[2]의 통치 여섯 번째 해이고 그가 여섯 번째로 집정관 되는 해, 그리고 그의 아들 위대한 황제인 콘스탄틴[3]의 공동통치 네 번째 해이며 여섯 번째 납세의 해(Indictio)[4]. 하나님의 은혜로 주교가 된(gratia Dei episcopus) 나 보니파티우스는 복되신 수석사도인 베드로와 당신의 대리자(vicarius)이며 복되신 교황 그레고리 그리고 그의 후계자들에게 성부, 성자, 성령 그 나눌 수 없는 삼중성과 당신의 이 가장 거룩한 몸[5]을 위해서 나의 온전한 믿음과 순결(omnem fidem et puritatem)을 거룩한 공교회의 신앙에 바칠 것과 하나님의 도우심으로–의심의 여지없이(그리고) 증명된 것과 같이–그리스도인들의 모든 구원이 기인하고 있는(in qua omnis christianorum salus esse sinc dubio conprobatur[6]) 바로 그 신앙의 단일성 안에 머물 것을 서약합니다. 나아가서(혹시) 누군가 공동적이고 보편적인(universalis) 교회의 하나 됨을 반대하여 말한다면 결코 동의하지 않고 서약한 바와 같이 나의 무조건적인 충성과 나의 협력을 모든 면에서 증명할 것을 당신과 또 주님으로부터 매고 푸는 권세(potestas ligandi solvendique)를 받은(마 16, 19) 당신 교회의 그 유익함과 이미 말한 당신의 대리자들과 그 후계자들에게 맹세합니다. (교회의) 지도자들이 거룩한 교부들의 옛 규정을 거슬러서 산다는 사실을 알게 되면, 이들과는 그 어떤 교제나 관계를 유지하지 않을 것입니다; 게다가 막을 수 있다면 그것을 막을 것이고, 그렇지 못한다면 즉시로 나의 사도적 주께 충성되게 소식을 알릴 것입니다. 하지만 있을 수 없는 이야기지만 혹시 나의 이 맹세의 말(series)에 반대되는 그 어떤 것을 어떤 방식으로 행하려고 한다면 그것이 의도를 가졌든 아니면 어떤 계기가 주어졌든지 간에 마땅히 영원한 심판을 받게 되며 당신(베드로)을 자기들의 재산과 관련해서 속이려고 했고 아니면 거짓으로 말하려고 했던 아나니아와 삽비라(행 5, 1-11 비교)가 받은 벌에 처하게 되기를 원합니다.—이 서약형식(indiculum sacramenti)을 무익한 주교 나 보니파티우스가 직접 서명해서 당신의 거룩하게 된 몸 위에 놓습니다. 그리고 지키기로 약속한 그 위의 말로 전달한 맹세를 증인이자 심판자이신 하나님 앞에서 하였습니다.

c) 보니파티우스가 헤센의 가이스마르에 있는 도나르 떡갈나무를 넘어뜨림(724년, 빌리발트의 보니파티우스의 생애 c. 6)

…… 그 당시[7] 마침내 많은 챠텐(Hessi)들이 공교회 신앙을 수용하고 성령의 일곱 은혜(사 11, 2; EG 126, 4 비교)를 통해 힘을 얻고 안수(manus inpositio)를 받았다; 하지만 그 마음에 아직도 힘을 얻지 못한 다른 자들은 거짓 없는 신앙의 증거들을 온전하게 받기를 거부하였다; 어떤 자들은 몰래 나무와 샘에 제물을 드렸고 어떤 자들은 아주 노골적으로 그렇게 하였다.……; (또) 이미 건강한 정신을 가지고 모든 이교의 우상숭배(gentilitatis profanatio)를 거부한 어떤 사람들은 그런 일은 하나도 하지 않았다. 그들의 조언과 도움으로 그는(보니파티우스) 가이스마르(Gaesmere)라는 이름의 지역에 있는 그들의 옛 이교의 이름으로는 주피터 떡갈나무라고 부르는 거대한 떡갈나무를(그와 동행한) 하나님의 종들 입회하에 쓰러뜨리려고 하였다. 단호한 마음을 먹음으로 힘을 얻고는 그 나무를 쓰러뜨리기 시작했을 때 엄청난 숫자의 이교도들이 그 자리에 있었는데 그들은 그를 자기들의 신들의 적이라고 맹렬하게 저주하였다; 하지만 그가 그 나무를 겨우 조금 팼을 때 위에서부터 하나님의 바람이 역사함으로 인해서 흔들리면서 그 거대한 떡갈나무 둥치가 부러진 가지와 함께 바닥에

쓰러졌고 마치 위로부터 온 강력한 도움의 손길에 의한 것처럼 (quasi superni nutus solatio) 즉시 네 부분으로 나누어져서 길이가 같은 네 개의 거대한 크기의 통나무들(trunci)이 되었는데 그 자리에 있던 형제들은 손도 대지 않고 일어난 것이었다. 이전에 저주를 하던 이교도들이 이것을 보자 돌이켜 자기들의 과거 악덕으로부터 떠나서 하나님을 찬양하고 그를 믿었다. 이어서 특별히 거룩한(한 사람), 주교(antistes)는 형제들과 의논한 후에 그 나무를 가지고 나무로 만든 기도처(oratorium)를 세우고 거룩한 사도 베드로를 추앙하기 위해서 봉헌하였다.[8)]

d) 보니파티우스의 재촉에 의한 궁내성 장관 칼만의 교회개혁 시동(Akten d. Conc. German. 742/743)

우리 주 예수 그리스도의 이름으로. 프랑크의 공작이며 제후 (dux et princeps)인 나 칼만은 그리스도 성육신 742년 4월 21일 하나님 종들과 나의 고관들의 조언과 그리스도를 경외함에 강권되어서 내 나라의 주교들을 그들의 장로들과 함께 공의회와 시노드로 소집하였다. 이는 대주교 보니파티우스와 부르크하르트, 레긴프레드, 빈타, 빌리발트, 다다누스와 에다라는 주교들과 그들의 장로들이다. 그들은 하나님의 법과 교회적인 관습(aecclesiastica relegio)이 과거 제후들 치하에서 해체… 되고나서 어떻게 다시금 효력을 가지게 될 수 있겠는지, 그리고 기독교 백성(populus Christianus)이 거짓 사제들(sacerdotes)에게 미혹되었지만 멸망하지 않고 영혼구원을 얻게 되는지 나에게 조언하였다.

(I a) 사제들(sacerdotes)과 나의 고관들(optimates)의 조언을 따라 우리는 도시 마다(per civitates) 주교들을 세우고 (ordinavimus) 그들 위에 대주교로 거룩한 베드로가 파송한 (missus) 보니파티우스를 임명하였다. (b) 우리는 매년 시노드를 개최하여서 우리가 배석한 가운데(nobis presentibus) 법적인(=

시노드의) 결정들(canonum decreta)과 교회적인 법규정(iura)이 다시금 유효하게 되며 기독교 예배(religio Christiana)를 개선할 것을 결정하였다. (c) 나아가서 박탈하였던 교회재산을 다시 인정하고 돌려주었다. (d) 우리는 거짓 장로들과 음행을 하거나 성적으로 문란한 집사들과 성직자들로부터 그들의 교회 성직록(pecuniae aecclesiarum)을 빼앗았으며, 그들을 강등시키고 회개하도록 하였다. (II a) 우리는 모든 하나님의 종들이 무기를 소지하거나 전쟁하는 것을 원천적으로 금지하였다.…… (b) 사냥과 숲속에 개들을 데리고 배회하는 것도 모든 하나님의 종들에게는 금하였으며, 마찬가지로 수리나 매를 소유하는 것도 금하였다. (III) 또한 (거룩한 사도[9]의) 법령에 따라서 교구 내에 있는(in parrochia[10] habitans) 모든 장로들은 자기들이 속해 있는 교구(parrochia)의 주교에게 복종할 것을 명하였다. 그리고 항상 사순절 금식기간(semper in quadragesima)에는 주교에게 자기 직무수행에 관해서 보고를 하여야 한다.…… 주교가 법령에 따라서 백성들을 굳건히 하려고(populos ad confirmandos) 자기 교구를 떠날 때마다 장로는 항상 주교를 영접할 준비가 되어 있어야 하며 모든 백성을 모으고 그들 도와서 든든히 서도록 하여야 한다. 성목요일(in cena Domini)에는 항상 새 성유(crisma)를 주교에게 준비해드려서 그가 정숙한 삶을 영위하는 것과 자기 신앙과 자기 가르침의 증인이 되도록 하여야 한다. (IV) 법적인 근신률에 따라서(secundum canonicam cautellam) 우리는 다른 주교나 장로가 어디로부터 왔든지 간에 시노드가 허락하기 전에는 교회에서 직무 수행하는 것을 허락하지 않기로 정하였다. (V) 모든 주교는 법령대로 자기 교구 내에서 교회의 수호자(defensor)인 영주의 후원에 힘입어 하나님의 백성이 이교적인 것들을 행하지 않고(paganias non faciat) 그 어떤 이교적인 것들, 곧 죽은 자에게 제물 바침, 마술(sortilegi vel divini), 부적들, 징조(로부터 해석하는 것), 마술(incantationes) 혹은 짐승을 바침 같은 것들, 말하자면 어리석은 인간들이 이교적인 관습을 따라서 교회와 가까이 하면서(iuxta aecclesias) 순교자와 고백자들[11]을(엉뚱하게) 불러가면서도 가지고 와서는 하나님과 성인들의 진노(만) 불러오는 것들을 철저히 경멸하며 버리도록 할 것을 결정하였다; 또한 그들(주교와 영주)은 Niedfyr("긴급한 불")라고 부르는 "하나님을 모독하는 불"을 그런 종류의 이교적 관습과 똑같이 금지하여야한다. (VI) 마찬가지로 우리는 이 시노드에서…… 모든 방종에 빠진 하나님의 남녀종들은 모두 갇힌 상태에서 물과 빵만 먹으며 회개할 것을 정하였다.…… (VII a) 너 나아가서 장로와 집사는 평신도들처럼 짧은 겉옷(saga)이 아니라 하나님을 섬기는 자들답게 두건이 달린 겉옷(casulae)을 입도록 정하였다; 또한 아무도 자기 집에 여성이 거하도록 해서는 안 된다. (b) (마지막으로) 수도사들과 수도원에 사는 하나님의 여종들은 거룩한 베네딕트 규율대로 자기들의 삶을……[12] 꾸리도록 힘써야 한다.

e) 프랑크 왕국 궁정에 보내는 보니파티우스의 작별편지(ep. 93 [752])

하나님 종들의 종이며 그리스도의 은혜로 주교된 보니파티우스가 최고로 신뢰하는 동료성직자(consacerdos), 장로 훌라드[13]에게 그리스도 안에 있는 영원한 사랑의 문안을 합니다. 내가 곤고할 때 자주 하나님으로 인해서(하나님을 생각해서 [pro Dei intuitu]) 당신이 그토록 내게 보여준 당신의 그 형제 사랑이 가진 영적 우정에 대해서 당신이 받아야 할 그 당연한 고마움을 드릴 수 없습니다; 하지만 전능하신 하나님이 천국에서 천사들의 희락 가운데에서 영원히 보상(mercedis premia)해주시기를 그에게 간구합니다. 당신이 선하게 시작한 것을 또한 하나님에게서 선한 끝을 맺으실 수 있기를 그리스도의 이름으로 당신께 부탁합니다: 우리의 영광으로 가득차고 사랑받아 마땅한 왕 피핀에게 내 이름으로 인사드려주시고 그가 내게 베풀어주신 자비로운 모든 일들에 대해서 그에게 큰 감사를 드려주십시오; 또한 그에게 나와 내 친구들에게 일어날 것 같아 보이는 것을 보고해 주십시오. 말하자면 이 현세적 삶과 나의 날이 나의 쓰러짐 때문에 곧 끝날 수밖에 없어 보인다는 것을 말합니다. 그래서 우리 왕 전하께 그리스도, 곧 하나님 아들의 이름으로 부탁하는 것은 그분이 훗날 나의 제자들에게 허락하려고 생각하는 것을 내가 사는 동안에 보여주시고 알게 해주시기를 부탁합니다. 하지만 거의가 정처가 없는 자들(peregrini)입니다: 그 하나는 장로들, 곧 많은 지역에서 교회와 백성들을 섬기는 일을 하도록 정해진 자들을 말합니다; 다른 자들은 우리 수도원(cellulae)에서 수도사들로 살고 있으며 읽고 쓰는 것을 배워야 하는 아이들을 위해서 책임을 맡은 자들입니다(et ad infantes legentes litteras ordinati[14]); 또 다른 자들은 연로하며 오랜 시간 나와 함께 살며, 나와 함께 일하며 나를 도운 자들입니다. 그들 모두가 내가 생을 마감한 후에 흩어지게 될 수 있다는 것을 내가 염려하는 것(sollicitus)입니다. 그들로 하여금 당신의 자비하심으로 오는 조언(mercedes vestrae consilium)과 당신의 숭고함에서 오는 보호하심을 얻음으로 해서 그들이 목자 없는 양처럼 흩어지지 않게 되고(마 9:36; 막 6:34를 비교), 그리스도 법과는 상관없는 이교도와의 경계 지역에 있는 백성들이 상실되어 버리지 않기를 바랍니다. 이 때문에 그리스도의 이름으로 폐하의 자비하심께 끊임없이 간구하오니 나의 아들인 협력주교[15] 룰루스를 하나님의 원하시고 폐하에게 합당하시면 백성과 교회를 섬기도록 해 주시고 그를 장로들과 백성들(populi)을 위한 설교자와 교사로 임명하여 주십시오. 하나님께서 원하시면 장로들은 그에게서 지도자(magister)를 수도사들은 규율에 충실한 선생(regularis doctor)을 기독교 평신도들은 신실한 설교자요 목자를 얻게 되기를 소망합니다. 나의 소청은 나의 장로들이 이교도들에게로 가는 경계지역에서 가련한 삶(paupercula vita)을 꾸려나가고 있기 때문에 매우 시급합니다. 그들은 먹을 빵은 조달합니다; 하지만 옷은 그곳에서 얻지 못합니다; 그러한 지역에서 그들은 다른 곳으로부터 곧 제가 도와왔던 것처럼 도움과 조언을 얻게 되면 그 백성들 섬기는 일을 근근히 꾸리고 유지할 수 있는 것입니다. 그래서 그리스도를 향한 사랑(pietas Christi)이 이 생각을 당신께 불어넣어주시고 제가 간구한 바를 당신이 허락하며 실천하시기 원하신다면 나의 이 사절들 또는 당신의 자비하신 서신을 통해서 제게 알려주시고 제시하셔서 저로 하여금 더 기쁨에 차서 낭신께 빚진 자로서(in mercede vestra) 살다 죽게 하여 주십시오.[16]

f) 보니파티우스의 순교(빌리발트의 보니파티우스의 생애 8)

이 장은 "그(보니파티우스)가 생애 마지막까지 얼마나 열렬하게 설교를 하였고 이 세상을 하직할 때 그의 마지막이 어떠하였는가"(이것이 제목이다)를 묘사하여 준다. 이 전해주는 말의 출발점은 게르만 공의회(Concilium Germanicum, 743 혹은 742년)와 레제스틴네(Les Estinnes)에서 있은 공의회 그리고 보니파티우스의 서신들이 관련되어 있는 745년과 747년의 두 지역공의회들이다. 나아가서 소 피핀 혹은 피핀 2세가 프랑크 왕국 전체의 통치자로 등극함과 80세 된 보니파티우스가 프리슬랜드를 향해서 자기의 마지막 선교 여행을 결심하는 것도 다루고 있다.

…… 그러니까 우리가 제시한 바와 같이 믿음의 광선이 프리슬랜드(Fresia)를 두루 비추고 우리 그 성자의 마지막이 임박하자 그는 곧바로 그들의 방언으로 액혜라는 지역을 동과 서 둘로 나누는 보르트네[17] 강둑에 일단의 자기 시종들(clientes)만을 대동하

고는 텐트를 쳤다. 하지만 그가 널리 퍼져 있는 백성들에게 새로 세례 받은 자들(neobiti et nuper baptizati)에게 주교로부터 안수와 견신(confirmatio)이 주어지는 그 축제의 날을 벌써 알렸고, 그 때문에 거룩한 주교가 원하는 대로 그 견신의 날에 모두가 다시금 출석하려고 모두 집으로 돌아갔다. 그 사이에 그날이 저물고 떠오르는 태양과 함께 새날의 광채(aurora lucis)가 솟아오를 때 친구들 대신 원수들이 다가오며 새로운 신자들(novicii fidei cultores) 대신 새로운 종류의 형 집행관들이 번쩍이는 무기들과 창과 칼로 무장하고는 숙소로 쳐들어왔다. 즉시로 그들을 향해서 하인들(동행자들[pueri])이 텐트에서 뛰어나와 무기로 그 무기들을 상대하며 그(곧 순교의 죽음을 당하게 되어있는) 성자들을 그 감정도 없이 날뛰는 무리들로부터 보호하려고 하였다. 그때 날뛰는 무리들이 들이닥친 것을 느끼자마자 하나님의 사람(vir Dei)이 자기 주위에 있는 성직자들과 함께 자기가 항상 지니고 있던 거룩한 성물들을 손에 들고 텐트에서 나왔다. 즉시로 일행들에게 다가가서 무기를 들지 못하게 하였다: "자녀들아(pueri) 싸움을 멈추고 그만하라; 진리의 말씀은 우리에게 가르치기를 악을 악으로 갚지 말고 선을 선으로 갚으라고 하셨다(살전 5:15 비교). 오랫동안 사모하였던 날이 이르렀고, 우리 마지막이라는 환영할 시간(spontaneum resolutionis nostrae tempus)이 다가왔다. 그러므로 주 안에서 든든히 서서 그분이 은혜로 허락하시는 것을 기꺼이 받으라. 그분을 사모하라, 그가 너희 영혼을 자유케 하시리라". 그를 둘러싼 장로들과 집사들 그리고 아래 계급의 하나님의 종들에게 모국어(patria…… voce)로 아래와 같이 말하며 권하였다: "제군들이여 형제들이여, 용기를 갖고 몸을 죽이는 자들을 두려워 말라, 그들은 영원히 존재하는 영혼은 죽이지 못하느니라(마 10:28; 눅 12:4; 토비트 5:13과 비교); 오히려 주님을 두려워하고(빌 4:4) 너희 소망의 닻을 하나님 안에 내려라. 그가 즉시로

(extimplo) 너희에게 영원한 보응의 상급을 주실 것이며 하늘 잔치 자리에 높은 천사의 동반자로서의 자리를 주시리라……" 이러한 깨우침과 교훈으로 자기 제자들을 순교의 관을 쓰라고 친절하게 용기를 북돋아주고 있을 때 광분하는 이교도들의 폭도들(tumultus)이 지체 없이 칼과 갖은 무장을 하고는 그들을 덮쳐서 구원을 가져오는 학살을 하면서(felici…… cede) 거룩한 자들의 몸을 거꾸러뜨렸다.

원전 : Briefe des Bonifatius, Willibalds Leben des Bonifatius nebst einigen zeitgenössischen Dokumenten. Unter Benützung des Übers. v. M. Tangl u. Ph.H. Külb, neubearb. v. R. Rau, Darmstadt 1968 (Freiherr-Vom-Stein-Gedächtnisausgabe IV b), 512/514.—참고문헌: Th. Schieffer, Winfried-Bonifatius und die christliche Grundlegung Europas, Freiburg 1954 = Darmstadt 1972 (mit bibliograph. Nachwort); F. Prinz, Frühes Mönchtum im Frankenreich, München (1965) [2]1988; T. Reuter (Hg.), The Greatest Englishman. Essays on St. Boniface and the Church at Credition. Exeter 1980; J. M. Wallace-Hadrill, The Frankish Church, Oxford 1983; G. Dagron u. a. (Hg.), Bischöfe, Mönche und Kaiser, Freiburg u. a. 1994 (Die Geschichte des Christentums 4), 622ff. 655ff.; J. Fried, Der Weg in die Geschichte. Die Ursprünge Deutschlands bis 1024, Berlin 1994 (Propyläen Geschichte Deutschlands I), 220ff.

1) 위 Nr. 10의 서론을 보라.
2) 레오 3세(717-741), 곧 그를 따라서 명명된 "이사우리아"(=시리아) 황제가문의 창시자.
3) 콘스탄틴 5세(741-776)로서, 성상반대회의인 히에레이아 시노드(754)를 소집하였고(아래 Nr. 16을 보라) 그 때문에 곧바로 자기 적들로부터 조금 아양을 담은 별명 "코프로뉘모스"(= "아양…… 이름")를 얻게 되었다.
4) 곧 15년 주기로서, 더 이상은 세지 않는다. (1087년까지는) 교황청에서도 통용되던 희랍납세주기(Indictio Graeca)를 따른 납세의 해의 시작인데, 매해 9월 1일

이다.

5) 그러니까 이 서약은 바티칸의 성 삐에뜨로(오늘날 베드로성당)에 있는 수석사도의 유골이 있는 베드로 기념소 앞에서 한 것을 말한다.
6) 소위 "아타나시우스" 신앙고백(Symbolum 'Quicumque')의 시작: "구원받으려는 자는 모두 무엇보다도 공교회 신앙을 고수하여야 한다……"(Quicumque vult salvus esse, ante omnia opus eset, ut teneat catholicam fidem…… [DH 75/76]).
7) 제6장의 맥락: 프리슬란드인, 색슨인과 헤센인들 가운데서 이루어진 선교의 시작; 보니파티우스의 로마행과 교황으로부터 전권을 위임받음; 프랑크 왕국으로의 귀향과 프랑크 왕국 궁정에서 명예롭게 환영받음; 헤센의 전도 발전을 위한 보호서신 전달.
8) 프리츨라에 있는 베드로교회를 말하는데, 뷔라부르크에 있는 주교좌에서 멀지 않은 곳에 있다. 이미 732년에 나무 건물이 돌로 대체되었다.
9) 분명 훗날의 첨가이다(위에 언급한 원전의 비평부분을 보라).
10) 희랍어(παροικία)에서 차용한 단어가 "교구"라는 말의 근거이다; 본래 "세상"에서 "나그네와 정주권이 없는 거류자"들(엡 2:19 등등)의 공동체를 말한다. 중세 초기에 파로키아와 디외체시스(Dioecesis)가 겹쳐졌다; "나그네 됨"의 어원적인 뿌리는 의식에서 철저히 사라진 것으로 보인다.
11) 순교자 = "피흘린 증언자들", 고백자 = 신앙을 분명하게 고백하였지만 목숨은 잃지 않고 살아남은 확신을 가진 기독교인들.
12) 라틴어 본문은 훼손된 것이 분명하다; 아마도 레제스틴네공의회가 규정한 의미로 이해해야 한다: Abbates et monachi receperunt sancti patris Benedicti regulam ad restaurandam normam regularis vitae ("수도원장들과 수도사들은 규율이 정한[= 수도원적] 삶을 다시금 올바르게 하기 위해서 거룩한 교부 베네딕트의 규율을 받아들였다[위에 제시한 원전 382를 보라]).
13) 성 데니 수도원장, 피핀과 칼 대제의 본당최고사제. 이 편지는 지금은 보존되지 못한 그 피핀에게 함께 보내었던 편지다.
14) 어떤 교정자는 legendas로 바꾸었다.
15) 본래는 동방교회의 직분이었다; 이 개념("지방주교")은 도시 밖에 있는 지역교회 지도자를 칭하는데, 그는 자기 공동체를 스스로 지도 관리하였다. 협력주교들의 지위와 임무에 대한 동방교회들의 공의회가 규정한 것들이 6세기서부터 큰 교회 법전들을 통해서 라틴어 번역의 형태로 서방교회에 전래되었다. 하지만 사실은 서방교회의 첫 번째 협력주교들은 프리지아와 마인츠의 빌리브로르와 보니파티우스 등의 앵글로색슨족 선교사들에게서 증명된다.
16) 최소한도로 가능한 해석에 따르면 보니파티우스의 감사편지(편지 107)가 증명하듯이 피핀은 이 간청을 들어주었다; Tangl은 달리 본다(위에 제시한 책 336쪽 각주 1을 보라).
17) 오늘날의 보른이다.

14. "피핀의 선물"(754/756)

두 요인 : 하나는 롬바르드 왕 아이스툴프(749-756)의 정복정책으로, 그는 751년 동로마에 속해 있는 라벤나의 총독직을 취하였으며 753년에는 로마를 위협하였다. 다른 하나는, 효과 있는 보호를 해 주지 못하는 비잔틴 황제의 지속적인 무능이다. 이 두 요인은 752년부터 재위에 있던 교황 스테판 3세(2세) 하에서 교황의 정책이 비잔틴인들에게서 프랑크족으로 장기적인 방향 선회를 하도록 하였다. 754년 현현절에 샹파뉴 지방에 있는 왕의 궁전 폰티온에 교황이 나타나서 그 다음날 피핀(2세)과 "우정의 맹세"를 하였는데, 그 세부적인 것들은 라옹의 퀴에르지에서 거행된 제국의회(754년 4월)에서 확정되었다. 성 데니의 국왕 수도원에서 교황은 왕과 그의 아들들(칼만과 칼)에게 기름을 부었고, 그 후부터 그들의 왕조 상속권이 교회적으로 재가되었다. 그 직후 국왕 아이스툴프를 겨냥한 프랑크의 공격이 시작되었으며 그러나 아이스툴프는 756년에 가서야 프랑크 통치권에 복종하였고 그 값으로 이태리 중부에 있는 정복한 영토 중 과거 비잔틴에 속했던 만큼을 돌려줄 수밖에 없었다. 피핀은 그것을 베드로의 후계자(및 베드로 자신)에게 건네주므로 756년은 로마와 라벤나의 교회국가의 "탄생의 해"가 되었다.

a) "교황행적기"(Liber Pontificalis)가 말하는 "피핀의 선물", XCIV. 스테판 2세, XXVI. XLVI:

(XXVI) 1월 6일(754년) 우리 주님이고 하나님이시며 구세주이신 예수 그리스도의 가장 거룩하신 현현 축제에 앞에서 말한 그 복을 베푸는 사람(almificus vir [곧 교황 스테판])이 큰 소리로 전능하신 하나님을 쉬지 않고 높이고 찬양하면서 모든 자기 사람들과 함께 왔고, 동시에 앞에서 언급한 왕이 찬양(의 노래)과 신령한 노래들(엡 5:19 비교)을 부르면서 위에서 언급한 궁전(곧

폰티온)에 왔다. 그들이 거기에서 예배당(oratorium)에 동시에 앉자 곧바로 복되신 교황(beatissimus papa)께서 앞에서 말한 그 (가장) 기독교적인 왕께 눈물로 간구하기를 복되신 베드로와 로마제국(rei publicae Romanorum)의 일을 평화조약을 통해서(per pacis foedera) 온전하게 해줄 것을 간구하였다. 이어서 왕이 힘써서(totis nisibus) 그의 명령과 권고를 따라 간구하는 대로 라벤나의 총독직과 그 특전들과 (로마)제국의 도시들을 반드시 되돌려줄 것을 약속하면서 한 순간에 복되신 교황을 만족시켜 드렸다.

(XLVI) 이제 자비하신 프랑크의 왕 피핀이 진을 치고 파비아 시를 포위하였을 때 극악무도한 롬바르드 왕 아이스툴프가 은혜 베풀어 주실 것을 간구하며 평화조약으로(in pacti foedere) 언급한 도시들을 반드시 되돌려드릴 것을 맹세하였는데, 이것은 과거에는 거부하였던 일이다. 그는 지난 여덟 번째 납세의 해(754)에 양 쪽(partes)이 체결하였던 그 지난날의 계약을 승인하였고 말한 그 도시들을 내어주었으며 그 외에도 콤마키오(Comiaclum) 성[1]을 비워주었다. 이 도시들을 온전하게 되돌려주는 것에 관해서 피핀은 복되신 베드로와 거룩한 로마 교회 및 이후 사도보좌(교황권)의 소유자들을 위한 영원한 소유(in perpetuum…… possidendas)라는 기부증서(donationem in scriptis)를 주었다. 이것은 오늘까지 우리의 거룩한 교회의 문서보관소에 있다.[2]

b) 칼 대제의 재가(같은 곳, XCVII. 하드리아누스)

(XLI) 네 번째 축일(feria)에 앞에서 언급한 교황(pontifex, 곧 하드리안 1세)은 바로 그 왕(곧 칼)과 협상을 하기 위해 만나려고 자기의 재판관들, 곧 영적 재판관들과 세속적인 재판관들(tam cleri quamque militiae)과 함께 복되신 사도 베드로의

교회로 갔다. 끈질기게 상기시키고 권하고 아버지같이 설득하면서 그로 하여금 대단히 탁월한 칼과 마찬가지로 당시 왕이었던 돌아가신 아버지가 자기 형제 칼만과 프랑크 왕국의 모든 재판관들과 함께 하고는 복되신 베드로와 그의 그 돌아가신 대리자 교황 스테판 2세에게 당시 프랑크 왕국에 머물 때 주셨던 약속을 모두 이행하라고 하였다. 그에 따르면 이태리 여러 도시들과 속주 지역들은 복되신 베드로와 그의 모든 대리자들(vicarii)에게 영원한 소유로 넘겨주어야 하는 것이었다.

(XLII) 프랑크 왕국의 한 지역, 퀴에르지(Carisiacus)에서 주어진 약속을 다시금 낭독하도록 한 후에 그와 그의 재판관들이 그 모든 내용을 시인하였다. 그리고 자발적으로 그 말한 아주 탁월하시며 참 기독교인인 프랑크의 왕 칼은 자비롭고 기꺼운 마음으로 첫 번째 약속의 본을 따라서 또 하나의 선물하는 약속을 자기의 경건하며 현명한 예배당 목사(capellanus)이며 공증인인 에테리우스로 하여금 주게 하였다. 거기에는 이 도시들과 촌락들을 거룩한 베드로에게 넘겨주며, 이것들을 그 교황(Pontifex)에게 넘겨준다고 약속하였는데 선물증서(surkunde)에서 보도록 경계선 표시를 해서 주었다.……[3)]

원전 : Vita Stephani II (752-757) und Vita Hadriani (772-795), in. Liber Pontificalis. Texte, Introduction et Commentaere, hg. v. L. Duchesne, I, Paris 1955.—참고문헌: E. Caspar, Pippin und die römische Kirche, Berlin (1914), Neudr. 1973; ders., Das Papsttum unter fränkischer Herrschaft, hg. v. U. Gmelin, Darmstadt 1956; W. H. Fritze, Papst und Frankenkönig. Studien zu den päpstlich-fränkischen Rechtsbeziehungen von 754-824, Sigmaringen 1973; A. Angenendt, Das geistliche Bündnis der Päpste mit den Karolingern, in: HZ 100 (1980) 1-94; R. Schieffer, Die Karolinger, Stuttgart ²1997 (UB 411), 50-69.

1) 라벤나와 포 사이에 있다.
2) 다음 장(47)에는 언급한 도시들을 하나씩 열거하였다: 라벤나, 리미니(Arimino), 페사로(Pensauro), 콩카, 파노, 체시나(Cesinas), 시니갈리아(Sinogalias), 예시(Esis), 포룸포풀리, 포를리(Forumolivi), 성채 수소비움, 몬테펠레트리, 아케라지오, 몬테루카티, 세라, 요새 성 마리니, 봅비오(Vobio), 우르비노(Orbino), 칼리스, 루키올리스, 굽비오(Egubio)와 코미아클로, 그밖에 과거에 스폴레토의 공작에 의해서 정복되었다가 이제는 다시금 로마 소유가 된 도시 나르니. - 교회국가는 이 "선물"에 근거하였다!
3) 이어서 하나씩 열거하였다: 코르시카 섬과 함께 루나(-파르자나), 토지들, 곧 피리스(수리아노에 있는), 몽 바르도, 곧 베르체토(Vercetum), 파르마, 레지오(Regium), 만투아와 몽 실렉스("바살트 산") 지역에 있는 것들, 그밖에 라벤나 총독지 옛 전체적인 범위, 베네티아와 이스트리엔 속주들, 끝으로 스폴레토와 베네벤트 공작령(= Dukate).

15. 중국에서의 네스토리우스 기독교

(781년 장안성 석비)

페르시아 땅에 있던 동 시리아 교회(네스토리우스주의, 고대교회, Nr. 95를 참조하라)는 조로아스터교가 공식적 국가종교였음에도 불구하고 "세상이 본 중에 가장 열정적으로 선교하는 교회였다"(J. Stewart). 특히나 상인들과, 직업적인 사절들이 담당한 선교는 중앙아시아와 중국에서 생명력이 있었다. 당나라 시대(7-10세기) 중국선교의 시작에 대한 귀중한 증거는 1625년 예수회의 중국선교사들에 의해서 발견된 깔끔한 고전 중국어로 쓴 비문(짧은 시리아 문장도 함께)이 있는 장안성의 대리석비이다. 그 내용에 따르면 석비는 781년 2월 4일 중국기독교 "지역주교"에 의해서 세워졌다. 비문은 대 진(guo [Ta-Ch'in], 분명히 시리아 및 중동)의 사제 알레벤(Alo-pen)에 대해서 말해주고 있다. 그는 635년 중국에 첫 네스토리우스 공동체를 세웠다. 이 비문이 있는 비석은 황실의 호의와 무엇보다도 도교와 불교의 공격 앞에서 네스토리우스주의를 보호해 준 데 대한 감사의 징표로 세워졌다. 비문은 거의 2000개의 중국문자(말했듯이 여러 시리아 문장들도)로 쓰였다. 기독교 가르침의 개요[1], 알레벤이 도착한 다음 중국에서의 네스토리우스선교 역사 그리고 마지막에 찬양과 중국에 있는 70명의 네스토리우스주의 성직자들의 명단으로 이루어져 있다. 중국에서의 기독교 시작(635-649)에 대해서 말한다:

(……) 위대하신 태조시며 개명된 황제(Taizong wen huangedi)가 휘황찬란한 치장을 하고 하늘의 명령을 받고 찬란한 광채를 발하는 자[로서] 사람들에게 나가실 때 대 진 땅에는 알레벤(Reuben/Abraham[2])이라는 놀라운 능력의 사람이 있었다. "흰 구름처럼 높은" 곳에(곧 은거해서[3]) 살다가[황제 태종 때문에 이 은거지를 떠나] 참된 문서를 책임지기로 결정하였다. 멀리서 간절히[중국을 바라보면서] 시절[곧 기후와 도로사정]을 고려하면서 위험과 어려움을 거치면서[이 곳으로] 서둘렀다. 젠관(627-650)의 통치 9년째(635) 장안에 도착하였다. 황제는 서쪽 도성에 있는 영빈관 정상에서 그를 영접하도록 자기의 최고위 관료인 황 수린(Fang Xuanling, 578-648)을 보내었다. [그 다음에] 손님은 내궁(곧 최고의 예로서)에서 영접하도록 하였다. 이 문서들이 황제 도서관에서 번역되고 나서 [황제는] 자기의 "접근 금지된 방"에서 [그 문서에 있는] 도[4]에 관해 연구하였다. 그 올바름과 진실을 깊게 알게 되자 그것의 선포와 그것을 받아들일 것을 특별히 명령하였다. 젠관 통치 12년(638년) 7월에 아래 칙령이 반포되었다:

"도는 결코 불변하는(절대적인) 문자[5]를 가지지 않으며, 거룩한 자(지혜자)는 결코 불변하는 몸을 가지지 않는다. 여러 요구와 상황에 대한 반응으로 모든 산 자들에게 포괄적인 도움을 주기 위해서(아주 다양한) 가르침들이 제시되었다.[6] 덕이 높은 대 진의 알레벤은 멀리서부터 우리 도성에 주려고 문서들과 그림들을 가지고 왔다. 그 가르침과 선포들을 샅샅이 검증하고 그것들이 놀랍고 영적이며 무위(wu wei)[7]와 [일치된다는 것을 알게 되었다. 그 근본 원리를 보면 모든 생명[8]에 대한 배려를 자기 원리로 승화시켰다; 그 말들은 산만한(혼란스러운) 설명을 가지지 않으며 그 논리는 [통발은 고기 때문에 있는 것이지만 네가 고기를 잡고 나서는 통발을 잊으라는 말을 하는 책 슈앙기[9]와 마찬가지로] 설득력 있다. [이 가르침은] 생명체를 도우며 사람들에게 유익함으로 제국에 널리 펼쳐 마땅하도다."[10]

이를 접한 관리들은 즉시로 수도의 이닝 지역에 대 진(네스토리우스주의) - 수도원을 세우도록 하였다. 새로 모집된 수도사들(du seng)[11]은 21명이었다. 숭앙되었던 주 왕조의 힘(De)이 지나고 [라오지]는 자기의 검은 탈것(검은 물소가 끄는 차)과 함께 서쪽으로 올라갔다.[12] 하지만 강대한 당 나라는[하늘의 명을 받고] 도가 [다시] 광채를 발하자 행운을 약속하는 바람이 동쪽을 향해 불었다.……

황제의 칙령을 근거로 수도에는 21개좌의 시리아 수도원이 세워질 수 있었으며, 나아가서 비문은 뒤이은 황제들의 가호에 힘입어서 기독교가 중국에서 이룰 수 있었던 발전들에 대한 소식을 전하고 있다.

원전 : P. Y. Saeki, The Nestorian Documents and Relics in China, Tokyo (1973) ^{2}1951.—번역: L. Wagner (Sinolog. Seminar Heidelberg; 다수의 각주들과 거기에 있는 모든 언어학적인 설명들도 그의 덕분이다)..—참고문헌: A. C. Moule, Christians in China before the Year 1550, London u. a. 1930; 같은 이, Nestorians in China, London 1940; P. Kawerau, Das Monument von Schianfu, in: Sichtbare Kirche (FS f. H. Laag), hg. v. U. Fabricius-R. Volp, Gütersloh 1973 (Schriftenr. d. Inst. f. Kirchenbau u. kirchl. Kunst d. Gegenwart 3), 39-43.

1) 첫 번째 부분, 곧 교리적인 부분은 "혼합주의적" 흔적을 거의 보여주지 않으며 그 어떤 특별한 "네스토리우스주의적인 것"도 가르쳐주지 않는다. 하지만 신약의 범위("27권"!)에 대한 관심을 끄는 전달과 네스토리우스주의자들이 가진 수도원적 삶(나무로 만든 종 사용; 동쪽을 향한 기도 자세를 갖춘 명상; 남녀 노비 소유를 폐지; 7시간마다 있는 기도예배와 7일마다 가지는 성례전 예배)을 담고 있다.
2) 알레벤을 르우벤과 동일하게 취급하고 있다는 짐작은 캠브릿지 중국역사, Cambridge 2 1989, P. I, S. 235(3. 수나라와 당나라 589-906)에도 나타난다. 이 반대로 Saeki(위 참고문헌을 보라)는 알레벤은 아브라함이라는 이름을 소리 나는 대로 표현한다는 것을 증명하려 하였다.
3) 중국문자들은 첫 줄에서 회화적으로 먼 구름처럼 홀로 높은 위치를 가진 한 사람을 위해서 나타나고 있다. 구름이라는 것이 행운을 약속하는 징조의 능력을 가진 것처럼(예를 들면 W. Eberhard, Lexikon chinesischer Symbole, München [1983] 31990, 306). 은거는 일반적으로 윤리적 동기에서 발생한다. 하지만 광야, 산에 홀로거함 등을 생각하지는 않았다. 오히려 일상적인 삶에서 드러나지 않게 궁정을 위해서 살면서 궁정 업무에서 벗어나려고 하는 것으로서 이것은 황제의 윤리적-카리스마적 힘(De)이 최선을 다하도록 요구하지 않을 때 가능하다. 반대로 황제가 본이 되며 선한 카리스마(De)에 의해서 압도당하면 이러한 은둔은 더 이상 의미가 없고 거꾸로 탁월한 사람들은 모두 곧장 궁정 업무로, 그러한 황제 측근으로 다가오게 되는 것이다.-이와 비슷하게 태종의 De는 중국궁정에서 멀리 은거함에서 나와서 황제 측근으로 오도록 알레벤을 강요했던 것 같다(다시 살아난 라오지 처럼!).
4) 여기서는 분명: 원초적 힘, 존재의 근거.
5) 의미하는 바는: 우리가 도라고 파악할 수 있는 도는 절대적 도가 아니다.
6) 여기에 관해서는 Shangjun shu("주 Shangyang의 서"; L. Duyvendak의 영어 번역 The Book of Lord Shang, London 1928, 171-173)의 첫 장을 비교하라: "…… 세상을 통치하는 데는 하나 이상의 길이 있으며 국가를 위해 걸 맞는 기준을 마련하기 위해서 옛 것을 모방할 필요는 없다……."
7) Saeki는 "침묵의 활동"으로 번역하였다. 무위는 황제에게 가장 중요한 원칙 중 하나를 말한다. 만일 "세 개의 권세"(sancai, 곧 하늘, 땅, 사람) 가운데에 비밀스러우며 미묘한 균형, 곧 이것을 유지하는 것이 항상 최고의 목표이며 절대로 깨어져서는 안 되는 그 균형이 이루어지는 것이라면 모든 임의적이고 성급한 행동, 모든 능동적인(무위의 반대) 개입은 이 균형을 교란시킨다. 없어서는 안 되는 이 조화를 이루는 것이 오히려 최고의 목적이어야 한다(이 원칙은 더욱이 중국의 마지막 여제-과부인 서태후(Zixi)의 보좌 위에 큰 글자로 새겨져 있는데, 그녀는 그 보좌 위에서 사진 찍는 것을 좋아했다); 여기서는 분명히 네스토리우스주의의 신앙이 종교적이며 사회적-세계관적인 콘텍스트에 조화롭게 접속되었다는 것을 의미한다.
8) 곧 모든 다양성과 특징 가운데 있는 삶.
9) B. Watson, The Complete Works of Chuang Tzu, New York-London

1968 (Records of Civilization LXXX. Columbia College Program of Translations from Oriental Classics), 302.

10) P. Y. Saeki는 위에서 언급한 자기 책에서 황제의 이 명령에 주를 달았다: 네스토리우스 교회는 중국에서 처음부터 황제의 특별한 보호를 받았는데 이것이 비난받을 일은 아니었다는 것을 보여준다. 이 비문 작성자는 "그러한 가호는 종종 소위 기독교의 공교회적 가르침의 본질적인 면을 갈아서 매끈하게 만드는 경향을 갖는다는 점을 주지하는 것을 잊었다." Saeki는 특별히 전형적인 도교적 가르침을 담고 있는 그 칙령의 첫 부분에 천착하였다. 이 가르침은 곧 중국에 있던 네스토리우스 교회가 가감 없이 고백하였던 것이다(위 50)! 수백년 후에 네스토리우스주의자들이 지역적인 제의와 종교들, 특별히 도교에 흡수되어버린 것은 놀랄 일이 아니다.

11) 동사 du는 불교적인 콘텍스트에서(또 여기에서도 분명히) 사람이 자기 가족을 떠나 승려가 되도록 움직이는 것을 말한다.

12) 라오지(Laotse)가—검은 물소를 타고—서쪽으로 방랑하였다는 표현은 라오지-문학의 표준적인 신앙에 속한다; W. Eberhard, Lexikon chinesischer Symbole[위 각주 3], 174도 참조하라.

16. 비잔틴의 성상논쟁

아마도 726년 황제 레온 3세(717-741), 곧 시리아 왕조의 창시자는 기독교 성상을 적대시하기 시작하였다. 한 관리가 콘스탄티노플 황제 궁의 청동으로 만든 문 옆에 있는 그리스도 상을 없애라는 명령을 받았다. 하지만 이 일은 "경건한 부녀자들"이 그에게 달려들어 그를 짓밟아버려서 목숨을 잃게 만들었다(PG 100, 1085C). 몇 년 후에는 모든 그리스도 상을 제거하라면서 "문화전쟁"이 일어나도록 하는 황제의 명령이 뒤따랐다. 이 전투는 843년까지 비잔틴 제국을 들끓게 하였다. 가장 첫 번째이며 가장 의미 깊은 신학적 반응은 아랍이 지배하는 지역에서 나왔다. 다메섹의 요한네스(753년경 사망)의 "인식의 원천"(Πηγὴ γνώσεως)으로서 이 책은 그의 교리적 주저이며 동시에 비잔틴-정통주의 신학 전체를 첫 번째로 규범적으로 요약한 책이다; 여기에 요한네스가 두 번씩이나 수정하였던 성상반대자들을 반대하는 의미 깊은 논문이 맥을 같이 한다 (hg. v. B. Kotter, PTS 17, 1975). 황제 콘스탄틴 5세 때(741-775) "코프로뉘모스"라는 별명과 함께 마지막으로 일곱 번째 공의회라고 생각하는 754년에 있던 한 공의회는 그리스도의 상을 만들고 숭배하는 것은 잘못된 교리라고 선언하였다. 765년부터는 기세를 더 해가면서 성상우호자들이 박해를 받았다(여기에 가장 의미가 큰 순교자는 수도원장 스테파누스 "2세"였다. 콘스탄틴 5세의 사망과 함께 박해는 가라앉았다. 여제 이레네 때(780-802)에는 성상숭배가 다시 허용되고 754년 공의회의 결정이 폐기되고 새 공의회의 결의를 통해서 교리가 되었다.—전통적으로 성상숭배도 성상파괴도 반대하는(읽을 능력이 없는 자들에 대한 성상의 교육적 가치 때문에) 서방의 입장은 니케아(787)의 결정들에(감정을 누그러뜨린) 동의와 단호한 거부 사이에서 갈등하였다. 황제의 대리인들은 니케아 공의회의 결정들에 서명한 반면 프랑크 왕국에서는 Opus contra synodum 및 Libri Carolini라는 작품에서 기념비적인 거부를 하였고, 794년 프랑크푸르트의 프랑크 제국공의회도 "새로운 희랍인들의 공의회"의 결정들을 폐기하였다; 주목할 만하게도 이것은 동시에 임석한 교황 대리인들에 의해서 서명날인 되었던 것 같다!

a) 787년 니케아의 7차 에큐메니칼 공의회의 교령

…… 세심하고도 신중하게 우리는 숭배하여 마땅하며 거룩한 성상들은 마치 거룩한 하나님의 교회에 있는 고귀하며 생명을 선사하는 십자가와 같은 방식으로 거룩한 그릇들과 옷과 벽과 담, 집 내부와 길에 사용할 수 있다는 것을 결정하였다. 그러니까 색깔이나 모자이크(돌[ψηφίς])나 그밖에 걸맞는 재료들로 만들어질 수 있다; 우리 주 하나님이시고 구세주이신 예수 그리스도, 흠 없는 여왕(δέσποινα)이시고 거룩하신 하나님의 어머니(θεοτόκος), (나아가서) 존경할 천사들과 모든 거룩하고도 경건한(ὅσιοι) 사람

들의 상(을 말한다). 그러니까 그들이 끊임없이 그림으로 완성된 것에서 바라다보면 볼수록 거기에 침잠하는 자들도 그 원형(Prototype)을 상기하고 그들을 사모함이 일깨워지고 그들에게 경의(ἀσπασμός)와 존경에 가득찬 예(τιμητικὴ προσκύνησις)를 드리고 싶어지게(충동) 되되, 그러나 오직 하나님의 본성(θεία φύσις)에만 드려지는 우리 신앙에 걸맞는 참된 숭배(ἀληθινὴ λατρεία)가 아니라 오히려 그 고귀하며 생명을 선사하는 십자가와 거룩한 복음서와 그밖의 거룩한 성별된 대상들(ἀναθήματα)과 소제의 향과 불(초)들을 공경하려고 하는 식, 그러니까 구약의 경건한 관습이었던 것처럼 해야 한다. "왜냐하면 모형(εἰκών) 숭배는 원형(πρωτότυπον)으로 넘어가기 때문이다."[1]; 그리고 (모)형상을 숭배하는 자는 묘사된 것의 실재(또는 인격: ὑπόστασις)를 그 안에서 숭배하게 된다.

b) 프랑크푸르트에서 열린 프랑크 왕국의 총공의회(794)의 결의들과 "Libri Carolini"에 있는 반응들

(Libr. Carol., 서문)…… 몇 년 전(곧 754)에 비투니아에서 옛 사람들에 의해서 교회를 장식하고 발생한 일들을 기억하려는 목적에서 만들어진 성상들을 경솔하게 버려 폐기시키고 모든 성상들을 하나님께서 우상이라고 한 것처럼 취급하는 경솔하고도 오만불손하게 모독을 한 공의회(tam incaute tamque indiscretae procacitatis)가 개최되었다; 왜냐하면 "형상"(imago)은 종(genus)이고 "우상"(idolum)은 유(species)라는 사실과 유를 종으로 소급시킬 수는 있어도 종을 유로 소급할 수 없음을 몰랐기 때문이었다.…… 형상은 항상 그 어떤 다른 것과 관련되지만 우상은 자신과 관련된다.…… 그 외에도 약 3년 전(787)에 그 지역에서 이전 공의회를 개최하였던 자들의 후예들과 심지어 그 전 공의회에 있었던(!) 많은 자들에 의해서 또 다른 공의회가 열렸다. 이

공의회는 그 결정에서는 첫 번째 공의회와 차이가 있지만 오류로 볼 때는 차이가 없다; 사안은 달라도 부끄럽기는 마찬가지였다; 시간적으로는 나중이지만 범법으로는 뒤지지 않는다. 서로 상이한 길에 있었지만 동일한 깊은 수렁에 빠져든 듯하다. 왜냐하면 동일한 사치와 헛된 명예욕의 뿌리에서 나온 것이 분명하기 때문이다. 이 공의회는 말하자면 첫 공의회와 그 주동자들을 내치고 저주하고 그들이 한 번 쳐다보는(cernere) 것도 허락하지 않은 성상들을 숭배하라고 재촉하였다.…… 그들은 과거 그들이 "형상"과 "우상"에 대해서 했던 것보다 못하지 않게 "가지다"와 "숭배하다"라는 말에서 혼란에 빠져버렸나; 왜냐하면 저들은 형상과 우상을 동일하게 여겼다면 이들은 "가지다"와 "숭배하다"를 그렇게 여겼기 때문이다.……

(Libr. Carol., II, 21)…… 하나님 한 분만이 높임 받으시고 그분만 숭배되어야 하고 그분만 영광스럽게 되어야 한다(Solus……colendus, solus adorandus, solus glorificandus)－그분에 관해서 선지자는 말한다: "그 이름만이 홀로 높으시도다"(시 148: 13; 고전 16:3절 비교). 사탄에 대한(마지막) 승리 후에(triumphato diabolo) 그와 함께 통치할 그의 성도들에게도 존경(veneratio)을 돌려야 한다. 왜냐하면 그들은 오늘날까지 교회의 위치가 굳건히 유지되도록 하기 위해서 용감하게 싸웠거나 경험한 바와 같이 동일한 교회를 위해서 도고와 (기도－) 중보를 통해서(assiduis suffragiis et intercessionibus) 도움을 주고 있기 때문이다. 하지만 그들의 상에 대해서 그들 자신을 예배하고 숭배함이라는 것은 있을 수 없다(omni sui cultura et adoratione seclusa); 그 상들이 교회(basilicae)에서 지난날 발생했던 것을 상기하기 위해서 장식으로 세우는 것이나 하지 않는 것이나 공교회 신앙에 그 어떤 불리함(prejudicium)을 가져오지 않는다. 왜냐하면 그것들은 가시적으로 우리 구원의 신비한 행위

들을 이루는데 적지 않은 것을 가져오기 때문이다(ad peragenda nostra salutis mysteria nullum penitus officium habere noscantur).[2)]

원전 : DH 600f. (nizän. Horos); MGH. I. III = Conc. II/I (Frankfurter Capitulare); MGH. I. III, Conc. II Suppl. 1 (Opus caroli regis contra synodum [Libri Carolini]).—참고문헌: G. Haendler, Epochen karolingischer Theologie, Berlin 1958; H.-J. Geischer, Der byzantinische Bilderstreit, Gütersloh 1968 (Texte, Lit.!); St. Gero, The Libri Carolini and the Image Controversy, in: GOTR 18 (1973) 7-34; H. G. Thümmel, Bilderlehre und Bilderstreit, Würzburg 1991 (ÖC 40); ders., Die Frühgeschichte der ostkirchlichen Bilderlehre, Berlin 1992 (TU 139); ders., Die theologische Auseinadersetzun um die Ikone, in: JBTh 13 (1998) 197-208; 같은 이, Die Stellung des Westens zum byzantinischen Bilderstreit des 8./9. Jahrhunders, in: Krisen religiöser Kunst, hg. v. O. Christin - D. Gamboni, Paris 1999, 55-74; H. D. Döpmann, die Ostkirchen vom Bilderstreit bis zur Spaltung von 1054, Leipzig 1991 (KGE I/8); H. Belting, Bild und Kult: eine Geschichte des Bildes vor dem Zeitalter der Kunst, München (1990) [3]1993; R. Schieffer, die Karolinger(위 Nr. 14를 보라), 70-111. 236-238 (참고문헌 포함); A. Freeman in der Einleitung zu der von ihr und P. Meyvaert hg. Neuedition der sog. "Libri Carolini"(위를 보라), Hannover 1998, 1-93.

1) Basilius Caes., De Spir. S. XVIII 45 (PG 32, 149C).

2) 프랑크푸르트 공의회(Conc. Germ. II), 법조항 2도 비교하라: "총회에서는 성상 경외(de adorandis imaginibus) 때문에 콘스탄티노플에서 거행된 희랍인들의 새 공의회의 주제가 상정되었다; 거기에서는 문서적으로 기록되기를 성인들의 상을 신격화하는 삼위일체(deifica trinitas [동방의 "신(격)화" (θεοποίησις 및 θέωσις)를 암시하면서])와 (똑같이) 예배(servitio [sic!])하거나 경배(adoratio) 하지 않는 자들을 파문한다(anathema)고 하였다; 위에 (언급한) 우리의 거룩한

교부들은 곧 숭배나 예배(servitus [곧 성상에 대해서])를 무조건적으로 거부하였지만 그것들을 코웃음치고 무시하면서[희랍인들의 교리에] 동의하는 자들에게 파문의 판결을 내렸다."

17. "콘스탄틴 황제의 증여"

이 유명한 위조문서를 따른다면 황제 콘스탄틴 1세(고대교회 Nr. 50-52)는 비잔틴으로 천도하면서(330) 성 베드로 성당, 로마, 이탈리아 그리고 로마제국의 서쪽 부분을 교황 실베스터와 그의 후계자들에게 넘겨주었다. 동시에 그에게는 황제의 인장을 소유하면서 (동)로마 황제와 동등한 권세를 가진 위치를 주었다. 781년부터 교황의 편지와 교서들은 비잔틴 황제들을 따르지 않고 교황들과 그들의 보좌기간을 따라서 연대를 계수하였던 것은 이러한 주장과 상통하는 것이다. – 엄청난 연구를 쏟아부었음에도 불구하고 이 콘스탄틴 법령(Constitutum Constantini)이 나온 시기, 출처 그리고 발생과정(단번에 혹은 단계적으로 발생했는지)은 계속해서 최종적 확실함을 가지지 못했다; 분명한 것은 아무리 빨라도 798년 이후에 나타난 것으로 보인다는 것뿐이다. 에비히(E. Ewig)는 이 문서의 본래적인 알맹이는 황제에 관한 부분에서 보아야 한다고 말한다. 이를 따른다면 본래 새로운 서방 황제권에 대한 정당함도 아니고 황제관에 대한 교황의 권리도 아니고 혹은 나타난 시기(약 800년)에는 생각도 할 수 없는 라틴 서방 땅에 대한 황제의 권세도 아니고 교황의 주권적인 위치 그러니까 서방의 권력 그리고 동로마 황제권으로부터 로마 교회를 해방시키려는 문서였다는 것이다. 이것이 바로 이 법령은 옛날 "두 권세론"를 분명하게 뛰어넘는 부분이다. 그 후에 이 법령은 힘 있게 그리고 상세하게도 새로운 천년을 지나고는 교황의 수위권과 "황제권 양도"(translatio imperii) 이론을 뒷받침하는 데에 사용되었다. 곧 인분수의

(N. Cusanus, L. Valla, U. v. Hutten)에서 위조라고 밝혀지기 전까지 말이다.

(교황 실베스터에게 보낸 황제의 편지로 모습을 드러내고는 그 첫 부분은 콘스탄틴의 신앙고백(§10)을 제외하고는 무엇보다도—5세기 말에 등장한—실베스터 전설, 곧 소위 콘스탄틴의 문둥병, 그의 기적적인 치유, 회심과 교황 실베스터에 의한 세례를 전하고 있다. 이에 대한 감사함으로 Constitutum의 두 번째 부분(바로 그 "헌물"[Donatio])에 의하면 콘스탄틴이 실베스터와 그의 후계자들에게 가장 의미심장한 실토를 한다:)

(11) 복되신 실베스터의 설교로 말미암아 이분(바른 하나님)을 알도록 도움을 받고는 나는 복되신 베드로 자신의 자비를 통해서 깨끗하게 건강이 회복되는 것을 체험했다. 그래서 우리의 모든 총독들과 원로원 전체와 귀족들과 우리의 명예로운 통치에 복종하는 모든 로마 백성과 함께 그[베드로]가 땅에서 분명하게 하나님 아들의 대리자로 세우심을 받았고, 이와 같이 수석사도의 대리자인 교황들(pontifices)도 우리 폐하(serenitas)가 황제로서 가진 지상의 은혜(mansuetudo)가(그들에게) 속한 것이 되면서 벌써 명백하게 우리와 우리 제국으로부터 자기들의 통치권을 받되, 엄청나게 받았다는 사실을 우리는 유익한 일로 여겼다. 우리는 수석사도와 그의 대리자들을 하나님 앞에서 신뢰할 만한 대변자(patroni)로 택하였다. 이 땅의 황제의 권세가 우리의 것인 바와 마찬가지로 우리는 그의 가장 거룩한 로마 교회를 마땅히 공경해야 한다는 것을(veneranter honorare) 결정하였다; 그에게 권세와 명예로운 존엄과, 능력과 경의를 황제에게 돌리는 것과 같이 드리면서(tribuentes ei potestatem et gloriae dignitatem atque vigorem et honorificentiam imperialem), 우리의 제국과 이 땅의 우리의 보좌보다 거룩한 베드로의 최고로 거룩한 보좌가 더

높임을 받아야 한다.

(12) 나아가서 그는 안디옥, 알렉산드리아, 콘스탄티노플과 예루살렘[1] 이 네 개의 주요 주교보좌(praecipuae sedes)뿐 아니라 온 땅의 모든 하나님의 교회에 대한 총괄 지배권을 가져야 할 것을 결정하며 명한다; 그리고 거룩한 로마 교회를 다스리는 교황들은 모두 온 세상의 모든 사제들 가운데 가장 높아야 하며 우선권을 가져야 한다. 그리고 그의 판단(iudicium)에 따라서 모든 일, 곧 예배나 기독교를 위해 규정되어야 하는 모든 일이 해결되어야 한다.…… (로마 교회의 베드로-바울 전승을 언급)

(14) …… (우리의 세례와 육체의 건강 때문에) 우리는 바로 거룩한 사도들과, 나의 주, 곧 최고로 거룩한 베드로와 바울, 그들을 통해서 우리 아버지, 곧 거룩한 실베스터, 최고의 주교며 로마 시의 보편(universalis) 교황과 모든 그의 후계자들 곧 세상 끝까지 베드로의 거룩한 보좌에 앉은 교황들에게 양도하며 오늘로부터 우리 황제의 궁, 곧 온 땅의 모든 궁전들보다 훌륭하고 빼어난 라테란을 넘겨주며, 아울러 관, 곧 우리 머리의 면류관과 동시에 교황의 모자(frygium)와 망토(superhumerale), 곧 팔리움(lorum), 나아가서 홍색 가운(clamis)과 빨간 투니카(셔츠 종류의 옷), 그리고 황제의 모든 옷들, 그렇지만 황제궁을 섬기는 기사들의 존귀함도 넘겨준다; 마지막으로 황제의 홀, 창, 인장, 깃발과 황제의 여러 상징들(을 사용할 권한) 및 사열과 황제의 존귀함과 권세에 걸 맞는 화려함을 펼칠(권한)을 양도한다. (16) …… 우리는 말의 고삐를 잡고는 그에게 복되신 베드로를 경외함에서 나오는 말안장 봉사(staratoris officium)를 수행하였다.[2]……

(17) 교황의 존엄성(apex)이 사소하게 취급되지 않고, 오히려 이 땅의 지배권의 높음보다 힘과 명예에서 더 훌륭하기 위해서 우리의 궁전과 로마 시와 이탈리아의 모든 속주들과 서방의 땅(occidentales regiones)과 도시들을 종종 언급한 거룩한 교황,

곧 우리 최고의 사제, 아버지 실베스터 보편 교황에게 건네주며 그의 권세와 통치권뿐 아니라 그의 후계 교황들의 권세와 통치권에 넘겨준다.……

(18) 때문에 우리 제국과 제국의 권세(nostrum imperium et regni potestas)를 동쪽으로 옮겨서 속주 비잔틴의 적당한 곳에 우리 이름으로 도시를 건설하며 거기에 우리 제국(imperium)을 건설하는 것이 마땅하다고 판단했다. 왜냐하면 최고 사제적 권세(principatus)와 기독교의 수장이 천상 황제에 의해서 임명된 곳에서는 땅의 황제가 아무런 권세를 갖지 못하는 것이 마땅하기 때문이다.

(20) 우리 황제의 칙령 필사본에 우리가 친필로 서명하고는 우리는 복된 베드로, 수석사도의 거룩한 시신 위에 내려놓았다.……

원전 : H. Fuhrmann, Das Constitutum Constantini, Hannover u. a. 1968 (MGH.F 10).—참고문헌: E. Ewig, Das Bild Constantins des Großen in den ersten Jahrhunderten des abendländischen Mittelalters, in: HJb 75 (1956) 1-46; H. Fuhrmann, Constitutum Constantini, in: TRE 8, 1981, 196-202; 같은 이, Konstantinische Schenkung, in: LThK[3], VI, 1997, 302-304 (참고문헌 포함); E.-D. Hehl, 798-이 글의 첫 번째 인용, in: DA 47 (1997) 1-17(참고문헌 포함).

1) 콘스탄티노플 공의회 법령 3과 칼케돈 "법령 28"(고대교회, Nr. 81d와 아래 Nr. 25 각주 11을 참조하라), 곧 제국교회의 최고보좌가 상충되게 나열된 것을 주목해야 한다!

2) 마구와 안장 봉사 증명, 곧 말에 오르는 때 등자를 잡아주고 말고삐를 잡고 끌고 가는 것은 교황 스테판 2세가 왕 피펀에게 처음으로 요구하였다(754). 이 말안장 봉사는 주군에 대한 봉신의 의무에 상응하기 때문에 교황청은 이 봉사에서 황제는 교황의 봉신관계(황제직 = 교황의 봉토[beneficium]!)에 있다는 것을 도출하였다! 교황 하드리안 4세가 이러한 이해에서 물러선 것처럼 되고나서 프리드리히 1세(1155) 때부터 이 말안장봉사에서 단순 존경의 표시 및 겸손실천(어쨌든 이것은

황제 편에서의 해석이었다!)—제의 능력에 대한 놀라운 사례의 하나가 되었다!

18. 칼 대제(768-814)와 색슨이 프랑크 왕국에 포함됨

칼 대제의 색슨 전쟁은 한때(지난 세기 30년대) 독일에서 아주 열띠고도 세계관적으로 결정적인 논쟁을 일으켰고 당시 게르만 민족 선교 모습을 총체적으로 퇴색시켰다. 이 전쟁은 우선 국경침범에 대한 보복이고 나아가서는 여전히 멀리 서 있는 게르만 족, 곧 색슨 족을 프랑크 왕국에 포함시키는 것을 의미한다. 승리와 패배는 종교적 의미도 가진다는 것은 양측 모두에게 자연스럽게 이해되었던 것으로 여겨진다. 그러므로 색슨 족 통치의 세계 기둥이며 동시에 그 상징이었던 "이르민 신의 기둥"이 첫 번째 출정 즉시 파괴되었다(772). 이 때문에 처음에는 전혀 요구되지도 않았음에도 불구하고 776년과 777년 수많은 색슨인들이 자기들의 복종을 "기꺼이" 세례로 확증하였다.—실제로는 색슨인들의 회심에는 엄청난 폭력이 개입되었다는 기억은 후 세대들도 진저리를 치게 하였다. 하지만 당대 사람, 곧 알쿠인(약 730-804)의 비난이 가장 잘 알려져 있는데, 그는 칼 대제의 궁정학교장이었고 교회문제에 대해서는 가장 영향력 있는 조언자였다.[1)]

a) 파더본 조항[2)]

1. 먼저 주요조항(및 중죄[3)])과 관련해서는(de maioribus capitulis) 모든 이들에 의해서 결정되기를 바로 (quo modo) 색슨에 세워져 하나님께 봉헌된 그리스도의 교회들은 절대로 (과거에) 헛된 우상들(의 성소 [vana…… idolorum])이 가졌던 것

보다 더 초라하지 않고 오히려 현저하게 더 고고한 가치를 가져야 한다.

2. 교회에 도피처를 구하는 자는 누구를 막론하고 그 어떤 사람도 강제적으로 교회로부터 내쫓으려고 해서는 안 된다; 오히려 그가 재판정(placitum)에 서기 전까지 방해받지 않고 머물 수 있어야 한다; 하나님의 영광과 이 교회의 성인들(=Patrone)을 보아서 그에게 생명(과 신체의 사지에 해됨이 없음)이 선물로 주어져야 한다. 하지만 그는 할 수 있고 또 법적으로 부과된 한에서 자기 잘못을 속죄해야 한다(emendat…… causam); 그리고는 주 왕 앞에 보내져서 왕은 자기가 은혜를 베풀고 싶은 곳으로 보내어야 한다.

3. 폭력적으로 교회에 들어가서 거기서 폭력적으로 그 무엇을 취하든지 훔치든지 (나아가서) 교회를 불 지르는 자는 처형되어야 한다.

4. 기독교 경멸 때문에 거룩한 사순절(quadragesimale ieiunium)을 지키지 않고 고기를 먹은 자는…… 할 수 없이 그렇게 된 것이 아닌 한 처형되어야 한다.

5. 주교, 장로 혹은 집사를 죽이는 자는 똑같이 사형에 처해야 한다.

6. 마귀에 이끌려, 이교의 방식으로 남자든지 여자가 마녀(striga)이고 사람을 먹는다고 생각하고, 또 그 때문에 사람을 불태우거나 그 고기를 다른 사람이 먹도록 주거나 또는 자기가 먹은 자는 사형 처벌을 받아야 한다.

7. 죽은 자의 몸을 이교방식으로 불로 태운 자는…… 사형의 벌을 받아야 한다.

8. 이후로 색슨족 안에서 드러내지 않고 세례 받지 않은 채(로 있으며) 그 가운데에 숨어 있으려고 하는 자, 세례 받는 것을 경하게 여기고 이교도로 머물려고 하는 자는 죽어 마땅하다.

9. 마귀에게 사람제물을 바치는 자는…… 처형되어야 한다.

10. 이교도와 함께 기독교인들을 공격하려고 계획하거나 기독교인의 원수로 머무르려고 하는 자는[4] 처형되어야 한다.……

14. 하지만 그러한 죽어 마땅하며 비밀리에 행한 범죄에서 스스로 사제에게 도피하고(그에게) 고백하고 사죄를 하려고 하는 자(confessione data ageri penitentiam voluerit)에게는 사제의 증언에 따라서 죽지 않도록 은혜를 베풀어야 한다(de morte excusetur).

15. 덜 중요한 조항에 관해서(De minoribus capitulis[5]) 모든 사람이 일치를 본 것은 모든 교회는 거기 속한 신앙인들(pagenses)이 하나의 사택(curte)과 두 필지의 땅을 가질 수 있도록 해야 하며 매 120명마다, 곧 귀족들, 자유인들 및 농노(반자유인)들이 이 교회에 한 명의 노예와 한 명의 시녀를 기부하여야 한다.

16. 또한 그리스도의 은혜로(Christo propitio) 결의된 것은 국고(왕의 소유)에 납부되어야 할 것 중…… 십분의 일(decima pars)은 교회와 사제들에게 허락한다는 것이다.

17. 마찬가지로 하나님의 계명(mandatum)에 따라 우리는 모든 사람이 자기 땅의 결실-자기 노동의 결실 중 십분의 일(decimam partem substantiae et laboris)을 자기들의 교회와 사제들에게 돌릴 것을 결정하였는데 자유인과 반자유인들과 마찬가지로 귀족들도 그렇게 하여야 한다; 하나님께서 모든 사람에게 허락하신 것에 따라서 하나님께 그 한 부분을 돌려드려야 한다(partem deo reddant).

그 외에도 결정하였다. 주일(dominici dies)과 숭고한 교회절기에는 어떤 공적인 회합과 의회(placita publica)를 열지 않아야 하고 오직 하나님과 교회공동체에 헌신하여야 한다(18); 아이들은 한 살 때에 세례받아야 하고, 그렇지 않은 경우 차등을 두고 벌금을 국고(!)에 납부하여야 한다(19); 교회가 금하는 결혼에 대한 저촉들은(차등을 둔) 고액의 벌금형에 처해야 한다(20); 교회가 아닌 다른 곳에서 서약을 한 자들에게도 동일한 처벌로 제재한다(21); 응징의 제재 없이 명령이 된 것으로 예를 들면, 기독교인들은 자기들의 죽은 자들을 교회 묘지(cimiteria ecclesiae)에만 묻어야 한다(22), 이교적인 점쟁이와 예언자들(divini et sortilegi)은 교회의 사제들에게 보내져야 한다(23)등등. 마지막 규정은 색슨에서는 공적 부족회합(conventus publici)은 오직 "왕의 사절들"(missus noster)에 따라서 그리고 왕의 명령에 합당하게 거행되어야 하지만, 지방총독들(comites)은 각각의 관할영역에서(ministerium) 권한을 행사하고 총회를 성직자가 뚜렷하게 보는 가운데에서 거행하여야 함을 말하고 있다(34).

b) 아인하르트의 "칼 대제의 생애(Vita Karoli Magni)"가 말하는 칼 대제의 색슨전쟁

(7) 이 전쟁(곧 롬바르드족과의 전쟁[773/4])이 끝나자 그저 중단된 것으로 보였던 색슨 족과의 전쟁이 다시금 이루어졌다. 프랑크 족이 치룬 전쟁에서 가장 지루하게 길고, 처참하며 힘든 전쟁이었다(Quo nullum prolixius neque atrocius Francorumque populo laboriosius susceptum est)…… 이렇게 이 전쟁은 시작되었고 양측이 엄청난 증오심을 가지고 이루어졌지만 프랑크 족보다는 색슨 측이 더 불리한 상태에서 삼십 년 동안 중단 없이 계속되었다. 색슨인들의 배신(perfidia)이 아니었더라면 더 일찍 끝낼 수 있었다. 얼마나 자주 그들이 패배하고는 비굴하게 울며 왕에게 복종하였고, (그의) 명령을 따를 것을 약속했고 자기들에게 요구하는 인질들을 망설임도 없이 주었고 자기들에게 보낸 사절들을 받아들였는지 말하기 쉽지 않다; 그들은 심지어 여러 번 귀신 숭배를 버리고 기독교에 귀의하겠다고 맹세할 정도로 유순하고 녹녹하게 길들여졌다. 하지만 일면으로 그들은 여러번

요구하는 것을 행하려고 하면서도 다른 면에서는 항상 정반대의 것을 할 준비가 되어 있었다.…… 그들과 전쟁을 시작하고 나서 그들에게서 그러한 변화가 이루어지지 않고(분명히) 일 년이 흘렀다. 하지만 왕의 생각이 넓고 불변함 덕분에 행운이며 동시에 불행하게도 그들은 변덕스러움으로 왕을 억압해서 그가 한 번 계획한 것에서 돌이키게 할 수 없었다. 말하자면 그는 한 번도 그들의 배신 행동(huiuscemodi aliquid perpe-trantes)을 처벌하지 않고 지나가는 법이 없었다; 오히려 직접 그들을 상대로 전쟁을 벌이든, 자기 총독을 군대와 함께 보내어서 뒤통수치는 것을 응징하였고 그들에게 정당한 처벌을 요구하였다. 결국에는 그에게 저항하는 모든 자들이 패퇴되어 그의 권세 하에 들어오게 만들고 나서 엘베 강 양쪽 변에 있는 그들의 거주지로부터 여자들과 아이들과 함께 일만 명의 사람을 쫓아내어 그들을 여기 저기 갈리아 사람들과 게르만 사람들 가운데에 여러 무리를 지어서 이주시키는 데까지 이르게 하였다.[6]

c) 프랑크 제국연감의 눈으로 보는 “베르덩의 유혈재판”

(782년 거기에서 말한다:) 당시 왕 칼(domnus Carolus rex)은 쾰른에 있다가 라인 강을 넘어 립스프링에에 제후들의 회의(synodus)를 개최하였다; 거기로 역적(배신자) 비두킨트(Widochindus)를 제외한 모든 색슨인들이 왔다.…… 여기서 사법의회(placitum)가 끝이 난 후에 칼 왕은 프랑크 왕국(Francia)으로 돌아갔다. 하지만 귀로에 들어서자마자 곧바로 다시 색슨인들은 익숙한 방식대로 비두킨트의 독려에 따라(suadente Widochindo) 봉기하였다. (그때까지는) 이 사실을 모르는 채 칼은 프랑크와 색슨의 군대를 배신한 몇 슬라브인들을 상대로 움직이게 하려고 자기의 사신들(missi) 아달기스, 가일로, 보라트를 보내었다. 하지만 노중에서 언급한 사신들이 색슨인들의 봉기 소

식을 듣고는 위에서 말한 군대(scara)를 규합하는 즉시 색슨인들을 덮치고는 그때부터 칼의 명령도 없이 행동하였다. 색슨인들과 전쟁을 시작하여 많은 색슨인들의 생명을 잃는 아주 심한 전투에서 프랑크인들이 승리하였다[7]. 이 사실이 칼의 귀에 들리자 그는 모을 수 있는 프랑크인들과 함께 그리로 길을 재촉하여 알러 강이 베저 강으로 들어가는 곳까지 이르렀다. 다시금 그때 모든 색슨인들이 모여서 언급한 왕(domnus rex)의 권세에 복종하고, 이 봉기를 주도적으로 이끈 모든 반도들을(ipsud rebellium maxime terminaverunt) 처형하라고 4500명(에 달하는) 사람을 갖다 바쳤다[8]; 그래서 노르만의 지역으로(partibus Nordmanniae) 도망간 비두킨트를 제외하고는(그들에게) 이행되었다. 이 모든 일이 끝나자[9] 앞에서 언급한 왕은 프랑크 왕국으로 돌아갔다. 그리고는 성탄절을 디텐 저택(Teodone-villa)에서 즐겼고 부활절도 그렇게 하였다.

원전 : Capitulatio de partibus Saxoniae, in: Leges Saxonum und Lex Thuringorum, hg. v. Cl. v. Schwerin, Hannover 1918 (MGH. F 4), 37ff.; Einhardi Vita Karoli Magni, in: Quellen zur Karolingischen Reichsgeschichte, 1. T., 새롭게 개정 v. R. Rau, Darmstadt 1974; Annales regni Francorum, in: 같은 책. —참고문헌: W. Braufels (Hg.), Karl der Große Lebenswerk und Nachleben, 5 Bde., D?sseldorf 1965-1968; E. Schubert, Die Capitulatio de partibus Saxoniae, in: Geschichte in der Region (FS f. H. Schmidt), hg. v. D. Brosius 외, Hannover 1993 (VHKNS SB), 3-28; A. Angenendt, Das Frühmittelalter, Stuttgart (1990) ^{2}1995, §§50-60.

1) 일례로 왕의 영지에 있는 한 신하에게 보낸 편지를 참조하라(MGH Epistolae 4, 1895, 161 Nr. 111), 여기서 그는 가차 없이 규정한다: 고집스러운 색슨인들에게 그리스도의 "가벼운 멍에"와 "쉬운 짐"을, 꾸준히 그들에게 십일조를 요구하고 사

소한 일에 엄한 벌을 부과하는 식으로 선포하면, 그들이 세례 받는 것을 두려워하며 물러서기는 어려울 것이다. 동일한 소식이 좀 더 암호화되어서 799년에 바로 왕에게 보낸 한 편지에 들어있다(같은 곳 189 Nr. 174; 또 같은 곳 31 Nr. 6; 154 Nr. 107을 참조하라).

2) 오히려 이 법은 E. Schubert (위의 책 9f.)가 지적한 듯 보이는 것처럼 립스링에에 있던 궁정회의(군대의 진영)로부터 나왔다. 이 회의에 대해서는 782년 프랑크 제국연감에 언급이 있다.
3) 아래 각주 5를 보라.
4) (이교적인) 덴마크 사람들에게 도망간 비두킨트에 대한 분명한 암시.
5) 이말은 거꾸로 1장에 나오는 maioribus capitulis에 관한 부분을 보게 하고 있으며 이것과 함께 Capitulatio의 두 부분을 이룬다: 먼저 몽땅 처형의 처벌에 속하는 범죄들이 언급되고 15ff.에는 다시는 이 처형 처벌이 나오지 않는다.
6) 예를 들면 당시(794)에는 오늘날 마인 강가에 있는 프랑크푸르드 시기의 한 부분인 색슨하우젠에 식민되었다.
7) 소위 아인하르트 연감은 쥔텔(힐데스하임 북쪽) 전투를 다르게 말하고 있는데, 곧 군대 지휘관들의 분열과 나태함의 결과로 사신들의 군대가 참패하는 것으로 나온다(Quellen zur karolingischen Reichsgeschichte, 1. Teil, v. R. Rau, Darmstadt 1955, 42-44).
8) 옛날에 대부분 그러했듯이 이 숫자는 "부풀려졌을 수" 있다(Th. Schieffer); 하지만 그 백성들에게 끼친 특별한 영향이 보여주는 바와 같이 결코 작은 수가 아니었음은 분명하나.
9) 그에 따르면 "베르덩의 유혈재판"은 칼의 눈에는 봉기에 대한 처벌 판결이지 이교 신앙인들의 순교를 의미하지 않은 것은 확실하다; 그 어떤 경우에서든 여기서 "교회 내적인 배교자 처형"에 대해서 언급할 가치가 있다(776/7년 세례로 확증되는 수많은 색슨인들의 복종이 말한다).

19. 칼 대제의 기독교 제국

칼이 개인적으로 경건한 사람이었다는 사실은 그가 자기 통치임무를 기독교적 직책으로 이해했다는 사실만큼이나 의심의 여지가 없다. 물론 이 사실은 성직자와 교황직에 대해 어느 정도의 거리를 두었다는 것을 배제하지 않는데, 이 점은 특히나 그의 황제대관식에서 알 수 있다. 교회의 "수호자요 통솔자"라는 그의 주장은 다른 곳에서와 마찬가지로 일련의 교회 헌당과 교회법(예를 들면 교회 십일조 [과거 교회 소유가 세속화되었던 것에 대한 보상으로서도], 주기도문 암송, 세례를 받은 모든 사람에 대한 기초적인 교회의 가르침을 확산시키는 것과 관련해서)에서 구체화되었다; 나아가서 중요한 교회 질서에 대한 규정들(총 공의회 설치 같은)에서도 그러하다; 아마도 칼은 교황을 프랑크의 제국주교로 취급하려고 생각하였던 것 같다(특히 악헨에 비잔틴의 황제궁에 비해 전혀 뒤처지지 않을 자기의 겨울거처를 세우고 교황을 위해서 숙소도 계획하였던 것도 그러한 점을 암시한다).—칼이 문화적으로 대단히 높은 관심을 가졌고 처음부터 분명히 능동적으로 문화정치를 추진하였던 것처럼("카롤링 왕조의 르네상스"), 그의 교회개혁의 중심도 성직자 교육이었다. 이것은 이미 769년이나 770년에 나온 그 첫 조항에 주제로 표명되었다.[1)]

a) "제국 연감"과 아인하르트의 "칼 대제의 생애"가 말하는 황제 대관식(800년 성탄절)

(Annales Reg. Franc. [801년]:) 왕이 거룩한 사도인 베드로의 순교자 무덤 대기실에서(ante confessionem beati Petri apostoli) 기도하고 미사를 드리려 일어섰을 때 교황 레오(3세)는 그의 머리에 관을 얹었고 로마의 온 백성들은 (아래의 연호를 하며) 환호하였다: "높으신 칼(Carolo augusto) 하나님께로부터 관을 받으신 위대하며 평화를 가져오는 로마의 황제에게 생명과 승리를!" Laudes[2)]가 연창되고 나서(혹은 [이] 찬양하는 연호 후에) 그는 교황(apostolicus)으로부터 옛 황제들 식으로 무릎을 꿇고 찬양을 받았고 수호자 호칭[3)]을 떼고 (이후로) 황제와 아우구스투스로 명명되었다(ablato patricii nomine imperator et augustus est appellatus).

(Vita Karoli Magni 28 [맥락: 이번에는 특별히 그곳의 교회가 포함된 "극도로 큰 혼란에" 그 이유가 있는 칼의 마지막 로마

여행])⋯⋯ 그가 황제와 아우구스투스 칭호(imperatoris et augusti nomen)를 받은 때였다. 우선 이 일은 그 자신이 그날은 비록 큰 축제였지만 교회에 발을 디디지 않았어야 했으며, 교황의 의도(consilium)를 사전에 알았어야 했다고 후회할 정도로 그를 거스른 것이었다. 황제 칭호를 받은 것을 곡해한 (동)로마의 황제들의 불만을 대단한 인내로 견뎌냈다. 그리고 그들보다는 의심의 여지없이 월등한 그 아량으로 그는 그들의 반대를 극복하였다. 곧 자주 사절들을 보내어 그들과 교류하였고 편지에서는 그들을 형제라 불렀다.

b) 칼 대제와 교회개혁(Capitula de examinandis ecclesiasticis [802년 10월?] 발췌)

제국 전체에 있는 주교들, 수도원장들, 사제들(presbiteri)과 관련된 칼의 명령들:

1. 먼저 모든 성직자들(aecclesiasticus), 곧 주교이든, 수도원장이든 사제이든 또 참사회원[4)]이든 수도사이든, 어떻게 자기 직무를 위해 준비해야 하는지(qualiter⋯⋯ suum habeant officium praeparatum), 무엇이 냉정하게 취급되어야 하고 어떤 것이 개선되어야 할는지 확실하게 정해야 한다. 그렇게 함으로 자기 책임을 잘 아는 자는 이후로 우리의 호의를 즐기며 계속해서 개선을 추진하는데 격려해주는 것을 느끼도록 해주어야 한다; 반대로 부주의하고 게으른 것이 발견되는 자는 응당하게 자신을 발전시킬 때까지 당연히 벌어들인 벌을 받아야 한다(condigna satisfactione usque ad emendationem congruam constringatur).

2. 사제들이 얼마나 시편낭송을 숙지해야 하는지(psalmos habeant), 그들이(다른 사람들보다?) 얼마나 자기 삶을 낮이나 밤이나 로마 교회 관습에 상응하여 영위하는(praevaleant) 힘을 가지고 있는지.

3. 자기들의 요리문답자들을 기독교 사랑으로 교육하곤 하는지 게다가 특별한 미사, 곧 죽은 자와 산 자들을 위한 미사를 성별에 따라 그리고 개별적 아니면(사람이) 여러 명인가에 따라서 내용이 충실한 방식으로 적절히 적용하는 것을 이해하는지.

4. 이와 같이(연구해야한다, 그들이) 평신도들 교육에서(in doctrina populorum), 설교에서 또한 죄 고백(받을) 때 이행해야 할 일, (평신도들) 교육 방식, 그들의 죄에 대해서 고해를 부과하는 것을 알고 (앞으로 있을 죄와) 관련된 것을 준비하는 방식.

5. 다른 모든 것들보다 더 중요한 것은 그들이 자기들의 삶과 순결에 관해서 자기 기독교인들에게 모범과 사례를 제공하는지 (깨우치는 것이다).

6. 그들이 주교들에게 순종하면서 서로 간에 도덕적이고 화평하며 사랑하며 살아가고 있는지(도 조사하여야 한다).

백성들에 관해서

7. 그들의 주교들이 그들에게 경건한 열심에서 겸비하여야 하며 결코 그들의 힘을 독재적으로 그들을 향해서 사용해서는 안 된다는 것을 알아야 한다.

8. 모든 개개(성직자)는 믿음 안에서 온전히(pleniter) 검증되어서 그들 자신이 어떻게 믿고 있으며 다른 자들이 믿도록 가르치고 있는지(확인되어야 한다고) 명하여졌다.

10. 그들은 백성을 가르치기 위해서 법령들, 목회서(Liber pastoralis[5])와 또한 설교들을 개별 축일에 맞게 통달하여야 한다(necnon et homilias ad eruditionem populi diebus singulis festivitatum congruentiam [sic!]).

12. 어떤 평신도도(nullus ex laicis) 사제나 집사나 (그밖에 다른) 성직자를 자기 주교를 통해서 허락받거나(해당인이) 진짜로 성직자이거나 사제로 불리며 전혀 문제가 없다는 사실에 대해서 테스트도 없이 자기 일을 시키기 위해서 데리고 있거나 자기 사유

교회(ad eccesias)[6]에 두어서는 안 된다.

13. 우리는 통 털어서 기독교인 모두는(사도) 신조와 주님의 기도를 배워야 한다고 명한다.

14. 어느 누구도 자기 사제에게 신조와 주님의 기도를 할 수 있기 전에는 세례탕으로부터(de fonte sacro) 아이나 이교도(alium ex paganis)를 이끌어 낼 수 없다.

17. 마지막으로 수도사들 전체에게 하나님 말씀과(이와 같이) 우리 주님과 모든 그분의 큰 분들(optimates)의 지시와 명령을 통해서 명령되기를 그 어떤 수도사도 칼케돈 공의회에서 결정한 것[7] 이상으로 세상사에 매여서는 안 된다고……

원전 : Annales regni Franc. und Einhardi Vita Karoli M. (위 Nr. 18[제시된 원전]을 보라); Capitula de examin. ecclesiast., in: MGH Cap. 1, Nr.. 18, 109-111.—참고문헌: 위 Nr. 18; 또: P. Classen, Karl d. Gr., das Papsttum und Byzanz, hg. v. H. Fuhrmann - C. Märti, Sigmaringen 1985; R. Riché in: G. Dagron u. a. (Hg.), Bischöfe, Mönche und Kaiser (D. Gesch. d. Christentums 4), 1994, III. Teil, Kap. II, 1; H. Chr. Picker, PASTOR DOCTUS: Klerikerbild und karolingische Reformen bei Hrabanus (VIEG 186), 2001 특히 2장 (참고문헌).

1) MGH Cap. 1, Nr. 19를 비교하라.
2) 기도형식 안에 있는 변화된 충성맹세들; 칼 대제의 황제제관 다음 처음으로 증명되는 것으로 서방의 제관예식의 확고한 요소가 되었다.
3) 이 호칭은 마지막으로 이탈리아에 있는 비잔틴 황제의 대리자들, 라벤나 총독과 로마의 공작이 사용하였고, 교황 스테판 2세가 프랑크푸르트를 여행하고부터(754) 그가 왕 피핀과 그의 아들들에게 주었다. 곧 이들로부터 넘겨받은 그 로마인들과 로마 교회에 대한 수호의무의 표현으로 준 것이었다. 그때 그는 황제의 이름(nomen imperatoris)을 가지고 일어섰다.
4) 아래 Nr. 20, 서문과 Nr. 30, 각주 3을 보라("Kanoniker" = Regularkleriker).
5) 위 Nr. 10b를 보라.

6) 아래 Nr. 26, 각주 1을 보라.
7) 아래에 그 중요한 규정들이 인용되는 이 공의회의 법령 4(고대교회, Nr. 93g와 비교하라)에는 수도원들은 엄격하게 해당 주교 아래에 속해야 되는 것을 권하고 있으며 특히 수도사들의 정주함(말하자면 그들의 stabilitas loci)을 요구하였다.

20. 아니안의 베네딕트와 프랑크 왕국 내에 하나의 수도원 규율과 하나의 수도사적 삶의 방식을 세우기 위한 투쟁

814년 1월 칼 대제의 아들 경건자 루이(778-840)가 프랑크 왕국의 통치권을 소유하고부터 최소한 황제의 교회정치와 문화정치 내에 강조점이 달라지는 것이 현저해졌다. 루이의 첫 번째 자문관인 아니안의 베네딕트(본래는 비티차(Witiza), 라틴어로는 Euticius[약 750-821])의 영향 아래서 수도원과 교회의 내부구조에 집중현상이 발생하였다. 반면에 문화정치는 무게를 상실하였다. 이러한 의미에서 첫 번째 악헨 공의회(816년 8월)는 "참사회원들"의 삶에 주목하고는 이 비수도사 성직자들은 주교들이나 그 대리자들의 지휘 하에서 "공동생활"(vita communis)할 것을 결정하였다.[1] 수도원에 관련된 개혁조치들도 마찬가지로 결정적이었다: 지금까지 모든 수도원 전통에 파묻혀 있던 베네딕트 규율을 서방수도원의 유일한 기준으로 승격시킴. 물론 이 하나의 규율에 통일된 "시행규칙들", 통일된 수도원 "관습"(una consuetudo)이 걸맞는다는 것을 보장할 수 있는 세부규칙들이 보충되었다. 이 개혁조치에 무게를 실어주기 위해서 베네딕트는 817년 악헨에 있는 코르넬리 대성당에 하나의 "개혁수도원"(Inda)을 세웠다. 이 모든 것을 통해서 베네딕트주의, 베네딕트파 종단의 실질적인 창시자가 되었고, 지극히 온당하게 당시 사람들이 그에게 준 명예로운 이름을 얻었다: 제2의 베네딕트.－베네딕트 규율을 프랑크 왕국에서 유일하게 받아들여지는 수도원 규율(una regula)로 관철시킴으로써 지속되는(13세기까지) 결과를 얻었다. 하지만 이 기초 위에 세운 통일된 수도원 관습을 프랑크에 있는 모든 베네딕트 수도원에 그 모든 세부규정들까지 각인시키려는 노력을 한 것은 아니다. 이 모든 것 뒤에 숨어 있는 의도, 그러니까 수도원을 칼 대제에 의해서 이루어진 속박들로부터(문화의 한 요소로서의 수도원) 다시금 벗어나게 하며, 수도원들이 전혀 다른 목적에 종속되는 것을 막으려는 계획은 100년 후에 클루니(Nr. 26을 보라)가 다시금 추진하였다.

“아니안의 수도원장 성 베네딕트의 규율 또는 훈계 모음집” (Regula sancti Benedicti Abbatis Anianensis sive collectio capitularis [818/9년?][2]

I. 수도원장들(abbates)은 자신들의 수도원으로 돌아가서는 규율을(즉 베네딕트의) 완전히 낭독하고, 한 단어 한 단어씩 해석하며 깨닫는 바 대로 바로 주님의 도움 가운데에서 자기들의 수도사들과 함께 꾸준하게 이행하려고 힘써야 한다(regulam per singula verba discutientes pleniter legant et intellegentes domino opitulante efficaciter cum monachis suis implere studeant).

II. 여기에 합당한 위치에 있는 모든 수도사들은 이 규율을 외워야 한다(memoriter…… discant).

III. 그들은 매 시간－(또는 일과) 기도(officium)를 성 베네딕트가 규정한 대로 지켜야 한다.

IV. 그들은 부엌(coquina), (도쇄) 맷돌과 그밖의 다른 공장들(in ceteris artium officinis)에서 자기 손으로 일을 하여야 하며 자기들의 옷을 적당한 시간에 빨아야 한다.

XIV. 수요일과 금요일 금식에 Non[3] 전이나 혹시 필요하거나 원장이 결정하는 경우에는 가벼운 작업을 하여야 한다.

XV. 사순절[4] 동안에 그들은 원장의 허락 하에 도서관에서 빌린 책들 말고 더 가지고 있어서는 안 되나, 혹시 원장이 건네주라고 명령하는 경우에는 가능하다.

XVI. 그들에게는 특별히 싸구려이거나 특별히 비싼 옷이 아니라(nec multum vilia nec multum pretiosa) 중간 정도의(mediocra) 옷을 주어야 한다.

XVII. 큰 금식기(사순절)에는 다른 때와 마찬가지로 서로 발을 씻어주며 이 일(officium)에 어울리는 안티포넨(교창)을 하여야 한다. 목요일에는(in Caena…… Domini) 수도원장이 할 수 있는 처지에 있으면 형제들의 발을 씻어주어야 하며(요 13, 1-15 비교), 거기에 입 맞추어야 하고(롬 16, 16; 고전 16, 20; 고후 13, 12; 살전 5, 26; 벧전 5, 14 비교) 그들에게 잔을 돌려야 한다.

XX. 끊임없이 커다란 농장을 분주하게 돌아다녀서는 안 된다(villas frequenter…… non circumeant). 궁핍함이 안 할 수 없게 하지 않는다면 말이다. 또한 자기들의 수도사들이 그것(행위)을 감독하게 해서는 안 된다. 혹시 어쩔 수 없는 이유로 해서 그리로 갔다면 급한 용무가 마무리되는 대로 신속히 다시 수도원으로 돌아와야 한다.

XXI. …… (수도원장은) 음식과 음료를 다른 형제들이 받는 정도로 만족하여야 한다. 하지만 그가 손님을 돌아보아서 자기와 형제들의 일상적인 양보다 좀 더 얻기를 원하면 그에게는 그만한 자유가 있다.

XXIV. (이미) 금식 이전 기간(칠순절)에는 할렐루야(알렐루야)가 생략된다.

XXVI. 자기가 수도사가 아닌 자는 누구도 수도사들의 대표로 임명될 수 없다(Ut monachis nisi monachus non constituatur praepositus).[5)]

XXVIII. 수련수사에게는 손쉽게 수도원에 들어오는 것을 허락해서는 안 된다(novitio non facilis monasterii tribuatur ingressus); 손님방에서 그는 테스트(probationis causa)로 며칠 동안 손님들께 봉사하여야 한다; 그가 관리하는 소유물이 있다면 자기 부모에게 양도하여야 한다; 테스트 년도가 끝이 나면 규율이 명하는 바를 행해야 한다. 하지만 스스로가 삭발해서는 안 되고(nec tondeatur), 복종서약을 하기 전에(priusquam obedientiam promittat) 과거의 옷을 갈아입으면 안 된다.

XXXIII. 그 어떤 평신도(plebeius)나 세속사제(clericus saecularis)가 수도사가 되려는 경우 외에는 누구도 수도원에 머물게 해서는 안 된다(nullus…… ad habitandum recipiatur).

XXXVI. 봉헌된 아이들[6)]을 위한 경우 외에는 그 어떤 학교도 수도원에 있어서는 안 된다(Ut scola in monasterio non habeatur nisi eorum qui oblati sunt).

XXXVII. 특별한 축일들에[7)]…… 온전한 미사(plenum officium)를 드려야 하고 두 번 음식을 나누어야 한다(bis reficiatur).

XL. 교회를 위해서이건 아니면 형제들을 위한 것이든 자선용으로 주어진 것 중에서 십분의 일(decimae)은 가난한 자들에게 돌려야 한다.

XLI. 욕조 사용에 관해서는 원장이 결정한다.

XLII. 부활절 8일 동안(in Octabas Paschae)[8)]에는 면도를 하여야 한다.

XLIV. 오순절 주간에는 무릎을 꿇어서도 안 되고 금식을 해서도 안 된다. 금식날짜가 확정된 경우에는 그러하다.

XLV. 평신도들(laici)을 먹고 마시도록 하기 위해서 식당으로 데리고 와서는 안 된다.

XLVIII. 남자 아이를 부모는 봉헌(offertorium)시기에[9] (tempore oblationis) 제단으로 데리고 와서(offerant altari) 그를 위해서 평신도들의 면전에서(접수) 청원을 제출해야 한다(petitionem…… faciant). 이 청원을 그 아이가 깨닫는 때가 오면(tempore intelligibili) 확증하여야 한다(confirmet).[10]

LXXII. 누구도 즉흥적인 매력 때문에(pro munere) 수도원에 받아들여서는 안 된다. 선한 의지와(개인적인) 공로가 그를 이끄는 경우를 제외하고는 말이다(nisi quem bona voluntas et merita commendent).

원전 : K. Hallinger (Hg.), Initia Consuetudinis Benedictinae, Siegburg 1963 (CCMon I), 501-536.—참고문헌: J. Semmler, Zur Überlieferung der monastischen Gesetzgebung Ludwigs des Frommen, in: DA 16 (1960) 309-388; 같은 이, Benedictus II: una regula-una consuetudo, in: Benedictine Culture 750-1050, ed. by W. Lourdaux-D. Verhelst, Leuven 1983 (ML. St 11), 1-49; P. Engelbert, Benedikt von Aniane und die karolingische Reichsidee, in: StAns 103 (1990) 67-103; H. C. Picker (위 Nr. 19b와 같다), 53/76.

1) Conc. Aquisgranense a. 816, Prolog, in: MGH. Conc 2, 1, Nr. 39A를 비교하라.
2) 이 본문은 818년에서 819년으로 넘어가는 때 악헨에서 열린 프랑크의 제국회의에서 제시된 문서를 서술하고 있는 것이 분명하다; 이 문서 안에는 앞의 문서가 보충하고 부분적으로는 고치기도 한 816년과 817년 악헨의 결정들이 규정의 형식으로 요약되어 있다.
3) 제 구시, 그러니까 오후 세 시경.
4) 부활절 전 40일간의 금식
5) 여기에서 과거 칼 대제의 시대에 몬테카지노 수도원의 이름으로 테오데마르가 황제에게 보내는 편지(K. Halligner [ed.], Initia, 174)에서 제기하였고, 다시금 클루니 수도원개혁운동이 그 중심에 두었던 자유로운 수도원장 선출 요구같이 들린다.
6) 장래 수도사로 수도원에 바쳐진 아이이다. 훗날 성숙하게 되어서 이 "봉헌"을 스스

로 고백하는 경우에 가능하다.

7) 열거되기를: 성탄절, 예수 할례축제(Octavae [눅 2, 21 비교]), 현현절, 부활절, 승천일, 오순절, 성인들의 축일들(스테반 [12월 26일], 사도요한[12월 27일], 무죄한 아이들[Natale infantum: 12월 28일], 정결[현재= 주님의 현시: 2월 2일], 마리아 승천[8월 15일]), "거룩한 사도들의 축일들", 나아가서 세례요한의 축일(분명 그의 탄생 축제[6월 24일]), 성 로렌티우스(8월 10일)와 성 마틴(11월 11일) 혹은 각 교회에서 특별히 존경하여 기념하는 모든 성인들의 사망일(=생일[natalia]).

8) 부활절에서 순백의 주일까지.

9) 말씀 예배가 끝나고 미사의 성례부분이 시작되는 공동체 예배의 한 과정.

10) 고트샬크의 운명이 말하듯이(아래 Nr. 21b와 23을 보라) 이미 당시에 격렬하게 쟁론하였다. 예를 들어서 아니안의 베네딕트의 비판자이며 한때 훌다의 자기 수도사였던 고트샬크를 향해 분을 이기지 못한 라바누스 마우루스는 한 번 행한 맹세(베네딕트는 신중하게 대리청원에 대해서 말한다!)는 뒤집을 수 없이 유효하다는 입장을 취하였다(그의 문서 Liber de oblatione puerorum(PL 107, 419-439)를 비교하라).

21. 기독교화된 색슨의 음성

"베르덩에서의 피의 심판"(위 Nr. 18c를 보라)은 총체적으로는 색슨 선교의 모습을 아주 조금 밖에 보여주지 못한다면 색슨인들 가운데 울려 퍼진 선교 설교에서 "철의 혀"[1]가 너무나 성급하게 말참견하였다는 사실은 의심의 여지가 거의 없다고 하겠다.—하지만 단순히 말뿐만은 아니었다는 사실을 지지하는 점에서는 "구세주"와 고트샬크의 싯구들이 가장 의미 있는 증거들이다.

a) 선교설교 "Heliand"

Heliand("구세주")는 첫 발견자이며 첫 편집인인 J. A. Schmeller (1830)가 가장 의미 있는 기념비의 하나이며 동시에 독일 문학사 전체에서 가장 오래되고 광범위한 문서들을 지칭하기 위해(다행스럽게도) 만든 표현이다. 840년경 색슨족의 학자적인 수도사에 의해서("색슨의 회심" 후 겨우 몇 십 년이 지나서)—아마도 훌다 수도원에서—작성되었는데, 이 시는 약 6000 절구로 예수의 생애를 그렸으며 시리아인 타티안(2세기 후반)의 그토록 많이 이용하는 "복음서들의 조화"인 "디아테사론", 곧 라틴어로(또 아마도 훌다!에서 옛 표준독일어로 번역된) 번역된 디아테사론 형식에 근거해서 그렸다. 교회역사와 선교역사에서 아주 재미있는 것은 아래 예로 잠시 보여주는 것처럼 "Heliand"가 복음의 "토착화"(변질이라는 의미에서 말하는 "게르만화"가 아니고)의 증거로서, 그리고 고급수준의 "번역"능력으로서 그려지고 있다는 것이다:

시인이 대상으로 삼은 자들이 아직도 운명("Wurd"), 곧 비인간적이고 초인간적으로 인간의 삶을 지배하는 것을 믿었다면 운명에 대해서마저도 능력을 갖고 있는 저 위의 엄위하지만 아버지 같은 뜻이 지배한다는 것을 믿어야 한다(4116과 다른 곳들). 아니면: 영웅적인 무신론으로 오직 자기 자신의 "힘과 강함"을 믿었다면 이것을 시인은 부질없는 허영이고 사악한 오류라고 정죄한다(5041); 못된 교만 자체가 기독교에 대한 근본적인 충돌로 보이기 때문에 그는 사정없이 인간의 죄, 구원의 필요성을 말할 수 있었다. 예를 들면 마 26: 29ff에 베드로가 부인한 다음의 이야기에서 보는 것처럼 말이다. "용사 중 최고인" 베드로의 쓰라린 통회가 감동적으로 묘사되고 나서 시인이 계속해 전개한다(5011-5039):

……/ "아 다스리시는 하나님이여", 그가 말하기를
"내가 범죄하기를, 내게 이제는 비참하게 되어버릴 정도로
나의 존재가,/ 내가 영원히
내 주님의 은혜/ 그리고 하늘나라의 은혜에
끝없이 헐떡여야한다면,/ 아무런 감사를 할 수 없나이다,
사랑스런 왕이여, / 내가 이 빛을 바라본다는 것에 대해서.
나는 그럴만한 자격이 없나이다,/ 나를 다스리시는 지배자시여,

내가 당신 제자들 가운데 / 언젠가는 다시 속하게 되는 것이,

그토록 죄스럽네요, 내 동료들 가운데에./ 나 스스로가 그것을

내 마음 속에서 피하고 싶나이다,/ 내가 그런 나의(= 악한) 말을 하기에 말입니다."

그렇게 슬퍼하면서 한탄합니다/ 그 최고의 용사가.

그를 그토록 쓰라리게 한탄하도록 합니다,/ 그가 자기 주님을 거기서,

그 사랑스런 분을 부인한 것이./ 하지만 해서는 안 됩니다, 군중의 자녀들은

그렇더라도 놀라시는./ 그게 아니라 그토록 원하셨습니다. 하나님께서는,

그토록 사랑스런 사람에게/ 고통이 닥치는 것을,

그토록 치욕스럽게 그 용사가/ 자기 주님을

하녀의 말에 대해서,/ 그 가장 용감한 전사가,

부인하는 것을, 자기를 그토록 사랑하신 분을./ 군중들 때문에 일어났습니다,

경건하려는 백성의 아들들에게./ 그는 그를 우두머리를 만들려고 하셨습니다,

고국 위에 가장 숭고한 자로,/ 거룩한 왕께서는.

그는 그가 깨닫게 하셨습니다,/ 하지만 얼마나 보잘 것 없는 능력을 가졌는지

인간의 마음이/ 하나님의 능력이 없이는.

그는 그가 죄짓도록 하셨습니다,/ 그 스스로가 아주 쉽사리

사람들을 믿도록 하기 위해서,/ 얼마나 아름다운지

어떤 사람,/ 범죄를 행한 사람에게,

사람들이 그를 용서해주는 것이/ 나쁜 잘못을,

죄와 보복을, 그 자신을 용서해주심같이

하늘나라 통치자께서/ 아주 해로운 행위를.

b) 탕자의 비유의 빛에서 말하는 고트샬크의 자기 삶

소위 이제 겨우 회심한 색슨인 중 한 사람이 얼마나 독립적이고도 집중적으로 기독교를 수용할 수 있었는지 고트샬크의 예가 말해준다. 색슨 백작 아들로서 소년시절에 훌다 수도원에 봉헌된 아이(puer oblatus, 곧 수도사 신분으로 결정된 아이)로 보내졌고, 성인이 되어서는 아주 정열적으로 "하나님 섬김"(servitium Dei)의 종 됨에 저항하였다. 그리고 한 공의회(마인쯔 829)는 처음에는 그에게 동의를 하였다; 하지만 그의 수도원장—라바누스 마우루스로 훗날 마인쯔의 주교(그리고 동시에 "독일"의 수장)—은 황제와 제국공의회에 호소하였다. 이로써 그가 관철시켰는지—아니면 고트샬크 스스로가 위태로워졌는지: 어쨌든 그는 자기의 나중 삶을 주로 서쪽 프랑크지역에서 지냈다고는 하지만 수도사로 머물렀다. 또 거기서 교부연구, 특히 어거스틴 작품에서 자기 운명의 의미를 발견하였다. 남겨진 그의 문서들 가운데에는 다른 시들, 거의 통 털어서 놀라울 정도의 언어적이며 사색적인 능력의 작품들 외에 72행의 노래[2)]가 있다. 여기서 그의 삶이 탕자의 비유(눅 15:11-32)에서 묘사되고 있다(29-47행). 나사로의 부활(요 10:40-11:44)로 그가 심히 필요로 했던 것을 더 심도 있게 말할 수 있다. 여기서는 이 중에서 몇 행만(4-6. 48-52) 제시해 보자:

(서론으로 하나님 아버지[1], 성자[2]와 성령[3]을 부름이 먼저 나오는데, 이는 삼위일체 하나님이 간구하는 자를 참 회개와 속죄로 일깨워주도록 하는 것이다. 이어서 말한다:)

Novi namque me peccasse contra te gravissime
Sicut die, ita nocte, corde, ore, opere;
Laboravi semper valde te, deus, offendere.

Laboravi, inquam, valde plura mala facere,
Quam sint homines in orbe, quam astra in aethere,
Vel quam pisces intra mare, arena in litore.
Volo unde nunc lugere, sed non possum, domine;
Sine te quivi peccare, sed nequeo plangere,
Sine te sum lapsus male, sed non possum surgere……

……

O Iesu, quatriduanus, bone pastor, Lazarus
Mortis in sepulcro situs iamque nimis fetidus,
Monumento quamvis pressus, iamiam scatens vermibus,

Ecce iacet interemptus multis pro criminibus
Quae gessit econtra stultus, segnis, hebetissimus,
Privatus velut ambobus cum sensu luminibus.

Freme, freme, bone Iesu, ac turbare spiritu,
Lacrimare pio fletus servi pro interitu,
Propria qui semet manu interemit iamdiu.

Clama, clama, Iesu Christe, voce magna, domine:
'Prodi foras, tumulate, veni foras, Lazare,
Exi. Exi ac procede iam mortis de carcere!'

Si clamaveris me, Christe, redemptor piissime,
Exibo letus repente ac procedam propere,

Quin vita servum vocante fugiet mors rapide……

……

Da timere, da amre, da frequenter colere
Patrem, prolem, sanctum atque da flatum diligere
Toto corde, tota mente toto necnon pectore……

(당신을 대항하여 너무나도 중하게 범죄하였던 것을 내가 알고 있나이다

밤이고 낮이고를 막론하고 마음으로 입으로 그리고 행위로; 항상 내가 노력하기를 하나님이여 당신을 힘써서 아프게 하였나이다.—내가 고백하듯이 지나치게 힘쓰는 것은 더 많은 악을 행하는 것입니다, 땅에 있는 사람보다도, 하늘의 별보다, 바다의 고기보다 그리고 해변에 모래보다 더 말입니다.—그러므로 이제 내가 기꺼이 속죄하기 원하지만 나는 할 수 없나이다 주여; 당신 없이 나는 죄 지을 수는 있는데, [후회막급하게] 가슴을 치지는 못하며, 당신 없이 내가 악하게 넘어졌지만, [당신의 도우심 없이는] 내가 일어설 수 없나이다.……

오 예수여, 선하신 목자시여, 나흘을 벌써 나사로는 죽은 자의 무덤에 있었고[3] 이미 심히 악취가 났나이다; 무덤 속에서 게다가 아주 꼭 싸매어져가지고는 이미 벌레들에 먹혔나이다.—자, 거기 그가 누웠는데, 자기의 셀 수 없는 범죄 때문에[4] 붙들려버렸네, 마주 저항하듯 자행했던 것 때문에, 어리석고, 나태하고 더할 수 없이 우둔하게도, 마치 의식적으로 두 눈이 뽑혀져버렸던 것처럼.—크게 우르릉 소리를 내소서, 우르릉 소리를 내소서, 자비하신 예수여, 그리고 당신의 영 안에서 일어나소서, 부드러운 어루만짐 가운데에서 눈물이 흐르게 하소서[5], 이미 오래 전에 자기 손으로 자기 삶을 끝장낸[6] 당신 종의 범죄 때문에.—[나를] 부르소서, 부

르소서 주 예수여 큰 소리로 주님이여, '나오라, 너 무덤에 있는 자여, 나오라, 나사로야; 이리로, 나와서 당장 죽음의 감옥으로부터 일어서라!' —내게 당신의 부름이 다다르면, 그리스도여, 자비하고 자비하신 구세주여, 그러면 당장에 내가 기쁘게 나와 번개처럼 바로 서겠나이다; 아무렴, 심지어 죽음은 생명이 그 종을 부르면, 서둘러 도망치리라.…… 허락하소서, 내가[당신을] 두려워하고 사랑하도록, 허락하소서 내가 멈추지 않고 성부, 성자와 성령을 경배하도록, 주소서, 입김을 사랑하도록(요 3:8 비교) 온 마음과 온 정신과 온 생각으로……).

원전 : Heliand und Genesis, hg. v. O. Behagel, bearb. v. B. Taeger, Tübingen [9]1984 (Althochdt. Textbiblioth. 4); MGH PL VI/1, 1951, 86-106 (Nachträge zu Gottschalk, hg. v. N. Fickermann [hier: 89-97]).—번역: Heliand und die Bruchstücke der Genesis. Aus dem Altsächsischen 번역 v. F. Genzmer; 각주 및 후기 v. B. Sowinski (urb 3324 [3]), 1989, 158f. 참고문헌: H. Doerries, Die geistigen Voraussetzungen und Folgen der Karolingischen Reichsteilung 843 (1943); 재인쇄 in: Derselbe, Wort und Stunde, II, Göttingen 1969, 210-294; P. Wapnewski, Deutsche Literatur des Mittelalters, Göttingen (1960) [5]1990 (KVR); H. -D. Kahl, Die ersten Jahrhunderts des missionsgeschichtlichen Mittelalters, in: K. Schäferdiek (Hg.), Kirchengeschichte als Missionsgeschichte, II/1, München 1978, 11-76; P. von Moos, Gottschalks Gedicht O mi custos - eine confessio, I. II, in: FMSt 4 (1970) 201-230; 5 (1971) 317-358; M. -L. Weber, Die Gedichte des Gottschalk von Orbais, Frankfurt/M. etc. 1992 (Lat. Sprache u. Lit. des MA 27), 160-175. 289-297; A. Angenendt, Das Frühmittelalter (위 Nr. 18과 마찬가지), §75; ders., Geschichte der Religiösität im Mittelalter, Darmstadt 1997 (인명과 사건 색인과 비교하라).

1) 유물을 색슨으로 넘겨주는 것에 관한 소식, 곧 Translatio S. Liborii (c. 4: MGH SS 4, 151). 아주 생생한 그림과 함께 칼 대제에 관해서 말하고 있다: Ferrea quodammodo lingua praedicavit!
2) 일반적으로 "O mi custos"라는 세 개의 시작하는 단어(Initium)에 이어서 인용되고 있다; 마지막에는 찬송이 온다(= 73행), 하지만 행 숫자에 포함시키지 않는다.
3) 나사로의 부활 절구에 대한 우의적 해석은 어거스틴의 해석에서 영향을 받은 듯하다; 어거스틴의 요한복음 주석을 비교하라(CChr. L. 36, 431).
4) 여기서는 용서가 죽은 자의 부활로 이해되고 있다. 따라서 죽음은 하나님에게서 멀어짐과 죄에 빠짐이 된다 - "탕자"의 비유(눅 15:24 비교)에 대한 이야기가 말해주듯이; 나사로가 예수의 친구에 속함에도 불구하고(요 11:3. 11).
5) 여기서도 시인은 불가타 본문에 아주 근접하고 있다: 요 11:33. 35. 38을 비교하라(fremuit spiritu et turbavit se ipsum…… et lacrimatus est Iesus…… Iesus ergo rursum fremens in semetipsum venit ad monumentum……).
6) 나사로(죄 가운데에서 죽은 자의 대명사) - 제2의 유다(마 27:5 비교하라).

22. 파샤시우스 라트베르투스와 라트람누스의 성만찬론

놀라울 정도로 신학이 개화된, 특히 칼 2세("대머리") 치하의 서쪽 프랑크 왕국에서의 개화된 신학의 증거는 무엇보다도 코르비(아미앙의 북동쪽)의 두 수도사들 간에 있었던 토론이다. 대부분 "제1차 성만찬논쟁"이라고 불리는데[1] 사실은 논쟁도 아니고, 공식적으로 진행된 것도 아니다. 시작은 라트베르투스(파샤시우스는 별명), 곧 코르비 수도원학교 교장이고 훗날 그곳의 수도원장(859년경 사망)이 성만찬에 관한(훗날 보완된) 일련의 테마로 발발시켰다. 이 테마들은 광범위하게 확산되었고 어쨌든 고대가 저문 후 이 주제에 관해서 첫 번째로 본질적인 취급을 한 것이라고 하겠다. 어쨌든 곧바로 반박이 나왔다; 하지만 그중 가장 결정적인 것은 10년 이상이 흐른 후에 그것도 바로 같은 수도원에서 라트람누스로부터 나왔다. 그의 삶에 관해서는 거의 알려진 바가 없다; 그리고 라트베르투스에 대한 그의 반박은 겨우 하나의 사본으로만 전해져 오고 있다 (868년 이후 사망).

a) 라트베르투스의 "주님의 몸과 피에 관하여"(831/33년)

1장 : *그리스도와의(성례전적) 연합*(= 성만찬의 빵과 포도주) *은 그의 참 몸이고 그의 참 피라는 것을 의심해서는 안 된다* (Christi communionem verum corpus eius et sanguinem esse non dubitandum)…….

2장: *그리스도의 신비에 관해서는 모든 믿는 자가 알아야만 한다*…….

3장: *성례전은 무엇이고 왜 그렇게 부르는지*…….

4장: *이 비밀에 찬 잔의 성례는 상징적으로인가 아니면 실제적으로(sub figura an veritate) 일어나는가*. 성례전적인 봉헌으로 말미암아(consecratione mysterii) 실제적으로 몸과 피가 된다 (in veritate corpus et sanguis fiat)는 것을 하나님 말씀을 믿는 자는 모두 의심하지 않는다.…… (요 6:56f. 52. 59 비교) …… 하지만 그리스도를 이빨로 갈아 뭉갠다는 것이 참혹스럽기 때문에 그는 신비함 속에서(in misterio) 이 빵과 이 포도주가 성령의 기록케 함으로 말미암아 참으로 그의 살과 피로서 능력 있게 창조되는 것(potentialiter creari)을 원한다. 그러한 창조함으로 말미암아(creando) 매일 "세상의 생명을 위해서"(요 6:51) 신비하게 바쳐짐으로 동정녀(마리아)로부터 성령으로 말미암아 동침도 않고(sine coitu) 참된 육신으로 창조되었듯이 바로 그(성령)로 말미암아 빵과 포도주의 본질로부터 그리스도의 바로 그 몸과 피("역사적" 예수의 바로 그것)가 신비하게 봉헌되는 것이다.……

8장: …… 때문에 사람아 육체의 입으로 맛보아야 하는 것과는 다른 것을 맛보는 것을 배우며 육체의 눈으로 보는 것과는 다른 것 보는 것을 배우라. 영이신 하나님께서는 한 곳에 매이지 않으시고 어느 곳에나(inlocaliter ubique) 계신다는 것을 배우라.…… 그러니까 빵과 포도주의 본질이 내면적으로 효과 있게 그리스도의 살과 피로 변화하는 경우(efficaciter interius commutatur)보다 더 고귀한 것이 육신의 세상에 있을까 생각하라.……

12장: …… 항상 이 신비가 공교회 신앙 안에서 거행되는 공교회의 안에서는(도덕적으로) 선한 사제들도 그리스도의 몸과 피보다 더 받지 못하며(도덕적으로) 나쁜(= 자격 없는) 사제들도 덜 받거나 다른 것을 받지 않는다는 사실을 우리는 실제로 믿으며 의심 없이 깨달아야 한다. 이는 봉헌하는 자의 공로가 아니라 창조자의 말씀과 성령의 능력을 통해서 그리스도의 살과 피는 성령이 창조하는 것과 달리 되지 않는 것을 진실로 믿고 영적인 깨달음 속에서 맛보는 것이기 때문이다(vera fide credatur et spiritali intelligentia degustetur).……

13장: …… 육체의 외양이나 맛이 전혀 없는 것을 그리스도를 의심하지 않는 신앙의 능력(virtus tamen fidei)과 통찰력은 아주(그 온전한 자체) 그대로를 맛보고 먹을 수 있는데(물론) 영적으로(spiritaliter) 그럴 수 있는 것이다. 그러므로 이 신비도 올바른 기준을 가지고 있어서 말하자면 한편으로는 무조건 비밀로 머물러야 할 것은 불신자들에게는 감춰져 있으며(archana secretorum celarentur infidis) 공로는 믿음의 덕으로 자라게 하는 것이고(meritum cresceret de virtute fidei) 다른 한편으로는 참 믿는 자들에게는 내면적으로 보면 약속된 실제들 중 없는 것이 없도록 하기 위함이다.……

b) 라트람누스의 "주님의 몸과 피에 관하여"(844년)

5장: 전하[2)]께서는 교회에서 그리스도의 몸과 피가 믿는 자들의 입으로 받아들여질 때 신비롭게인가(in mysterio) 아니면 실제적으로 일어나는가, 곧 신비로 덮어씌워짐(velatione mysterii) 없이 내면적이며 영적으로 바라보는 것과 마찬가지로 외적 신체적으로 같은 것을 보는가 하는 질문을 하셨습니다.…… (게다가 당신이 원하는 것은) 그것이 마리아에게서 나셨고 고난당하셨고 장사지냈고 부활하시고 승천하셔서는 아버지 우편에 앉으신 그 몸이신가 하는 것이었습니다.

10장: ……그 빵과 그 포도주는 비유적으로(figurate) 그리스도의 몸과 피라는 것은 분명합니다. 보이는 바로는(secundum quod videtur) 그 빵에 육체의 모양(species carnis)을 볼 수도 없고 그 포도주에서는 피의 냄새를 맡을 수 없습니다. 하지만 신비한 봉헌 이후에는 더 이상 빵과 포도주라 하지 않고 그리스도의 몸과 피라고 말합니다.

57장: 여기에서는(암브로시우스) 세심하며 심사숙고하면서 구분하였습니다. 십자가에 달리시고 장사지낸 그리스도의 그 육체, 곧 십자가에 달리시고 장사지낸 바 되었던 그리스도를 말합니다(암브로시우스): 그러므로 이것은 실제로 그리스도의 육체이다(vera…… caro Christi). 하지만 성례전에서 찢겨지는 것에 관해서는 이렇게 말합니다: 그래서 참으로 그 육체의 성례전이다(vere …… carnis illius sacramentum). 이렇게 그는 육체의 성례전을 실제의 육체와 구별하였습니다(distinguens sacramentum carnis a veritate carnis). 아래와 같이 말합니다: 그는(그리스도) 자기의 실제적이고 동정녀에게서 받은 육체 안에서 십자가에 달리시고 장사되었다; 이제 교회에서 거행되는 참 육체의 성례전, 곧 십자가에 달리신 그 육체의 성례전에 관해서는 "성례전"이라고 말할 것이다. 이로써 그는 신자들에게 오해의 여지가 없이 그리스도께서 십자가에 달리시고 장사지낸 그 육체는 신비가 아니라 자연의 실제이다(non sit mysterium, sed veritas naturae); 억으로 이 육체, 곧 이제 그 육체와 그 동일함을 비밀스럽게 가지고 있는 육체(similitudinem illius in mysterio continet)는 모양으로는 육체가 아니나 성례전적으로는 육체이다(non sit specie caro, sed sacramento); 모양으로는 논쟁의 여지없이 빵이지만 성례전적으로는(in sacramento) 그리스도의 참 몸(verum Christi corpus)이다.

원전 : Pascasius Radbertus. De corpore et sanguine Domini, ed. B. Paulus, Turnhout 1969 (CChr. CM 16); Ratramnus. De corpore et sanguine Domini, ed. J. N. Bakhuizen van den Brink, Amsterdam 1954 (VNAW. L 61, 1).—참고문헌: H. de Lubac, Corpus Mysticum, Einsiedeln 1969; A. A. Häußling, Mönchskonvent und Eucharistiefeier, Münster 1973 (LQF 58); J. P. Bouhot, Ratramne de Corbie, Paris 1976; E. Mühlenberg in: HDThG I^2, 1999, 524-534, 특히 530ff.

1) 소위 "제2차 성만찬 논쟁"에 관해서는 아래 Nr 33a를 보라.
2) 왕인 칼 2세로, 그는 코르비 방문에서(843) 라트베르투스의 이론 때문에 질문하였다.

23. 고트샬크를 둘러싼 예정론 논쟁

카롤링 왕조시대 후기에 이번에는 정말로 (라트베르투스와 라트람누스 사이에 있던 논쟁과 달리) 괄목할 만한 파장을 일으켰고, 많은 공의회가 애를 쓰도록 만든 가장 신학적인 논쟁에서도 어거스틴이 문제였다. 새로이 그가 말한 죽음으로의 "공평한" 예정과 생명으로의 "자비로운" 선택 이론[1]은 벌써 그 이전에 생각에 동요를 일으켰던 것으로서 이번에 논쟁이 되었다; 세빌리아의 이시도르(약 590-636)는 이 이론을 줄여서 "이중예정"(praedestinatio gemina[ta])이라고 알렸다.[2] 이번에는 이 논쟁이 한 사람, 곧 억지로 수도사의 삶에 갇혔고, 마지막에는 사제 신분을 박탈당하고 오랜 세월 수도원에 갇힌 끝에 하나님 은혜는 신비라는 자기 믿음을 고수하였던 한 사람의 일생의 운명과 연결되었기에 비극적인 성격을 가졌다: 색슨의 고트샬크 또는 오르배의 고트샬크(867/869년 사망 [위 21b를 보라]). 고트샬크 말고 과거 그의 수도원장이었던 라바누스 마우루스, 나아가서 당대의 신학 거두들과 성 데니의 궁정학교의 가장 탁월한 대표인 요한네스 스코투스 에류게나(870/877년 사망), 그리고 고트샬크 편으로는 코르비의 라트람누스 등이 참여하였고 많은 공의회들도 입장을 표명하였는데, 물론 부분적으로는 아주 상반되는 의미에서 하였다. 그러고나서 이 논쟁은 교리적 결실도 없이 그리고 신학역사에 직접적인 영향도 끼치지 않고 끝이 났다.

a) 고트샬크의 "장문의 고백"(confessio prolixior), 퀴에르지 공의회(849년) 이후 작성

…… 소위 이중 예정(praedestinatio gemina[3])은—한쪽은 선택받은 자들(electi), 다른 쪽은 유기된 자들(reprobi)로 대립되는—사실 통일성이 있지만, 이중적인데 이것은 복되신 어거스틴과 다른 교부들이 자주 "이중 사랑"이나 "경향"(charitas vel dilectio gemina)이라고 표현한 것과 마찬가지이다; 이것은 사실 둘이 아니고 단 하나이다. 이중 대상을 두기는 하지만 말이다: 하나님과 이웃(licet propter Deum et proximum sit etiam dupla). 바로 이것을 교부 어거스틴은 하나님의 역사를 둘로 나누어진 것으로 표현할 때 생각하였다. 이것을 그는 "이중"이라는 의미에서 보려고 하였다; 그가 세상이 비록 넷이 아니라 하나라는 것을 알면서도 넷으로 나누어졌다고 말하고 다섯 가지의 절제가 있다고 설명하였던 것을 말한다.…… 하나님을 두려워하며(pie)

생각하는 자는 누구도 하나의 본질이며 동시에 세 인격체이신(naturaliter quidem unum, sed simul etiam personaliter trinum) 우리 주 당신에게는 당신의 어거스틴(Augustinus tuus)이 공경하면서 믿고 진심으로 증언한 바와 같이 이중 예정이 있다는 것을 믿고 알고 두려움 없이 고백할 때 그것을 모순이라고 여기지 않습니다; (이 당신의 이중 예정을) 따를 것 같으면 당신은 어떤 자들에게는 자비를 베풀며 선하시고 나머지에게는 심판을 주시는 가운데 정의로우십니다(bonus…… in beneficio certorum, iustus in supplicio caeterorum). 나아가서 그가 자기 고백록에서 하였듯이 사람이 자기에게 한 것을 그대로 갚아 주는 것은 정의로운 것이기 때문에 당신은 모든 것에서 정의로우십니다; 그리고 각자가 자기가 벌어들인 것을 받고 누구로부터 뺏기지 않으면 의로운 것이기에 당신은 모든 일에서 의로우십니다.……

b) 퀴에르지 공의회의 답변(853년 5월)

1장: 전능하신 하나님께서는 인간을 죄 없이 만드시고, 의롭게 만드시고, 자유의지(liberum arbitrium)를 주시고 그에게 낙원 안에 거처를 주셨다; 그분은 그가 공의의 거룩함 가운데(in sanctitate iustitiae) 거하기를 원하셨다. 하지만 인간은 자기 자유의지를 잘못 사용하고 죄를 짓고 타락하여 전 인류를 포괄하는 "부패덩어리"(massa perditionis[4])가 되었다. 하지만 하나님은, 선하시고 의로운 분(이시기 때문에)은 이 부패덩어리에서 자기의 예지(praescientia)를 따라 은혜로 예정하신 자들(롬 8:29f.; 엡 1:1)을 생명으로 택하시고 그들에게 영원한 생명을 사전에 정하셨다(vitam illis praedestinavit aeternam); 하지만 그가 자기의 의로운 판단에 따라서 부패덩어리에 머물도록 한 자들에 관해서는 그들이 유기될 것을 미리 아시고(praescivit) 그들이 유기될 것을 미리 정하시지는 않았는데 자신이 의로운 분이시기에 이들에게는 영원한 벌을 사전에 정하셨다. 이 때문에 우리는 하나님의 한 예정만(una Dei praedestinatio tantummodo)을 말하는데, 이것은 은혜의 선물로든지 아니면 의로운 보응으로(donum gratiae-retributio iustitiae) 전개된다.

3장: 전능하신 하나님께서는(실제로는) 모두가 구원받지 않지만 "모든 사람"이 예외 없이 "구원받기를 원하신다." 하지만 어떤 사람들이 구원받는 것은 구원하시는 분의 선물이다(salvantis est donum); 하지만 어떤 사람들이 유기되는 것은 유기되는 자의 삯이다(pereuntium est meritum).

c) 발렌스 공의회의 답변(855년 1월 8일)

(다른 것들 중에서 특히 랭스의 힝크마르가 주도한 퀴에르지 공의회에 "혁신"[novitates]과 하나님의 "예지"론 해명에 대해서 신랄하게 비판을 하고나서[법령 1. 2] 하나님의 예정에 관해서 말한다:)

법령 3: 하나님의 예정과 관련해서(롬 8:21. 22f.에 따라서) 우리는 확신을 가지고 선택한 자들은 생명으로의 예정, 불신자들은 사망으로의 예정을 고백한다(fidenter fatemur praedestinationem electorum ad vitam et praedestinationem impiorum ad mortem); 하지만(우리는 고백하기를) 구원받게 될 자들의 선택에서 하나님의 자비가 공로(meritum bonum)를 앞서고 파멸로 갈 자들의 저주에서는 잘못(meritum malum)이 하나님의 의로운 판결 선언을 앞선다...... (하지만 어거스틴[5]과 오렌지 공의회[위 Nr. 6을 보라]와 똑같이 "철저한 혐오"로[cum omni detestatione...... illis anathema dicimus] "어떤 사람들은 하나님의 능력으로 말미암아 악으로 예정되었다"(어거스틴)는, 그러니까 그들은 다르게 될 수 없다는 식의 아주 잘못된 주장은 저주받아 마땅하다(ad malum praedestinatos esse divina potestate, videlicet ut quasi aliud esse non possint).……

원전 : D. C. Lambot, Oeuveres théologiques et grammaticales de Godescalc d'Orbais, Louvain 1945 (SSL 20), 55-78; 여기서는: 67, Z 10ff.; DH 621-624 (Quierzy); DH 625-633 (Valence).—참고문헌: H. Dörries(위 Nr. 21을 보라), 276/280 (참고문헌포함); 같은 이, Gottschalk, ein christlicher Zeuge der deutschen Frühzeit, in: JK 5 (1937) 670-684 (변화 없는 재인쇄 in: Ders., Wort und Stunde, II, Göttingen 1969, 112-128); E. Mühlenberg, Dogma und Lehre im Abendland, in: HDThG2 1, 1999, 524-530.

1) 그러니까 그의 "소책자"(Enchiridion de fide, spe et caritate) XXVI 100ff.를 비교하라.
2) Sent. II 6, 1(PG 83, 606).
3) 이 표현은 세빌리아의 이시도르(앞에 있는 각주를 보라)에 의해 만들어졌다.
4) 어거스틴의 편지 190, 제3장 Nr. 9 (CSEL 57, 144); de done perseverantiae 14, Nr. 35 (PL 45, 1014).
5) 어거스틴, 성도의 예정, 17, 34(PL 44, 986)를 비교하라.

24. 위 이시도르 교령집

중세 초기의 위조 작업들 중에서 가장 그 영향을 크게 끼친 한 위조는 교회법과 관련된다; 이 위조는 세빌리아의 이시도르(약 560-636)와 노골적으로 같은 사람이라고 보는 "성 이시도르"의 것으로 본다. 이 모음집은—오늘날의 지식으로 본다면—네 뭉치의 문서들이다. 그 중에서 명칭을 주고 있는 네 번째가 아주 중요하다: 소위 "이시도르"가 만들어낸 "법령들"(litterae 혹은 epistulae decretales) 모음집. 엄격하게 취급하자면, 교회법 또는 교회지침들에 관한 질문들에 대한 교황의 답신들이다. 사실상 이 모음집은 대부분이 위조된 교황들 편지들이고, 소수도 또한 위조된 것으로, 클레멘스 1세(88-97) 및 아나클렛 1세(76-88)로부터 대 그레고리(604 사망) 교황에 이르는 동안의 공의회들의 결정들을 담고 있다. 아마도 847-857 사이에 생겨났고, 약 10000개의 진짜 발췌문들로부터 얼마나 교묘하게 위조를 하였는지 그 전체가 위조되었다는 것을 겨우 현대에 와서야 증명될 수 있을 만큼 위조를 하였다. 이 모음집은 우선적으로 서 프랑크의 주교들의 관심을 염두에 두고 있다. 그들은 자기들의 대교구들이 수위권을 얻으려는 질주(랭스의 힝크마르)와 고위 평신도들의 과도한 영향력 하에서 어려움을 겪으며, 그래서 교황 중심주의와 (공의회의 개입 없는) 교회법 제정을 긍정하였던 자들이다.—또한 이것은 왜 클루니 수도사들(아래 Nr. 26을 보라)과 그레고리우스주의자들(아래 Nr. 30; 32, I을 보라)이 이 위 이시도르 교령집을 "교회 자유"(libertas ecclesiae)의 "법적 문서들"이라고 특별히 높게 평가하였는지를 설명해준다(C. Andresen).

("*성 이시도르의 책 서문*")…… 성 그레고리에 이르기까지 로마의 지도자들의 결정은…… 사도보좌라는 탁월한 의미를 볼 때(pro culmine sedis apostolice) 공의회의 결정보다 그 권위가 못하지 않다(non inpar conciliorum extat auctoritas).…… 하지만…… 공의회를 소집하는 전권은 개별인물로 제한된 사도보좌의 권세를 통해서만 행사된다(Synodorum vero congregandarum auctoritas apostolice sedis privata commissa est potestate). 우리가 읽기로는 그 어떤 공의회도 그분의 권위로 소집되지 않거나 인정되지(fulta) 않으면 효력(rata)이 없다. 이것을 법령의 권위가 증거하며, 교회의 역사가 확증하고, 거룩한 교부들이 인증한다.……

(*"교황 아나클렛 1세 편지"*, *I, 17*)…… 사도들은 구세주의 지시를 따라서 확증하기를 아주 중요하고 아주 어려운 문제들은 그리스도께서 복되신 수석사도인 베드로에게 말씀하시면서…… (마 16, 18) 그 위에 교회를 세운 사도보좌에게 청원해야 한다고(ut maiores et difficiles questiones semper ad sedem defferantur apostolicam) 하였다.……

(*"알렉산더 [1세, 105-115]의 교령, I, 4*) 머리가 됨으로써(quasi ad caput) 아주 중요한 법적인 일들(causae)과 모든 교회 문제들에 관해서 주님으로부터 처분권을 넘겨받은…… (마 16, 18f. 비교) 이 가장 거룩하며 사도적인 보좌에(ad huius sanctae et apostolicae sedis apicem) 알려진 것은 어떤 그리스도의 적들과 거룩한 교회의 배신자들은 하나님의 사제들을 세상 재판관들에게(iudices publici) 고발한다는 사실이다. [바울] 사도가 그리스도인들의 법적인 문제는 오히려 교회 앞에 가져오고 거기서 결정되어야 한다(고전 6, 1-11)고 명령했는데도 말이다. 이로써 그들은 자기들의 주님에 대한 자기들의 의무를 저버렸으며 그의 명령에 순종하지 않는 것이다.……

(*"교황 식스투스 [1세, 115-125]의 교령"*, *II, 5*) 혹시 너희[주교들] 중에 한 명이 어떤 불행 때문에(자기 보좌에서) 쫓겨나게 된 경우, 그는 이 거룩한 사도보좌에 항소를 하고 머리된 그에게 피난처를 구할 자유가 있다(licenter hanc sanctam et apostolicam appellet sedem et ad eam quasi ad caput suffugium habeat).…… 왜냐하면 주교들이 거룩한 사도들로부터 명령을 받은 바와 같이 이 거룩한 보좌로부터 그들은 보호를 받으며 변호를 받고 해방될 수 있기 때문이다(tueri, defendi et liberari).……

(*"교황 피우스 [1세, 140-155] 교령"*, *II, 9*) 간음(fornicatio)은 모든 면에서 볼 때 영적인 사물(sacrilegium)에 손대는 것보

다 더 중한 죄가 아니다; 왜냐하면 사람에게 행하는 것보다 하나님께 행한 죄가 더 큰 죄이듯이, 성물에 행하는 것이 간음보다 더 심각하다(gravius).……

(*"교황 식스투스 [2세, 257-258]의 교령", II, 7*) 너희가 세상 두려움 때문에(timore terreno [곧 세상 권력자들 앞에서]) 불의하게 정죄한 형제들을 우리가 합법적으로 다시금 제자리 앉힌 것을 알아야 한다. 거룩한 베드로의 사도적 권위에 힘입어서(너희에게) 명하노니, 그들에게서 빼앗은 것 모두를, 너희와 너희의 집권자들(vos et principes vestri)이 우리 공동체(a collegio nostro)와 교회의 지체됨에서 단절되지 않으려면 그들에게 남김 없이 돌려주어야 한다.……

(*"교황 마르켈린 [296-304]의 교령", II, 4*) 그러니까 황제(imperator)나 그 어떤 다른 법 수호자들(cuiquam pietatem custodienti)은 하나님의 명령을 거슬러서 어떤 일을 도모하며(presumere) 복음적이고, 예언적이며 사도적인 규범에 반대되는 것을 행할 자유가 없다. 옳지 않은 판결과 불법적인 결정(definitio), 곧 왕에 대한 두려움이나 그의 명령에 의거해서 재판관들에 의해서 내려진 것들은 아무런 효력을 갖지 못한다(non valeat).……

(*"[대립] 교황 펠리스 [2세, 355-365년]의 교령", II, 13*)…… 너희들은[1)] 동방의 주교들에 의해서 정죄를 받았다. 그들은 소천하신 우리의 전임자 율리우스[1세, 337-352]에게 자문을 구하지도 않고 하였다. 그래서 너희는 온 땅의 머리인(ad totius orbis capud) 그에게 피난처를 구하였다. 항상 이 거룩한 보좌의 소관이었던 바대로……[2)]

원전 : Decretales Pseudo-Isidorianae et Capitula Angilramni, hg. v. P. Hinschius, Leipzig 1863.—참고문헌: H. Fuhmann, Einfluß und Verbreitung der pseudoisidorischen Fälschungen. Von ihrem Auftauchen bis in die neuere Zeit, I/III, Stuttgart 1972-1974 (SMGH 24, 1-3); E. Boshof, Odo von Beauvais, Hinkmar von Reims und die kirchenpolitischen Auseinandersetzungen im westfränkischen Reich, in: Ecclesia et regnum (FS f. F.-J. Schmale), hg. v. D. Berg - H.-W. Goetz, Bochum 1989, 39-59.

1) 픽션으로 수신자들(아타나시우스와 온 이집트, 테베와 리비아의 주교들)을 빼고도 콘스탄티노플의 바울과 가자의 아스클레피우스와 아드리오펠의 루키안을 불러대고 있다.
2) 이 교령의 가치를 평하기 위해서 눈여겨야 할 것은 이미 이 문서가 등장하고 몇 년 되지 않아서 교황 니콜라우스 1세가 갈리아의 모든 주교들에게 보낸 회람에서 (865년 1월) 결론으로 아래와 같이 엄하게 가르칠 수 있었다는 사실이다: "…… 동시에 이는 당연하다: 로마 주교들의 교령들은 비록(통용되고 있는) 교령모음집에 속하지는 않았을지라도 수용되어야 한다(…… restat nimirum: decretales epistolae Romanorum pontifium sint recipiendae, etiamsi non sunt canonum codici compaginatae [QGPRK Nr. 521])"!

25. 온 교회의 수위권에 관한 교황 니콜라우스 1세와 총대주교 포티우스 간의 투쟁

위 이시도르 교령집이 보여 주는 바와 같은 베드로 교리(로마 주교들은 베드로의 후계자들이라는 이론)의 발전, 하지만 무엇보다도 슬라브족 선교 그리고 특별히 불가리아의 기독교화(아래 Nr. 28a 비교하라)는 비잔틴과 로마 교회 사이의 무거운 충돌의 역사적 배경을 형성하였다. 이 충돌은 형식적으로는 분열(교회 간의 교제 단절)로 치달았다(서방의 표현 방식으로는 "포티우스 분열"[867-880]이라고 불린다). 직접적인 동기는 총대주교 이그나티우스의 폐위(858)로 시작된 한 지역의 논쟁이었다. 양측의 싸움을 잠재우려고 하였다지만, 니콜라우스(858-867 로마 교황)에게는 자신의 교황직에 대한 인식을 말하자면 온 세상에 걸쳐 심는 좋은 기회였다.—그(와 이그나티우스)의 상대인 포티오스/포티우스(858-867년과 877-886년의 콘스탄티노플의 총대주교), 곧 비잔틴 문학사에서 가장 위대할 뿐 아니라 최소한 다면적인 인물이 모든 면에서 그와 대등하였다는 것이 곧바로 드러났다.

a) 황제 미카엘 3세에게 교황 니콜라우스 1세가 보낸 편지(865년)

…… 황제에 의해서도 모든 성직자들에 의해서도(ab omni clero) 왕들과 백성들에 의해서도 심판하는 자는 판단을 받지 않아야 한다(iudex iudicabitur).…… "가장 첫 번째 위치는 누구에 의해서도 판단 받지 않아야 한다"(Prima Sedes non iudicabitur a quoquam).[1]…… 로마 교회의 우선권들(Ecclesiae Romanae privilegia)은 그리스도의 입을 통해서 복되신 베드로 안에서 확증을 얻었고, 교회 자체 안에서 실행되었으며, 오래 전부터(그) 거룩한 공의회에 의해서(a sanctis universalibus synodis) 환영받았으며 온 교회로부터 간단없이 존경을 받았다. 이것들은 어떤 경우에도 축소도 손상도, 변경도 될 수 없다; 하나님으로부터 세워진 이 기초는 사람의 책략에 의해서 제거될 수 없기 때문이다.…… 그러니까 그 우선권들이…… 우리에게 "하나님의 온 교회를 위해 염려하도록" 강권하고 있다(고후 11, 28).

b) 불가리아인들에게 보낸 교황의 답신(866년)

92장: 너희는 실제로 얼마나 많은 총대주교가 있는가를 간절히 알고 싶어 한다. 그런데 실제로는 오직 주교의 계승에 근거해서(per successiones pontificum) 주교의 보좌를 가진 자들, 곧 사도들을 통해서 세워진 교회들인 것이 증명된 교회들, 곧 로마, 알렉산드리아, 안디옥 교회들을 지도하는 자들만을 총대주교라고 보아야 한다.…… 하지만 콘스탄티노플의 지도자와 예루살렘의 지도자들도 총대주교라고 부를 수는 있지만, 앞에 열거한 자들만큼의 큰 권세를 가지고 있지 않다. 왜냐하면 콘스탄티노플 교회는 한 사도가 세우지도 않았고, 모든 공의회들보다 더 명예롭고 존경을 받는 니케아 공의회가 한 번도 언급을 하지 않았기 때문이다; 단지 콘스탄티노플은 "새로운 로마"(고대교회, Nr. 81d를 비교)로 불리기 때문에 그 최고 목자는 어떤 분명한 이유보다도 통치자들의 가호를 통해서(favore principum potius quam ratione) 총대주교라고 불렸다.……

93장: 나아가서 너희는 누가 로마 다음으로 두 번째 총대주교냐고 묻고 있다. 거룩한 로마 교회가 견고하게 유지하며 니케아의 교령들(고대교회, Nr. 56d)이 분명하게 하고 있으며(나아가서) 로마의 거룩한 지도자들이 옹호하고 이성 자체가(ipsa ratio) 가르치는 것을 따라서 말한다면 알렉산드리아 지도자가 로마 교황(papa) 다음으로 두 번째 총대주교이다.

c) 총대주교 포티우스가 말하는 로마의 수위권

로마가 수석사도를(τὸν κορυφθαῖον) 주교로 갖고 있기 때문에 첫 번째 자리를 갖는다면, 오히려 안디옥이 우선권을(τὸ πρωτεῖον) 가져야 한다. 왜냐하면 사도 베드로는 로마에서 주교가 되기 이전에 안디옥에서 주교였기 때문이다. 나아가서 로마가 가장 먼저 순교자의 달려갈 길을 마친 수석사도 때문에(이 주장을 하고 있다면)……[2], 예루살렘이 로마보다 훨씬 더 우선권을 가졌어야 한다. 심지어 주교보좌는 그것을 차지한 자들의 모습으로부터(ποιότης) 그 우선권을 갖게 되는 것이라면 예루살렘이 다른 모든 곳보다 우선해서 눈부시게 승리를 쟁취해야 하지 않겠는가? 왜냐하면 창조자이며 베드로와 우리 모두의 주님이시고 첫 번째 대제사장이시고 모든 생명과 모든 대제사장의 지위의 원천이신 분이 바로 거기에서 태어나시고, 거기서 살다가 온 세상의 구원을 위해서 기꺼이 자신을 희생시키셨기 때문이다. 또한 로마가 자기의 수위권을 계속해서 수석사도를 통해서 확고하게 하려고 한다면, 최초로 부름받은(πρωτόκλητος) 안드레[3](요 1, 40f. 비교), (베드로의) 형 때문에 우선권은 비잔틴에게 주어져야 한다. 왜냐하면 그는 자기 동생이 로마의 주교가 되기 꽤 오래 전에 비잔틴에서 주교직분을 얻었기 때문이다. 그런데도 당신이 나에게 "너는 베드로라, 이 반석 위에 내가 나의 교회를 세우리라……"(마 16, 18)는 말씀을 들이댄다면, 분명히 알라, 그것은 로마 교회와 관계된 것이 아니다. 절대로 아니다(ἄπαγε). 왜냐하면 교회의 은혜와 신성을 지역(μέρη)과 장소에 국한시키며, 그것을 온 땅에 같은 방식으로 효력을 발생하지 못하게 하는 것은 유대교적이고 편협하게 생각하는 것이기 때문이다. 그런데 또한 "이 반석 위에"라는 말을 - 도대체 어떻게 로마 교회에 관해서 하는 말이라는 식으로 해석할 수가 있단 말인가? 이 말은 그 반석, 곧(문자적으로: [우리가] 그리스도를 하나님이라고(믿는다는 것을) 가르치는 신앙고백(εἴρηται …… ἐπὶ τῇ θεολογησάσῃ τὸν Χριστὸν ὁμολογίας πέτρᾳ)에 대한 것이고, 동시에 모든…… 교회[4]에 관해서 한 말이다.…… 우리는 고백한다.…… 성령은 그(곧 교회)에게 선지자들의 팡파레[5]를 통해서 말씀하셨다. 동시에 우리는 그 선지자들의 말씀을 가장 거룩하고도 공경 받을(신앙의) 규정(ὅρος)[6]을 통한 지도를 따라(ὑφήγησις) 하나의 공교회적이며 사도적 교회와 연결시키지, 베드로의 교회나 로마 교회에 연결시키지 않는다. 곧 로마의 무지(ἀπαιδευσία)가 내용 없는 자기들의 명망에 필요해서 하듯 하지 않는다.[7]

d) 비잔틴의 황제와 총대주교 관계에 관한 포티우스의 입장

비잔틴의 마케도니우스 왕조 창시자인 바실리우스 1세(867-886)가 취하였고, 그의 아들인 레오 6세(886-912)가 완성시킨 가장 중요한 개혁안에는 법의 재건이 있다. 이러한 맥락에서 법률모음, 곧 소위 법전의 "서론"(Εἰσαγωγή [Τοῦ νόμου)])[8)]은 특별한 주목을 끈다. 그중에서 첫 번째 세 개의 "주제"는 전체의 "서론"(Προοίμιον)같은데, 아마도 포티우스가 자기 권세의 절정에(A. Schminck에 따르면 885/886, 곧 그의 두 번째 폐위 직전에) 집필하였다.[9)] 이 주제들은 하나님께로부터 온 "율법과 정의" 둘을 다루고 있다(주제 1); 이 둘이 다스리는 가운데 황제의 권세(주제 2)와 사제의 권세(주제 3)가 일종의 디아르키("쌍두 통치")를 형성한다.—바실리우스 1세가 자기 장남을 잃고 나서 슬픔과 비탄의 뜻으로 통치를 마감하였다. 이때 총대주교 포티우스는 로마의 수위권 주장에 맞서서, "펜트아르키"(모든 교회 안에서 다섯 총대주교의 우선권: 로마 - 콘스탄티노플 - 알렉산드리아 - 안디옥 - 예루살렘)를 새로이 뚜렷하게 하였다(879/880의 콘스탄티노플 공의회); 그는 성직권(sacerdotium)과 통치권(imperium)을 새로운 관계로 그리고 대등관계로 이끌고 있다는 것을 분명하게 느끼고 있었다. 동시에 자세히 살펴본다면, 그는 "펜트아르키"를 일시적으로 잊어버린 것처럼 보인다; 또한 그는 (콘스탄티노플) 총대주교직에(비잔틴) 제국교회 안에서 하나의 교황직의 의미—서방인들에게는 정신 나간 것으로 보이는—를 줄(수도 있는) 그런 기능들을 부여하려고 하였다.

주제 1: 율법과 정의(Περὶ νόμου καὶ δικαιοσύνης)

(제1장) 율법은 보편성의 책임을 가지는 것이며, 통찰력 있는 사람들이 결정한 것이고[10)], 의도적이며 무의식적 잘못들을 예측하는 것이며, 그 안에서 공동체제가 합의되는 것이다; 이것은 또한 하나님의 선물(θεῖον εὕρημα)이다.

(4) 정의는 건전한 의지요 불변의 의지이다, 곧 각자에게 자기 몫을 돌려주는 의지이다(Δικαιοσύνη ἐστὶ σταθερὰ καὶ διηνεκὴς βούλησις ἑκάστῳ τὸ ἴδιον ἀπονέμουσα δίκαιον).

(5) 도덕적으로 살며 각자에게 자기의 것을 돌려주는 것이 정의의 내용이다.

(6) 정의에 관한 학문(Jurisprudenz)은 하나님의 일과 사람의 일 그리고 의와 불의를 알게 하는 것이다.

주제 2: 황제론(Περὶ βασιλείας)

(제1장) 황제는 합법적 통치(와 같은 말이며)(ἔννομος ἐπιστασία), 모든 신민을 위한 공동선이다; 그는 심판하되 억지로 하지도 않으며, 편견에 따라서 공을 논하지 않는다. 심판관으로서 그는 상을 주되 공정하게 나누어준다(ἀνάλογός τις ἀγωνοθέτης τὰ βραβεῖα παρεχόμενος).

(2) 황제의 임무(σκοπός)는 현재에 있는 귀한 것들을 방어 보존하며, 잃어버린 것들은 불철주야의 세심한 노력으로 되찾으며, 사라진 것들은 지혜와 정의로운 승리와(상응하는 = 정의로운) 절차를 통해서 얻어내는 것이다.

(3) 황제의 목표(τέλος)는 선을 베푸는 것으로(εὐεργετεῖν), 그래서 그를 자선가(εὐεργέτης)라고 한다. 그가 이(목적, 말하자면 그) 선을 베풂을 등한시하면, 옛사람들의 표현대로 황제권의 성격을 날조한 것으로 보이게 되는 것이다(δοκεῖ κιβδηλεύειν κατὰ τοὺς παλαιοὺς τὸν βασιλικὸν χαρακτῆρα).

(4) 황제는 먼저 성서의 모든 명령들을 그 다음으로는 일곱 개의 거룩한(곧 에큐메니칼) 공의회의 결정들과 마지막으로는 의롭다고 여겨지는(곧 법전화 되어 있는) 로마법들(τοὺς ἐγκεκριμένους ῥωμαικοὺς νόμους)을 유지하고 지킬 의무가 있다.

(5) 황제는 정통신앙과 경건을 보여야 한다; 하나님, 삼위일체

에 관한 결정들뿐 아니고 구원경륜(οἰκονομία)과 관련된 법령들이 요구하는 것들을 향한 열심에서 탁월해야 한다.

(7) (법제정에서) 교회 법령들과 상충되는 것이 본(ὑπόδειγμα)이 되어서는 안 된다.

(9) 아주 분명한 해석을 동반한 것은 변경되면 안 된다.

(10) 성문화된 법이 없는 사안들에서는 도덕과 관습이 지켜져야 한다. 이것마저도 없을 경우에는 유사한 경우와 관계된 명령을 비교하여 결정하여야 한다.

(12) …… 오랜 관습으로 인증되었거나 오랜 세월 동안 존중되었던 것은 성문법에 준하는(인증의) 효력을 가진다.

주제 3: 총대주교

(제1장) 총대주교는 그리스도의 살아있는 영혼을 가진 형상이다. 이 형상은 행동과 말을 통해서 진리를 제시한다.

(2) 총대주교의 직무(σκοπός)는 무엇보다도 하나님 경외심과 하나님께서 부과하신 거룩한 삶을 보존하는 것이다. 그 다음으로는 모든 이단들을 가능한 한 정통신앙과 교회와의 하나됨으로 다시 이끌어 오는 것이다. 그래서 율법과 법령들을 따라서 공교회와의 교제 가운데 살지 않는 자들은 이단이라고 규정된다; 이와 같이 그는 모든 불신자들이 신앙을 본받는 자들이 되도록 이끌어야 하는데, 말하자면 자기의 빛나고도 알차고 놀라운 행위로 그들이 놀라(얼이 빠지게 되[ἐκπλήττων])면서 인도되도록 하여야 한다.

(3) 총대주교의 목표(τέλος)는 그에게 맡겨진 영혼들을 구원하며, 그리스도를 위해 살며, 세상에 대해서는 십자가에 못 박히는 것이다.

(4) 총대주교의 본래 직무는 가르치며, 높으나 낮으나 모든 사람을 동등하게 대하며, 판단할 때에는 관대하며, 위반되는 것들은 단호하게 드러내며, 황제 앞에서 두려움 없이 진리와 교리 수호를

위해서 고백하는 것이다.

(5) 오직 총대주교만이 옛사람들이 규범으로 제시하였고, 거룩한 교부들이 명하였으며, 거룩한 공의회가 제시(및 결의)한 것을 해석할 수 있다.

(6) 옛 교부들이 공의회들이나 교구들 안에서 개별적인 사안이나 보편적인 것에 관해서 규정한 것을 검증하거나 결단하는 것은 총대주교에게 일임되어야 한다.

(8) 국가체제(πολιτεία)는 마치 사람처럼 지체와 부분으로 이루어졌다; 그 가장 의미가 있고 중요한 자들은 황제와 총대주교이다. 따라서 신민들의 영혼의 평안과 신체적인 평강 그리고 그들의 복락은 총대주교권과 황제권 사이에 있는 한 구석도 예외가 없는 일치와 조화(ὁμοφροσύνη καὶ συμφωνία)에 달려 있다.

(9) 콘스탄티노플 (총대주교) 보좌(θρόνος)는 황제권이 머무르고 있다는 의미를 가지고 있기 때문에(βασιλείᾳ ἐπικοσμηθείς), 거룩한 공의회들의 결정을 통해서 첫째라고 선포되었다.……[11]

원전 : MGH Epistulae VI, ed. E. Perels, Hannover 1925, Nr. 88, 465f. (= Text a); 같은 곳 Nr. 99, 596f. (= Text b); Γ. A. Ῥάλλη-M.Ποτλῆ, Σύνταγμα τῶν θείων καὶ ἱερῶν Κανόνων κτλ., τομ. 4, Ἀθήνησιν 1854. 409. (Photios, " Wider diejenigen, die Rom für den ersten [Bischofs] Sitz halten" = Text c); J. und P. Zepos (Hg.), Jus Graecoromanum, Bd. II (Νομοθσία Ἰσαυρῶν καὶ Μακεδόνων) Athen 1931, 240-243 (Text d).—참고문헌: F. Dvornik, The Photian Schism, Cambridge (1948) 새로운 판 1970; 같은 이, The Idea of Apostolicity in Byz-antium and the Legend of the Apostle Andrew, Washington 1958; Ders., Byzance et la primauté romaine, Paris 1964; J. Scharf, Ius Divinum. Aspekte und Per-spektiven einer byzantinischen Zweigewaltentheorie, in: Polychronion (FS f. F. Dölger), hg. v. P. Wirth, Heidelberg 1966, 462-479; A. Schminck, Studien zu den mittelby-zantinischen Rechtsbüchern, Frankfurt a. M. 1986; H. -D. Döpmann, Die Ostkirchen vom Bilderstreit bis zur Kirchenspaltung von 1954, Leipzig 1991 (HGE I/8), Kap. 4; G. Dagron u. a. (Hg.), Bischöfe, Mönche und Kaiser, Freiburg u. a. 1994 (= D. Gesch. d. Christentum 4), I. Teil, Kap. III; K. Wessel in: HDThG I^2, 348-352 ("Photios' Angriff auf Rom").

1) 6세기 초엽에 위조된 원전 인용(DH Nr. 638, 각주 2를 보라).
2) 사용된 Rhalles-Potles(위를 보라)의 판은 이 부분에 빠진 곳이 하나 있음을 암시한다.
3) 357년 그의 유골이 콘스탄티노플의 사도교회로 이장되고 나서, 콘스탄티노플(새로운 로마[고대교회, Nr. 81d를 비교])은 곧바로 옛 로마의 수석사도 베드로와 바울과 대치되도록 부르심을 첫 번째로 받은 자(Πρωτόκλητος) 안드레 숭배를 발전시켰으며, 비잔틴 주교보좌가 그에 의해서 이루어졌다는 것을 주장하였다. 바로 이것을 이 학식 있는 총대주교가 끌어대면서도 안드레 전승이 몇 세기 동안 전혀 알려지지 않았다는 사실은 고려하지 않았다!
4) 이것이 옛 해석전승이라는 것은 의심의 여지가 없다; 이와 관련해서는 다른 것들과 함께 U. Luz, Das Evangelium nach Matthäus, 2. Teilband, Zürich-Neukirchen 1990 (EKK I/2), 450-483을 비교하라.
5) NC(고대교회, Nr. 81a)의 세 번째 부분 표현을 비교하라: Καὶ εἰς τὸ πνεῦμα τὸ ἅτιον …… τὸ λαλῆσαν διὰ τῶν προφητῶν
6) 같은 곳을 보라: Εἰς μίαν μίαν ἁγίαν καθολικὴν καὶ ἀποστολικὴν ἐκκλησίαν.
7) 이어서 로마의 수위권은 최초로 이교를 믿는 황제, 곧 아우렐리안에 의해서 주장되고 받아들여졌다는 것같은 언급이 나온다. 이 황제는 안디옥의 주교 사모사타의 바울을 중심으로 한 논쟁(고대교회, Nr. 57, 각주 1을 보라)에서 이탈리아와 로마의 주교들과 서신 왕래를 하는 주교들 편에 섰었다(유세비우스, 교회사 VII 30, 19). 그리고 에큐메니칼 공의회들에 관한 언급들이 뒤따른다.
8) A. Schminck(위를 보라)의 인지를 따른다면 특히 1-15의 원래 타이틀이 이러하다(곧 "Epanagoge"가 아니다).
9) 여기에 관해서는 J. Scharf, Photius und die Epanagoge, in: ByZ 49 (1956) 385-400을 보라.
10) 노모테텐("법제정자") 아테네의 드라콘과 솔론 그리고 스파르타의 뤼쿠르그 등에 관한 고대 전승을 비교하라.
11) 이에 관해서는 고대교회, Nr. 81d(381년 법령 3)를 비교하라. 훗날의 소위 칼케

돈 공의회(451)의 법령 28이 말하는 것처럼 여기서는 콘스탄티노플의 우위권을 말하는 것이 아니라 옛 로마의 위치 다음 가는 명예를 말하고 있는 것이다.

26. 기부증서에서 보는 클루니의 개혁수도원

서쪽 프랑크 왕국에서는 정치적 중심 권력이 무너지고—겨우 이름으로만 카롤링 가문은 987년까지 왕관을 썼다—지역통치세력들이 융기하는 가운데 교회와 수도원 재산이 거듭 거듭 인정사정 없이 정치적 목적을 위해서 오용되었다. 이것은 이미 아니안의 베네딕트(약 750-821)의 개혁 작업과 그의 후원자 황제 경건자 루이(778-840)에 대한 기억을 다시금 일깨울 수밖에 없었다면(816/817년 악헨의 왕조 법령집; 위 Nr. 20을 보라) 특별히 사유교회법에[1] 기초를 둔 종교재단들의 결과로 도처에서 종종 현실로 나타나는 타락현상들이라고 하겠다.—가장 중요한 새 시작은 부르군드의 클루니에게서 이루어졌고, 곧바로 다른 개혁중심지[2]들이 뒤따랐다; 클루니 설립증서(910)의 큰 부분이 이 새 시작을 설명해 준다. 수도원장 마이올루스(954-981 = 클루니 2기) 및 원장 후고와 그의 두 명의 계승자들 아래에서(1088-1130 = 클루니 3기) 세워졌던 클루니 수도원 교회의 재건축을 원장 베르노 하에서 917년 봉헌된 첫 클루니(클루니 1기)와 함께 보는 것이 많은 말보다 새 시작이 취하게 되는 역동적 발전을 더 많이 설명할 수 있다(다음 쪽을 보라).

클루니 설립증서(910년)

합리적으로 판단하는 모든 사람들에게 분명하다: 하나님의 구원 경륜(Dei dispensatio)은 모든 부자들이 잠시 동안 소유하고 있는 재산을(ex rebus quae transitorie possidentur) 의롭게 사

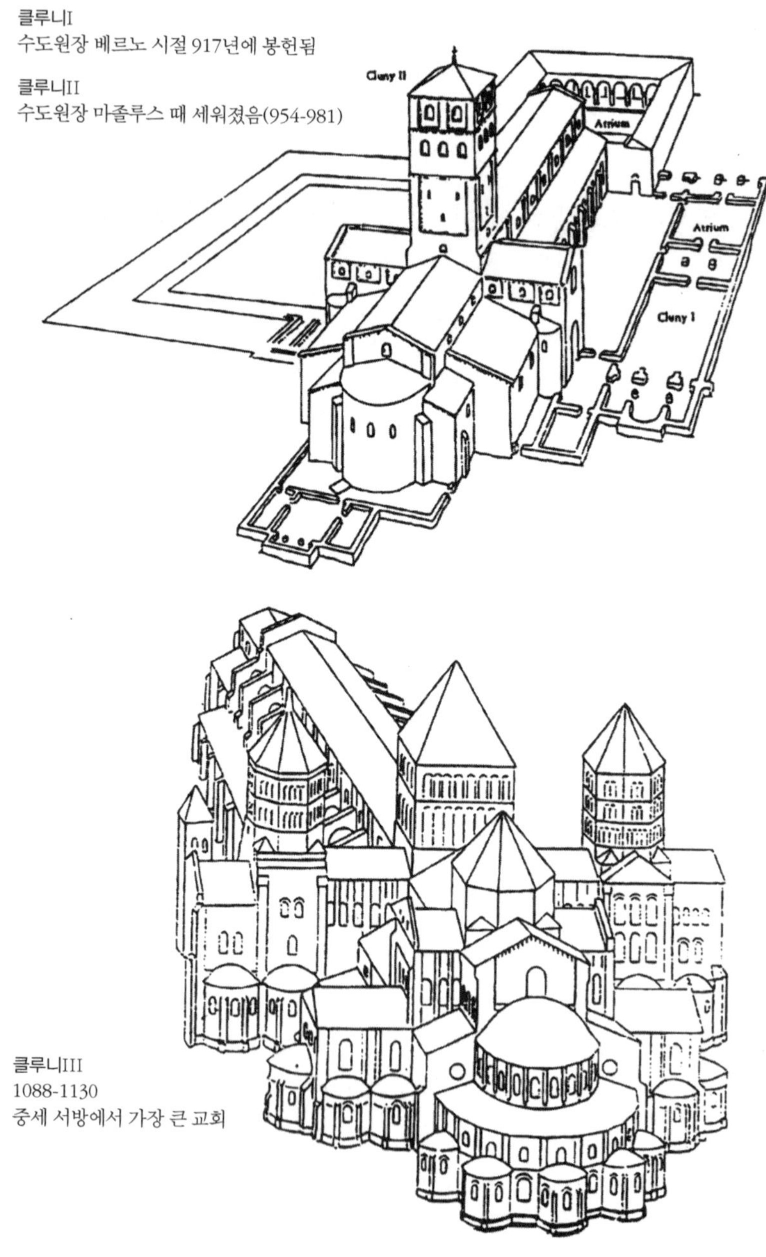

클루니I
수도원장 베르노 시절 917년에 봉헌됨

클루니II
수도원장 마졸루스 때 세워졌음(954-981)

클루니III
1088-1130
중세 서방에서 가장 큰 교회

용함으로(si eis bene utuntur) 영원한 상급을 벌어들일(promereri) 수 있도록 배려하셨다.…… (잠 13:8a를 비교). 하나님의 선물로 백작이며 공작인 나 빌헬름[3]은 가능한 한 나의 구원에 대해서 기회가 있을 때마다 생각하고 관찰하던 중에 일시적으로 나에게 맡겨진 재산들의 작은 부분을 영혼의 유익을 위해서(ad emolumentum animae) 사용하는 것이 합당하고, 또 지체할 수 없이 시급하다고 여겼다.…… 그리스도가 깨닫게 해 주신 것에 내가 순종하면서 그분의 가난한 자들을(pauperes eius) 친구로 삼고(눅 16:9를 마 25:31ff을 비교하라) 그러한 사업을 한시적이 아니라 계속되도록 하기 위해서 한 수도회(monastica professione congregatos)가 자신들의 재물로 소유하도록 하는 것보다 더 좋은 방법이 있을 수 없다.…… 그래서 믿음의 하나됨 안에서 살며 그리스도의 자비를 붙드는 모든 자들과 또한 세상 끝까지 이르는 모든 세대에게 알리기는 나는 하나님과 우리 구주 예수 그리스도를 향한 사랑으로 인해서 내 개인의 합법적 소유 중에서 거룩한 사도 베드로와 바울에게 넘겨주노라: 클루니 마을을 그 영주의 저택과 부역농장(cum cortile et manso indominicato) 및 하나님의 성모 마리아와 수석사도 성 베드로에게 봉헌된 예배당과 거기 딸린 것들: 가옥들(villae), 예배당들, 남녀종들(mancipia), 포도농장, 밭들……, 경작된 것과 되지 않은 것들을 대가 없이 넘겨준다. 이 재산들은 마콩 백작령과 그 주변에 있으며 각각 경계 표시로 둘려져 있다.

이것을 언급한 사도들 모두에게 넘겨주며 나의 아내 잉겔베르가와 함께 나 빌헬름은 먼저는 하나님을 사랑함으로 다음으로는 나의 영주들, 곧 왕 오도[4], 나의 조상(아버지)과 내 어머니의 영혼을 위해서, 그리고 나와 내 아내 그러니까 우리 영혼의 구원을 위해서 그리고 내 형제 자매들, 조카들과 모든 남녀 친척들 또 우리를 위해 봉사하는 우리 봉신들(fideles)과 공교회 신앙(catholica religio)의 보존과 유지를 위해서 넘겨준다.…… 이 재단의 의미는 클루니에 성 베드로와 바울을 섬기기 위해 규율 있는 수도원(regulare manasterium)이 세워지며 거기에 복된 베네딕트(위 Nr. 5를 보라)의 규율에 따라서 사는 수도사들이 모인다는 것이다; 이들은 (언급한) 재산을 영원히 소유하며 보존하고 거기 거주하며 그를 관리하여야 한다(possideant, teneant, habeant [atque] ordinent). 물론 전제는 그곳의 존귀한 기도처(orationis domicilium)는 맹세와 쉬지 않는 기도를 하기 위해서 신실하고도 부지런히 찾아야 하며(fideliter frequentetur) 모든 소원과 깊은 곳에서 나오는(불같은-) 열정은 천상의 삶을 바라고 죽는 것을 목표로 삼아야 한다는 것이다;

나와 위에서 상기한 모든 자들을 위해서 힘써서 기도와 소원과 간구를 주님께 드려야 한다(빌 4:6 비교). 나아가서 수도사들은 위에서 열거한 재산들과 함께 원장 베르노[5]가 살아 있는 동안 그에게 귀속되어야 한다. 그는 그들에게 규율에 충실하게 그가 알고 힘이 닿는 한 지도하는 자이다. 그가 세상을 버린 이후에는 이 수도사들은 하나님의 뜻에 따라 그리고 성 베네딕트 규율에 따라서 자기 종단의 임의의 한 지체를 원장(abbas)과 지도자(rector)로 선출할 전권과 윤허를 가지게 된다. 그렇게 함으로 나나 그 어떤 다른 권위(potestas)가 이의를 달며—양심적으로 집행한—선출(religiosa electio)을 방해할 수 없도록 한다.

5년마다 앞에서 언급한 수도사들은 로마에 있는 사도들의 문간에(ad limina apostolorum) 10실링(solidi [금화])을 바쳐서 그것으로 이것들(무덤들)에 촛불을 바칠 수 있게 하여야 한다. (그 대신에) 그들은 이 사도들의 도움과 로마 주교(Romanus pontifex)의 보호를 누리게 될 것이다. 수도사들 스스로는 온전한 마음과 영으로 언급한[수도원-] 건립을 하도록 하되 할 수 있고 이해가 되는 범위에서 그렇게 하여야 한다. 여기서 더 나아가 거기서 우리와 우리 후예들 시대에 그 장소가 허락하는 한, 그리고 가능한 한 매일 최고의 열정으로 가난한 자들, 궁핍한 자들, 나그네들과 순례자들에게 자선행위를 베푸는 것을 원하는 바이다(마 25:31ff 비교). 마찬가지로 우리는 이 언약에 다음과 같은 규정을 덧붙이기로 결정하였다: 오늘 날짜부터 거기 모인 수도사들은 우리 멍에(iugum)나 우리 부모의 멍에나 높은 왕의 임의의 결정(fastus)이나 지상의 그 어떤 권력의 지배에 속하지 않는다. 그리고 나는 간곡하게 간구한다.—하나님과 그의 모든 성자들과 두려운 심판의 날을 증인으로 모신다—: 그 어떤 지상 군주(princeps)도 어떤 백작이나 주교도 심지어는 위에서 말한 로마 보좌의 최고사제(pontifex)도 그 하나님 종의 소유를 건드리지도 나누지도 줄이지도 바꾸거나 그 어떤 사람에게 봉토로(beneficiet alicui) 주지 못한다.…… 칼[6] 왕의 통치 11년이며 13번째 납세의 해(indictio [=910]년) 9월 12일에 제출되다. 나 부제(levita) 오도는 문서관(cancellarius)의 위치로 이것을 작성하고 서명하였다.

원전 : A. Bernard - A. Brunel, Recueil des chartes de l'abbaye de Cluny 1 (1876), Nr. 112 = J. Wollasch (Hg.), Cluny im 10. und 11. Jahrhundert, Göttingen 1967 (Historische Texte. Mittelalter 6), Nr. 1; F. Badstübner, Kirchen der Mönche, Berlin 1980, 67. 137 (Rekonstruktionen von Cluny I-III). 참고문헌: J. Wollasch, Cluny - "Licht der Welt", Zürich 1996; G. Constable 외 (Hg.), Die Cluniazenser und ihr politisch-soziales Umfeld, Münster 1998 (Vita Regularis 7).

1) "개인교회"라는 개념은 19세기 말 법 역사가 슈툿츠(U. Stutz)에 의해서 만들어졌다; 그는 개인교회란 "소유물이나 더 바르게 말한다면 개인이 다스리는 지배 하에 속하기를 단순히 소유법적인 관계에서 취급한다는 것뿐 아니라 완전한 영적 지도권도 함께 고려해야 하는 식으로 속하는 것"이라고 정의하였다(U. Stutz, Die

Eigenkirche als Element des mittelalterlich-germanischen Kircherechts, Berlin 1895 [= Darmstadt 1955]). 슈툿츠와 특히 그가 개인교회제도 자체를 기독교 이전, 원게르만의 개인사제권으로부터 이끌어낸 문제 있는 결론에 대한 논의에 관해서는 TRE 9, 1982, 399-404에 나오는 항목 "Eigenkirchenwesen"[P. Landau]을 보라.

2) 913/14년에는 브로니에(Brogne), 933년에는 로트링겐 메츠 근처 고르체(동 프랑크-독일의 제국교회 내부에 발생한 수도원적인 갱신운동에 괄목할 만한 의미가 있다), 988년에는 디종의 성 베니니으(Bénigne) 그리고 1000/1001년에는 이브레아 교구에 있는 흐루투아리아가 개혁되었다.

3) 경건왕 빌헬름 1세, 곧 아퀴텐의 공작(918년 사망)을 말한다.

4) 로베르티너 오도는 888년부터(황제 칼 3세[뚱보]의 폐위와 사망) 죽는 날까지(898년 6월 초) 서 프랑크의 왕이었다.

5) 베르노, 그전에 바우메의 원장이었다; 2대 원장 오도(927-942년) 때에 수도원은 영적-수도원적인 교육에 새로운 자극을 받게 된다; 게다가 여기에서 새로운 귀족의 이상이 발전하였다. 이것은 10세기 말과 11세기 "하나님의 평화운동"에도 그리고 긴 안목으로 본다면 십자군 운동에 길을 여는 계기가 된다. 세 명의 후임자들은 자기들이 사는 날 동안 행한 그 의미 있는 역할과 특별히 그들의 상식 이상의 긴 재위시간은 클루니를 서방 수도원 개혁의 가장 중요한 중심지 중 하나가 되도록 하였다.

6) 카롤링 가문의 칼 3세(순진한 자)는 893년 오도를 반대하는 한 귀족 당파에 의해서 서 프랑크 왕으로 선출되었지만 오도가 죽고 나서야(898년) 자기 뜻을 관철할 수 있었다; 923년에는 옥에 갇히게 되고 거기서 929년 사망하였다.

27. 오토 제국

동 프랑크-카롤링 왕조가 911년 명을 다하고 나서(소년 왕 루이의 사망) 918년 자기 왕관을 포기하고 죽는 날까지 프랑크의 콘라드가 동 프랑크의 왕이 되었다. 그 다음에 칼 대제가 색슨족과의 전쟁을 마친지 거의 120년 후에 동 프랑크 지역의 통치권은 리우돌핑 혈통이 이끄는 색슨인들에게로 넘어갔다(하인리히 1세: 919-936); 오토 1세 (936-973) [962년부터 황제]; 오토 2세: 973-983; 오토 3세: 983(형식적으로, 사실

994]-1024; 하인리히 2세[바이에른의 공작, 하인리히 1세의 증손]: 1002-1024 독일 왕) 갱신된 오토 제국의 주요 특징은 독일 동부와(남-) 동 유럽 지역까지 힘차게 뻗어나갔다는 것(막데부르크[968], 그네젠 [1000], 다뉴브 강가의 그란[1001]을 선교를 위한 대교구로 세움)과 자기의 강력함을 무엇보다도 교회와 제국의 밀접한 결합에서 이끌어냈다는 것이다(과거에는 당연할 정도로 "오토-살리 제국교회제도"라고 일컬었다).

a) "마인쯔 예식"이 말하는 독일 왕의 봉헌식 과정(960년)[1]

(*1. 왕을 불러들임*[예배 진행형식으로; 기도들은 "그레고리 의식"의 공의회 성례식에서 따 왔다]: PRG LXXII 1-5)

(*2. 연도*[왕이 무기와 망토를 벗고 제단으로 인도되고 거기 양탄자가 깔려 있는 바닥에 두 팔을 벌리고, 그러니까 십자가 형태로 벌린 채 엎드려서 이 자세로 연도가 끝날 때까지 유지한다]: LXXII 6)

(*3. 왕에게 질문*: LXXII 7) 왕(princeps)이 일어서자 수도주교가 그에게 묻기를 하나님의 거룩한 교회와 교회지도자들과 그 아래에 속한 온 백성을 정당하고 양심적으로 왕의 배려 가운데 아버지의 도리에 걸맞게 보호하며 다스리고자 하는가 하였다. 그의 약속함(Illo autem profitente), 곧 그에 상응하게 모든 면에서 신실하게 행하되 하나님의 도우심과 자기의 모든 봉신들(fideles)의 협조에 의지하여서 자신이 할 수 있는 한에서 행할 것을 약속함에 따라서.

(*4. 백성에게 질문*: LXXII 8. 9) 주교는 백성에게 묻기를 이러한 우두머리와 지도자의 신복이 되며, 그 나라를 흔들리지 않는 충성으로 견고하게 하며 그의 명령에 복종하기를 사도(의 말씀)를 따라 하겠는가 하고 물었다.…… (롬 13:1; 벧전 2:13b 비교). 이어서 성직자와 백성이 사방에서 일심으로 대답하였다: "그렇게 하겠나이다, 그렇게 하겠나이다, 아멘."

(*5. 기름바름*: LXXII 10-18[세 번의 축복, 곧 봉헌의 기도로 시작하는데, 그중 두 번째(11)가 특별한 관심을 끈다]:) 전능하시고 영원하신 하나님 만물의 창조자이시며 만왕의 왕이시고(모든) 주의 주이신 당신께서는,…… 우리가 간구하나니 우리 겸손한 간구와 당신의 이 종 [이름], 곧 우리가 겸손한 복종 가운데 왕으로 선출한 종을 보시옵소서; 그에게 은사를 더 하시고 항상 어디서나 당신 능력의 오른 손으로 붙드시옵소서…… 당신의 우산 아래서 투구(처럼) 덮으시고 깨어지지 않는 방패(같이) 쉬지 않고 보호하시고 하늘의 군대로 두르셔서 그로 하여금 성공적으로 원하는 전쟁의 승리를 얻으며 믿지 않는 자들이 그의 권세 앞에서 놀라도록 하시며(terroremque suae potentiae infidelibus inferat) 당신 편에서 싸우는 자들이 기뻐하도록 거룩한 십자가의 능력으로 지옥을 깨뜨리시고 마귀의 나라를 정복하셨으며 승리자로서 하늘로 올라가시고, 그분 안에서 모든 권세와 왕들의 승리에 도움이 오며 겸손한 자들의 영광(gloria)이며 만백성의 생명이고 구원이신 우리 주님을 통해서 평강을 되돌려주소서; 그분은 당신 곁에 살아계시나이다(tecum vivit [머리, 가슴 어깨와 두 팔의 관절에 기름부음이(15 및 13-15) "거룩하게 성별된 기름"(oleum sanctificatum)과 관련된 다른 기도와 함께(17 [16]-18)]) 이어진다.

(*6. 통치의 상징물이 전달되되, 왕관 씌움이 포함된다*: LXXII 19-23[검과 함께 아래 전달 형식(19)으로 시작된다]:) 비록 무가치하지만 거룩한 사도들의 대리와 전권으로 말미암아 거룩하게 된 주교들의 손으로부터 검(gladius)을 받으라; 너에게 왕의 신분을 따라(regaliter) 부과되며 우리의 축복직무를 통해서 하나님으로부터 하나님의 거룩한 교회를 보호하도록 정해졌노라; 시편기자가 거기서 예언한 말씀을 기억하라: "허리에 검을 두르라, 너 용사여"(시 45:3), 그리하여서 동일한 허락하심(equitas)으로 능력을 발하며

불의한 무리들에게 힘 있게 대항하며 하나님의 거룩한 교회와 그를 믿는 자들을 막아 보호하고 믿음의 위선자들을 그리스도 이름에 대한 원수와 마찬가지로 저주하고 섬멸하고, 과부와 고아들은 자비로 도우며 그들을 막아주며 파괴된 것들은 복구하고 복구된 것은 유지하라.…… (이어서 팔찌, 망토(pallium)와 반지(anulus)를 왕의 위엄과 신앙의 보증으로 건네주며[20], 왕의 홀과 지팡이[baculum 및 baculus], 곧 덕과 정의의 막대기[virga]로 해석되는 것을 건네주며[21], 마지막으로 통치의 상징으로 왕관[corona]을 씌움이 이어지는데, 이 때문에 서임의 마지막 단계로서 끝에 가서야 최고의 경의와 함께 건네셨나[22] 아래 말과 함께:)

받으라 제국의 관을 보잘 것 없는 주교의 손에서 너의 머리에 씌우는 관을 그리고 이것이 거룩함의 영광의 뚜렷한 상징임을 알라.…… (eamque sanctitatis gloriam…… expresse signare intellegas); 이 관으로 말미암아 너는 우리의 직무에 참여하는 것을 잊지 말라(et per hanc te participem ministerii nostri non ignores); 우리가 내적 영역에서는(in interioribus) 영혼의 목자요 지도자라고 여겨진다. 이와 같이 너도(말하자면) 외적 영역에서(in exterioribus)[2] 항상 참으로 하나님을 섬기는 자(verus Dei cultor[요 4:23f. 비교]로서, 그리스도의 교회를 모든 대적들로부터 방어하는 자(defensor)로서, 너에게 하나님으로부터 주어지고 사도와 모든 성자들의 대리로 우리의 봉헌행위를 통해서 부여한 제국에 유익을 가지고 오는 관리자(executor)요 유익한 통치자(regnator)로 드러나도록 하라. 그렇게 함으로써 네가 명예로운 경주자(athletae)들 가운데에서 덕의 보석으로 치장하고 영원한 행복의 상급으로 관을 쓰고 또 너로 그 이름과 그 대리자라는 것이 최고로 확실하도록 한 (cuius nomen vicemque[3] gestare crederis) 그 구세주요 구원자인 예수 그리스도와 연합하는 중에 영원히 자부할 수 있도록 하라.…… (대관식의 마지막으로 본래는 공의회와 연관되지만 새로운 규정에도 걸맞는 송축이 이어진다[23]).

(7. *왕관을 씌움*: LXXII 24-27[왕관 전달은 내용이 가득한 하나의 형식으로 표현한다: 성직자가 하나님과 사람 사이를 매개하는 자(mediator Dei et hominum)인 것처럼 관을 받은 왕은 성직자와 평신도(plebs) 사이에 있으며 그리스도께서는 모든 올바른 통치권의 근원이시다; 엄격하게 제의 형식을 취하면서, 모든 과정이 평화의 입맞춤(oscula pacis)을 나누고 Te Deum Laudamus 찬양으로 마친다]).

(8. 제관 마무리: LXXII 28 [이어서(LXXIII) 수도주교를 통해 거행되는 미사의 순서가 제시되고 있다]).

b) 제국의 관과 그 "신학"

"제국의 관"은 오늘 비인 궁궐에 있는 "세속 보물창고"에서 볼 수 있는데,(원래) 가장 중요하고 "가장 거룩한" 것은 아니다. 소위 그리스도 십자가에서 나왔다고 하는 못(Stift)이 창날에 관통한 "거룩한 창"이 가장 거룩할 것이라는 사실은 의심의 여지가 없다.[4] 하지만 이 관은 "신성로마제국"의 제국 보물 전체에서 가장 상징적 의미를 가진 것이다. 이것이 과연 오토제국의 통치상징이라고 간주할 수 있는가는 예나 지금이나 격렬하게 논쟁이 되고 있다. 대부분의 연구자들은 여덟 판으로 모아 만든 둥근 관은 965년 경 쾰른의 대주교 브루노 1세(오토 대제의 형제) 주변에서 구상되고 967년 완성되었다고 여긴다(물론 살리어 가문 시대에 덧붙여진 둥그런 부분과 십자가는 없었다). 하지만 소수의 학자들(그 가운데 M. Schulze-Dörlamm)은 스타일분석에 근거해서 살리어 시대(콘라드 2세[1024 (1027)-1039]) 때 "비인-관"의 완성에서 출발해서, 최근 논의에서는(H. M. Schaller) 나아가서 초기 슈타우퍼 시대(콘라드 3세 시대[1138-1152])에 이루어졌다고 여기고 있다.—이 논쟁은 당연히 여기

MEREGES
REGNANT

서 결판날 수는 없다. 하지만 확실한 것은 "지금까지의 모든 연대 측정들은…… 겨우 정황증거에만 의지한 순수 가설들일 뿐이다"(H. M. Schaller in: Reichkleinodien[아래를 보라], 60): 그래서 "오토가문 것이라는 것"에 선택의 여지도 있고 진지하게 연구해 볼 가치도 있다; 왕관이 그 내용, 그 프로그램으로는 오토가문 시대와 그 종말론적인 기대에 부합된다는 것[5]은 논의의 여지가 없다.

간결한 묘사(전시 목록 "제관들" I, 162에서 마리오 크람프가 말한다): 왕관의 몸체는 얇은 경첩으로 묶은 서로 높이가 다른 여덟 개의 금박으로 이루어졌다. 이마, 뒷덜미, 관자놀이 위로 있는 큰 판들은 보석들과 진주들과 함께 구멍이 있는 테두리 위에 놓여 있다. 초록과 파랑(Porphyr)과 백색의 색상 조화는 비잔틴에서는 황제에게만 사용될 수 있다. 그보다 더 낮은 중간 판들은 금으로 씌운 작은 격자로 치장되었다. 비문이 달려 있는 에나멜은 보여준다: 왕 중의 왕인 그리스도, 곧 두 그룹 사이에 계신 분으로(PER ME REGES REGNANT ["나를 통해서 왕들이 다스리리라"(잠 8:15)]), 그리고 구약의 왕들: 선지자 이사야와 병이 든 왕 히스기야, 곧 15년 생명을 연장 받은 왕(ECCE ADICIAM SUPER DIES TUOS QUINDECIM AHNOS ["보라 내가 너의 생에 15년을 더 하리라"(사 38:5)]), 정의의 상징인 다윗 왕(HONOR REGIS IUDICIUM DILIGIT ["고귀한 왕은 의의 교훈을 사랑하였다"(시 99:4)]), 그리고 마지막으로 지혜와 하나님을 경외하는 상징으로 솔로몬(TIME DOMINUM ET RECEDE A MALO["하나님을 경외하고 악을 피하라"(잠 3:7)]). 비문에 있는 성경의 인용들은 모두 제관의식에서 가져왔으며 황제의 역할을 언급하는 것이다: 그리스도의 대리자로서 세상 통치(regnum)와 성스러운 사제직(sacerdotim)을 하나로 결합한다. (훗날 덧붙인 가능성이 있는) 이마에 있는 십자가는 그 앞부분에 승리를 가지고 오는 보석으로 만든 십자가로 만들어졌고, 조금은 낭비가 되도록 장식된 뒷부분에는 흉터 있는 구세주를 보여주고 있는데 1000년경 나타난 악헨 대성당의 보물창고에 있는 로타르의 십자가의 경우와 비슷하게 기독교의 구원사를 이해하는 열쇠를 제공하며 그래서 통치자의 이마 위에 놓는 것이다. 마지막으로 종교적 상징과 성경의 연관성, 곧 진주문들과 전체 팔각의 모양도 무시해서는 안 된다. "이것들은 요한계시록 21장에 나오는 천국, 하늘의 예루살렘"(R. Staats, die Reichskrone, S. 55)과 부활의 날 = 새 창조와 세상 완성의 날이며 "영원한 안식일"인 "여덟 번째 날"의 상징임을 상기시킨다(어거스틴, 신국 XXII 30, 마지막: "그때 우리는 조용히 하고 보며, 보며 사랑하고 사랑하며 찬양할 것이다. 이것이 언젠가 있게 될, 끝이 없는 그 마지막에 있게 될 것이다.……").[6]

원전 : Le Pontifical romano-germanique du dixième siècle, hg. v. C. Vogel - R. Elze, 3 Bde., Rom 1963-1972 (StT 226f. 269); 여기서는 Bd. 1 (StT 226); Aufbewahrungsort und Foto der "Wiener Reichskrone": Kunsthistorisches Museum, Wien. Weltliche Schatzkammer.—참고문헌: P. E. Schramm, Der Ablauf des deutschen Königsweihe nach dem "Mainzer Ordo" (um 960), in: Ders., Kaiser, König und Päpste (GA), Bd. 3, Stuttgart 1969, 59-107; G. Kretschmar, Der Kaiser tauft. Otto der Große und die Slawenmission, in: Bleibendes im Wandel der Kirchengeschichte, hg. v. B. Möller - G. Ruhbach, Tübingen 1973, 101-150; R. Staats, Theologie der Reichskrone, Stuttgart 1976; Ders., Die Reichskrone, Göttingen 1991; M. Schulze-Dörrlamm, Die Kaiserkrone Konrads II. (1024-1039), Sigmaringen 1990; G. C. Wolf, Die Wiener Reichskrone, Wien 1995 (Schriften des kunshistorischen Museums 1 [dazu V. H. Elbern in: Journal für Kunstgeschichte 1 (1997) 49-55]); H. M. Schaller, Die Wiener Reichskrone - entstanden unter König Konrad III., in: Die Reichskleinodien (Kongreßbericht), Göppingen 1997 (Schrift. z. stauf. Geschichte und Kunst 16), 58-105; J. Ott, Krone und Krönung, Die Verheißung und Veileihung von Kronen in der Kunst von der Spätantike bis um 1200 und die geistige Auslegung der Krone, Mainz 1998; M. Kramp (Hg.), Krönungen. Könige in Aachen - Geschichte und Mythos (zwiebändiger Ausstellungskatalog), Mainz 2000.

1) 소위 로마-독일 교황의 재위(Pontificale Romano-Germanicum [PRG])를 염두에 두고 있다. 이것은 아마도 960년 이전에 마인쯔에 있는 성 알반 수도원에서 만들어졌다; 오토 1세로 말미암아 이 모음집은 이태리와 로마로 왔고 거기서부터 서방-라틴 의식의 근간이 되었다.
2) 실제로 슈람(P. E. Schramm)(위의 책 83)이 올바르게 보는 것처럼 유세비우스의 콘스탄틴의 생애 IV 24 (GCS Eusebius I, 1, S. 128)에 나오는 대제 "콘스탄틴에 대한 그 유명한 호칭" τῶν ἐκτὸς ἐπίσκοπος("외부에 있는 자들[= 이교도들]의 주교" 또는 "[교회] 바깥의 일들을 위한 주교")를 상기시키고 있다.
3) 중세 초기부터 암브로시우스의 이름으로 전해 내려온(그래서 예명이 암브로시아스터) 로마 주교 다마수스(366-384) 시대의 알려지지 않은 바울서신의 주석가는 옛 대리 사상에다가 카롤링 시대부터 다양하게 다시금 수용된 형식, 곧 황제는 하나님의 대리자요, 주교들은 그리스도의 대리자라는 형식을 주었다. 반면에 "마인쯔의 오르도"는 이 사고를 덜 위험한 방향으로 전환시켰다: 주교들-사도들의 대리자들, 황제는 그리스도의(기름부음을 받은) 대리자(P. E. Schramm, 위의 책, 83, 참고문헌이 첨부됨).
4) 여기에 대해서는 B. Schwineköper, Christus-Reliquien-Verehrung und Politik, in: BDLG 117 (1981) 183-281; G. Wolf, Die Hl. Lanze…… (Satura Mediaevalis [준비 중에 있다])를 참고하라.
5) 이와 관련해서는 특히 J. Fried, Kirche und Theologie in der Erwartung des Jahres 1000, in: EvTh 59 (1999) 416-425(각각 참고문헌이 첨부됨)를 비교하라.
6) 이것은 제국 왕관에 대해서 스타일을 순수하게 분석(M. Schulze-Dörlamm의 논문에 나오는 것처럼)하는 것은 드물게 이루어졌다는 많은 예들 중 하나이다.

28. 슬라브인들 선교와 "러시아의 세례"

동해-와 엘베 지역(벤트족, 오보드리텐, 빌첸 등이 지배하는)의 슬라브인 선교에 관해서 위대한 슬라브 역사가 드보르닉(F. Dvornik)은 언

젠가 이렇게 말했다: 이 선교는 "우리 교회의 역사에서 기독교가 자랑할 수 있는 위치를 점하지 못한다."[1] 또한 그밖에도 특히 슬라브인 선교뿐 아니라 선교의 역사는 "기독교가 자랑하기가 힘든" 사건들을 충분히 보여 주고 있다.—그 두 명의 "슬라브인들의 선생이며—사도"인 콘스탄틴(퀴릴 [약 826-869])과 메토디우스(약 815-884)의 사역은 다행스럽게도 거기에 속하지 않는다. 그들은 당시의 교회적-교회 정치적 세력놀음 가운데(비잔틴, 로마, 카롤링 왕국 사이에 있던, "포티우스 분열"[위 Nr. 25를 보라]이라고 말하는 시절에!)에서 기독교의 하나님에 대한 확신이 있는 사도들이었다. 이뿐 아니라 문자 그대로 "가난한 자들"(불이익을 당하는 사들, 자기들의 정체성을 위협받고 있는 자들)에게 "복음"을 그들의 언어로 선포하는 일을 이룩해 내었다(마 11:5; 눅 7:22 비교). 그리고 이미 러시아의 기독교화가 보여주듯이, 그들의 행위는 도외시할 수 없을 정도로 종교적-교회적 영역 너머에까지 이르는 결과를 가지고 왔다.

a) 콘스탄틴 – 퀴릴의 생애(Vita Constantini)

14장: …… 모라비아의 제후 라스티슬라프[2]는 하나님께로부터 권고를 받고는 자기의 제후들과 모라비아인들과 논의한 끝에 황제 미카엘[3]에게 사람을 보내어 말하게 하였다: "이교에서 돌이켜 기독교의 법을 얻게 된 우리 민족을 위해 우리에게 우리 언어로 참 기독교 믿음을 설명함으로 그것을 볼 때 다른 나라들도 우리를 따르게 되도록 할 수 있는 그런 선생이 우리에게 없습니다. 통치자시여, 우리에게 주교이며 그런 선생을 보내주십시오; 이는 당신으로부터 항상 모든 나라에 선한 법이 오기 때문입니다." 황제가 공의회를 소집하고는 철학자 콘스탄틴을 불러 그에게 이 일을 알리고는 말하였다: "철학자여, 당신이 피곤하다는 것을 내가 압니다; 하지만 당신이 그리로 가야만 하겠습니다. 왜냐하면 이 일을 당신처럼 그렇게 이끌 자가 없기 때문입니다." 그런데 철학자가 대답하기를 "내가 피곤하고 몸에 병이 있지만 그들이 자기들 언어에 문자를 가지게만 된다면 기쁘게 그리로 가겠습니다"고 말하였다. 하지만 황제가 그에게 말하였다. "나의 조부와 내 부친과 다른 사람들도 그것을 얻으려고 하였으나 얻지 못하였는데, 어찌 내가 그것을 얻겠는가"?…… "당신이 원하면, 확신을 가지고 구하는 모든 자에게 주시고 두드리는 자에게 열어주시는 하나님께서 당신에게 주실 것입니다"(마 21:21f.; 7:7f.; 눅 11:9 비교). 그 철학자가 떠나 나와 이전의 습관대로 다른 동료들과 기도에 매진하였다. 그런데 즉시 자기 종들의 간구를 들으시는 하나님께서 그에게 나타나셨다; 그리고는 곧바로 그는 문자를 만들어내어 복음서를 베끼기 시작하였다: 태초에 말씀이 있었으며, 이 말씀이 하나님과 함께 있었으니, 이 말씀이 곧 하나님이시라(요 1:1), 등등……

15장: 그런데 그가 모라비아에 오자 라스티슬라프가 큰 예를 갖추어서 그를 영접하였고, 그리고 그는 제자들을 모아가지고 그에게 넘겨주면서 그가 가르치도록 하였다. 하지만 즉시 모든 교회의 법규를 번역하고는 그들에게 마투틴[4], 호렌[5], 베스퍼[6], 콤플렛[7]과 예배를 가르쳤다. 그러자 선지자의 말씀대로 귀머거리들의 귀가 열리고(사 29:18; 35:5 비교), 그래서 성경 말씀을 듣게 되었고 어눌한 혀가 또렷하게 되었다(사 32:4 비교). 하나님께서는 그로 인해 기뻐하셨는데, 마귀는 화가 났다.…… 많은 자들에게 아래와 같이 말하며 선동하기 시작하였다: "이것을 가지고는 하나님이 찬양받지 못한다; 왜냐하면 이런 것이 그분을 기쁘시게 한다면 그들이 왜 처음부터 설교를 글로 써서 하나님을 찬양하도록 하나님께서 하지 않았겠는가? 그분은 하나님을 찬양하는 데에 어울리는 세 개의 언어를 택하셨던 것이다: 히브리어, 희랍어, 라틴어." 그렇게 말하는 자들은 라틴어로 생각하는 무리들, 대사제들, 사제들, 학생들이었다[8]. 하지만 그는 마치 다윗이 이방민족들과 싸우던 것처럼(삼하 8) 그들과 싸웠기 때문에, 성경말씀으로 그들을 눌렀고 그들을 가리켜서 세 언어인들이라고 하였다, 왜냐하면 빌라도가 주님의 명패에 그렇게(눅 23:28; 요 19:19f.) 썼기 때문이었다.…… 하지만 그가 모라비아에서 40개월 일하고 자기 생도들을 봉헌하려고 떠났다. 도중에 판노니아의 제후 코셀[9]이 그를 영접하고는 슬라브 문자가 너무 좋아서 그것을 배웠고 그에게 오십 명의 생도를 주어 그들로 배우도록 하였다. 최고의 예를 갖추어서 그에게 시종을 붙여주었다. 그런데 그는 라스티슬라프에게서도 코셀에게서도 금도 받지 않고 은과 다른 물건들도 받지 않았는데, 이는 그가 복음을 값없이 전하였기 때문이었다(고후 11:7; 마 10:8; 고전 9:18 비교). 단지 두 사람에게 옥에 갇힌 자들 900명을 놓아 줄 것을 부탁하였고 그들을 자유하게 하였다.

b) "로렌티우스 연대기"에서 말하는 러시아인 세례

12세기에 나온 러시아어로 되어 있는 가장 오랜 역사서인 "Nestorchronik"과 덜 오래된 "로렌티우스 연대기"(14세기)는 "러시아의 세례"(988), 곧 키에프 공국으로 통일된 노브고로드(Holmgard)와 키에프(Könugard)의 동 슬라브 통치지역(882)이 노르만-스칸디나비아의 바래거들의 정치적인 주도 하에서 이루어진 기독교화를 키에프 공국을 둘러싼 나라들에 있던 다양한 종교들(이슬람, 유대교, "로마에 있는 독일인들"의 서방 기독교)을 검증한 결과라고 서술하고 있다.[10] 그에 따르면 정교-비잔틴을 선택하는데 결정적이었던 것은—이 원전의 성인전적 특성과 전설적인 특성에도 불구하고—아주 특이하고 진정성이 있다:

6496[987]년 볼로디메르[블라디미르(발데마르)]자기 보야르들과 도시의 장로들을 불러 말하였다: "자, 나에게 불가리아인들[11]이 와서는 이렇게 말합니다: '우리 법을 받아들이십시오!' 그 다음에는 독일인들이 오고, 그들도 자기들 법을 찬양합니다. 그 뒤에는 유대인들이 왔습니다. 자, 마지막으로는 희랍인들이 와서는 모든

법을 비판하면서, 자기들의 법은 칭찬합니다.……" 그러자 보야르들과 장로들이 말하였다: "전하, 누구도 자기 법을 폄하하지 않고 그것을 칭찬하다는 것을 당신이 아십니다. 이것을 정확하게 알고 싶으시면 당신 곁에 당신 사람들이 있지 않습니까. 그들을 보내서 그들 모두가 하나님을 어떠한 방식으로 섬기는지 그 섬김에 관해서 보고하게 하십시오."—그러자 그 말이 제후와 모든 백성의 마음에 들었다. 그들은 용감하고 영리한 사람들을 선발하였다.……

이렇게 해서 그들이 이제 자기 나라로[돌아] 왔고, 제후는 자기 보야르들과 장로들을 불러들였다. 볼로디메르가 말하였다: "보십시오, 우리가 보냈던 사람들이 돌아왔습니다. 무엇이 일어났는지 그들로부터 들어봅시다." 그리고는 그들에게 명하였다: "이들 앞에서 이야기하라!" 그래서 그들이 말하였다: "불가리아인들에게 갔습니다. 그들이 거기 있는 성전, 곧 모쉐에서 어떻게 부복하고 허리띠도 없이 서 있는가를 지켜보았습니다. 한 사람이 나와서는 앉아 가지고 귀신들린 자처럼 여기저기를 보았습니다. 그런데 그들에게는 기쁨이 없었고 우울했고 아주 심한 악한 소문이 있었습니다. 그들의 법은 좋지 않습니다.—그래서 우리가 독일인들에게 가서 그들이 교회에서 많은 예배를 드리는 것을 보았습니다. 하지만 그 어떤 예배의 아름다움을 보지 못했습니다. 그래서 희랍인들에게 갔습니다. 그들은 우리를 자기들의 하나님을 섬기는 곳으로 데리고 들어갔습니다. 그런데 우리가 하늘에 있는지 땅에 있는지 알 수 없었습니다. 땅에서는 그러한 광경과 그런 예배의 아름다움이 없습니다. 그래서 그것을 형용할 수가 없습니다. 단지 우리가 아는 것은 거기에서는 하나님께서 인간과 함께 하신다는 것입니다. 그들의 예배는 다른 모든 나라의 것보다 훌륭합니다. 이는 우리가 그 예배의 아름다움을 잊을 수 없기 때문입니다. 말하자면 단맛을 본 사람은 누구나 그 다음에 쓴 것을 더 이상 받지 않습니다. 우리도 여기서는 그렇게 살 수 없습니다." 보야르들이 대답하

여 말하였다: "희랍인들의 법이 나쁘다면 어떤 사람보다 지혜로웠던 당신의 조모 올가[12]가 받아들이지 않았을 것입니다." 볼로디메르도 응수하며 말하였다: "우리가 가서 세례를 받읍시다." 그러자 그들이 대답하였다: "당신이 기뻐하는 곳에서"…… (이어서 제후의 세례에 관한 소식이 따르는데, 상세하면서 분명히 라틴어를 반대하는 취지가 있는 신앙고백이 따라서 나오고, 또 제후가 온 도시에 자기 사자들을 아래의 소식을 주어 보낸 다음에 드니에프르 강에서 이루어진 그의 신하들의 집단 세례에 관한 보도가 따른다: "내일 그 누군가가 강에 나타나지 않는다면 그가 부유하건 가난하건, 낮은 신분이거나 일꾼이거나 그는 나의 적이 될 것이다").

원전 : Konstantin i Metodije Solunjani, Izvori (Constantinus et Methodius Thessalonicenses, Fontes), hg. v. F. Grivec - F. Tomšič, Zagreb 1960; L. Müller (Hg.), Handbuch zur Nestorchronik, Bd. I-III, München 1977.— 번 역 : Die pannonischen Legenden aus dem Alslawischen übertr. u. hg. v. N. Randow, (Ost-) Berlin ²1973 (Vita Constantini); J. Boujnoch (Hg.), Zwischen Rom und Byzanz (= Slaw. Geschichtsschreiber 1), Graz usw. 1972, 172ff. ("Laurentiuschronik").— 참 고 문 헌 : G. Stökl, Geschichte der Slawenmission, Göttingen (1961) ²1976 (KIG E); A. Popp, The Political Background of the Baptism of Rus′ (1976), in: 같은 이, The Rise of Christian Russia, London 1982; L. Müller, Die Taufe Rußlands. die Frühgeschichte des russischen Christentums bis zum Jahre 988, München 1987; G. Dagron u.a. (Hg.), Bischöfe, Mönche und Kaiser (위 Nr. 25와 같이), 937-950; F. von Lilienfeld, Altkirchliche und mittelalterliche Missionstraditionen und -motive in den Berichten der "Nestorchronik" über die Taufe Vladimirs I. des Heiligen (1988), (현재), in: Dieselbe, Sophia - Die Weisheit Gottes (GA), hg. v. K. Chr. Felmy u. a., Erlangen 1997 (Oikonomia 36), 389-402.

1) F. Dvornik, The Making of Central and Eastern Europe, London 1949, 129.
2) 846년에서 870년까지의 대 모라비아 왕국 통치자(모라비아, 보헤미아, 슬로바키아와 슐레지아와 라우짓츠의 일부를 포괄하는).
3) 비잔틴의 황제 미카엘 3세(842-867).
4) (밤에 있는 야간 예배와 예식의 철야에서 생겨난) 8번의 기도시간 중 첫 번째 기도시간 "아침기도"
5) 세 개의 낮 시간(hora = 시간에서 왔다)을 말하는 것 같다: 테르츠, 섹스트, 논(9시, 12시, 15시).
6) 저녁 찬양.
7) 하루의 마무리
8) 오래 전부터 파싸우와 잘츠부르크에서 와서 대 모라비아 왕국의 기독교화에 힘썼던 독일 선교사들을 말하며, 이들은 모라비아로 하여금 독일의 지배권 인정을 기대하는 독일 왕에 의해서 후원을 받았다.
9) 875년 사망; 그는 동쪽 슈타이어마르크와 서쪽 헝가리를 포함하며 남쪽으로는 시르미움(Sremska Mitrovica)에까지 이르는 판노니아의 플라텐 바다 곁에 있는 중심 성 무어스부르크에서 다스렸는데, 그의 슬라브 백성들은 이미 오래 전부터 기독교화 되어 있었다. 슬라브 예식을 자기 통치 지역에 도입시키려는 코셀의 결정은 심각한 혼란을 가져왔지만, 이 혼란은 콘스탄틴의 사망 후에 완전한 효력을 발휘하였다.
10) 사실 이것이 이미 오래 전부터 결속되어 있는 비잔틴 기독교 쪽으로 최종 방향선회를 하는데 유리하게 이용된 외적인 동기, 곧 일종의 정치적-군사적 동기였다: 곤경에 빠진 비잔틴 황제 바실리우스 2세에 대한 군사적 도움으로, 이를 위해서 블라디미르는 기독교로의 전향 약속을 반대하고(군사적 압력을 사용하는 가운데) 황제의 누이 안나의 손을 잡았던 것이다.
11) 볼가-(또는 카마-) 불가리아인들을 말하는데, 이들은 965년 "러시아인들"이 챠자르인들을 꺾은 후부터 계속해서 증가되는 키에프 공국의 속박에 빠져들고 후에는 몽고의 영향 하에서 이슬람으로 개종하였다. 오늘의 불가리아 지역에서는 반대로 메토디우스가 죽고(885. 4. 6)는 모라비아에서 쫓겨난 메토디우스의 제자들이 그 사역을 계속하였다. 콘스탄틴과 메토디우스 형제가 처음에는 희랍어 소문자에 근거해서 문자로 발전시킨 교회 슬라브어(Glagolit, 'glagolati' = 강연)는 희랍어 대문자에 가까운 최종 글자모양을 취하게 되었다(소위 "퀴릴" 문자). 그밖에 메토디우스의 생도 클레멘스(Kliment), 고라즈드와 나움은 비잔틴 예식과 성직계통을 받아들였고 모든 면에서 슬라브-불가리아식의 경건을 교회를 하나로 묶는 띠로 만들었다.—이것이 "이 불가리아인들"이 가지고 있던 것이었을 수 있다!
12) 키에프 통치 가문의 첫 구성원인 여제 올가(Helga)는 10세기 중엽 세례를 받았다.

29. 스칸디나비아 열도 전체에 기독교가 전래되기까지의 스칸디나비아인들 선교

북유럽의 첫 선교시도는 안스가(Anskars [801-865])라는 이름과 결부되어 있다. 그는 코르비의 베네딕트 수도사였으며 훗날 코르베이의 문법 교사(scholasticus)였고, 그 다음에는 함부르크의 첫 주교(831)이고 마지막으로는 많은 반발이 있은 후 함부르크-브레멘의 대주교로 임명(864)되었다; 안스가는 "스칸디나비아의 사도"로 여겨진다. 당시 금방 기독교로 개종한 덴마크 왕 히랄드 클라크의 궁으로 파송됨과 연이어서 중부 스웨덴의 큰 상업중심지 비르카에 기독교 공동체를 조직하는 임무(830-831: 스칸디나비아 땅에 최초의 기독교 교회를 세움!)를 부여받았다. 이 임무는 자기 권력을 북유럽까지 넓히고 프리스랜드, 영국과 스칸디나비아 사이에 집중적인 상거래를 통해 연결된 끈을 정치적 화폐으로 변경시켜 보려는 프랑크의 통치자 경건 왕 루이의 야심만만한 시도의 중요한 부분이었다. 하지만 직접적인 결과는 처음에 지극히 미미하였다. 덴마크는 겨우 10세기가 경과되고 나서, 노르웨이는 10세기 말에나 가서 기독교에 속하게 되었다; 스웨덴은 아주 후에야 그 뒤를 이었다. 하지만 이제 대서양(더 이상은 수세기 전처럼 게르만과 남쪽의 북해지역이 아니었다)이 기독교와 이교가 서로 만나는 크고도 열린 지역이라는 데에는 더 이상 의심의 여지가 없었다.—매력적으로 그려진 "(대주교들인) 안스가와 림베르트의 생애"(Vitae Anskarii et Rimberti)[1]는 덴마크 출신의 림버트의 생도이며 후임자에 의해서 저술되었는데, 이 책 같은 원전들은 남쪽에서 온 선교사들의 공로와 북유럽의 기독교화에 그곳 권력자들이 행한 역할도 축소시키려는 경향을 띄고 있다. 거기에 따르면 심지어 "스칸디나비아 사회는 기독교를 받아들이기 전에 이미 그 수용을 검토했고 자기들의 전통적이고 오랫동안 검증된 주술적인 테크닉으로 이 새 종교를 그 유용성에서 테스트하려고 하였다"(P. Brown). 겨우 7세기나 8세기에 발견되고 9세기에 가서야—대부분은 노르웨이로부터—식민된 이 섬의 정착에 관한 가장 오래된 아일랜드 원전인 "박식가" 아리 토르길손(약 1067-약 1148)이 1130년경에 저술한 "아일랜드인의 책"에 나오는 이 열도에 기독교가 수용된 데에 관한 보도도 마찬가지이다. 거기에 따르면 중심적인 선교 동기는 노르웨이의 왕 올랍 트리그바손(994/5-999/1000)에게서 나왔는데, 그의 독일인 궁정목사는 권력 있는 아일랜드인 몇 명에게 세례를 주고 기독교의 확장에 도움세력으로 얻게 되었다; 하지만 백성의 대다수는 여전히 이교도였다. 섬의 내적 평화를 위협하는 상황에서 이 섬 사람들은 스스로 우선권을 가지고 그 목적을 위해서 (930년 정착된) "알팅", 곧 매년 여름 섬의 남쪽 팅벨리르의 노천에서 거행되는 입법회의를 이용하였다.

7장: 기독교가 그 섬에 닿게 된 경위[2)]

왕 올라프는…… 기독교를 노르웨이와 섬에 받아들였다. 여기서 섬으로 당크브란트(Dankbrand)라고 불리는 사제를 보냈고 그는 여기서 기독교를 설파하고 믿음을 받아들인 자들에게 세례를 베풀었다. 시다에 사는 할 토르스타인손은 일찌감치 세례를 받았고, 토르사르달 출신 히알티 스케기스손도 받았고, 백인 기주르…… 그리고 다른 많은 지도자들이 세례를 받았다; 하지만 그를 반대하여 말하고 거부하는 자들이 대다수였다. 그는 여기서 한 두 해 머물고 다시 떠났는데, 그를 조롱하던 두 세 사람을 그가 때려죽였다. 그리고 노르웨이로 가서는 왕 올라프에게 그가 겪은 모든 것을 이야기하였고 여기서 기독교를 받아들일 가능성이 희박하다고 하였다. 그는 그 사실에 엄청나게 화가 나서 당시 노르웨이에 살던 우리 동족을 때려죽이거나 불구자로 만들려고 생각하였다. 하지만 바로 그 여름에 기주르와 히알티가 섬으로부터 건너와서는 왕에게서 면책을 얻어내었다. 그들은 기독교가 여기서 받아들여지도록 새롭게 노력할 것을 약속하였고, 그것이 성공하리라는 굳은 소망을 피력하였다.—다음 여름에 그들은 토르모드라는 사제와 함께 그 섬으로 가서 서쪽 사람들이 사는 섬에 도착하였다.…… 그 전 여름(998)에는 그 여름부터 10주 지난 후에 남자들은 알팅에 와야 한다고 법으로 결정하였다; 그런데 그보다 한 주 전에 사람들이 모였다. 그들은 곧바로 대륙을 건너 총회로 갔다: 그들은 히알티에게 11명의 사람과 함께 라우가달에 머물러 있도록 하였다, 왜냐하면 그 전 여름에 총회에서는 신성모독을 이유로 추방된 사투를 하는 사람[3]이 되었기 때문이었다; 그런데 이는 그가 율법의 바위에서 아래 구절을 말했다는 이유 때문이었다:

신들을 모독하라 후회도 없이 버릇없게: 그럼,
골치 아픈 암캐가 후레야[4]다.

그런데 기주르는 자기 사람들과 함께 말을 달려 기름 기슭의 바다에 있는 벨렌카틀라라는 한 지역에 이르러 총회로 지령을 보내기를 모든 도울 자들은 자기들을 마중하라고 하였다. 왜냐하면 그들을 반대하는 자들이 총회지역에 오지 못하도록 무력으로 막으려 한다는 것을 들었기 때문이었다. 그런데 그들이 거기를 채 떠나기도 전에 히알티와 또 함께 남아 있던 자들이 와서 서기로 말을 달렸다. 그 다음에 총회로 달렸고 중간에 그들이 원했던 대로 그들의 친지들과 친구들이 마중나왔다. 그런데 이교도들이 중무장을 하고는 모여 있었고 그래서 충돌 일보직전까지 갔다. 그런데 다음날 기주르와 히알티가 율법의 바위로 가서 거기서 자기들의 성명을 발표하였다; 사람들은 말하기를 그들이 아주 잘 했다고 하였다. 그 결과 그들이 서로 증인들을 부르고 두 파, 곧 그리스도인들과 이방인들이 서로 법적 모임을 예고하고는 율법의 바위를 떠났다.—기독교인들이 시다에 있는 할에게 자기들에게 기독교에 걸맞는 법을 제시해 달라고 부탁하였다. 그런데 그가 법률대변인 토르가이르가 법을 제시하도록 그를 돈으로 매수하고는 자기는 그들에게서 빠졌다; 토르가이르는 그때까지 이교도였다. 이제 남자들이 자기들의 막사로 오자 토르가이르가 앉고는 자기 외투를 자기 위에 뒤집어쓰고는 하루 밤낮을 앉아 한 마디도 하지 않았다.[5]—그런데 다음 날 아침 일어서서는 사람들을 율법의 바위로 가도록 전하게 하였다. 그리고 남자들이 그리로 오자 그가 자기 생각을 피력하기를, 자기들의 상황이 이제 이 땅이 하나의 법을 가지지 않는다면 더 이상 지탱할 수 없는 지경에 이를 것이라는 생각을 하게 되었다고 하였다. 결코 그렇게 되어서는 안 된다는 것을 여러 방식으로 피력하면서 말하였다. 죽임과 살육이 동족 간에 발생하리라는 것이 명약관화한 그러한 쟁투를 몰고 오리라는 것이었다.…… 그는 노르웨이와 덴마크 왕들이 오랜 시간 동안 서로 전쟁과 다툼에 빠져서 그들은 원하지 않았지만 백성들이 그들 사이에 평화를 가져올 때까지 하였다는 사실을 이야기하였다.…… 그는 말하기를 "그런데 내게 권할 만하게 보이는 것은 우리도 서로 아주 적대적으로 상반된 것을 정하지 말고 차라리 그들 사이에 타협점을 찾아서 두 파가 어떤 것에서는 자기들의 뜻을 이루게 된다 하더라도 하나의 법과 하나의 신앙을 가지도록 하는 것이다. 우리가 법적 연합을 깨뜨리면 평화도 깨지게 된다는 사실은 분명해질 것이다." 그의 이야기는 그가 그들에게 소개할 만하다고 여기는 하나의 법을 가져야 한다는 사실을 두 파가 인정하는 결과를 가지고 왔다.—그렇게 해서 이 나라에서 아직 세례 받지 않은 자는 모두 기독교인이 되어서 세례를 받아야 한다는 것이 법으로 공포되었다; 하지만 아이를 내보냄과 말고기를 먹는 것에는 옛 법이 여전히 유효하도록 되었다. 비밀리에 제물을 드릴 수 있지만 증인이 있게 되면 둥근 울타리[6] 벌에 처하게 된다. 하지만 몇 년 되지 않아서 벌써 이 이교적 관습은 다른 것들과 같이 폐지되었다. 기독교가 이 섬에 온 이 과정을 타이트가 우리에게 이야기해 주었다.—사제인 새문트가 하는 이야기에 따르면 그 해 올라프 트리그비손은 덴마크의 왕 스벤트 하랄드손, 웁살라 스웬덴인인 스웨덴

왕 올라프, 나중에 노르웨이에서 야를[7]이었던 에리히 하콘손과 전쟁을 하였다. 그때가 에드문드의 사후[8] 130년이고 일반적 계산으로는 그리스도 탄생 1000년이었다.

원전 : Aris Isländerbuch, in: Islands Besiedlung und älteste Geschichte, übertr. v. Baetke, hg. v. F. Niedner, (1928) 재인쇄 Köln-Düsseldorf 1967 (Thule, Bd. 23), 43-57.—참고문헌: K. Mauer, Die Entstehung des norwegischen Stammes zum Christenthume, I/II, München 1855. 56; H. Dörries - G. Kretschmar, Ansgar und seine Bedeutung für die Mission, Hamburg 1965; P. Brown, Die Entstehung des christlichen Europa, München 1999, 343-369.

1) Ed. G. Waitz, MGH. SRG, 1884(재인쇄 1977).
2) 이것과 관련해서는 특히 "Kristnisaga"(혹은 "기독교 도입에 관한 책"), 특히 13장(Thule, Bd. 23), 161ff., 특히 180-185를 비교하라.
3) 아래 각주 5를 비교하라.
4) 발음되기는 Freuja이다.
5) "이것은 감정적인 몰입으로 말미암아 깨달음을 구하는 샤마니즘의 주술이다. 이 주술적인 과정은 스칸디나비아 말고도 캘트인 스코틀랜드에서도 통용되었다"(P. Brown, Die Entstehung des christlichen Europe, München 1999, 351).
6) 3년의 추방
7) 출처가 논란 중인 스칸디나비아의 개념이다; 오래된 시적인 본문에서는 자유민으로 태어난 남자들, 곧 바이킹 군대의 공물을 받는 지배자나 지휘관들과 그들의 통치자로 인정되는 사람들에게 사용되었다. 예를 들면 도르트하임의 지도자들, 덴마크의 왕들.
8) 동 앵글족의 왕 에드문트는 869년 이교도들인 덴마크인들에게 맞아죽었고, 바로 뒤에 순교자로 추앙되었다; 1022년 덴마크의 왕 크누트 대제가 그의 무덤 자리("성 에드문트의 무덤")에 베네딕트 수도원을 세웠다.

30. 피터 다미아니와 서방 교회 개혁의 토대

"두 권세"(성직과 제국 및 국가)의 기능적인 병립의 기초 위에서 이루어지는 협력을 찬성하는 교회의 마지막 중요한 대변인은 하인리히 3세(1039-1056), 곧 황제로서 교회를 개혁하는 자와 동시대인인 라벤나 출신 피터 다미안(1072년 사망)이었다. 1043년부터 이탈리아 안에 있는 은둔생활의 중심지가 되도록 한(앙코나와 아레초 사이에 있는) 폰테 아벨라나의 정착민 공동체의 원장인 그는 마지못해서 오스티아의 추기경 주교[1]로 임명되었다. 하지만 이 사실이 자기 시대의 교회의 폐해, 특히 "니골라당"(성직자의 결혼[계 2:6])과 "시모니"(성직 매매[행 8:18f.]) 반대투쟁에 대한 그의 열정을 중단시키지 못했다. 이 일을 위한 그의 개입의 특징은 이런 것이 교황청과 궁정 간의 화해 외교로 여겨졌다는 사실이다. 게다가 600개 이상의 필사본으로 전해 내려오는 드물게 많은 문서에 그의 침전물들이 나타나고 있다. 그 안에는 두 개의 원칙이 분명하게 표현되고 있다: 하나는 두 권세의 협력인데, 우리가 아는 바에 따르면 여기서 최초로 두 개의 검(눅 22:38을 전거로)이라는 용어가 나왔다; 다른 하나는 성례신학이다. 어거스틴의 반 도나투스주의적인 성직론과 성례론(고대교회 Nr. 91, B II를 비교하라)으로까지 소급한 성례신학이다. 이것은 "시모니"를 대적하는 것뿐 아니라 "성직매매자들"로부터 얻은 모든 사제 및 주교축성(레오 10세, 추기경 실바 칸디다의 훔베르트)의 유효성에 대한 "도나투스주의적" 공격도 반박하며(= 본문 b) 마지막으로는 훗날의 해결을 미리 얻은 것인 "성직"과 "인물"을 구분하는 것도 포함하고 있다(= 본문 c).

a) 피터 다미아니의 두 검 이론

(설교 69에서 왕의 축성[inunctio regis]성례에 대한 발언을 아래와 같이 마무리하였다:) 왕의 검과 성직의 검(히 4:12f.; 엡

6:17[2] 비교)이 결합된다면, 그래서 사제의 검이 왕의 검을 부드럽게 하고 왕의 검이 사제의 검을 예리하게 한다면(ut gladius sacerdotis mitiget gladium regis, et gladius regis gladium acuat sacerdotis) 즐거이 (축하해야 한다). 이것이 주님의 수난 이야기에서 읽게 되는 두 검이다: "보라 여기(이) 두 개의 검이 있나이다"; 그러자 주님이 대답하셨다: "족하도다"(눅 22:38). 그렇게 된다면, 말하자면 주님이 앞서 확고하게 하셨던 행복한 하나됨 안에서 둘이 결합한다면, 왕의 통치는 장려가 되고, 사제의 권세는 넓혀져서, 둘은 명예롭게 된다(Tunc etiam regnum provehitur, sacerdotium dilatatur, honoratur utrumque).

b) 피터 다미아니의 성례론

(교회의 축성에서 행한 설교에서 교회는 "땅에서는 가장 크고 하늘에서는 십자가와 동정녀[마리아]와 천사들 다음으로 가장 고귀한 것이라는 도입부의 찬양에 이어서":)

교회에는 한 신앙의 어린 아이 같은 의무(또는 부드러운 사랑)가 보호하며 유지하는(quae unius fidei pietas contegit) 12개의 성례가 있다.……

이어서 세례(baptisma), 견신(confirmatio), 병자에게 기름 바름(unctio infirmorum), 주교서품(consecratio pontificis), 왕의 축성(inunctio regis), 교회봉헌(dedicati ecclesiae)—이것들은 모두 "가시적인 기름 바름이 항상 따른다[sine visibili unctione non fiunt]는 사실로 그 특징을 가지며, 반면에 다음에 오는 것들은 읽게 되는 바와 같은 좋은 이유로 그런 것들이 포함되어 있지 않다": 그런 것들은: 참회(confessio), 나아가서 참사회원들(Canonicum)[3], 수도사들, 은둔자들, 기부단체의 여성들(sanctimoniales)과 관련되는 성례와 마지막으로 혼인 성례(nuptiarum sacramentum). 끝부분에 가서 말하기를 "이것들이 내 스스로 속이지 않는다면 교회의(내면적인) 생활에 각인되어 있음을 보게 되는 그 12개의 십자가가 가리키는 12개의 성례이다."[4)]—사제의 봉헌과 왕의 봉헌에 대해서 언급한다:

네 번째(성례)가 주교의 봉헌이다. 이것은 고귀하고 존엄한 것으로 받아들여야 한다(Haec quanto sublimior, tanto dignior approbatur).……

그리고는 각각의 봉헌식과 그 상징적인 의미를 설명한다: 교회가 전에는 아들(곧 교회의 아들)이었던 자를 "아버지"로 받아들이는 "준비"; 기름을 머리에 바름; 손에 바름; 터번(cidaris)을 씌움 및 기름을 바르기 위해서 머리를 감쌈; 반지와 목자의 지팡이를 넘겨줌. 그리고는 말한다:

그렇게 다른 사람들 앞에서 축제적이며-화려한 복장으로 빛을 발하며(Sic solemni vestimentorum glorificatione praefulgidus) 하나님의 제단으로 가서 등을 돌리고는 아주 가족처럼 들어가고 나가며(ad altare Dei familiarius intrans et exiens) 심판자의 분노가 사라지게 하고 아버지의 자비로(살게되도록) 행복하게 교환한다. 그는 "하나님의 말씀인 성령의 검"(엡 6:17)을 관장한다; 그는 "육체를 멸하기 위해서 사탄에게 건네주는"(고전 5:5) 위치에 있다.

다섯 번째(성례)는 왕의 봉헌이다. 이것은 고귀한 능력을 일으키기 때문에(quia sublimem efficit potestatem) 고귀한 뿌림(delibutio)이다. 귀한 혈통의 한 사람이 왕의 봉헌을 받는다면, 그것이 혈통(그의 신분[generel) 때문이든지 선출에 근거해서든지를 떠나서 온 나라의 성직자들과 귀족들(religio cum nobilitate)은 모여야 한다. 한 쪽에는 대수도주교들(primates[5)]), 수도주교들[6)]과 주교들의 그 명예로운 무리가 자리하여야하며, 다른 쪽에는 절대로 경한 취급을 받을 수 없는 귀한 신분들(non spernenda nobilitas), 곧 공작들, 백작들과 성주들(castellani)이 자리해야 한다. 가운데에는 사람들을 통치할 바로 그 사람

(medius homo, super homines regnaturus)이 있되, 뒤따르는 자기 사람들(agmen personales)에 겹겹이 둘러있게 된다. 가장 귀하신 통치자(excelsus princeps)(인 하나님)의 단으로 그를 이끌어서 "만왕을 다스리시는"(잠 8:15) 분에게서 자기 통치의 원칙(principium)을 얻게 하여야 한다. 하지만 그가 통치자의 옷(imperatoriis cultibus)을 입기 전에 성직자들과 백성들의 뜻을 물어야 한다[7]; 그리고 그는 자기 손을 들어 교회의 자유를 맹세하여야한다(manu propria iurat libertatem ecclesiarum). 그리고 그에게서 옷을 벗기고 거룩하게 하는 기름을 그에게 뿌린다.…… 사람들이 그에게 자색 옷, 왕의 위엄을 상징하는 옷을 입히고 거룩한 하나님의 백성을 통치하기 위해서(ad regendum populum sanctum Dei) 손에 들게 될 제국의 홀을 건네준다. 또한 "금관"을 그의 머리에 씌우는데, "거기에는 거룩함의 상징과 영광의 광채"(시락 45:14)와 용기를 주는 힘이 새겨져 있다. 그의 눈앞에 칼을 들어 그로 하여금 자기가 하나님의 분노를 보복하는 자이며, 그것을 위해서(하나님께서) 세우셨다는 것을 깨닫게 하여야 한다(롬 13:1. 4).……[8]

c) "인물"과 "성직"의 구분

두 권세는 악과 마주하여 함께 싸우며, 이 싸움에서 구별되지만 또 서로 관계되어 있다는 사실로 이미 둘 중 하나가 절대화되는 것이 차단되었다. 이처럼 피터 다미아니가 자기의 책 소위 "가장 은혜로운 책"(1052) 제10장에서 소개하는 것처럼 "훗날의 해결을 미리 제시하는 것 같은 인물과 성직의 구분"(U. Duchrow)으로 그 근거가 제거되었다. 거기에는 사제에게 성령을 주는 것은 그들의 "공로"(meritum)가 아니라 그들의 "직책"(ministerium) 덕분이라고 제시되고 있다; 그 근거를 제시한다:

왕권과 사제권은 말하자면 하나님께서 세우신 것으로 받아들여야 하며, 그러므로 이 사실 때문에(그 직책을) 감당하는 자의 인물은 자격이 없다는 것이 증명되더라도 마땅한 은혜가 동반되도록 주어진 것이다(Regnum namque et sacerdotium a Dei cognoscitur institutum, et ideo, licet amministratoris persona prorsus inveniatur indigna, officium tamen, quod utique bonum est, competens aliquando gratia comitatur)…… (단 3: 창 41:20 비교). 이는 왕과 사제들은 비록 그들 가운데 부끄러운 생활방식 때문에(per notabilis vitae meritum) 비난받아 마땅하다 할지라도 사람들은 그들이 받은 성직의 성례 때문에(propter accepti ministerii sacramentum) 그들을 "신들"(dii)과 "메시야들"(christi)로 불러야 한다.……

원전 : Sermo LXIX (PL 144, col. 898-902(904); Liber Gratissimus, c. 10 (PL 145, col. 112f.).— 참고문헌 : U. Duchrow, Christenheit und Weltverantwortung, Stuttgart (1970) ²1983, 344-347. 368-375 (인용: 346); G. Fornasari, Medioevo riformato del sec. XI. Pier Damiani e Gregorio VII (Nuovo Medioevo 42), Neapel 1996, 참고문헌 포함.

1) episcopi cardinales hebdomarii(각각 "한 주간씩 직책을 수행하는 추기경 주교들") 제도는 "주변도시들", 곧 로마를 둘러싸고 있는 일곱 개의 교구들(그중 다미아니의 주교좌 오시티아도 포함)을 소유한 자들로 이루어졌다. 그들의 임무는 한 주간씩 로마시의 라테란 주교교회(오래된 명예로운 호칭: cardo et caput opmium ecclesiarum["모든 교회의 핵심이요 머리"])의 대리주교 임무를 수행하는 것으로, 이름하여 교황의 출타에 이행하는 것이다. 이것은 가장 우선적으로 특별히 로마를 자주 떠나 있던 레오 9세(1049-1054) 때에 시급했던 일이다.
2) 키프리안(고대교회 Nr. 37 비교) 이후로 에베소서의 "성령의 검"(gladius Spiritus quod est verbum Dei)을 파문, 저주(anathema)로 이해했다; W. Goez, Art. Zwei-Schwerter-Lehre, in: LMA 9, 1998, 725f.(참고문헌!)를 비교하라.

3) 참사회원은 6세기에 처음으로 주교나 책임 장로가 이끌때 함께 의식을 거행하고 또 주교가 책임져주는 성직자들에 대한 용어이다(관련된 용어 canon은 여기서 보내주는 권리를 가지고 있는 주교 성직자들의 명단만큼이나 많은 것을 의미하고 있다). 816/17년 "악헨 법령들"에서 참사회원 신분(ordo canonicus)은 특별법으로 제한하며 수도사 신분(ordo manasticus)의 베네딕트 규율에 복종하지 않는 프랑크 제국의 모든 성직 공동체를 포괄하고 있다(위 Nr. 20을 비교하라).
4) 사도의 기초 위에 세운 교회 건축(엡 2:20 비교)을 상징하며 동시에 하나님의 집인 교회를 계시록에 나오는 하늘의 예루살렘 형상이 되도록 하는 소위 사도의 십자가들을 말한다(계 21:12. 21).
5) 수위권을 가진 직임(primus = primarius, episcopus primae sedis에서 왔다)은 수도주교들이나 대주교와 달리 이 당시에는(로마 가톨릭 안에서는 오늘까지도) 단지 명예수위권(제국공의회, 통치자의 대관식을 소집하고 집전하는)을 포함한다.
6) 지방교회를 다스리는 성직자들(문자적으로: 속주 대도시[Metropolis]의 주교들).
7) "마인쯔 법질서"도 포함하고 있는 바와 같이 백성과 왕에게 하는 질문은 왕의 축성식에서 주요한 부분이라는 암시(위 Nr. 27a를 보라).
8) 그 뒤 내용에 관해서는 위 Nr. 27a를 보라.

31. 로마와 비잔틴 사이의 교회적 단절(1054)

소위 "미카엘 케룰라리오스 분열"(콘스탄티노플 총대주교, 1043-1059)—이것은 "서방의" 개념이다; 사실 똑같은 정당성을 가지고 "실바 칸디다의 훔베르트 분열"이라고 말할 수 있다—은 과거 소위 "포티우스 분열"(위 Nr. 25를 보라)과 비슷하게—전면에서 본다면 최소한—경계 지역 안에서 이루어진 교회 간의 알력에서 발전되었다. 그때에는 교황과 콘스탄티노플 총대주교 간의 지도권 주장이 맞물려 있었다; 그런데 이번에는 아래쪽 이태리에 있는 비잔틴의 잔류지배지역이 문제였다. 이 지역은 정치적으로는 노르만족들에 의해서 심각하게 위협을 당하고 있었고, 교회적으로는 노르만족들의 침입에 대항하여서 교황 레오 9세(1043-1054)가 추진하는 비잔틴 황제와의 동맹이 혹시 성사된다면 로마의 우산 속에 들어갈 위험에 처해진 곳이었다. 이에 반대하여서 신학적으로 부족함이 없고, 정치적으로는 더더군다나 야망에 차 있던 성직계급주의자인 총대주교 미카엘은 자기 소관이라고 할 수 있는 모든 수단을 동원하여서 투쟁하였다. 오크리드의 대주교 레온(Lev)(약 1025-1056)에게 논쟁적인 문서를 집필토록 하였다. 이 문서 안에서는—비잔틴인들의 광범위한 반라틴 문서[1]의 보충으로—라틴인들의 무교병(Azyma)과 그들의 성만찬 관습 및 다른 제의 관습이 폄하되었다. 그 외에도 콘스탄티노플에 있는 라틴 교회들을 폐쇄토록 하였으며, 동시에 성만찬예물 모독이라는 데까지 이르렀다[2]. 그의 적은 실바 칸디다의 훔베르트, 곧 교회개혁가(아래 Nr. 32 I을 Nr. 30과 비교하며 보라)요 교황의 고문이고 동시에 다혈질의 사람이었다; 그는 이미 두 명의 수행원과 함께 케룰라리오스가 황제에게 끼치는 영향을 무효로 만들려고 그리로 가기도 전에 오크리드의 레온이 펴는 투쟁에 반대하여 두 권의 격렬한 공격 문서를 썼다. 이것이 외교적인 수단을 가지고 이루어지지 않자, 그는 자기의 수행원들과 함께 1054년 7월 16일(교회역사에서 획기적인 전기가 되는 날들 중 하나!) 정교회의 우두머리 교회인 하기아 소피아 성당의 제단 위에다 파문장을 내려놓았다. 형식적으로는 몇 명의 인물만 노골적으로 거론하고 있지만 이 파문장은 동방정교회가 모두가 모욕감을 가질 수박에 없도록 서슴없이 동방교회의 법과 관습을 케룰라리오스의 "오류"에 포함시켰다.[3]

a) 미카엘 케룰라리오스와 그의 사람들에 대한 로마의 파문장

하나님의 은혜로 추기경이요, 거룩한 로마 교회의 주교인 훔베르트; 아말피의 주교 베드로; 집사이며 문서관인 프리드리히, 가톨릭 교회의 모든 자녀들…… (황제의 도시로 거룩한 보좌의 사절로 [apocrisiarius] 보냄을 받은 자들인 훔베르트와 그의 수행원들이 분명하게 할 수 있는 바:)…… 제국의 기둥들과 귀한 지혜로운 시민들에 이르는 모든 자들에게는 가장 기독교적이고 정통 신앙의 공동체가 존재한다. 하지만 오류로 총대주교라고 불리는 미카엘과 그의 어리석음을 후원하는 자들에 관해서 말한다면, 거기에는 너무나도 많은 이단적인 엉겅퀴(zizania haereseon)가 매일 씨뿌려지고 있다.…… (교리적이고 제의적인 표준적 비난 말고, 그들은 고대교회의 이단인 "성령훼방자들"(고대교회, Nr. 72; 78c.d; 81a.b를 보라)과 아주 똑같이 "성령도 성자로부터 발현한다는 것을 신조에서 제거하였다는 책임을 모면할 수 없다[4]!) 그들의 이 오류와 많은 다른 오류들 때문에 우리의 주인인 교황 레오의 편지에…… 답하는 것을 무시하였다. 게다가 그는…… [콘스탄티노플에 있는] 교회 건물들을 막아서[로마-가톨릭의] 미사를 집전하지 못하도록 하였다.…… 이 때문에 거룩한 그 첫째 사도보좌에 대한 미증유의 모독과 불법을 견디지 못하는 우리는,…… 거룩하며 분리되지 않는 삼위와 사도보좌로부터 부여받은 전권으로…… 저주에 서명하노라. 이 파문은 우리의 공경 받으실 주, 교황께서 미카엘과 그를 따르는 자들에게—그들이 다시금 온전한 정신으로 오지 않는다면—내리신(denuntiavit) 파문이다.

실수로 총대주교(라 불리는) 미카엘, 초보자(neophytus)요 겨우 사람들의 공경 때문에 수도사의 옷을 입은 자,…… 또 그와 함께 소위 주교라 불리는 오크리드의 레온, 로마의 성례예물을 자기의 세속의 때가 묻은 신발로 짓밟은 미카엘의 재무관 콘스탄티우스와 언급한 오류와 주장들(praesumptiones)에서 그들을 따르는 모든 자들은 주님 강림 때에 저주받을지어나(anathema Maranatha[5]), 온전한 통찰로 돌아오지 않는다면, 시모니들과(!),…… 니골라당과, 성령훼방자들과,…… 또 모든 이단들과 마귀와 그 사자들과 함께 저주받을지어다. 아멘, 아멘, 아멘.

b) 콘스탄티노플 총 공의회의 공의회 칙령(1054년 7월 24일)

…… (서쪽[땅] 출신) 사람들은 어둠속에서 나왔다;…… 번개같이,…… 멧돼지같이 그들은 쳐들이 왔고 올바른 가르침(τὸν ὀρθὸν,

…… λόγον)을 상이한 교리들(δόγματα)로 더럽히려고 하였다; 그들은 하나님의 거대한 교회의 신비한 제단 위에 하나의 문서(γραφή)를 내려놓았다. 이 문서로 그들은 우리를 상대로, 아니면 오히려 하나님의 정통교회와 바른 신앙인들을 향해서,…… 파문의 저주를 휘둘렀다.…… (그들이 제시하는 고발이 겨냥하는 것은 다른 많은 것들 가운데에서 성직자와 수도사들이 수염을 기르는 것과 성직자들의 결혼과 "Filioque"[6]였다.) 황제, 곧 신앙의 수호자의 경륜(οἰκονομία)에 따라서 이 문서를 제시하거나 작성하게 하였거나 작성자들을 도와준 사람들과 함께 이 불경한 문서는 황제 사절의 면전에서 최고의 법정에서 파문에 처하노라. (곧 총대주교 공의회로) 정죄되었다.……: 다시금 바로 그 불경한 문서는 파문에 처하며, 그 외에도 그것을 제시하고 작성하고 그 어떤 형태로든 여기에 동의나 조언을 행한 자들도 파문에 처하노라.……

원전 : C. Will, Acta et scripta de controversiis ecclesiae graecae et latinae saec. XI, Leipzig-Marburg 1861, 153f. 155-168; 여기는: 157. 167.—참고문헌: K. Wessel, Dogma und Lehre in der Orthodoxen Kirche von Byzanz, in: HDThG^2 I, 1999, 284-405; 여기는: 348-363 (참고문헌 포함).

1) 예를 들면 중요한 의미를 가지는 수도사 신학자인 니케타스 스테타토스(1080 사망)의 펜으로부터.
2) 로마 사절인 추기경 실바 칸디다의 훔베르트가 콘스탄티노플에서 자기가 행한 심리에 관한 보고를 비교하라(hg. v. C. Will, Acta et scripta…… [위를 보라], 150f.; 발췌방식으로 번역되었다 in: KThQ II^1, Nr. 23).
3) 동방과 서방의 교회교제는 오늘까지 회복되지 않았다. 물론 교황 바울 6세(1963-1978)와 콘스탄티노플 총대주교 아테나고라스 1세(1948-1972)가 거룩한 공의회에서(1965년 12월 7일) 1054년에 이루어진 파문의 저주를 형식적으로는 폐기하고 함께 선언하였다: a. "모욕적인 단어들, 근거 없는 비방과 저주스러운 몸짓에 대해서" 유감스러워한다. "양측에서 이루어진 이러한 것들은 그 시대의 슬픈 사건들을 상징하며 동반하였던 것들이다"; b. "당시 이에 뒤이은 파문의 선언"을 마음

아파하며, “기억과 교회에서” 제거한다. “그 기억은…… 우리시대까지 사랑을 가지고 접근하는 것을 저해한다”; 따라서 “망각 속으로” 사라져야 한다; c. 마지막으로 “이전과 이후에 이루어지는 악한 돌발 사건들을” 슬퍼한다. 곧 “다양한 요인들—여기에는 서로 간의 이해부족과 불신들이 있다—의 영향을 받아서 결국은 교회 간의 교제를 깨뜨렸던 것들”을 말한다(Vers l′ Unité Chrétienne, Paris 1965 [11월-12월], 91ff.; N. Thon, Quellenbuch zur Geschichte der Orthodoxen Kirche, Trier 1983 [Sophia 23], Nr. 142a에서 인용하였다).

4) 이—말도 안 되는—비난이 더욱 놀라운 것은 옛적 니케아-콘스탄티노플 신조의 희랍어와 라틴어 본문(Filioque는 없이)이 두 개의 은으로 만들어진 판에 새겨져서 로마의 성 베드로 고백과 마주대하여 전시되었다는 사실이다. 레오 3세(795-816)에 의해서 이루어졌는데, 그는 칼 대제로부터 압력을 받아서 필리오케 가르침에는 동의하였지만 이것을 신조본문에 넣는 것은 극렬히 비난하였다. 로마에서는 이 첨가문이 하인리히 3세의 청원에 힘입어서 베네딕트 8세(약 1013)에 의해서 미사 신조에 삽입되었다. 이 모든 문제들에 관해서 L. Vischer (Hg.), Geist Gottes-Geist Christi, Ökumenische Überlegungens zur Filioque-Kontroverse, Franfurt a. M. 1981 (BÖR 39); B. Oberdorfer, Filioque, Göttingen 2001 (FSÖTh 96)를 비교하라.

5) 이것과 관계해서는 C. Witts, 위의 책 154, 각주 5가 고전 16, 22를 언급하며 행한 정확한 설명을 비교하라.

6) 위 각주 4를 보라.

32. “서임논쟁”: 전제들, 전개, 주요결과들

10세기 말엽부터 클루니와 노선을 같이 하는 그룹(위 Nr. 26을 보라) 안에서 이상한 방식으로 평신도들의 움직임들(교회 건축과 순례행위 같은)이 늘어갔다. 하지만 사람들이 생각했던 것처럼 서기 1000년에 세상이 멸망할 것에 대한 두려움 때문이 아니었다. 왜냐하면 여기에 관한 증거는 하나도 없기 때문이다; 그것은 오히려 평신도들이 기독교 신앙과 하늘의 예루살렘을 경건한 행위로 얻으려고 하는 열망에서 왔다. 이 때문에 세속 성직자들은 더 이상 “시모니”와 “간음”으로 세상에 연루되어 부패되지 말고 “초대교회의 본을 따라서” 수도원적인 청빈과 자발적인 독신으로 함께 살며 세상에 영향을 끼쳐야 한다는 요구가 점점 더 커졌던 것이다. 말하자면 1059년부터 많은 주교성당 참사회들이 “참사회원들”로서 어거스틴이 제시하였던 vita canonica의 이상을 따라서 살면서 했던 것처럼 말이다(아래 Nr. 20; Nr. 35c를 보라). 이 때문에 독일에서도 하인리히 3세 시절과 그의 이후에 많은 사람들이 새로운 이상을 지향하였다. 물론 오랜 나태함을 놓치고 싶지 않은 주교들이나 수도사들의 저항이 없지 않았다; 그래서 1056년부터는 소위 “파타리아”(아래 Nr. 39a를 보라)의 성직자들과 평신도들이 밀라노에서 들고 일어났다. 곧 썩을 대로 썩은 “시모니의” 성직 위계질서를 반대로 도시적인 평신도 됨을 불러일으키며, 그들에게 모범이 되기 위해서였다. 온 교회는 “자유로워야” 한다. 말하자면 귀족들의 관심과 권력을 향한 정치에 연루되는 데서 자유로워야 하며, 기독교의 원초적인 요청들, 곧 “사도적 삶”(vita apostolica)을 위해서 자유로워야 했다. 슈바벤과 프랑켄에서도 히르사우 수도원(나골드 지역)의 베네딕트수도사들로 말미암아 촉발되어서는 귀족들, 수공업자들과 농부들로 이루어진 형제단들이 방랑 설교자들이 되어 다니며 “초대교회 방식을 따라서” 공동체적 삶을 꾸렸다(히르사우 개혁).—추기경 훔베르트(아래 Nr. 31을 보라), 특히 교황 그레고리 7세(1073-1085), 곧 교회개혁 움직임에 자기 이름을 붙이게 되었던 자(“그레고리 개혁”)인 그는 이미 일찍이(추기경 힐데브란트로서) 이 개혁을 후원하였다. 이 개혁은 1077년(그레고리의 규범에 어긋난 교황선출과 함께) 서방교회를 이끄는 힘이 되었다. 이 개혁은 먼저—너무나도 좁은 표현이지만—“서임논쟁”이라고 하는 것에 동기를 부여하였다. 황제권과 교황권 사이에 일어난 이런 종류의 논쟁(아래 III을 보라)이 하나뿐이 아니라는 사실을 제외한다면, 황제를 통한(독일과 [밀라노를 중심으로 한] “제국에 속한 이탈리아”의) 주교들과 제국수도원 원장들의 서임과(로마의 수호자로서의)[1] 교황선거에 대한 그의 영향력은(이제는 많은 사람들에게 받아들여질 수 없게 되어 버린) 교회가 봉건주의적으로 세상과 연계된 것의—물론 본질적이기는 하지만—한 부분에 불과하다.

I. "서임논쟁"의 전제들:

a) 니콜라우스 2세의 교황선출교령(1059년)

(3) 보편적인 로마 교회의 주교가 죽으면, 우선은 추기경주교들[2]이 모든 것을 아주 세심하게 생각해서 실행에 옮겨야 하며, 곧바로 추기경 성직자들[3]을 합류시켜야 한다; 이렇게 그밖의 성직자와 백성이 새로운 선출에 동의하며 참여하여야 한다.

(4) 그 어떤 일에 매매의 병폐(venalitatis morbus)가 침투하지 않도록, 보좌에 올라야 하는 주교(pontifex) 선거에는 성직자들(religiosi)에게 우선권을 주어야 하며, 반대로 다른 자들은 따라야 한다.…… (모든 것은) 우리의 전임자 복되신 레오의 명제(를 따른다). 그가 말하기를[4]: "그 어떤 이유(ratio)도 성직자들로부터 선출되지도 않고, 백성들이 원하지 않으며 수도주교의 동의하에(cum metropolitani iudicio) 그 교구의 성직자들로부터 서임되지도 않은 자들이 주교로 인정되는 것을 용인하지 않는다. 사도적인 보좌는 이 땅위에 있는 다른 모든 교회들보다 우월하며(sedes apostolica cunctis in orbe terrarum praefertur ecclesiis) 이 때문에 그 어떤 수도주교도 지도할 수 없어서 추기경주교들이 수도주교 대신 일한다는 데에는 의심의 여지가 없다. 이들은 선출된 지도자를 최고의 사도적 보좌에 올려놓는다(ad apostolici culminis apicem provehunt).

(5) 합당한 인물(idoneus)이 발견되면, 그들은 자기들 교회의 품으로부터 한 명을 선출해야 한다.……

(6) 이 과정에서 우리가 사랑하는 하인리히[5], 현재 왕이며, 하나님께서 원하는 바와 같이(Deo concedente), 훗날의 황제로

기대되고 있는 그에게 드려야 마땅한 경의는 그대로 유지된다. 우리는 이미 그에게 동의하였고(concessimus) 개인적으로 이 권리를 사도적 보좌로부터 얻기를 간구하게 될(impetraverint) 그의 후계자들에게 그렇게 드릴 것이다.

b) 교황의 녹취록(1075년 3월 초)

(1) 로마 교회는 오직 주(하나님)에 의해서 세워졌다(a solo Domino…… fundata).

(2) 오직 로마 주교만 보편(주교)이라고 불릴 권리를 가진다(iure dicatur universalis).

(3) 그만 홀로 주교를 폐하고 다시 세울 수 있다.

(4) 그의 사절은 모든 주교 공의회에서 설사 그가 낮은 지위에 있다고 할지라도 의장의 권한을 가진다. 그리고 그는 그들(모두)에게 폐위판결을 선포할 수 있다.

(5) 교황(papa)은(본인이) 참석지 않은 자를 폐할 수 있다.

(7) 만일 시대가 요구하기를(pro temporis necessitate) 새로운 법률을 주며, 새 공동체(plebes)를 세워야 한다면 그만이 하도록 허락되었다.……

(8) 그만이 황제의 인장들[6]을 사용할 수 있다(uti imperialibus insigniis).

(9) 오직 교황의 발에만 모든 제후들이 입맞추어야 한다(solius papae pedes omness principes deosculentur).

(10) 그의 이름만(모든) 교회에서(말하자면 제의에서) 호명되어야 한다.

(11) (교황이라는) 이름은 온 세상에 유일하다(곧 그밖에는 아무도 그것을 가지면 안 된다).

(12) 그만이 황제를 폐하는 것이 허락되었다(illi liceat imperatores deponere).

(13) 그는 위급상황에서 주교들을 한 자리에서 다른 자리로 옮길 수 있다.

(16) 그 어떤 공의회도 그의 허락이 없이 보편적(generalis)이라고 명명될 수 없다.

(17) 그 어떤 장(capitulum)과, 그 어떤 책도 그의 전권(auctoritas) 없이는 기준 법령이라고 말할 수 없다.

(18) 그의 판결 선언(sententia)은 누구도 재고(retractare)해서는 안 된다. 그만은 모든 결정들에 이의를 제기할 수 있다.

(22) 로마 교회는 한 번도 오류를 범하지 않았고, 성경의 증거대로 앞으로도 절대로 오류를 범할 수 없다(Romana ecclesia numquam erravit, nec in perpetuum, Scriptura testante, errabit).

(24) 그의 동의와 허락으로 신민들은(subiecti) 고소(accusare)할 수 있다.

(25) 그는 공의회의 모임 없이 주교들을 폐하거나 다시 세울 수 있다.

(26) 로마 교회와 일치하지 않는 자는 누구도 "공교회인"일 수 없다.

(27) 그는 자기 밑에 있는 자들을 불의한 자들(교회의 적들)에 대한 봉건의무로부터 해방시킬 수 있다(a fidelitate iniquorumm subiectos potest absolvere).

II. "서임논쟁"의 발전 단계

c) 하인리히 4세의 그레고리 7세 폐위선언문(보름스 1076년 1월 24일)

(독일 왕과 교황 간의 투쟁은 한 특수사건에서 촉발되었다: 궁정 전속 사제 태발트를 하인리히가 밀라노 대주교로 임명[1075]. 그레고리의 질책에 하인리히는 독일 주교들이 로마에 대해 가진 적대적 감정에 의지해서 아래와 같은 폐위령으로 대응하였다:)

하나님의 은혜를 힘입어 왕 된 하인리히가 힐데브란트에게. 내가 지금까지 너에게서 아비에게 어울리는 태도를 기대하고, 너에게 모든 면에서 순종하였건만,…… 내가 너에게서 얻은 보상은 우리 생명에 대한 아주 위험한 원수에게서나 얻을 수 있는 것이었다(열거된 바: 물려받은 모든 명예의 탈취; 사악한 음모로 이탈리아 지배권 약탈; 제국주교 모독). 나는 들어보지도 못한 이 집요함은 말로가 아니라 행동으로 물리쳐야 한다고 믿는다. 그래서 제국제후들의 청원에 따라서 모든 제국제후들의 총회를 개최하였다. 거기서 지금까지는 두려움과 경외심 때문에 침묵하였던 것을 공개하였을 때, 이 제후들의 진리를 따른—네가 그들 자신들의 글에서 읽을 수 있다—진술에 따라 너는 절대로 로마의 보좌에 머물 수 없다는 것이 선포되었다. 그들의 선언이 정당하고 하나님과 사람으로부터 인정받을 만하여 보이기 때문에 나도 동의하였고 너에게서 네가 가진 것으로 보이는 교황의 모든 권세를 박탈하며, 로마의 보좌에서 내려올 것을 네게 명하노라. 그 보좌의 보호권은 하나님께서 내게 주셨으며, 로마인들[7]이 그러하다고 서약으로 동의하였노라.

d) 그레고리 7세의 황제 파문과 폐위령(로마의 금식공의회 1076년 2월 14일)

"사도들의 우두머리, 거룩하신 베드로여, 당신의 귀를 내게 향하고 당신의 종인 나에게 들어주소서…… (당신이 지금까지 베푸신 특별한 보호와 내게 맡겨주신 대리권과 열쇠권을) 확실히 의지하면서 당신 교회의 명예와 그 보호를 위해서 전능하신 하나님, 성부, 성자, 성령의 이름으로, 당신의 권세와 전권을 힘입어서 말합니다. 황제 하인리히의 아들인 왕 하인리히, 곧 당신의 교회를 대적하여서 들어보지도 못한 교만함으로 마주서 있는 자에게서 독일(teutonici)과 이탈리아의 제국 전체의 통치권을 바탈하며 모든 기독교인들이 그에게 맹세하였거나 맹세할 모든 서약에서 해방시키노라; 또한 모두에게 그를(더 이상) 왕으로 섬기는 것을 금하노라.…… 그는 기독교인으로서 복종하는 것을 무시하고 파문된 자들과 교제하면서 자기가 떠나버린 하나님께로 돌아오지 않았고, 그의 구원을 위해서 내가 그에게 해준—당신이 저의 증인입니다—권고들을 무시하고, 교회를 가르려고 하면서 당신의 교회로부터 이탈하였습니다. 그래서 나는 당신을 대신하여 파문의 끈으로 그를 치나이다(vinculo…… anathematis). 당신을 의지해서 모든 백성이 그것을 알게 되며 옳다고 인정하도록 그를 묶나이다; 당신은 베드로요, 당신의 반석(petra) 위에 살아 계신 하나님의 아들이 교회를 세우셨고 지옥의 문들이 그를 침범하지 못하나이다(마 16, 18)."

III. 하나의 결과인 "보름스 협약"(1122년 9월 23일)

"서임논쟁"이라는 명칭이 너무나 협소하기 때문에(위를 보라) 근본적으로는 잘못된 것이듯이, 성직권과 세속권 사이의 싸움이 황제와 교황이 싸움에서 점차 지쳐서(추기경들과 제국제후들이 동등하게 참석한 가운데 이루어진) 사전 협의들을 거친 후에 보름스에서 비기는 것으로 합의함(라이프니쯔 이후로는 일반적으로 "보름스 협약"이라고 부른다)으로 영원히 끝났다고 말할 수도 없다. "두 권세"의 관계는 오히려 그 후부터 전통적인 단일성이 이중성으로 해체될 수밖에 없는 분열의 샘플로 전락했다. 이중성은 중세 말엽으로까지의 발전을 규정하고 있다.

e) 하인리히 5세의 조약증서(Pactum Heinricianum)

거룩하고 나눌 수 없는 삼위일체의 이름으로 나, 곧 하나님의 은혜에 의해서 조명된 로마 황제(imperator augustus)는 하나님과 거룩한 로마 교회 그리고 나의 주 칼릭스트를 향한 사랑으로 인해서 내 영혼의 구원을 위하여(pro remedio animae meae), 그리고 하나님과 그분의 거룩한 사도들 베드로와 바울 그리고 거룩한 로마 교회를 위하는 마음에서 반지와 지팡이로 행하는 그 서임권(investitura per anulum et baculum)을 포기하며 내가 왕과 황제로 다스리는 제국에 있는 모든 교회 안에서 선출은 교회법적인 방법으로 이루어지며, 그 서품이 자유롭다는 것을 허락하노라. 이 논쟁의 시작부터 오늘에 이르기까지, 내 부친의 시대이건 내 시대이건 간에 박탈된 복되신 베드로의 소유물들과 수익권들[8]을 그것이 내 소유로 되어 있는 모든 것을 거룩한 로마 교회에 되돌려 주노라; 하지만 내 소관이 아닌 경우에는 되돌려줄 것을 간절히 권하노라. 또한 모든 다른 교회들과 제후들과 성직자이든 평신도이든 다른 모든 사람들의 소유물들이 이 논쟁 가운데에서(werra) 빼앗겼고 그것들이 내 소유인 한에서는 제후들의 조언과 판단(iustitia)을 따라서 되돌려줄 것이다; 하지만 내 소관이 아닌 한에는 되돌려줄 것을 진심으로 권하노라. 또한 주, 교황 칼릭스트와 거룩한 로마교회 그리고 그에게 협조를 하고 있거나 그렇게 하였던 모든 자들에게 정말로 평강을 보증하노라. 그리고 거룩한 로마 교회가 도움을 요청하는 모든 일에 내가 진심으로 도울 것이며, 나에게 호소하는 일에 관해서는 허락되는 만큼의 권리를 주겠노라.……

f) 칼릭스트 2세의 조약증서(Pactum Calixinum)

나, 주교이며 하나님 종들의 종(servus servorum Dei[9])인 칼릭스트가 나의 사랑하는 아들 하인리히, 곧 하나님 은혜로 존귀하신 로마 황제 하인리히에게 독일제국 내에 있는 주교들과 수도원장들이 제국(regnum)에 속해 있는 한 그들의 선출이 당신의 면전에서 이루어질 것을 허락하노라. 하지만 시모니나 다른 폭력성(violentia) 없이 이루어짐으로, 혹시 파당들 가운데에 반목이 일어나지 않는 한에는 당신은 그 교구의 수도주교들과 동료주교들의 조언과 판단에 따라서 더 건전한 파당에(sanior pars) 동의와 도움을 줄 수 있다. 하지만 선출된 자는 당신으로부터 홀을 통해서 수익권[10]을 받아야 하며, 그로 인해서 당신에게 법적으로 짊어져야 하는 것을 그는 이행하여야 한다. 하지만 제국(imperium)[11]의 다른 부분들에서는 그 서임된 자가 6개월 이내에 홀을 통해서 당신으로부터 수익권을 받아야 한다. 그리고 그로 인해서 그가 당신에게 법적으로 책임져야 할 것을 그는 이행해야 한다. 알려진 바대로 로마 교회에 속한 모든 것들은 예외로 한다.

원전 : L. Weiland(Hg.), Gesta pontificum Romanorum, Hannover 1893 (MGH. Const. I), 539ff. (Papstwahldekret); 110 (Wormser Dekret); 159ff. (Wormser Konkordat); PL 148, 407f. (Dictatus Papae); 790 (Exkommunikation Heinrichs). ―참고문헌: G. Tellenbach, Libertas. Kirche und Weltordnung im Zeitalter des Investiturstreites, Stuttgart 1936 (영어 1940 다른 판도 있다); H. Jakobs, Die Hirsauer, Köln 1961 (KHAb 4); J. Fried, Der Regalienbegriff im 11. und

12. Jh., in: DA 29 (1973) 450-528; R. Schieffer, Die Entstehung des päpstlichen Investiturverbotes für den deutschen König, Stuttgart 1981; W. Hartmann, Der Investiturstreit, München (1993) ^{2}1996; J. Laudage, Gregorianischen Reform und Investiturstreit, Darmstadt 1993 (EdF 282); W. Goez, Kirchenreform und Investiturstreit, Stuttgart 2000.

1) 이와 관련해서는 위 Nr. 19, 각주 1을 비교하되 Nr. 14와 함께 보라.
2) 위 Nr. 30, 각주 1을 보라.
3) 이들은 추기경주교들 외에 추기경장로와 추기경집사들이다. 곧 주교장로회에 속한 로마 도시 성직에 속한 자들을 말한다; 11세기에 로마의 추기경단이 지역적-로마 도시 체제에서 온 교회의 체제가 된다.
4) 레오 1세, 편지 Ad Rusticum Narbonnensem(PL 54, 1203).
5) 곧 하인리히 3세
6) "콘스탄틴 증여"를 연상케 한다(위 Nr. 17, §14).
7) 도시 로마의 시민들을 의미하는 것이 분명하다(그리고 이와 함께 로마 수호자라는 호칭에 대한 새로운 이해도[위 Nr. 19, 각주 1을 보라]!).
8) 레오 9세 이후로 개혁교황들이 주장한 바 거룩한 로마 교회와 사도 보좌의 "왕권적인 사제직"의 기반인 소위 Regalia sancti Petri를 말한다. 이 사제권은 로마에 국가를 가짐과 그 양도 불가능성으로 이루어진 "콘스탄틴의 증여"(위 Nr. 17을 보라)를 가리키고 있다. 이미 1095년 독일의 대립 왕 콘라드 3세가 바로 이 형식을 따라야 했다면, 황제 하인리히도 보름스 협약에서 그렇게 한 것이다.
9) 그레고리 1세에 관해서는 위 Nr. 10을 보라(제목).
10) 이것은 홀에 의한 봉토와 같다. 곧 왕에 의해서 개인적으로 홀이라는 상징을 통해서 주어지는 제국교회 재산을 말한다.
11) regnum teutonicum 외에 황제의 나라(imperium)는 (제국에 속한) 이탈리아와 부르군드를 포함한다.

33. 스콜라 신학체계로의 전환기의 중세 신학의 노정

a) 11세기 성만찬 논쟁과 그 결과들

이 논쟁은(샤르트르의 성당학교[훌베르트 지도하에서] 출신인) 투르의 본당학교 "교장"(scholasticus) 베렝가르(1088년 사망)와 노르만디에 있는 벡의 수도원학교를 이끄는 그의 맞수인 랑프랑(1089년 사망)의 이름과 관련되어 있다. 이 논쟁은 코르비 수도원의 두 수도사 라드베르투스와 라트람누스(위 Nr. 22를 보라) 사이에 있던 논쟁의 새 판처럼 그러니까 교회의 성만찬 관행의 "성례전주의"에 대항한 어거스틴주의적인 "영감주의"의 거듭된 저항으로 여겨진다. 하지만 지금은 신학 안에 변증론을 허용할 것인가를 둘러싼 논쟁이기도 하다("반 변증론자들" 대 "변증론자들").

1. 베렝가르의 것으로 알려진 신앙고백으로부터 발췌(1059년 로마 공의회)

베렝가르는 이미 많은 공의회들(1050년 로마와 베르첼리; 1051년 파리; 1054년 투르)로부터 정죄되었다. 아래 발췌되어서 제시된 베렝가르가 1059년 로마에서 억압 가운데서 서명한 형식은 추기경 실바 칸디다의 훔베르트(Nr. 31과 비교하라) 말고는 누구도 달리 작성하지 않았다.

나 베렝가르(Ego Berengarius), 앙거스의 성 마우리티우스 교회의 무익한 (대-) 집사는 진실하고도 사도적인 믿음을 인정하며 모든 이단사설들, 특히 나로 하여금 지금까지 비판받은(infamatus sum) 원인이 되는 그러한 것을 정죄한다; 이 사설은 감히 제단에 있는 빵과 포도주는 축성 후에 성례일 뿐이며 우리

주 예수 그리스도의 참 몸과 참 피가 아니며(post consecrationem solummodo sacramentum, et non verum corpus et sanguinem Domini nostri Iesu Christi) 오직 성례전 안에서를 제외하고는 – 감각적으로 사제의 손에 닿거나 찢기거나 신자들의 이빨에 의해서 씹힐 수 없다고 주장한다. 차라리 나는 거룩한 로마 교회와 사도 보좌에 동의하며 입으로 그리고 마음으로부터 고백한다. 성만찬 성사론에 관해서(de sacramento dominicae mensae) 주님과 존경받으실 교황 니콜라우스와 거룩한 공의회의 전승, 곧 복음과 사도적 권위를 힘입은 전승을 따라서 확고히 붙들어야 하는 그 믿음을 붙든다. 곧 제단에 있는 빵과 포도주는 축성 후에 단순히 성례일 뿐 아니라(non solum sacramentum) 우리 주 예수 그리스도의 참된 몸이며 참된 피이고, 이것들은 감각적으로(sensualiter) 곧 성례전적으로만이 아니라 실제로(non solum sacramento, sed in veritate) 사제들의 손에 닿으며 나누어지고 믿는 자들의 이빨에 씹힌다는 것(manibus sacerdotum tractari et frangi et fidelium dentibus atteri)을……

2. 랑프랑의 "베렝가르를 반대한 주님의 몸과 피에 관하여"(De corpore et sanguine Domini adv. Berengarium [약 1065년])로부터

(7장) 거룩한 권세들은 내팽개치고 너는 변증으로 너의 탈출구를 찾았다(Relictis sacris auctoritatibus ad dialecticam confugium facis). 하지만 나는 신앙의 비밀 안에서 그 일 자체에 직결될 수밖에 없는 것을 듣고 가르치기(문자적으로: 대답하기)를 힘쓰면서(auditurus ac responsurus quae ad rem debeant pertinere) 논리의 증명전거들보다는(quam dialecticas rationes) 거룩한 권세들(곧 성경과 교부들의 전승)을 따

르고 (그에 따라서) 가르치는 것을 더 우선시하고 있다.…… (랑프랑은 계속해서 말하기를, 하지만 그는 자기 맞수의 철학적 반박에 대항해서 변증의 수단을 사용한다면 하나님과 그의 양심[conscientia]이 그가 신앙적인 문제들을 다룰 때는[in tractatu divinarum litterarum] 아주 기꺼이 변증술을 포기한다는 것에 증인이 될 것이다; 변증술이 그 대상을 더욱 분명하도록 하는 곳에서만 그것을 그는 사용하려고 하였다. 여기에 대해서는 어거스틴이 특히 자기의 책 *De doctrina christiana*에서 이 분과에 대해서 할당했던 칭찬이 정당성을 부여한다).

(18장) (베렝가르 쪽에서 나온 모든 혐의와 모욕을 반박하고 난 후에 교회의 성만찬 가르침은 긍정적으로 간략하게 아래와 같이 전개될 수 있다:) 세상 본질들(terrenae substantiae), 곧 주님의 식탁에서(in mensa Dominica) 사제의 직무를 통해서 하나님에 의해서(divinitus) 거룩하게 된 것은 표현할 수 없고 파악할 수 없으며 기적을 일으키는 방식으로(또는: 기적으로) 높고 높은 권세의 역사로 말미암아 우리 주님 몸의 실체로 변화하였다(ineffabiliter, incomprehensibiliter, mirabiliter, operante superna potentia, converti in essentiam Dominici corporis). 동시에 사물의 외양과 또 다른 여러 속성들은 유지됨으로(reservatis ipsarum rerum species et quibusdam aliis qualitatibus) 받을 때(몸과 피를) 그 어떤 날 것과 피가 나는 것 때문에 놀라지 않고 신자들이 자기들 신앙을 위한 더 큰 보증을 받게 한 것이라고 우리는 믿는다. 그럼에도 불구하고 주님의 몸은 동시에 죽지 않으시고 손상되지 않으시고 축소되지 않고 더럽혀지지도 않고 건드려지지도 않으면서 하늘의 아버지 우편에 계신다(ipso tamen Dominico corpore existente in coelestibus ad dexteram Patris……). 따라서 우리는 동정녀에게 잉태되신 바로 그 몸이지만 또한 동시에 그 몸이 아닌 것을 먹는다고 말하는 것은 합당하

다. 자기 존재와 자기 본성의 특성들과 힘으로 본다면 그분은 동일하신 분이시다; 하지만 빵과 포도주 그리고 또 다른 위에서 요약한 면들을 본다면 바로 같은 분이 아니시다(Ipsum quidem, quantum ad essentiam veraeque naturae proprietatem atque virtutem: non ipsum autem, si spectas panis vinique speciem caeteraque superius comprehensa). 이 믿음을 교회는 예로부터 확고히 붙들었고 오늘까지도 굳건히 붙들고 있다.……

3. 베렝가르의 "랑프랑을 반박하는 성만찬에 관하여"(De sacra coena adv. Lanfrancum [약 1068년])

내가 진리를 드러내기 위해서 변증적인 개념들(verbis dialecticis)을 사용한다는 것은 내가 (궁여지책으로) 변증에서 도피처를 찾았다는 것을 말하지 않는다. 내 생각에 그것은 "하나님의 진리"와 "하나님의 능력"(고전 1:24 비교)과 상충하지 않는다. 오히려 문예의 모든 규범을 따라서 이것을 반대하는 자들을 반박하려고(arte revincere) 한 것이다.…… (마 12:27; 22:43. 45ff. 비교). 대략(말한다면) 모든 면에서 변증론으로 피한다는 것은 큰 용기의 표시이다(Maximi plane cordis est, per omnia ad dialecticam confugere); 그리로 피한다는 것은 이성(ratio)에게로 도피하는 것을 의미하기 때문이다. 그리로 방향을 돌리지 않는 자는 자기 명예를 포기하는 것이다. 왜냐하면 이성을 따라서 하나님의 형상으로 지음 받았기 때문이다(cum secundum rationem sit factus ad imaginem Dei), 그리고 매일 하나님 형상을 향해서 새로워질 수 없다(renovari de die in diem ad imaginem Dei [고후 4:16을 비교!])…… (다른 것들과 함께 어거스틴의 De ord. 2, 13, 38; 16, 44 인용이 뒤따른다) 어떤 양심적인 사람(cordatus homo)도 어떤 문제에서 선택이 가능하다면 자기 이성과 함께 망하기보다는 차라리 권위에 승복하는 것을 선택한다는 점에서는(ut malit auctoritatibus circa aliqua credere, quam ratione, si optio detur, perire)[1] 당신을 따를 수 없다.……

당신의 배움을 감안해서 말한다면! "제단 위에 놓여 있는 빵이 축성을 하고 난 후에는 그리스도의 몸과 피"라고 말하는 것은 "그리스도는 사자다"(행 5:5), "그리스도는 양이다"(요 1:36) 또는 "그리스도는 모퉁이 돌이다"(엡 2:20)라고 말하는 것과 같이 비유적인 표현방법[2]이라는 것은 확실하다.…… 주님께서 우선 먼저 나오게 한 빵에 대해서 그것이 자기 몸이라고 하신다면, "이것", 곧 사물인 이 빵이 "내 몸이다"(마 26:26)고 말할 때 본래 이야기하는 방식으로 말하지 않았다(non est locutus proprie); 바르게 먹을 때(고전 11:27. 29 비교) 그분이 영혼을 치료하는 일을 할 수 있는 존귀함을 주신 그(하나하나의) 구체적인 빵(panis ille individuus)은 하나님의 지혜로서 동정녀인 엄마의 몸 안에 계셨던(잠 9:1 비교) 그 구체적인 몸이라고 할 가능성이 전혀 없다; 그러므로 "빵"이라는 그 주어가 되는 용어(subiectus term-inus, quod est panis)는 본래 의미로(propria ……locutione) 이해되어야 하고,(단지) 서술어(praedicatus terminus), 그러니까 그(문제의) 말 "내 몸"(quod est in propositione: meum corpus)은 비유적 방식(tropica [locutione])[3]으로 이해해야 한다.…… 제단에서의 축성으로 말미암아(Per consecratione altaris) 빵과 포도주가 믿음의 성례(sacramentum religionis)가 되는데 자기의 옛 본질을 버리기 위해서가 아니라 보존하면서(non ut desinant esse, quae erant, sed ut sint, quae erant) 다른 것으로 변화되기 위해서(et in aliud commutentur) 그렇게 되는 것이다[4].—말하자면 누구도…… 내가 제단에서의 축성으로 말미암아 빵으로부터 그리스도의 몸이 나타난다는 것을 부인했다고 생각하면 안 된다. 분명하게(plane) 빵으로부터 그리스도의 몸이 나타난다; 당연히 그가 빵이기는 하지만 말하자면 그 주어가 되는 것이 파괴되어 버리지 않으면서 그렇다는 것이다(sed ipse panis non secundum corruptionem subiecti). 그래서 이렇게 반복해서 말한다면 이전에는 존재하지 않던 것이 되기 시작한 그 빵은 그리스도의 몸이 되지만 바로 몸의 출생함으로 되는 것은 아니다(panis …… fit corpus Christi, sed non generatione ipsius corporis); 그 이미 오래 전에 단 한 번(semel) 태어난 그리스도의 몸이 또 한 번 태어날 수는 없다; 오히려 이렇게 말하겠다, 축성 전에는 절대로 존재하지 않은 빵이 되는 것이고, 그 빵 곧 (아주) 보통(commune quiddam) 빵에서 축복을 하는 그리스도의 몸이 된다(fit…… panis…… de pane…… beatificum corpus Christi). 그러면서 그 빵이 파괴되어서 빵이기를 포기하지 않으며 또한 그렇게 그리스도의 몸이 출생으로 말미암아(per generationem sui) 되기 시작하는 것도 아니다; 이는 그 몸이 이미 오래도록 그 축복된 불멸으로 존재하였기 때문에 그 몸이 지금 또 다시 태어날 수는 없기 때문이다.[5)]……

(그리스도께서는) 육신적인 먹고 마심, 곧 외적인 물질: 빵과 포도주를 수단으로 해서 영 안에서 발생하는 것, 곧 그리스도의 살과 피를 의미하는 그 영적인 먹고 마심을 기념하라고 명하신다(ut per comestionem et bibitionem corporalem…… commonefacias te spiritualis comestionis et bibitionis, quae fit in mente de Christi carne et sanguine). 그러니까 너의 아주 깊은 내면에서 말씀이 육신이 되시고 고난받으심으로 말미암아 네가 강건해진다면(dum te reficis in interiore tuo incarnatione verbi et passione).[6)]……

4. 베렝가르의 마지막 신앙고백, 그레고리 7세의 로마 공의회 (1079년 2월 11일)에 제출됨

나 베렝가르는 마음으로 믿으며 입으로 시인하기를 제단 위에 있는 빵과 포도주는 거룩한 기도와 우리 구세주의 말씀을 통해서 그 본질이 참되며 본래적이며 생명을 주시는 우리 주님의 살과 피로 변화되며 축성 후에는 그리스도의 몸 곧 동정녀로부터 태어나시고 세상의 구원을 위한 제물로 십자가에 달리시고 아버지의 오른 편에 계신 그리스도의 몸이며, 그의 옆구리로부터 흘러나온 피이다; 이것들은 단순히 성례전의 형상과 능력으로만 그렇다는 것이 아니고 본성의 본유성과 본질의 실제에서도 그러하시다(Ego Berengarius corde credo et ore confiteor, panem et vinum, quae ponuntur in altari, per mysterium sacrae orationis et verba nostri Redemptoris substantialiter converti in veram et propriam et vivificatricem carnem et sanguinem Iesu Christi Domini nostri et post consecrationem esse verum Christi corpus, quod natum est de Virgine et quod pro salute mundi oblatum in cruce pependit, et quid sedet ad dexteram Patris, et verum sanguinem Christ, qui de latere eius effusus est, non tantum per signum et virtutem sacramenti, sed in proprietate naturae et veritate substantiae). 바로 이(교황의) 사면장에 담겨 있으며 내가 읽은 바와 같으며 당신이 이해하는 것과 마찬가지로 나는 믿으며 앞으로 이 신앙에 반대하여서는 아무 것도 가르치지 않을 것이다. 이를 위해서 이 거룩한 복음들과 함께 하나님께서 나를 도우시기를 바란다.

원전 : Berengar: De sacra coena, ed. R. B. C. Huygens, Turnhout 1988 (CChr. CM 84); DH 690 und 700 (= Bekenntnisse von 1059 und 1079); Lanfranc: PL 150, S. 407-442.—참고문헌: L. Hödl, Die confessio Berengarii von 1059, in: Schol. 3 (1962) 370-394; B. Neunheuser, Eucharistie in Mittelalter und Neuzeit, in: HDG 4/4b, 1963; H. de Lubac, Corpus mysticum. Kirche und Eucharistie im Mittelalter, Einsedeln 1969; H. Chadwick, Ego Berengarius, in: JThS 40 (1989) 414-445.

b) 켄터베리의 안셀름

아오스타에서 롬바르드 귀족 가문의 후예로 태어난(1033/34) 안셀름은 1060년 유명한 동향인인 랑프랑(위 Nr. 33a를 보라)에게 매료되어서 노르만디에 있는 벡 수도원에서 수사복을 받을 때까지 프랑스의 여러 학교에서 수학하였다; 1063년 수도원의 부원장과 동시에 수도원 학교의 책임자가 되었고, 이 학교를 모든 면에서 인정받는 학문의 중심지로 만들었다(1079년부터는 수도원장). 랑프랑이 죽은(1093) 후 그의 후계자로 노르만 왕 빌헬름 2세가 그를 켄터베리의 대주교, 그리고 영국교회의 수장으로 임명하였다. 이 신분으로 그는 자기를 임명한 바로 그 왕과 그 후계자(하인리히 1세) 치하에서 3년씩 두 번 추방되었다(1097-1100과 1103-1106). 이는 그가 "노르만의 관습"(norman customs)에 따라서 왕이 주교들, 수도원장들과 고위 성직자들을 임명한 것을 받아들이지 않고, 자기 허락이 있어야만 이들이 교황의 편지나 대리인을 맞이하도록 하였고 마지막에는 중죄 때문에 귀족들과 왕의 신하들에게 공식적인 교회 속죄를 명할 것을 거부하였기 때문이었다[7](영국의 서임논쟁). 안셀름은 켄터베리에서 1109년 4월에 사망하였다.—신학사적으로 볼 때 안셀름은 "스콜라주의(초기) 아버지"였다. 곧 그때까지는 제한적인 아리스토텔레스 지식을 기초로 하였지만 어거스틴으로부터 강력한 영향을 받아서—엄격하게 수도원적이고 교회적인 범위 안에서 조직적이고 절제된 "변증법"을 사용하였다.

1. 안셀름의 신존재 증명

자기의 첫 번째 책(1067/7)인 모놀로기온 또는 "독백"에서 안셀름은 Exemplum meditandi de ratione fidei("신앙의 근거에 관해 묵상하는 한 예")를 제시하였다[8]; 곧 그는 오직 이성을 수단으로(sola ratione) 그러니까 성경의 도움이 없이 하나님 존재(essentia)에 관해서 믿음이 가르치는 바의 모든 것을 다시금 발견하려고 하였다. 이 문서의 증명과정(소위 안셀름의 우주론적 하나님 존재증명)에는 (분명히 어거스틴을 통해서 전해진) 플라톤의 참여에 관한 생각이 기초하고 있다는 것은 명백하다.—이 빛 가운데에서 프로슬로기온(1077/8)의 그 더욱 유명한 소위 존재론적 존재증명을 보아야 한다(프로슬로기온 = "말 건넴"; 바른 제목은: Fides quaerens intellectum["자기 자신의 증명 근거를 이해하려고 하며"—이와 함께 이해하는 중에 자기 자신이 분명해지는 것을—"찾는" 신앙]). 이 증명도 어거스틴으로부터[9] 발전되었을 가능성이 있다. 이 두 사상가에게 신앙은 사색의 출발점이기 때문에 안셀름이 자기 문서를 기도로 시작하는 것을 보게 된다:

(I장) …… 제가 고백하나이다, 주여, 그리고(당신께) 감사를 드림은 당신께서 내 안에 이 당신의 형상(te imago)[10]을 만드셨기에 내가 당신을 기억하며 당신에 대해 생각하고(cogitem) 당신을 사랑하기 때문입니다. 하지만 범죄 함으로 파괴되고(abolita attritione vitiorum), 죄악의 연막으로 어두워져서 당신께서 새롭게 하시고, 다시 회복시키지(reformes) 않으시면 창조된 목적을 이룰 수 없을 만큼 되었나이다. 주여 당신의 깊으심(altitudo)을 뚫고 들어가려고 하지 않겠나이다, 왜냐하면 나의 영이 거기에 도저히 미치지 못함을 알기 때문입니다; 그저 어느 정도

(aliquatenus)까지만 내 영이 믿고 사랑하는 당신의 진리를 이해하고 싶습니다. 물론 믿기 위해서 알려는 것이 아니라, 알기 위해서 믿고자 합니다(Neque enim quaero intelligere ut credam, sed credo ut intelligam). 그러니까 저는 먼저 믿지 않으면 이해할 수 없다는 것(사 7:9[LXX] 비교)도 믿나이다.

(II장 다시 한 번 안셀름은 최상의 것을 시도하기 전에 믿음의 기초를 확실하게 하면서 하나님께 intellectus fidei, 신앙의 통찰을 간구하였다:) 그러니까 신앙에다가 통찰까지 주시는 주님이시여, 주소서 내게, 당신 생각에(내가) 감당할 수 있는 한에서 당신께서 우리가 믿는 바와 같이 존재하시며(quia es), 우리가 믿는 바와 같으신 분임(et hoc es quod credimus)을 들여다보게 하소서. 곧 당신께 대해서 우리가 아는 바는 당신은 더 큰 것을 생각할 수 없는 바로 그것입니다(aliquid quo nihil maius cogitari possit). 아니면 "미련한 자가 자기 마음에 이르기를 하나님은 없어"(시 14:1; 53:2)라고 하기 때문에 그런 존재(natura)는 없는가요: 하지만 미련한 자도 내가 "더 이상 큰 것을 생각할 수 없는 것"이라고 말하면 내 말을 이해합니다; 그는 들은 것을 이해하며, 아무리 그가 이런 것이(실제로) 존재하고 있다는 것을(여전히) 이해하지 않는다 하더라도 그가 이해한 것은 그의 이성에 존재합니다. 이는 이성 안에 있는 한 사물의 실재(그러니까 자기 인식)와 그것이 실존한다는 것을 인식하는 것 사이에는 엄청난 차이가 있습니다(Aliud enim est rem esse in intellectu, aliud intelligere rem esse). 어떤 화가가 작품을 구상한다면(praecogitat quae facturus est) 그는 이미 자기 생각 속에 그 작품을 가졌으나, 자기가 아직은 그 작품을 만들지 않았기 때문에 이미 존재한다고는 생각하지 않습니다. 그 그림을 그리고 나서야 그는 그 작품을 생각 안에 뿐 아니라 실재한다고도 생각하는 것이지요. 그러니까 미련한 자도 더 이상 큰 것을 생각

할 수 없는(그) 어떤 것이 존재한다고 믿게 됩니다; 이는 그는 자기가 들은 것을 이해하며, 이해된 모든 것이 그의 생각(안)에 있기 때문입니다. 그러므로 실제로 그 더 이상 큰 것을 생각할 수 없는 것은 생각 안에만 있는 것이 아닙니다. 말하자면 생각 안에만 있다면 (생각 안에만 있음보다) 더 한 것이 실제로 존재한다고 생각할 수 있습니다. 따라서 더 이상 큰 것을 생각할 수 없는 것이 생각 안에만 있다면(바로 그) 비교할 때 더 큰 것을 생각할 수 없는 것은 더 이상 큰 것을 생각할 수 있는 것이 되고 맙니다(Si ergo id quo maius cogitari non potest, est in solo intellectu: id ipsum quo maius cogitari non potest, est quo maius cagitari potest).[11] 하지만 이것은 있을 수 없습니다. 따라서 의심의 여지가 없이 더 이상 큰 것을 생각할 수 없는 것은 생각 안에만이 아니라 실제에도(et in intellectu et in re) 존재합니다.

(III장) 이것(비교할 때 더 이상 큰 것을 생각할 수 없는 것)은 실재하지 않는다고 생각할 수 없을 정도로 실제로 존재합니다(sic vere est). 말하자면 우리는 실재하지 않음은 생각할 수 없는 것을 생각할 수 있습니다; 그리고 그것은 우리가 실재하지 않음을 생각할 수 있는 것보다 우월합니다. 따라서 더 이상 큰 것을 생각할 수 없는 것이 실재할 수 없는 존재로 생각할 수 있다면, 더 이상 큰 것을 생각할 수 없는 바로 그(찾던)것은 생각할 수(만) 있는 그 가장 큰 것이 아닙니다.[12] 하지만 이것은 (논리적으로) 있을 수 없습니다(quod convenire non potest). 따라서 비교할 때 더 이상 큰 것을 생각할 수 없는 것은 실제로 있는데, 존재할 수 없다는 것은 모순 없이는 생각도 할 수 없을 만큼 (있습니다).

그런데 이것이 바로, 주님이시여, 우리 하나님이신 당신이십니다(Et hoc es tu, domine deus noster). 그러므로 주 나의 하나님 당신은 실제로 존재하심으로 당신의 없음은 생각할 수 없나이다. 그리고 이것은 당연합니다(Et merito). 왜냐하면 그 어떤 영이 당신보다 자신을 더 나은 것으로 생각할 수 있다면 피조물이 창조자보다 우위에 있는 것이며 창조자를 자기 판단 하에 놓는 것이 되기 때문입니다. 이것은 완전히 정신 빠진 일일 수밖에 없습니다. 당연히 당신을 제외한 모든 것은 존재하지 않는다고 생각할 수 있습니다. 당신만이 가장 실제적인 방식으로 존재하시며 자기 존재를 최고로 가지고 계십니다. 왜냐하면 그밖에 있는 것은 그렇게 실제적인 방식도 아니고, 따라서 더 못한 방식으로 존재에 참여하기 때문입니다. 모든 이성적인 생각에는 당신께서 모든 것 중에서 최고로 실제로 존재하시는데, 왜 "어리석은 자는 자기 마음으로 하나님은 없다"고 할까요? 이는 그가 단세포이고 미련하기 때문이지요.

2. 안셀름의 구원론 및 화해론

프로슬로기온의 주장은 최고 단계의 생각의 가능성으로 보는 하나님 개념이 매개가 되어 안셀름에 의해서 그가(1098년 귀양살이에서 완성시킨) 문서 Cur deus homo?("왜 하나님이 인간이 되셨는가?")에서 전통적이며 구원사적인 구원론에까지 적용되었다. 예를 들어서 그는 하나님께서 자기 아들의 십자가의 죽음을 통해서 인간을 "속량"한 마귀와 하나님 사이의 법적인 홍정이라는 전통적인 이론을 "전래된 것"(causae convenientes)이라고 낙인찍으면서 이성적인 근거(causae necessariae)를 제시하려고 애를 썼다: 범죄의 타락, 그러니까 처음에는 마귀, 나중에는 아담의 타락으로 말미암아 권세와 명예가 손상되었기 때문에 하나님께서는 인간을 다른 방식이 아니라 그가 행한 방식, 곧 deus homo의 성육신을 통해서 구원하셔야 "만" 하셨고 "하실 수" 있었다. 이 "객관적 화해론"(T. Christensen)은 중세의 "보편논쟁"[13] 중 하나의 입장인 인식론적인 개념주의와 분명하게 맥을 같이 하고 있다.

(서론) 이 책은 나도 모르는 가운데 완성되어 검증되기도 전에 그 첫 부분을 베껴서는 내 계획보다 급하게 그리고 그 때문에 내가 생각했던 것보다는 짧게 베낀 그 어떤 사람들 때문에 가능한 한에서 마무리 지을 수밖에 없었다. 지금 언급되지 않은(quae tacui) 많은 것들을 사실은(이 책을) 조용히 그리고 합당한 크기로 제시할 수만 있었다면 첨부하고 보충했어야만 했었다는 말이다. 말하자면 심적인 큰 어려움 가운데에서—무엇 때문에 그리고 왜 내가 그것을 겪었는지 하나님은 아신다—이 책을 부탁받아서 영국에서 시작해서 속주 카푸아에서 나그네 신분으로 마무리하였다. 다루는 내용에 걸맞도록 "왜 하나님께서 인간이 되셨는가"라고 제목을 붙였고, 작은 두 책으로 나누었다. 그 첫 번째는 기독교 신앙이 자기들 생각에는 이성과 모순이 되기 때문에 이것을 비판하는 불신자들의 이의와 믿는 자들의 반격을 담고 있다. 마지막으로—그리스도와는 전혀 관계가 없는 것처럼 그리스도를 언급하지 않는(remoto Christo, quasi numquam aliquid fuerit de illo)—어떤 사람도 그분 없이 구원받는다는 것이 불가능함을 필연적인 이성을 근거(rationibus necessariis)로 증명하였다. 두 번째 책에서는 마치 그리스도에 관하여 모르는 것처럼(similiter quasi nihil sciatur de Christo) 충분히 명백한 근거와 진리를 가지고 인간의 본성은 한편으로는 전인, 곧 몸과 혼을 가진 전인은 복된 그 불멸성을 기뻐하도록 만들어졌다는 것; 그리고 다른 한편으로는 인간이 만들어진 그 목적은 필히 인간과 함께 이루어지지만, 중보자로서 인간이 되신 하나님을 통해서만(sed non nisi per hominem deum) 이루어진다; 마지막으로 우리가 그리스도를 보며 믿는 모든 것은 필연적으로 이루어져야만 한다(ex necessitate…… fieri oportere)고 지적하였다.

(1권, 1장 [서두]) 많은 사람들이 종종 그리고 아주 급하게 말로 글로 내게 부탁하기를 우리 신앙과 관련한 어떤 질문에서 내가

질문하는 자들에게 답변하곤 했던 그 근거들을 문서 형태로(후세대가) 기억하도록 남겨달라고 하였다. 말하자면 그들은 그 근거들이 자기들에게 만족스러웠고 충분한 것으로 여겨진다고 하였다. 그들이 하는 부탁의 목적은 이성을 통해서 신앙으로의 접근을 얻으려는(ut per rationem ad fidem accedant) 것이 아니라 자기들이 믿는 것을 통찰하고 주시하는 것을 즐기려는 것이고 자기들 능력에 따라서 "우리 안에 있는 소망에 대해서 자기들에게 설명을 요구하는 모든 자들에게 항상 만족을 줄 준비를 갖추려는 것"(벧전 3:15)이었다.……

(2권 22장, 전체를 마무리하는 장; 내용: "언급한 것으로 신약과 구약의 진리가 증명되었다") 보소[14]: 당신이 말한 모든 것이 내게 이성적이고도 이의를 달 여지가 없어 보입니다. 그리고 우리가 다룬 그 하나의 질문에 대한 해결을 통해서 신구약 전체 내용이 증명되었음을 알게 되었습니다. 하나님께서 인간이 되심은 필연적으로 일어났어야 한다는 것에 대한 증명을 당신은 유대인뿐 아니라 이방인들에게도 오직 이성만을 가지고(sola ratione) 만족할 정도로 제시하셨습니다. 설사 우리 성경으로부터 당신이 진술한 사소한 것, 예를 들면 하나님의 세 인격 되심이나 아담에 관한 당신의 언급들[15]을 삭제한다고 하더라도 말입니다. 그리고 신-인은 새로운 계약에 근거가 되며 옛것을 인정하고 있습니다: 그분(신-인)이 참되시다는 것을 고백해야 하는 것처럼 그렇게 이 신구약에 들어 있는 것이 참되다는 것을 누구도 부인할 수 없습니다.

안셀름: 정정이 필요한 것을 우리가 언급했었다면 그러한 정정이 이성적인 방식으로(rationabiliter) 이루어지기만 한다면 거부하지 않겠다. 하지만 이성의 길로 우리가 발견했다고 믿는 것이 진리의 증언을 통해서 힘을 얻게 된다면 그것은 우리가 아니고 하나님 탓으로 돌려야 한다. "그는 영원히 영광을 받으시는 분이시다. 아멘"(롬 1:25).

3. 변증론자들을 반대하여(말씀의 육신이 됨에 관한 편지로부터 [Epistola de incarnatione verbi, 1][16])

(교황 우르반 2세에게 편지를 헌정하고 나서 잘못된 변증론자들에 대한 공격에 앞서서 프랑스의 "어떤 성직자"[꽁삐엔느의 로셀린[17]을 염두에 둔 것이 분명하다]의 물의를 일으키는 생각의 실험, 곧 하나님의 삼위일체 앞에서도 멈추지 않는 생각의 언급이 나온다). 하지만 질문을 다루기 전에 부끄러운 줄도 모르는 뻔뻔함(nefanda temeritas)으로 기독교 신앙이 고백하는 것을 자기들의 이성으로 파악할 수 없다는(단순한) 이유로 그것을 논의의 대상으로(또는 비판하려고) 감히 시도하는(audent disputare contra aliquid eorum) 자들의 시도(praesumptio)에 제동을 걸기 위해서 어떤 것들을 먼저 다루려고 한다. 그들은 심지어 멍청한 오만으로(insipienti superbia) 자기들이 이해할 수 없는 것은 결코 있을 수 없다고 판단한다; (그 대신에) 그들은 겸손한 지혜로(humili sapientia) 자기들이 파악할 수 없는 많은 일들이 있다는 것을 시인하여야 한다. 어떤 기독교인도 보편교회가 마음으로 믿으며 입으로 시인하는(롬 10:9f. 비교) 것이 있을 수 없다는 것에 근거를 제시(disputare)해서는 안 된다; 오히려 의심 없이(indubitanter) 바로 그 신앙을 붙들고 사랑하고 그에 따라서 살고 겸손하게 힘써서 그것이 가능하다는 논리(ratio)를 찾아야 한다.…… (하나님을 향해서 사고로 치솟아 오르기 전에 믿음이 시작을 하고[사 7:9] 마음과 눈을 정결하게 해야만 한다[행 15:9; 시 18:9 등)는 것은 영원히 타당하다. 물론 성경의(또는 신학의[18]) 해석과 연관된 질문들(ad sacrae paginae quaestiones)로 아주 조심스럽게(cautissime) 나아가야 한다는 것을 모든 자들에게 권해야 하지만 어떤 경우에라도 오늘날의 변증론자들(illi utique nostri temporis dialectici), 혹은 특별히 변증 영역에 있는 이단들(immo dialecticae haeretici)은 영적인 일들을 탐구함에서

제외되어야 한다. 그들은 모든 보편 개념들에서(universales substantiae[19]) 겨우 발음의 소리(flatus vocis)만을 보며, 색조에서는 물체(또는: 물체적인 것?) 말고는 아무 것도 보지 못하고, 그리고 인간의 지혜에서는 혼밖에는 보지 못한다. 그들의 혼에는 사람 안에 있는 모든 것 위에 있는 지배자요 판단자가 되어야 하는 이성(ratio)이 육체적인 표상들로부터 벗어날 수 없을 정도로, 그리고 이것들로부터 이성만이 깨끗하게 응시할 수 있는 것이 구분할 수 없을 정도로 엮어져 있다. 많은 사람이 종으로는(in specie) 사람이라는 것을 보지 못하는 자가 감추어져 있으며 가장 지고한 본성(곧 하나님의 본성) 안에서 복수의 인격들(plures personae)이 한 하나님인데 그 각각이 완전한 하나님(perfectus Deus)인 것을 어떻게 알겠는가? 자기의 타는 말과 그 색깔을 구분하는데도 생각이 경직되어 있는 자가 어떻게 한 하나님과 신적 관계성[20]의 복수성을 구별하겠는가? 마지막으로 개별체가 아니면서 하나의 인간이 어떤 것이라는 것을 이해할 수 없는 자는 인간(이라는 개념)에서 오직 하나의 인격체만을 안다; 개별적인 인간은 그러니까 하나의 인격이다.[21] 따라서 이 사람이 어떻게(하나님의) 말씀(요 1:1)이 하나의(개별적인 인간-) 인격이 아니라 인간을 취하셨고,(인간되심에서) 한 인격이 아니라 하나의 본성을 취한 것이었다는 것을 이해하겠는가?—나는 그 누구도 그 가장 깊은 신앙의 질문에 합당하게(idoneus) 되기 전에는 그 질문을 다루지 않도록 하기 위해서 이것을 말하였다.……

원전 : F. S. Schmitt (Hg.), S. Anselmi Cant. Arch. Opera Omnia, vol. I-VI (1938-1961); photomech. Nachdr. in 2 Bde. n Stuttgart 1968.— 참고문헌 : K. Barth, Fides quaerens intellectum, München (1931) ²1958 (Neuausg. in: ders., GA Bd. 13, München 1981); F. S. Schmitt (Hg.), Analecta

Anselmiana. Untersuchungen über Person und Werk. Anselms von Canterbury, 5 Bde., Frankfurt/M. 1969/76; G. R. Evans, Anselm, London 1989; R. W. Southern, St. Anselm, Cambridge 1997.

c) 피터 아벨라르

12세기 초부터 철학적 그리고 신학적인 생명이 점점 더 파리와 그 주변으로 몰려들었다. 이러한 곳들에는 그러니까 여러 가지 이유로 학문적인 삶과 학교교육에 유난히 적합한 조건들이 갖춰졌었다. 아벨라르(1079년 낭트에서 브레타뉴의 기사 혈통으로 태어났지만 학문을 위해서 장남의 권리를 포기하였다; 1142년 4월 21일 샬롱 쉬르 샤온의 성 마르셀 수도원 분원에서 죽었다)는 선생으로서 자기 시대에 엄청난 매력을 발산하였다. 중세의 몇 안 되는 자서전 중 하나를 집필한 사람으로서(제목: Historia calamitatum Abaelardi[아벨라르의 불행 기록]) 이 시대에 거의 찾아볼 수 없을 만큼 우리에게 잘 알려졌다. 여기에서 그는 탁월하게 재능이 있고 명민한 사람이라는 것을 알 수 있다. 동료로 볼 때는 허영과 교만으로 말미암아 반발심을 불러일으켰던 것처럼 선생으로서는 매력을 주었다. 끝없이 학문적이며 개인적인 스캔들에 휘말렸지만—특별히 아들까지 낳은 자기 여제자인 엘루아즈와의 연애관계는 명성을 불러일으켰다—그럼에도 불구하고 그는 진지하고도 그 진지함을 발전시키는 신학자였다. 수많은 그의 제자 가운데에는 후대 교황은 세 명만이 있으며 그의 작품들은 널리 퍼져나갔다; 그의 학문적 방법은 스콜라주의 발전에 기여하였으며, 그의 학교건립은 파리 대학 탄생에 적지 않은 역할을 하였다.

1. 아벨라르와 보편문제

우리의 보편개념들(universalia)의 실재에 관한 질문에 대한 의견들은 오래 전부터 일치를 이루지 못했다. 두 개의 극단적인 것이 실재론과 유명론이다. 때로는 극단적 실재론("비판적 실재론"과 구분하여서)이라고 불리는 전자는 오래된 입장이고 반대자들의 판단에 따르면 결국에는 플라톤에게까지 거슬러 간다. 그들은 플라톤에게 아래의 입장 책임을 전가하고 있다. 곧 보편개념 또는 "이데아"는 독립적으로 스스로, 그러니까 이미 사물 세계의 구체화 이전에(universalia ante res) 존재한다는 것이다. 이와 반대로 중세 "실재론자들"은 일반적으로 아리스토텔레스와 함께 보편을 실재하는 사물 안에(universalia in rebus) 놓는다. 아벨라르 시절 이 실재론을 대표하는 자로 알려진 인물은 한때 파리에서 그의 논리학과 수사학 선생이었던 샹포의 빌헬름(1070-1122)이었다. 곧바로 아벨라르는 그와 완전히 사이가 틀어졌다. 물론 아벨라르는 그 반대편 그러니까 자기 한때 논리학 선생이었던 꽁삐엔느의 로셀린[23]의 유명론 편에도 조금도 서 있고 싶어 하지 않았다. 모든 실재는 필연적으로 개별적이어야만 한다는 그의 주장은 이미 캔터베리의 안셀름이 격렬하게 비판했던 것처럼(위를 보라) 신론에서 삼신론으로 흘러갔다. 오늘날의 해석은 아벨라르가 빌헬름과 로셀린의 중간 입장임을 인정하는 쪽으로 갔다; 이것을 "개념론"이라고 하는데 이것은 물론 철저히 "실재론적" 토대를 견지하면서 순수 유명론과 뒤섞이는 것을 원하지 않는다.[24]—그렇다고 이것이 아벨라르가 심각한 궁지에 빠지게 되는 것을 막지는 못했다. 곧 발간 즉시 위험스럽게 된 "하나님의 단일성과 삼중성"(de unitate et trinitate divina) 주제를 집필하였을 때를 말한다. 그는 무엇보다도 로셀린의 세 분의 삼중적인 본체라는 가르침을 공격한 것이었다; 이것은 동시에 그가 계획한(하지만 결코 이루지 못한) 기독교 구원론에 대한 총체적 설명의 첫 번째 부분이었다. 그는 이것을 두 번이나 수정하였다. 이것은 그의 적들이 첫 번째 판을 근거로 수아송 공의회에서 아벨라르를 정죄하였기에 할 수밖에 없었다. 그는 그 책(소위 최고 선의 신학: Theologia summi boni)을 요구에 따라서 스스로 불 속에 던져 넣었기에 파문을 면하였다. 아래 발췌는 첫 번째 수정본(= 다섯 권으로 된 Theologia christiana)

에서 이루어졌다. 물론 논란이 된 삼위일체론(성만찬론도)이 핵심에서는 변경되지 않았기에 광범위한 저항이 있을 수밖에 없었다; 특별히 아벨라르에게는 클레르보의 버나드(아래를 보라)의 공격이 위협적이었고, 결국에는 버나드는 생 공의회(1140)에서 아벨라르를 정죄하도록 몰고 갔다.

(1권, 1) 완전한 최고선(Summi boni perfectionem)이신 하나님을 그 육신이 되신 하나님의 지혜인 주 그리스도께서 나타내셨고, 유일하고도 둘도 짝이 없으시고 완전하게 나누어지지 않고 단순하신(곧 혼합되지 않으신) 하나님의 본질(unicam et singularem, individuam penitus ac simplicem substan-tiam divinam)을 성부와 성자와 성령이라고 표현하면서 세 개의 이름으로 조심스럽게 나누셨다. 곧 세 가지 근거로 말이다: 아버지는 그 권세(maiestas)의 유일한 능력(potentia)에 따라서이다. 이 능력은 모든 것을 이루시고 아무 것도 거기에 거스를 수 없는 전능과 동일시 될 수 있다; 그와 반대로 동일한 하나님의 본질을 그 본질의 지혜에서 자란 구분능력을 따라서(secundum propriae sapientiae discretionem) 아들이라고 불렀다. 이 능력을 따라서 모든 것을 진리대로(veraciter) 나누고 구분할 수 있어서 본질이 기만당할 수 있는 그 어떤 것도 그 안에 감춰져 있을 수 없는 것이다; 성령이라고 부른 것은 이 본질의 자비에서 생겨난 은혜를 따라서이나(secundum…… benignitatis suae gratiam), 바로 이것으로 하나님의 본질은 그 최고의 지혜가 창조한 모든 것을 그 최고로 자비하심 가운데에서 질서 있게 하며 모든 사물이 자기가 가진 최고의 목적에 어울리게 하며 동시에 악 마저도 선을 위해서만 사용하고 기막힌 방법으로 최악의 악독함을 최고로 선하게 사용한다. 꼭 두 개의 손을 바르게 사용하는 자는 하나의 바른 손을 알고 있는 것처럼 말이다.

(5) 바로 이 권세, 지혜, 자비의 삼중성 안에 그러니까 최고의

선(tota boni perfectio)이 있는 것이다. 그래서 다른 둘 없이는 이 셋 중에서 하나를, 곧 그것이 무엇이 되었든지 간에 사소하게 여겨야 한다. 이는 힘이 있지만 자기 힘을 어떻게 지혜롭게(iuxta modum rationis) 적용시키는 것을 모르는 자의 힘은 해롭고 못쓰게 되기 때문이다. 하지만 지혜로우면서 명민하게 행하는 자가 그것을 관철시킬 수 없다면 효과 없이 낭비하게 된다. 끝으로 힘이 있고 지혜롭지만 전혀 자비롭지 않다면 그는 자기 능력과 재주에 힘입어 자기 계획을 관철시키는 데에 확신이 있으면 있을수록 해로움만 일으키게 될 것이다; 또한 자비심이 이끌지 않는 자는 누구에게도 자기의 자선 행위에 아무런 소망도 갖게 하지 못한다. 하지만 이 세 가지가 함께 있는 자, 곧 자기 계획을 실행할 수 있고, 자비하기에 그 계획이 선하며(bene velit utpote benignus), 미련함 때문에 이성의 기준을 뛰어넘지 않는 자, 그는 이렇게 말할 수 있다. 그는 어떤 경우에서든 참으로 선하며 모든 것에서 완전하며 그의 나라에는 자신이 최고로 만든 모든 것이 최고로 보존되어 있다; 이는 그가 이것을 할 수 있으며 알고 있으며 원하기 때문이다(quippe qui et possit, et sciat et velit).

(6) 따라서 이 삼중성의 구분(Trinitatis distinctio)은 최고선을 설명하기 위해서만이 아니라 사람들을 양심적으로 하나님을 찬양하도록 고무하기에 아주 유용하기도 하다(ad persuadendam hominibus divini cultus religionem). 그러므로 우선적으로 그 육신이 되신 하나님의 지혜도 아주 올바르게 바로 이것을(곧 Trinitatis distinctio) 자신의 선포(praedicatio)에서 다루려고 마음먹었던 것이다. 왜냐하면 두 가지가 우리를 하나님께 복종하도록 하셨기 때문이다: 두려움과 사랑(timor videlicet atque amor). 우리가 잘못을 하는 곳에서 그가 심판하실 수 있으며 그에게는 아무 것도 숨겨질 수 없는 것을 우리가 깨달으면 권세와 지혜가 두려움으로 흘러들어가기 때문이다. 하지만 그의 자비는

사랑으로 가게 됨으로 우리가 가장 자비롭다고 여기는 자를 최고로 사랑하게 된다. 이로부터 분명하게 드러나는 것은 그는 신성모독을 벌주시려 하신다는 것이다; 왜냐하면 의로움이 그를 기쁘게 하면 할수록 불의를 더욱 미워하시기 때문이다. "의로움을 사랑하시고 불의는 미워하셨나이다"(시 45:7)라고 기록되었듯이 말이다.

2. 아벨라르와 신학 방법

아벨라르의 가장 유명한 (다시금 1135/36년 파리에서 가르치는 동안 완성된) 신학서적은 Sic et non(예와 아니오)이라는 제목을 가지고 있다. 150개 이상의 중요한 신학적 물음들(말하자면 신앙을 인간 이성으로 뒷받침해도 되는지, 가능한지 아니면 안 되는지와 같은 것들에 대해서)에 대해서 성경과 교부들에게서 서로 모순되어 보이는 본문들을 함께 엮은 것이다. 방법론적 중점은 이 상충되는 "권위들"의 조화를 위한 기준들을 제시한 서론에 있다. 그 정점은 전래되어 온 많은 자료들이 이해될 수 있다는 생각이다. 말하자면 어떤 진술들(dicta), 성인들에게서 온 것들도 서로 상이할 뿐 아니라 서로 충돌되는 것처럼 보이더라도 "바로 이것으로 세상이 심판받아야 하는……"(지혜서 3:8) 그것을 경솔하게 판단해서는 안 된다; 오히려 자기의 제한된 이해력을 염두에 두어야 한다. 그 다음에 비로소 아벨라르는 그러한 상충되는 권위들을 조화하려는 노력을 경주하며 그 목적을 달성할 수 있는 수단이 되는 기준이나 방법론적인 관점을 제시하고 있다.

(a) 성인들의 어떤 진술들이(다른 본문들과) 충돌되거나 진리를 거스르는 것 같다고 사람들이 우리에게 제시하는 경우에 우리는 틀린 제목이나 본문의 손상으로 말미암아서 혼동되지 않았나 주의깊게 보아야 한다. 외경문서들이 성인들의 이름을 제목에 달면서 이런 방식으로 권위를 가져보려고 하는 일이 많다; 더욱이

성경 책 안에도(in ipsis etiam divinorum Testamentorum scriptis) 필사자들의 첨가로 말미암은 실수들이 있다.

(b) 이와 같이 내가 믿기로는 성인들의 글에서 진술된 것이 그들 자신들에 의해서 다른 곳에서 다시금 취소되었는지(ab ipsis alibi retractata) 또 복되신 어거스틴이 많은 곳에서 했던 것처럼 그들이 진리를 깨닫고는 바로 잡아졌는지를 눈여겨야 한다; 혹은 그들이 자기들의 생각을 제시하기보다는 자기 것이 아닌 의견들을 제시하였는지도 보아야 한다.……; (마지막으로) 자기들이 조사한 것을 하나의(주제, 하나의) 확고한 주장을 통해서 마무리 짓기보다는 오히려 질문으로 남겨 놓았는지(sub quaestione potius reliquerunt) 주의하여야 한다.……

(c) 동일한 문제에 대해서 다양한 언급이 있으면 무엇이 엄격하게 지켜야만 하는 명령으로 삼고 있는지, 무엇이 관대함을 베풀도록 되어 있는지 무엇이(더 높은) 완전함을 향하도록 깨우치는 것을 목적을 하고 있는지 주의깊게 검증해서 목적의 다양함을 따라서 우리로 하여금 모순(을 다루기) 위한 수단(adversitatis…… remedium)을 얻게 하여야 한다. 명령(praeceptio)과 관계되었다면, 보편적인 법칙인가 아니면 개별적인 법칙인가, 말하자면 모두에게 공통적으로 관련되고 있는지 아니면 특수하게 관련되고 있는지를 살펴야 한다는 말이다. 또한(서로 상이한) 시대와 해제(Dispense 해방)의 근거들도 눈여겨야 한다. 왜냐하면 어떤 것들은 한 시대에는 허락되었지만 다른 시대에는 금지되기도 하였기 때문이다.……

(d) 모순의 해결(그리고 그와 함께 일치하지 않는 교부문서들의 조화)이 아주 자주 힘도 들이지 않고 동일한 개념들이(verba) 상이한 저자들에 의해서 상이한 의미로 사용되었다는 증명으로 얻어지기도 한다.

(e) (언급한 모든 방법적인 도구를 거부하고) 모순이 그 어떤

방식으로도 해결될 수 없음이 분명하면, 권위를 비교하여서 더 나은 증거와 분명한 근거를 가지고 있는 것(quae potioris est testimonii et maioris confirmationis)에 우선권을 주어야 한다.……

(이어서 아벨라르가 주의를 준다: 누구도 교부들의 문서를) 믿어야 할 의무를 가지고 읽을 필요가 없고 판단의 자유를 가지고 읽어야 한다(Quod genus litterarum non cum credendi necessitate, se cum iudicandi libertate legendum est). 하지만 이 자유가 모든 기회(locus)를 놓치고 후세대들(posteri)이 어려운 문제들을 구두로나 문서적으로 궁구하고 모색하는 그 넘치는 교정하는 노력을 빼앗기지 않게 하기 위해서(ad quaestiones difficiles tractandas atque versandas linguae et styli saluberrimus labor) 후대의 책들과는 구약과 신약의 그 특별한 정경의 권위(excellentia canonicae auctoritatis Veteris et Novi Testamenti)를 구분하여야 한다. 거기에서 우리가 이해할 수 없는 것(quid veluti absurdum)을 만나게 되면 "이 책의 저술가가 진리에 머무르지 않았다(non tenuit veritatem)"고 말해서는 안 되고 "사본이 문제가 많다거나(곧 잘못된 독법을 제시한다거나) 해석자(interpres)가 오류에 빠졌다거나—아니면 당신이 (이곳을) 이해하지 못했다고 하여야 한다." (바로 성경과 후대, 곧 교부들 문서의 구분이다. 독자가 여기에서 어떤 부분의 의미를 해석할 능력이 없다면 그것에 찬성하거나 아니면 반대하는 자유가 있다. 그에게 그 부분이 마음에 든다거나 믿을 수 없다고 해도 그 어떤 비판을 받지 않는다).

(서론의 끝으로 그가 자기 책 Sic et non으로 추구하였던 목적을 분명하게 하였다.) 이것을 진술하고 나서 내가 판단내린 것처럼 거룩한 교부들의 그 서로 다른 의견들을 모으려고 한다. 내가 기억하는대로 일치되어 보이지 않음으로 젊은 독자들로 하여금 진리를

찾으려는 큰 노력을 자극하며 그 추구로 말미암아 그들의 안목을 예리하게 만드는 그 질문들을 불러내려고 한다. 이것이 진리에의 첫 열쇠라고 정의하여야 하기 때문이다: 꾸준하면서도 거듭되는 질문들. 모든 철학자들 가운데 가장 통찰력이 있는(philosophus ille omnium perspicacissimus) 아리스토텔레스는 관계에 관한 자기 가르침[25]을 아래와 같은 주의로 마무리하면서 배우는 자들에게 바른 갈망으로 질문에 매진하라고 자극하였다: "물론 사전에 거듭거듭 궁구하지 않고는 그러한 질문들에 관해서 정확하게 말하는 것은 어렵다. 그럼에도 불구하고 모든 개별적인 질문에 있는 문제들을 궁구하였던 것은 유익하지 않을 수 없다." 그러니까 의심을 통해서 우리는 연구하게 되고 연구는 우리를 진리로 이끈다, 인격체 안에 있는 진리의 외침을 따른다면 말이다: "찾으라 그러면 찾을 것이요, 두드리라 그러면 열리리라"(마 7:7). 이것을(인간이 된 진리인 그리스도가) 우리에게 자기 자신의 예를 통해서 보여주었다. 곧 그가 12살 때(성전에서) 서기관들 가운데 앉아 있는 것이 드러날 때(눅 2:41ff.비교); 또한 그는 선포를 통해서 선생의 역할을 보여주기보다는 질문을 통해서 생도의 역할을 우리 눈에 보여주었던 것처럼 말이다. 그의 안에는 하나님의 지혜가 충만하게 거하는 데도(골 1:19; 2; 9).

3. 아벨라르의 구원론

연구들이 아벨라르에게서 특정한 "주관적" 경향, 곧 주관성을 새롭게 평가하는 것(특별히 죄를 행동이라기보다는 악한 의지에 동의하는 것, 그러니까 악을 행하려는 의도[intentio]로 이해하는 그의 윤리학[26]에서 볼 수 있다)을 말하는 것은 근거가 없지 않다. 이것은 어쩔 수 없이 그로 하여금 구원을 새롭게 이해하도록 하였는데 이것은 안셀름의 만족설과 분명하게 차이가 나는 것이다. 안셀름이 했던 것(위 Nr. 33 b, 3)과는 다른 종류의 범주를 독특한 방식으로 사용하면서 아벨라르는 그리스도를 통한 구원을 사랑과 맞상대하는 사랑의 과정으로 해석하였다. ("윤리학"과 다른 신학적 주요 저술처럼 1135년에서 1139년 사이에 집필한) 아래 로마서 주석 발췌에서도 나타난다.

(로마서 주석 II [로마서 3, 19-26 주석과 연결됨]) 이 부분에서는 엄청난 질문(Maxima…… quaestio)이 밀어닥친다. 곧 도대체 그리스도 죽음으로 말미암는 우리의 이 구원은 어떠한 것인가(quae sit videlicet ista nostra redemptio)? 달리 말하면 바울의 진술을 따라서 어떻게 해서 우리는 그의 피 안에서 의롭게 되었다는 말인가? 그러니까 불의한 종들로서 죄 없는 주님을 죽게 한 그러한 일을 행했기 때문에 분명히 아주 심각한 벌을 벌어들인 우리들이 말이다. 그러므로 우선적으로 어떤 필연성으로부터(qua necessitate) 하나님께서(곧 성육신 안에 계신) 자신의 육신의 죽음을 통해서(secundum carnem moriendo) 우리를 구원하시려고 인간을 취하셨는지(Deus hominem assumpserit) 연구해야만 한다; 아니면 우리를 정당하게든 아니면 강압석으로든(vel iustitia vel potestate) 붙잡은 그 누구로부터 우리를 구원하셨는지(질문해야 한다); 그리고 어떤 의로움을 수단으로 그의 세력에서 우리를 자유롭게 하셨으며, 우리를 놓아주기 위해서 우리를 붙잡은 자가 원하는 그 어떤 값을 치르셨는가?

말들 하기를 그분은 자발적인 복종으로 마귀에게 무릎 꿇은 그 첫 인간의 범죄 덕분에 그에 대해서 합법적으로(iure quodam) 무한한 권세를 가진—구원자가 오지 않는다면 항상 가진—마귀의 권세로부터 우리를 해방하셨다고 한다. 물론 그가 오직 선택한 자들만을(solos electos) 자유케 하기 때문에 사람들은 어떠한 모습으로 마귀의 소유로 있었는가, 이 시대 또는 오는 세대에 지금보다 더 한 모습이었나?…… (이 화해론과 치밀하게 논쟁하면서[27]) 아벨라르는 마귀가[눅 16:19-31의 거지 나사로 같은] 의로운 자들을 한때 자기 권세에 복종케 하며 그로 말미암아서 그가 유혹한 불의한 자들을 다스릴 권리를 얻었다는 것; 그는 단지 경우에 따라서 간수나 고문하는 종(carcerarius vel tortor)으로 사용되었을 뿐이다. 때문에 하나님께서 인간이 되실 때 "죄로 물든 무리 가운데에서 깨끗한 육신과 죄에 빠진 모든 인간들 중에서 하나를 취하실 때 (cum de massa peccatrice carnem mundam et hominem ab omni peccato immunem susceperit) 마귀에게 그 어떤 빚도 지지 않았다"고 반박하였다; 그에 대해서 아벨라르는 자기 자신의 주장을 제시하였다:)

우리에게 보이는 것처럼 다음과 같은 의미에서 우리는 그리스도의 피로 말미암아 의롭게 되었고 하나님과 화해를 하였다. 곧 (하나님께서 우리에게 보이신) 독특한 은혜, 곧 자기 아들이 우리 (인간의-) 본성을 취하시고 그 안에서 말씀과 본으로 우리를 가르치시면서 죽기까지 견지하셨고 사랑으로 자신을 구속하였다; 이러한 하나님 은혜의 자비를 통해서 불타올라서 온전한(상응하는-) 사랑이 우리로 하여금 그 어떤 고난 앞에서도 바로 고난 때문에 물러서지 않게 한다(Nobis autem videtur quod in hoc iustificati sumus in sanguine Christi et Deo reconciliati, quod per hanc singularem gratiam nobis exhibitam quod Filius suus nostram susceperit naturam et in ipsa nos tam verbo quam exemplo instituendo usque ad mortem perstitit, nos sibi amplius per amorem adstrixit, ut tanto divinae gratiae accensi beneficio, nihil iam tolerare propter ipsum vera reformidet caritas). 우리가 의심하지 않는 바와 같이 그러한 자비는 이것을 믿으며 마주 견지한 옛날 족장들(atiquos etiam patres)까지도, 기록된 바와 같이, 마치 은혜 시대의 인간들처럼(사 49:8; 왕하 6:2 비교) 최고의 하

나님 사랑으로 불타게 하였다: "앞서 가는 자들과 뒤따르는 자들이 소리지르더라: '호산나 다윗의 자손이여……'"(마 21:9 병행구). 그리스도 고난 후에 산 자는 누가 되었든지 과거(시대)와 비교하면 더 의롭다, 곧 하나님을 더욱 사랑한다; (겨우) 사모하던 자들과 비교한다면 그 완성된 자비가 그를 사랑으로 더욱 크게 불타오르게 하였다.

이것에 따르면 우리 구원은 그리스도의 고난으로 말미암아 우리 안에 (거하고) 있는 그 최고의 사랑과 동일시되고 있다. 이 사랑은 우리를 단순히 죄의 노예 됨에서 해방시킬 뿐 아니라 우리에게 하나님 자녀의 참 자유를 주심으로 우리가 겨우 두려움 때문에 모든(명령된) 것을 이루는 것이 아니라 그를 향한 사랑 때문에 이루는 것이다(Redemptio itaque nostra est illa summa in nobis per passionem Christi dilectio quae nos non solum a servitute peccati liberat, sed veram nobis filiorum Dei libertatem acquirit, ut amor eius potius quam timore cuncta impleamus), 곧 그분은 우리에게 자신의 증거대로 더 큰 은혜가 없는 그런 은혜를 보여주신 분이다…… (인용: 요 15:13; 눅 12:24 여기와 관련되어서 롬 5:5. 8; 마지막으로 아벨라르는 자기 구원론을 세밀하게 진술하기 위해서 그 후에 나올[28] 자기 논문 "Tropologia"를 제시한다).

원전 : P. Abaelardi Opera theologica, hg. v. E. M. Buytaert (현재까지 3권), Turnhout 1969-1987 (= CChr. CM 11-13; 1권에는 다른 것들과 함께 로마서 주석, 2권에는 "Theologia christiana"); Peter Abaelard, Sic et Non. A critical edition. Ed. by B. B. Boyer - R. McKeon, Chicago/London 1976.—참고문헌: Zum Älteren s. CChr. CM 11, XXIX-XXXVIII, und 13, 23-37; 또한 L. Grane, Peter Abaelard, Göttingen 1969; D. E. Luscombe, The School of P. A., Cambridge 1969; R. Peppermüller, A.s Auslegung des Römerbriefes, Münster 1972; R. Thomas

(Hg.), Petrus Abaelardus (1079-1142), Trier 1980; J. Jolivet, La théologie d'A., Paris 1997; M. A. Schmidt in: HDThG ²I, 1999, S. 570-575; M. T. Clanchy, Abaelard, Darmstadt 2000.

d) 클레르보의 버나드

오늘날 연구는 아벨라르가 자기 시대 기독교 정신에 원칙적으로는 순종적이었으며 결코 신앙을 "합리화시키지" 않았다는 것을 더 이상 의심하지 않는다. 그렇지만 그 무게 있는 씨토회 수도원장 클레르보의 버나드(1090-1153)의 분해서 날뛰는 반박이 그에게 닥쳤다. 금욕 집단의 대변자인 그는 아벨라르뿐 아니라 신앙 가르침을 이해를 하면서 파고들어가려고 하는 "스콜라주의적"인 노력을 상대로 더 높고 더 진정한 의미에서의 "학교"인 수도원을 대립시켰다. 말하자면 하나님을 철학적 범주를 가지고 땅으로 끌어내리는 대신에 자신을 하나님께 고양하는 것을 배워야 한다. 이것이 그의 가르침이다. 곧 원래의 "하나님 형상"(Imago Dei [창 1:26f.를 비교하라])을 자기 자신 안에 회복시키고, "상이함"(곧 죄로 인한)의 영역에서 "유사함"(similitudo [창세기의 동일한 구절을 비교하라]) 영역으로 와서 참으로 하나님께 어울리는 교육을 다시 발견하여야 한다는 것이다. 그런데 이것은 오직 하나님 말씀에 인격적으로 다가감으로만, 완전한 겸손으로만 그리고 성령의 인도하심 아래서만 일어날 수 있다. 아가서를 우화적-신비적으로 해석한 언어로 이렇게 말한다: 삼위일체 하나님의 사랑의 비밀로 은혜로운(물론 전제가 없는 것이 아니라 인간이 자신을 낮추는 것이 전제된) 받아들여줌의 "입맞춤으로 입맞춤을 받음으로"만 가능하다.—바로 은혜로 말미암아 그리고 그 내려오시는 은혜로 말미암은 "닮아감"의 신학자로서 버나드는 중세 내내(루터에 이르기까지) 그리스도 신비뿐 아니라 개별적인 스콜라주의적인 사고("사랑" [caritas]의 칭의에서의 의미에 관한 것과 같은)에도 영향을 끼쳤다. 심지어 특별히 나중에 "빅토르 학파"(아래 e를 보라)로 이어진 그의 "이성과 대립한 신앙에 고유의 인식영역을 보장하려는" 시도는 "신학자들의 신중함과 구분하는 능력"을 첨예화하는 데에 실질적으로 기여하였다.

아가서 설교(1135/1153):

1. 설교 3(신랑의 "입맞춤")

(1. 1) 오늘은 체험(experientia)의 책에서 읽읍시다. 당신들의 시선을 자신들에게 돌리십시오; 언급되어야 할 것이 무엇인지를 생각하면서 각자가 자기 자신의 양심(conscientia)에 주목하십시오. 저는 당신들 중 한 사람에게 마음으로부터(ex sententia) 말하는 것이 언젠가 주어지지 않았는가를 찾아내고자 합니다: '그가 자기 입의 입맞춤으로 내게 입맞추기를 원하노라'(아 1:1). 그런데 내면적인 감정에서(ex affectu) 이것을 말하는 것은 모든 임의의 사람들을 향한 것이 아닙니다; 하지만 단 한 번 그리스도의 입의 그 영적인 입맞춤(spirituale osculum)을 받은 자는 누가 되었든, 그가 경험한 것이 정말로 그를 흔들어놓으며 그는 다시 받고 싶어 하게 됩니다(repetit libens). 저는 이 입맞춤이 주는 것을 알 수 있는 자만이 그것을 받는다는 것을 말하고 있습니다.……(시 50:14[불가타 성경] 비교하라). 그래도 물론 내 혼처럼 죄로 가득하고 여전히 계속해서 육체적인 격정으로 전락하고 영의 달콤함(suavitatem spiritus)을 아직 경험하지 못했고 내면적인 황홀함(interna gaudia)에 대해서는 아무 것도 모르고 전혀 경험해보지 못한 혼이 분명히 그러한 척 할 수 있습니다. (2) 하지만 그런 혼에게 나는 어떤 한 곳, 곧 그에게 구원을 허락하고 그에게 걸맞는(locum in salutari sibi congruentem) 곳을 가리켜주겠습니다. 혼은 무모하게 그 아주 고귀한 신랑(serenissimi Sponsi)의 입으로 뛰어오르지 말고 나처럼 떨며 지엄하신 주님 발에 웅크리고 세리와 함께(눅 18:13 비교하라) 떨면서 하늘을 향

해 올려다보는 대신 바닥을 향해 내려다 보아야 합니다.…… 거기서(곧 바닥에서) 이디오피아 여인은 그 피부를 바꾸고, 새로운 하얀색이 주어졌고 자기를 조롱하는 자들에게 확신에 차서 또 진리를 따라서 대답하였습니다: "너희 예루살렘의 딸들아 내가 비록 검지만 아름답도다"(아 1:5)…… 이 복된 참회의 여인(beatae paenitentis)의 예를 따라서 애통하는 자여 당신도 바닥에 몸을 던져서 애통함을 그치라. 당신도 바닥에 몸을 던지고 발을 부둥켜안고 입맞춤으로 그것을 부드럽게 하고 눈물로 감싸라, 그 눈물로 그를 씻는 것이 아니라 당신 자신을 씻게 되리라; 물에서(de lavacro) 나온 갓 털 깍은 양들 중 하나가 되어서 부끄러움과 슬픔으로 범벅이 된 당신의 얼굴을 먼저 쳐들려고 하지 마라, 다음의 말을 듣기까지는: "너의 죄가 사하여졌느니라"(눅 7:48)……

(II. 3) 그 발에 첫 입맞춤을 하였다면 곧바로 입에 입맞춤하려고 일어나는 만용을 부리지 않으리라; 오히려 두 번째 장소에(드려야하는) 다른 입맞춤이 너를 중간단계에 이르게 하리라: 손에 입맞춤. 여기에 대해서는 다음의 이유를 들어보라: 예수께서 이렇게 내게 말한다면: "네 죄가 사하여졌느니라"(눅 7:48), 무엇이 내게 이롭겠는가, 내가 죄짓기를 그만두겠는가? 내가 내 셔츠(tunica)를 벗어버렸다가; 그것을 다시 입는다면 나는 얼마나 많이 얻은 것인가?…… 하지만 나를 깨끗하게 하신 분이 내게 말한 것을 기억하노라: "보라 이제 네가 깨끗하게 되었느니라; 가서 다시는 죄를 범하지 말아서 네게 더 심한 것이 오지 않게 하라"(요 5:14; 8:11 비교하라). 그렇지만 내게 참회의 마음(voluntatem paenitendi)을 주신 분은 견지할 힘(continendi vritutem)도 더하셔서 내가 새로이 통회할 일을 함으로 전보다 더 심한 범죄를 행하지 않게 하시리라…… (4) 그래서 더 높은 것과 더 거룩한 것을 만지려는 만용을 하기 전에 이것을 먼저 간구하고 받아야 한다…… 아무리 하나님께서 죄인의 뻔뻔함을 싫어하실지라도 참회

의 용기를 가진 자의 부끄러운 마음(verecundia)은 기뻐하시느니라.…… 중간 단계로 손을 거치라(Per manum tibi transitus sit). 이것은 먼저 너를 정결케 하고 이것이 너를 일으켜주리라. 그것이 어떻게 일으켜주는가? 너로 소망하도록 만든 것을 주면서(Dando unde praesumas). 그게 무엇인가? 절제의 장식과 고귀한 참회의 열매인데, 이것들은 사랑의 행위들이니라(opera pietatis).…… 이 선물을 올바르게 받는다면 손에 입맞추라, 그러니까 네가 아니라 하나님의 이름에 영광을 돌리라. 그것도 한 번이 아니라 계속해서 거듭해서…… (고전 4:7 비교하라).

(III. 5) 이제 드디어 네가 두 번의 입맞춤으로 두 번 하나님의 자비(dignatio)를 경험했다면, 더 거룩한 것을 한다고 해도 아마 부끄러움을 당하지 않으리라. 왜냐하면 은혜로까지 자란 그 단계에서 확실한 확신에까지 자라게 되기 때문이니라. 그것은 아주 열렬하게 사랑하며 아주 신뢰로 가득차서는 네가 부족하다고 느끼는 것(quod tibi deesse sentis)을 얻기 위해 두드리는 식으로 일어난다. 그러면 "두드리는 자에게 열리리라"(눅 11:10)…… 이것이(바른) 길이요, 이것이(마땅한) 절치니라(Haec via, hic ordo). 먼저 우리 자신을 주님의 발에 던지고 그분 앞에서 하소연합시다, 그분은 우리가 한 것을 우리에게 행하시는 분이시라. 두 번째 단계에서 우리를 들어 올리고 우리 흔들리는 무릎을 강하게 하시는 분의 손을 구합시다. 드디어 많은 간구와 눈물로 이것을 얻었다면 이제는 가능하면 우리 머리를 그 영광의 입을 향해 들어(os gloriae caput attollere), 떨림과 전율로 말하는데, 그분을 볼 뿐 아니라 그에게 입맞춥시다; "그분 얼굴의 숨결이 주님이시오, 기름부음 받은 분이시니이다"(애 4:20) 거룩한 입맞춤으로 우리가 그분께 붙어 있는 곳에서 우리가 그의 자비로 한 영이 되리라(그분과[고전 6:17 비교하라])……

2. 설교 34(겸손과 칭의)

(II. 3) (이제)[29] 봅니까, 겸손이 우리를 의롭게 하는 것을 (Vides quia humilitas iustificat nos)? 나는 겸손을 말했지 겸손케 됨(humiliatio)을 말하지 않았습니다. 얼마나 많은 사람들이 낮춰졌는데 낮지는 않은가! 어떤 사람들은 낮춰짐을 불평하면서 (cum rancore) 받는다면 어떤 이들은 인내로써(patienter) 또 어떤 이들은 기꺼이(libenter) 받습니다. 첫 번째 사람들은 죄인들이고(rei), 둘째는 무죄하며(innoxi), 마지막은 의인들입니다. 무죄도 의로움의 한 부분이지만(portio iustitiae), 완성(consummatio)은 낮아진 자에게 있습니다; 하지만 "당신이 나를 낮추신 것이 내게는 구원입니다"(시 118:71 비교하라) 라고 말할 수 있는 자가 참으로 낮아진 것입니다. 낮춰짐을 억지로 감당한 자는 이렇게 말할 수 없으며, 불평을 하는 자는 말할 필요도 없습니다. 이들에게는 아무도 낮춰짐 때문에 오는 은혜를 기대할 수 없습니다, 비록 둘은 너무나 차이가 나기는 하지만 말입니다: 하나는 인내심으로 말미암아 자기 생명(animam suam [눅 21:19])을 얻고, 다른 사람은 불평 때문에 멸망합니다. 그런데 그 중 단 한 사람만이라도 진노를 얻었다면 둘 중 누구도 은혜를 얻지(gratiam promeretur) 못합니다, 왜냐하면 하나님께서는 낮춰진 자들이 아니라 낮은 자에게 은혜를 주시기 때문입니다(벧전 5:5 비교하라)....... 하지만 "즐겁게 드리는 자를 하나님이 기뻐하신다"(고후 9:7)는 것을 우리는 압니다....... 그리고 사실 즐겁고 자연스러운 겸손만이(sola...... laeta et absoluta humilitas) 미리 통보된(quam praefert) 그 은혜를 얻게 됩니다....... (III. 4) 바르게 자랑하며(recte gloriantem) 정말로 그 자랑할 자격이 있는 낮춰진 자를 보고 싶습니까? (그 사도에게서) 나온 말은 "나는 나의 약함을 기꺼이(libenter) 자랑하리니 이는 그리스도의 능력이 내게 머물게 하려 함이라"(고후 12:9). 그는 자기의 약함을 인

내로 참아내고 있다고 말하지 않고, 그것을 자랑스럽게 여기고 기꺼이 그렇게 한다고 하였습니다. 이로써 그는 자기에게 낮춰짐이 구원이 된다(bonum)는 것과, 또 그것(낮춰짐)을 기꺼이 감당하는 가운데 은혜도 아울러 받지 못한다면(nisi et gratiam accipiat tamquam sponte humiliatus) 그 낮춰짐을 인내로 감당하면서 생명을 얻는 데에는 충분하지 않다는 것을 증명하고 있습니다.…… (눅 14:11의 근본 계율은) 모든 낮아짐이 아니라, 오직 슬픔이나 억지로가 아니라 즐거이 발생한 것만이 높임을 받는다는 것을 의미합니다. 반대로 높임 받은 자는 낮아질 수 있는 것이 아니라 자기를 높이는 자만이 낮아지게 됩니다.…… 그래서: 낮춰진 자가 아니라 자기 스스로를 즐겁게 낮게 만드는 자(sed qui sponte se humiliat)가 높임을 받게 된다; 이것이 바로 공로가 있는 의지입니다(utique ob meritum voluntatis).……

3. 설교 85(unio mystica)

(13) 그런데 영적인 혼인에서는(in spirituali matrimonio) 두 가지 종류를 낳을 수 있고 이로써(꼭) 서로 원수지간은 아닐지라도 차이가 나는 후손을 낳을 수 있다는 것을 주목하십시오.[30] 거룩한 어머니들은 설교를 통해서 영혼을 또는 명상을 통해서 영적인 통찰력을 낳기 때문입니다(cum sanctae matres aut praedicando animas, aut meditando intelligentias parturiunt spirituales). 이중 나중 종류에서(영혼은) 때로 자기를 이탈하고(internum exceditur) 또 육체적 감각도 벗어나며, 말씀을 인지하는 자신을 더 이상 인식하지 않게 됩니다(ut sese non sentiat quae Verbum sentit). 이런 현상은 말씀의 형용할 수 없는 달콤함으로 말미암아 매료된 정신이 마치 자기 자신으로부터 자신을 훔쳐내거나 더 좋게 표현한다면 초탈되어(rapitur) 말씀을 즐기기 위해서(ut Verbo fruatur) 자기를 벗어날 때 일어나는 것

입니다. 물론 정신이 말씀에다가 열매를 맺으면(곧 자식을 선물하면), 다르게 표현해서 말씀을 즐기면(fructificans-fruens Verbo) 정신은 다르게 느끼게 됩니다: 저기에서는 마음을 이웃의 곤고함이 가만두지 않고, 여기서는 말씀의 달콤함이 그를 인도해 들입니다. 분명히 어머니는 자기 자식들을 기뻐합니다; 하지만 신부는 더 이상 안아줌을 즐기지 않습니다(laeta in prole-in amplexibus…… laetior). 자식들은 귀하며 (사랑의) 보증입니다; 입맞춤은 더 이상 기쁘게 하지 않습니다. 많은 사람을 구하는 것은 선한 일입니다(bonum); 하지만 떠나는 것과 말씀과 관계를 맺는 것(빌 1:23; 고후 5:13 비교하라)은 더 고상합니다. 하지만 이것이 언제(있을 수) 있으며, 얼마 동안(지속) 되겠는가? 아 달콤한 교환(또는 교제[Dulce commercium])이여; 이 순간은 짧고 그 경험(experimentum)은 드물도다! 이것이 바로 내 기억대로라면 위에서 마지막 것으로 말한 것입니다[31]: 그러니까 영혼이 어떤 값을 치르고라도 말씀을 즐기고 거기에서 기쁨을 얻기 위해서(quo fruatur ad iucunditatem) 말씀을 찾는 것을 말하는 것입니다.

원전 : S. Bernardi Opera, ed. J. Leclercq et al., vol. I/II, Rom 1957f.—참고문헌: U. Köpf, Religiöse Erfahrung in der Theologie B. s. v. Cl., Tübingen 1980 (BHTh 61); D. Heller, Schriftauslegung und geistliche Erfahrung bei B. v. Cl., Würzburg 1990; K. Elm (Hg.), B. v. Cl. Rezeption und Wirkung im MA und in der Neuzeit (Wolfenbütteler MA-Studien 6), 1994; D. R. Bauer - G. Fuchs (Hgg.), B. v. Cl. und der Beginn der Moderne, Innsbruck-Wien 1996; P. Dinzelbacher, Bernhard von Clairvaux, Darmstadt 1998; M. A. Schmidt (위에 제시), 580-582.

e) 성 빅토르의 후고

파리 세느강 왼편 둑에 자리 잡은 성 빅토르 수도원에 12세기 초부터 어거스틴의 규칙을 따라서 살면서 "규범을 준수하는" 재속 성직자들로서 하나의 수도원과 흡사한 공동체를 형성한 "규범 있는 성직자들" 즉 참사회원 공동체가 존재하였다. 이곳의 기초를 아벨라르의 선생 중 한 명인 샹뽀의 빌헬름이 1108년 파리 교구의 대 집사직과 노틀담의 교사직에서 물러나면서 놓았다. 이 공동체의 중요한 학교가 곧바로 세워졌고 성 빅토르를 유럽 전체에 있는 참사회원 수도원들 중 가장 명망 있는 수도원이 되도록 힘썼으며, 맞물려서 처음부터 "학교적인" 특성과 "수도원적" 특성을 연합하였다. 이것은 특히나 신학자이며 철학자인 성 빅토르의 후고(1141년 2월 11일 사망)에게서 실제적인 통합체계를 이루었다. 그는 무엇보다도 주석적인 저술을 한 자로 그 이름을 남겼다. 구약성경에서 덜 사용되는 책들에 대한 주석들과 함께 당시의 몇 안 되는 해석학의 하나를 (전형적으로 수도원적이고 겸손한) 제목 "성경과 성경 구절에 대한 특별할 것 없는 서언"(De scripturis et scriptoribus sacris praenotatiuncula)으로 집필하였다. 여기서 그는 자기 학교의 기본 강령으로 성경 주석 이전에 문자적인 해석을 하여야 한다는 것을 확고히 하였다. 당연히 그 어떤 혁명적인 포부가 연결되지 않는 것이다. 심지어 저자는 자기 앞선 수많은 주석가들에 비해서 부족하지 않도록 정통의 보증으로서 교부들에게 의뢰하려고 하는 것을 중요시하면서 그들의 가르침에 자기 자신의 주석적 통찰을 따르게 하려고 하였다. 이와 함께 아벨라르에게서와는 다른 소리가 울리고 있는데 이것은 이 수도원적 전통에서는 더 이상 잠재워지지 않는 소리였다.

"기독교 신앙의 구속의 표징에 관하여"(De sacramentis christianae fidei)의 서론에서

(1장: 처음부터 배워야 하는 것) 성스러운 (하나님의) 책을 읽

는 데서[32] 가르침을 받아들일 준비가 되어 있는 자는(Quisquis ad divinarum Scripturarum lectionem erudiendus accedit) 우선 이 노력이 몰두하고 있는 대상이 무엇인가를 생각해야 한다; 하나의 책이 집필된 그 대상이 되는 것들에 대해서 깨달으면(notitia) 언급된 것의 기준을 따라서 그 진리나 깊이(profunditas)에 대한 통찰을 더 쉽게 얻게 된다.

(2장: 성경의 대상[materia]은 무엇인가) 모든 성경의 대상은 하나님께서 인간을 회복시키기 위해서(opera restaurationis humanae)(하나님에 의해서) 실행된 것이다. 곧 이루어진 모든 것을 묶어서 담고 있는(하나님의) 두 작품이다. 이 중 두 번째 것은 회복(restauratio)의 작품이다. 창조의 작업으로 전에 없던 것이 존재로 부름받았다. 회복의 작업으로는 과거에 파괴된 것의 개선이 이루어졌다(Opus restaurationis est quo factum est ut melius essent quae perienrent). 다른 말로 하면 창조의 작업은 모든 구성부분들(elementa)을 갖춘 세계의 창조이다. 하지만 회복의 작업은 모든 구원표징들(sacramenta)을 갖춘 말씀의 육신 되심이다. 세상 시작으로부터(그리스도 나타나심) 보다 앞선 것이든지 세상 끝까지(그를) 뒤이은 표징을 말한다. 그 육신이 되신 말씀은 마귀와 싸우려고 세상에 오신 우리 왕이시다; 그가 오시기(adventus) 전에 살던 모든 거룩한 자들은 왕(의 면 전) 앞에 서열한 병사들이다; 하지만 나중에 세상 끝에 오게 되는 자들은 자기들의 왕의 후위를 이룰 병사들이다. 하지만 왕 자신은 자기 군대 가운데 있으며 앞으로 나아가며 자기 군대에 의해서 사방으로 방어되고 둘러싸이며 밀착해서 밀리고 있는 것이다. 그러한 무리에게서 앞서 가고 뒤따르는 무리들(populi)의 구원의 표징들(sacramenta)과 관습 가운데에서 서로 상이한 종류의 무기들(armorum species)이 표식으로 나타나면, 모든 자들은 그 한 명의 왕을 위해서 전쟁의 임무를 수행하며 하나의 깃발을 따라 하

나의 적을 상대로 해서 하나의 승리의 관을 얻는다.—이 모든 것 안에서 그 회복의 작업이 보인다: 모든 성경이 거듭해서 이것을 목표로 삼는다(in quibus divinarum Scripturarum tota vertatur intentio). 세상과 세속적 문서들(Mundanae sive saeculares scripturae)은 창조의 작업을 목표로 한다면 성경은 반대로 회복의 작업을 목표로 한다. 그러므로 성경은 동등한 척도에서도 더 우월하며 문서를 보고 다루는 작업이 겨냥하는 대상으로도 다른 문서들과 비교할 때 더 귀하고 더 고상하다. 이는 회복의 작업들은 창조의 작업들보다 더 가치가 있기 때문이다. 왜냐하면 창조의 작업들은(확고한) 신분을 갖춘 자를(stanti homini) 섬기기 위해서 그 종 됨으로 말미암아서 발생하고(ad servitutem facta sunt), 회복의 작업들은 실족한 자들을 세우기 위한 구원을 위해서 이루어지기 때문이다. 그러므로 창조의 작업들은 그 어떤 중간 단계(quasi modicum aliquid)의 작업으로 6일 동안에 완성되었고, 회복의 작업은 여섯 시대 이상 걸려 마무리가 될 수 있다. 하지만 양쪽 여섯이 마주서면서(sex contra sex e diverso ponuntur) 새롭게 하는 자(reparator)와 창조자가 동일함을 알게 하였다.

(서론의 그 다음 장들에서는 앞서서 윤곽을 그려준다, 곧 "성경은 창조의 작업들에서 회복의 작업들을 말함으로 갔고"[III], 그 "대상"을 역사적, 우화적 유형론적의 삼중으로 다루고 있고[IV], 그 안에는 "말씀들"(voces)만이 아니고 "실제들"[res]도 의미전달자[significativae]이며[V], 나아가서 모든 학문분야들[artes]은 "하나님 지혜"에 대해서 그저 돕는 기능만을 가지며[subserviunt divinae sapientiae (철학은 ancilla theologiae!): VI], 마무리로—그저 목차나열식으로—성경책들의 숫자를 다루었다[VII])

원전 : PL 176, 183ff.—참고문헌: J. Ehlers, Hugo von St. Viktor, Frankfurt 1973 (Frankf. Hist. Abh. 7): St. Ernst, Gewißheit des Glaubens, Münster 1987 (BGPhMA 30); M. A. Schmidt (위를 보라), 583-587.

f) 피터 롬바르드

신학의 생명력은 12세기 중엽 거의 급격히 "대가들": 안셀름, 아벨라르, 클레르보의 버나드와 성 빅토르의 후고를 이어서 프리드리히 바바로사(아래 Nr. 34d를 보라)의 시대에 "후예들의 세대"(B. Moeller)가 뒤따르게 하였다. 심지어 "황무한" 이때(K. Löwith)에 책 한 권이 점점 가치를 갖게 되었고, 이후 중세 내내 신학 수업을 아주 강하게 좌지우지하였다: 이 책이 파리의 선생이고 마지막에는 주교이었던 피터 롬바르드(약 1095/1100-1160)의 "네 권의 명제집"(Libri quattuor sententiarum)으로 그 구성에서도 내용에서도 동시대 작품들과 차이가 없이 기독교 교리를 포괄적으로 기존의 것을 수용한 것(특히 아벨라르의 "Sic et non"을 비교하라)이다. 특별히 많이 인용된 교부들의 권위에는 최상위로 약 1000개 본문이 나오는 어거스틴이 있었다. 희랍교부들에는 겨우 요한 크리소스톰(고대교회, Nr. 88을 비교하라)만 자주 등장하고,—라틴 스콜라주의에서는 첫 번째로—다마스커스의 요한(위 Nr. 16 서문을 비교하라)의 그 희랍교부학을 마무리한 "지식의 원천"(Πηγὴ γνώσεως)이 나온다. 버나드(클레르보)와 후고가 "변증론자"들을 상대로 한 비판이 그에게 영향을 끼쳤다는 것은 무엇보다도 그가 권위들을 변증론적으로 다루는 규칙을 관대하면서도 자기 선생인 아벨라르보다 더 조심스럽게 사용하였다는 데에서 나타난다. 이러한 방향을 가리키는 것으로 그는 다른 스콜라주의자들의 생각들을 논의 가운데로 끌고는 와도 판단은 아주 종종 열어놓는 식(아벨라르의 싸 잡아버리는 방식과는 아주 다르게)으로 하였다. 물론 이것이 그의 명제작의 교육적인 가치를 더 의미 있게 하였다!

1. 명제집의 구조[33)]

자기 저작의 구분원리로서 피터 롬바르드는 어거스틴[34)]과의 연계 속에서 res et signa("일 자체와 상징")로 제시한다. 일 자체는 다시금 "향유되어야 할 일들"(quibus fruendum est [= 최고존재 summa res인 삼위일체의 하나님])과 "사용해야 할 일들"(quibus utendum est [= 세상과 그 안에 있는 피조물들])로 나누어진다. 이 구분의 외적으로 드러난 관점은 특별히 상징들과 관계해서는 분명하게 전개되지 않았다. 이 저작의 연관성을 밝혀줄 요약과 이행에서는 이렇게 서두에서 언급한 구분원리가 전반적으로 고려되고 있지 않다. 토마스 아퀴나스(아래 Nr. 46을 보라)는 구분원리와 단일화의 원리로서 모든 피조물들이 그로부터 나온 원리가 되고, 모든 피조물이 그리고 향하고 인도되는 목적(finis)이 되는 하나님이라고 표현하면서 세밀한 전개 가운데에서 증명하였다.[35)]

명제집 1권은 신론에 할애되었고, 이때 보편적인 신론과 삼위일체론을 구분하지 않았다. 삼위일체적 실체인 신론(d. 2-34)은 신앙의 원천론(d. 2)과 피조물의 형상들을 통한 삼위일제를 인식할 수 있음(d. 3)에 관한 연구를 통해서 도입되었다. 삼위일체 교리의 설명은 먼저 삼위의 발현, 곧 성자의 발현(d. 4-9)과 성령의 발현(d. 10-18), 그리고 세 분의 신적인 인격의 동등성, 전체성, 나누어질 수 없음(d. 19-21)을 다루고 있다. 이어서 삼위일체론적인 개념들(d. 22-26), 고유속성들(d. 27-29. 33)과 고유하게 전유함(Appropriationes)(d. 31-32. 34)이 나온다. 1권의 나머지 부분(d. 35-48)들은 세상에 대한 하나님의 관계를 말해주는 속성들을 말한다: 아심, 편재, 섭리와 예정(d. 35-41), 능력(d. 42-44)과 마지막으로 하나님의 의지(d. 45-48). 두 번째 책은 무엇보다도 하나님으로부터 만물이 나옴, 곧 창조론을 그 내용으로 하고 있다. 첫 번째(d. 1-11)에는 천사론이 나온다: 본성과 부여받은 능력(d. 3-4), 천사의 시험과 타락(d. 5-7), 악한 천사들의 자리(d. 8)와 선한 천사들의 활동(d. 9-11). 이어서 가시적 세계의 창조론, 7일간의 작업(Hexaëmeron[d. 12-15]) 인간 창조(d. 16-20), 동시에 하나님 형상과 본래적 이것을 부여받음은 다양한 심리학적 숙고에 동기를 제공한다. 인간 창조론이 나아가서 인류 조상의 타락(d. 21-24), 은혜와 자유의지에 관해서(d. 24-29) 원죄(d. 30-33)에서 언급된다. 제2권의 마무리는 원죄론에 관한 교리적 가르침을 세심하게 다루면서(d. 34-44) 이루어진다. 세 번째와 네 번째 책은 만물이 하나님에게로 되돌아감(reditus in finem)을 다룬다. 세 번째 책의 두 부분은 성육신론과 덕목들과 은사론, 곧 그리스도가 인간되심으로 온 열매들을 다룬다. 성육신론(d. 1-22)은 먼저 성육신의 원인과 독특성을 다루면서 서술한다(d. 1-5). 그리고는 신인의 속성들(d. 6-16), 마지막으로는 그리스도의 구원행위(d. 17-22)를 다룬다. 성육신론과 연계된 기독교의 덕스러운 삶에 대한 문서는 신적인 덕목들(d. 23-32)과 도덕적인 덕목들(d. 33), 성령의 은사들(d. 34-35), 덕목들의 연관성(d. 36)과 옛 계약과 새 계약법(d. 37-40)을 분명하게 한다. 네 번째 책은 성례전론(d. 1-42)과 종말론(d. 43-50)에 할애되었다.

2. 성만찬론(IV dd. 8-13)으로 보는 예

피터 롬바르드는 베렝가르와 랑프랑 사이에 발생한 소위 두 번째 성만찬 논쟁의 결과(위 [a]를 보라)를 전제하고 있다. 마지막에 베렝가르 그러니까 명명백백한 패배자가 그렇게 하도록 강요받아 했던 굴복선언에 따르면 성만찬에 있는 그리스도의 실제적 임재는 개념적으로 돌려 표현되어야 하며 더욱이 본질이라는 아리스토텔레스의 개념이 주어졌다(본질적으로 변화되었다고 언급하면서 말이다). 그렇다면 세 개의 해석 가능성이 주어졌다: 1. 변형 또는 변화론. 이에 따르면 단지 성례 행위 동안에 빵과 포도주에서 그리스도의 몸과 피가 "나타난다", 말하자면 비록 영적-실제적 방법이라 할지라도 철저히 "성례전적"인 것이다(오래 전부터 희랍교회의 관점이다[36]). 2. 본질 공재설. 이것은 빵과 포도주의 속성과 본질이 온전하게 보존되어 있지만 빵과 포도주에 그리스도 임재의 새로운 "본질"이 축성 후에 더하여지는 것이다.[37] 3. 본질변화론으로 창조 영역 내부에 근거를 가지고 있는 빵과 포도주의 본질이 실제적으로 그리스도의 살과 피로 변화되는 것이다. 그러면서 단지 본질, 그러니까 속성은 빼고 본질만 변한다고 보든지; 아니면 빵과 포도주가 완전히 변화한다고 생각할 수 있었다. 다른 말로 하면 빵과 포도주라는 요소의 본질이 그리스도 몸과 피의 본질이 되든지, 아니면 뒤의 것이 대체되기 위해서 앞의 것이 폐기되는 것으로 생각이 된다는 것이다.—피터 롬바르드는 이러한 전승 상황을 어떻게 처리하고 어떻게 정리하고 있는가?

(d. 8, c. 1: 성단 성례전에 관하여) 세례와 견신(confirmatio) 성례를 이어서 감사 성례(eucharistiae sacramentum)가 따른다. 세례를 통해서 우리가 정결하게 되며, 감사로 말미암아 선이 정점에 이른다(in bono consummamur). 세례는 우리의 악 열망함(aestus vitiorum)을 소멸시킨다; 감사는 우리를 다시금 영적으로 만든다(spiritualiter reficit). 그러므로 이것을 아주 적절하게도(excellenter) 'eucharistia', 곧 선한 은혜(의 선물[bona gratia!])라고 부른다. 왜냐하면 이 성례에서 덕성과 은혜가 성장할 뿐 아니라 모든 은혜의 근원이고 원천인 그를 온전하게 누리게 되기(sumitur) 때문이다.

(c. 2: 이 성례의 모형[figura]은 세례의 성례와 마찬가지로—암브로시우스를 따라서—구약에 있다.—c. 3: 이 성례의 제정[institutio]은 제자들과 함께한 주님의 마지막 만찬에서 이루어졌다.—c. 4: 형식[forma]은 "이것은 내 몸이니", "이것은 내 피니"하는 주님의 말씀이다; 이것이 언급되면[proferunt], 빵과 포도주가 그리스도의 몸과 피의 본질로[in substantiam] 변화됨[conversio]이 이루어진다.—c. 5: 그런데 왜 그리스도의 몸과 피를 제자들에게 나누어주심이 배불린 식사 후에 발생했나?—c. 6: 성례와[이것으로 가리키는] 일 자체[res]는 서로 어떻게 관련되는가? 이 대답은 피터 롬바르드를 위해서 어거스틴과 그레고리 1세가 하고 있다.)

(c. 7) 이 성례의 일 자체는 그 반면에 이중적이다: 하나는(성단 성례 안에) 포함되고 표현되고(contenta et significata) 다른 하나는 표현되지만 포함되어 있지 않는다. (그 안에) 포함되어 있고 표현되는 것은 그리스도의 육체, 곧 동정녀로부터 받았고 우리를 위해서 흘리신 피이다.—어거스틴의 요한복음에 관해서[38]: 표현되지만 포함되어 있지 않는 것은 "예정되고 부르심을 받고 의롭다 여기심을 받고 영화롭게 된 자들 안에 있는 교회의 하나됨이다." 이것이 그리스도의 이중적인 몸이다…… 이에 따르면 셋으로 구분되어야 한다: 하나는 성례만인 것, 다른 하나는 성례와(성례의) 일 자체, 셋째는 일 자체이지만 성례가 아닌 것. 성례이며 일 자체가 아닌 것은 보이는 형상(species visibiles)인 빵과 포도주; 성례이며 일 자체: 그리스도 자신의 살과 피; 일 자체이지만 성례가 아닌 것은 그의 신비한 살(mystica eius caro)……

(d. 10, c. 1: 그리스도의 몸은 성단에 실제로 임재하시지 않고, 단지 상징적인 형상으로만(in signo) 계시다고 주장하는 이단을 반박하되 다시금 어거스틴의 도움으로. c. 2: 그 대신에 어거스틴과 암브로시우스 그런데 희랍교부 에메사의 유세비우스[39]의 권위로 그리스도의 참 몸이 제단에 있으며 빵이 몸으로 변화되었다(converti)는 것을 증명한다.—그런데 그것이 어떻게 이루어지나?)

(d. 11, c. 1, 1: 변화 방식에 관하여[De modo conversionis]) 하지만 그 변화(conversio)가 어떠하냐(qualis)고 묻는다면: 그것이 형태로인지 본질적으로인지(an formalis, an substantialis) 아니면 또 다른 방식이냐고 한다면, 나로서는 더 자세히 말할 수 없다. 하지만 형태로만이냐는(그 생각은) 것은 내 생각에 맞지 않는다. 왜냐하면 그 물질들은 이전 모습대로 그러니까 맛과 무게의 그 형태들을 갖고 있기 때문이다.—어떤 사람들이 생각하듯이 본질이 본질로 변화되어 이것이 존재적으로 (essentialiter) 저것이 된다면 본질적인 (변화) 것을 말하고 있는 것이다. 위(d. 10)에서 제시한 권위들은 이 생각에 동의하고 있는 것으로 보인다. (2) 하지만 이 생각을 다른 권위들은 반대하고 있다: 빵과 포도주의 본질이 본질적으로 그리스도의 몸과 피로 변화된다면 매일매일 전에는 존재하지 않던 본질인 그리스도의 몸과 피가 발생해야 한다; 그리고 어제는 없던 어떤 것이 오늘은 그리스도의 몸이어야 한다; 그리고 매일매일 그리스도의 몸이 자라고 그가(마리아의 몸에) 잉태될 때의 구성물이 아닌 어떤 한 물질로서 이루어져야 한다(et quotidie augetur corpus Christi, atque formatur de materia, de qua in conceptione non fuit factum).

(c. 2, 1: 어떤 의미로 그리스도의 몸이 빵의 본질로부터 생겨난다고 사람들은 말을 하는가[Quomodo dicitur corpus Christi confici de substantia panis]) 이러한(모순적인 생각) 것들에 대해서는 다음과 같은 것이 대응이 된다: 그리스도의 몸이 그 하늘의 말씀(곧 verba testamenti)으로 말미암아서 생거닌다는 것은 그 동정녀의 잉태에서 형성된 몸이 새롭게 형성된다는 이유 때문이 아니다. 전에는 그리스도의 몸과 피가 아니었던 빵과 포도주의 본질이 하늘의 말씀 덕분에 몸과 피가 된다는 이유 때문이다. 그리고 사제들에 대해서 그들이 그리스도의 몸과 피가 나타나도록 한다(conficere corpus Christi et sanguinem)고 말하는 것은 이들의 집례로(eorum ministerio) 빵의 본질이 육신이 되고 포도주의 본질이 그리스도 피의 본질이 되기 때문이다. (이

어서 다른 이론들이 언급되고 어거스틴으로부터 비판된다[2-4], 거기에는 "빵과 포도주의 본질이…… 이것들을 이루는 물질로 해체되거나 [아예] 무로 되돌아간다"는 이론도 있다[5]; 이 생각은 피터 롬바르드에 의해서 그저 단순하게 언급되었지 그 어떤 반대도 없었고 또한 강조해서 나온 동의도 없었다. 반면에 공재설은 그가 아래와 같이 말하면서 뚜렷하게 거부되었다 [6]:) 다른 자들은 빵과 포도주의 본질이 거기(제단)에 머물러 있으며 또한 그리스도의 몸과 피도 같이 있다고 생각한다; 전자가 후자가 되는 것은 후자가 있는 곳에 전자가 있다(이것은 모순이다)는 이유 때문에 그렇게 말한다. 그리고 바로 빵과 포도주의 본질이 성례라고 한다(Alii vero putaverunt ibi substantiam panis et vini remanere, et ibidem corpus Christi esse et sanguinem; et hac ratione dici illam substantiam fieri istam, quia ubi est haec, est et illa [quod mirum est]. Et ipsam substantiam panis vel vini dicunt esse sacramentum).— 하지만 거기에는 그리스도의 몸과 피 말고는 어떤 본질도 없다는 것은 앞에 언급했던 것에서, 그리고 이하에 있는 것들에서 분명하다.[40)]

원전 : Petri Lombardi Sententiae in IV libris distinctae, ed. Coll. S. Bonaventurae Ad Claras Aquas, Bd. I/1.2, Grottaferrata ³1973; Bd. II, ebd. ³1983.—참고문헌: M. Grabmann, Die Geschichte der scholastischen Methode, Bd. II, (1911) Nachdr. Darmstadt 1957 S. 359-407; M. L. Colish, Peter Lombard, I/II (= Brill's Studies in Intellectul History, 41/1.2), Leiden 1994; M. A. Schmidt (위를 보라), 594-605.

1) A. F. u. F. Th. Vischer (Berlin 1834), 101f.; R. B. C. Huygens (CChr. L 84), 85f.

2) 희랍어 τρóπος, 라틴어 tropus = verbum translatum에서 왔다. 그러니까 의미가 전도된 단어이다. 비유는 수사학에 있는 유형론의 대상이다.
3) Vischer, 83f.; Huygens, 73f. 마지막 문장(subiectus - praedicatus terminus) 이해를 위해서는 HWPh 10, 1998, 특히 373-375(B. Kible). 434-438(R. Rein). 1016(E. Sietzen)에 있는 "Subjekt", "Subjekt/Prädikat"과 "Terminus"를 보라; 이 힌트는 나의 동료 H. A. Gärtner 덕분에 왔다.
4) Vischer, 123f.; Huygens, 101. (암브로시우스, De sacramentis에 근거를 둔) 베렝가르를 인용한 것을 말한다. 랑프랑은 바로 이것과 논쟁하였다(위에 언급한 419 C. D). 베렝가르는 아래에서 랑프랑의 비판에 대해 자신을 방어하였다.
5) 같은 곳 97f.; 83.
6) 같은 곳 223; 166.
7) 이 배경("norman custom")에서 이밖에도 교황청과 헨리 8세 사이에 있던 암투를 이해할 수 있다!
8) 프로슬로기온 서론(Schmitt, vol. I, 93)을 비교하라.
9) de doctr. Christ. I 7, 71을 비교하라.
10) 창 1, 27을 비교하라.
11) 곧 그렇다면 실제에도 존재하는 것으로부터 압도당하게 되며, 동시에 더 이상 자기 자신이 생각하는 최고 존재가 아니게 된다.
12) 더 이상 큰 것을 생각할 수 없을 뿐 아니라 존재하지 않음도 생각할 수 없는 것에 의해서 압도된다.
13) 아래 Nr. 33c(2)를 보라.
14) 안셀름의 대화식으로 이루어진 문서에서 그의 대화 상대이며 훗날 벡 수도원의 후계 원장이다.
15) 2권 9장과 16장을 비교하라.
16) 1094년 초에 저술된 두 번째 비평(= Schmitt, vol. II, 1-35; 인용: 6-10).
17) 뚜르에 있는 본당학교 학자(1120년 이후에 사망)로 "보편개념들"(universalia)은 "이름들"(nomina)일 뿐이며 단순 발음되는 것(flatus vocis ["음성의 숨결"])으로서 개별적인 것들을 종합하는 개념들을 통해서만 하나의 실제가 되는 것이라는 입장을 취했다. 여기에 대해서 안셀름은 (인식론적인) 개념의 실재론자였다!
18) 토마스 아퀴나스에게서도 단순하게 신학은 성경을 의미하였다. 왜냐하면 신학은 결국 성경해석이라고 이해했기 때문이다(s. U. Köpf, Die Anfänge der Wissenschaftstheorien im 13. Jahrhundert, Tübingen 1984 [BHTh 49]).
19) 아래 Nr. 33 c. 1을 보라.
20) 어거스틴의 삼위일체론처럼 들린다; 여기에 관해서는 E. Mühlenberg in: HDThG I [2]1999, 425-432(참고문헌!)를 보라.
21) Monologion 79(Schmitt, vol. I, 86, 7)를 비교하라: persona non dicitur nisi de individua rationali natur ("인격[-존재]은 개별 이성적 본성에 관해

서만 말할 수 있다").

22) "스콜라적"이라는 말에서 아주 보편적으로 중세의 학문적 작업을 이해해야 한다, 신학과 철학 또한 자연학, 의학과 두 개의 법학(로마의 법과 교회규칙법, 교양법학과 교회법). 스콜라 학자는 칼 대제 시절 소위 일곱 개의 "자유 문예학"(artes liberales) 선생이었다; 후에는 학교 제도적으로 학문에 몰입하는 자라고 하였다. 이 명칭은 "학교 학문"을 의미하며 중세 학문이 (처음에는 궁정학교와 본당학교 또 수도원학교, 후에 13세기부터는 대학들에서의) 강의로부터 생겨났다는 것을 가리킨다. 스콜라주의가 "학교 학문"인 것은 중세에 가르침이란 우선적으로: 앎을 전해주고, 계승시키고, 전통을 만드는 것이며 배움의 관련성(우리가 오늘까지도 학문적인 학교를 말하는 의미에서)이 거기에서 괄목할 만한 역할을 한다는 면에서 그러하다.

23) 위 각주 17을 보라.

24) 이것과 관련해서는 무엇보다도 아벨라르의 논리학 "Ingredientibus", hg. v. B. Geyer, in: BGPhMA 21, H. 1, Münster 1919를 비교하라; 아주 조금을 제외하고는 번역이 되었다: K. Flasch, Geschichte der Philosophie in Text und Darstellung, Bd. 2, Stuttgart 1982 (rub 9912[6]), 233-262.

25) 그의 "범주론" 7장 (8b 21).

26) 이와 관련해서는 무엇보다도 그의 윤리적인 주저 "Ethica"가 있다(in: P. Abaelard's Ethics. 서론과 함께 영어 번역 또 각주로 이루어진 편집본 D. E. Luscombe, Oxford 1971). 대체 제목이 눈길을 끈다: "Scito teipsum"("너 자신을 알라")!

27) 이것은 안셀름의 만족설과 절대로 동일하지 않으며 오히려 더 오래되고 교황 대 그레고리(위 Nr. 10을 보라)의 것일 가능성이 있는 가르침 형태에 상응한다. 이미 안셀름도 이 가르침과 논쟁을 하였지만, 아벨라르와는 다른 방식 그리고 다른 결론을 가졌다.

28) 편집자 E. M. Buytaert는 그런 문서가 우리에게 남아 있지 않지만 익명의 문서인 "Capitula haereseum P. Abaelardi"에서 몇 개의 "Tropologia"를 얻을 수 있음을 가르쳐준다.

29) 아 1:7; 출 33:13. 18절 그리고 다른 성경구절과 연결하여서 큰 자가 되고자 하는 자는 어떻게 겸손의 단계로 다시 부름 받게 되는가에 대한 언급이 먼저 나온다(I, 1); 하지만 겸손한 자들은 다윗의 실례가 말하여주듯이 하나님의 손만이 아니라 이웃으로부터도 영접 받게 되어 있다(II, 2).

30) 설교 시작에 있는 첫 장에서 아 3, 1과 관련하여 일곱 개의 근거가 언급되고 있다. 그 중에서 영혼이 말씀(=신랑)을 찾고 있다. 2장 영혼을 압박하는 세 가지 능력을 첨가한다; 자기 자신에게 가장 조심하여야 한다. 하지만 그리스도께 의뢰하는 자는 모든 것을 감당할 수 있다; 덕에 이르기 위해서는 오직 그에게만 의뢰하여야 한다. 3장: 어떻게 우리가 그 말씀을 통해서 변형되는지, 지혜와 덕(virtus)은 어떤 관계인지. 4장: 영혼을 치장하기 위해서 말씀과 같은 형상이 된

다는 것은 무엇을 말하는가; 열매를 맺기 위해서 자기와 결혼한다는 것은; 이 땅의 삶에서 복락에 이를 수 있는 한에서 그 복락을 위하여 말씀을 향유한다는 것.

31) 설교 85, 1 (S. Bernardi Opera II, Rom 1958, 307)

32) 물론 이것은 겨우 시작일 뿐이다. 후고는 뒤를 이어야 할 것은 "제시되고, 목차로 나누고, 연구된 지식의 내용이 생도로 말미암아 스스로 내면화함"이라고 한다(M. Grabmann[위] 245에서 후고의 학문론에 근거하여서 그렇게 말한다, 그의 "Didascalicon", 3권 11장[10: PL 176, 772 = FC 27, hg. v. Th. Offergeld, Freiburg 1997, 244/246]).

33) Grabmann(위), 364-366.

34) De doct. chr. I 2.

35) 그의 명제주석(I, d. 2); 이 원리는 토마스 아퀴나스의 신학대전(아래 Nr. 46)과 많이 일치한다!

36) 종교개혁 시대에는 특별히 M. Bucer가 이것을 따랐다.

37) 비슷한 해석—물론 의도적으로 거듭거듭 비 아리스토텔레스 범주로 이루어졌다(V. Leppin)—이 루터에게 나타난다.

38) Tract. 26, 15(CChr. L 36, 267).

39) 진짜로 유세비우스의 'Gallicanus', hom. 17(= de pascha, VI), 2(CChr. L 101, 196)를 말하고 있다.

40) 다른 교부들의 전거로는 암브로시우스, De sacramentis(실제로는 De mysteriis, c. 9, n. 53 [CSEL 73, 112])와 대 그레고리의 부활절 설교(실제로는 Dialogi, c. 58 [PL 77, 425D-428A]) 구절들이 제시되고 있다.

34. 십자군 움직임의 발단

"십자군"은 원전에 입각한 언어개념이 아니다; 중세원전들은 오히려 아주 압도적으로 순례용어를 사용하여서 예를 들면 "성지순례"(iter oder peregrinatio in terram sanctam)라고 하였다. 이를 따르면 (여기서 말하는) 십자군의 초기역사에는 특별히 팔레스타인 순례역사가 속한다(늦어도 4세기부터[여제 헬레나]!). 하지만 지금은 이 십자군은(일상적 방식을 따라서) 무장을 하지 않고 행하는 순례하고는 전쟁의 특성으로 말미암아 구분된다. 바로 이것이 중세 십자군을 기독교 소유권을 되찾거나 교회 혹은 그리스도인들을 내적으로나 외부의 적으로부터 보호하는 "거룩한 전쟁"이라고 말하도록 하는 것이다(J. Rilley-Smith). 그래서 역사 전체에서 밝혀져야 할 것은 도대체 원래 전쟁과 무기 사용으로부터 최소한 거리를 두는 관계를 가졌던(마 5, 9; 26, 52; 막 12, 17; 눅 22, 25f.; 요 18, 36f.를 비교하라) 기독교가 어떻게 해서 "거룩한 전쟁"이라는 생각에 이르렀는가이다! 전개과정과 관계해서 본다면—명목상으로, 하지만 프랑스의 연구와 독일 연구 사이에서 뿐이 아니다—예루살렘에 있는 성묘와 팔레스타인에 있는 그밖의 성스러운 지역 해방을 목적으로 한 전쟁 횟수에는 차이가 있다. (팔레스타인을 향하기는 했지만 결코 언제나 그곳에 당도하지는 않은 십자군들이 전혀 다른 목적을 지향하는 많은 횟수의 작전들에 둘러싸여 있었다는 것은 논쟁거리이다. 이 작전들은 그래도(대부분) 중세 "십자군"이라는 표시를 달고 다닌다.—그 실패에도 불구하고 동방을 향한 십자군은 서방에 과소평가할 수 없는 결과를 가지고 왔는데, 부정적인 것만은 아니다; 비잔틴제국과 무슬림 지배하에 있는 그리스도인들의 처지에는 그 영향은 그 반대로 아주 치명적이었다. 하지만 무슬림 하에서는 무엇보다도 십자군으로 말미암아 숙명론과 무관심의 힘이 활력을 얻었다.

a) 십자군을 모색하는 교황의 교서(1074년 3월 1일)

11세기에 클루니 개혁 움직임 권내에서(위 Nr. 26을 보라) "기독교 기사"("직업적 정서"를 가지고: 교회의 명령을 받은 평화수호자라는)라는 생각과 실제가 태동하였고, 1053년에는 첫 번째로 한 명의 교인이 직접 전투사령관이 되었다. 교황 레오 9세가 노르만인들을 상대로 해서 시실리로 진격하고, 13년 후에 그의 후계자 하나는(알렉산더 2세) 노르만 왕(정복 왕) 윌리암의 영국정복을 성별된 베드로의 깃발(vexillum s. Petri)을 넘겨주면서 "축성"하였다. 그 이후 그의 후계자 그레고리 7세(1073-1085)가 처음으로 동방을 향한 십자군을(심각하게 위협받는 비잔틴 제국을 도우며 동방을 교회적으로 복속시키려는 희망을 가지고) 계획하였다. "그 어떤 선임자들보다 심하게 그는 과거에 교회로 하여금 전쟁에 대한 설교나 전쟁 치르는 것으로부터 뒷걸음치게 만들었던 주저함을 너머섰다; 왜냐하면 그는 사제요 정치가인 만큼이나 전투적인 사람이었기 때문이다"(C. Erdmann).

(Reg. 1, 49) 주교요, 하나님 종들의 종인 그레고리가 기독교 신앙을 지킬 준비가 되어 있는 모든 이들에게 평강(salus)과 사도적인 복을 비노라. 내가 너희 모두가 알기 원하는 것은 제시하고 있는 이 편지를 가지고 간 이 사람이 바로 얼마 전에 바다를 건너와서(de ultramarinis…… partibus) 사도들의 지역(limina apostolorum)과 우리를 방문하였다. 그와 또 수많은 다른 소식통들로부터 우리는 이방민족이 기독교제국(곧 비잔틴)을 상대로 강력한 힘을 가지게 되어서, 측은할 정도로 잔인하게 이미 거의 콘스탄티노플 도시 성벽 밑에까지 이르도록 모든 것을 황폐화시켰고, 독재적인 힘으로 굴복시켰고, 수천수만 명의 기독교인들을 짐승처럼 끌고 갔다는 것을 알게 되었다. 이 때문에 하나님을 향한 사랑에서 그리고 우리 기독교에 대한 자의식 가운데서 그토록 거대한 제국의 통탄스러운 불행과 그토록 많은 기독교인들의 파멸 때문에 엄청난 고통이 우리를 사로잡았다. 하지만 우리가 마땅히 가져야 하는 그 불인한 염려는 그 일에 대해서 슬퍼하는 것으로 만족할 수 없도다; 오히려 우리 구주의 사례와 모든 형제의 사랑은 우리에게 우리의 생명(animas)을 우리 형제들의 해방을 위하여 내어 놓기(ponere)를 요구하고 있다. 왜냐하면 구세주께서 우리를 위해서 자기 생명을 내어 놓은 것처럼 우리도 우리 형제들을 위해서 우리 생명을 걸어야 하기 때문이다.—그러니까 너희는 우리가 하나님의 자비와 그의 실제적인 능력(potentia virtutis)에 의지하여 모든 것을 행하며 가능한 한 빨리 하나님의 도우심으로

기독교 제국을 도우러 가려고 한다는 것을 알라. 이 때문에 그리스도 안에서 하나님의 자녀 됨으로 하나가 된 너희 믿음을 걸고 너희에게 간청하며, 거룩한 사도들의 우두머리 베드로의 권세를 힘입어 너희를 엄히 명하노니, 형제들의 상처와 피, 또한 언급한 나라가 처해 있는 위험이 마땅한 고난에 동참하는 데로 너희를 강권할 수 있기를 바라노라. 그리고 너희의 용맹스러움(virtus)이 그리스도의 이름 때문에 형제를 돕는 수고를 하게 되기를 바라노라. 이 일에서 하나님의 은혜가 너희를 고취시키는 바의 그것을 믿음직스러운 사절을 통해서 지체 없이 우리에게 알려주기를 바라노라.

3월 1일 로마에서 열두 번째 포고문에 게시됨

원전 : Das Register Gregors VII., hg. v. E. Caspar, Berlin (1920. 1923) (1955 [MGH. ES 2]). ─ 참고문헌 : L. Schmugge, Jerusalem, Rom und Santiago - Fernpilgerziele im Mittelalter, in: M. Matheus (Hg.), Pilger und Wallfahrtstätten in Mittelalter und Neuzeit, Stuttgart 1999, 11-34; E. D. Hehl, Kreuzzug - Pilgerfahrt - Imitatio Christi, in: 같은 책, 35-51; H. E. Mayer, Geschichte der Kreuzzüge, Stuttgart 92000 (UTb 86), 7-40, 특히 24f.

b) 제1차 십자군(1096-1099)

1. 교황 우르반 2세가 클레르몽-훼랑 공의회(1095) 결정에 관해서 플랑드르 지방의 기독교인들에게 보낸 편지가 말하는 십자군 호소내용

하나님 종들의 종인 주교 우르반이 플랑드르의 모든 기독교인들, 제후들과 그 신하들에게 평강과 은혜와 사도적 강복을(전하노라). 내가 확신하는 바는 내 형제들인 너희들(문자적으로는: 너희의 형제 됨[fraternitas])이 야만적인 광포가 적대감으로[infestatio] 동방(땅)에 있는 교회들을 통탄할 정도로 짓밟고, 심지어는 그리스도의 고난과 부활로 특별한 그 거룩한 도시를 그 교회들과 함께 감당할 수 없을 정도의 종살이로 전락시켰다는 것을 이미 많은 소식통들을 통해서 알고 있다는 것이다. 이에 대한 의당 있어야 하는 배려로 우리는 이 불행을 함께 느끼면서 프랑스 지역들(Gallicanas partes)을 찾았고 제후들과 신하들에게 동방 교회를 회복시키자(ad liberationem Orientalium ecclesiarum)고 대대적으로(대대적인 참여[ex magna parte])호소하였다; 또한 오베르니에(곧 클레르몽의 수도) 공의회에서는 축제적으로 그들을 돕는 전쟁을 치를 채비를(대가로) 그들의 모든 죄 용서함과 연결시켰다(et huiusmodi procinctum pro remissione omnium peccatorum suorum[1] in Arvernensi concilio celebriter eis iniunximus); 나아가서 우리가 매우 사랑하는 아들 르 푸이의 주교(몽테이의) 아데마르(Adhémar)를 우리 대신 이 힘든 여행의 인솔자로(huius itineris ac laboris ducem) 정하였다. 이렇게 함으로 이 길에 동참하기로 결정한 자는 누구든지 그의 지시를 우리의 지시인 것같이 따르며, 이 계획(negotium)과 관련되어서는 그의 매고 푸는 권세(solutionibus seu ligationibus)에 복종하도록 하였다. 하지만 너희 중에 하나님께서 이 소원을 주신 모든 자들은 그가 복되신 마리아의 승천(축일)에(in beatae Mariae adsumptione[8월 15일]) 하나님의 도움을 받아서 출정한다는 것과 그를 따르는 자들에게 합류할 수 있다는 것을 알아야 한다.

2. 클레르몽-훼랑의 제2법령에 나오는 “십자군 면죄부” 선포

명예와 부를 얻기 위해서가 아니라 깨끗한 헌신에서 예루살렘(에 있는) 하나님의 교회를 해방시키려고 출정하는 자에게는 누구

듣지 이 순례의 길이 모든 속죄(의 벌)를 받은 것으로 간주되어야 한다(Quicumque pro sola devotione, non pro honoris vel pecuniae adeptione ad liberandam ecclesiam dei Ierusalem profectus fuerit, iter illud pro omni poenitentia reputetur).

3. 예루살렘 점령에 관한 익명의 연대기 기자의 보도(1099년 7월 15일)

(10권 37장)…… 6월 6일 화요일(feria tertia, VIII idus Iunii[2)]) 우리는 즐거워 기뻐 뛰며 예루살렘 시에 도착하여 그곳을 둘러싸고 놀라 자빠질 정도로 힘을 발휘하는(곧 밀착한) 포위망을 펼쳤다(eamque mirabiliter obsedimus)…… 이 포위하는 중에 소가죽과 물소 가죽을 꿰매어 거기에다가 거의 6마일이나 떨어진 곳에서 물을 길어 와야 할 정도로 갈증이 우리를 괴롭혔다. 이 물 주머니에서 비록 냄새가 났지만 물을 마셨고 이 물과 보리 빵(을 먹는) 덕분에 우리는 매일 큰 난관과 어려움을 견디었다. 왜냐하면 사라센들[3)]은 모든 샘과 물웅덩이를 막고는 우리 사람들을 기다려 매복하곤 하였기 때문이다; 도처에서 그들은 이들을 죽이고는 조각조각 난도질하여서 그들의 짐승들이 굴이나 숨을 곳으로 가져갔다.

(38장) 그때 우리 지휘관들(seniores)이 그 도시를 (공성)기계의 도움으로 손아귀에 넣을(ingeniare possent civitatem) 대책을 강구함으로 마침내 우리는 그곳에 진입해서 우리 구주의 무덤에서 경배하였다. 이렇게 그들은 나무로 만든 두 개의 공성탑과 많은 다른 기구들을 세웠다.…… 수요일과 목요일 우리는 낮이나 밤이나 그 도시를 모든 방면에서 기가 막히게(mirabiliter) 공격하였다. 하지만 그들을 몰아붙이기 시작하기 전에 주교들과 사제들은 설교와 경고로 모든 사람을 사열하였고 예루살렘 주위를 말

을 타고 돌며 신실하게(꾸준히 [fideliter]) 기도하고 자선을 베풀고 금식할 것을 명하였다. 그리고는 금요일에 동녘이 트는 이른 아침 그 도시를 사방에서 공격하였다. 하지만 아무 것도 얻지 못하고 그로 인해서 당황하고 낙담하였다. 우리 주 예수 그리스도께서 우리를 위해서 십자가의 부끄러운 나무에서 고난당하시던(suffere patibulum crucis) 사건이 발생한 그 시각이 다가오자 공작 고트프리드와 그의 형제[4] 백작 유스타키우스의 지휘 하에서 우리 기사들(milites)은 성 안의(in castillo) 첨탑에서 싸웠다. 이 순간 레트홀드라는 한 명의 우리 기사가 도시의 벽을 간신히 기어올랐다. 그가 이것을 해내자 방어하던 자들 모두가 성벽을 따라 도시 안으로 도망쳐버렸다. 우리 병사들은 그들을 추격해서 죽이고 파괴하였다; 솔로몬 성전까지 (계속되었다). 그 살육(occisio)은 우리 발목이 그(원수)들의 피에 잠길 정도였다.…… 마침내 이교도들(pagani)이 섬멸되자 우리 병사들은 성전에 있는 아주 많은 남녀들을 공격하고 죽이고 내키는 자는 살려두었다.…… 곧 이어서 온 도시를 샅샅이 다니며 금과 은, 말 가축들과 집들을 약탈하였고 모든 종류의 값진 것을 두둑이 챙겼다. 마지막으로 모두는 기쁨이 가득하며 넘치는 행복 앞에서 울면서 우리 주 예수의 무덤에서 기도하려고 와서는 그분께 마땅히 드려야 할 것을 돌려드렸다(et reddiderunt ei capitale debitum).……

원전 : H. E. Mayer (Hg.), Idee und Wirklichkeit der Kreuzzüge, Gemering 1965 (Hist. Texte MA), Nr. 2. 3 (can. 2 v. Clermont; Urbans Kreuzzugsbrief); R. Hill (Hg.), Gesta Francorum et aliorum Hierosolomitanorum, London 1962. —참고문헌: H. E. Mayer, Geschichte (위를 보라), 40-59.

c) 제2차 십자군(1147-1149)

이 십자군의 계기는 성지 진입을 안전하게 하는 데 아주 중요한 십자군 나라들 중 하나인 에뎃사가 무슬림에 의해서 정복된 것이 제공하였다(1141-46). 이 십자군 준비는 시토 수도원 원장 클레르보의 버나드(위 Nr. 33d; Nr. 35b를 보라)의 지배적인 영향 하에 있었다. 그의 불타는 것 같은 웅변은 그때까지 십자군 움직임에 거리를 두고 있던 독일 사람들도 동참하게 하였다—성직의 계층구조의 도구로 거룩한 전쟁"이라는 생각을 조작했기 때문만이 아니라, 특히나 "서임논쟁"(위 Nr. 32를 보라)이 마무리되기 전에는 교황권과 황제권이 함께 일하는 것은 실제적으로 불가능하기 때문이었다. 하지만 이제는 그 황홀함의 물결("하나님께서 원하신다!")이 제1차 십자군에서와 같이 새롭게 이미 라인 지역 도시들 안에서 유대인 박멸로 발전하였는데, 이는 용의주도한 슈타우퍼 가문의 왕 콘라드의 마음까지 빼앗아가 버렸다.—서방의 두 정치적 우두머리들인 콘라드와 프랑스의 루이 7세가 공동으로 계획하고 주도한 이 두 번째 십자군은 물론 실패하였는데 철저하게 실패하였다; 특별히 참가한 군대의 민족적인 적대감에서 좌절된 이 십자군은 이미 소아시아에서 그랬고, 심지어 유럽세력들 안에서는 내전으로 바뀔 지경이었다면, 성지에서는 내부 다툼이 십자군 기사들의 힘을 무력화시켰다.

1. 독일인들을 향한 버나드의 호소(편지 363)

클레르보의 수도원장으로 임명된 버나드는 가장 충성된 주군들과 사제들, 대주교들과 주교들과 온 성직자들(universo clero), 거기다 동 프랑크와 바이에른 백성들이 담대한 마음으로 충만하기(spiritu fortitudinis abundare [사 11:2를 비교])를 소망합니다. (간단한 도입부[1]에 이어서 곧바로 버나드는 선언[=narratio]에 이른다: "십자가의 원수들"에 의한 성지가 재탈환됨, 이것은 용감한 그리스도인이라면 누구도 수수방관할 수 없는 일이다. [3-5

에서] "권고"[=admonitio]가 따르는데, 이것은 십자군의 특례를 동반한 본연의 십자군 선동이다) (3) 그런데, 형제들이여, 우리는 무엇을 믿는가? 그러니까 주님의 손이 구원하기에 너무 짧고 무력하게 되어버렸다는 말인가……? 분명히 그분이 원하시면 그분은 능력이 있으시다, 하지만 너희들에게 말한다: "주 너희의 하나님께서 너희를 시험하신다"(신 13:3)…… (4) 너희를 구하시는데 그분은 어떤 능력의 수단을 사용하시는지 생각하라……, ; 그분의 사랑의 깊이를 생각하며 신뢰를 붙들라, 너희 죄인들아! 그분은 너희가 죽는 것을 원하지 않고 너희가 돌이켜 사는 것을 원하신다.…… 살인자, 강도, 간음한 자들, 사기꾼들과 다른 범죄에 얽혀 있는 자들이 그분의 역사를 기억하는 것(de servitio suo submonere)이 전능하신 분(Omnipotens)을 기쁘게 한다는 사실 말고 무엇이 하나님만이 찾아내셨던 바의 그 찾고 찾은 구원의 기회(Quid est enim nisi exquisita prorsus et inventibilis soli Deo salvationis occasio)란 말인가? 너희의 신뢰를 저버리지 말라(히 10:35 비교), 너희 죄인들아; 주님은 자비하시다. …… 그래서 나는 이 풍성한 자비의 시대에 태어난 이 세대를 행복하다고 하고 싶다(quam apprehendit tam uberis indulgentiae tempus). 곧 더욱이나 하나님이 기뻐하시는 올해, 진정한 축제의 해를 경험하는 세대를 말이다(quam invenit superstitem annus iste placabilis Domino, et vere iubileus [사 61:2; 레 25:10 비교])…… (5) 너희의 나라는 알려진 대로 용감한 사람들이 많고 힘이 넘치는 젊음의 복을 받았기 때문에,…… 너희도 용기 있게 허리를 동이고 그리스도인의 이름을 위한 열심 가운데에서 적당한 무기(felicia arma)를 잡으라! 과거의 그 군사 됨이 아니라 악함과 단절하라(Cesset pristina illa non militia, sed plane malitia), 그 악으로 너희가 서로 파괴시키려고 서로 죽이고 서로 망가뜨리기를 일삼았었다.…… 이제 용감한 기사요, 전투에 임할 남아여, (영혼의) 위험 없이 싸울 기회, 곧 승리가 명예를 가져오고 "죽음이 유익함이 되는"(빌 1:21) 기회를 얻었다. 네가 명민한 상인이라면, 네가 "이 세상을 연구하는 자라면"(고전 1:20), 내가 너에게 풍성한 시장들을 미리 알려주노라; 이것들이 네게서 비켜가지 않도록 주의하여라. 십자가 표지를 붙들라(Crucis signum), 그러면 네가 통회하는 마음으로 회개하는 모든 죄에 대해서 한 순간에 사면(indulgentiam)을 얻게 되리라. (십자가가 새겨진) 물건을 네가 산다면 그것의 값은 싸다; 하지만 그것을 헌신하는 마음으로(devote) 어깨에 올려놓으면 그것은 의심할 바 없이 하나님 나라의 가치를 가지는 것이다(valet sine dubio regnum Dei)...... (버나드는 계속 전개한다[6. 7]) 그밖에도 주도면밀하지 않은 지나친 열정은 모두에게 적절하지 않으며 선한 일에 해가 된다; 이것은 우선적으로 유대인들[5]을 취급하는 문제와 관련된다. 이와 관련해서 문자적으로 보면: 유대인들은 박해하고, 죽이고 해서는 안 되고 절대로 추방해서도 안 된다(Non sunt persequendi Iuaei, non sunt trucidandi, sed nec effugandi quidem)...... (시 59:11 비교) 그들은 주님의 고난을 항상 우리 앞에 제시하는(repraesentantes iugiter Dominicam passionem) 살아있는 문자이다(Vivi quidam apices). 이 때문에 사방으로 흩어져서 우리 구원의 증인들이 되었고, 반면에 도처에서 그런 범죄에 합당한 벌을 겪고 있다. 그러므로 바로 그 시편(59)에서 이 말도 더하고 있다: "당신의 능력으로 그들을 흩으시고 낮추소서, 주여, 나의 방패되시는 자시여"(59:14)...... 하지만 "그들이 날이 저물어 돌아와서"(59:14), "적시에 그분께서 그들을 찾으시리라"(지혜서 3:6) ...... (7) ...... 이것은 물론 사도적인 명령 내용(곧 교황의 십자군 호소)에 걸맞게 그들에게 요구해야 한다: 십자가 상징을 지닌 자들은 모든 이자 납부를 면제(ab omni usurarum exactione) 받는다(이 문서는 무질서한 십자군에 대한 경고를 하면서[8] 끝을 맺는다. 곧 제1차 십자군에 앞서서 은둔수사 아미엥의 베드로가 독려할 때와 비슷한 모습으로).

2. 버나드와 이 십자군이 실패한 원인들

이 십자군의 실패 소식이 서방에 닥친 다음에 비판은 무엇보다도 버나드를 겨냥하였다. 한때 자기 제자였던 당시 교황 유진 3세에게 헌정한 글 "심사숙고에 관하여"(De consideratione)의 2권 머리에서 그는 자기와 교황의 십자군 선전을 아래와 같이 정당화하려고 하였다:

나의 가장 귀하신 유진 교황이시여, 벌써 오래 전에 당신을 향해서 한 나의 약속을 기억하면서 비록 늦었더라도 사죄합니다. 혹시 태만이나 소홀함이 있었다고 판단된다면 이 늦어진 것에 대해 부끄럽게 여기겠습니다. 하지만 그런 것이 아니라 당신께서도 아시는 바와 같이 어려운 시간들이 그 사이에 있었습니다.…… 왜냐하면 우리 죄로 인해 격동되어서 주님께서 온 땅을 말하자면 시간 이전에 심판하셨는데, 정의로우셨지만 자신의 자비는 기억조차 하지 않으신 것 같기 때문입니다(in aequitate quidem, sed misercordiae suae oblitus).…… (지금은) 이방인들 가운데에서 "너의 하나님이 어디 있느냐?"(시 113:10 70인경)고 말하지 않는데 무슨 놀랄 일입니까? 교회의 자녀들과 교인들 그리스도인이라는 이름을 붙이는 자들이 "광야에서 엎드러지고"(고전 10:5), 칼에 죽든지 기근에 쓰러졌습니다. 주님께서 고관들 위에 "불화를 부으시고[6] 길 없는 광야에서(in invio) 헤매게 하셨습니다"(욥 12:21; 시 107:40).…… 우리는 "평화"를 말했지만 평화는 없고(겔 13:10 비교), 선을 약속했으나 보십시오: 마치 우리가 이 일에 관해서 생각 없었거나 경솔하게 간 것 같이 혼란뿐이었습니다.

우리가 서둘러서 결정하였지만(Cucurrimus plane in eo) 결코 목적이 없었던 것이 아니고 당신의 명령과 당신을 통한 하나님의 명령을 따라서 였습니다.…… (2) 하지만 도대체 만사를 불문하고 어떻게 사람이 자기가 이해하지 못한 것을 비난할 정도로 뻔뻔스러울 수 있습니까? 예부터 있은 하나님의 심판을 우리가 생각한다면 어쩌면 거기서 위로를 발견합니다.…… (시 118:20 70인경) 이와 함께(그 자체로) 모든 것이 알려졌지만 지금은 모두에게 알려지지 않은 것을 말하겠습니다. 바로 사멸할 자들의 마음이 그러합니다: 필요하지 않으면 우리가 알게 되고, 필요하면 우리는 잊어버렸습니다. 모세가 백성을 애굽에서 인도해 낼 때 더 좋은 땅을 약속했습니다. 오직 땅만 생각하는(solam sapiens terram) 백성들이 그렇지 않았다면 그를 따랐겠습니까? 그들을 이끌어내었지만 약속의 땅으로 인도하지 못했습니다.…… 좋습니다, 저(이스라엘인)들은 불신앙적이고 반항적이었습니다(돌이킬 수 있음); 하지만 이들(우리 사람들)은 어떻습니까. 그들 스스로가 인정하는 것을 언급하는 것이 어떻게 나의 의무란 말입니까? 한 가지만 말하겠습니다: 진군하면서 끝없이 돌아서는데 어떻게 앞으로 갈 수 있었겠습니까(창 19:26 비교)? 그들의 온 노정 중에 마음속에서(in corde) 애굽으로 돌아가지 않은 것이 언제입니까? 이스라엘 백성들이 자기들의 불의함 때문에 엎어져 멸망하였다면 같은 일을 행하는 자들이 같은 것을 겪는 것이 놀라운 일인가요? 저들의 운명은 하나님 약속들과 상충된 것입니까? 그래서 우리 사람들에게도 똑같습니다. 하나님의 약속들은 한 번도 그분의 정의를 앞지르지 않습니다(Neque enim aliquando promissiones Dei iustitiae Dei praeiudicant). (뒤이은 세 번째 절에서 버나드는 또 하나의 다른 예를 든다: 사사기 20장에 나오는 베냐민 지파에 대한 심판. 복수하려는 자들은 숫자도 우위였고, 더 귀한 동기와 하나님의 도움에도 불구하고 두 번씩이나 패하였다; 하지만 세 번째 주님께서 그들에게 승리를 허락하셨다. 때문에 실패한 두 번의 십자군에 이어 패배하고는 세 번째는 시도하지 않아야 하겠는가? 버나드는 아래의 대적하는 질문을 두려워해서 제안하려고 하지 않는다: "이 촉구가 하나님께로부터 왔다는 것을 어디서 알 수 있는가? 너는 어떤 징조를 행해서 우리가 너를 믿도록 하겠는가?"[요 6:30 비교] 이 질문에 대해서 그는 자기의 소심함[verecundia]으로 인해서 대답할 수 없었고 그저 자기가 보고 들은 것, 더 바르게 말하면 하나님께서 자기에게 암시하신 것에 근거해서 교황이 답해줄 것을 요청하고 있다).

원전 : Bernhard von Clairvaux, Sämtliche Werke, lat./dt., hg. v. G. B. Winkler, Bd. 1 (Über die Besinnung), Innsbruck 1990; Bd. 3 (편지), 같은 곳 1992.—참고문헌: H. E. Mayer, Geschichte (위에 제시), 87-99; H. -D. Kahl, Die Kreuzzugseschatologie Bernhards von Clairvaux und ihre missionsgeschichtliche Auswirkung, in: D. R. Bauer - G. Fuchs, Bernhard von Clairvaux und der Beginn der Moderne, Innsbruck 1996, 262-315.

d) 제3차 십자군(1189-1192)

새로운 파국 이후에도 서방 기독교 세계는 여전히 십자군이라는 생각에 대해서 갈피를 잡지 못하였다. 오히려 독일인들은 한 번 여기에 참여한 다음에는 오랫동안 끈질기게 이 생각에 붙어 있었다. 이렇게 황제 프리드리히 바바로사(분명히 1122년 이후에 출생, 1190년 6월 10일 사망)도 겉으로 보기에는 성묘의 해방 사업과 그리로 가는 순례 길 안전 확보 사업에 진정으로 몰입한 가운데, 술탄 살라딘에 의한 예루살렘 정복 소식(게네사렛 호수 서쪽에 있는 하틴에서의 전투에서 그가 십자군 기사단에게 승리하고 나서)에 놀라서는 "십자가를 졌다"(그리고는 십자군참여를 서약하였다); 하지만 그는 노중에 소아시아 남쪽 해안가에 있는 살렙 강에서 익사하였다.—이미 있어 온 교황들의 십자군 호소(그레고리 8세 [1187]와 클레멘스 3세 [1187-1191]의 호소)는 그 이전에 시인들에 의해서 뒷받침되었다. 프리드리히 2세 때 포겔바이데의 발터처럼, 그들은 라틴어로 또 민족방언으로 새로운 십자군에 전력을 기울였다; 1187년경 지어진 "성 갈렌인들의 노래"의 시인도 그러했다.

1. 시를 통한 제3차 십자군 선전: Carmen Sangallense

Quid dormis_ Vigila! Si te crux sancta redemit,
Ense crucem redimas et fias inde redemptor,
Unde redemptus eras! quis sanus ad utile torpet?
......

(자는 자여, 깨어라! 너를 거룩한 십자가가 이전에 구속하였다면,
이제는 그것을 칼로 구하여라, 그리고 거기에서 구원자가 되어라,
네게 구원이 임한 곳에서! 건강한 자 누가 유익한 것 앞에서 멍하게 있겠느냐?
십자가에서 땀으로 주님은 목욕하였네: 그런데 종은 나태해야할까?
너의 것(십자가)을 지라; 그분 자신이 자기 것을 지시고 식초를 맛보셨구나:
그분과 같이 행하여라! 누가 종들을 더 높이 보겠느냐
그들의 주인보다? 그러니 그분의 제자가 되려는 자는 고난 가운데에서
그의 고난을 따라야하나니; 별들의 길을 가지 않는다,
자기 쾌락에서 벗어나지 않는 자는; 주님 안에서 죽으라.

누구도 죽음에서 벗어나지 못하기에, 그것이 너에게는
덕성을 볼 수 있게 하는 복사판이 되어야 한다. 내가 너에게 계기가 되리라
죽음[7]과도 같은 전쟁에; 여기서 네가 패하면,
너는 이기리라.[8] 하지만 이게 더 낫겠다: 이기지 않는 것이: 승리자는
겨우 소망 가운데서 대가를 얻는다; 승리의 관은 패한 자에게 씌워진다.
계속되는 지체를 참지 마라! 육체에게 침묵하라고 명하라;
너를 즐겁게 하는 것을 단절하고, 날래게 무기를 향해 서둘러라
손을; 그리고 항상 너를 붙잡는 것을, 너의 의지가 쳐부수게 하라,
날개를 가지고 있는 듯이!

2. 3차 십자군에 대한 영국인 라둘프 니거의 비판(1189)

프리드리히 바바로사의 죽음 후에 십자군의 지도권은 프랑스의 아우구스트인 필립 2세와 영국의 사자심왕 리차드에게 있었다. 1191년 악콘을 점령하고 살라딘과 조약을 체결하여 기독교인 순례자들에게 거룩한 장소로 자유로운 접근을 보장하도록 하는 결실을 올렸다. 하지만 이 노력의 결말은 영국의 지식인 라둘프 니거(1146년 이전 출생, 1200년경 사망)를 정당화하였다. 그는 이미 1187년 직후 자기의 반-십자군 논문 "군사제도와 예루살렘으로 가는 삼중의 순례의 길"(De re militari et triplici via peregrinationis Ierosolimitanae)에서 이 계획의 어려움들을 경고하였었다. 그에게는 이 십자군 계획 전체가 분명하게 하나님의 뜻, 곧 선전이 주장하는(Deus non vult) 그 뜻에 상응하지 않았다. 하나님의 시간이 저 뒤에 있고, 모든 것은 전혀 다르게 보일 수 있다. 이렇

게 사람들은 그때까지 겨우 사람이 뿌린 것을 거두었다. 교황의 최고통치도 만병통치약이 아니다. 오히려 교황(Apostolicus)으로부터는 이성(ratio)이 허락하는 것이 아무 것도 발생할 수 없다! 특별히 이것은 죄의 용서와 면죄부에 해당된다. 결론으로 말한다:

참회 행위는 칭의에 앞서서 보속을 행한 경우에만 공로가 될 수 있다(Labores poenitentium facere ad meritum satisfactio prius iustitiae):

그렇지만 내가 순례행이 참회의 보속에(ad satisfactionem poenitentiae[9]) 기여할 수 있다는 것을 절대로 반박하지 않는다는 점에 주목해야 한다; 반대로 내 생각은 톱니 하나가 톱 전체(ad omnis serrae reserrationem)를 복구하는 데에는 충분하지 않다는 것이다. 따라서 나는 그 어떤 종류의 잘못에도(pro omni genere culpae) 상응한다고 생각해서 한 번의 순례에 소망을 두는 것은 위험하다고 여긴다; 왜냐하면 한 번의 순례는 참회의 그 모든 다른 상처들(stigmata)을 제거하지 못하기 때문이다. 교황의 명령(mandatum apostolicum)은 모든 의와 공평(의 행위)으로부터 그 공로를 빼앗는 것으로 이해해서는 안 된다: 예를 들면 자기가 강탈한 것이나 훔친 것을 자기가 가지고 돌려주지 않은 강도나 도둑은 그 빼앗은 것을 도로 돌려주지 않는 한 순례에 근거한 교황의 말씀(verbum apostolicum)을 통해서는 허물에서 자유하지 못한다. 하지만 참회의 의미에 걸맞는 것(quod dictat ratio poenitentiae)을 이행한 자는 순례를 시도하고 그에 따라서 교황의 사면의 축복(benficio indulgentiae apostolicae)을 누릴 수 있다. 왜냐하면 합리성이 없는(quod non habet rationis meritum) 교황의 명령이란 없기(또는: 생각할 수 없기) 때문이다. 속죄 안에 포함되어 있는 대로 바르게 보속이 이행된다면 더 첨부되는 순례의 선행으로 말미암아 순결한 상태로 되돌려진다(in integrum restituitur peregrinationis superrogatione). 왜냐하면 의가 요구하고 공평이 권하는 것(quod iustitia dictat et aequitas ammoneat)을 행하고 돌려줄 것을 거부하는 자는 참회하지 않은 것이기 때문이다.

원전 : H. E. Mayer (Hg.), Idee und Wirklichkeit(위에 제시한 책), Nr. 10. 11.—참고문헌: H. E. Mayer, Geschichte (위에 제시한 책), 125-138; 나아가서 F. W. Wentzlaff-Eggebert, Kreuzzugsdichtung des MA, Berlin (1960); G. Spreckemeyer, Das Kreuzzugslied des lateinischen MA, München 1974; R. Düchting, Art. Kreuzzugsdichtung, in: RGG[4], IV.

e) 제4차 십자군

이미 암시하였던 바와 같이 십자군들은 비잔틴과 서방 사이의 반목이 첨예화되는데 아주 중대한 기여를 하였다. 동시에 십자군 시대는 우선적으로 동방과 서방 간의 관계에 소망에 찬 새로운 동기들과 함께 시작하였다. 이것은 제1차 십자군 예비단계에서 아미엥의 베드로를 중심으로 한 약탈하는 무리들이 비잔틴 제국의 땅을 밟으면서 갑작스럽게 돌변하였다. 3차 십자군과 관계된 프리드리히 바바로사와 그의 군대의 진군은 극적으로 진행되었다. 바바로사는 그의 비잔틴 동료가 유혹에 넘어가지만 않았어도 거의 콘스탄티노플로 돌격 명령을 내릴 수 있는 지경에 도달하였었다. 와중에 탐욕에 가득한 총독 엔리코 단돌로의 지휘 하에서 베네치아는 계속해서 자기 목적, 곧 보스포루스의 항마인 콘스탄티노플을 제거하고 지중해에 대한 베네치아의 주도권 확보를 추구하였다. 동방에서 망명한 황제관 계승자인 알렉시오스 앙겔로스의 도움으로 베네치아는 네 번째 십자군의 기능을 전환시키고 본래 먼저 보았던 방향(지중해의 동쪽 해안을 향하는)에서 비잔틴을 향하도록 방향을 틀수 있게 되었다.

1203년 7월 황제의 도시는 십자군 병사들의 공격에 무릎을 꿇었고 이들은 그곳에 자기들 마음에 드는 체제를 출범시켰다. 하지만 벌써 반년 후에 그곳에 있는 취약한 통치권은 콘스탄티노플 안에서의(새로운) "라틴 사람" 적대감의 파도로 말미암아 권력을 상실하였다. 이제 십자군 병사들의 인내가 끝났다. 베네치아인들과 함께 각각의 권력 분할을 정확하게 결정하고 나서 그들은 진격을 하여 1204년 4월 13일 두 번째로 콘스탄티노플을 점령하였다.—뒤따르는 그 도시 약탈에 관해서는 눈으로 본 증인으로서 직전까지 그로스로고텟("Groswesir"), 비잔틴 행정부에서 최고위 관직을 소유한 자였던 니케타스 코니아테스가 이 우울한 사건에 관하여 우리가 가진 가장 신뢰할 수 있는 서술로 기록하였다:

(먼저 포위[1203년 7월 17일부터]와 라틴인들에 의해서 도시가 접수되는[1204년 4월 12일과 13일 밤: 568쪽 77-571쪽 46] 것을 묘사하였다; 그 다음에는 황제 알렉시오스 두카스의 도주, 콘스탄티노스 라스카리스의 황제 등극 그리고 그의 도주에 관한 이야기[571쪽 47-572쪽 78]; 그리고 말한다[572쪽 79ff.]) (그때) 원수들이 놀라움에 사로잡혀 본 것은 아무도 적대적으로 대하지 않으며 아무도 그들을 향해서 주먹을 들지 않고 무기를 잡지 않았다는 사실이다; 오히려 그들은 가고 싶은 곳으로 갈 수 있었고, 가지고 싶은 것을 가질 수 있었다; 좁은 골목도 지날 수 있었고, 넓은 도로도 더 이상 방해하지 않았다.…… 그때 그들은 온 거주지역이 축제와 종교행렬에서 익숙해 있는 것과 같이 십자가들(μετὰ σταυρικῶν σημείων)과 존경받으실 그리스도 상으로(σεπτῶν ἐκτύπων Χριστοῦ) 뒤덮여져 있는 것을 한 순간에 보았다. 하지만 그들에게 비쳐진 이 광경은 그들의 마음의 판단을 바꾸지 못했고, 그들의 표정으로까지 그 곁웃음은 그대로 드러났다(οὐδὲ μέχρι χείλεων ὑπεμειδίασαν),…… 오히려 그들은 느낌도 없이 약탈을 시작했고 말을 묶는 것으로 시작해서는 일반인의 소유

와 돈만이 아니라 하나님께 봉헌한 것들(곧 die vasa sacra)도 약탈했다.…… 이 피에 물든 포악한 군인들이 감행한 것 중에서 내가 어떤 것을 첫 번째로, 어떤 것을 둘째로 어떤 것을 세 번째로 열거해야 하겠는가? 아 그들이 그 경외심에 차서 경배하던 성상들(προσκυνηταὶ εἰκόνες)을 바닥에 내던지고 그리스도를 위해서 고난을 겪은 자들(곧 순교자들)의 유물들을 변소에(κατὰ τόπων ἐναγῶν) 동댕이쳐버리니 이 무슨 모독이란 말인가? 지금도(전해지는 것을) 듣게 되는 그 몸서리치게 하는 것도 함께 목도해야만 했다: 하나님의 피(곧 성만찬의 잔)가 땅에 부어지고 그리스도의 몸은 먼지 가운데 구르는 것! 이미 그때에 적그리스도의 선구자요 전령사들이 언젠가 적그리스도가 행하게 될 그 최악의 하나님을 모독하는 범죄를 행하였는데, 고귀한(성만찬) 집기들을 훔치고, 깨부수고 장식품들을 자기들이 속에 지닌 주머니에 숨기거나 자기들 식탁에 빵 바구니나 잔으로 올려놓았다. 이 무리들은 언젠가 한때 이미 했던 바와 같이 실제로(ἀτεχνῶς) 그리스도에게서 옷을 벗기고 조롱하였고 그의 옷을 나누고 주사위를 던졌다면 이번에는 그리스도의 옆구리를 다시 창으로 찌르지 않고 하나님의 피가 땅에 흐르게 하지는 않았다(요 19:1-4. 23-24. 34 비교).…… 이스마엘의 후예(οἱ δ' ἐξ Ἰσμαὴλ)[10]들은 한 번도 이토록은(광포하지는) 않았다! 이들은(십자군 시절에) 인간을 사랑하는(φιλανθρώπως) 행동을 했으며 시온을 접수할 때는 라틴인들의 동향인들을 부드럽게 대적하였다. 그들은 숫말처럼 라틴 부녀자들을 덮치지 않았고 그리스도의 빈무덤(κενήριον)을 죽은 자들의 집단무덤으로 만들지 않았고, 그 생명을 주는 무덤 입구를 지옥 문간으로 만들지 않았고, 생명을 죽음으로, (그리스도의) 부활을(많은 사람의) 넘어짐이 되도록 하지 않았고 오히려 모든 사람에게 퇴로를 보장했으며 남자마다 작은 속전(ζωάγρια)만을 내도록 정하였고, 다른 모든 것은 반대로 아무리 바닷가의 모래 같이 많을지라도 소유주의 것으로 남게 하였다. 그리스도의 적들은(τὸ χριστόμαχον) 다른 신앙을 가진(ἀλλόπιστοι) 라틴사람들에게 이렇게 처신하였다! 그들에게 칼, 불, 기근, 박해, 벌거벗김, 재앙이나 억압의 짐을 주지 않고 관대하게 행동하였다. 이와 반대로 그리스도를 사랑하며 신앙의 동지들(τὸ φιλόχριστον καὶ ὁμόδοξον)은 내가 방금 묘사한 것처럼 우리를 그렇게 취급하였다; 게다가 그들은 우리를 불의하다고 비판할 수도 없었다.

원전 : Nicetae Choniatae Historia, rec. I. A. van Dieten, in: CFHB.B 11, 1, Berlin 1975.—참고문헌: H. E. Mayer, Geschichte(위에 제시한), 172-188(참고문헌 포함).

f) 1212년 어린이 십자군

1212년 초 라인 지역과 니더 로트링엔에서 10살짜리 쾰른 출신 니콜라우스의 지휘 하에 수천 명의 아이들이 모여서 알프스를 넘어 제노아에서 배를 타고 팔레스타인으로 향해 가려고 하였다; 1212년 가을 고향으로 돌아오지 못한 아이들에게는 이 계획이 대부분 지중해 연안의 노예시장에서 끝나고 말았다! 프랑스 왕은 벤데모아 출신 목동인 스테판이 지휘하는 한 무리의 아이들을 적시에 생 데니에서 붙들어놓을 수 있었다.—무엇이 그 동기였을까? 짐작컨대 마 2:16-18에 나오는 헤롯에 의해서 일어난 "베들레헴 아이들 살해"와 관련해서 당시에 널리 퍼진 "무고한 아이들" 축제(12월 28일 축제일)가 하나님의 영으로(슥 4:6) "군대 나 힘"으로 진군한 기사들이 그때까지 이루지 못한 것, 곧 성지 특히 성묘 탈환을 방어의 능력도 없는 순결한 아이들은 대신 이룰 수 있고 이루어야만 한다는 믿음을 부추겼던 것 같다. 쾰른의 한 연대기가 그에 대해서 말한다:

바로 같은 해에 진짜로 특별한 일, 정말 특별한 일 이상으로 그 때까지 세상이 한 번도 들어 본 적이 없는 일(a seculo inaudita)이 일어났다. 부활절과 오순절 어간에 갑자기 독일 전역(Theutonia)과 프랑스로부터 그 어떤 사람이 부추기거나(그런 것을) 설교하지도 않았는데 어떤 영이 그리로 몰았는지 나는 알 수 없지만(nescio quo spiritu acti) 6살에서 청소년 시기의 아이들 수천 명이 부모의 뜻을 거스르고 그들을 붙잡아두려는 식구들과 친구들의 모든 노력에도 불구하고 자기들이 사용하던 쟁기나 마차나 자기들이 기르던 가축들이나 가지고 있던 모든 것을 그 자리에 두고는 돌연히 한 명씩 뒤를 이어 달려서 십자가에 붙었다(crucibus se signaverunt); 그리고는 20명, 50명 또는 백 명씩 펄럭이는 깃발을 들고 예루살렘을 향해서 순례행진을 시작하였다(versus Iherosolimam ire ceperunt). 많은 사람들이 누구의 조언이나 권고로 해서 이 길에 서게 되었느냐고 물었다. 특히나 몇 년 전에 많은 왕들과 더욱 많은 장군들과 평범한 백성들 중에서 셀 수 없이 많은 사람들이 엄청난 무리를 이루어(in manu valida) 거기에(곧 예루살렘에) 당도하였지만 성공하지 못하고(infecto negotio) 돌아올 수밖에 없었다. 그런데 누구나 그렇게 판단할 수밖에 없도록 어린 아이들로서 이들은 아무 것도 이룰 수 없고(nec robur nec vires ad aliquid agendum habere) 모든 계획이 깊은 생각도 없었고(찬반양론을 심사히) 고려하지도 않고(sine discretione) 시작하였던 것이다. 이 질문에 그들은 아주 짧게 대답하였다: 자기들은 하나님의 신호(nutui…… divino)를 따를 뿐이고 그래서 하나님께서 자기들과 함께 이루기 원하시는 것을 담당할 각오가 되어 있다는 것이다. 이렇게 그들은 자기들의 길을 재촉하였다; 다른 아이들은 마르세이유에 도착하였는데, 그들이 건너갔는지 아닌지 그 말로는 어떠했는지 확실하지 않다. 하지만 한 가지는 분명하다: 출발했던 수천 명의 아이들 중 극소수만이 돌아 왔다는 것이다.

원전 : H. E. Mayer (Hg.), Idee und Wirklichkeit (위에 제시), II. Nr. 4 (Chronica regia Coloniensis [Cont. II. ad annum 1213]을 따를 때), hg. v. G. Waitz, MGH.SRG XVIII, 190f.)—참고문헌: J. Delalande, Les extraordinaires croisades d'enfants et de pastoreaux au moyen âge, Paris 1962; U. Gäber, Der "Kinderkreuzzug" vom Jahre 1212, in: ZSG 28 (1978), 1-14;H. E. Mayer, Geschichte (위에 제시), 188-191.

1) 이 예민한 부분에 대한 교회 표현의 불분명함을 주목해야 한다(바로 다음에 나오는 본문 2를 보라). 어쩌면 라둘프의 십자군에 대한 비판(아래 d. 2를 보라)이 이 부분의 이해를 돕는다.
2) 바로 같은 해 화요일은 실제로 6월 7일에 해당된다(R. Hill z. St.).
3) 중세-라틴 원전들에서는 이것이 아랍인들에 대한 인종적인 집단명칭이고 무슬림과 같은 의미이다.
4) 니더 로트링엔의 장군 고트프리드(Geoffrey, Geoffroi) 5세와 불로니으의 백작 유스타키우스 3세; 이들의 동생 발두인은 나중에(발두인 1세로) 예루살렘 왕이 되었다.
5) 이와 관련해서는 버나드의 지대한 역할, 특별히 시토 수도회의 수사 라둘프와의 논쟁에서의 역할에 대해서 랍비 본의 에브라임의 "Sefer Zekirah 또는 회고록"에 있는 중대한 인증을 비교하라.(The Jews and the Crusaders. The Hebrew Chronicles of the First and Second Crusades, transl. and ed. by S. Eidelberg, Madison/Wisconsin - London 1977, 117ff.); 또 마인쯔의 대주교 하인리히에게 버나드가 "유대인 살해를 명한 형제 라둘프에 대항해서(qui neci Iudaeorum consenserat)" 보내 편지 365번도 비교하라.
6) 불가타 성경도 히브리어 본문에 걸맞게 "경멸"(contemptio)로 읽고 있다. 버나드에게서는 다수의 전승으로 보이는 "불화"(contentio)로 읽지 않고 있다는 말이다.
7) 라틴어로는 시인이 우아한 단어유희를 할 수 있다: Sim tibi causa / Martis, adhuc eciam mortis.
8) Si vinceris ex hoc / Vincis.
9) 서방에서는 이미 오래도록(그러니까 그라티안의 법령[위 Nr. 36을 보라]과 아벨라르[위 Nr. 33c를 보라]) 속죄에서 세 개의 주요 부분을 구분하였다: 애통(좁은 의미의 penitentia 또는 contritio), 고백(confessio)과 보속(satisfactio); G. A. Benrath, Art. Buße V, 2, TRE 7, 1981, 452-473; 여기서는 460.

10) 다마스커스의 요한(750년 사망)에게까지 소급되는 무슬림에 대한 표현이다. 그는 그리스도 이후의 종교인 이슬람을 기독교의 "절대성 주장"에는 이의 제기 없이 어떻게 자리매김을 할 것인가 하는 문제를 이렇게 해결하려 하였다. 곧 이슬람은 최근 등장한 "이단"으로 명명하고 "이단의 역사"에 그들의 자리를 마련하고 그들을 "사람들을 오류로 이끄는 이스마일 후예들의 종교(λαοπλανὴς θρησκεία τῶν 'Ισμαηλιτῶν)"라고 이름붙였다.(Lib. de haer., c. 100).

35. 11세기와 12세기의 개혁수도회들

"클루니 제국"(위 Nr. 26을 보라)은 놀랍게도 오래도록 "세속화"의 소용돌이를 버텨낼 수 있었다. 하지만 처음부터 모순이 없지는 않았기에 10세기와 11세기 수도원과 교회 안에 있던 개혁 움직임 총체를 "클루니 개혁"이라고 부르는 것은 불가능하다. 그렇다고 베네딕트 개혁인 적은 한 번도 없었다! 프랑스와 이태리에 있는 여러 수도원들은 오히려 이미 누르시아의 베네딕트(위 Nr. 5를 보라) 시절에 새로이 은둔의 삶으로 향하였다. 곧 금욕적-수도원적 공동체 삶이 영적 "사유"로 고양된 수 있는지, 나아가서 그토록 단절하려는 시도를 함에도 불구하고 "세상의" 권력과 사회 구조에 포획 당하지 않고 견딜 수 있는가 하는 것이 의문시 되고 나서 말이다. 계속해서 수도원 담장 밖에서 또는—이것은 진짜 새로운 것인데!—새로운 수도회 창단에서 일어난 모든 영적인 새로운 출현들은 철저하게 끝나버렸다.

a) 카르투지아 수도회

카르투지아 수도회는 쾰른의 브루노(1084)가 그레노블에 있는 광대한 샤르트뢰즈 산악지대에 여섯 명의 동지들과 함께 세운 한 은거지의 지역 이름을 따라 부르는 것이다(la Chartreuse, Cartusia); 이것이 서방의 모든 수도종단 가운데 "가장 동방적이고", 가장 엄하고 가장 세상을 경멸하는 종단의 시작이다. 그 모수도원인 브루노의 것이 훗날 "대 카르투지아"(la Grande Chartreuse)라는 이름을 얻었다. 이 수도원이 1132년 큰 산사태로 파괴되고 나서 곧바로 대 카르투지아의 오늘날의 자리에 새롭게 세워졌다.—그 다섯 번째 원장 귀고(1109-1136), 곧 클루니 수도원장인 존경받을 자 베드로의 친구와 클레르보의 버나드 아래에서 1121-1127년에 "카르투지아의 규칙"(Consuetudines Cartusiae)이 작성되었다. 이것은 아마도 브루노의 생각들을 실제적 경험으로부터 생겨난 변화들과 함께 제시하고 있는 것 같다. 대 카르투지아에서 지키고 있는 질서에 대해 세부적으로 설명을 요구한 성 술피케와 마이리아트 수도원의 원장들을 향해서 이 문서는 카르투지아 수도사들이 행한 종단규칙의 상세한 그림을 제시하고 있다; 우선적으로 그들이 매시간 행하는 기도와 미사예배(1-8장)에 대해서, 이 중에서 마투틴, 라우데스, 베스퍼[1)]는 교회에서 부르고, 나머지 시간들은 방에서 기도하였다; 또 평신도 형제들의 다양한 역할들에 관해서, 이들은 수도사들의 생계와 세상 단절 보장을 위한 거주지를 계속해서 코레리에 있는 골짜기를 따라(domus inferior) 찾아냈었다(16-18. 42f. 49f. 68-72장); 제한적이며 검소한 모습의 손님 접대(10. 19. 36 장), 가난한 자들과 병자 돌보는 일에 관해서(20장), 기도에 관해서(15. 67장), 금식(33-35. 53장), 침묵(45. 51f. 55. 58장); 여성과의 엄격한 거리유지에 관해서(21장). 이 전체가 집중된 것은

"은둔의 삶에 대한 찬양(solitaria vita)"(80장)

매우 사랑하는 자들이여, 이와 함께 당신들이 요구했던 바대로 우리 규칙들(consuetudines)을(눈앞에) 두고 있습니다. 그 모습은 본래의 모습이고 우리가 할 수 있는 만큼 쓴 것입니다. 그 안에는 사소한 것과 의미가 없는 것과 심지어 아무 것도 판단하지(iudicare) 않고 모든 것을 감싸 안는 당신들의 사랑이 우리를 강요하지 않았다면 차라리 쓰지 말았어야 하는 것들이 많이 들어있

습니다. (2) 그럼에도 불구하고 우리는 이 문서에 하나도 남김없이 모두 제시할 수 있다고는 믿지 않았습니다. 우리에게서 나올 수 있는 상세함은 직접 만나서 하는 대화에서 발견하게 될 것입니다. (3) 하지만 은둔의 삶의 방식을 권하는 것에 관해서는(De commendatione autem huius vitae, solitariae scilicet) 우리가 거의 말하지 않았습니다(pene tacuimus); 그렇지만 이 삶의 방식을 수많은 거룩한 사람들과 지혜로운 자들과 감히 우리가 그들의 발자국도 밟을 자격이 되지 않는 명망 있는 자들이 많은 생각을 가지고 권했다(copiose commendatum)는 것을 알고, 또 당신들도 똑같이 잘 알거나(우리보다) 더 잘 아는 것에 관해서 당신들에게 제시하는 것은 불필요하다고 여겼습니다. (4) 말하자면 신구약 성경 안에는 거의 모든 의미심장하고 깊이 있는 비밀들(omnia pene maiora et subtiliora secreta)은 미쳐 날뛰는 군중들 가운데서가 아니라 고독한 가운데 있는(non in turbis tumultuosis, sed cum soli essent) 하나님의 종들(-친구들[dei famuli])에게 계시되었다는 것을 당신들은 압니다. 그러니까 이 하나님을 섬기는 자들은 어떤 것을 더 치밀하게 생각하고(subtilius…… meditari), 방해받지 않고 기도하거나(liberius orare) 영이 고양되므로(per mentis excessum) 세상적인 것으로부터 거리를 갖게 되기를 갈망할 때마다 거의 항상 군중의 성가심(multitudinis impedimenta)을 피했고 고독의 편안함을(solitudinis…… commoditares) 사모하였습니다. (이어서 이를 위한 성경의 예들이 제시된다 [5-10], 곧: 이삭[창 24:63], 야곱[창 32:23-30], 모세[출 24:18], 엘리야[왕상 19:9-14], 엘리사[왕하 2:10-15], 예레미야[렘 15:17; 9:1. 2; 애 3:26. 27; 히 11:16과 골 3:2와 비교해서 나오는 애 3:28; 3:30], 세례 요한[마 11:11; 눅 1:13-17; 1:80; 마 3:13-17; 14:3-12], 마지막으로 예수 자신[마 4:1-11; 14:23; 26:39-44], 그리고는 마무리를 하면서 말한

다:) (11) 이제 그 어떤 내면적인 소득 때문에 거룩하고도 존경받아 마땅한 교부들인: 바울[2], 안토니우스[3], 힐라리온[4], 베네딕트[5], 우리가 셀 수 없는 나머지 그 모든 사람들이 얼마나 그 고독한 삶에 감사하였는가를(quantum in solitudine mente profecerint) 스스로 생각해 보십시오. 그러면 시편 찬송의 그 달콤함, 헌신에 찬 독서, 열렬한 기도, 묵상 중에 가지는 깊은 의미, 명상이 줄 수 있는 황홀함, 단절된 삶만큼 눈물바다[6]를 지탱해주는 것은 아무것도 없습니다(suavitates psalmodiarum, studia lectionum, fervores orationum, subtilitates meditationum, excessus contemplationum, baptisma lacrimarum, nulla re magis quam solitudine posse iuvari). ([12] 혹시 이 선택을 너무나 적은 자들만이 한다는 사실을 힘들어 하는 자는[7] 좁은 길과 넓은 길에 대한 주님의 말씀[마 7:14. 13]에 따라서 다른 것을 기대해서는 안 된다는 것을 기억해야 합니다!).

원전 : Guigues Ier, Coutumes de Chartreuse, Introd., texte crit., trad., et notes par un chartreux, Paris 1984 (SC 313).—참고문헌: J. Hogg, Art. Kartäuser, TRE 1988, 666-673 (참고문헌 포함!).

b) 씨토 수도회

디종 남쪽에 있는 모 수도원 씨토(Cistertium)를 따라서 부르는 이 수도회는 베네딕트 규율에 제시되어 있는 금욕적 이상을 축소시키지 않고 현실화시키려는 11세기의 강렬해지고 있던 노력에 그 뿌리를 두고 있다. 때문에 몰레즘의 로베르는 자기 자신이 건립한 수도원을 떠나 1098년경 자기 수도회의 개혁의지가 있는 동지들과 함께 홀로 사는 단절과 금욕적 엄격함과 베네딕트 규율을 엄격히 추종하는 특징을 가진 삶을 시작하였다. 1년 뒤 교황 우르반 1세로 말미암은 몰레즘의 수도사들의 종용으로 이루어진 로베르의 귀환 후에 수도원장 알베리히 또 그의 뒤에 로베르처럼 씨토에서 온 영국인 스테판 하딩이 이 "새 수도원"(Novum Monasterium) 통솔권을 물려받았다. 알베리히는 1100년 교황 파스칼리우스 2세로부터 교황의 보호권을 얻었는데, 그는 "몰레즘에서 온 씨토 수도사들(을 위한 지침들)의 원칙들"(Instituta monacorum cisterciensium de Molismo venientium) 안에 씨토에서 시작된 새로운 수도회적 삶의 원리들을 만들어내었다. 반면에 그의 후계자는 무엇보다도 1119년 교황 칼릭스트 2세가 허락한 "(옛) 사랑의 헌장"(Carta caritatis prior)과 함께 생겨난 수도회의 제도와 구조를 만들어낼 수 있었나. 이것이 1112년 클레르보에 발을 들여 놓은 클레르보의 버나드(위 Nr. 33d; 34c를 보라)로 하여금 그를 "우리의 최고의 아버지"라고 부르게 하였다(편지 359). 버나드의 가입과 그가 원장직을 넘겨받은 후에 이 수도회는 바로 클루니 수도원을 구석에 몰아넣는 도약을 하게 된다(12세기에 약 500개의 수도원이 있었다). 씨토 수도회의 모녀 원리(모 수도원은 딸 수도회 건립 책임이 있다는)는 "중앙집권력을 가능하게 하였다. 이것은 씨토에서 매년 거행되는 총회를 통해서 보다는 위에서 언급한 헌장을 통해서 더 유지되었다"(C. Andresen).

Carta caritatis prior

서론: 사랑의 헌장에 관하여. 씨토 수도회의 수도원들이 번창을 시작하기 전에 원장이신 스테판과 그의 형제들은 명령하기를 주교와 수도사들 사이에 불미스러운 일을 피하기 위해서(propter scandalum inter pontificem et monachos devitandum) 주교가 씨토 수도회의 (모-) 수도원(coenobium)과 거기서부터 생겨난 다른 수도원(딸 수도원)들 간의 기록되었고 발효된 그 체결을 허락하고 인정하기 전에는 절대로 그 주교(antistes)의 교구

안에 수도원들이 세워져서는 안 된다고 하였다. 이 법령에 그러니까 위에서 언급한 교부들은 나중에 서로 간에 평화가 파괴되는 것을 막기 위해서(mutuae pacis praecaventes naufragium) 어떤 식으로(quo pacto quove modo) 또는 나아가서 어떤 사랑으로 그 수도사들이 따로따로이지만 다양한 지역("대륙")에 걸쳐 흩어져 있는 수도원들 안에서 몸으로는 떨어져 있지만 혼으로는 뗄 수 없이 결속되어 있는지를 분명하게 하였고, 확정하였으며 자기 후계자들에게 물려주었다(immo qua caritate monachi eorum per abbatias in diversis mundi partibus corporibus divisi animis indissolubiliter conglutinarentur). 또 이들은 이 법령을 사랑의 헌장이라고 부르는 것이 그 목적에 부합된다고 여겼다. 이는 이것을 확립함이 짓누르는 모든 세금부담은 멀리하고(omnis exactionis gravamen propulsans) 오직 사랑과 영혼의 행복만이 하나님과 사람과의 관계에서 효력을 발하게 하기 때문이다(solam caritatem et animarum utilitatem in divinis et humanis exequitur).

1장: 모 수도원은 딸 수도원으로부터 육신의 편안함에 기여할 그 어떤 세금도 요구하면 안 된다(Quod nullius commodi corporalis exactionem mater ecclesia a filia requirat). 우리는 모두 한 분의 참 왕이시고 주님이시고 선생이신 분의 종들, 물론 무익한 종들(눅 17:10 비교하라)이다. 때문에 우리는 사람 중에서 가장 자비를 받아 합당한 우리를 매개체로 해서 다양한 지역에서 하나님의 사랑을 훈련의 계율 아래에 놓은 자들(quos per diversa loca Dei pietas per nos miserrimos hominum sub regulari disciplina ordinaverit)인 우리의 형제들인 수도원장들과 수도사들에게 세속적으로 필요한 그 어떤 재물의 세금을 부과하지 않는다(nullam terrenae commoditatis seu rerum temporalium exactionem imponimus). 왜냐하면 우리는 거룩한 교회의 모든 아들들에게와 마찬가지로 그들에게도 도움이 되기를 원하기 때문이다; 그러므로 우리는 그들의 가난으로 부자가 되며 또 사도(바울)를 따라 본다면(골 3:5) 분명한 우상숭배인 욕심의 죄(avariciae malum)에 빠지지 않기 위해서 그들에게 부담을 주는 것과 그들의 재산(substantia)을 축내는 것을 하려고 하지 않는다. 하지만 행여나 단 한 번이라도 그들에게는 있어서는 안 되는 일, 곧 거룩한 계획과 거룩한 규칙 지키는 데에서 조금이라도 벗어나는 일을 했을 때 우리의 열정적인 돌봄(sollicitudo)으로 인해서 바른 삶을 사는 데로 돌아올 수 있도록 하기 위해서(ad retitudinem vitae redire) 우리는 사랑으로 그들의 영혼을 돌보는 일을 맡아두고자 한다(Curam tamen animarum illorum gratia caritatis retinere volumus).

2장: 규율은 모든 사람들이 동일하게 이해하고 지켜야 한다(Ut uno modo ab omnibus intelligatur regula et teneatur). 이제 우리가 그들에게도 명하고자 하는 것은 복되신 베네딕트의 규율은 세부적으로(per omnia) 지키되 새 수도원(씨토)에서 지켜지듯이 하여야 한다. 이 거룩한 규율을 읽을 때 다른 의미를 끌어들이지(inducant) 말고 우리 선배들, 그 거룩한 교부들, 곧 새 수도원의 수도사들이 이해하고 지켰고 또 우리(자신)들이 오늘날 이해하고 지키는 것과 같이 그들도 그렇게 이해하고 지켜야 한다.

3장: 교회의 책들[8]과 규칙들은 모든 사람들에게 동일해야 한다(Ut idem libri ecclesiastici et consuetudines sint omnibus). 우리 모두는 우리에게 오는 그곳 수도사들(곧 딸 수도원에서 온)을 우리 수도원으로 영접해야 하며 그들을 그들 수도원에 있는 우리 수도사들과 똑같이 받아들여야 한다. 때문에 그들이 관습들과 노래(cantus)와 낮과 밤에 있는 기도들과 예배에 필요한 책들을 준비하되 새 수도원의 관습들을 따르고(secundum formam morum) 범례들을 따라 준비하는 것이 바람직하다고 여기고 그렇게 하기를 원한다. 이는 우리의 모든 행동에서 아무런 불화가 없이 하나의 사랑 안에서 하나의 규율 하에서 그리고 동일한 습관으로 살기 위해서이다(quantinus in actibus nostris nulla sit discordia, sed una caritate, una regula similibusque vivamus moribus).

이어지는 장들은 다른 것들도 있지만 수도원들의 정관(IV), 매년마다 이루어지는 모 수도원에 의한 딸 수도원 방문(V), 씨토에서 거행하는 모든 수도원장들 총회(VII), 씨토 수도회의 딸 수도원들과 또 그들의 딸 수도원 간의 정관 및 총회에 파송할 의무, 위반행위에 대한 처벌(VIII), 규율과 수도회의 배신자로 발각된 수도원장 처벌규정(IX), 마지막으로 전임자의 사망에 따른 수도원장 선출(XI)을 다루고 있다.

원전 : J. de la C. Bouton - J. B. van Damme (Hg.), Les plus anciens textes de Cîteaux, Achel (1974) ^{2}1985, 89ff.—참고문헌: K. Elm u. a. (Hg.), Die Zisterzienser. Ordensleben zwischen Ideal und Wirklichkeit (전개순서목록과 보충 별권), Bonn 1980-1982; J. B. Auberger, La législation cistercienne primitive et sa rélecture claravallienne, in: Bernard de Clairvaux (SC 380), Paris 1992, 181-208;a. Angenendt, Die Zisterzienser im religiösen Umbruch des hohen Mittelalters, in: D. R. Bauer - G. Fuchs, Bernhard (위 Nr. 33d에서와 같다), 54-69; W. Rösener, Die Zisterzienser und der wirtschaftliche Wandel des 12. Jahrhunderts, in: 같은 책, 70-95.

1) 위 Nr. 28a 등등을 보라.
2) 수도사의 아버지인 테베의 바울(341년 사망)을 말하는데, 그는 Vita Pauli와 제롬의 편지 22:26; 58:5에 따르면 기독교 첫 번째 수도사이다.
3) 고대교회 Nr. 53과 비교하라.
4) 가자의 힐라리온(371년 사망)도 대부분이 오직 제롬의 손에서 나온 생애 기록을

통해서만 알려졌다.
5) 위 Nr. 5를 보라.
6) "교부들의 금언집"(Apophthegmata patrum) 이후로 수도원 전승에 나오는 성령이 일으키는 은사(charisma)이다; 여기에 관해서는 특히 B. Müller, Der Weg des Weinens, Göttingen 2000 (FKDG 77)을 비교하라.
7) 여기에 관해서는 이미 Consuetudines 마지막 장에서 "왜 그토록 적은 사람들인가?"(Quare tam parvus sit numerus)라는 제목 하에서 말하고 있다.
8) 제의적인 공식 문서를 말하는데, 법적 문서와 제의 문서들이다.

36. 그라티안의 법령과 교회법학의 시작

당시 법학의 중심이었던 볼로냐의 교회법 선생인 수도사 그라티안(출생년도는 알려지지 않음; 1150년 사망)으로 말미암아 신학적-교리적 전통으로 본다면 아벨라르와 롬바르드(위 33 c. f.를 보라) 경우와 같이 교회법적으로 전승된 자료들이 정리되고, 인지되었고 대학에서의 교육에 개방되었다. 아마도 1125년과 1140년 사이에 등장하고 1140년에 마무리된 "서로 상충되는 법규정들의 일치(Concordia discordantium canonum)"라는 제목을 가진 그의 편람은 아주 빠르게 중세 교회법학(Kanonistik)의 표준서적으로 도약하여 교의학 영역에서 본다면 롬바르드의 "명제집"과 비슷한 것이 되었다. 이 사실은 사람들이 왜 마치 개인 작업인 것처럼 "그라티안의 법령"이라고 기꺼이 축약하는가를 설명해준다. 하지만 정말로 이 작업은 "Corpus Iuris Canonici"의 첫 부분으로서 1918년까지 효력을 발휘한 가톨릭 교회법이었다; 게다가 그라티안의 많은 문장들은 내용적으로 "Codex Iuris Canonici"(1917)에 수용되었고,—여기서 "Corpus"를 대체하였다—개신교 교회법에서도 그라티안의 법령은 한 번도 효력을 잃은 적이 없고 오히려 많은 규정들에서 "효력을 발휘하고 있는 개신교 교회법 기준에 항상 한 부분을 차지하였다." 이 이유로 "그라티안의 책은……" "세계사적으로 아주 중요한 교회법 서적"으로, 그리고 "그라티안은…… 서방의 교회법학의 창시자로 부를 수 있다"(P. Landau).—교회법 전승에 대한 그러한 정리를 향한 동기는 우선적으로 볼로냐에서의 로마 법학(교회의 "참사회" 법과 다른) 연구의 부활에서 왔다; 이 르네상스로부터 가장 먼저는 소위 "서임논쟁"(위 32번을 보라) 맥락에서 황제인 슈타우퍼 가문 쪽이 이익을 보았다. 반면에 교황권은 "교회법학자들"(로마법 선생들인 "법률가들"과 구별하여서)이라고 부르는 "법령"(곧 그라티안의)에 대한 직업적 해석자들을 이용하였다. 과거 볼로냐에서 교회법 선생으로 가르치던 롤랑 반디넬리(Roland Bandinelli)인 교황 알렉산더 3세(1159-1181)부터는 "그라티안의 법령"에 삽입시키기 위해서 자기 교회법학자들을 볼로냐로 보내는 것이 일상화되었다. 이 "법령"을 이런 의미에서 다룬 자들을 "법령연구자들"이라고 불렀다. "그들과 함께 교회법의 자기 이해는 극명하게 되었다: 교회법은 교황의 법, 이 때문에 보편적인 교회법이었다"(C. Andresen).

그라티안의 자연법 가르침(개념, 본질, 내용)

(세 부분으로 이루어진 책[1])은 법의 원천에 관한 상세한 가르침으로 시작한다[D(istinctio) 1-20]; 시작은 파장이 큰 "자연법"의 정의이다[D. 1]:) 인류는 두 종류(법)의 지배를 받는다: 자연법과 도덕(Humanum genus duobus regitur, naturali videlicet jure et moribus). 자연법은 율법과 복음에 들어 있는 것이다(Jus naturale est quod in lege et Evangelio continetur); 그에 따르면 모든 사람에게 다른 사람이 자기에게 해주기 원하는 것처럼 이웃에게 행할 것을 명하고 있으며, 자기가 겪고 싶지 않은 것을 다른 자에게 행하는 것을 금하고 있다.…… (증명으로는 마 7:12와 세빌리아의 이시도르의 Eytm., 5권 2장을 언급하고 있다[같은 곳 1장]; 그라티안은 주를 달았다 [같은 곳 Dictum Gratiani post]:) 이 의미심장한 언급에서 사람들은 도대체 어디

에서 하나님의 법과 인간의 법이 구분되는지를 분명하게 알게 된다. 왜냐하면 하나님의 계명이라는 것은 모두 하나님의 법 또는 자연법으로 칭해지고 있으며, 반면에 인간의 법이라는 표현으로는 그것이 율법에 문서적으로 확고하게 되었든 아니면 전승되었든 간에 도덕으로 이해하고 있기 때문이다(Ex verbis huius auctoritatis evidenter datur intelligi, in quo different inter se lex divina et humana, cum omne quod fas est, nomine divinae vel naturalis legis accipiatur, nomine vero legis humanae mores iure conscrpiti et traditi intelligantur). (자연법, 하나님의 뜻[fas], 하나님의 율법과 성서 사이에는 바로 처음부터 암시되고 있듯이 내용적 동등성이 있는데, 이것을 그라티안은 정관 9[= Dictum Gratiani post Dist. 9, 11장] 끝에 말하고 있듯이 나중에는 더욱 분명하게 표현하고 있다:) 그러니까 자연법을 통해서는(naturali iure) 다른 것이 아니라 하나님께서 일어나기를 바라는 것이 명령되고 있으며, 하나님께서(일어나지 않기를 원해서) 금하신 것만이 금지되고 있다. 왜냐하면 결국에 성경에는 하나님의 율법에서 발견되는 것 말고는 아무 것도 들어있지 않으며, 하나님의 율법은 자연 안에 있기(natura consistant) 때문이다. 그래서 하나님의 뜻이나 성경에 반대로 말한다는 것이 증명된 모든 것은 자연법을 반대하는 것으로 드러난다(eadem et naturali iuri inveniuntur adversa)는 것이 분명하다(patet). 그러므로 (보편적인) 확신을 따라서 하나님의 뜻 또는 성경 또는 하나님의 율법을 따라 규정하기보다는 자연법이 우선되어야 한다(quecumque divinae voluntati, seu canonice scriptur, seu divinis legibus postponenda censentur, eisdem naturale ius preferri oportat).[2)]

(내용적으로는 그라티안은 예를 들면 모든 인간의 본성적 자유를 자연법으로 돌렸다면 노예제도는 관습법(ius consuetudinis)

의 새로운 출현과 변경을 동반하고 등장한 것으로 보고 있다 [Dict. Grat. post Dist. 6, 3장]; 다른 예는 공동재산과 사유재산에 관한 것으로 여기에 관해서는 Dist. 8 초반에 언급하고 있다:) 자연법과 관습법-명문화된 법 사이에는 차이도 있다(Differt etiam ius naturae a consuetudine et constitutione). 왜냐하면 자연법에 따르면 만물은 모두에게 공동소유이기 때문이다; 믿고 있는 바와 같이 이것은 "믿는 무리가 한 마음과 한 생각이었다."(행 4:32)고 말하고 있는 그런 사람들에게만 온전하게 보존된 것이 아니다. 오히려 과거에는 철학자들에 의해서도 전승되었던 것을 볼 수 있다. 플라톤에게는 그 때문에 완전하게 법적으로 질서가 잡힌 시민사회가 있었다(illa civitas iustissime ordinata). 거기에는 아무도 자기 것을 취하려는 감정을 몰랐다(in qua quisque proprios nescit affectus).[3] 하지만 관습-또는 명문화된 법을 따라서(iure vero consuetudinis vel constitutionis) 이것은 내 것, 하지만 저것은 다른 사람의 것(재산)이다.

원전 : Decretum Gratiani, ed. E. Friedberg, (Leipzig 1879) 재인쇄, Graz 1959.—참고문헌: J. Heckel, Das Decretum Gratiani und das deutsche evangelische Kirchenrecht, in: StGra 3 (1959) 485-537; R. Weigand, Die Naturrechtslehre der Legisten und Dekretisten von Irnerius bis Accursius und von Gratian bis Johannes Teutonicus, München 1967 (MThS III, 26); P. Landau, Art. Gratian, TRE 14, 1985, 124-130 (참고문헌!); St. Kuttner, Studies in the History of Medieval Canon Law, Aldershot/Brookfield 1990.

1) 구조에 관해서는 위에서 언급한 P. Landau의 백과사전의 항목 125를 보라.
2) 자연법은 "율법과 복음"에 포함되어 있지만 절대로 간단히 동일화시켜서는 안 된다는 점은 거듭해서 그라티안에 의해서 강조되고 있다. 그러니까 "신비한 것들"(예를 들면 구약의 제의법)은 말고, 오직 도덕적인 명령(moralia)만 자연법에 속한다

(ad naturale ius spectant [dist. 5, prol. §2; dict. Grat. post dist. 6장 3]을 비교하라).

3) Plato, 국가론 423E-424Aff.를 비교하라. 국가론에서 말하는 "최고의 나라"와 Nomoi에 나오는 "두 번째 최고의 나라"(739eff.)는 차이가 난다. 이는 중세와 그라티안에게까지도 알려진 바이다.

37. 인노센트 3세의 교황권

슈타우퍼 가문의 하인리히 6세(1165-1197)의 죽음에 이은 후계문제의 소용돌이에—그의 아버지 프리드리히 바바로사가 3차 십자군(위 34d를 보라) 원정에서 익사한 후 겨우 일곱 해 동안, 그리고 그의 아들, 훗날 프리드리히 2세(아래 44를 보라)가 겨우 세 살이 되었던 시점에—빠져든 그 시대는 인노센트 3세(1198-1216)라는 인물과 함께 중세의 가장 중요한 교황 가운데 한 사람이 로마교황청의 최고위에 있게 된 것이고, 그는 교황권을 그 외적인 위치와 관련해서 본다면 최고점으로 이끌어갈 수 있었다. 이와 함께 황제권과 교황권의 투생은 근본적으로 이미 결정적이었다. 이 충돌의(세 번째) 단계는 누가 독일의 왕관을 써야 하는가 하는 질문과 관련되었다. 바바로사 당시에는(두 번째 단계, 그러니까 "서임논쟁"(첫 번째 단계)의 마무리 후) 황제가 자기를 대적하는 교황에게 관을 씌울 수 있는가 하는 문제였다. 첫 번째로 인노센드 3세는 이탈리아에서 독일 황제를 마주 상대한 "민족적" 독립성의 영웅으로 등장하였고 제국영토에서 교회국가를 다시금 세우는 일(Rekuperationen)에 성공하였다; 나아가서 여황제 콘스탄체의 빠른 죽음(1198. 2. 28)을 통해서 자기 피후견인인 프리드리히 대신에 시실리 왕국의 통치자가 되기에 이르렀다. 이 실제적인 권력 기반에 기초해서 독일의 상황에 영향을 몰고 오도록 개입하였고 심지어는 온 유럽의 왕위 싸움에 개입할 수 있었다.—하지만 이것은 이 인물의 교황권 행사의 한 면에 불과하다. 곧 자기를 자기 직책과 동일시 한 몇 안 되는 교황 중 하나이며, 자기에게 할애된 권세를 철저하게 연구하였고 그것을 동시대인들의 눈앞에 잊을 수 없게 보여 준 인물에게는 말이다. 그도 분명 자기가 후계자요 대리자라는 것을 알았지만 더 이상 베드로가 아니라 예수 그리스도의 후계자요 대리자로 알았다. 그래서 자기가 축성될 때 로마 백성들에게 설교하기를 "하나님 보다는 작지만 사람보다는 크다"고 했던 것처럼 자기를 "하나님과 인간 가운데"에 놓았다. 비슷한 입장이 그의 모든 서신들에 점철되었는데, 아래에서는 그중 세 개의 예만 제시할 수 있겠다.

a) 영적 권세와 세속 권세의 관계: 플로렌스 영사 아케르부스에게 보낸 편지 "Sicut universitatis"(1198년 10월 30일)

만물의 창조자이신 하나님께서 하늘 궁창에 두 개의 큰 빛(duo magna luminaria)을 정렬시키시되(창 1:16) 낮을 주관하는(ut praeesset diei) 더 큰 빛과 밤을 지배하는 작은 것으로 하셨다. 이와 같이 '하늘'이라고 불리는 보편교회(universalis ecclesiae) 궁창에다가 두 개의 커다란 권위를 세우셨다(duas magnas instituit dignitates). 낮을 향한 것 같이 영혼을 다스리는 더 큰 것과 밤을 향한 것처럼 육체를 다스리는 작은 것: 이는 주교의 권세와 왕의 권력(quae sunt pontificalis auctoritas et regalis potestas)[1]을 말한다. 달은 자기 빛을 태양으로부터 얻으며 크기와 동시에 질에서도, 위치에서와 역할에서도 더 작다(quae [sc. luna] revera minor est illo [sc. sole] quantitate simul et qualitate, situ pariter et effectu). 이와 같이 왕의 권력은 교황의 권세로부터 자기 품위의 광채를 얻는다: 교황을 바라보는 것에 헌신할수록 그만큼 더 밝은 빛에 휩싸이게 되며, 그 주시함에서 돌이키면 돌이킬수록 그만큼 광채를 더 잃게 된다.

b) 독일 왕 선출에 교황은 심판관?: 교령 "Venerabilem"(째링엔의 공작에게 [1202])

(배경: 하인리히 4세가 죽고 나서 1198년 3월 8일 슈타우퍼 가문 슈바벤의 필립이, 9월 6일에는 교황파인 오토[4세]가 독일 왕들로 선출되었다. 1199년 5월 말 독일 제후들은 성명을 하나 발표하였는데, 거기에서 그들은 교황에게 필립의 선출을 알리고, 교황의 "검증"이 불법이라고 판단 내렸고, 독일왕이 황제관을 주장하는 것에 대해 항의하였다. 이 선언이 로마에 도착하고 반년 후에 그래도 인노센트 3세는 교황파 왕 쪽으로 입장을 정리하였고—그 왕에 대해 본질적인 보증들을 하고나서—1201년 7월 3일 쾰른에서 오토가 바로 직전에 사기의 약속들을 거듭해서 밝힌 다음에 자기 결단을 공포하였다. 이에 대해서 슈타우퍼 쪽은 교황의 주장들은 전승과 일치하지 않는다는 것을 주장하였다[1202년 1월 할레 항의]. 인노센트가 응수하였다:) (1) 우리의 경외하는 형제……, 잘쯔부르크 주교, 우리의 사랑하는 아들……, 살렘의 수도원장, 고귀한 군주……, 동쪽 변경의 태수(marchionem Orientalcm), 곧 많은 제후들의 사자들로 사도보좌로 파견된 이들을 우리는 자애롭게 영접하였고(benigne recepimus) 이들에게 충만한 자비로 경청해야 한다고 여겼노라(et eis benivolam duximus audientiam indulgendam)…… ("몇몇" 독일 제후들의 애로점들 요약 [1 마지막 부분과 2]). (3) 반대로 우리의 사도적 섬김으로 말미암아 우리에게 부과된 책임을 따라서(secundum apostolice servitutis officium) 개인들 모두에게 의로움을 빚진(singulis in iustitia debitores [sumus]) 우리는 우리 권리가 다른 사람들로 인해서 잘못 사용되는 것을 보고 싶어하지 않는 것과 마찬가지로 제후들의 권리도 주장되지 않기(vendicare)를 원하노라. 따라서 나중에 황제로 등극할 한 왕을 선출하는 그 제후들의 권리와 권세(potestas)를 우리는 당연한

것으로 분명하게 인정하노라; 왜냐하면 이것은 법과 옛 관습에 따라 이들에게 속하였으며, 특별히 그런 종류의 법과 그러한 능력은 사도보좌로부터 흘러갔기 때문이니라. 이 보좌는 로마제국을 거룩한 인물 칼과 함께 희랍인들로부터 독일인들에게 이양하였노라(presertim cum ad eos ius et potestas huiusmodi ab apostolica sede pervenerit, que Romanum imperium in persona magnifici Karoli a Grecis transtulit in Germano). (4) 하지만 제후들도 인정해야 하고 또 철저히 인정한 것(recognoscere debent et utique recognoscunt)은 왕으로 선출되고 황제로 등극할 인물을 검증하는 권리와 권세(ius et auctoritas examinandi)는 그들에게 기름을 붓고 축성하며 관을 씌우는 우리에게 주어졌다는 사실이니라. 한 인물을 시험할 권리를 가진 자에게 손 올려서 안수하는 것도 귀속된다는 것(ut ad eum examinatio persone pertineat, ad quem impositio manus spectat)은 법칙이라고 여겨야 하노라. 혹은 제후들이 분열된(말하자면 앞에 놓인 경우처럼) 선출과 일치된 선거에서 어떤 종교 모독자나 교회공동체에서 파문된 자(sacrilegum quemcumque vel excommunicatum), 독재자나 바보, 이단이나 이교도를 왕으로 선출하는 경우에도 우리는 그런 인간에게 기름을 붓고 축성하며 관을 씌워야만 한다는 말인가? 가당치 않도다! (이어서 교황은 필립에는 반대하고 오토에는 찬성하는 자기 결정을 더욱 광범위하고도 근본적인 생각과 또 일련의 정략적인 근거를 가지고 정당화하고 있다. 그리고는 이와 함께 [6]: "앞에 언급한 공작[필립]은 마땅한 장소와 권한을 가진 손에 의해서 왕관과 기름을 받지 않았고, 반대로 언급한 왕[오토]은 마땅한 장소, 곧 악헨에서, 그리고 권한을 가진 손, 곧 우리의 그 존경받아 마땅한 형제인 쾰른의 대주교로부터 받았기 때문에 어떤 경우에도 우리는 필립이 아니라 오토를 왕으로 인정하며 그를 정당성이 요청하는 바대로(iustitia exigente) 그렇게 부르노라……).

c) 로마 보좌의 탁월함: 콘스탄티노플 총대주교에게 보낸 서신 "Apostolicae Sedis primatus"(1199년 11월 12일)

사람이 아니라 하나님 혹은 더 정확하게는 신인(Deus homo)이 제정한(constituit) 사도보좌의 탁월함은 논란 없이 복음서 기자들뿐 아니라 사도들의 많은 증언들이 인증하였다. 이 증언들로부터 후대에는 법적인 규정들이 나왔는데, 이들은 하나같이 복되신 수석사도 베드로 안에서 축성된 최고로 거룩한 교회는 선생이요 어머니로서 다른 교회들보다 월등하다고 말하고 있다(concorditer asserentes sacrosanctam Ecclesiam in beato Petro Apostolorum principe consecratam quasi magistram et matrem ceteris praeeminere)…… (마 16:18f.과 비교하라) 왜냐하면 교회의 첫째 되고 탁월한 기초(primum et praecipuum Ecclesiae fundamentum)는 하나님의 독생자 예수 그리스도이시지만…… (고전 3:11을 비교하라), 교회의 둘째이며 둘째 서열(secundum tamen et secundarium)의 기초는 베드로이다. 물론 시간상으로는 첫째가 아닐지라도[2] 권위로는 다른 자들 중 빼어났다.…… (여기에 대해서는 엡 2:20에서 말하고 있다)…… 그의 탁월함은 진리(Veritas)도 그에게 "너는 게바라 부르리라"(요 1:42)라고 말하면서 자기 입으로 표현하였다. 이 말을 '베드로'(= 바위)라고 번역한다고 할지라도, '머리'로 해석하고 있다(quod etsi 'Petrus', 'caput' tamen exponitur)…… 주님께서도 그(전권 허락의) 말씀을 세 번씩 반복하시면서(요 21:15-17) 그에게 자기 양을 치라고 명하심으로 그의 후계자들 가운데에도 머무르는 그를 목자로 삼으려고 하지 않는 자는 주님의 양떼와 무관한 자로 보도록 하셨다(ut alienus a grege dominico censeatur, qui eum etiam in succesoribus suis noluerit habere pastorem). 당연히 그분은 이 양들과 저 양들을 구분하지 않으시고 간단히 말씀하시면서: "내 양을 치라"(요 21:17), 두말 할 필요 없이 그에게 모두를 부탁하셨다. (계속해서 모든 종류의 우화적인 성경해석이 제시되었다; 요 21:7로부터는 해석하기를, 베드로가 부활하신 분을 향해서 바다[여기서 바다는 시 104:25에 따라서 세상이라고 우리는 믿는다]에 뛰어들므로 말미암아 "유일한 교황의 권위가 표현되었는데, 이로써 그는 온 땅을 넘겨받았다.……" 아주 유사하게 마 14:28-31도 해석되었다. 하지만 가장 무모한 우화적 해석은 계 6:7에 있다. 이에 따르면 하나님의 보좌에게서는 사도 보좌가 시각적으로 보여진 것이고 그 하나님의 보좌를 둘러싼 네 생물들은 동방의 네 총대주교들로 보아야 하는데, 이들은 "여주인의 여종들처럼 섬기도록 마련되었다"!).

원전 : DH Nr. 767 ("Sicut universitatis"). 774-775 ("Apostolicae Sedis primatus"); MGH. Const II, 505f. ("Venerabilem").— 참고문헌: C. Andresen—A. M. Ritter, Geschichte (위에 언급한 책), 161-168(많은 참고문헌 포함)

1) 위 Nr. 1, 각주 1을 비교하라. 황제 아나스타시우스 1세에게 보낸 겔라시우스 편지(494)에 나타난 권위와 권세의 구별에 관련됨.
2) "첫째로 부름 받은 자"(안드레)에 관한 동방 전통에 대한 반응인가? 위 Nr. 25와 각주를 보라.

38. 피오레의 요아킴의 묵시적 역사신학

1135년 칼라브리아의 첼리코에서 태어난 요아킴은 정확한 날을 알 수 없는 회심의 체험 이후에 금욕적인 삶으로 전향하였다. 1177년 그가 씨토 수도회에 편입시켜 보려고 헛힘을 썼던 베네딕트 수도원 코라초의 수도원장이 되었고, 거기서 1186년 자기의 첫 번째 문서인 "열 줄 시편"(Psalterium decem chordarum)을 마무리하였다. 하지만 곧바로 그는 근처에 있는 은둔지로 물러나서는 거기 실라-산악지대에서 씨토 공동체보다는 더 사색적인 금욕공동체를 탄생시켰다(1189년 피오레에 있는 산 지오반니; 1196년부터는 독자적 수도회, 플로렌스 수도회의 중심). 여기서 그는 1191년 자기의 두 번째 주요저서, "신구약 성경의 상응함에 관한 책"(Liber de concordia Novi ac Veteris Testamenti) 저술을 마쳤다. 1196년에는 그의 방대한 주해와 예언적인 삼부작, "묵시록 주석"(Expositio in Apokalypsim)의 마지막 부분이 뒤를 이었다. 이 책들과 뒤따르는 다른 책들, 대부분은 짧은 저작들이지만 이들 때문에 그는 동시대 교황들의 총애를 누렸을 뿐 아니라 다른 사람들도 있지만 사자심왕 리차드(1190/91년 메시나에서의 그의 월동시기에)와 황제 하인리히 4세와 현재와 미래의 사건들에 대해서 질문한 그의 부인 콘스탄체가 즐겨 찾는 대화 상대자가 되었다. 요아킴은 금욕적 개혁가요 예언문서 해석의 대가로서 명성을 떨치며 1202년 3월 30일 사망하였다.—그는 1200년에서 1260년까지의 시기를 교회 역사 안에서 "바벨"의 종식과 그리스도와 적그리스도 사이의 결정적 전투를 몰고 오는 여섯 번째 시대로 보았다고 많은 사람이 생각하였다; 동시에 이 시대는 그런데 순수한(사색적인) 수도사들의 영적인 교회를 세상 심판에 앞서서 오는 안식의 기간에 자기들에게 정해진 사명을 완수할 수 있는 그러한 단계로 끌고 간다는 것이다. 그의 생각에 사로잡힌 무리들, 그들이 그의 수도회 안에 있든 밖에 있든지 간에, 특별히(1240년부터는) 소위 말하는 프란시스파 수도회의 신령주의자들(아래 Nr. 52를 보라) 중에 있었는데 이들이 1260년이 다가올수록 더 큰 소요에 휩싸였다는 것은 무슨 놀랄 일이겠는가. 이렇게 해서 그의 어떤 가르침들마저도 교황의 위원회에 의해서 검열 받게 되었다(1254년 아냐니 회의록). 이 가르침들을 프란시스파 성 도니노의 수도사 보르고의 게르하르트(1276년 사망)가 자기의(1255년 정죄 받은) "영원한 복음의 안내서"(Liber introductorius ad Evangelium eternum)에 포함시켜 놓았다. 하지만 요아킴 자신은 한 번도 이단으로 정죄 받은 적이 없다; 그리고 그의 가르침은 아주 상이하게 수용되었지만 일단은 급속도로 빠르게 확산되었다.

세 개의 세계 질서에 관하여[1)]

(a) 어떤 한 기간이 있었는데, 그때에는 사람들이 육체를 따라서(secundum carnem) 살았다; 이것은 그리스도까지(의 시대)였다. 그 시작은 아담과 함께 이루어졌다. (다시) 다른 기간이 있었는데, 그때에는 둘 사이, 그러니까 육체와 영 사이에 투쟁이 지배하였다; 이것은 오늘에까지 이르는 시대이다. 그 시작은 예언자 엘리사(왕상 19:19-21; 왕하 2-8)와 유다의 왕 웃시아(왕하 15:1-7; 대하 26:1ff.)와 함께 이루어졌다. (한 기간이) 이들과는 구분되는데, 이때는 사람이 영을 따라서 사는 때이다; 그리고 이것은 세상 끝까지(ad finem mundi) 가는 시대이다. 이 기간은 복되는 베네딕트(곧 누르시아의)의 때에 그 시작이 있다. 첫 기간이나 더 정확하게 말해서 첫 상태(첫 세대 [primi statu])의 열매 맺음(fructificatio) 및 특징들(proprietates)은 아브라함에서 세례 요한의 아버지 스가랴까지 이르렀다. 이 시작은 아브라함과 함께 이루어졌다. 두 번째 상태의 열매 맺음은 스가랴에서부터 42번째 세대[2)]까지 이른다; 하지만 그 도입은 우시아로부터 또는 아사의 시절로부터 이루어졌는데, 그 안에서 엘리사가 선지자 엘리야로부터 부름을 받았다(왕상 15:9ff.; 19:19ff.). 세 번째 상태의

열매 맺음은 베네딕트로부터 22번째 세대로부터 세상 끝까지 이른다(usque ad summationem seculi); 그렇지만 그 발단은 성 베네딕트로부터 시작한다.……

(b) …… 세상세대(saeculum)의 첫 번째 단계는 이미 기록한 것을 반복해서 (나도[빌 3:1을 비교하라]) 말한다면 아담과 함께 시작해서 그 열매를 아브라함으로부터 맺어서 그리스도에게서 완성에 이른다; 두 번째는 우시아와 함께 시작해서 세례 요한의 아버지 스가랴로부터 열매를 맺고는 그 완성을 저 날에(temporibus istis) 얻게 될 것이다; 세 번째는 성 베네딕트로부터 시작하고, 이 거룩한 사람 뒤 22번째 세대에서 열매 맺기 시작하고는 세상 마지막과 함께 완성에 이를 것이다. 결혼한 자들의 신분(ordo)이 빛을 발하던 그 첫 질서는 그 비밀의 특별함 때문에(엡 5:32 비교?) 아버지께 속하며 두 번째 질서는 유다 지파에 있는 성직자들의 신분이 빛을 발하는 질서로서 아들에게 속한다. 세 번째 질서, 거기에는 수도사들의 신분이 두드러지는 질서로서 성령에게 속한다. 자기의 지혜로 만물을 만드신 분이 이렇게 원하셨고, 이렇게 질서를 잡으셨고, 이렇게 근거를 주심으로 피조물도 질서 있게 만들어진 만물 안에서 창조자를 알게 된다.……

(c) 성경의 비밀들은 우리에게 이 문서 한 곳에서 이미 말한 바와 같이 세 개의 세상 상태를 가리키고 있다: 우리가 율법 하에 사는 첫 번째; 우리가 은혜 하에 사는 두 번째; 그리고 우리가 벌써 아주 근접해서 기다리며, 또 요한이 말한 바와 같이 그분이 우리에게 "은혜 위에 은혜를"(요 1:16), 그러니까 사랑에 믿음을 그리고 이런 식으로 이 둘을 주셨기 때문에 우리가 더 큰 은혜 가운데 살게 되는 세 번째를 가리키고 있다. 첫 번째 세상 상태는 그러니까 그 핵심이 지식에 있고, 둘째는 지혜에 참여함, 세 번째는

지식의 완전함에 있다. 첫 번째 세상 상태는 종 같은 노예 됨이 그 핵심이고, 두 번째는 아이 같은 노예 됨, 세 번째는 자유가 그것이다; 첫 번째는 훈육에 있고, 둘째는 행위에(actio), 셋째는 명상에 있다. 첫째는 두려움에, 둘째는 믿음, 셋째는 사랑에 있다. 첫 번째 세상 상태는 노예의 상태요, 둘째는 미성숙의 상태고 셋째는 친구의 상태이다; 첫 번째는 노인들의 세계상이고, 두 번째는 젊은이, 셋째는 아이의 세계상이다; 첫 번째는 별의 빛 안에서 빛나고, 둘째는 아침 여명 안에서, 셋째는 완전한 대낮의 빛 안에서 빛난다; 첫 번째는 겨울에 해당하고, 둘째는 봄의 시작, 세 번째는 여름에 해당한다. 첫째 상태는 엉겅퀴를, 둘째는 장미를 셋째는 백합을 생산한다; 첫째는 초록의 검불(풀), 둘째는 이삭을, 셋째는 밀을 생산한다. 첫째 세계 상태는 칠순절, 둘째는 사순절[3], 셋째는 부활의 축제와 관계된다. 그러므로 첫 번째 세대는 만물의 창조자인 성부와 관련이 되며 칠순절 비밀과 관련이 되는 한 사도(바울)가 말하고 있는 것처럼 그 시작을 조상 아담에게서 가진다: "첫째 인간은 땅에서 났으니 흙에 속한 자이거니와, 둘째 사람은 하늘에서 와서 하늘에 속한 자이다"(고전 15:47 비교하라). 둘째 세대는 (사과를) 먹음으로 타락한 첫 사람의 상태를 되돌려놓기 위해서 금식하고 고난 받을 수 있는 우리의 육신의 모양을 취하는 것을 경멸하지 않은 아들과 관련이 된다. 셋째 세대는 사도가 말한 성령과 관계가 된다: "주의 영이 있는 곳, 거기에 자유 함이 있느니라"(고후 3:17). 첫째 세계질서는 그러니까 사순절 기간 금식을 앞선 그 세 주일 안에서 설명할 수 있으며, 둘째는 사순절 그 자체를 통해서, 셋째는 부활절 축제라고 하는 기쁨의 시간과 축제의 시간으로 설명할 수 있다.……

원전 : Joachim von Fiore, Liber de concordia Novi ac Veteris Testamenti, Venedig 1519 (새로운 판 Frankfurt 1965); 같은 책 (물론 V권을 제외한), hg. v. R. Randolph Daniel, Philadelphia, Pa. 1983 (TAPhS 73, T. 8).—참고문헌: H. Grundmann, Studien über J. v. F., Leipzig 1927 = Darmstadt 1966; 같은 이, Neue Forschungen über J. v. F., Marburg 1950; 같은 이, Ausgew. Aufs. II. J. v. F., Stuttgart 1977 (SMGH 25/2); G. Wendelborn, Gott und Geschichte. J. v. F. und die Hoffnung der Christenheit, Leipzig 1974; D. C. West (Hg.), J. of F. in Christian Thought, 2 Bde., New York 1975; B. McGinn, The Calabrian Abbot: J. of F. in the History of Western Thought, New York 1985.

1) De concordia Novi ac Veteris Testamenti로부터 선별된 단락들을 따름: II tract. I cap. 4(=a); IV cap. 33 (=b); V. cap. 84(=c).
2) 첫 번째 상태(아브라함에서 스가랴 및 예수 탄생까지)가 마 1:17에 따라서 42세대 동안 진행되기 때문에 요아킴에 따르면 두 번째 상태에도 마찬가지이다(곧 30년을 한 세대로 본다면 이 상태는 1260년까지 간다!).
3) 칠순절(혹은 더 정확하게는 주일에는 금식하지 않기 때문에 칠순절 다음 월요일)과 함께 수도사들에게는 예비금식기간이 시작되었고, 모든 신자들에게는 돌아가시는 토요일까지 이이지는 사십일 간의 금식기간(사순절)이 재의 수요일에 시작되었다.

39. 카타리파와 발도파의 예로 보는 분파적인 청빈운동의 발단

청빈운동은 어느 정도는 중세 처음부터 있어 왔다. 하지만 서방에서도 오래 전부터 그 목적과 가치 관념에 자발적 청빈이라는 금욕적 이상이 포함되어 있었다. 물론 청빈의 이상은 바로 서방 수도원에서 벌써 일찍부터 가능한 모든 위험가능성에 노출되어 있었다. 우선적으로 누르시아의 베네딕트(위 Nr. 5를 보라)가 자기 규율 안에서 동방적인 금욕 이상의 엄격함을 먼 목표로 간주하였지만 기준으로는 "(도덕적으로) 선하게 사는"(bene vivere) 가까운 목적을 제시하였고 이 규율 전체를 의도적으로 "초보자를 위한 규칙"으로 이해하고 그렇게 형식을 꾸몄다는 사실은 아주 파장이 큰 위험 요소라고 말할 수 있을 것이다; 중세 초기에 베네딕트 수도원에는 봉건제도가 들어올 가능성이 열려 있었다. 새 천년이 지나자 바로 또 다른 중요한 요인이 더하여졌다. 곧 중세 초 서방은 "복음이 제시한 기독교인의 완전함의 문제"(마 19:16-26 병행구절들)를 "금욕을 통한 세상 초월성을 확실하게 제시하고 동시에 세속적인 삶을 사는 사람들에게는 금욕에 겨우 근사한 삶을 제시하고 또 이 두 신분을 교회라는 유기체 안에서 상호보완토록 병합시켰다."[1] 반면에 이 11세기와 12세기의 정당한 이름인 "유기적" 사고방식이 심각한 위기가 되고 말았다. 여기에 대한 두 원인에 이름이 붙여져야만 했다: 하나는 그레고리 교회개혁(위 Nr. 30과 32, I를 보라)으로서 그 기치는 교회의 자유(libertas ecclesiae), 사유교회제도와 모든 교회 권세가 로마에 있는 교황권 안에 집중됨의 제거였다; 다른 것은 상거래와 도시제도의 르네상스였다. 이것은 지금까지의 서방교회의 경제에 대한 이상이 자기 명료성과 증명력을 잃을 정도로 위협하였고 그와 함께 불안정하게 하고 목적을 상실하도록 만들었다.—눈 깜짝할 사이에 그레고리 개혁과 "청빈운동"의 동기들의 혼홍이 롬바르드 지역의 도시들과 소위 말하는 "파타리아 운동"(밀라노의 "넝마시장"을 따라서 붙인 이름)에서 이루어졌다. 그 마지막 주자이며 가장 위대한 대표자는 높은 지식을 갖춘 수도원장 브레스키아의 아르놀드(1154년 사망)였다. 개혁열정 때문에 교황 인노센트 2세에게 고발당하고 이 교황에 의해서 고향으로부터 추방된 그는 파리에 머물고(아벨라르에게) 나서 마지막에는 참회 수용자로서 로마로 갔다. 거기에는 이미 유진 3세라는 씨토 수도회적인 "겸손"의 교황이 교회지도권을 넘겨받아들고 있었다. 그러는 중에 아르놀드는 자율권을 추구하며 한때의 로마의 위대함에 자부심을 가진 시민들이 교황의 도시귀족들을 반대해서 일으킨 봉기에 휘말려버렸다. "시모니"(그는 이렇게 이해하였다)를 반대하는 그의 여전히 꺼지지 않는 열정은 이제는 교황권을 반대하는 소요 중에 있는 로마 시민들을 독려함과 독일 왕에게 황제권을 교황권이 아니라 로마 시민들의 손에서 받아내라는 많든 적든 노골적인 권고를 하는 역할을 하였다; 반대로 교회는 온전히 영적으로 역사하며—그리고 가난해야 한다. 이 때문에 교황으로부터 추방되었지만 아르놀드는 7년 후나 되어서야 바바로사가 제관식을 위해서 로마에 오면서 비로소 로마에서 쫓겨났다. 그를 추적하는 자들은 그를 잡아서 교황의 대리자에게 넘겼고, 대리자는 그를 매달고 불태워 그의 재를 티베르 강에 뿌려 그에 대한 기억을 지우게 하였다. 하지만 최소한 그것은 실패하였다. 오히려 청빈하고 철저히 영적인 역할에만 몰두하는 교회에 대한 아르놀드의 요구는 계속해서 살아남았고, 셀 수 없이 많은 움직임들이 보존시켜 나갔다.

우선적으로 우리가 12세기 40년대부터 듣게 되는 소위 말하는 카타리파("청결한 자들")가 있다. 20년 후에는 이 "분파"가 이미 넓게 퍼졌는데 먼저 프랑스, 이태리, 스페인, 그리고 독일에 퍼졌다. 독일에서는 사람들이 이미 1143년 쾰른에서의 한 심문을 계기로 이들에게 주목하고 있었다. 이 심문에서 그들은 처음으로 자기들을 카타리라고 불렀다.[2] 모든 것들이 말하는 것은 이들의 출현(또 "파타리아"의 출현도 마찬가지로)의 주된 동력이 "사도적 청빈운동"으로부터 생겨났다는 것이다. 반면에 이원론적 형이상학(마니교의 형이상학과 비슷하게)은 "카타리파가 자기들의 신학적 입장을 성직 교회의 입장으로부터 제거하도록 강요받는 것을 느끼면서"[3] 비로소 의미를 가지게 되었다. 물론 과격한 이원론을 점점 더 확고하게 함은 카타리파를 상대로 한 성직교회의 전쟁을 눈에 띄게 손쉽게 만들었다. 이 전쟁은 모든 금지나 회심시도로부터는 조금 밖에 도움을 받지 못하자 프랑스 남부에서 결국 잔혹한 폭력(알비파 십자군 1209-122)으로 그 다음에는 도처에서 인정사정 없이 엄격하게 종교재판을 통해서(1231년부터) 진행되었다(아래 Nr. 40b. 44d를 보라). 그렇지만 와중에 더 많이 넓게 영향을 끼친 "청빈운동" 내부에서도 이원론을 중심으로 그 정신들이 갈라졌다. 곧 이 운동으로부터 새로운 "분파들"(발도파와 "겸손자들")과 새로운 수도회들(도미니크파와 프란시스파 [아래 Nr. 41. 42를 보라])이 생겨났고 카타리파와 투쟁하였다. 1200년경에는 서방에서의 최고로 강력하고 아주 위험한 이 "이단"은 절대로 우연하지 않게 시민들의 숫자가 많고 경제적으로 아주 넓게 발달한 지역들, 곧 많은 도시들이 있는 롬바르드지역, 프로방스와 랑귀독, 또 플랑드로와 라인란트 지역에 가장 많이 확산되었다. 이 카타리파는 교회에 위기와 변화를 일으켰고 13세기가 진행되는 중(대부분은) 스스로 교회에 굴복하였다.

a) 성 펠릭스 - 로라개의 카타리파 공의회[4]

주님의 성육신하신지 1167년이 되는 5월 그날에 뚤루즈 교회는 교부 니퀸타[5]를 성 펠릭스 성채로 인도하였고 뚤루즈 교회(Ecclesia Tolosana)와 다른 이웃 교회들에서 온 큰 무리의 남녀가 교부 니퀸타가 베풀기 시작한 콘솔라멘툼[6]을 받으려고 거기에 모여들었다. 그런데 그 다음에 프랑스 교회의 주교(Eccl. Francigena-rum)[7]인 데파르농의 로베르가 자기 자문단과 함께 왔다; 이와 같이 롬바르드의 마르쿠스도 자기 자문단과 함께 왔고, 알비 교회의 주교 시카르 케레리에도 자기 자문단과 함께 왔고 카르카손 교회의 자문단과 함께 베르나르 카탈라가 왔으며 아겐 교회(Eccl. Aranensis)[8] 자문단도 거기 있었다. 한 눈에 볼 수 없을 정도로 수많은 사람들이 모였기 때문에 뚤루즈 교회 사람들은 주교 한 분을 모시고 싶어 했고 베르나르 라이몽을 선출하였다: 이와 같이 또 베르나르 카탈라와 카르카손 교회 자문단이 뚤루즈 교회로부터 부탁을 받게 되었고 임무를 부여받았다. 또 그들은 시카르 켈리에의 제안과 뜻과 그의 동의로 귀로 메르씨에를 선출하였다; 아겐 사람들은(homines Aranensis)[9] 카살(de Casalis)의 라이몽을 선출하였다. 그런데 그 다음에 데파르농의 로베르가 콘솔라멘툼을 받고 교부 프랑스 교회의 주교[10]가 되도록 니퀸타에게서 주교서품을 받았다…… (동일한 일이 언급한 다른 주교 후보자들에게도 일어났다). 그리고 나서 교부 니퀸타가 뚤루즈 교회를 향해 말했다: "당신들은 내게 초대 교회들의 관습이 온건했는지 아니면 엄했는지를 말해 달라고 했는데, 이렇게 대답하겠습니다: 아시아의 일곱 교회들은(계 1:9-3:22 비교하라) 서로 떨어져 있었고 구획이 나누어져 있어서, 그 어느 교회도 다른 교회의 모순을 반대해서 어떤 행동을 취하지 않았습니다. 그리고 (새-)로마(?) 교회, 드로고메티아 교회, 멜렝귀아 교회, 불가리아 교회와 달마티아 교회(Eccl. Romanae, et Drogometiae et Melenguiae, et Bulgariae, et Dalmatiae[11])는 나누어져 있었고 구획이 정해져 있어서 한 교회가 다른 교회의 모순을 반대해서 그 어떤 것도 행하지 않았고 그래서 그토록 서로 간에 화평을 누렸습니다. 당신들도 그렇게 하십시오."[12]

(계속해서 개개 카타리파 교구에 계획된 구조를 세부적으로 결정하는 일을 할당받은 자들(divisores) 선출에 관한 이야기가 나온다. 그런데 실용적인 이유로 가능한 한 공교회의 교구편성에 의존하였다. 그밖에 이 결의의 증인들과 지켜나갈 자들의 이름이 열거되었다; 또 분명히 1167년 공의회의 맥락에서, 카르카손 교회를 위해 작성된 문건도 접하게 된다. 마지막으로 1232년[1223년을 잘못 읽은 듯 보이는데] 작성된 기록 사본을 작성하게 한 자, 작성자 그리고 정확한 날짜가 기록되었다).

b) 카타리파의 라틴어 예식이 보여주는 콘솔라멘툼[13]

카타리파 연구에게 온 행운은 1939년 룰리오(Luglio)의 장의 소유인 "이원론에 관한 책"(Liber de duobus principiis)을 발견한 것이다; 거기에는 영적 세례, 소위 말하는 콘솔라툼 전개과정에 대한 라틴어 묘사가 첨부되어 있었다. 이것은 이후로 "책-"의 필사본 발굴지를 따라서 "플로렌스 제의"(Rituel de Florence)라고 알려지는데, 그래서 동일하게 보존된 프로방스 제의(Rituel de Lyon)와 구분된다. 프로방스 제의와 달리 "플로렌스 제의"는 카타리파의 제의 관습 전체가 아니라 주요한 것만, 그러니까 주기도문(보존된 문서에는 시작 부분이 없다)을 "건네줌"과 죄 용서를 포함하여(2-6) 콘솔라멘툼(7-14)만을 다루고 있는데, 이 점에서는 "리옹의 제의"에서 보다 아주 상세하다. 한 명의 "장로"를 동반한 일종의 세례 등록(7)과 짧은 개회예식(8)과 함께 시작한다. 이 개회예식에서는 콘솔라멘툼에서는 무엇을 하는 것인가 하는 점도 다루고 있다: 예수 그리스도의 뜻과 제정에 따라하는 영적 세례로서, 죄 용서와 결부되고 선한 그리스도인들의 추천에 힘입고 안수하는 중에 이루어진다(recipiendi baptismum spirituale Ihesu Christi et perdonum vestrorum peccatorum, propter deprecationem bonorum christianorum cum impositione manuum); 정절을 지키고 겸손하며 덕스러운 삶을 살 확고한 결심이 전제되었다. 그리고는 긴 설교가 따르는데, 많은 성경인용과 해설을 동반하는데, 이 해설은 뒤이은 예식을 세부적으로 설명하며 카타리파 교리(9-12)[14]와 윤리(13)의 짧은 스케치를 제시하고 아래의 확증으로 마무리되고 있다: "당신들이 받기를 사모하는 세례 때문에 당신들이 다른 세례와, (당신들의 과거) 기독교(cristiaitatem)와 당신들이 지금까지 행하고 말하였던 어떤 선한 것을 누구도 멸시해야(contempnere)할 거라고 생각해서는 안 됩니다; 오히려 당신들의 구원에 결여된 것을 보충하기 위해서(pro supplemento illius) 이 거룩한 그리스도의 의무를 당신들이 짊어져야 하는 것입니다(recipere istud sanctum ordinamentum Cristi)." 그 다음으로 "콘솔라멘툼의 예배 행위(De officio consolamenti)"에 관해서 말하고 있다(14):

그리고 임직자(ordinatus)는 그 신자(credens)의 손에서 그 책[15]을 받고 말해야 한다: "요한이여—이것이 그의 이름이라면—당신은 우리가 상기시킨 바와 같이(sicut memoratum est) 예수 그리스도의 거룩한 세례를 받고 그것을 유지하기를 당신 일생에 항상 마음과 생각을 정결하게 하는 중에 하며 이유를 막론하고 배신하지(deficere) 않기를 원합니까?" 그러자 요한이 대답한다: "그렇게 지키겠습니다; 당신은 나를 위해서 선하신 주님께 그분이 나에게 자신의 은혜 주실 것을 간구해 주십시오." 그런 다음에 그 신자는 경외심을 가지고 집례자 앞에 와서 집례자 옆에서 그 장로가 그에게 앞서서 말하는 것을 따라 말한다: "내가 지금껏 언제가 되었든지 간에 저지른 죄와 관련해서 용서와 자비(perdonum et misericordiam)를 받기 위해서 하나님께 왔고, 당신과 교회와 당신들의 거룩한 성직(ordo) 앞에 나와서 당신들이 나를 위해 하나님을 불러 그분이 나를 용서해주실 것을 원해서 왔습니다. 우리를 축복하시고 보살피소서(Benedicite, parcite nobis)." 그에 대해서 집례자가 대답한다: "하나님과 우리, 교회와 그분의 거룩한 성직(ordo)으로부터, 그의 거룩한 계명들(praecepta) 제자들(dixipuli [sic!])로부터 자비의 하나님이신 주님께서 너희를 용서하고 너희를 영생으로 인도하시도록 용서와 자비를 받으라." 그러자 신자는 응수한다: "아멘 주여 당신의 뜻대로 우리에게 이루어지게 하소서." 그 다음에 신자는 일어나서 자기 손을 집례자 앞에 있는 작은 판 위에(super discum[16]) 올려놓는다. 그러면 집례자는 이어서 (복음서-)책을 그의 머리에 놓고, 배석한 다른 성직자들(ordines)과 그리스도인들은 그에게 자기들의 오른손을 얹는다. 그리고는 집례자가 말한다: "성부와 성자와 성령의 이름으로." 그러면 집례자 옆에 있는 자(돕는 자)가 말한다: "아멘." 그러면 다른 자들도 그것을 분명하게(plane) 반복해야 한다. 그러면 집례자가 말한다: "우리를 축복하고 보호하소서, 아멘. 주여 당신 뜻대로 우리에게 이루어지이다: 성부, 성자, 성령이 너의 모든 죄들을 용서하시고 이것들을 상대로 진행하며 보호하소서. 성부와 성자와 성령을 경배하며 성부 성자 성령께 간구하며, 성부 성자 성령께 간구합시다: 거룩하시고 의로우시고 진실하시고 자비하신 아버지여, 당신의 종을 용서하시고 그를 당신의 의로 받아주소서. 하늘에 계신 우리 아버지여 아버지의 이름이 거룩히 여김을 받으시오며" 등등. 그리고는 큰소리로 다섯 개의 기도를 하며 이어서 세 번을 "경배합시다"(Adoremus)를 외친다. 그리고 이어서 하나의 기도를 하고 연하여서 세 번 "성부와 성자와 성령을 경배합시다"라고 말한다. "태초에 말씀이 계시니라"(요 1:1)와 남은 부분(곧 요한복음 서두의[17])이 이어서 나온다. 복음서 낭독이 끝나고 그는 "성부와 성자와 성령을 경배합시다"를 세 번 외치고, 이어서 기도가 한 번 나온다. 그 다음에 그가 다시 세 번 "경배합시다"를 외치고는 은혜(?)를 나누어준다[levet gratiam]. 다음에 그 기독교인이(Christianus) 책에 입맞추고 다음에 세 번 몸을 숙이고(reverentias) 말한다: "우리를 축복하소서, 축복하소서, 축복하시고 보호하소서; 당신이 하나님 사랑으로 내게 베푼 선에 대해 하나님께서 풍성한 보상을 허락하시기 원합니다." 마지막으로 모든 성직자들(ordines), 남녀 기독교인들은 교회의 관습에 따라 예배를(sevitium)[18] 받는다(recipiant).

모든 선한 기독교인들은(bono christiani) 이 예식(has rationes)을 받아 적은 자를 위해 하나님께 간구한다. 아멘. 하나님 감사합니다.

c) 인노센트 3세의 서방 내부에서의 알비파를 향한 십자군 촉구 (1208)

대주교들, 주교들 그리고 프랑스 왕국에서 교회지도자로 임명된 그밖의 모든 사랑하는 아들들에게.

우리는 하나님의 거룩한 교회가 뱀처럼 거의 모든 속주를 암처럼 전염시키는 그 이단의 악을 따르는 자들을 근절하기 위해서(ad exterminandum pravitatis haereticae sectatores) 두려움도 주면서 동시에 질서정연한 처형을 하는 것으로 그 혐오스러운 원수들을 대하기 위해서는 이 주변지역에 있는 기독교 기사단을 통솔하는 자들(praesidia militiae Christianae) 소집이 절실하다고 생각하게 되었다; 우리가 아주 존경받는 형제들인 쿠제랑과 리에즈의 주교들과 아주 사랑하는 아들 씨토 수도원장, 곧 사도보좌의 사절들인 이들을 우리는 지휘관으로 삼아서 성 삼위일체의 영광을 방어하는 자들이 이 세 명의 지휘관들의 통솔 하에서(sub trino…… regimine magistrorum) 승리하도록 결정하였다. 때문에 우리는 이 사도적 서신을 통해서 명령하고 임명하면서 너희 모두에게(universitatem vestram) 부탁하고 권하는 것이 합당하다고 여겼다. 곧 너희가 열정적인 설교와 권고를 통해서 너희 신하들을 독려하여 그들로 그토록 거룩한 일에 직면해서 자신들과 자신들의 재산들을 통해서(tam per se quam per sua) 하나님께는 복종의 헌신을 하고 교회에는 바라는 도움을 드리도록 하라는 것이다; 동시에 그들이 죄의 용서(remissionem peccaminum)가 하나님과 그의 대리자[19]로부터 그들 모두, 곧 바른 믿음의 열정에 불타서 자기를 그런 신앙의 과업에 헌신한 자들 모두에게 주어져서 그 성스러운 노력(labor)은 자기들이(과거에) 참되신 하나님께 올바른 통회와 고해신부 귀에 하는 고백을 드렸던 그 죄에 대해서 충분한 보속을 하게끔 자기들을 돕는다는 것을 알 수 있게 하라(ut eis labor tam sanctus ad operis satisfactionem sufficiat super illis offensis pro quibus cordis contritionem et oris confessionem veram obtulerint vere Deo)…… (나아가서 일반적인 십자군의 특전들[20]이 선포되고 십자군 서약을 한 자들을 위한 모든 물질적 후원을 촉구하고 있다).

원전 : B. Hamilton, The Cathar Council of St. - Félix reconsidered, in: AFP 48 (1978) 51-53; Rituel Cathare. Introd., texte crit., trad. et notes par Chr. Thouzellier, Paris 1977

(SC 236);PL 215, 1469f.—참고문헌: A. Borst, Die Katharer, (Stuttgart 1953) 신판 Freiburg 1991 (인용은 더 온전한 첫 번째 판에서 하는 것을 규칙으로 함); Chr. Thouzellier, Catharisme et valdésme en Languedoc, Paris 1969; M. Roquebirt, L'Epopée cathare, 3 Bde., Toulouse 1986; D. Müller, Albigenser - die wahre Kirche?, Würzburg 1986; 동일저자, Art. Katharer, in: TRE 18, 1989, 21-30 (참고문헌!); P. Roy, Le consolament cathare, Paris 1996; M. Lambert, Häresie im Mittelalter, Darmstadt 2001 (영어 원본 제목 "Medieval Heresy" [1992]), 2장 4; 3장 7. - H. Roscher, Papst Innocenz III. und die Kreuzzüge, Göttingen 1969.

d) 발도의 신앙고백(1180)

발도파는 리옹의 부유한 상인 발도로부터 시작하는데, 그는 1176년경 회심하고는 자기 가업을 포기하고 "복음"을 깨달으려고 프로방스 지역으로 이주하였고, 동지를 얻고 이어서 이들과 함께 밖으로 나가서는 간단한 털옷을 입고 나무 샌달을 신고 돈도 없이 "내일"을 염려하지 않고(마 6:34 비교하라) 구걸하며 설교를 하였는데, 이는 "행함이 없는 믿음은 죽은 것"(약 2:26)이라는 것 때문이었다. 초기 발도파의 "프로그램"은 이것이다: 믿음, 청빈, 사도적 행함 실천. 하지만 "그레고리 개혁"과 그 성직 체계의 엄격함을 향한 경향을 의미하는 성직자 교회는 이 경건한 평신도를 "사도적인 팔"로 껴안기는 하지만 주교의 위임 없이 설교하는 것을 허락한다는 생각은 하지 않았기에 이들은 곧바로 이 교회와 충돌하게 되었다. 하지만 이 "리옹의 가난한 자들"(Pauperes de Lugduno)은 —사람들은 이렇게 부르지만 그들 스스로는 이렇게 부르지 않고 "그리스도의 가난한 자들"(Pauperes Christi) 또는 "마음이 가난한 자들"(Pauperes Spiritu)이라고 했다—교회의 성직개념에 두 말하지 않고 순응하며 자기들이 생각할 때 제도적 교회가 오랫동안 소홀하게 취급했던 영혼 돌봄과 가난과 참회 설교를 포기하는 것보다는 차라리 "이단"이 되려고 마음먹었다. 그렇지만 처음에는 발도는 자기의 파송, 자기의 행위를 교회 성직으로부터 허락받고 인정받으려고 하는 노력이 있었다. 그래서 그는 1179년 제3차 라테란 공의회 참석차 로마로 갔다. 거기서 그 공의회의 영국 왕의 사절인 세속인이고 냉소가인 발터 맵(1209년 사망)이 교황의 위임을 받아서 그를 시험하였다. 당연히 이 시험은 무식한 방랑설교자를 조롱하는 것에 가까웠다. 교황의 결정은 호의적이었다: 지역 성직자의 동의하에 설교는 계속 허락되어야 했다. 그래서 발도는 이듬해에 리옹의 지역 공의회에서 자기를 변호하고 자기가 쓴 것이 아니라 씨토 수도회의 고위수도사인 교황 사절 드 마르씨(H. de Marcy)가 작성한 신앙고백에 서명하였다. 여기에는 설교에 대한 주제가 보이지 않았다. 그래서 교회가 인정하는 문제는 실제로는 그때까지 해결되지 않았다.

(그렇게 하면서 발도는 처음에는 자기와 자기 형제들을 위해 사도신조와 니케아-콘스탄티노플신조와 아타나시우스신조와 하나의 신구약성경이 말하는 의미에서 하나님의 삼위일체와 그리스도가 참으로 인간이 되심에 대한 믿음을 맹세하였다[1-17]; 그리고는 교회론과 성례론과 관련해서 말한다[17 마지막-48]:) 우리는 하나의 보편적이며 거룩하며 사도적이고 순결한 교회를 믿습니다. 그밖에는 누구도 구원 받을 수 없습니다(Unam ecclesiam catholicam, sanctam, apostolicam et immaculatam, extra quam neminem salvari, credimus)[21]; 또한 그 안에서 성령의 그 감지할 수 없고 보이지 않는 능력이 도우시는 가운데 거행되는 성례를 아무리 나누어주는 자가 죄 많은 사제일지라도(licet a peccatore sacerdote ministrentur) 교회가 이 자를 받아주기만 한다면 우리는 절대로 거부하지 않으며 그가 처리하는 교회적 행사나 축복을 배척하지 않고 이것들이 마치 가장 의로운 자에게서 온 것인양(tamquam a iustissimo) 호의적인 마음으로 받습

니다. 그래서 우리는 아이들이 아직 죄를 범하기도 전에 세례를 받은 후에 죽으면 구원받는다는 것을 고백하며 믿는 바와 같이 유아세례(baptismus infancium)를 인정합니다. 하지만 우리가 믿기로는 세례에서는 원죄(peccatum originale)와 의도적으로 행한 죄(자범죄) 모든 죄가 용서를 받습니다. 또한 주교가 허락한 견신례(confirmacio), 곧 안수례도 우리는 거룩하고 경배해야 하는 것으로 받아야 한다고 생각합니다. 희생(sacrificium), 곧 빵과 포도주가 봉헌 후에는 예수 그리스도의 몸과 피라는 것을 우리는 굳게 믿으며 간단명료하게(simpliciter) 맹세합니다. 여기에서 선한 사제가 더 많이 역사하고 악한 사제는 덜 역사하지 않습니다. 마음으로 통회하고 입으로 고백하며 성경을 따라서 행동으로 보속을 이행한 죄인은 하나님으로부터 은혜를 얻을 수 있다는 것을 우리는 인정하며 그들과 기꺼이 교제합니다. 봉헌된 기름을 가지고 병자에게 기름 바름(unctio infirmorum)을 우리는 존귀하게 여기며 지킵니다. 우리는 사도의 말씀을 따라서(히 13:4 비교하라) 몸(육체)의 혼인이 성사될 수 있다는 것을 부인하지 않지만 어떤 경우에서고 정식으로 성사된 혼인이 해체되는 것은 허락하지 않습니다. 반면에 두 번째 혼인이 맺어지는 것(secunda matrimonia)[22]은 저주하지 않습니다. 교회의 성직들(봉헌의 단계들[ordines]), (그러니까) 주교직과 장로직 및 그 외에 높고 낮은 성직들, 그리고 교회에서 질서를 따라 봉독되고 찬양되는 모든 것들도 우리는 겸손하게 경배하며 충성스런 마음으로 존경합니다. 마귀는 우리가 확신하는 바대로 그가 그렇게 결정되었기 때문이 아니라 자기 자신의 의지로 말미암아(non per condicionem, sed per arbitrium) 악으로 굴러 떨어졌습니다. 고기를 즐기는 것을 우리는 절대로 비난하지 않습니다. 우리가 지니고 있는 육체의 부활이지 결코 다른 것의 부활이 아니라는 것을 우리는 마음으로 믿으며 입으로 고백합니다. 또한 모두가 각자의 상이나 벌을 자기가 육체 가운데에서 행한 바에 대해서 받게 되는 나중에 올 심판을 우리는 믿고 분명하게 맹세합니다. 마지막으로 우리는 자선과 미사 희생(sacri-ficium) 및 그밖의 선행들이 신앙 가운데에서 죽은 자들에게(연옥에서) 유익할 수 있다는 것을 의심하지 않습니다.

(여기에 발도가(주님의) 뒤를 따르는 삶으로 결단하게 된 것을 말하는 개인적인 해명이 첨부되었다[49]) 그리고 야고보 사도를 따라서 "행위가 없는 믿음을 죽은 것"(약 2:26)이기에 우리는 세상과 결별하고(seculo abrenunciavimus) 주님이 가르쳐 주신 대로(velut a domino consultum est) 우리의 소유를 가난한 자들에게 주고(스스로) 가난해지기로 결정했습니다. 내일 일을 염려하지 않고(마 6:34 비교하라), 일용한 양식과 옷 외에는 누구로부터 금이나 은이나 그와 같은 것을 받는다는 것(행 3:6; 20:33 비교하라)을 생각하지 않는 식으로 말입니다. 또한 우리는 복음의 가르침과 명령을 지키기로 작정하였습니다(Consilia quoque evangelica velut precepta sevare proposuimus).[23] 하지만 세상에(in seculo) 미물며 지기 소유는 가지면서 자기 재산에서 자선이나 그밖의 선행들을 도맡아 하는 자들은 구원 받는다고 우리는 고백하며 믿습니다; 하지만 그들은 주님의 명령을 좇아야 합니다.……

e) 휘에스카의 두란두스의 이단반박이 말하는 발도파의 자기 이해(1190년경)

1184년 교황 루키우스 3세의 유죄판결(Dekretale "Ad abolendam") 직후에 힘으로 시작된 모든 외적인 박해들과 내적인 불화에도 불구하고 발도파 공동체는 프랑스 남쪽과 이태리 상부로부터 중부유럽 너머로 확산되었다. 그들 중 대다수가 다시는 공교회로 돌아오지 않았고

15세기 후스주의(아래 Nr. 66-68을 보라)에게 길을 열어주었다. 이들에 의해서 계속해서 전개된 것이다. 이뿐 아니라 발도파는 16세기에 복음의 신앙으로 개혁된 특징들에 휩싸여 새롭게 생명을 얻고는 최소한 이태리에서 중세 "분파"들 중에서 유일하게 오늘까지 자기들의 유산을 보존하고 있다. 반면에 신학적으로 훈련받은 성직자 휘에스카의 두란두스(1224년경 사망)와 그의 동지 베른하르트 프림 지휘 하에 있던 소수는 교황 인노센트 3세가 아직 교황이 되기 전에 자기 전임자에 의해서 1184년 "리옹의 가난한 자들"과 그리고 단숨에 카타리파와 다른 "이단들"(Patareni)과 나란히 이단으로 정죄 받은 롬바르드의 "겸손한 자들"과의 회담에서 이들을 이제는 경건한 평신도 공동체로 교회적으로 인정받고 정리할 가능성을 발견하고 나서 복귀의 길을 찾았다(1208년 내지 1210년). 이로써 이단으로 정죄 받은 집단이 처음으로 자기들의 종교적인 추구를 계속해서 인정받고 새로운 질서를 통해서 정리되면서 로마 교회에 다시 복귀하게 된 것이다; 종교적 움직임과 이단들에 대한 교황청 태도의 전환점이다.—그 이전에 두란두스가 이단과의 투쟁을 위한 하나의 글을 작성하였다. 이것은 초기 발도파에 대한 아주 소수의 믿을 만한 증언에 속하며 이들의 관심과 구상에 관한 아주 중요한 설명을 제공한다.

(26장: 노동에 관하여[De labore]; 자유로운 설교를 위해서 노동을 포기하는 것을 정당화) 사도들이 농사일과 돈 버는 일(terrenis laboribus et ad congregandam pecuniam)에 전념했어야 하는 것이 주님의 뜻이었다면 그분은 하늘에 있는 새와 들의 백합 비유를 설교하지(마 6:26-29) 않았어야 했고, 그 앞에 나오는 것이나 뒤에 나오는 것도 하지 않았어야 한다. 하지만 농사일에 얽매인 자는 누구도 설교와 권고와 자기 이웃의 구원을 위해서 전심으로 자신을 헌신해서(attencius vaccarent) 자유로이 설교를 할 수 없다는 것을 그분께서는 아셨다. 그래서 그들이 농사일의 부담으로 자기들의 마음을 무겁게 하지 않도록 그들을 농

사일에서 해방시켜 주셨다. 어떤 일로 그분은 그들을 그 반대로 보내시려고 하셨는지를 자기 제자들에게 다음과 같이 말씀하시면서 바로 그 복음서에서 분명하게 제시하셨다: "추수할 것은 많은데 일꾼은 적도다; 그러므로 주인에게 청하여 추수할 일꾼을 보내주소서 하라"(마 9:37). 혹시 어떤 사람이 이에 반해서 이의를 제기할 수 있다: 그것은 특별히 사도들에게 말한 것이다; 하지만 당신들, 절대로 사도가 아닌 당신들은 바울의 말씀에 귀를 기울이도록 하라: 데살로니가인들에게 말하기를 "일하기 싫은 자는 먹지 말아야 할지니라"(살후 3:10). 그리고 그 사도가 많이 일했다는 것을 그분 자신의 증언으로부터 우리는 알고 있다.—여기에 대해서 우리가 대답을 하겠다: 언급한 문장은 이 땅의 소유물이 있는 자들에게 말한 것이지 설교자들에게 한 것이 아니다; 자기 소유를 주님 때문에 포기한 자들에게 말한 것이 아니다. 우리의 생각이 부유함을 사모함으로 말미암아 흔들리지 않게 하기 위해서(inpediantur) 우리는 하나님으로부터 우리에게 주어진 은혜의 분량대로(롬 12:3 비교하라) 설교와 기도에 전념하며 주님의 명령에 따라 일꾼으로, 곧 설교자로 추수할 곳으로, 곧 사람들 가운데로 갈 작정을 하였다.……

(27장: 예정에 관하여[De predestinatione]. 질문들: 하나님 구원의 보편성, 행함이 있는 믿음과 예정은 서로 어떠한 관계인가?)…… 그들(이단들)은 어쩌면 우리에게 이의를 제기하며 말할 것이다: 하지만 하나님께서는 모든 것을 아시며 자신이 무엇을 만들기도 전에 나중에 있을 모든 것을 아셨다. 그러므로 그가 모든 것을 아신다면 누가 복되게 되고 누가 저주 받을지(도) 그분은 아신다; 예정이 바로 이런 것이다(et talis est predestinatio). 우리가 이것을 의심한다고 하는 데에 대해서 우리는 반박한다; 우리는 그가 모든 것을 아신다는 것을 알지만 하나님의 아심에 관해서 논의하려고 하지 않는다. 말하자면 누가 하나님께서는 모든 시간

이전에 모든 것을 사전에 아신다는 사실을 믿지 않을 만큼 어리석겠는가? 단지 그분이 모든 것을 아신다고 해도 악한 자들이 악한 길에서 돌이키고 참회를 하더라도 축복받을 수 없게(사전에) 저주받도록 정하셨고, 선한 자들은 아무리 자기들의 바른 길에서 떨어져 나와서 부끄러운 행위에 휘말려들더라도 저주받을 수 없을 만큼 축복받도록 정하셨다고 믿어서는 안 된다. 이것은 아마 각 사람이(오직) 악을 버리고 전심으로 하나님을 섬기는데 투신한다면 진실로 살게 하도록 결정한 것이고 하나님의 기억이라고 아는 그 생명책에 기록된(그런) 것이다. 반대로 그가 선을 버리고 악행에 빠진다면 의심할 여지없이 생명책에서 제함 받게 될 것이다.…… (겔 33:14-16; 18:21-24) 그래서 행함에서 축복과 저주가 결정되어 있는 것이지 운명적인(숙명적인) 예정에서가 아니다(In operibus ergo sive salvatio sive dampnatio et non in predestinatione fatali continetur).……

(28장: 교회의 위치에 관하여[De statu ecclesie]. 교회사에서 무엇이 오래된 것이고, 무엇이 새 것인가: 무엇이 전통이고, 무엇이 어제 오늘로부터인가?) 그들(이단들)은 그러니까 말한다: 당신들의 종교는 우리 마음에 들지 않는데, 이는 그것이 새롭고 바로 직전에 시작했기 때문이다. 여기에 우리는 이 대답을 한다: 그것은 공허하고 시사하는 바가 없으며(cassum est et frivolum) 우리에게는 모든 문서적 근거가 없는 것으로 보인다. 왜냐하면 당신들은 우리 길은 새롭고 반대로 당신들의 길은 오래 되었다고 하고, 당신들은 사도들의 가르침을 오래도록 꾸준히(diutissime) 보존했다고 말하기 때문이다.…… 그것(우리의 가르침)이 신약에 의해서 확증되기 때문에(novo testamento confirmata) 정말로 새롭다고 우리는 믿고 있다. 우리 구원의 근거이며 우리 가는 길에서 의도하는 바(prepositum)이기도 한 우리의 총체적 믿음을 우리는 신약과 하나님의 다른 증거로 확증할 수 있다.…… (히

10:19-20).—그러면 이들은 질문할 것이다: 구세주께서 강림하시고 나서 당신들이 출현할 때까지 교회는 어디에 있었나? 또 누가 발도에게 이 길을 가르쳐주었는가? 그는 이 길을 어떤 선한 사람으로부터(ab aliquo bono homine)[24] 물려받지도 않고 이 길에 관해서 한 명의 선생도 없는가?—그렇지만 우리는 여기에 대해서 이렇게 응답한다: 하나님의 교회는 항상 신자들의 모임이 있는 곳에 있는데, 곧 바른 신앙을 붙들고 그 신앙을 행위를 통해서 알차게 만드는 자들이다(semper ibi dei est ecclesia, ubi congregacio fidelium, qui fidem rectam tenent et operibus implent). 그런데 당신들이 누가 그를(발도를) 가르쳤는지 알고 싶다면 그에게 허락된 것은 바로 하나님의 은혜이고 이렇게 말하는 하늘로부터 온 음성이었다는 것을 알아야 한다: "심령이 가난한 자들은 복이 있나니, 하늘나라가 저들의 것이요"(마 5:3). 나는 이 음성이 그를 지도하고 가르쳤다고 말한다. 하지만 그들은 이렇게 응수할 가능성이 있다: 그는 누구에게서(이것을) 들었느냐? 그리고 누가 그에게 복음을 건네주어서 이 길이 선하다는 것을 그가 알도록 하였느냐? 우리는 여기에 대해서 대답한다: 주교들과 사제들로부터…… 우리도 그들로부터 하나님의 말씀 듣는 것을 받았지만 우리가 은혜와 선행을 받은 것은 그들로부터가 아니다; 그것은 오히려 복된 야고보가 다음의 말로 증거하신 바와 같이 자기를 경외하는 자에게 지혜와 명철을 주시는 하나님이셨다: "모든 선한 은사와 온전한 은사는 위로부터, 빛의 아버지로부터 온다"(약 1:17). 우리에게 있는 선한 것은 모두 그분으로부터 받았다고 우리는 믿는다. 사제들의 삶도 버림받을 수 있지만 그들이 선한 것으로 말한 것을 우리는 행해야 하리라…… (마 23:2-3 비교하라). 그래서 그들의 말이 성경대로인 한에는 비록 우리가 그들의 삶은 거부할지라도 그들의 말은 따르라고 명령을 받았다. 이 이유로 발도는 하나님의 말씀을 그들로부터 받았고, 그의 동지

들은 이것을 이행하려고 하고 있다. 하지만 그들은 거짓 없으신 분의 말씀으로부터 들었다: "내 말을 이렇게 지키는 자는 사망을 영원히 보지 않으리라"(요 8:51)....... (마지막으로) 왜 우리는 가난하냐(pauperes)고 당신들이 묻는다면, 이렇게 우리는 대답하겠다: "우리 구주와 그분의 제자들이 가난하셨다는 것을 우리가 읽고 있기 때문이다."

원전 : G. Gonnet (Hg.), Enchiridion Fontium Valdensium, I, Torre Pellice 1958, 31-45.—참고문헌: K. -V. Selge, Die ersten Waldenser, mit Edition des Liber Antiheresis des Durandus von Osca, 2 Bde., Berlin 1967; M. Schneider, Europäisches Waldensertum im 13. und 14. Jh., Berlin-New York 1981; A. Molinár, Die Waldenser, Freiburg 1993; G. Audisio, Die Waldenser, München 1996; M. Lambert (위에 제시), II장 5; III장 8.

1) E. Troeltsch, Die Soziallehren der christlichen Kirche und Gruppen, (1922) 2판, Aalen 1965, 233.
2) 서방의 소위 말하는 "노바티안주의자들", 곧 "소수파 엄격주의"에 대한 옛 희랍어 표현을 따른 것으로(어쩌면 자신들의 표현일 수도 있는데), 이들이 로마와 다른 곳에서 있던 데키우스 황제 박해(250/251) 이후로 분리되었던 사실을 따른 것이다(고대교회 Nr. 36a. 38b를 비교하라). 프랑스에서는 이 "분파"의 추종자들을 "아리우스주의자들" 또는 "카타프리기아파"("몬타누스주의자"들에 대한 오래된 비난의 명칭이다[고대교회 Nr. 18을 비교하라])라고 불렀다; 이태리에서는 대부분 "파타리아파"에 관해서 말하였는데, 그러니까 마지막 열거한 것까지 모든 것들이 고대교회의 이단목록에서 가져온 명칭들이다. 신학자들에게서는 그 가르침을 어거스틴을 통해서 알게 되었고 새로운 이단들에게서 다시 발견하게 되었다고 믿는 "마니교도들"이라고도 한다(고대교회 Nr. 43을 비교하라); 사람들이 그들의 것이라고 하는 "청문자"(auditores), "신자들"(credentes), "선택받은 자들"(electi)로의 구분도 여기에서 왔을 수 있다.
3) D. Müller, Art. Katharer, TRE 18, 1989, 21-30; 여기서는 23.
4) 다음에 인용된 보고는 1660년(G. Besse에 의해서) 편집본에만 남아있다; 편집자는 몇 년 전에 이것을 필사본의 형태로 받고 싶어 했는데, 이 필사본에서는

"Antiqua Carta" 그러니까 증거기록의 복사본을 다루었을 수 있다(해밀톤의 편집본 51-53을 비교하라). 이 보도는 오늘날 연구에서 진본으로 보는 것이 절대 우위를 차지하고 있다. 물론 원래의 독자적인 본문이나 본문의 부분들로부터 뽑은 편집물일 수 있지만 말이다; 하지만 이 문서는 정통신앙을 가진 적들의 손에서 온 게 아니라 예외 없이 카타리파 자신들의 증언으로 생각할 수 있기 때문에 "최고로 가치 있는 기록"(A. Borst)으로 남아 있다.

5) 이 밖에서는 그 이름이 일반적으로 "니케타(Niketas)"로 옮길 수 있는 콘스탄티노플에서 온 "보구밀주의자들의-주교"라고 증언되고 있다. 마케도니아 산악마을 출신인 불가리아의 사제 보구밀("하나님을 사랑하는")을 따라 부르는 이름인, 이 보구밀주의자들에게는 중세 말 서방의 "이단들"에게서와 비슷하게 윤리적인 동기가 우선적으로 계속 전면에 있었다. 곧 불의하다고 여겨지는 사회와 교회로부터 자신들을 분리하고 사도의 청빈 가운데에서 기도와 참회를 통해서 멀리 계시고도 참되신 하나님을 발견하려는 것이었다.

6) 소위 말하는 안수인 "위로", 곧 긴 교리교육의 마무리인 성령세례를 말한다; 이것이 카타리파의 고유한 "성례"이다(위 본문 b를 비교하라).

7) 북부 프랑스인들을 말한다; 그밖에 언급되는 교구들은 당시 프랑스 왕국 밖에 있었다.

8) 수수께끼같이 이대로 라면 피레네산맥 계곡인 발 다랑(Val d'Aran)에서 온 카타리파가 참석했다는 것인데, 여기에 대한 이외의 증거들은 13세기 말부터나 존재한다. 반면에 부분적으로 후대의 원전에서는 먼저 호명된 세 공동체와 함께 언급되고 있는 중요한 공동체 하나가 성-펠릭스 공의회에는 빠져버렸을 수 있다, 곧 아겐 공동체를 말한다. 이 이유 때문에 여러 학자들이 여기에서(Agenensis 대신에 Aranensis로의) 필사 내지는 복사 오류라는 짐작을 한다. 말하자면 이 오류는 13세기에는 r과 g를 쓰는 방식에서 일어날 가능성이 있었다고 말이다.

9) 바로 앞에 있는 미주를 보라.

10) 앞 미주 7번을 보라.

11) 이 교회 이름을 번역하고 장소를 확정하는 것은 하나의 문제이다. 보구밀주의의 발생지인 불가리아 교회와 달마티아 교회는 차치하고 말이다; 11세기부터는 로마제국(= 비잔틴제국)의 수도인 콘스탄티노플(= 새 로마)에도 보구밀파 공동체가 있었다는 것은 분명히 증언되고 있다—여기서는 이 사실을 말하고 싶어 하는 것이다. "달마티아"의 교회는 우리 본문에만 언급되고 있다. 그런데 여기에는 다른 곳에서는 증언되고 있는([1260과 1270 사이에 나타난] Tractatus de hereticis des Anselmus de Alexandria) 13세기에 모든 면에서 아주 힘찬 행동 지류가 된 슬라브 교회가 빠져 있다. 드로고메티아 교회는 다른 원전들에서 증언되고 있는 "Drugonthia" 교회와 같은 것으로 보며 또 "Dragowitsa"의 변용으로 이해하고 있다. 여기에서(비잔틴 원전에는 나오고 있는 슬라브 지역의) "Dragovici" 지역을 염두에 두어야 할 것인가? 이들은 7세기부터 플로브디브 지역의 드라고비챠라는 이름의 강가에 정착하였다. 이 장소 확정이 맞는다면 그곳의 보구밀파는 바울주의라는 분파와 이들의 극단적인 이원론을 접했을 수 있다. 이는 왜 서방의

원전에서 카타리파 안에 있는 극단적 이원론주의자들이 드라고비챠 교회와 연결되고 있는지를 설명해 줄 수 있다(예를 든다면 De heresi Catharorum in Lombardia, ed. A. Dndaine, in: AFP 19 [1949] 280-312 [여기서는: 306-312]). 많은 억측이 분분한 멜렝귀아 교회는 한 번 밖에 나오지 않는 명칭이다; 이 명칭은 비록 후대 원전들에는 더 이상 언급되고 있지 않더라도 아마도 펠로폰네스에 정착한 슬라브의 "멜링고인들"(Μελίγγοι)에서 찾아야 할 것이다; Y. Dossat, A propos du concile cathare de St. Félix: les Milingues, in: CF 3 (1968) 201-214를 비교하라.

12) 놀랍게도 이 카타리파의 초기 자기 증언에서는 이원론에 관해서, 또한 발칸 반도에 있던 보고밀 교회들 사이에 있던(언급할 가치가 있는) 차이들에 관해서도 말하지 않고 있다(불가리아인들의 온건한 이원론, 드라고비챠의 보고밀 교회의 과격한 이원론). 이것은 "카타리파의 운명의 시간"인 니케타스의 선교에 관한 A. Borst의 독창적인 생각들과 맞아떨어진다(A. Borst, Die Katharer, 98 = Tb. 81).

13) 미주 6을 보라.

14) 구약성경은 "우리 저자로부터 극단적으로 거부되었고" "옛 계약의 폐기를 말하기 위해서" 유일한 인용을 "역사서"에서 가져왔다는 (A. Borst, 상게서, 282와 각주 14번) 목표를 상당히 지나친 것일 수 있다.

15) 복음서들일 수 있다; Chr. Thouzellier in: SC 236, 219(미주에 있다)를 비교하라.

16) 여기에 관해서는 더 이상의 설명은 없이 8장 초반에서 이미 언급하고 있다. 복음서의 받침인 작은 책상을 말하는가?

17) Chr. Thouzellier, 상게서 126, 각주를 따르면 리옹 예식서도 이러하다.

18) Borst(상게서 199f.)에 따르면 매달 드리는 예배를 말한다. 여기에서는 대부분 servitium 이나 apparellamentum이라고도 부르는 고해가 이루어진다.

19) 그래서(계속되는) 점층이라고 생각해야 한다: 베드로의 대리자에서 그리스도의 대리자를 지나 그 그리스도 하나님의 대리자로!

20) 위 Nr. 34, 특히 c를 비교하라.

21) 니케아-콘스탄티노플신조(고대교회 Nr. 81a) 세 번째 항목을 키프리안의 편지 73, 21과 아래 나오는 Nr. 51b(교황 보니파키우스 8세의 교서 "Unam Sanctam")와 비교하라.

22) 곧 첫 번째 배우자가 사망하고 나서.

23) 여기에 관해서는 B. Stoll, De Virtute in Virtutem. Zur Auslegung-und Wirkungsgeschichte der Bergpredigt in Kommentaren, Predigten und hagiographischer Literatur von der Merowingerzeit bis um 1200, Tübingen 1988 (BGBE 30)을 비교하라.

24) 말하자면 카타리파 사람으로부터; 이 발도파 본문에서 말하는 이단적인 적대자들 중에서 자신들을 기꺼이 "선한 사람들"이라고 표현한 카타리파 사람들로 이해해야 한다.

40. 제4차 라테란 공의회(1215): 중세 전성기와 중세 후기 교회제도의 근간확정

인노센트 3세(약 1160-1216; 교황 1198-1216) 하에서 교황권은 그 권세의 정점에 달했고 세속 권력에 관해서 계속되는 지배권을 획득하였다. 교황의 지배의지와 그 주장은 신적으로 부르심을 받은 그리스도의 대리자라는 자기 인식에서 유래하였다. 11/12세기부터 등장한 이 교황의 호칭은 그의 직책 이해의 중심에 서 있었다. 벌써 그의 교황재직 첫 몇 년간에 인노센트는 공의회 소집을 결정하였다. 하지만 교황직 말엽에 가서야 이 계획을 현실로 옮길 수 있었나. 서방 기독교가 그때까지 본 중에서 가장 큰 이 교회회의는 밖으로의 경계를 확정하고 내부적 개혁을 통해서 교회를 확고하게 하였다. 카타리파와 발도파라는 이단 움직임들에 대해서는 종교재판 도구가 마주 동원되었다. 그리고 4차 십자군(1202-1204)이 베네치아 사람들의 농간에 의해서 비잔틴 제국 정복 전쟁이 되고나서는 이제 정말로 성지까지 진군할 새로운 십자군이 촉구되었다. 내적 개혁 결정들은 교회의 가르침과 제도와 관련되었고 특별히 고해성사의 의무를 통해서 신자들의 기독교적인 삶의 모습에까지 미쳤다. 그레고리 7세(1073-1085)에 의해서 시작된 교회개혁 전통에 서 있으면서도 이 개혁들은 서방교회가 더 확실한 교황교회로의 길을 향해서 나아가는 것을 의미하였다. 인노센트 3세의 빠른 죽음은 그러나 자신의 넓고도 포괄적인 목적들을 완전하게 실현시키는 것을 방해하였다.

a) 정관 1: 화체설, 세례와 참회의 효력

[오직] 하나의 신자들의 보편교회가 있다. 그밖에서는 누구도 구원받을 수 없다.[1] 그 안에 사제이시며 동시에 제물이신 예수 그리스도께서 계신다. 그의 몸과 피는 하나님의 능력으로 말미암아 빵이 몸으로 포도주가 피로 본질적으로 변화하면(transsubstantiatis) 실제로 성단 성례에서 빵과 포도주의 모습 아래에(sub specie panis et vini) 계시므로 우리는 하나 됨의 신비(mysterium unitatis)를 완성하기 위해서 그분 자신이 우리의 것에서 취하신 것을 그분의 것에서 우리가 받는 것이다. 이 성례는 유효하게 서품된 사제만이 거행할 수 있다. 이는 예수 그리스도 자신이 사도들과 그 후계자들에게 허락하신 교회의 열쇠 권세에 따른 것이다. 하지만 세례의 성례는[2)] 하나님과 나누어지지 않은 삼위일체, 곧 성부와 성자와 성령을 부르는 가운데 물 가운데에서 거행되는 것으로 성인들과 마찬가지로 아이들에게도 구원을 위해서 주어진다. 이는 누구에 의해서, 교회 안에서 유효한 형식으로 바르게 거행되었는가와는 무관하다. 그리고 누군가가 세례를 받은 후에 죄에 빠졌다면 그는 꾸준히 진실한 참회를 통해서 깨끗하게 될 수 있다.

원전 : DS 800-802.—참고문헌: B. Neunheuser, Eucharistie in Mittelalter und Neuzeit, Freiburg 외 1963 (HDG 4/4b); H. Jorissen, Die Entfaltung der Transsubstantiationslehre bis zum Beginn der Hochscholastik, Münster 1965 (MBTh 28/1); A. Gerken, Theologie der Eucharistie, München 1973; H. de Lubac, Corpus mysticum. Kirche und Eucharistie im Mittelalter, Freiburg im Breisgau ²1995; A. Angenendt, Geschichte der Religiosität im Mittelalter, Darmstadt ²2000, 488-515.

b) 정관 3: 이단 규정과 주교의 종교재판

우리는 이 거룩하며 정통적 교리를 가지며 공교회적인 신앙을 거스르는 모든 이단을 파문하며 정죄한다.……

1. 정죄된 자들은 배석한 세속 권력(의 대리자들)에게 이양되어 합당한 방식으로 벌받아야 한다; 그때 성직자들은 그 이전에 자기

들 직책에서 강등되어야 한다. 정죄된 자들의 소유는 그들이 평신도들이면 몰수되어야 한다; 성직자들이라면 그 소유는 그들이 생활비를 받았던 교회에 건네주어야 한다.

6. 하지만 몇몇 사람들이[3] 경건을 구실로 "그의 권세"를 사도(바울)가 말하듯이 "부인하지만"(딤후 3:5) [그러나] 그 사도가 "보냄을 받지 않고 그들이 어떻게 선포하겠느냐"(롬 10:15)고 했음에도 불구하고 감히 설교의 권세를 가로채려고 한다. 이 때문에 (설교가) 금지된 자들이나 보냄을 받지 않고 사도 보좌나 지역 주교의 권한도 없이 공개적으로나 사적으로 설교권을 취한 자들은 모두 파문의 줄로 결박당하여야 한다; 그들이 깨달음에 이르지 못한다면 다른 방식으로 마땅한 처벌을 받아야 한다.

8. 그래서 주교들은 교회가 부과하는 벌을 피하고 싶다면 자기 교구 안에서 이것(규정)들이 실제로 이행되는지 세심하게 지켜보아야 한다는 것을 우리는 구속력 있는 복종의무규정으로 단호히 원하며 또 지시하고 명한다. 말하자면 어떤 주교가 이단적인 오류의 독을 자기 교구에서 제거하는 일에(super expurgando de sua dioecesi haereticae pravitatis fermento) 주의를 기울이지 않거나 소홀하며, 이 사실이 확실한 고발로 공개적으로 알려지면 그는 자기 주교직에서 물러나야 한다. 그리고 이단의 왜곡을 제거하고 싶어 하고 또 그 능력이 있는 마땅한 다른 사람이 그의 자리에 임명되어야 한다.

원전 : QGPRK Nr. 603.—참고문헌: A. Borst, Die Katharer, Stuttgart 1953 (= Freiburg 1996); E. Le Roy Ladurie, Montaillou. Ein Dorf vor dem Inquisitor 1294 bis 1324, Frankfurt/M. 1980; L. Kolmer, Ad capiendas vulpes. Die Ketzerbekämpfung in Südfrankreich in der ersten Hälfte des 13. Jahrhunderts und die Ausbildung des Inquisitionsverfahren, Bonn 1982; W. Trusen, Der Inquisitionsprozeß. Seine historischen

Grundlagen und frühen Formen, in: ZRG 74 (1988) 168-230; P. Roy, Le consolament cathare, Paris 1996.

c) 정관 21: 매년 한 번씩의 고해를 하고 부활절 성찬식에 참여할 의무

판단할 능력이 있는 나이에 이른 모든 남녀 신자는 최소한 일년에 한 번 혼자서 자기의 모든 죄를 자기 사제에게 진실하게 고백해야 하며 그가 부과한 속죄[의 벌]를 행하기에 힘써야 한다. 게다가 그는 자기 사제가 합리적인 근거를 가지고 잠정적으로 금할 것을 권면하지 않는 한 최소한 부활절에는 성만찬 성사를 존경심을 가지고 받아야 한다. 이 규정을 지키지 않는 자는 일생 교회에 발을 들이는 것이 금지될 것이며 죽은 후에는 기독교적인 장사를 지낼 수 없다. 이 때문에 이 거룩한 규정(statutum)은 교회에서 자주 낭독하도록 하여서 아무도 무지함으로 눈 멀었었다고 변명하는 일이 없게 하여야 한다. 혹시 누군가가 합당한 이유로 자기 죄를 외부 사제에게 고백하고자 하면 그는 먼저 여기에 대해서 자기 사제로부터 허락을 구하고 얻어야 한다; 다른 경우에는 그를 다른 사람이 풀거나 맬 수 없다.

하지만 사제는 사려가 깊고 조심스러워야 한다. 노련한 의사처럼 그는 죄인과 죄스러운 행위를 동반하는 상황을 세심하게 묻고, 어떤 조언을 주고 어떤 약을 사용해야 할까를 지혜롭게 알아내면서 상처 입은 자의 환부에 포도주와 기름을 부어야 한다[4]; 환자를 치료하기 위해서는 종종 다양한 것을 시도해야 한다.

하지만 그는 어떤 경우를 막론하고 말이나 표시나 그 어떤 방식으로 죄인이 드러나는 일이 일어나지 않도록 해야 한다. 혹시 더 경험 있는 자의 조언이 필요한 경우에는 해당 인물을 언급하지 않은 채 조심스럽게 구해야 한다; 왜냐하면 고해의 심판에서 자기에게 알려지게 된 죄를(다른 데로) 알리는 자는 우리 결정에 따라 자기 사제직을 박탈당해야 하고 영원한 참회를 위해서 엄격한 수도원으로 추방되어야 하기 때문이다.

원전 : DS 812-814.—참고문헌: P. Browe, Die Pflichtkommunion im Mittelalter, Münster 1940; P. Anciaux, Das Sakrament der Buße. Geschichte, Wesen u. Form der kirchl. Buße, Mainz 1961; I. W. Frank, Beichte. II. Mittelalter, in: TRE 5, 414-421; M. Ohst, Pflichtbeichte. Untersuchungen zum Bußwesen im Hohen und Späten Mittelalter, Tübingen 1995 (BHTh 89).

d) 정관 51: 비밀 혼인 금지

우리 선배들의 발자국을 따르면서 우리는 비밀스러운 혼인을 금지한다. 우리는 또한 사제가 이 일이 성사되는 데에 감히 일익을 감당하는 것도 금지한다. 때문에 몇몇 지역의 특별한 습관을 보편적으로 구속력 있게 하며 그렇게 규정하였는데, 곧 결혼은 사제들에 의해서 교회에서 공식적으로 예고되어야 한다는 것이다. 그래서 확실하게 정해진 기간 내에 의도가 있다든지 그럴 처지에 있는 자는 누구나(혼인) 장애를 제기하도록 하였다. 그밖에도 사제들 스스로가 혹시(혼인) 장애가 있는지를 조사해야 한다. 결혼을 반대할 충분한 혐의가 있다면 분명한 증명서들이 최종적 결정을 내리기까지는 그 결혼은 명시적으로 금지되어야 한다. 이제 어떤 사람이 그런 종류의 비밀스럽고 금지된 결혼에 들어갔다면, 금지된 경우에는 그 무지함 때문에 후손들은 처음부터 사생아로 간주되어야 한다; 부모의 무지함은 결혼할 때 무엇인가 예측을 했거나 최소한 자기들의 무지함을 의도적으로 끌어들였다고 사람들이 짐작하기 때문에 자식들에게 유익할 것이 아무 것도 없다. 그밖에도 부모들이 금지는 없지만 법적인 [혼인] 저지를 알면서도 교회적으로 식을 올렸다면 그 자식들도 사생아로 간주되어야 한다. 그런 혼인을 금지하지 않은 목회자나 거기 참여한 수도회 사람은 최소한 삼 년간 자기 직책을 박탈당해야 한다. 하지만 허락이 된 경우에는 그렇게 식을 올린 자들에게는 적당한 속죄가 부과되어야 한다. 한편으로 교회의 처벌은 악한 의도로 합법적인 혼인을 저지하려고 계획한 자에게도 떨어지게 될 것이다.

원전 : DS 817.—참고문헌: E. Friedberg, Das Recht der Eheschließung in seiner geschichtlichen Entwicklung, Leipzig 1865 (= Aalen 1964); M. Ohst, Zur Geschichte der christlichen Eheauffassung von den Anfängen bis zur Reformation, in: ThR 61 (1996) 372-387.

e) 정관 68: 유대인과 이슬람교도들에 대한 기독교인들 구분에 관한 규정들

공의회는 정관 67-71에서 한편으로는 그리스도인들과 유대인의 관계를 다른 한편으로는 이슬람교도들(무슬림) 간의 관계를 다루었다. 동시에 우선적으로는 유대인들을 상대로 하지만 또한 무슬림을 겨냥한 많은 결정들이 내려졌다. 정관 67은 "유대인들의 고리대금"을 반박하였다. 정관 69는 유대인들이 공적 직책을 받는 것을 금하였다. 정관 70은 기독교 신앙으로 넘어온 유대인들은 과거 자신들이 지켰던 그 어떤 유대교 예식도 더 이상 따르지 않아야 할 것을 확실하게 했다.

몇몇 속주에서는(이미) 복장으로 유대인들과 이슬람교도들을 기독교인들이 구분하였지만 다른 곳에서는 그들(유대인들과 이슬람교도들)이 복장으로는 알 수 없는 그런 혼란이 있다. 그래서 이따금씩 기독교인들이 실수로 유대인이나 이슬람교도들의 여인들과 교제를 하고(commisceantur) 유대인들과 이슬람교도들이(반대로) 기독교 여인들과 하는 일이 일어난다. 그래서 아무도 그런 저주 받아 마땅한 교제를 하는 무절제에 대해서 실수나 다른 변명을 할 수 없도록 하기 위해서 그들[유대인들과 이슬람교도들] 남녀들은 모든 기독교인 속주에서 항상 공공연하게 구별되는 옷으로 다른 백성들과 구분되어야 할 것을 지시한다. 이것은 특별히 모세를 통해서 규정된 것이다(레 19).

원전 : Mansi 22, 1055.—참고문헌: W. Seiferth, Synagege und Kirche im Mittelalter, München 1964; V. Pfaff, Die soziale Stellung des Judentums in den Auseinandersetzungen zwischen Kaiser und Kirche vom 3. zum 4. Laterankonzil (1179-1215), in: VSWF 52, 1965, 168-206; W. J. Fishel, Innocent III and the Distinctive Clothing of Jews and Muslims, in: StMC 3, 1970, 92-116; L. Poliakov, Geschichte des Antisemitismus. Bd. 1: Von der Antike bis zu den Kreuzzügen, Worms 1977; H. Schreckenberg, Die christlichen Adversus-Judaeos-Texte (11.-13. Jh.), Frankfurt/M 외 1988. - R. Foreville, Lateran I-IV, Mainz 1970 (GÖK 6), 263-449; G. Schwaiger, Innocenz III, in: TRE 16, 1987, 175-182; W. Imkamp, Das Kirchenbild Innocenz'III. (1198-1216), Stuttgart 1992.

1) 키프리안의 편지 73, 21 "…… salus extra ecclesiam non est."
2) 세례에 관해서 다음에 나오는 서술들은 카타리파를 반대한 것이다; 아주 눈에 띄게 공교회로부터 벗어난 그들의 가르침 중 하나가 자기들 가운데에서 베풀어졌던 성령세례, 곧 콘솔라멘툼이 구원에 필수적이라는 가르침이다.
3) 발도파를 말한다.
4) 눅 10:34을 비교하라.

41. 도미니쿠스(약 1170-1221): 선교적 사명과 청빈의 삶

이상적인 사도적 청빈은 카스틸 사람 도미니크에게서 처음부터 그것의 선교적인 유익과 결합되었다. 1206년 오스마의 주교인 디아고를 중심으로 한 그룹에 소속했었는데, 이들은 프랑스 남부에서 알비파(카타리파)처럼 사도적 청빈의 삶을 영위해 보려고 하였다; 이렇게 해서 알비파의 매력은 줄어들었고 그 영향력은 상실되어버렸다. 이를 위해서 동료들이 교황의 허락을 얻어냈다(본문 a). 1215년 도미니쿠스는 같은 목적을 향해서 뚤루즈에 그 지역 주교로부터 재가를 받은 무소유의 설교자 공동체를 창설하였다(본문 b). 제4차 라테란 공의회는 같은 해에 새로운 수도회 규율을 금지하였기에(정관 13) 도미니쿠스와 그의 형제들은 어거스틴파 규율을 받아들이기로 작정하였다. 1216/1217년 교황 호노리우스 3세는 이 새 수도회를 인정하였다. 규율로 조정된 성직자 수도회로서의 체제는 당연히 특별한 열심으로 지역을 초월해서 벌이는 이 활동에는 너무나 좁은 코르셋이었다. 이렇게 도미니쿠스는 자기 공동체를 하나의 중앙 집중적이며 돌파력이 있는 수도회로 확장시켰다. 이 수도회는 규약 안에 명시된 구걸로 사는 삶에 대한 의무 때문에 탁발 수도회에 속한다. 이것에 관해서는 1220/1년의 첫 두 총회에서 결정된 정관들이 결정적이다. 공식적인 명칭인 설교자 수도회의 주요 사명은 이단을 상대로 한 전투뿐 아니라 신학적 학문 안에 있는 기독교 진리를 위해 투입되는 것이었다.

a) 카타리파를 상대로 한 선교 설교를 교황 인노센트 3세가 재가함

나르본 지역에서 배교한 자들의 수가 강력히 증가하고 있고; 세속의 칼이 돕지 않으니 영적인 칼이 멸시의 대상이라는 사실…… 또 아무도 주의 집을 방어하기 위해서 일어나지 않으며, 기만에 사로잡힌 자들을 일으켜 세우는 것이 가능하다고 해도 아무도 앞장서려고 하지 않는다는 것이 우리 귀에 들려왔다. 이 소식은…… 몇몇 수도회 사람들의 귀에 이르렀고 이들이 불타는 마음으로 자기들 지식의 물결을 이단을 상대로 돌이키고 지혜의 물을 시장통에서 나누어주는 데로 이끌었다는 것은 사실이다. 하지만 이들은 누구에게서도 위임을 받지 않았기에 땅이 산채로 삼긴 다단과 아비람의 운명에(민 16:31) 처하지 않기 위해서 이들은 자신들의 온전한 능력으로 설교직을 취하려고 하지 않았다. 그래서 결국 구덩이로 달려가는 백성들에게 하나님의 일을 대리할 자가 아무도 없는 것이다.……

그래서 당신의 침묵에 의지해서 우리는 이 사도적 교서로 이 일을 감당할 능력이 있고 가난하신 그리스도의 청빈을 닮아 초라한 외모지만 성령의 불을 가지고 멸시를 당하는 자들을 찾아 갈 결심을 한 검증된 사람들을 데려 올 것을 명령하고 지시하노라. 그들이 자기들의 죄를 경감하기 위해서 지체 없이 잘못 믿는 자들을 주님의 도움으로 자기들 행위의 모범과 자기들의 설교의 가르침을 통해서 그들의 잘못으로부터 완전하게 도로 불러 오기 위해서 그들에게 가도록 배려하라.…… 그래서 어느 날 복음서의 말씀이 그들이 소망하도록 한 것을 가지게 되는 즐거움을 얻게 하라: "적은 무리여, 무서워 말라, 나의 아버지께서 (너에게 그 나라 주기를) 기뻐하시느니라"(눅 12:32).

원전 : PL 215, 24f.: 번역: M.-H. Vicaire, Geschichte des hl. Dominikus, Bd. 1, Freiburg 외 1962, 124f.

b) 1215년 뚤루즈 수도원 공동체 재가

우리 주 예수 그리스도의 이름으로.

이제와 이후에 사는 모든 사람에게 우리가 알리는 바는 하나님의 은혜로 말미암은 뚤루즈 주교의 자리에 있는[1] 겸손한 종 우리, 곧 풀코는 이단의 부패함을 박멸하고 악습을 몰아내고 신앙의 규범(fidei regulam)을 가르치고 사람들을 건강한 덕성으로 채우기 위해서 우리 교구에 형제 도미니쿠스와 그의 동지들을 설교자로 임명한다는 것이다. 이들은 복음의 가난함 가운데 발로 걸으며 복음의 진리의 말씀을 선포하면서 수도회 사람으로 살기로 작정하였다.

그런데 품꾼은 자기 삯을 받을 자격이 있으며(마 10:10; 눅 10:7) 곡식을 떠는 소의 입에 망을 씌우지 않아야 하고(고전 9:9) 더욱이 복음을 선포하는 자는 복음으로 살아야 한다(고전 9:14). 이 때문에 우리는 이들이 설교하러 나갈 때 자기들의 식량과 그 밖에 필요한 것을 교구로부터 얻게 되기를 원한다.……

세금의 상당한 부분이 합법적으로 가난한 자들을 위해 정해져 있고 그들에게 나누어지기 때문에 그리스도 때문에 복음의 청빈을 선택하고 큰 고통 가운데서 자기들의 가르침과 함께 자기들의 본으로 말미암아서 모든 개개인이 하늘의 선물로 풍성하게 하기 위해서 애를 쓰는 가난한 자들에게 세금의 한 부분을 우선적으로 사용하는 것은 당연히 우리의 의무이다. 하지만 그들은, 곧 우리가 그들의 세상 재산으로부터 추수를 하는 그들은 이러한 방식으로 우리 자신과 다른 사람들을 통해서 적당하고도 목적에 걸맞게 영적인 다른 재산을 나누어 줄 수 있도록 해 주고 있다.

원전 : M. H. Laurent, Monumenta Historica S. P. N. Dominici. Fasc. 1: Historia diplomatica S. Dominici = Monumenta ordinis fratrum Praedicarum historica XV, Paris 1933, Nr. 60; 번역: M. -H. Vicaire, Geschichte des hl. Dominikus, Bd. 1, Freiburg 외 1962, 22f.—참고문헌: M. - H. Vicaire, Geschichte des hl. Dominikus, 2 Bde., Freiburg 외 1962/63; A. Walz, Die Dominicaner in Geschichte und

Gegenwart, 1960; K. Elm, Franziskus und Dominikus. Wirkungen u. Antriebskräfte zweier Ordensstifter, in: Saec. 23 (1972) 127-147; A. Eßer, Art. Dominicus, in: TRE 9, Berlin/New York 1982, 125-127.

1) 마르세이유의 풀코, 1205년 뚤루즈의 주교, 1231년 사망.

42. 아시시의 프란시스(1181/82-1226)와 초기 프란시스 수도회

도미니쿠스는 처음부터 자기의 선교적 상황이라는 관점에서 청빈의 이상에 합류하였다면 자기 동시대인인 아시시의 프란시스를 중심으로 교회 가운데에서는 하나의 움직임이 발생하였다. 이 움직임의 영성은 청빈의 이상으로 각인되기는 했지만 12세기 청빈 움직임에서와 같은 교회적인 제도와 긴장의 관계가 되지는 않았다. 아시시(움브리아)의 한 부유한 포목상의 아들로 태어난 그에게 전쟁 포로와 질병이 내적인 회심을 유발시켰다. 이 회심을 위한 해명을 그는 1208년이나 1209년 2월 24일 사도를 파송하시는 구절(마 10:7-14)을 통해서 얻게 되었다. 방랑 설교자 모습의 청빈과 사도직은 이후 그가 세운 움직임의 특징이 되었다. 이듬해 이러한 그의 삶의 형태에 대한 구두 허락을 인노센트 3세를 통해서 얻었다. 당시 제시한 규범의 구상("Protoregula")은 물론 상실되었다. 1121년 제출된 규범(regula non bullata)은 여러 번의 손질을 거쳐 교황 호노리우스 3세(1216-1227)가 1223년에 가서야 인정하였다(regula bullata). 이것은 프란시스 수도회에서 오늘날까지 효력을 발휘하고 있다. 이를 통해서 느슨한 움직임과 자유로운 방랑 사도권은 위계질서가 있게 조직되어지고 철저히 교회 안에 병합된 하나의 수도회가 되었다. 프란시스 자신이 이를 위해 기여하였지만, 말년에는 자꾸자꾸 뒤로 물러났고 수도회의 지도권을 코르토나의 엘리아에게 넘겨주었다. 유언으로 그는 형제들에게 다시 한 번 옛 이상을 상기시키려 하였지만 이미 시작된 방만한 행동방식으로 발전하는 것은 저지할 수 없었다. 수도회의 길은 점점 창설자의 인물과는 분리되었다. 하지만 그의 성스러운 삶으로부터 수도회는 덕을 보았다. 1226년 죽기 전에 프란시스는 뒤따름의 외적인 표시로 상흔 받음, 그러니까 그리스도의 상흔이 있는 놀라운 표시를 경험하였다. 이미 1228년 교황 그레고리 9세는 그를 거룩하다고 선포하였다.

a) 1223년의 프란시스파 규범

1. 주님의 이름으로 작은 형제들[1]의 삶을 위한 지침의 시작.

이것은 작은 형제들의 삶, 곧 소유도 없는 순종과 정숙의 삶을 통해서 우리 주 예수 그리스도를 따르는 삶을 위한 규범이다. 형제 프란시스는 교황 호노리우스와 그 합법적 후계자들 및 로마 교회에 순종과 존경을 드릴 것을 약속한다. 다른 형제들은 형제 프란시스와 그의 후계자들을 따를 의무가 있다.

2. 이 삶의 방식을 수용하려는 자들과 수용하는 방법에 관하여. 누군가 이 삶의 방식을 수용하려고 하며 우리 형제들에게 온다면 이 사람을 형제들은 자기들의 교구 고위인사들에게 보내야 한다. 이분들만이—다른 사람이 아니라—형제들을 받아들일 자격이 있다. 교구 고위인사들은 이들을 공교회의 신앙과 교회 성례(가르침)들 가운데에서 세밀하게 검증하여야 한다.……

3. 예배와 금식에 관하여, 또 세상에서의 형제들의 삶에 관하여. 성직자들은 거룩한 로마 교회의 규칙을 따라서 예배를 드려야한다. 이때 이들은 시편 대신에 성무일과서를 사용할 수 있다. 그런데 평신도들은 마투틴[2]에 주기도문 네 번, 라우데스[3]에 다섯 번 기도해야 한다.

4. 형제들은 돈을 받아서는 안 된다. 돈과 재산을 받는 것, 심지어 중간책을 통해서 하는 것도 모든 형제들에게 내가 아주 엄하게 금지한다.……

6. 형제들은 아무 것도 소유해서는 안 된다. 자선을 구걸함과 유약한 형제들에 관하여. 형제들은 집도 토지도 그밖의 아무 것도 소유할 수 없다.……

8. 형제회의 사무총장 선출과 오순절 총회에 관하여. 모든 형제들은 이 (종교)수도회 형제들 중에서 한 명을 총장(ministrum)이며 모든 형제회의 종으로 둘 의무가 있고, 또한 그에게 순종할 확실한 의무를 갖는다. 그가 죽으면 후계자 선출은 오순절 총회에서 교구사제들과 참사회원들[4]을 통해서 이루어져야 한다.……

9. 설교자들에 관하여. 형제들은 주교가 설교를 금하는 교구에서는 설교하지 못한다. 그밖에도 이 형제회의 총장이 검증하고 인정하고 설교 임무를 부여해주지 않은 형제는 백성들에게 설교하려고 해서는 안 된다.

10. 형제들을 경고함과 훈계함에 관하여. 상위의 형제들(ministri), 그래서 다른 형제들의 종인 형제들은 형제들을 순회하며 훈계하여야 한다. 겸손과 사랑 안에서 훈계하여야 하며 그들의 영혼과 우리 규범에 반대되는 것은 어떤 것도 그들에게 명령해서는 안 된다. 하지만 하위의 형제들은 자신들이 하나님 때문에 자기들의 의사를 포기했던 것을 기어하여야 한다.……

그밖에도 상위의 형제들에게 본인들의 복종의무에 의지해서 명령하는데, 교황께 거룩한 로마 교회의 추기경 한 분을 요청하라. 곧 이 형제회의 통솔자요, 수호자요 교사(gubernator, protector et corrector)를 말한다. 이로써 우리는 항상 복종하는 위치에서 바로 이 거룩한 교회의 발치에서 공교회의 신앙[5] 가운데에서 청빈과 겸손과 우리 주 예수 그리스도의 거룩한 복음을 우리가 이미 단호하게 동의했던 바와 같이 따라야 한다.

원전 : QGPRK Nr. 623.—참고문헌: K. Eßer, Die endgültige Regel der Minderen Brüder im Licht der neuesten Forschung, in: Franaziskanisches Leben. Gesammelte Dokumente, hg. von K. Eßer u. E. Gran, Werl/Westf. 1968, 31-96.

b) 1226년의 유언장

1. 이렇게 주님께서는 나, 곧 형제 프란시스에게 회개를 시작하라고 하셨습니다; 말하자면 내가 죄 중에 있었기에 문둥병자들을 바라보는 것이 내게는 너무나 고통스럽게 보였습니다. 그런데 주님 자신이 나를 그들 가운데로 인도하셨고, 그래서 나는 그들에게 자비를 베풀었습니다. 그런데 내가 그들로부터 떠나 나올 때 내게 쓰라리게 보였던 바로 그것이 영혼과 몸의 달콤함으로 바뀌었습니다. 그리고 나서 나는 겨우 잠깐 살다가 세상을 떠났습니다.

2. 주님께서는 교회 안에서 내가 단순하게 이렇게 간구하여 말할 이러한 신앙을 주셨습니다: "주 예수 그리스도여, 우리가 [여기에서와[6]] 온 세상에 있는 모든 당신의 교회들에서 간구하오며 당신께서 거룩한 십자가를 통해서 세상을 구원하신 것을 찬양합니다."

3. 그 다음에 주께서 내게 거룩한 로마 교회의 형식을 따라 사는 사제들을 향한 신뢰를 주셨고 지금도 주고 계시는데, 얼마나 큰 신뢰인가 하면 그들의 서품 때문에 아무리 그들이 나를 박해하려고 하더라도(그럼에도 불구하고) 나는 그들에게 도피를 하려고 할 만큼의 큰 신뢰를 주셨습니다.……

4. 주께서 내게 형제들을 주시고 난 다음에 아무도 내가 해야 할 일을 가리켜주지 않았습니다; 하지만 가장 높으신 분께서 직접 내게 거룩한 복음의 형식을 따라서 살아야만 한다는 것을 계시해 주셨습니다. 이것을 내가 몇 마디로 그리고 단순하게 받아 적었는

데, 교황께서 이것을 내게 인정해 주셨습니다. 그리고 이 삶을 받아들이려고 온 자들은 자기들이 아꼈던 모든 것을 가난한 자들에게 주었습니다. 그들은 안팎으로 기운 셔츠(tunica) 한 벌, 띠 하나와 바지로 만족하였습니다.……

5. 나는 내 손으로 일하였고 일하려고 하고 있습니다. 그리고 다른 모든 형제들이 귀하게 여겨 마땅한 노동에 몰두할 것을 나는 강력하게 원합니다.…… 그런데 우리에게 이 노동에 대한 삯이 전혀 주어지지 않는다면 우리 주님의 상으로 피하고는 집집을 돌며 자선을 간청하려고 합니다.

6. 우리는 인사로 "주께서 당신께 평강주시기 원합니다"라고 말할 것을 주께서 내게 계시하셨습니다.

7. 형제들은 교회와 초라한 집들과 자기들을 위해 지은(다른) 모든 것들이 우리가 규범에서 약속했던 그 거룩한 청빈에 어울리지 않는다면 절대로 취하지 않도록 주의하기를 바랍니다; 우리는 거기에 항상 이방인이나 나그네 같은 손님으로만 있는 겁니다.

8. 형제들이 어디에 있든지 자기들의 복종의 의무를 걸고 강력하게 모든 형제들에게 명령하는데, 로마 교황청으로부터 그 어떤 통행증을 요구하는 일을 해서는 안 됩니다.……

9. 이 수도회의 총장과 그가 자기 생각에 내게 주고 싶어 하는 수도원장에게 복종하는 것이 나의 확고한 의지입니다. 나는 그분과 그분의 뜻을 향한 복종 없이는 아무 데도 가지 않고 어떤 것도 할 수 없도록 그분의 손에 매여 있기를 원합니다.……

10. 다른 모든 형제들도 같은 방식으로 자기들의 수도원장들에게 무조건 복종하고 낮 시간에는 규율에 따라 기도할 의무를 가집니다. 낮 시간을 규율을 따라 지키지 않고 다른 방식을 끌어들이려고 하거나 공교회적이 아닌 자들은 찾아내야 합니다—모든 형제들은 어디에 있든지 간에 그런 자를 발견하면 어디에서 발견했든지 간에 그를 발견한 그 지역의 가까운 참사회원에게 끌고 갈 의

무가 있습니다. 그러면 참사회원은 엄격히 복종하면서 면전에서 그를 다스리는 자의 손에 건네주기까지 그를 죄수처럼 낮이고 밤이고 엄하게 감시하여서 그가 자기 손의 결박을 풀 수 없도록 할 의무가 있습니다.……

11. 형제들은 아래와 같이 말하면 안 됩니다: "이것은 또 다른 규범이다"; 왜냐하면 이것은 하나의 상기시킴이고, 경고이고 깨우침이고 나의 유언인데, 이 유언은 아주 보잘 것 없는 형제인 나 프란시스가 축복 받은 나의 형제인 당신들에게 하는 것으로 우리가 주님께 약속한 규범을 더 훌륭하게 공교회적으로 지켜나가도록 하기 위해서 만든 것이기 때문입니다.

12. 총장과 다른 모든 사제들과 수도원장들은 자기들의 복종의무를 걸고 이 말에다가 아무 것도 첨가시키지 않고 여기서 아무 것도 빼지 않을 것을 지켜야 합니다. 그리고 항상 이 문서를 규범을 따라서 몸에 지녀야 합니다. 또 그들이 거행하는 모든 총회에서 자기들이 규범을 읽을 때는 이 말도 읽어야 합니다.……

13. 이것을 지킨 자는 모두 하늘에서 지극히 높으신 아버지의 축복으로 충만하게 될 것이고 땅에서는 그분의 사랑하는 아들의 축복으로 충만하되, 성령, 곧 보혜사와 하늘의 모든 권세들과 모든 성도들과 함께 충만할 것입니다. 나 형제 프란시스, 곧 당신들의 아주 보잘 것 없는 종은 내가 할 수 있는 한에서 당신들에게 가장 거룩한 이 축복을 안팎으로 인증합니다.

원전 : QGPRK Nr. 624.—참고문헌: K. Eßer, Das Testament des heiligen Franziskus von Assisi. Eine Untersuchung über seine Echtheit u. seine Bedeutung, Münster 1949. - K. Eßer, Anfänge und ursprüngliche Zielsetzungen des Ordens der Minderbrüder, Leiden 1966 (SDF 4); I. W. Frank, Franz von Assisi, Frage auf eine Antwort, Düsseldorf 1982; W. Goez, Art Franciscus von Assisi, in:

TRE 1, Berling/New York 1983, 299-307; H. Feld, Franziskus von Assisi u. seine Bewegung, Darmstadt 1994.

1) 오늘날까지의 프란시스파의 공식적인 이름: Ordo fratrum minorum (OFM), 작은 형제수도회.
2) 아침 찬양(Laudes)의 원래 명칭이었는데, 그 다음에는 시간마다 하는 기도들(하루를 나눈 시간들)의 범주에서는 마지막 야간 시간들에 하는 기도의 명칭이다.
3) 아침기도.
4) 원장들은 한 교구 내에 있는 작은 지역을 책임지고 있었다.
5) 골 1: 23 비교하라.
6) 대부분의 필사본에는 "hic"이 빠져 있다.

43. 청빈 경건의 영향을 받은 한 귀족여성: 튀링엔의 엘리자베드의 회심에 관한 마르부르크의 콘라드의 보도

큰 탁발수도회들은 지중해 연안에서 생겨났지만 이들은 알프스 너머까지 커다란 매력을 발휘하였다. 독일 내의 청빈운동의 가장 중요한 인물은 튀링엔의 엘리자베드이다. 귀족인 자기는 가난한 자들과 병든 자들을 돌볼 특별한 의무가 있다고 보았다: 1207년 헝가리 왕 안드레아스의 딸로 태어나서 일찌감치 튀링엔의 루이와 약혼을 하고는 마르부르크에 있는 그에게로 불려갔다. 그 결혼은 14살에 성사되었다. 후대의 전설과는 반대로 루이는 사랑을 실천함으로 그리스도를 따르는 것을 목적으로 하는 삶을 사는 자기 부인을 궁궐에서부터 오는 모든 모함에서 막아주며 항상 뒷바라지를 하였다. 그녀는 병자들에 대한 자기의 돌봄을 사방에 퍼뜨릴 수 있었다. 1225년 그녀는 마르부르크의 콘라드의 영적인 지도하에

오게 되었다. 이 사람은 오늘날 공감하기 어려울 정도의 엄격함으로 그녀를 다루었다. 하지만 그녀의 생애 내내 자유로운 사랑의 행위를 건설적인 방식으로 유도해 갈 수 있도록 배려를 하였다. 그녀에 대한 그의 의미는 루이가 1227년 십자군으로 배를 타고 가는 중에 전염병으로 죽으며 커졌다. 많은 과정을 거쳐서 그녀는 1228년 마르부르크에 도착하였다. 여기서 그녀는 회개의 복장을 하고는 프란시스를 기리며 세운 요양원에서 병자들을 위한 봉사에 전념할 수 있었다. 1231년 그녀는 사망하였고 4년 뒤 성인으로 성인반열에 올려졌다. 마르부르크에 있는 그녀의 무덤 위에 세워진 엘리자베드 교회와 함께 중세에 가장 중요한 순례 목적지 중 하나가 생겨났다.

그녀가 나에게 위탁되기 2년 전에 그때는 그의 남편이 아직 생존하고 있었는데, 나는 그녀의 고해신부가 되었다. 나는 그녀가 배필로서 한 남자와 한 번 결합되었기 때문에 그녀의 현재의 삶은 동정녀로 꽃이 피어서 마감될 수 없다는 것을 걱정하며 그녀를 만났다. 그녀의 남편이 황제에게 가려고 아풀리안으로 출발하던 바로 그때 독일 전역에 엄청난 물가 급등이 발생하여서 많은 사람들이 굶어 죽었다. 그때 바로 자매 엘리자베드의 능력이 크게 나타났다. 자기의 온 삶을 가난한 자들에게 위로가 되도록 헌신하였던 바와 걸맞게 그녀는 그때 굶어 죽어가는 자들을 다시금 일으켜 세운 것이다. 그녀는 자기 소유의 한 구획에 요양원을 건립하겠다고 스스로 천명하였다. 그리로 병자들과 약한 사람들을 모으고 거기서 자비를 구하는 모든 사람에게 많은 위로물자를 주었는데, 거기뿐 아니라 자기 남편이 다스리는 모든 지역에서 그렇게 하였다. 그녀는 자기 남편의 네 개의 영지에서 나오는 자기 수입을 나누어 주었는데, 마지막에는 모든 패물과 값나가는 옷을 가난한 자들을 위해서 팔도록 할 정도였다. 그녀는 매일 낮에 두 번씩, 밤이고 낮이고 모든 병자들을 개인적으로 찾는 것을 습관으로 삼았다. 그들 중에서도 특별히 극심한 사람들에게는 돌보는 사람을 붙여두게 하였다. 그들 중 어떤 사람들은 그녀가 먹여주었고, 어떤 사람은 자리에 뉘어주었고, 어떤 사람들은 자기 팔로 지탱해주었으며, 이웃 사랑의 다른 많은 봉사들을 그들에게 베풀었다; 이 모든 일에 고인이 된 그녀의 남편의 생각이 방해가 되지 않았다.

결국 그녀의 남편이 죽고 성하의 거룩하심이 나를 자격있다고 여겨서 그녀를 내 보호 하에 두시자 그녀는 최고의 완전을 추구하였다. 그녀는 레클루신[1]이나 수녀나 아니면 다른 신분으로 혹시 더 큰 공덕을 얻을 수 있겠느냐고 조언을 부탁하였다. 물론 그녀는 많은 눈물로 내게 요구했던 것, 곧 구걸해서 사는 것을 허락해 줄 것을 계획해 놓았었다. 내가 힘써서 거부하자 그녀가 응수하였다: "당신이 내게 금지할 수 없는 것은 할 것입니다." 그리고는 그 다음 성 금요일에 성단들이 비어 있을 때 그녀는 자기가 작은 형제들에게 숙소로 주었던 자기 도시의 한 성전 성단에 자기의 두 손을 올려놓았다. 그리고는 여러 형제들 면전에서 자기 부모, 자기 아이들, 자기의 뜻과 세상의 모든 화려함과 사람이 세상의 구세주가 주신 복음의 말씀대로 떠나야 하는 물건들을 포기하였다. 하지만 그녀가 자기 재산을 포기하려 할 때 내가 그를 말렸다. 이는 한편으로는 아직 그녀 남편이 갚아야 하는 빚 때문이고, 다른 하나는 궁핍한 사람들 때문이었다; 왜냐하면 나는 그녀가 자기에게 주어진 미망인의 재산으로 이 사람들을 부양하기 바랐기 때문이었다. 이 일이 다 이루어지자…… 그녀는 내 뜻과 달리 마르부르크로 나를 따라 왔는데, 이곳은 자기 남편 지역 중 제일 가장자리에 있기 때문이었다. 거기서 그녀는 그 도시 안에 한 요양원을 세웠고, 그리로 병자들과 약한 자들을 모아들였다.

원전 : QGPRK Nr. 625.—참고문헌: W. Maurer, Zum Verständnis der hl. Elisabeth von Thüringen, in: ZKG 65 (1953/4) 16-

64; E. Dinkler-von Schubert, Art. Elisabeth von Thüringen, in: TRE 9, 1982, 513-520; Sankt Elisabeth. Fürstin, Dienerin, Heilige, Sigmaringen 1981; M. Ohst, Elisabeth von Türingen in ihrem kirchengeschichtlichen Kontext, in: ZThK 91 (1994) 424-444; N. Ohler, Elisabeth von Thüringen. Fürstin im Dinst der Niedrigsten, Zürich [3]1997.

1) 오랜 시간 동안 경우에 따라서는 자기 생애 내내 자기를 작은 방에 가두어 버리는 여성 금욕가.

44. 프리드리히 2세(1194-1250)

황제와 교황 사이에 벌어진 논쟁은 13세기에 다시 한 번 첨예하게 되었다. 슈타우퍼 사람 프리드리히 2세, 곧 'stupor mundi' 라는 한 정치가가 제국의 운명을 손아귀에 쥐게 되었다. 그의 권력은 아주 효율적인 관료국가인 시실리에 기반을 두고 있었다. 1211년 교황파인 오토 4세의 대립 왕으로 선출되었고 1220년에 그는 미성년인 자기 아들 하인리히를 로마의 왕으로 선출되게 하였다. 이 선출을 성사시키기 위해서 그는 "Confoederatio cum principibus ecclesiasticis"(본문 a)에서 몇 개의 중요한 왕의 권리를 포기하였다. 이로 말미암아 교회의 최고위 성직자들은 자기들이 세상 통치자로서의 역할을 할 때 독립성을 얻게 되었다. 교황들에게는 제국과 시실리의 밀접한 연결이 치명적인 포위와 같이 보일 수밖에 없었다. 이것이 바로 양쪽의 팜플렛 필자들이 지지한 첨예하게 진행된 논쟁의 실제적 배경이었다. 이 싸움은 법적 형식의 결과도 가지게 되었다: 서약 파기와 이단성에 대한 비판들은 프리드리히 2세가 교황 그레고리 9세(1227-1241)에 의해서 두 번이나 파문되며 교황 인노센트 4

세(1243-1254)가 그를 1245년 리옹 공의회에서 폐위선언을 하는 데로 발전하였다. 1227년의 첫 파문의 직접적인 동기는 프리드리히의 군대가 전염병을 겪음으로 해서 오랫동안 약속했던 십자군을 그가 반복해서 미룬 것이었다. 그럼에도 불구하고 프리드리히는 1228년 파문자의 신분으로 성지를 향하였다. 여기서 그는 성지의 진입을 협상 테이블에 올려놓았다(본문 b). 1229년 3월 18일 그는 성묘 교회에서 자기에게 예루살렘 왕국의 관을 씌웠다. 십자군에서 돌아온 직후 프리드리히 2세는 1231년 9월에 하나의 광범위한 법령집, 후대에는 Liber Augustalis라고 불리는 책자를 발간하였다. 시실리에서 효력을 가지는 이 작품에서 그는 세상 통치의 독립성을 확립했을 뿐 아니라, 이단자 처리 규정들도 제시하였다. 이 규정들은 무신론자라고 비난 받는 통치자가 철저하게 기독교 보호를 자기 임무로 간주했다는 것을 보여주고 있다. 이단에 대한 화형 처벌을 그는 8년 후에 제국 법에 포함시켰다; 이 처벌은 수세기 동안 이단 처리의 특징이 되었다.

a) 고위성직자들의 특권에 관한 프리드리히와 고위성직자들 간의 협약

거룩하며 나눌 수 없는 삼위의 이름으로. 하나님의 은혜의 가호하심으로 로마의 왕이고 항존 아우구스투스요 시실리의 왕인 프리드리히 2세 우리는 그 어떠한 능력과 신실함으로 우리의 사랑이 많으시며 신실한 성직자들께서 지금까지 우리를 도우셨는가를 당연히 명심하며 기억하고 있습니다. 곧 우리를 제국의 최고 자리로 올려주시고 우리에게 높이 오셔서 우리를 거기서 강하게 하시고 마지막으로 기꺼우며 한 마음으로 우리의 아들 하인리히(7세)를 왕과 군주로 선출하셨습니다.……

1. 우선 우리는 지금부터 어떤 고위성직자가 사망할 시 그의 유산을 국고(왕의 금고)에 절대로 귀속시키지 않을 것을 약속합니다.……

2. 하지만 어떤 사람이 이 명령을 거슬러서 그 유산을 자기 것으로 주장하려 한다면 그는 추방당할 것이며 법의 보호를 받지 못할 것이고 봉토나 성직록을 가지고 있다면 그것을 잃게 될 것입니다.

2. 나아가서 우리는 이들의 통치지역과 재판관할 지역 안에 이들과 상의하지 않고 이들이 원하지 않는 가운데 새로운 세금과 새로운 화폐를 만드는 것을 더 이상 하지 않고, 이들의 교회의 권한에 속한 세금들과 화폐 주조권을 요동치 않게 그리고 확실하게 유지하고 보호하겠습니다.……

9. 또 우리는 어떤 건물, 말하자면 성과 도시들을 태수의 관사나 어떤 다른 구실로 교회의 소유지(in fundis ecclesiarum) 위에 건축할 수 없으며, 땅과 대지의 소유주의 뜻에 반해서 건축된다면 이것들은 왕의 명령으로 허물도록 결정하였습니다.

10. 또 우리의 할아버지인 돌아가신 황제 프리드리히를 따라서 우리는 이들 고위성직자들의 도시 안에 있는 우리의 관료가 세금이나 화폐나 어떤 다른 영역에서 그 어떤 판결권을 자기 것으로 만드는 것을 금지합니다. 우리가 그곳에 공식적으로 예고한 제국의회 이전 8일간과 폐회 8일간은 예외로 합니다.

원전 : Privilegium in favorem principum ecclesiasticorum, in: MGH. Const 2, hg. von L. Weiland, Hannover 1896 (= 1963); 번역: W. Wulf (Hg.), Geschichtliche Quellenhefte 3, Frankfurt [7]1972, 85f.

b) 프리드리히 2세와 예루살렘 술탄과의 조약(1229)

1항. 술탄은 황제와 그의 태수들에게 예루살렘을 건네주어 그가 이것을 자기 뜻대로 다스리며 견고하게 하도록 한다.

2항. 황제는 솔로몬의 성전인 게멜라자[1]와 주님의 성전[2]과 그 주변지역이나 거기에 속한 것을 점령도 하지 않고 건드리지도 않을 것이다. 또한 어떤 나라의 프랑크인도 이리로 들어오지 않도록 하며 이것들은 소유한 이슬람교도들의 권력과 손에 불변토록 머물러 있음으로 여기서 기도하고 자기들의 법을 반포하도록 한다.……

4항. 어떤 프랑크인이 주님 성전의 위대함과 고귀함에 대한 확실한 믿음을 갖고 기도하기 위해 여기 들어 올 필요를 느끼게 된다면 그것은 허락된다: 하지만 그가 이 성전의 위대함과 고귀함을 믿지 않는다면 이 지역 어디에도 머무는 것을 허락하지 않는다.

5항. 예루살렘에서 온 어떤 이슬람교도가 다른 이슬람교도에게 어떤 해를 끼친다면 그는 이슬람 재판에 회부될 것이다.……

6항. 황제는 어떤 프랑크인이 이슬람교도를 상대로 싸우는 것을 어떤 식으로라도 도우려고 하지 않으며, 이 휴전 동안 이슬람교도를 상대로 한 전쟁을 시작하지 않을 것이다.

8항. 만일 프랑크인들이 체결된 조약들이나 이 휴전 상태에서 지켜야 할 것들을 파기하려고 한다면 황제는 술탄을 보호하며 자기의 신하와 자기의 군대를 그러한 생각에서 떠나도록 할 의무를 가진다.

원전 : A. Huillard-Bréholles (Hg.), Historia Diplomatica Friderici II. Bd. 3, Paris 1852 (= Turin 1963), 86f.; 번역: W. Lautemann, in: Geschichte in Quellen. Bd. 2. Mittelalter, Münster ^{2}1978, Nr. 449.

c) 세속 통치권의 근거(Liber Augustalis, Prooemium)

통치자 프리드리히 2세, 변함없이 고귀하신 로마 황제, 이태리와 예루살렘과 아렐라의 왕, 복 받은 자, 승리자와 개선장군이.

세상이 하나님의 섭리로 형성되고 신적인 원재료는 더 좋은 자연을 만들어낼 책임을 지고 물질의 형상들로 분산되었다. 그리고 나서 행할 일을 먼저 보신 그분은 자기 행위들을 보시고 그 보는 것에 만족하고는, 피조물 중 가장 귀한 인간을 자기 형상과 모양으로 만드셨고, 천사보다 조금 아래에 두셨고 심사숙고를 한 계획에 따라서 다른 피조물 위에 놓으시기로 결정하셨다. 자기 흙덩어리에서 취한 자에게 그분은 생령이 되도록 생명을 주셨고, 영광과 존귀의 관을 쓴 그에게 부인이고 배필로 자기 몸의 한 부분을 함께 하도록 하셨고 처음에는 이 둘을 불멸하도록 만드시는 큰 특권을 베푸셨다. 단지 이들을 하나님의 법 아래에만 두셨다: 이들이 이것 지키는 것을 거부하였기 때문에 법 위반에 마땅하게 그 이전에 그들에게 빌려주었던 불멸성을 잃는 벌을 주셨다.

하지만 하나님의 은혜는 이전에 만드신 것을 완전히 멸망시키고 한 순간에 파괴시키려고 하지 않으셨고, 또 인간 형상을 진멸시키고 나서 그 결과로 다른 것들도 파괴당하는 일이 없게 하셨다. 왜냐하면 그렇게 되면 하위에 있는 것들은 상위에 있는 것을 잃게 되는 것이고 그것의 유용함은 더 이상 필요 없게 되기 때문이었다. 그래서 그분은 두 씨앗으로 땅이 사멸할 것들을 생산하도록 만드셨고, 그들에게 복종하도록 하셨다. 이제 이들은 조상들의 시험을 잘 알았지만 조상들의 죄의 짐은 그들에게 유전되었다. 이 때문에 서로 간에 미워하고 자연법으로는 공동소유의 물건들을 나누고는 과거에 하나님께서 온전하고도 단순하게 창조하신 인간이 팔아먹는 뻔뻔한 짓을 하였다.

사물 자체의 필연적 요청과 하나님의 섭리가 자극함으로 백성들의 제후들이 선출되었다. 이들을 통해서 범죄의 만용이 제한될 수 있지만 생살여탈권이 있는 이들은 하나님 섭리의 집행자로서 운명, 권리와 직분을 모든 사람에게 합당한 대로 백성들에게 골고

루 주어야 한다. 이렇게 할 때 자기들에게 맡겨주신 행정의 책임을 다 할 수 있는 것이다. 왕 중의 왕이요 제후 중 제후가 이들의 손으로부터 우선적으로 요구하는 것은 아주 거룩한 교회, 곧 기독교 공동체의 어머니가 이단들의 교묘한 배신으로 말미암아 더럽혀지지 않도록 하는 것과 외부 적들의 침입으로부터 세속 칼의 능력을 통해서 그를 보호하는 것이다; 나아가서 백성 가운데에 평강과 또 평강하다면 정의, 곧 마치 형제가 서로 끌어안는 이 둘을 힘써서 유지하는 것이다.

원전 : A. Huillard-Bréholles, 앞의 책 Bd. 4, 1, Paris 1854 (= Turin 1963), 2-4; 번역: W. Lautermann, 앞의 책, Nr. 491.

d) Liber Augustalis에 있는 파타리아 운동가들과 다른 이단들을 상대로 한 법(1231)

이단들은 우리 하나님의 이음매가 없는 옷을 나누려고 한다(요 19:23 비교하라); 이들은 나눔의 의미를 알려주는 말씀을 왜곡된 뜻으로 이용한다; 그들은 신앙의 하나 됨 자체를 깨뜨리며 선한 목자께서 치라고 맡긴 베드로(요 21:15-17과 10:1-16을 비교하라)의 보호로부터 양들을 떨어뜨리려고 안간힘을 쓴다. 노략질하는 이리들이 내면적으로는 그들이며(마 7:15 비교하라) 그들은 오랫동안 양의 부드러움을 가장하기를 주님의 목장을 뚫고 들어갈 수 있을 때까지 한다.……

이렇게 영원하신 삼위일체에 대한 거룩한 신앙을 가지지 않은 그 저주받은 파타리아 운동가들[3]은 진짜로 단 하나의 죄로 세 분을 동시에 모독한다: 하나님과 아들에 대한 신앙을 가지고 있지 않기에 하나님을 모독한다; 이들은 이웃들에게 영적인 양식 대신에 이단적 부패의 허무성을 주면서 이들을 속인다; 더욱 심각하게 그들은 자기들 영혼을 상하게 하는 것 말고 몸도 나쁜 죽음의 위험에 빠지게 하면서…… 자기 자신들을 상대로 광분한다.…… 이런 식으로 하나님과 자기 자신들과 인간들을 상대로 죄를 범하는 그런 자들을 상대로 마땅한 처벌의 칼날을 들이대지 않고는 우리의 격앙을 누를 길이 없다. 또 그들이 기독교 신앙을 더 못되게 비난하려고 자기들 미신의 죄를 더 널리 퍼뜨리려고 하는 바와 같이 자기들이 모든 다른 교회의 머리인 로마 교회에 아주 가까이 있다고 여기는 것 이상으로 우리는 더 심하게 그들을 박해할 것이다. 하지만 이태리 경계로부터, 특히 롬바르드 지경으로부터…… 이미 우리 시실리 제국까지 그들의 포악함의 썩은 물이 스며들어 왔다. 우리는 이것을 아주 뼈아픈 일로 간주한다. 그래서 먼저 이 이단 범죄를…… 반역으로 간주할 것을 명한다. 그 어떤 것보다도 우리의 존엄성에 대한 범죄는 심하게 처벌 받아야 하는데, 그 이유는 그러한 시도는 하나님 존엄성을 해하는 것으로 간주되어야 하기 때문이다.…… 반역죄는 처벌 받은 사람들과 재산에까지 미치며 사망하고 나서 그 죽은 자를 기리는 것도 저주를 받는다. 이처럼 파타리아 운동가들이 알려지도록 만든 방금 말한 범죄에서도 똑같이 하기를 원한다. 하나님께 붙어 있지 않기 때문에 어둠 속에서 살금살금 돌아다니는 이런 사람들의 폐단은 고발한 사람이 없더라도 드러나게 하기 위해서 우리는 이런 종류의 행동들을 저지르는 사람들 모두를 엄하게 조사할 것을 명하며 우리 관료들은 이 세상에 있는 또 다른 범행을 심문해야 한다; 또한 우리는 교회에 있는 사람들과 고위성직자들에 의해서 그런 사람들, 곧 종교적 심문을 통해서 확증된 사람들은 아무리 사소한 혐의를 받고 있다고 하더라도 조사받을 것을 명령한다. 종교심문관들이 이들은 공교회 신앙에서 아주 조금 밖에 벗어나지 않았다고 확정한다면, 그들이 빛의 하나님을 알려고 하지 않고 마귀의 어두운 흉계 가운데 사로잡혀 있기 때문에 성직자들과 종교심문관들로부터 경고를 받았다면, 그럼에도 불구하고 고집스럽게 자기들의 잘못에 집착한다면, 우리는 우리의 이 법을 통해서 저주를 받은 파타리아 운동가들은 자기들이 받고 싶어 하는 죽음을 당해야 할 것을 명한다; 그들은 공개적으로 백성들 앞에서 스스로 벌어들인 판결에 따라서 산채로 불태워야 한다. 이 점에서 자기들 뜻에 걸맞게 행해주는 것을 우리는 마음 아픈 일로 생각하지 않는다; [자기들의 그 악한 뜻으로부터 나온] 그들의 잘못된 가르침에는 오직 처벌만 나오지 다른 어떤 열매도 맺히지 않는다. 그런 범죄자들을 위해서 우리에게 탄원서를 내려는 시도는 누구도 해서는 안 된다; 우리는 그렇게 하는 자에게 우리의 마땅한 분노의 서릿발을 향하게 할 것이다.

원전 : A. Huillard-Bréholles, 상게서, Bd. 4, 1, Paris 1854 (= Turin 1963), 5-7; 번역: W. Lautemann, 상게서, Nr. 505.－참고문헌: E. Kantorowicz, Kaiser Friedrich II., e Bde., Düsseldorf 1927/1931 (= 1964); K. Heinisch, Kaiser Friedrich II. in Briefen u. Berichten seiner Zeit, Darmstad, 6판 1978; Problem um Friedrich., hg. v. J. Fleckenstein, Sigmaringen 1974; W. Stürner, Friedrich II. 2 Bde., Darmstadt 1994. 2000; Friedrich II., hg. v. A. Esch, Tübingen 1996.

1) Djami-al-Acsa, 긴(넓은) 모쉐, 곧 예루살렘에 있는 바위 성당 근처에 있는 Al-Aksa-모쉐.
2) 바위 성당은 주님의 성전으로 간주되었다.
3) 파타리아 운동가들은 엄격한 의미에서 북 이탈리아의 파타리아 운동 추종자들이다(위 Nr. 39를 보라). 이들은 시모니와 니골라당(성직매매와 성직자의 내연관계)을 반대하였다. 하지만 이 명칭은 곧바로 이단들에 대한 일반적인 표현이 되었다.

45. 보나벤투라(약 1217-1274): 하나님을 향한 영혼의 순례(1259)

훗날 명예로운 이름 'Doctor Seraphicus'를 받은 보나벤투라는 수도회의 역사, 신학의 역사와 경건의 역사에서 골고루 탁월한 위치를 차지하고 있다. 그는 파리에서 공부하고 1257년 거기서 교장(Magister regens)이 되고나서 토마스 아퀴나스와 대 알베르투스와 나란히 당시 위대한 신학자들의 반열에 들게 되었다. 특별히 어거스틴의 인식론이 그에게 영향을 끼쳤다. 이것을 그는 하나의 조명론, 그러니까 인간 이성을 인도하는 빛을 비춤의 가르침으로 확장시켰다. 아리스토텔레스 철학을 그는 자기의 많은 동시대인들보다 더 조심스럽게 수용하였지만 완전히 거부하지는 않았다. 물론 이단적인 내용을 담고 있는 철저한 아리스토텔레스주의를 상대로 하는 싸움에는 적극적으로 개입하였다. 이 싸움에서 그는 신학과 비교할 때 철학의 제한성을 강조하였다. 철학적 진리를 깨달음은 결국에 영혼의 구원을 도와야 하며 사랑을 통해서 하나님께 이르러야 한다. 이것은 또한 그의 영적 문서들의 학문적 배경이기도 했다. 이 문서들은, 예를 들면 1259년 저술한 "Itinerarium mentis in Deum"(하나님을 향한 영혼의 순례)은 그를 중세 신비주의의 위대한 대표자 중 하나처럼 되게 하였다. 1243/4년 발을 들여놓은 프란시스 수도회 안에서의 그의 행위들로 말미암아서도 그는 큰 의미를 얻었다: 벌써 1257년 그는 수도회 총장이 되었다. 그의 재직 시절은 스피리투알회와 콘벤투알회 사이의 논쟁으로 점철되었다. 이것을 그가 조율하기는 했지만 장기적으로 잠재우지는 못했다. 그의 안정을 이루는 조치들에는 절반쯤은 공식적인 프란시스스의 삶에 관한 저술도 속한다.

1장. *하나님을 향한 상승의 단계들과 만물 가운데 있는 그의 흔적을 통한 하나님을 봄*

"당신께로부터 도움을 받는 자가 복됩니다; 그는 눈물골짜기를 지나 자기가 선택한 곳에 이르기를 작정하였나이다"(시 84:6f.). 복은 우리 위에 높은 최고의 선을 누리는 것과 다른 것이 아니기에 자기 자신을 몸이 아니라 마음으로 넘어서는 자만이 복될 수 있습니다. 하지만 우리가 우리 자신을 넘어서는 것은 우리를 위로 끌어올리는 더 높은 힘으로만 가능합니다. 왜냐하면 우리 내면에 있는 단계들도 잘 정렬되어 있는 것과 같이 하나님의 도움이 우리를 도와주지 않으면 이것은 아무 유익이 없기 때문입니다. 하지만 하나님의 도움은 겸손하며 경건한 마음으로 간구하는 자와 함께 합니다; 말하자면 그분을 향해 이 눈물골짜기에서 한숨짓는 것을 말하며 이것은 불같은 기도로 일어납니다. 그러니까 기도는 영혼의 모든 고양의 어머니이자 원천입니다. 그래서 디오니시우스는 우리를 영적인 황홀경으로 안내하려는 자기의 "신비신학"에 제일 먼저 기도를 내세웁니다.[1] 우리도 이렇게 우리 주 하나님께 기도하며 고백합시다: "주여 당신의 도로 나를 인도하소서; 당신의 진리 가운데에서 내가 살기를 원하나이다; 나의 영혼이 당신 이름 경외함을 즐거워하게 하소서(시 87:11)."

이렇게 열정적으로 기도할 때 우리는 하나님을 향한 상승의 단계를 깨닫도록 조명됩니다. 순례의 길에 있는 우리 인생들에게는 (secundum statum conditionis nostrae) 말하자면 온 만물이 우리를 하나님께로 인도하는 사다리입니다(창 28:10ff.). 그런데 피조물 중 어떤 것들은 흔적(vestium)이고, 어떤 것들은 형상(imago)이며, 어떤 것들은 육체적이요, 어떤 것들은 영적이며, 어떤 것들은 일시적이요, 어떤 것들은 영속적입니다; 그리고 이런 식으로 어떤 것들은 우리 밖에, 어떤 것들은 우리 안에 있습니다. 이제 아주 영적이며 영원하고 우리 위에 높은 그 최초의 원리

(primum principium)를 보는 데에 이르기 위해서 우리는 육체적이며 일시적이고 우리 밖에 있는 흔적을 따라가야 합니다; 말하자면 하나님의 도로 인도되어야 합니다. 우리는 하나님의 형상인, 영속적이며, 영적이며 우리 안에 있는 우리 혼 안으로 들어가야 합니다; 말하자면 하나님의 진리 가운데 살아야 합니다. 마지막으로 우리는 그 원초적 시작을 바라보면서 영원하며, 아주 영적이며 우리 위에 높으신 분께 상승하여야 합니다; 말하자면 하나님을 깨달음과 그의 엄위하심을 경외하는 것을 즐거워하는 것입니다. 이것은 광야 삼일길입니다[2]; 이것은 단 하루의 삼중 조명(illuminatio): 첫째는 저녁과 같고, 둘째는 아침과 같고, 셋째는 한낮과 같습니다; 이것은 또한 사물의 삼중 존재방식과 같습니다, 말하자면 물질 안에서와 영 안에서 그리고 영원한 예술 가운데에서 말입니다. 기록된 바와 같습니다: "있으라, 하시니 있었더라" (창 1:3); 이것을 우리의 계단이신 그리스도 안에 있는 삼중 본질도 가리키고 있습니다, 곧 육적, 영적 그리고 신적인 본질.

이 삼중 진보를 우리 혼의 세 방향이 상응합니다. 하나는 육적-외적인 것을 향해서 가고, 이럴 때 생물 또는 감각적 존재라고 부릅니다. 다른 것은 내면적인 것을 향하며 내부에 머무는데, 이럴 때 영(spiritus)이라고 부릅니다. 세 번째는 혼을 넘는데, 우리는 이때 정신(mens)이라고 합니다. 이 모든 것과 함께 혼은 하나님을 "혼을 다하고 마음을 다하고 뜻을 다하여" 사랑하기 위해서(막 12:30 등위구절) 하나님을 향한 상승 채비를 해야 합니다. 여기에 율법을 완전히 준수함과 동시에 기독교의 지혜가 있습니다.

언급한 세 개의 가능성들 중 각각은 그러나 다시금 이중적으로 이해해야 합니다. 말하자면 인간은 하나님을 알파와 오메가[3]로 여길 수 있습니다; 나아가서 앞에서 말한 모든 방식들로 우리는 하나님을 거울을 통해서나 거울 안에서 볼 수 있습니다; 결국 이 각각의 주목 방식들은 다른 방식과 함께 결합되고, 혼합되어 택해지거나 순수하게 따로 택해질 수 있습니다. 이렇게 해서 세 개의 주요 단계는 여섯 숫자로 증가합니다. 그러니까 하나님께서 세상 만물을 엿새 동안에 끝내고 일곱 째 날에 쉬셨던 것처럼 (인간의) 소우주도 여섯 단계로 연이어지는 조명들의 최고의 질서 가운데 관조의 쉼으로 인도되는 것입니다.……

하나님을 향한 상승의 여섯 단계에 상응하는 것은 우리가 가장 낮은 데서 높은 데까지, 가장 외적인 것에서 내적인 것으로, 일시적인 데에서 영적인 것으로 올라가도록 하는 여섯 단계로 질서를 갖춘 혼의 능력입니다. 곧: 감각능력, 상상력, 이성, 지혜, 통찰력과 혼의 정점(apex mentis)이나 Synderesis의 불꽃.[4] 이 단계들은 우리에게 본성적으로 심겨져 있습니다; 이것들은 우리 안에서 죄로 어그러지고 은혜로 회복되었습니다; 이들은 의로움을 통해서 정결케 되고, 학문(scientia)으로 말미암아 교육되고, 지혜(sapientia)로 완성되어야 합니다.

원전/번역 : Bonaventura, Itinerarium mentis in Deum……, eingel. übers. u. erläutert von J. Kaup, München 1961, 54-61.—참고문헌: E. Gilson, Die Philosophie des hl. Bonaventura, (불어, Paris 1953), Köln/Olten 1960; J. Ratzinger, Die Geschichtstheologie des hl. Bonaventura, München/Zürich 1959; A. Gerken, Theologie des Wortes. Das Verhältnis von Schöpfung und Inkarnation bei Bonaventura, Düsseldorf 1963; A. Speer, Triplex veritas. Wahrheitsverständnis und philosophische Denkform bei Bonaventura, Werl 1987; K. Ruh, Geschichte der abendländischen Mystik. Bd. 2, München 1993, 406-445.

1) 위 Nr. 7c를 보라.
2) 출 3: 18 비교하라.

3) 계 1: 8 비교하라.
4) 보나벤투라에게 Synderesis는 양심과 동등한 것이 아니고 선을 향한 인간의 본성적인 경향이다.

46. 토마스 아퀴나스(1224/5-1274): 신학대전(1267-1273, 미완성)

토마스는 이미 소년으로서 교육을 위해 몬테 카지노의 베네딕트 수도사들에게 보내어졌다. 1239년 나폴리에서 인문학 공부를 시작하였다. 1243/4년 그때까지는 초보 단계의 도미니크 수도회에 들어갔다. 그들이 기독교 신앙 성찰을 지향하는 것이 그에게 호감을 갖게 하였다. 1245-1248 그는 파리에서 알베르투스 마그누스 밑에서 공부하였고, 쾰른에 있는 이 수도회의 대학으로 그를 따라갔다(1248-1252). 파리로 돌아와서는 학사로서 활동하고 1256년부터는 마기스터 레겐스(정교수)로서 도미니크 수도사들에게 할당된 교수자리에서 활동하였다. 1259-1268에는 여러 지역에서 그리고 교황령에서 다양한 위치에서 가르쳤고, 1268-1272에는 다시 파리에서 1272년부터는 나폴리에서 가르쳤는데, 여기서 그는 수도회의 대학을 세워야 했다. 1272년 3월 7일 그는 리옹 공의회로 가는 도중 숨졌다.

그는 자신의 수많은 저서에서 기독교적인 수용 프로젝트, 그러니까 12세기 초부터 총체적으로 재발견된 아리스토텔레스와 조화시키는 프로젝트를 구체화시켰다. 특별히 그가 두 번째로 파리에 있던 시절 이 계획은 그를 이중 전선에 세워놓았다. 자신의 계획을 그가 철학을 원수로 삼는 자들에게뿐 아니라 철저한 아리스토텔레스주의자들에게도 확실하게 해야만 했기 때문이다; 이들은 파리대학의 인문학부에서 제한을 두지 않는 아리스토텔레스 강독을 강행하였고 그러는 중 이단적인 결과에 이르게 되었다. 곧 세상의 영원성, 순수 결정론 또는 모든 인간의 보편적 이성혼을 수용함을 말한다. 이러한 경계를 설정함에도 불구하고 토마스는 자기의 아리스토텔레스 수용으로 말미암아 이단의 혐의를 받게 되었고, 철저한 아리스토텔레스주의자들에 대한 정죄들은 그의 가르침의 일정 부분에도 해당되었다. 이러한 가르침들을 그는 하나의 포괄적 전집 안에 기록하였다. 이 전집은 피터 롬바르드의 명제집(1254-1256) 주석과 "Summa contra Gentiles"("이단반박대전", 선교신학 편람) 또는 "Quaestiones quodlibetales" 및 아리스토텔레스 작품이나 성경 주석을 담고 있다. 이 작품들에서 토마스는 한때 가졌던 입장을 항상 변경하거나 세분화시킬 준비가 되어 있는 사상가로 등장한다. 이 생생한 사고의 움직임은 그런데 그 수용 과정에서 토마스가 완전한 조직적 작품, "신학대전"을 고수하면서 여러 층으로 중첩되었다. 이 작품이 가진 위대한 규범적인 의미는 결국에는 '하나님으로부터 하나님께로' 라는 중심사상을 따라오는 포괄적인 신학적 복합성과 이러한 틀 속에서 마지막 세부적인 데까지 이르도록 이성과 계시를 동등하게 인정하려고 하는 성찰 작업의 덕분이다.

a) 학문으로서의 신학에 관하여(신학대전 I q. 1 a. 1-2)

질문 1

거룩한 가르침, 그 방법과 대상

……

1항

우리는 철학 말고 또 다른 가르침을 필연적으로 가져야 하는가?

1. 첫 눈에 이 필연성은 분명해 보이지 않는다. 왜냐하면 이성을 넘어서는 것을 인간은 시락 3[:22]이 말하는 대로 바라지 않아야 한다: "네게 너무 높은 것은 구하지 말라." 하지만 이성의 영역에 속한 것은 모두 철학적 학문들을 통해서 우리에게 충분히 전달되어서 그밖의 모든 가르침은 불필요해 보인다.

2. 가르침은 겨우 존재함에 관해서(de ente)만 다룬다. 배움의 대상은 그러니까 오직 참된 것뿐이며, 이것은 존재함과 일치한다. 자 그런데 철학적 학문들은 벌써 존재하는 것의 모든 영역에 관해서, 하나님에 관해서도 다룬다. 때문에 철학의 한 부분은 아리스토텔레스를 따르면 '자연신학' 또는 신론이라고 한다. 그러므로 우리는 철학적 가르침들 말고 어떤 가르침도 필연적으로 가지지 않는다.

한편으로 딤후 3(:16)에서 말한다: "하나님의 감동으로 된 모든 성경은 교훈과 책망과 바르게 함과 의로움 가운데서 교육하기에 유익하나니." 그런데 영감을 받은 성경은 오직 인간적인 이성의 행동의 열매인 철학적 학문에 속하지 않는다. 그래서 철학적 학문 외에도 다른 학문, 곧 하나님의 감동에 근거한(scientiam divinitus inspiratam) 다른 학문이 있는 것은 분명히 유익하다.

대답: 사람의 구원은 인간적 이성의 영역에 머무는 철학적 학문들 외에 하나님의 계시에 근거를 둔 하나의 가르침을 요한다. 첫째로, 하나님께서는 이성의 파악능력을 넘어서는 하나의 목표를 향하도록 인간을 규정하셨다. 이사야 64장(4절)이 말한 바와 같다: "당신 말고는 그 어떤 눈도 하나님이시여 당신께서 당신을 사랑하는 자를 위해서 준비한 것을 보지 못하였나이다." 하지만 그 목표는 인간이 자기의 뜻과 행동을 거기에 맞추려면 사전에 알려져야만 한다. 그러므로 인간이 자기 구원을 놓치지 않아야 한다면 인간적 이성을 넘어서는 어떤 일들은 하나님의 계시로 알려져야 한다.

하지만 그 자체가 인간 이성에 닿을 수 있는 하나님에 관한 진리들도 인간에게 계시되어야 한다. 왜냐하면 이 진리들을 연구하는 것은 겨우 소수에게만 가능할 수 있고, 많은 시간이 필요하며 또한 많은 오류도 결합되어 있을 수 있기 때문이다. 그리고 또한 이 진리를 인식함에 하나님 안에 놓여 있는 인간 구원이 달려 있기도 하다. 그러므로 많은 사람들이 구원을 얻고 그리고 또 큰 확실함을 가지고 구원을 얻어야 한다면 하나님께서는 이들에게 이 진리들을 계시해야만 한다.

이렇게 철저히 인간 이성의 연구 작업에 근거를 둔 철학적 학문들 외에도 하나님의 계시에 근거한 하나의 거룩한 가르침이 필요하다(Necessarium…… fuit…… sacram doctrinam per revelationem haberi).

1과 관련하여. 인간은 자기 깨달음에게 지나치게 높은 것은 절대로 자기 이성의 능력으로 연구하려고 들어서는 안 된다; 그런데 하나님께서 그에게 계시하시면 그는 이것을 신앙으로 받아야 한다. 때문에 인용했던 성경구절(시락 3:25)에서 계속 이어서 말하고 있다: "인간의 깨달음을 넘어서는 많은 것을 네게 보여주었다." 바로 이 일들에 거룩한 가르침은 매진하고 있다.

2와 관련하여. 인식가능성의 다양한 근거는 학문의 다양성도 초래한다. 이런 식으로 천문학자와 물리학자는 동일한 문장, 곧 지구는 둥글다를 증명한다. 하지만 천문학자는 수학의 도움으로 그러니까 추상적인 증명도구를 통해서 한다; 반대로 물리학자는 구체적인 관찰을 근거로 한다. 동일한 방식으로 동일한 일들이 이성에게 접근이 허용된 한에서(cognoscibilia lumine naturalis rationis) 철학적 학문들의 대상이 될 수 있고 동시에 계시로 알려진다면(secundum quod cognoscuntur lumine divinae revelatione) 또 다른 학문의 대상도 될 수 있다. 그래서 거룩한 가르침에 속하는 신학은 종으로 본다면(secundum genus) 철학의 한 부분을 형성하는 것과 구별된다.

2항

거룩한 가르침은 학문인가?

1. 모든 학문은 자명한 원리들(ex principiis per se notis)에

근거를 둔다. 하지만 거룩한 가르침은 그 자체가 자명하지 않으며 따라서 모든 사람이 받아들이지 않는 신앙의 조항으로 소급이 된다. 살후 3장(2절)에서 말하듯 "이는 모든 사람이 믿음을 얻지 못하기 때문이라." 그래서 거룩한 가르침은 학문이 아니다.

2. 개별적인 일들에 관한 학문은 없다. 하지만 거룩한 가르침은 개별적인 일들을 다룬다. 곧 아브라함, 이삭, 야곱의 행위들과 또 유사한 것들을 다룬다. 그래서 거룩한 가르침은 학문이 아니다.

반면에 성 어거스틴은 삼위일체론 14장에서 말한다: "이 학문 아래에 들어오는 것은 오직 구원을 불러오는 믿음을 생산하고 양육하고 방어하고 강력하게 하는 것뿐이다." 그런데 이 점에서 본다면 거룩한 가르침 말고는 어떤 다른 학문도 고려의 대상이 아니다. 그래서 거룩한 가르침은 하나의 학문이다.

대답: 거룩한 가르침은 하나의 학문이다. 하지만 학문에는 두 종류가 있다. 하나는 이성의 자연적인 빛을 통해서 명백해지는 원리들에 근거를 둔다, 예를 들면 수학, 대수 등등; 두 번째 종류는 더 높고도 상위에 있는 학문의 빛을 통해서 명백해지는 원리에 기초를 둔다. 이렇게 예를 들면 원근에 관한 가르침은 기하를 통해서 명백해지는 원리에 기초를 두며, 음악은 수학을 통해서 명백해지는 원리에 근거를 둔다. 그래서 이 두 번째 종류의 학문에는 거룩한 가르침이 속하게 되는데, 이는 이것이 더 높은 학문, 말하자면 하나님과 복된 자들의 학문의 빛을 통해서 알려지게 되는 원리에 근거를 두기 때문이다(ex principiis notis lumine superioris scientiae, quae scilicet est Dei et beatorum). 그래서 음악이 수학으로부터 전달된 원리에 의존하듯이 거룩한 가르침은 하나님께로부터 계시된 원리들을 믿음으로 받아들인다.

1과 관련하여. 각 학문의 원리들은 자명하거나 더 높은 학문의 명백함으로 소급된다. 바로 거룩한 가르침의 원리들이 그러하다.

2와 관련하여. 개별적인 일들이 거룩한 가르침에서도 취급되기는 하지만 주요사항으로서는 아니다. 이것들은 도덕적 학문에서처럼 삶을 위한 사례로든지 아니면 하나님의 계시, 성경이나 가르침의 기초가 우리에게 주어지는 데에 도구의 역할을 하는 사람들의 권세를 증명하는 것을 돕는다.

b) 은혜 받을 준비에 관하여(신학대전 I-II q. 109a. 6)

6항

인간은 은혜 없이 은혜 받을 준비를 할 수 있는가?

대답: 인간의 의지가 선을 준비하는 데에는 두 종류가 있다. 하나는 인간이 선하게 행하며 하나님을 즐거워할(ad Deo fruendum) 준비를 하도록 하는 것이다. 이러한 의지의 준비는 거룩하게 만드는 은혜의 선물 없이는(sine habituali gratiae dono) 이루어질 수 없다. 이것이 공로가 되는 사역의 근원이다.—또 다른 방식에서는 인간 의지의 준비란 거룩하게 만드는 은혜의 선물을 그 결과로 가지는 것이라고 이해될 수 있다. 하지만 이 선물을 받을 준비를 하는 데에는 인간이 필히 자기가 무한하게 진보할 것이기 때문에 영혼 안에 다른 하나의 습관이 된 선물(donum habituale)이 전제되어야 하는 것은 아니다. 반대로 인간은 내적으로 영혼을 움직이시고 문제가 되고 있는 선을 불어넣어주시는 하나님의 자발적 도움을 전제해야 한다. 이는 인간이 이 두 방식으로 하나님의 도움을 필요로 하기 때문이다.

하지만 우리는 움직임을 주시는 하나님의 도움이 필요하다는 것은 분명하다. 말하자면 각각의 활동하는 것은 하나의 목적 때문에 활동하고 있기에 그 활동의 개별 원인이 그 목적을 향하는 것은 필연적이다. 목적들의 질서는 활동 원인의 질서나 움직임의 질서들을 따르고 있기 때문에 인간이 최초 운동자의 움직임을 통해서(per motionem primi moventis)[1] 마지막 목적을 향해 정렬되는 것은 필연적이다. 하지만 가장 가까운 목적을 향해서는 하위에 배치된 운동자 중 하나의 움직임을 통해서 정렬된다. 이렇게 군인들의 정신은 지휘관의 의지력을 통해서 목적 달성을 향한다; 하지만 그가 한 전투의 통일성의 기치를 따른다는 것은 최고지휘관의 의지의 선언을 통해서 일어난다. 그러니까 하나님께서 명실상부하게 첫 운동자이시기 때문에 모든 존재가 자기 방식으로 하나님을 닮으려고 노력하게 만드는 그 선을 향한 보편적 지향 안에서 모든 것이 그분을 향해 정렬되는 것은 그분의 첫 움직임으로부터 나온다. 그러므로 디오니시우스는 하나님께서는 "모든 것을 자기 자신을 향하도록 정렬하신다"고 말하고 있다. 그런데 그분은 의로운 사람들을 자기 자신을 향하도록 정렬하시는데, 마치 그들이 자기들의 재산에 집착하듯 가까이하고 싶어 하는 특별한 목적을 향하게 하듯이 하셨다; 시 73:28이 말하는 것과 같이: "하나님을 가까이 하는 것이 내게 복이라." 그러므로 사람이 하나님께로 돌이킨다면 이것은 오직 하나님께서 그를 돌이키심으로 일어날 수 있다. 하지만 이것은 은혜를 향해 준비하라는 것이다(Hoc autem est praeparare se ad gratiam): 마치 자기의 눈을 태양빛에서 돌린 자가 자기 눈을 태양을 향하도록 함으로 태양빛 받을 준비를 하는 것과 같이 하나님을 향하라는 것이다. 이와 같이 인간은 은혜의 빛을 받을 준비를 오직 내면적으로 움직이시는 하나님의 거저주시는 도우심(auxilium gratuitum)으로만 할 수 있다.

c) 죄인을 의롭다 칭함에 관하여(신학대전 I-II q. 113a. 4)

4항

죄인을 의롭다 칭하기 위해서는 믿음의 활동이 요구되는가?

1. 인간이 믿음으로 의롭다 칭함 받는 것과 같이 다른 것으로도 그렇게 된다; 예를 들면 경외함으로…… 사랑으로…… 그래서 칭의를 위해서는 믿음의 활동이 앞에 언급한 덕목들보다 더 요구되지 않는다.

……

3. 다양한 믿음의 항목들이 있다. 그래서 죄인을 의롭다 칭하기 위해서 신앙의 활동이 요구된다면 인간은 첫 번째 칭의에서 필히 신앙의 모든 항목을 심사숙고해야 하는 것으로 보인다. 하지만 그런 심사숙고는 긴 시간을 요구하기에 의미가 없어 보인다. 그래서 믿음의 활동은 칭의를 위해서 요구되지 않는 것으로 보인다.

반면에 로마서 5장(1절)은 말한다: "우리가 믿음으로 의롭다 칭함을 받아서 하나님과 화평을 누리자."

대답: 자유로운 판단 활동(motus liberi arbitrii)은 인간의 정신(mens hominis)이 하나님에 의해서 움직이는 한에서는 죄인의 칭의를 위해서 요구된다. 하지만 하나님께서는 인간의 혼을 자기 자신에게로 돌리시면서 움직이신다. 시 85:7의 차이가 나는 본문에서 말하고 있다: "하나님이여, 당신께서는 자신을 우리에게 돌리시고 우리를 살리시나이다."

그러므로 죄인의 칭의를 위해서는 정신이 하나님께로 돌이키게 되는 그 정신의 활동이 요구된다. 그런데 하나님을 향한 첫 번째 돌이킴(conversio)은 히브리서 11장(6절)을 따르면 믿음으로 발생한다: "하나님께로 가까이 나아가는 자는 반드시 그가 계신 것을 믿어야 할지니라." 그러므로 죄인의 칭의에는 믿음의 활동이 요구된다.

1과 관련하여. 신앙의 활동은 사랑에 의해서 형성될 때만(motus…… caritatis informatus) 완전하다. 그러므로 죄인의 칭의에서는 믿음의 활동과 동시에 사랑의 활동도 발생한다. 그러니까 하나님을 향한 자유로운 판단은 자기를 그분께 복종시키는 목적으로 연장된다; 그러므로 아이와 같은 두려움의 행동과 겸손의 행동은 동시에 움직인다. 말하자면 자유로운 판단의 동일한 한 행동이 다양한 목적을 향하고 있기 때문에 한 덕목은 명령을 내리고 한 덕목은 명령을 받아들이는 것처럼 다양한 덕목에 속한다고 하는 것은 맞는 말이다. 그래서 죄인을 향한 자비의 행위는 보속의 방식으로 역사를 하고 그래서 그런 식으로 칭의를 뒤따르든지, 아니면 "자비한 자가 자비를 얻는 것처럼"(마 5:7) 준비의 방식으로 역사를 한다; 또 그렇게 그 행위는 칭의를 앞서거나 한 걸음 나아가서 자비가 이웃 사랑 안에 내포되어 있다는 점에서, 언급한 덕목들과 하나가 되어서 칭의와 동시에 일어난다.

……

3과 관련하여. (바울)사도는 로마서 4장(5절)에서 말한다: "죄인을 의롭다하시는 자를 믿는 자에게는 하나님 은혜의 결정에 따라서 그의 믿음을 의로 여기신다." 여기서 도출된다: 죄인을 의롭다함에는 하나님은 그리스도의 비밀을 통해서 인간을 의롭다하시는 분이라는 것을 인간이 믿게 되도록 믿음의 행동이 요구된다.

원전 : Die deutsche Thomas-Ausgabe, vollst., ungekürzte, dt.-lat. Ausgabe der Summa theologica, übers. von Dominikanern und Benediktinern Deutschlands und Österreichs, hg. von der Albertus-Magnus-Akademie Walberberg. Bd. 1, Graz 외 1982 (=[3]1934), 4-9. Bd. 14, Heidelberg 외 1955, 90-92. 179-182. 보조수단: L. Schütz, Thomas-Lexikon, 1895, 새로 인쇄 1983; Index Thomisticus, hg. von R. Busa, Stuttgart-Bad Cannstatt 1974ff.—참고문헌: M. Grabmann, Thomas von Aquin, Persönlichkeit und Gedankenwelt- EineEinführung, München 8판 1949; M. -D. Chenu, Das Werk des heiligen thomas von Aquin, Graz 1960 (= 독일어판 토마스 전집의 제 2권), 2판 1982; Thomas von Aquin I, hg. von Kl. Benrath, Darmstadt 1978 (WdF 188); O. H. Pesch, Thomas von Aquin, Grenze und Größe mittelalterlicher Theologie - Eine Einführung, Mainz 1988; O. R. Heinzmann, Thomas von Aquin. Einfüh-rung in sein Denken, Stuttgart 1994.

1) 이 형식은 모든 존재의 최초 원인인 부동의 원동자에 대한 아리스토텔레스의 주장

과 연관이 있다.

47. 요한네스 둔스 스코투스(약 1265/6-1308): 철저한 아리스토텔레스주의 정죄 이후의 스콜라주의

스코틀랜드 출신인 둔스는 프란시스파였다. 그는 1288-1301년까지 옥스퍼드에서 신학 수업을 하고 여기서 피터 롬바르드의 명제집(위 Nr. 33f.를 비교하라)에 관한 평범한 강의를 하였다. 1302년부터 파리에서 가르쳤지만 잠시 동안 이 도시를 떠날 수밖에 없었다. 왜냐하면 보니파티우스 8세를 상대로 한 프랑스 왕의 정책(아래 Nr. 51을 보라)을 지지하기를 거부했기 때문이었다. 다시 돌아와서는 마기스터 학위를 취득하였다. 죽기 직전인 1307년 쾰른에 있는 자기 수도회의 대학을 바꾸었다. 그의 주요저서는 옥스퍼드에서의 명제집 주석 완성판이다. 이 책은 "Ordinatio"라고 부르는데, 이유는 저자 자신이 직접 저술한 판본으로 존재하지만 남아있는 기록들 부분은 학생들이 받아 쓴 것들이기 때문이다. 둔스는 아리스토텔레스의 교육 시스템에서 나온 철저한 철학적 결과들을 상대로 분명하게 선을 그었던 1277년 파리에서 아리스토텔레스 강의 정죄가 만들어낸 새로운 조건들을 자기 사고의 기초로 삼은 첫 이름 있는 신학자이다. 토마스가 제시한 것보다 더 정확한 아리스토텔레스 강의 때문에 둔스는 철학적 인식과는 신학적 인식이 다름을 알 수 있었고 이름 붙일 수 있었다. 신론에서 그는 철저한 아리스토텔레스주의자들의 필연성에 반대하여 하나님의 자유를 보호하려고 하였다—그 방법은 일방적으로(그러니까 인간이 이해할 수 있으며 이와 함께 예측이 가능한) 이성으로 치우치는 것을 반대하여 의지를 강조하는 것뿐 아니라 하나님의 절대적 능력과 규정이 된 능력(potentia Dei absoluta와 potentia

Dei ordinata)을 구별하는 것이었다.

a) 하나님의 규정된 능력과 절대적 능력(Ordinatio I, d 44 q. unica)

하나님께서는 어떤 것을 자신이 결정한 것과는 다르게 만들 수 있는가?

44번째 구분에서 마이스터[1)][피터 롬바르드]는 하나님께서 사실적으로 행하신 것보다 그 일을 더 잘 하실 수 있었는가 하는 질문을 다루었다. 이와 관련하여 내가 질문하는 바는 하나님께서 자신의 결정에 따라서 이루어진 일을 다르게 만들 수 있는가이다. 이와 반대로 한다면 이런 경우에 그분은 결정이 없이(inordinate) 그것을 만들 수 있는가이다. 이 결론은 맞지 않기 때문에 전제도 틀렸을 수밖에 없다. 다른 면으로는 사물은 실제로 만들어진 것과는 다르게 될 수 있다는 것은 모순을 내포하고 있지 않다(non includit contradictionem); 왜냐하면 이것이 필연은 아니기 때문이다.

이에 대해서 나의 대답은 이러하다: 자기 이성과 자기 의지를 통해서(per intellectum et voluntatem) 행하는 자 그리고 필연적으로 행하지는 않는다지만 바른 법칙과 조화를 이루면서 행하는 모든 자에게서는 규정된 능력과 절대적 능력이 구분되어야 한다(distinguere potentiam ordinatam a potentia absoluta). 한편으로 그는 말하자면 자신이 규정한 능력 때문에 발생하는 바른 법칙과 일치를 이룬 가운데 행할 수 있다.…… 다른 편으로는 그렇지만 그는 법칙 없이 또는 아예 법칙을 반대하여 행할 수 있다. 규정된 능력을 넘어서는 절대적 능력이 여기에 드러나고 있다. 그러므로 인간은 하나님뿐 아니라 바른 법칙의 명령대로 행하지만, 그런 법칙도 없이 아니면 법칙 반대로 행할 수 있는 자유로 행동하는 존재에게서는 규정된 능력과 절대적 능력이 구분되어야 한다. 이 때문에 법률가들은 말하기를 어떤 일을 'de facto' 그러니까 자기의 절대적 능력을 근거로 행하거나 'de iure', 곧 법에 따라 규정된 자기 능력 때문에 행할 수 있다……

하나님께서는 자기에 의해서 확정된 바른 법을 따라서 행하실 수 있다는 점에서 그는 자기의 규정된 능력을 따라 행하신다고 하는 것이다. 그렇지만 그분은 이미 확정된 법을 따르지 않고 그것을 넘어서는 많은 것을 행하실 수도 있기 때문에 사람들은 그분의 절대적 능력에 관해서도 말하고 있다. 말하자면 하나님께서는 모순을 내포하지 않은 많은 것을 행하시며 모순을 내포하지 않은 어떤 방식으로도 행하실 수 있기 때문에……, 그분은 자기의 절대적 능력에 따라서 행하신다고 한다.

따라서 그분은 많은 다른 것, 그렇지만 자기 결정에 상응하는 것을 행하실 수 있다고 나는 주장한다; 그리고 법과 조화를 이루고 있는 것 외에 다른 많은 것이 결정에 걸맞도록 발생할 수 있다는 여기에는 어떤 모순도 존재하지 않는다. 여기에 전제된 것은 어떤 사람이 올바르며 결정에 걸맞도록 행하는가에 관해서 결정하는 기준이 되는 법칙의 유효성은 행하는 자에게 달려 있다는 것이다. 그러므로 그는 달리 행할 수 있는 것과 마찬가지로, 효력을 발하며 올바르기도 한 또 다른 법칙도 제시할 수 있는 것이다; 이 법은 하나님으로부터 제시되었을 때에만 올바를 것이다. 왜냐하면 모든 법칙은 하나님의 뜻이 승인함에 근거해서 제시된 경우에만 올바르기 때문이다. 따라서 하나님의 절대적 능력도 결정에 걸맞도록 발생하는 것에까지만 미친다.

원전 : Ioannis Duns Scoti Opera Omnia, hg. v. C. Balic. Bd. 6, Vatikan 1963, 363ff.

b) 죄 용서와 은혜를 부어주심(Ordinatio IV, d. 16 q. 2)

허물을 용서함이나 소멸시킴과 은혜를 부어주심은 단 하나의 변화인가?

대답: 첫 번째 결론은 은혜를 부어주심과 죄를 소멸시킴 아니면 더 정확하게는 죄를 용서함(expulsio culpae, seu magis proprie loquendo, remissio culpae)은 하나의 변화만은 아니다. 이에 관한 네 개의 증명이 있다:

1. 하나이며 동일한 것은 많은 것이 될 수 없다.…… 그런데 죄는 자주 용서받지만 은혜를 부으심은 오직 하나만 있다. 왜냐하면 단 한 번의 죄된 행동이 있은 다음에는 많은 허물을 자기에게 부담시킴으로 많은 허물 때문에 죄인이라고 하는 것과 마찬가지로 죄인이라고 부르기 때문이다; 하지만 모든 행동에는 특별한 용서가 있는 것이다. 왜냐하면 각각의 용서가 한 사람이 자기에게 단 하나의 허물을 지워버리고 다른 것을 지우지는 않는다면 다른 용서 없이도 유지되기 때문이다.

2. 동일한 것은 자기로부터 구분되지 않는다.…… 그러나 허물의 용서와 은혜를 부으심은 서로 구분된다. 이것은 어떤 쪽에서 출발하든 마찬가지로 증명이 된다: 한편으로, 인류가 순결한 상태에 아직은 아무런 죄가 없기 때문에 죄의 용서 없이 은혜가 부어졌을 수 있다(바로 이런 식으로 죄 없는 천사들에게 일어났던 것이다). 다른 한편으로, 죄가 은혜 부으심 없이 용서받을 수 있다. 왜냐하면 하나님께서는 자신의 절대적 능력의 기준을 따라서 한 사람을 만들 수 있는데, 이 사람은 오직 본성적으로(in puris naturalibus), 그러니까 죄도 없고 은혜도 없이 존재할 수 있기 때문이다; 그러니까 그분은 타락 후에 인간을 은혜 부으심 없이도 그러한 상태로 되돌릴 수 있으며 이와 함께 그의 죄를 용서하실 수 있다.……

원전 : Ionnis Duns Scoti…… Opera Omnia juxta editionem Waddingi. Bd. 18, Paris 1894, 427ff.

c) 행복과 관련해서는 이성보다 의지가 우월(Ordinatio IV d. 49 q. 4)

행복 그 자체는 이성의 활동에 놓여 있나 의지의 활동에 놓여 있나?(이성 우위를 반대하여 아래 주장이 개진되어야 한다:)

초월적인 목적(finis extra)은 간단히 말해서 최고의 것이며 가장 추구할 가치가 있는 것이다. 그래서 그에게로 향하는 것들 중에서 그에게 더 가까이 있는 것이 더 추구할 가치가 있는 것이다. 초월적인 목적에는 원함이(이해보다) 더 가까이 있다; 왜냐하면 원함은 이것을 직접적으로 자기의 최종목표로 목표하고 있기 때문이다. 왜냐하면 이 최종목표는 원함 자체의 본래 대상이기 때문이다.……

이외에도 의지는 이성이 자기 행위를 이해하는 바대로 자기 행위를 원할 수 있다. 의지는 이해하기 때문에 자기 원함을 원하거나, 원하지 않거나 한다. 아니면 둘 중 어떤 것도 다른 것 때문에 일어나지 않을 수 있다(여기서 나는 당연히 질서를 갖춘 원함을 말하고 있다). 첫 번째 가능성은 맞지 않는다; 왜냐하면 안셀름의 "왜 하나님이 인간이 되셔야만 했는가?" 2권 1장을 보면 사람이 이해하기 위해서 사랑하기를 원한다면 이것은 질서가 뒤바뀐 것이기 때문이다. 하지만 세 번째 가능성도 제외된다; 왜냐하면 각자가 동일한 목표를 향해 질서가 매겨진 일들에서는 상하로 하나의 질서가 서 있기 때문이다. 이것은 하나의 목적이 목표로 하는 목적을 향하는 방식이다. 결과적으로 두 번째가 맞다; 바로 이것을 안셀름은 위에서 말한 곳에서 말하고 싶어 한다.

여기에 다음의 것이 첨가된다: 초월적 행복(beatitudo extra)

이 단순하며 최고로 추구할 가치가 있다면 내재적인 것들 중에서 최고로 추구할 가치가 있는 것은 내재적으로 최고의 행복이다(beatitudo intra). 여기서는 원함을 말하고 있다; 왜냐하면 의지는 최종목적 달성에서 이성의 완성이 아니라 자기 자신의 완성을 추구하기 때문이다.

원전 : Ioannis Duns Scoti…… Opera Omnia juxta editionem Waddingi. Bd. 21, Paris 1894, 93ff.—보조도구: F. Garcia, Lexikon scholasticum philosophico-theologicum, inquo termini, definitiones…… I. D. Sc. declarantur, Quaracchi 1910, 새로운 판 Hildesheim 1974.—참고문헌: E. Gilson, Johannes Duns Skotus, D?sseldorf 1959; W. Pannenberg, Die Prüdestinationslehre des Duns Skotus, Göttingen 1954 (FKDG 4); W. Dettloff, Die Lehre von der acceptatio divina bei Johannes Duns Scotus mit besonderer Berücksichtigung der Rechtfertigungslehre, Werl 1954; E. Wölfel, Seinsstruktur und Trinitätsproblem. Untersuchungen zur Grundlegung der natürlichen Theologie bei Johannes Duns Scotus, Münster 1965; F. Wetter, Die Trinitätslehre des Johannes Duns Scotus, Münster 1967; M. Burger, Personalität im Horizont absoluter Prädestination. Untersuchungen zur Christologie des Johannes Duns Scotus und ihrer Rezeption in modernen theologische Ansätzen, Münster 1994 (BGPhMA 40).

1) 피터 롬바르드(1095-1160). 모든 명제들 주석의 기초가 되는 명제 모음집을 제시하였다(위 Nr. 33f.를 보라).

48. 옥캄의 윌리암(약 1285-1347)

1285년 영국에서 태어나 일찌감치 프란시스파 수도회에 입회하여 옥캄은 옥스퍼드에서 배우고 가르쳤고 나중에는 런던에서 수도회 대학에서도 가르쳤다. 자기의 가르침 때문에 1323년 자기 수도회의 교구참사회 앞에서 변호를 해야 했다. 또한 한때 옥스퍼드대학 총장의 고발 때문에 아비뇽 교황청에 소환되었다; 그는 1324년에 여기 당도하였다. 이 비판 때문에 그는 이미 시작한 마기스터-박사과정을 마무리할 수 없었다. 그래서 그는 나중에 존경의 이름 "Venerabilis Inceptor", 곧 "존경받을 초보자"를 얻게 되었다. 아비뇽 재판은 질질 끌었다. 하지만 그 마무리 이전에 옥캄은 청빈에 관한 논쟁 때문에 아비뇽에 있던(아래 Nr. 53을 보라) 수도회의 형제들과 함께 황제인 바이에른의 루이의 보호 하에 들어갔다. 이 때문에 교황으로부터 파문된 옥캄은 황제와 함께 뮌헨으로 갔다. 생애의 첫 단계에 속하는 신학적-철학적 작품들 가운데에서는 명제집 주석과 Quaestiones der Quodlibeta가 단연 두드러진다. 아주 나중에 사람들은 일반적으로 옥캄을 스콜라주의 후기의 시작으로 삼는다: 1277년 파리에서 그의 가르침을 정죄한 결과들과 함께 아래 사실이 최종적으로 의미심장하게 되었다: 신학을 그는 일반적인 의미의 학문으로 이해하였으며, 학문의 참됨은 엄격한 학문적 인식이 아니라 세례에서 부어넣어진 믿음이 보장한다고 하였다. 그 지식의 원천은 당연히 교회 전통의 맥락에서 보게 되는 성경이다. 그럼에도 불구하고 신학적 질문들은 옥캄을 철학적인 문제들로 몰아간다는 사실은 옥캄의 이름과 아주 밀접하게 결부된 바로 그 가르침이 가리키고 있다: 도대체 인간이 어떻게 하나님에 관해서 말할 수 있는가 하는 문제는 그를 보편개념들(universalia)은 실재성과 어떤 관계를 가질 수 있는가 하는 질문으로 이끌고 갔다. 여기에서 그는 극단적이고도 보편개념들을 단순히 이름(nomina)일 뿐이라고 규정하는 유명론을 대표하지 않고 오히려 실제적인 개념주의를 대표하였다. 이렇게 근거를 가지게 된 세계인식은 옥캄이 둔스 스코투스가 말하는 하나님의 'potentia absoluta'와 'potentia ordinata'를 수용하였다는 사실로 위협을 당하지 않는다. 그는 또 그것을 하나님께서는 'inordinate(규정 없이)'하게 행하시지 않는다는 표현은 하나님 행위가 규칙적임을 의미하는 것이 아니라 하나님께서는 항상 자기 자신의 지시를 따르신다는 것을 의미한다는 것으로 수정했지만 말이다. 옥캄의 보편개념론과 그 하나님 능력 이론에 근거를 가지고 있는 그 자유로우면서도 전능하신 하나님의 자기 속박의 신학도 나중에는 'Via moderna' 신학자들에 의해서 집중적으로 수용되었다. 이들과는 과거의 신학자들, 특히 토마스를 지향하는 'Via antiqua'의 신학자들이 대립하고 있었다.

a) 무엇이 보편개념들인가?(Summa Logicae I, 14f.)

일단 우선적으로는 두 번째 성찰 단계의 개념들에 관해서 하고 그러고나서 첫 번째를 말해야 한다. 우리는 이미 두 번째 성찰 단계의 개념들에는 '보편개념'(universale) '종'(genus) 또는 '류'(species) 같은 것이 해당된다고 하였다. 때문에 우리는 이제 다섯 개의 보편적인 것들에 관해서 말해야 한다. 이렇게 할 때 첫 번째 문제는 이들 모두에게 해당되는 '보편'(universale)이라는 표현과 또 그 반대 표현인 '유일한'(singulari)에 들어 있다.

그러면 일단 첫 번째로 우리가 알아야 하는 것은 '유일하다'라는 단어는 이중적인 의미로 사용된다는 사실이다. 첫째로 하나이고 많은 것이 아닌 모든 것을 지칭한다. 이렇게 이해하는 자들은 보편적인 것은 많은 실재에 사용되는 그 어떤 혼의 성질이라고 생각하는 사람들이다—물론 그것은 자기 홀로가 아니라 많은 대상을 위한 것이다. 그렇다면 이들은 모든 보편적인 것은 진짜로 그리고 실제로 유일한 것이라고 말해야 한다. 모든 자음들은 아주 많은 실재를 표현하기 위해서 사용될 수 있다. 철저히 유일하며 단 한 번만 존재한다. 곧 이것은 하나이지 다수가 아니다. 이와 같이 많은 외부 실재들을 지칭하는 정신적인 사고과정(intentio animae)도 많은 실재를 지칭하지만 자신은 겨우 하나이지 다수가 아니기 때문에 철저히 유일하며 오직 한 번만 존재하는 것이다. 이밖에도 그런데 오직 하나이며 다수가 아니어서 많은 실재에 대한 지칭으로 역할을 하지 않는 것도 모두 유일하다고 말한다. 이 단어를 이렇게 이해한다면 보편적인 것들은 절대로 유일하지 않다; 왜냐하면 보편적인 것들은 항상 많은 실재에 대한 상징(signum)으로 쓰이며 많은 실재들에 관해서 말하기 때문이다. 따라서 종종 발생하듯이 우리가 단 하나가 아닌 어떤 것을 보편적인 것이라고 부른다면 내 생각에 이 단어를 오용하지 않는다면 어떤 것도 보편적인 것이 될 수 없다. 이런 경우는 바로 '백성'이 단 하나가 아니고 많기 때문에 보편적인 것들에 속한 것으로 간주하는 경우가 될 것이다; 하지만 이것은 어린애와 같은 짓이다.

그래서 모든 보편적인 것은 유일한 실재라고 말해야 한다; 이것이 많은 실재를 지칭할 때만 보편적이 된다.……

하지만 두 종류의 보편적인 것들이 있다는 것을 우리는 알아야 한다. 하나는 본성상 그러한 것이다. 말하자면 이것들은 본성상 많은 실재들에 관해서 말하는 것이다. 곧 연기가 본성상 불을 가리키고 또는 병자가 신음하는 것은 고통을, 웃음은 내면적인 기쁨을 가리키는 것과 같은 것들이다. 이러한 보편적인 것들은 정신적인 사고의 과정들이다. 왜냐하면 정신과 마음 빼놓고는 어떤 본질과 어떤 속성도 거기에 속하지 않기 때문이다. 바로 이것에 관해서 지금 말하고 있는 것이다. 다른 보편적인 것들은 약속에 근거를 둔다. 여기에 속하는 것은 예를 든다면 들을 수 있는 소음들로서 이들은 숫자에 따라 각각 하나의 성질을 가진다; 여기서는 각각 다수의 실재를 나타내어야 하는 약속에 따른 상징을 다루고 있는 것이다.……

그래서 보편적인 것들은 다수의 실재에 관해서 말해야 하는 정신적인 사고과정들이다. 이 사실은 다음에 나오는 생각을 통해서 인정하게 된다: 모든 보편적인 것들은 일치된 이해를 따라서 각각 다수의 실재에 관해서 진술한다. 하지만 오직 정신적인 사고과정이나 약속된 상징들만 어떤 다른 것에 관해서 말하는 것에 적합하다. 하지만 실체는 그렇지 않다. 그래서 오직 정신적인 사고과정이나 약속된 상징들만 보편적인 것들이다. 하지만 아래에서 나는 '보편적인 것들'을 약속된 상징들이 아니라 본성상 그러한 것에만 사용하겠다. 왜냐하면 어떤 실체라도 자기 본성상 다른 것에 관해서 진술하지 않는다는 것이 분명하기 때문이다. 이는 그렇지 않다면 하나의 문장이 개별적인 실체들로 형성될 수 있게 되며 그러면 예를 든다면 주어는 로마에 술어는 영국에 있게 되기 때문이다. 하지만 이것은 말도 되지 않는다.

여기에 하나의 문장은 또한 그 각 부분도 생각되거나 언급되거나 기록된다는 사실이 첨가된다. 하지만 이 모든 것은 개별적인 실체들에게는 불가능하다. 그래서 어떤 문장도 실체들로 형성되지 않는다. 한 문장이 보편적인 것들로 이루어지기 때문에 보편적인 것들은 절대로 실체들이 아니다.

원전 : Guilelmi de Ockham Opera Philosophica I, hg. v. P. Boehner 외, St. Bonaventura/N.Y. 1974, 47-49. 53f.

b) 하나님의 절대적 능력과 규정을 따르는 능력(Quodlibeta VI, 1)

사람이 창조된 사랑이 없이(sine caritate creata) 구속될 수 있는가?

구속된 모든 사람을 하나님이 기뻐하신다는 사실이 그 반대를 말한다. 하지만 누구도 하나님의 사랑 없이 하나님을 기쁘게 하지 못하고, 그래서 누구도 사랑 없이 구속될 수 없다.

다시금 이에 대한 반박을 할 수 있다: 하나님은 다른 것과 구별되어 독자적으로 존재하는 모든 것(omne absolutum distinctum ab alio)을 다른 것과 구별하며 이것 없이 존재하도록 할 수 있다. 그런데 은혜와 영광은 두 개의 독자적으로 존재하며 서로 구분된 존재이다. 그래서 하나님께서는 영광은 영혼 안에 보존하고 은혜는 폐기할 수 있다.

여기에다가 첫째로 나는 하나님 능력과 관계해서 하나의 구분을 끌어들여야겠다. 두 번째로는 그 질문에 대해서 말하도록 하겠다.

첫 번째 문제에 관해서 나는 하나님께서는 어떤 것들을 질서를 따르는 자신의 능력으로 행하시고 어떤 것들은 자기의 절대적 능력을 따라 행하실 수 있다고 말한다(quaedam potest Deus facere de potentia ordinata et aliqua de potentia absoluta). 이 구분은 마치 하나님 안에 하나는 규정을 따르고 다른 하나는 절대적인 것인 두 개의 능력이 있는 것처럼 생각하면 안 된다. 왜냐하면 하나님 안에는 밖을 향해서 오직 하나의 능력만이 있을 뿐이고, 이 능력은 완전히 하나님 자신과 동일하기 때문이다. 하지만 이 구분은 하나님께서 어떤 것들은 규정을 따라서 만드시고, 반대로 어떤 것들은 절대적이고도 규정을 따르지 않고(inordinata) 만드실 수 있다고도 이해해서는 안 된다. 왜냐하면 하나님께서는 아무 것도 규정을 따르지 않고 행하실 수 없기 때문이다.

오히려 이 구분은 '어떤 것을 행하실 수 있음' 이란 때로는 하나님께서 규정하시고 세워놓은 법칙을 전제하면서 이해하는 것이라고 생각해야 한다. 그러면 이렇게 말하게 된다: 하나님께서는 규정을 따르는 능력으로 행하실 수 있다. '할 수 있음' 은 아래의 의미에서 이렇게 이해되어야 한다: 모순의 발생을 포함하지 않는 모든 것을 할 수 있다—하나님께서 자신이 이것을 할지 저것을 할지를 규정하셨는지 안 하셨는지와는 상관이 없다. 왜냐하면 하나님께서는 명제의 대가[1] 책 1권 43항에 따르면 하고 싶지 않은 많은 것을 하실 수 있기 때문이다. 이와 같이 교황은 어떤 것들은 자기가 규정한 법률에 따라서 할 수 없지만 그 일 자체로 본다면 할 수 있다. 이 구분을 요한 3장(5절)에 있는 구세주의 말씀이 증명한다: 말씀하시기를 "물과 성령으로 거듭나지 아니한 자는 하나님 나라에 들어갈 수 없느니라." 당연히 하나님의 능력은 지금도 과거와 마찬가지이다. 그런데 한때는 세례 받지 않고 하나님 나라에 들어간 자들도 있었다.—바로 율법의 시대에 할례 받지 못한 아이들이 이성을 사용하기 전에 죽은 경우에서 분명하게 일어났다. 하지만 그때에는 당시에 제정되어 있던 율법을 따라서 가능했던 것이 지금은 현재 제정된 법에 따르면 불가능하다. 그럼에도 불구하고 절대적으로는 가능하다.

두 번째 항목에 대해서 먼저 내가 말하는 것은 사람은 창조된 사랑이 없이 하나님의 절대적 능력을 따라서 구원받을 수 있다는 사실이다. 이 결론은 첫째로 아래와 같이 증명되어야 한다: 하나님께서는 두 번째 원인인 행동 원인이나 목표 원인을 수단으로 만들 수 있는 모든 것을 스스로 직접적으로 행하실 수 있다. 하지만 창조된 사랑이 하나의 원인이 되어야 한다면—이것은 행위를 일으키거나 (영원한 생명을 준비한다는 점에서)준비하는 원인이다—이차적 행동 원인이나 목적 원인을 말하는 것이다. 그래서 하나님께서는 어떤 사람에게는 그런 것 없이도 영생을 주실 수 있다.……

그밖에: 어떤 사람에게 행위에 대한 보상 없이 주어진 것은 선행하는 기질, 곧 공로의 전제가 될 수 있는 것도 없이 하나님의 절대적 능력에 따라서 주어질 수 있다. 황홀경에서(in suo raptu)[2] 바울에게 주어진 복되게 하는 행위는 공로에 대한 상급

으로 주어지지 않았다. 왜냐하면 당시에 그는 하나님의 존재를 보았기 때문이다. 그러니까 하나님께서는 공로의 전제가 될 그러한 은혜 없이 영생을 그에게 주실 수 있는 것이다.……

두 번째로, 하나님께서 현재 정하신 율법을 따라서는 어떤 사람도 창조된 은혜 없이는 구원될 수 없거나 구원만 받을 수 있고(이 법을 따라서는 겨우 이와 같이 소수의 사람만이) 공로의 행위를 선택하거나 겨우 선택만 할 수 있다고 나는 말한다. 성경과 성자들의 말씀에 근거해서 이렇게 생각한다.

또한 당신이 첫 번째 결론이 펠라기우스의 오류를 담고 있다고 한다면 그렇지 않다고 응수하겠다. 왜냐하면 펠라기우스는 영생을 얻기 위해서는 실제로 어떤 은혜도 필요하지 않다고 주장했기 때문이다. 심지어 오직 본성적인 행동근거로 선택한 행위는 그 고귀함 때문에 영생을 위한 공로가 된다고 말하였다. 나는 그 반대로 오직 하나님의 절대적 능력만이 그 행위를 받아들이면서 공로가 되도록 한다고 주장한다.

원전 : Wilhelm von Ockham, Texte zur Theologie und Ethik, ausgew., eingel. u. übers. v. V. Leppin u. s. Müller, Stuttgart 2000, 66-75.－ 보조도구 : L. Baudry, Lexique philosophique de Guillaume d'Ockham, Paris 1958; J. P. Beckmann (Hg.), Ockham-Bibliographie 1900-1990, Hamburg 1992.－참고문헌: H. Junghans, Ockham im Lichte der neueren Forschung, Berlin/Hamburg 1968 (AGTL 21); K. Bannach, Die Lehre von der doppelten Macht Gottes bei Wilhelm von Ockham, Wiesbaden 1975 (VIEG 75); W. Vossenkuhl/R. Schönberger (Hg.), Die Gegenwart Ockham, Weinheim 1990; V. Leppin, Geglaubt Wahrheit. Das Theologieverständnis Wilhelms von Ockham, Göttingen 1995 (FKDG 63); J. P. Beckmann, Wilhelm von Ockham, München 1995.

1) 피터 롬바르드
2) 고후 12: 1-4 암시.

49. 리미니의 그레고리(약 1300-1358)의 어거스틴적인 죄와 은혜론: 명제집 주석 1342

하나님의 potentia absoluta에 관해서 옥캄이 했던 설명들은 이미 그가 하나님의 자유에 대한 경외심으로 인해서 구원 얻는 데에는 창조된 은혜가 절대적으로 필요하다는 것을 반박하는 것을 가르쳤기 때문에 펠라기우스주의라는 비방을 받을 수 있었다는 것을 보여준다. 그의 가르침에서 오는 그러한 결과들에 대해서 영국에서는 토마스 브래드워딘과 파리에서는 리미니의 그레고리가 거의 동시에 그러나 서로 독립적으로 이의를 제기하였다. 그레고리는 어거스틴적 은둔수도회에 소속되었었다. 이 수도회는 벌써 오래도록 특별할 정도로 교부들의 유산을 보존하였다. 그는 볼로냐와 파두아와 페루기아에서 가르쳤고 또 40년대에는 파리에서 가르쳤다. 1357년 자기 수도회의 총장이 되었다. Via moderna 그룹들에 있는 펠라기우스적인 경향에 반대해서 그는 바로 이 신학 학파의 기본 사상에 근거한 자신의 주장을 펼쳤다: 이곳의 인식론, 특별히 하나님의 자유를 강조하는 데에서 그는 바로 어거스틴의 유산을 자기 시대에 새롭게 할 수 있는 가능성을 보았다.

26-28항 q. 1

……

첫째 항목에 대해서 나는 나와 다른 생각을 가진 자들과 모든 박사들과 똑같이 도덕적으로 선한 행동을(actum moraliter bonum) 참으로 덕스러운 행위를 위해 필요한 모든 상황을 따르는(secundum omnes circumstantias) 바른 이성에(rectae rationi) 상응하는 도덕적 행위로 이해한다는 점을 앞에 내세우고 싶다. 이제 나는 도출되는 세 개의 결론을 증명하려고 한다:

1. 어떤 사람도 자기의 현재 상태에서[1] 하나님의 일반적인 영향은 인정하지만 그분의 특별한 도우심은 없이(absque speciali auxilio eius) 하나의 도덕적으로 선한 행위를 실행할 수 없다.

2. 어떤 사람도(곧 이 조건들 가운데 있는) 하나님의 특별한 도우심 없이는 도덕적 삶을 영위함과 관련해서 무엇을 원할 것인지 원하지 않을 것인지, 행할 것인지 그러지 않아야 할 것인지를 충분히 알 수 없다.

3. (이런 조건 하에 있는) 어떤 사람도 도덕적 삶의 영위와 관련해서 자기가 원함이나 원하지 않음 또 행함이나 방치함에 관해서 충분히 안다고 할지라도 하나님의 도우심 없이는 마땅하게 원하거나 행할 수 없다.

첫 번째 결론을 증명하기 위해서 나는 먼저 모든 공교회 교인들이 주저 없이 간단하게 고백해야 하는 몇 개의 전제들을 말해보려고 한다:

1. 허물이 있는 행위(actus culpabilis)는 도덕적으로 선하지 않다.……

2. 범죄로 또는 도덕적으로 악한 행위를 하도록 유혹을 받은 사람은 누구도 하나님의 도움 없이는 그러한 유혹을 극복할 수 없다.……

3. 악한 행위들(actibus vitiosis)을 피할 뿐 아니라 또 덕스럽게 행하기 위해서 신앙인들은 기도 가운데에서 하나님의 도움을 구한다. 그리고 이것이 이루어지면 하나님께 감사한다. 그들의 기도와 그들의 감사는 그런데 쓸데없거나 위선적인 것이 아니다.……

4. 모든 사람이 현재 상태로는 하나님의 명령에 따른 선한 행위를 하기에는 약하고 능력이 없기 때문에 더 나은 행동이나 더 손쉬운 행위를 위해서 뿐 아니라 행함 자체를 위해서 자기의 연약함 때문에 특별한 하나님 은혜의 도와주심이 필요하다. 그러니까 그 도움이 없이는 그렇게 행할 수 없다. 이 말은 펠라기우스가 팔레스타인에서 있던 재판에서[2] 하나님의 은혜와 도움은 모든 개별 행동에 허락되어야 하고 이것에 반대되는 것은 틀린 것으로 취소하고 저주할 것을 고백하라고 강요받았다는 사실로 말미암아 증명이 된다.……

하지만 말했듯이 사람은 더 손쉬운 행함 뿐 아니라 행함 자체를 위해서 그러한 도움(adiutorio)이 필요하다는 사실은 다음의 내용에서 나오는 것이다: 어거스틴이[3] 말하는 바와 같이 펠라기우스는 재판 이후에 자기 책들에서 위에서 말한 자기 고백의 의미를 찾아서 말하였다: "하나님의 은혜는 인간이 자기의 자유의지로 행해야 하는 것을 은혜를 통해서 더 쉽게 행할 수 있도록 인간들에게 주어진다"; 이런 식으로 그는 인간이 그러한 행위를 그렇게 쉽게는 아니지만 결국에는 은혜 없이도 행할 수 있다는 느낌을 불러일으켰다: 이 생각은 나중 호노리우스와 아카디우스 황제들 그리고 교황 인노센트 1세 때 밀레베 공의회에서[4] 틀린 것으로 정죄되었다. 그 때문에 거기서 말하고 있다: "칭의의 은혜(gratiam iustificationis)는 우리가 자유의지로 행할 수 있는 것을 은혜로 더 쉽게 행할 수 있다고 하면서 마치 우리가 하나님의 계명을 은혜 없이 쉽게 행할 수는 없지만 결국에는 행할 수 있는 것을 더 쉽게 하기 위해 우리에게 주어진다고 주장하는 자는 저주받을지어다.……" 이 규정에서 분명하게 드러나는 것은 하나님의 은혜는 그러한 행함을 위한 도움으로 인간의 연약함에 주어진다는 사실과 그러한 도움이 없이는 아무 것도 할 수 없다는 사실이다.……

5. 도덕적으로 선한 행위가 아무리 영생을 위한 공로로 간주되

지 않는다고 하더라도 이를 위해서 인간은 하나님의 도움이 필요한데, 이것은 도덕적으로 악한 행위를 하기 위해서는 어떤 도움도 필요하지 않은 것과 마찬가지이다.……

원전 : Gregorii Ariminensis OESA Lectura super Primum et Secundum Sententiatrum, hg. v. d. Trapp u. V. Marcolino. Bd. 6, Berlin/New York 1980 (Spätmittelalter und Reformation 11), 24-27.—참고문헌: G. Leff, Gregory of Rimini. Tradition and Innovation in 14th Century Thought, Manchester 1961; H. A. Berman (Hg.), Gregor von Rimini. Werk und Wirkung bis zur Reformation, Berlin 1981 (SuR 20); M. Santos Noya, Die Sünden- und Gnadenlehre des Gregor von Rimini, Frankfurt 1990; H. A. Oberman (Hg.), Via Augustini. Augustine in the Later Middle Ages, Renaissance and Reformation. FS Damasus Trapp, Leiden 외 1991 (SMRT 48).

1) 곧 죄 범한 이후 지상에서의 상태.
2) 415년 디스폴리스(Lydda)에서 거행된 공의회.
3) 파울리누스에게 보낸 편지.
4) 416년 북아프리카 밀레베에서 거행된 공의회.

50. 교황의 절대적인 권세주장의 주창자: 애기디우스 로마누스(약 1243-1316), 교회의 권세에 관하여 1권 2장

중세가 진행되는 동안 서방교회는 점점 더 로마의 주교가 권세의 대부분을 자기에게 집중시키는 교황교회가 되어갔다. 교회의 집중화는 상응하는 신학적인 합법화 모델들이 동반하며 장려하였다. 특별히 어거스틴을 따르는 은둔수사인 로마의 애기디우스가 여기에 대한 자기 생각으로 인해서 큰 영향력을 얻게 되었다. 1243년경 로마에서 태어나 파리에서 공부를 할 때는 토마스 아퀴나스의 제자였다. 자기 선생의 아리스토텔레스주의를 옹호하는 그의 강력하고도 첨예한 입장은 1277년 파리에서 철저한 아리스토텔레스주의 정죄의 결과로 학사인 그가 대학으로부터 내쫓기도록 만들었다. 이 교리적 정죄에 대해서 그가 머리를 숙이고 나서야 1285년 교황의 중재로 말미암아 신학석사로 파리에 돌아올 수 있었다. 1292-1295에 그는 수도회 총장이었고 1295년 부르제의 대주교가 되었다. 새 교황 보니파티우스 8세를 막무가내로 옹호하였는데, 특별히 "교회의 권세에 관하여"라는 책자(1301/2)로 그렇게 하였다. 1316년 아비뇽에서 사망하였다.

성도들과 지성인들의 발언들은 이구동성으로 완전에는 두 종류가 있는데, 하나는 인격적인 것이고 다른 하나는 신분에 따른 것(personalem et secundum statum)이 있다고 증언하고 있다. 이 두 종류의 완전함은 구분이 되기를 우선은 인격적 완전함은 고상함과 양심의 정결함으로 이루어지는 방식(in serenitate et in munditia conscientiae)인 것으로 나타난다. 그런데 신분에 따른 완전함은—특별히 교회의 지위를 지닌 자와 마지막 날에 그리스도 심판의 보좌 앞에 서서 신앙인들의 영혼에 관해서 중보하게 될 모든 사람들의 신분과 관련해서라면—사법적 능력과 권세의 충만함에 있다(in iurisdictione et in plenitudine potentiae). 따라서 더 넓은 권세와 더 완전한 사법적 능력이 따르는 신분이 더 완전하다. 의미가 맞고 그 의미로부터 도출되는 주장들에 근거해서 우리가 생각할 여지없이 드러내고 싶은 것은 영적인 사람은 모든 것을 심판하며 자신은 자기 영을 따른다는 면에서는(secundum quod huiusmodi) 누구에 의해서도 판단 받지 않는다.[1) 그래서 인격적 완전함에 따라서 영적인 사람은 이 점에서 그리고 양심의 기준에 따라 자기는 다른 사람에게서 판단 받지 않지만 다른 것을 판단할 수 있다. 하지만 신분으로는 영적이고 사법적 능력과 충만한 권세 때문에 완전한 자는 바로 모든 것을 판단하지만 누구에 의해서도 판단 받지 않는다는 그 영적인 사람이다.……

그래서 우리의 의도로 돌아가서 제시하고 싶은 것은 두 종류의 완전함이 있고 두 종류의 거룩함 및 두 종류의 영적인 것이 있다는 것이다. 하나는 인격적인 종류요, 다른 하나는 신분에 기반을 가진다. 이런 식으로 성직자의 신분은 평신도의 신분보다 완전하며 교회적인 신분을 가진 자의 것이 그에게 복종하는 자들의 것보다 높다. 하지만 인격적인 완전함에 관해서 말한다면 많은 성직자들보다 더 거룩하고 더 영적인 평신도들이 많으며 존귀한 지위를 가진 자보다 더 거룩하며 더 영적인 자들이 많이 있다. 물론 맥락에서만 차이가 날 뿐이지 항상 사도(바울)가 고린도전서 2장에서 했던 말은 올바르다. 말하자면 영적인 사람은 모든 것을 판단하지만 자기는 누구에 의해서도 판단 받지 않는다. 그래서 사람이 이러한 인격적이면서도 양심의 정결함을 따라서 규정된 영성을 가진 자는 그렇게 도덕적인 질문에 처한 사람을 올바르게 판단하지만 이런 점에서는 누구에 의해서도 견책 받지 않는다. 그런데 이런 사람들은 하나님의 영에 의해서 인도되는 자들, 바로 하나님의 아들들이다. 이런 사람들은 별들의 운행과 기하학적인 관련성과 논리의 명료함을 모를 수 있다. 하지만 그들은 자기 구원에 필요한 것은 확실하게 안다. 왜냐하면 기름부음 곧 성령이 모든 것과 사물의 다양한 측면과 자기들 구원에 필수적인 것에 관해서 가르쳐 주시기 때문이다.……

하지만 우리가 신분과 특별히 사법적 권세와 충만한 권위로 이루어진 교회적 지위를 가진 신분으로 인한 완전함과 영성을 말하는 데에 이른다면 이러하다: 더 거룩하며 더 높은 신분에 있는 자는 많은 사람들에 관해서 판단하지만 자기에게 복종하는 자들에 의해서 판단 받을 수 없다. 왜냐하면 사도가 고린도전서 4장에서 말하기를 "나를 판단하실 이는 주님이시라"(고전 4:4)고 하였기 때문이다. 그래서 최고로 높으며 최고로 거룩한 신분에 있는 자는 영적인 인간이다. 곧 모든 것 위에 있는 주인이기에 자기 권세와 자기 사법권으로 모든 것을 판단하지만 그에게는 어떤 사멸할 자도 주인이 아니기에 누구에 의해서도 판단 받지 않는 자이다.……

따라서 최고 주교의 신분이 가장 거룩하며 가장 영적이라면, 그리고 그러한 영성은 탁월한 권세로 이루어졌다면 최고의 주교는(summus pontifex) 자기 신분과 자기의 탁월한 권세로 최고 영적인 자라는 것이 증명되면서 모든 것을 판단할 수 있다는 것은 아주 바른 표현이다. 의미하는 바는 이것이다: 그는 모든 것을 판단하지만 누구에 의해서도 판단 받지 않는다. 곧: 누구도 그를 지배하거나 그와 동등해질 수 없다.

원전 : Aegidius Romanus, De ecclesiastica potestate, hg. v. R. Scholz, Weimar 1929 (= Aalen 1961), 6-9.—참고문헌: S. Bross, Gilles de Rom et son traité du "De ecclesiastica potestate", Paris 1930; A. Zumkeller, Art. Ägidius von Rom, in: TRE 1, Berlin/New York 1977, 462-465; J. R. Eastman, Das Leben des Augustiner-Eremiten Aegidius Romanus (ca. 1243-1316), in: ZKG 100(1989) 318-339.

51. 보니파티우스 8세(1294-1303): 교황권 주장의 절정

서방 기독교의 참된 중심점이라는 로마의 새로운 의미는 1300년 2월 22일 기념 면죄부 때문에 거기로 순례를 하는 순례자들 무리 안에서 그 상징적 모습을 발견했다. 이 영적인 효력을 보니파티우스 8세가 가져왔는데, 동시에 막대한 재정적인 수익도 가지고 왔다. 그의 고도의 정치적인 주장들은 그리 성공적인 모습을 갖지는 못했다. 교황들은 황제와의 싸움에서 우위를 점하였었다; 하지만 프랑스의 왕관 문제에서 교황권을 향한 새로운 정치적 현상들과 새로운 위협이 유럽 역사에 등장하였다: 민족적 단일성으로 결속된 국가. 투쟁은 보니파티우스 8세 때에 노골화되었다: 1296년 교서 "Clericis laicos"로 그는 성직자들은 세상 군주들이 아니라 오직 교황에게만 세금을 낼 의무가 있다는 것을 분명하게 하려고 하였다. 그런데 그는 프랑스의 미려 왕 필립 4세(1285-1314)에게 이것을 주장할 수 없었다. 1302년 11월 18일 교황은 교서 "Unam sanctam"을 공포하였는데, 여기에는 애기디우스 로마누스의 이론에 기초를 둔 교황권세주장이 그 정점에 이르러 있었다. 물론 필립 4세의 반응은 거칠었다: 그는 1303년 교황을 아냐니에서 사로잡도록 하였다; 보니파티우스는 그 직후에 사망하였다. 하지만 그의 후계자들도 프랑스의 족쇄에서 더 이상 벗어날 수 없었다: 1309년 클레멘스 5세는 교황보좌를 프랑스 왕관에 복종하지는 않지만 프랑스 영향권에 있는 아비뇽으로 옮겼다. 이 교황들의 "아비뇽 유수"는 1377년까지 계속되었다.

a) 1300년 2월 22일 기념일 사면

우리 선조들이 우리에게 신뢰할 수 있을 정도로 전해준 바와 같이 로마에 있는 그 수석사도의 명예로운 교회를 방문하는 자들은 충만한 죄 용서와 사면(magnae remissiones et indulgentiae peccatorum)을 얻게 될 것이다. 때문에 의무적으로 열심히 그리고 기꺼이 모든 사람의 구원을 염려해야 하는 우리는 이 용서와 총체적인 사면은 유효하며(하나님이) 기뻐하신다고 여긴다. 우리는 이것을 사도의 권위로 인증하고 강력하게 하며 갱신하고 또 이 추천의 글로 확증한다. 하지만 최고로 복되신 베드로와 바울사도가 더욱 존경을 받고 또 로마에 있는 그들의 교회들을 큰 경배를 하며 신자들이 방문하도록 하기 위해서…… 전능하신 하나님의 자비와 사도들의 공로와 권세에 의지하여서 우리 형제들의 조언과 사도적 권세의 완전함으로(Apostolicae plenitudine potestatis) 아래 것을 정한다:

바로 시작된 우리 주 예수 그리스도 탄생 후 1300년과 앞으로 모든 100년이 되는 해에는 모든 사람들—이것을 우리는 그들에게 허락할 것이며 그들에게 허락한다—곧 이 교회들을 존경에 차서 방문하며 그러면서 참된 고해를 하며 자기들의 죄를 고백하거나 이것을 나중에 행하는 자들은 충만하고 충분할 뿐 아니라 가장 충만한 죄 용서를 얻을 것이다. 동시에 우리가 베푸는 면죄부에 참여하고자 하는 자들은 로마인이면 3일, 순례자이거나 외지인이면 최소한 중단 없이 또는 중단하더라도 최소한 하루에 한 번씩 이 교회들을 방문해야만 한다는 것을 정한다. 모든 사람은 교회를 찾으면 찾을수록 경건하면 할수록 더 많은 공로를 얻을 것이고 더 효력 있는 면죄부를 얻게 될 것이다(Unusquisque tamen plus merebitur et indulgentiam efficacius consequetur, qui basilicas ipsas amplius et devotius frequentabit).……

원전 : QGPRK Nr. 744.—참고문헌: N. Paulus, Geschichte des Ablasses im Mittelalter. Vom Ursprung bis zur Mitte des 14. Jahrhunderts. 2 Bde., Darmstadt ²2000; G. A. Benrath, Art. Ablaß, in: TRE 1, 1977, 347-364; R. -H. Bautier, Le

Jubilé de 1300 et l'alliance franco-pontificale au temps de Philippe le Bel et de Boniface VIII, in: MA 86 (1980) 189-216.

b) 1302년 11월 18일 교서 "Unam sanctam"

하나의 거룩한 보편적이며 사도적 교회를 우리는 믿음의 순종 가운데에서 받아 굳건하게 붙들어야 한다. 또 우리는 이것을 굳게 믿으며 간단명료하게 고백한다. 그래서 그밖에는 구원도 없고 죄의 용서도 없다.…… 그 안에 한 주님과 한 믿음과 하나의 세례가 있다(엡 4:5). 홍수 때에 노아의 방주 하나만 있었는데, 이것은 하나의 교회를 앞서서 가리킨 것이다.…… 그 안에 있지 않은 것은 모두 소멸되었다.…… 이 하나의 교회는 오직 하나의 몸[과] 하나의 머리를 가지지 괴물처럼 두 개의 머리를 가지지 않는다: 곧 그리스도와 그리스도의 대리자 베드로와 베드로의 후계자를 말한다. 그런데 주께서 베드로에게 말씀하신다: "내 양을 치라"(요 21:7). 그분은 "내"라고 하시면서 철저히 보편적인 것[을 생각하신다], 그러니까 개별적으로 이 양 노는 저 양만을 말한 것이 아니다. 여기서 우리가 볼 수 있는 것은 그분께서 그에게 모두를 맡기셨다는 것이다. 희랍인들이나 다른 사람들이 자기들은 베드로와 그의 후계자들에게 맡겨지지 않았다고 말한다면, 그들은 자기들이 그리스도의 양떼에 속하지 않는다고 인정해야만 한다; 왜냐하면 요한복음에서 주님께서 "하나의 양떼와 하나의 목자만이 있다"고 하시기 때문이다(요 10:6).

그분의 권세 가운데에는 두 개의 칼, 곧 영적인 칼과 세속적인 칼이 있다는 것을 복음서의 말씀이 가르쳐 준다(눅 22:38). 이는 그 사도가 "보라 여기 두 개의 칼이 있나이다", 말하자면 교회 안에 그렇다고 말할 때 주님께서 "너무 많도다" 하시지 않고 "족하도다"라고 대답하셨기 때문이다. 세속의 칼이 베드로의 권세 가운데 있다는 것을 반박하는 자는 주님의 말씀을 충분히 주목하지 않는 것이다. 그분은 말씀하시기를 "그 칼을 칼집에 넣으라!"고 하셨다(마 26:52). 두 개(칼) 그러니까 영적이고 세속적인 칼(spiritualis scilicet gladius materialis)은 교회의 권세 안에 있다. 그런데 이것(칼)은 교회를 위해서 휘둘러져야 하고 반대로 저것은 교회에 의해서 되어야 한다(Sed is quidem pro ecclesia, ille vero ab ecclesia exercendus). 저것은 사제에게 속하고 이것은 왕과 기사들의 손에 놓여 있지만 사제가 원하는 때 그리고 원하는 동안만 그러하다. 그런데 한 칼은 다른 것 아래에 놓여 있다는 것, 그래서 세속적인 권위는 영적인 권위 하에 있다는 것은 마땅하다(Oportet autem gladium esse sub gladio, et temporalem auctoritatem spirituali subiici potestati). 왜냐하면 사도가 "모든 권세는 하나님으로부터 오며, 모든 권세는 하나님으로부터 정하신 바라"(롬 13:1)고 말하는데 우리는 만일 한 칼이 다른 칼 아래에 있지 않고 마치 아래 것이 다른 것으로 말미암아 위로 이끌어지지 않는 것 같다면 이것은[하나님께로부터] 정한 것이 아니라고 결론 내려야만 하기 때문이다.…… 하지만 영적인 권세는 그 품위와 존귀함이 세속적인 것을 능가한다는 사실을 우리는 영적인 것은 모두 세속적인 것 위에 있다는 것보다 더 분명하게 고백해야 한다.…… 진리가 증언하는 바와 같이 영적인 권세는 세속적인 것을 정해야 하고 옳지 않을 경우에는 그것을 심판해야 한다. 이런 식으로 예레미야의 예언은 교회와 교회의 권세와 관련해 볼 때 참이다(렘 1:10): "보라, 내가 오늘 너를 만민과 열방 위에 세웠노라."

그래서 만일 세속 권세가 잘못을 하면 영적 권세에 의해서 심판받게 될 것이다; 하지만 낮은 영적 권세가 잘못을 하면 상위의 영적 권세에 의해서 심판을 받게 된다; 하지만 최고의[영적 권세가 잘못을 하는] 경우는 사도가 증언하듯이 오직 하나님에 의해서이지 사람에 의해서 심판받을 수 없다: "영적인 사람은 모든 것을 판단하지만 자신은 누구에 의해서도 판단 받지 않는다"(고전 2:15). 하지만 이 권위는 비록 사람에게 주어지며 사람에 의해서 실행된다고 할지라도 인간적인 것이 아니라 신적인 권위이며 하나님의 말씀에 따라서 베드로에게 주어지고 굳은 반석인 베드로가 고백한 그리스도로부터 그와 그의 후계자들에게 주시면서 주님께서 말씀하셨다: "네가 땅에서 매는 것은……"(마 16:19). 그래서 하나님에 의해서 그렇게 규정된 이 권세에 반대하는 자는 하나님의 질서를 반대하는 자이다(Quicumque igitur huic potestati a Deo sic ordinatae resistit, Dei ordinationi resistit).…… 자기의 영원한 복을 잃은(de necessitate salutis) 피조자들인 인간들은 모두 로마 교황에게 복종하여야 한다는 것을 우리는 선언하며, 공포하며 규정하며 명시하는 바이다.

원전 : QGPRK Nr. 746.—참고문헌: T. S. R. Boase, Boniface VIII, London 1933, M. Seidelmayer, Papst Bonifatius VIII. und der Kirchenstaat, in: HJ 60 (1940) 78-87; W. Ullmann, Die Bulle "Unam sanctam", in: RöHM 16; J. Miethke, De potestate papae. Die päpstliche Amtskompetenz im Widerstreit der politischen Theorie von Thomas von Aquin bis Wilhelm von Ockham, Tübingen 2000.

52. 성 프란시스의 유증을 둘러싼 논쟁들: 프란시스파의 실용적인 청빈논쟁

이미 프란시스의 생전에 시작되고 특별히 규율 제 3번과 프란시스의 유언(아래 Nr. 42를 보라) 안에 있는 상이한 언급으로 말미암아 원인이 제공된 그 프란시스파 수도회의 긴장들은 오래도록 점증되었다. 상이하게 언표된 언급에 대한 반대로 벌써 13세기 후반에 실망한 프란시스 추종자 한 명의 익명의 문서 안에서는 인격화한 청빈이 그 사이에 등장한 태만을 비판하며 지난 여러 해 동안에 너무나 많은 형제들이 놓친 것으로 보이는 청빈의 이상을 명료화하였다(본문 a). 1245년 교황 인노센트 4세는 그 수도회의 소용(usus) 하에 있는 물건들에 대한 소유권(dominium)을 거룩한 보좌에게 국한시키면서 수도회가 기부는 받을 수 있도록 하였다; 이것이 입장에 따라서 온건파들 또는 태만한 자들에게 동기를 제공하였다. 교황 니콜라우스 3세는 1279년(오직) 기준을 따르는 소유물 사용(usus moderatus)뿐이라고 선언하면서 과격파와 온건파 사이에 커져가는 논쟁을 종식시키려고 하였다. 하지만 스피리투알회원들은 특히 중부 이탈리아와 프로방스 지역에서는 수도회의 지침에 동화하려고 하지 않았다. 이들은 곧바로 높은 지식을 갖춘 신학자인 페트루스 요한 올리비(1247/1296)라는 지적인 지도자를 얻게 되었다. 그에게서 청빈의 생각은 피오레의 요하킴에서 영감을 받은 묵시적으로 현재를 파악하는 것과 결합되었다. 이 열광주의는 커다란 영향력을 행사하였다; 곧바로 영적으로 행동하는 여성들이 그 주위에 몰려들었는데, 이들은 베긴회의 생활방식(아래 Nr. 57을 보라)과는 관련이 없는데 '베긴회'라고 불렀다. 교황 요한 22세 하에서 네 명의 신령주의자가 화형된 것은 심각한 위기를 가져 왔고, 특별히 강력하게 현재 교회를 참된 영적 교회와 대적하는 육적인 교회로 동일시함이 선전되었다. 1311/12년 비엔나 공의회에서 교회를 비판하고 역사신학적인 모든 주장들은 올리비를 사후 정죄하면서 강하게 거부되었다. 그리고는 조금 후에 요한 22세가 정규수도회 안에서도 청빈문제에 대해 온건한 프란시스파의 태도를 옹호하고 있다는 것이 분명해졌다. 1323년 11월 12일 교서 "Cum inter nonullos"에서 그는 그리스도와 사도들은 전혀 소유물을 가지지 않았다는 생각은 이단적이라고 선언하고 이와 함께 청빈한 삶의 신학적인 근거를 둘러싼 이론적인 청빈논쟁을 발발시켰다.

a) 성 프란시스의 여주인인 청빈과의 동맹

태만함에 굴복한 수도회 사람들:

이들은 아주 품위가 전혀 없는 방식으로 자기들이 떠난 애굽의 모든 풍요로움[1)]을 회상하기 시작하였다; 자기들이 과감하게 멸시한 것을 그들은 부끄럽게도 다시 원하였다. 슬프게도 그들은 하나님 계명들의 길을 가며(시 118:32) 즐거움도 없이 자기들의 의무들을 향해 갔다. 무거운 짐에 깔려 지쳤고 영의 결핍으로 인해서 그들 가운데에는 생명의 영이 거의 없었다. 이를 갊도 거의 없고 통회도 없었다; 그들의 복종은 불평으로 가득했고, 그들의 생각은 짐승과 같고 그들의 즐거움은 절제도 없으며 그들의 슬픔은 비겁했고 그들의 말은 깊은 생각이 없었고 그들의 웃음은 경박하였다. 그들은 만족한 얼굴을 하고 거만하게 행동하였고 섬세하게 뜨개질되고 더욱 세심하게 바느질한 부드럽고도 세련된 옷을 걸쳤다; 그들의 잠은 길게 늘어졌고, 그들의 식탁은 넘쳐났고 그들의 마심은 절제가 없었다. 재미와 수치와 헛된 말들을 그들은 허공 중에 지껄였다. 이야기들을 읊고 법을 바꾸고 땅을 나누고 많은 구실로 사람들의 행동들을 논하였다. 영적인 일 몰두 때문에는 전혀 염려하지 않고 영혼의 구원을 위해서는 전혀 애쓰지 않았다; 아주 드물게 그들은 하늘의 일들에 관해 말하고 영원을 향한 그들의 사모함은 미적지근하였다.

그들은 서로 시기하고 하나가 다른 하나를 향해 도발하기 시작할 만큼 굳어져버렸다; 각자는 다른 자를 지배하는 것에 골몰하였고 아주 심한 범죄를 한 형제를 고소하였다(창 37:2). 그들은 슬픈 것은 피하고 자기들에게 헛된 즐거움을 주는 것을 구하였다. 왜냐하면 참다운 즐거움에 대해서는 무능했기 때문이다. 오직 가능한 한에서 그들은 심하게 멸시 받지 않으려고 거룩을 가장하였고 거룩한 것을 말하였으며 그런 식으로 자기들의 비난받아 마땅한 수도회의 삶[conversationem]을 단순한 사람들에게 숨길 수 있었다. 하지만 이들의 내면적인 해체가(interioris hominis dissolutio) 얼마나 큰지 자기들이 통제할 수 없었으며[자기들의 상태의] 분명한 표시로 인해서 밖으로도 드러내었다.

마지막으로 이들은 세상 사람들 가운데에 자기들의 사택을 만들고 이들의 주머니를 털어서 자기들의 건물을 확장하고 자기들이 벌써 철저히 포기하였던 것을 쌓기 위해서 그들과 가까이 하기 시작하였다. 이들은 자기들의 말씀을 부자들에게 팔아먹고 자기들의 기대를 경건한 부인들에게 팔아먹었다; 이들은 가옥에 가옥을 전토에 전토를 연이어 가지기 위해서(사 5:8) 힘을 다해서 왕과 제후들의 저택을 찾았다. 그래서 이제는 높이 평가 받으며 부유해졌고 땅에 굳건히 기초를 가지게 되었다. 왜냐하면 이들이 악에서 악으로 달리면서 주님을 보지 않았기 때문이다(렘 9:3). 그들은 칭찬받는 중에 거꾸러지도다(시 73:18); 이들은 만삭되지 않은 자로 세상에 왔다. 하지만 이들은 내게 말하였다: 우리는 너희의 친구라.

원전 : Sacrum commercium Sancti Francisci cum domina Paupertate, hg. v. S. Brufanie, Assisi 1990, 161-163; 번역: K. Eßer/E. Grau (Hg.), Der Bund des heiligen Franziskus mit der Herrin Armut, Werl/Westf. 1966 (= Franziskanische Quellenschriften 9), 138-141.—참고문헌: E. Grau, Das

'Sacrum commercium sancti Francisci cum domina paupertate'. Seine Bedeutung für die franziskanische Mystik, in: Abendländische Mystik im Mittelalter. Symposion Kloster Engelberg 1984, Stuttgart 1986 (= Germanistische Symposien 7), 269-285; K. Ruh, Geschichte der abendländischen Mystik. Bd. 2, München 1993, 386-391.

b) 버나드 구이, Practica inquisitionis haereticae pravitatis: 프랑스 남부 베긴회에 대한 질문들

버나드 귀도니스 또는 구이(1261/2-1331)는 높은 교육을 받은 도미니크파 수도사였다. 그는 여러 지역에서 신학을 가르쳤고 포괄적인 연대기적 논문들을 저술하였다. 생애 마지막에는 그에게 주교직위가 주어졌다. 하지만 그 이전인 1307-1323년에 뚤루즈의 이단심문관의 직책를 가지고 있었다. 이 역할로부터 그의 이단심문-총서가 나오게 되었다. 이 책은 프랑스 남부 베긴회의 어떤 면이 교회에 특별히 문제였었는지를 드러내준다. 이 책은 비록 더 풍성한 효력을 발휘하지 않았지만 이단심문관의 사고방식과 추진방식에 대한 유일한 통찰을 제공하고 있다.

나아가서 심문해야 할 자에게 어떤 사람들이 가르치고 주장한 바와 같이 그리스도와 사도들은 개인적으로나 공동체적으로도 아무 것도 가지지 않았다는 사실을 들었는지 물어야 한다(quod Christus et apostoli nihil habuerint neque in proprio neque in communi). 또한 어떤 사람이 말하듯이 이 반대를 참이라고 여기고 믿는 것은 이단이라는 것을 들었는지. 또한 어떤 사람이 신앙규정이라고 선포하였던 것처럼 어떤 것을 공동으로 소유하는 것은 복음적인 청빈의 완전함(de perfectione evangelicae paupertatis)을 감소시킨다는 것을 들었는지……

또 교황은[어떤 경우에서고] 맹세나 복음적인 조언이나 성 프란시스의 규율 안에 있는 규정과 관계되는 한에는 복음에다가 하는 것만큼이나 조금밖에 그 규율에다가 어떤 것도 변경하거나 거기에서 제하거나 첨가할 수 없다는 것을 그가 믿어왔는지 아니면 지금 믿고 있는지도……

또 하나님의 교회와 그리스도 신앙이 현재는 제3의 수도회인 청빈하게 사는 베긴회의 작은 백성들과 이 가난한 자들과 청빈의 복음적인 규율을 핍박하지 않는 또 다른 작은 백성들 안에만 존재하고 있다고 베긴회 안에서 교리로 선포하는 것을 들은 적이 있는지……

또 프란시스파 수도회 페트루스 요한 올리비 형제의 가르침이나 문서와 관련해서: 혹시 이것이 그에게 어떻게 대중적인 언어로 낭독되었는지, 혹시 그 자신은 자기를 위해서 또는 다른 사람을 위해서 읽었는지 그리고 어디서 얼마나 자주 그리고 누구에 의해서 이것이 이루어졌는지 들은 바가 있는지. 이 형제 페트루스 요한의 어떤 책 또는 어떤 책으로부터 그가 읽는 것을 들었는지 물어야 하고 계시록에 관한 설교집이나 청빈이나 구걸에 관한 논문이나 이 사람의 다른 작은 글에서 읽어 왔는지.

또 바로 이 형제 페트루스 요한의 문서나 가르침이 참이고 공교회적이라고 생각하거나 믿는지……

또 베긴회에서 언급되거나 성경주석으로 전개(dici vel exponi)된 것과 같이 언급한 형제 페트루스 요한이 베긴회가 주장하듯이 그에게만 그리스도의 진리와 계시록 이해가 그의 설교집 안에서 열려졌기 때문에 그가 바로 영적인 의미에서 계시록에서 자기 얼굴이 해와 같고 펼쳐진 책을 손에 들고 있던 그 천사(계 10:1f.)라는 것을 들었는지……

또 위에서 말한 그 설교집에서 다른 사람들이 읽은 것처럼 교회의 일곱 시대(septem status ecclesiae)가 있고 성 프란시스와 함께 또는 그의 규율과 함께 시작했다고 그 자신이 말하고 있는 그 여섯 번째 시대의 끝에는 유대인들의 회당시대가 그리스도의 오심으로 소멸되었듯이 로마 교회가 종말을 맞게 된다는 것을 그 책에서 읽었는지.

또 그들이 적그리스도의 죽음과 함께 시작된다고 말하는 일곱 번째 시대의 시작에는 첫 번째의 그 육체적인 교회—곧: 로마 교회—가 쫓겨나고 비난받은 후에(reiecta et reprobata prima ecclesia carnali, scilicet Romana) 다른 새로운 교회가 시작하여 첫 번째 교회를 이을 것이라는 것도.

또 언급한 설교집에서 해석되고 그 이해가 전개되었던 바와 같이 로마 교회가 계시록에서 말하는(계 17) 지 큰 바빌론 창기라는 것과 마귀의 나라(civitas diaboli)이며 마지막 날에는(finaliter) 유대인의 회당이 쫓겨나고 비난받은 것과 마찬가지로 그리스도로부터 쫓겨나고 비난받게 되어 있다는 것을 들었는지.

또 어떤 사람이 읽었거나 성경해석이라고 전개한 것과 같이 육체적인 교회 그러니까 로마 교회의 수위권은 새 예루살렘으로 넘어갈 것이며 이것이 주는 바는 여섯 번째 시대의 마지막과 일곱 번째 시대 시작에는 새로운 교회가 존재하게 될 것이라는 것을 들었는지.

또 어떤 사람이 읽었거나 성경해석이라고 전개한 바와 같이 여섯 번째 시내, 곧 성 프란시스의 때 또는 규율과 함께 시작한 그 시대는 복음적인 청빈의 규율과 오래 참음을 그 이전 어떤 시대보다 더 완전하게 보존할 것이라는 것을 들었는지……

원전 : Bernard Gui, Manuel de l'inquisiteur. Hg. u. (불어로) 번역 v. G. Mollat. Bd. 1, Paris 1926 (= Les classiques de l'histoire de France au Moyen Age 8), 156-168.—참고문헌: R. Kaeppeli, Scriptores ordinis Praedicatorum medii aevi. Bd.

1, Rom 1970, 205-226; Franciscains d'Oc - Les spirituels (ca. 1280-1324), Toulouse 1975 (CFan 10); D. Burr, The Persecution of Peter Olivi, Philadelphia 1976 (TAPhS.NS 66); Bernard Gui et son monde, Toulouse 1981 (CFan 16); G. Barone, L'Oeuvre eschatologique de Pierre Jean-Olieu et son influence, in: Fin du monde et signes des temps, Toulouse 1992 (CFan 27), 49-61.

c) 교황 요한 22세의 스피리투알회 정죄(교서 "Cum inter nonnullos", 1323년 11월 13일)

우리 구세주 주 예수 그리스도와 그의 사도들은 개인적으로도 공동체적으로도 재산을 가지지 않았다고 고집스럽게 주장하는 사람들을 이단으로 보아야 하는가 하는 질문을 몇몇 지식인들이 다루는 일이 종종 일어난다. 이러면서 다양하고도 서로 상반되는 생각들이 나타났다. 그래서 우리는 이 논쟁에 종지부를 찍되 우리 형제들의 조언을 따라서 이 영원히 효력 있는 교서로 하려고 한다: 이 고집스러운 주장은 이제부터 완전히 틀렸고 이단적이라고 간주해야 한다; 왜냐하면 이것은 많은 곳에서 그들(그리스도와 그의 사도들)이 조금의 소유를 가졌었다고(ipsos nonnulla habuisse asserit) 확실히 인정하는 성경과 분명히 상반되기 때문이다. 그리고 그 주장은 노골적으로 제시하기를(unterstellt) 항상 바른 신앙 항목에 근거를 제시하는 성경 자체가 거짓의 누룩을 가지고 있다고 하는 것이기 때문이다. 또 이것은 결과적으로 그것(성경)에 대한 믿음을 폐기시키며 이와 함께 공교회 신앙을 의심스럽고도 불확실하게 만들기 때문이다.

원전 : DS 930.—참고문헌: K. Balthasar, Geschichte des Armutsstreites im Franziskanerorden bis zum Konzil von Vienne,

Münster 1911 (VRF 6); E. Benz, Ecclesia spiritualis. Kirchenidee und Geschichtstheologie der franziskanischen Reformation, Stuttgart 1934 (= Darmstadt 1969); M. D. Lambert, Franciscan Poverty. The doctrine of the absolute poverty of Christ and the apostles in the Franciscan Order 1210-1323, London 1961; J. Moorman, A History of th Franciscan Order from its Origins to the Year 1517, Oxford 1968; D. Burr, Olivi and Franciscan Poverty. The Origins of the Usus pauper Controversy, Philadelphia 1989; H. Feld, Franziskus von Assisi und seine Bewegung, Darmstadt 1994; U. Horst, Evangelische Armut und päpstliches Lehramt. Minoritentheologen im Konflikt mit Papst Johannes XXII. (1316-34), Stuttgart 외 1996 (MKHs 8).

1) 출 16:3 비교하라.

53. 교회 정치적 저널리스트 윌리암 옥캄

아비뇽 교황청에 억류되어 있을 때 당시에 가장 무게 있는 스콜라주의자 중 하나인 윌리암 옥캄은 교서인 "Cum inter nonnullos"로 촉발된 청빈에 관한 이론논쟁에 개입되었다(위 Nr. 52c.). 그때까지는 이 문제에 관해서 전혀 관여하지 않았었다. 하지만 그의 수도회 총장이 그에게 요한네스 22세(1316-1334)가 이와 관련해서 하였던 언급을 가르쳐주었다는 것이 교황은 이단이라는 인식으로까지 이르렀을 가능성은 거의 없다. 그 결과들은 그에게 결정적이었다: 이제는 교황의 대적인 황제 진영으로 넘어갔다. 이들은 이미 1324년 세심하게 작성된 색슨 항소문에서 청빈문제를 자기들의 목표로 설정하였었다. 1347년 죽을 때까지 그는 바이에른 루이의 아주 무게 있는 조언자로 있었다. 물론 청빈문제를 이론적으로 해명하는 것이 일단 그에게 중요했던 것은 사실이다: 겨우 90일 동안에 그는 1329년 반포된 교서 "Quia vir reprobus"를 예술적 기준에 따라서 분해한 논문을 작성하였다: 장별로 그는 케제나(Cesena)를 공격하여서 기록된 교서의 구절을 연속해서 인용하였다. 이렇게 해서 그는 교황대적자들이 그 반대로 항의했을 것들을 평하기 위해서 였다. 이 입장을 공고히 하기 위해서 그는 자기가 스콜라주의적으로 배운 논증능력을 사용하였다. 청빈과 관련한 논쟁에 결정적으로 중요한 개념들인 'usus'와 'dominium'을 어떻게 이해하여야 하는가를 설명하였다. 옥캄이 교회정치적인 문서 활동에서도 지식인으로 머물러 있었다는 것을 후기 문서들이 가르쳐 준다. 이 문서들로 그는 점점 더 아비뇽 교황들이 세속권과 성권을 주장하는 싸움에 개입하였다. Breviloquium이라는 제목이 말해주듯이, 이 책에서 그는 자기 입장을 간략하게 요약하였다. 이 책 외에 그의 작품 가운데서 선생과 제자의 대화가 단연 탁월하다. 여기서는 현재 싸움들이 가진 신학적, 법적 문제들이 폭넓게 다루어졌다. 모든 것이 무리하게 오직 하나의 입장을 기준 삼아서 적당하게 다루어지지 않았다. 이 작품은 훗날 공의회주의 논쟁에서 주장을 펼 때 중요한 보물창고가 되었다.

a) "사용"과 "처분권"은 무슨 의미인가?(Opus Nonaginta dierum, c. 2)

첫째로, '사용'(usus)의 의미에 대해서 그들은 이 '사용'이라는 말이 문서들에서는(in scripturis) 다양하게 사용되고 있다고 말한다. 말하자면 네 가지 방식으로 사용할 수 있다. 한 방식에서는 '사용'을 완전한 향유(fruitio)와 구분한다; 이 의미에서 사용과 향유란 어떤 것을 의지의 힘으로(in facultate voluntatis) 붙잡을 수 있게 하는 의지의 행위이다. 사용이라는 말이 법학에서는 이런 식으로는 아주 드물게 나타나거나 이런 식으로는 전혀 이해되고 있지 않는다. 그밖에 '사용'이라는 말에서 그 어떤 외부의 물건을 사용하는 행위로 생각한다. '사용' 이라는 표현을 사용하는 모든 학문분야에서는(in omni facultate) '사용' 이라는 말을 이렇게 사용하는 것이다. 이런 식으로 '사용' 이 사사기 19장(19절)에서 "우리는 내가 사용하고 당신 여종이 사용할 빵과 포도주를 갖고 있습니다"라고 할 때 사용하고 있다. 세 번째 방식으로 '사용' 이라는 말로는 어떤 것을 하는 습관을 생각한다. 삼상 17장(39절)에서 중무장을 한 다윗이 "이것은 나의 익숙한 사용방식에 맞지 않기 때문에 이렇게는 못하겠습니다"라고 할 때 사용되고 있다. 그라티안의 법령 첫 번째 부분, 11번 단락 4장, 그리고 권외 1권 네 번째 주제, 9번째 장에서 이렇게 사용되고 있다. 네 번째 방식으로는 '사용' 이라는 말에서 어번 특별법 같은 것을 뜻한다. 곧 "어떤 사람이 낯선 물건의 본질은 보존하는 가운데 사용할 수 있는"[1] 근거를 말한다. 그들은 말하기를 '사용' 이라는 말이 법학과 또 법학의 언어 사용에 의존하고 있는 문서들에서는 이렇게 사용되고 있다고 한다. 그래서 이들은 자기들이 인정하는 바와 같이 '사용' 이라는 말이 신학이나 철학에서 그렇게 사용되지 않는다는 것을 기억하지 못하고 있는 것이다. 이렇게 다양한 방식으로 이 '사용' 이라는 말을 이해할 수 있다고 그들은 말하고 있다; 물론 이 말을 어떤 곳에서는 다른 방식으로 사용하는 것을 발견할 수 있다는 것을 반박하지는 않는다.

실제적인 사용에 관해서 이 문서들은 말하면서 실제적인 사용은 그 어떤 외부 물건이 사용되는 그 행위라고 하고 있다. 예를 들면: 거주하다, 먹어치우다, 마시다, 말을 타다, 옷을 입다 등등.

……

그런데 이것을[칙령 "Quia vir reprobus"] 반박하는 자들은 그 어떤 공인된 문서에서(scriptura authentica)는 처분권에 관한 본래적 정의나 우회적 규정을 읽은 적이 없다고 말한다. 그러므로 그들은 처분권에 관한 하나의 정의를 제시하려고 할 때 법적인 범주를 따라(secundum quod accipitur in iure) 처분권과 관련해서 아래와 같이 구분을 한다: 일시적인 일들에 관한 처분권의 종류에는 신적인 권세가 있다고 그들은 말한다; 우리는 이 권세를 다루지 않겠다; 그렇지만 인간적인 처분권과의 관계는 다르다; 여기에는 두 가지 방식이 있다. 말하자면 어떤 것들은 자연적 및 신적인 법칙에 따라서 순수한 상태에서 인간에게 주어진 것이 있다. 여기에 관해서는 창세기 1장에 인류의 조상에게 말해주고 있다: "바다의 물고기와 하늘의 날짐승들과 땅위에서 움직이는 모든 생물들을 지배하라(Dominamini)"(창 1:28). 긍정적인 법칙이나 인간들의 제정에 근거한 다른 처분권이 인간에게 있다. 그리고 이 처분권은 종종 시민법과 교회법에서 다루어진다. 이렇게 이해해 본 처분권은 두 가지 방식으로 이해할 수 있다, 곧 보편적이며 광범위한 방식이나 특수하며 협의의 방식을 말한다.

원전 : Guillelmi de Ockham Opera Politica. Bd. 1, hg. v. H. S. Offler, Manchester [2]1974, 300. 306.

b) 교황의 전권에 관하여(Breviloquium II, 1-3)

전권에 관해서 어떤 사람들은 교황은 그리스도로부터 전권을 받기를 세상적 그리고 영적인 면에서 자연법이나 하나님의 법에 반대되지 않는 모든 것에 대한 권리가 주어졌다는 식으로 생각한다. 이러한 생각은 심지어는 실제로 그가 그런 식으로 명령을 하거나 행함으로 죽을 죄를 저질렀더라도 한 번 정해진 사실은 그대로 유지되며 그에게 복종하는 것은 구원에 필수적이라는 정도에까지 이르고 있다.……

내가 확신하는 바대로라면 이 주장은 거짓이고 모든 신자들에게 위험이 될 뿐 아니라, 바로 이단사설이다.

따라서 내가 우선 제시하고 싶은 것은 그 주장은 성서에 비추어서 분명하게 모순되기 때문에 이단사설이다. 복음적인 율법은 모세 율법보다 종 됨을 더 심하게 가져오지 않고 덜 가져오기 때문이다. 그러므로 복된 야고보서 첫 장(25절)이 말하듯 그는 이것을 완전한 자유의 법이라고 불렀다. 하지만 모세의 율법은 사도행전 15장(10절)에서 복되신 베드로의 말씀에 따르면 그 종 됨을 감당할 수 없기에 믿는 자들에게 멍에를 메워서는 안 된다고 하였다. 여기서 베드로는 모세의 멍에에 관한 글에 대해서 말하고 있는 것이다: "우리 조상과 우리도 지지 못하는 멍에를 제자들의 목에 메우는 것으로 하나님을 시험하느냐?" 이 말에서 분명하게 도출해야 하는 것은 모세 율법 같은 무게와 그러한 종 됨의 멍에는 기독교인들에게 메워서는 안 된다.……

하나님의 법과 거룩한 교부들에 있는 이러한 수많은 다른 증거들로부터 그리스도의 법은 모세 율법과 같은 그런 종 됨을 필요로 하고 있지 않는다는 것을 확실하게 도출할 수 있다. 하지만 그리스도로부터 온 계명과 서임이 교황에게 세상적인 일과 영적인 일에 관계없이 하나님의 법이나 자연법에 거스리지 않는 모든 것에 대한 권세를 주었다면, 그리스도의 법은 옛 율법의 종 됨보다 훨씬 무겁고 그 철저하게 혐오스러운 종 됨을 필요로 하는 것이 된다.

모든 기독교인, 그러니까 황제와 왕들은 자기들에게 복종하는 다른 모든 사람들과 마찬가지로 말이 의미하는 그대로 종들이 되는 것이다. 왜냐하면 그 어떤 사람에 관해서 자연법이나 하나님의 법에서 어긋나지 않는 모든 것을 관할할 수 있는 그보다 더 큰 권세를 가진 자는 없기 때문이다.

교황은 그런 이치를 따르면 프랑스의 왕이나 그 어떤 다른 사람들로부터 빌리는 것도 아니고 이유도 없이 통치권을 빼앗을 수 있는 권리를 가졌다는 것이다. 주인이 자기 종에게서 그에게 주었던 것을 이유도 없이 빌리지도 않고 취할 수 있는 것처럼 말이다.

이것이야말로 정신 빠진 것이다.

교황이 세상적인 관심과 영적인 일에 그러한 전권을 휘두를 수 있다면, 그는 기독교인들에게 외적인 의식들을 옛 율법 하에서 보다 더 무겁고 부담스러울 정도로 부과할 수 있다. 그렇다면 복음의 율법은 절대로 자유의 율법이 아니라, 감당할 수 없는 종 됨을 가지고 오는 율법이 된다.

그러니까 위에서 언급한 주장은 이단사설이라고 정죄 받아야 한다. 또한 그것은 모든 기독교 세계에 위험하기까지 하다. 왜냐하면 교황이 세상적인 일에서 그러한 전권을 가졌다면, 그는 합법적으로 모든 왕들과 제후들로부터 땅과 통치권을 빼앗아서 자기의 친족이나, 혹시 그가 합당하다고 하면 또 다른 사람들에게 전수하거나 아니면 자기가 보전할 수도 있기 때문이다. 이로부터 모든 기독교 세계에 위험스러운 분열과 싸움과 전쟁이 쉽사리 일어날 수 있는 것이다.

원전/번역 : Wilhelm von Ockham, Texte zur Theologie und Ethik, ausgw., eingel. u. übers. v. V. Leppin u. S. Müller, Stuttgart 2000, 290-299.—참고문헌: R. Scholz, Wilhelm von Ockham als politischer Denker und sein Breviloquium de principatu tyrannico, Leipzig 1944 (= Stuttgart [2]1952) (MGH.SRI 8); W. Kölmel, Wilhelm von Ockham und seine kirchenpolitischen Schriften, Essen 1962; J. Miethke, Ockhams Weg zur Sozialphilosophie, Berlin 1969; V. Leppin, Art. Ockham/Ockhamismus I.2.2: Ockhams politische Theorie, in: TRE 25, Berlin/New York 1995, 14-16.

1) 로마법의 한 부분인 법학설 대전(Digesten)에 대한 Glossa ordinaria에서 인용.

54. 파두아의 마르실리우스(Marsilius von Padua, 1280/90-1342/3): "평화의 수호자"(Defensor pacis, 1324)

이미 오캄보다 앞서서 루이의 조언자들 중에는 1280년과 1290년 사이에 파두아에서 태어난 철학자요 의사인 마르실리우스가 있었다. 아마도 그는 고향에서 문예학을 공부하였으며, 그 다음으로는 파리에서 공부한 것만은 확실하다. 여기서 그는 1312/1313에 대학 총장으로 부름을 받았다. 파리에서 그는 1324년 주저서인 "Defensor pacis"를 탈고하였다; 이 작업에는 과거에 종종 주장되어 온 바와 같이 그의 동료 얀둔의 요한네스(Johannes von Jandun)가 함께 협력하였다는 것은 오늘날 더 이상 확신 있게 주장할 수 없다. 어쨌든 그와 함께 마르실리우스는 1326년 여름 주교의 종교재판을 피해서 파리에서 도망하여 왕 루이의 궁정으로 갔다. 죽을 때까지(1343년 10월 이전) 주치의와 정치 조언자로서 왕에게 봉사하였다. 물론 그의 영향력은 프란시스파의 새 세대들 때문에 감소되었나. "Defensor pacis"는 현세에 대한 결정적인 분석으로부터 영감을 받고는 황제와 교황 사이의 진행 중인 투쟁 안에서 하나의 평화를 위한 가능한 길—여기에서 이 제목이 왔다—을 제시하려고 하고 있다. 현재의 중요한 잘못은 마르실리우스의 눈에 교회와 교황의 정치적 지배권 주상이있다. 현 상태에 대한 비판을 통해서 마르실리우스는 아리스토텔레스의 사회에 관한 이론으로 소급해 가지고는 훗날 국민주권론을 연상케 하는 주장을 하게 되었다: 그에 따르면 시민들의 총체 또는 그 중 중요한 자들(senior pars)의 총체만이 강제적 성격을 띤 법률을 반포할 자격이 있다. 왜냐하면 그들은 스스로를 강제할 수 있기 때문이다. 교회에게 이것은 마르실리우스의 관념으로는 곧 정치적 지배권 주장 포기일 뿐 아니라, 마지막으로는 정치적 공동체로부터 사라지는 것을 의미한다. 이 근본적인 생각보다는 마르실리우스는 교황권 제한의 생각을 통해서 중세에 더 큰 영향을 끼쳤다. 이 생각은 공의회주의에 강력하게 수용되었다.

a) 사제의 권위 영역(첫 부분 VI 1-8)

1. 이 사유의 마지막 문제는 최종 원인(de causa finali)인데, 이것이 참된 사제권이 신자들의 공동체 안에 세워지게 된(verum sacerdotium in communitatibus fidelium institutum) 그 원인이다. 이것은 깨달음과 열망으로 말미암아(per cognitionem et appetitum) 이루어지는 인간의 행위, 곧 순수한 행위 내지는 이 행동으로 말미암아서 인생이 앞으로 올 세상에서 최고의 삶을 이룰 수 있게 한다는 면에서 본다면 포괄적 행위인 그 인간의 행위를 지배하는 것이다. 이 때문에 첫 번째 인간인 아담은 다른 피조물과 마찬가지로 우선적으로는 하나님 영광을 위해서 창조되었지만 소멸될 존재 형식들의 그 다른 방식과는 다르게 유일한 방식으로 되었다는 것을 주목해야 한다: 말하자면 하나님의 형상과 모양으로(ad imaginem Dei et similitudinem [창 1:26]) 만들어져서 영원한 복을 받게끔 되어 있으며 삶에 따라서 이미 현세 안에서 거기에 참여할 수 있는 것이다. 또한 순수한 상태와, 원초적인 의로움의 상태로(in statu innocentiae seu iustitiae) 그리고 은혜 가운데에서 창조되었다; 이것을 어떤 성스러운 사람들과 성령 안에 있는 경탄할 만한 선생들이 납득을 시키고 있다. 그가 이 상태에 머물렀더라면, 그와 그의 후손에게 시민적인 직업제도(officiorum civilium institutio)가 필요하지 않았을 수 있다; 왜냐하면 이 만족한 삶에 합목적적이며 즐거움이 가득한 모든 것을 자연이 지상 낙원이나 고통이나 스트레스 없는 향유를 하는 낙원에서 그에게 주었을 수 있었기 때문이다.

2. 하지만 아담이 자기에게 금지된 나무에서 먹고 이로써 하나

님의 명을 위반하면서 자기의 순결 또는 원초적인 의와 은혜를 더럽혔기(corrupit) 때문에 순식간에 그는 범죄와 탄식 또는 형벌(poenam…… privationis felicitati aeternae), 말하자면 영광에 가득찬 하나님의 자비가 그와 모든 그의 후예에게 최종 상태로 정한 그 영원한 복을 잃는 형벌로 전락해 버렸다.……

4. 하지만 자비의 하나님께서 인류를 영원한 복으로 정하셨기 때문에 이들을 그 타락의 결과로부터 구원하거나 목적이 가득한 질서를 따라서 새롭게 영원한 복을 받도록 이들을 준비시키기 원하셨다. 이 때문에 인류의 마지막 때에 자기 아들 예수 그리스도, 곧 한 인격체 안에 계신 참 하나님과 참 인간이신 분을 통해서 복음의 법(legem evangelicam)을 선포하시되 인간이 믿고 행하고 피해야 할 것들을 위한 계명들과 권고들과 함께 선포하셨다.…… 이 이유로 은혜의 법(lex gratiae)이라고 한다. 이는 한편으로는 그리스도의 수난과 죽음으로 인류를 죄와 영원한 복을 잃는 벌에서 해방시켰기 때문이다. 이 벌은 첫 번째 부모의 타락 내지는 죄의 결과로 짊어지게 된 것이다. 다른 한편으로는 그분의 복종과 그분과 함께 그리고 그분 안에서 제정된 성례전을 받음으로 말미암아서 하나님의 은혜가 우리에게 주어졌고, 주어진 은혜는 강력해졌고 잃은 은혜는 다시 되찾게 되는 것이기 때문이다.……

7. 방금 언급한 율법의 선생으로서 그리고 그에게 속한 자들의 관리자들로서 사람들은 어떤 사람들을 공동체 안에 세웠으며 이들을 사제, 집사나 레위인들이라고 부른다. 이들의 직무는 복음적인 기독교 법의 계명들과 권고들을 가르치는 것인데, 곧 마지막에는 앞으로 올 세상에서의 복에 이르고 그 반대로부터는 벗어나기 위해서 믿고 행하고 피할 것을 가르치는 것이다.

8. 사제직의 목적은 그러니까 인간을 교육하고 훈련하는 것이다(disciplina et eruditio). 곧 영원한 구원에 이르며 영원한 고통에서 벗어나기 위해서 필요불가결하게 복음의 법을 따라서 사람

이 믿고 행하거나 하지 말아야 할 것들에 관해서 말이다.

b) 교황과 공의회들의 권위 영역(두 번째 부분, XXII 5-6)

5. 주교 자체, 또는 교회 자체는 그러니까 성서의 말씀에 따라서 다른 자들의 머리라든지 그들보다 우월하든지(principalior) 하지 않다. 왜냐하면 교회의 머리와 신앙의 근거는 하나님께서 직접 만드신 질서와 성경 또는 진리를 따라 볼 때 오직 그리스도 한 분이시지, 사도도, 주교도 또는 사제도 아니기 때문이다. 엡 4(15), 5(23), 골 1(18)과 고전 10(4)에서 사도가 분명한 말로 했던 것처럼 말이다. 그러므로 그는 모든 사도들, 예언자들, 교회 교사들과 그밖의 신자들이 그리스도의 몸, [곧] 그의 지체인 교회를 이룬다고 생각하였다; 그러나 그리스도 한 분 외에는 아무도 머리가 아니다.……

6. 그러나 다른 방식으로, 총 공의회나 신앙심 있는 인간적 법 제정자(auctoritate generalis concilii vel fidelis legislatoris humani) 때문에 주교나 교회가 다른 자들의 머리 또는 지도자라거나 그렇게 임명될 가능성은 이렇게 생각할 수 있다: 혹시 신앙의 문제나 신자들에게 두 말할 나위 없이 긴급함이 발생하고 그 해결을 위해서는 총 공의회 소집이 합당하다고 보이는 긴급한 문제가 그에게 주어지면, 그는 다음과 같은 임무를 갖게 된다: 신앙심 있는 법 제정하는 인물이나 총 공의회가 그와 함께 하도록 한 사제단들과 함께 그는 먼저 조언을 받아서 그 문제를 만인지상에 있는 신앙심 있는 법 제정자에게(fideli legislatori superiore carenti) 전달하여서 그가 알게 하여야 한다. 그리고 그가 여기에 대해서 강제성 있는 지시를 내리면, 우리가 이미 말한 대로 총 공의회가 소집되어야 한다. 이 주교의 임무는 총 공의회에서 많은 주교들과 성직자들 가운데에서 의장 자리를 가지고 회의일정을 정하며, 의견수렴 결과를 총 공의회 앞에서 요약하며, 회담내용을

서면으로 작성하고 익명을 보장하는 필사자의 진짜 공식적인 인과 장을 첨부하도록 하며, 이것 때문에 기다리는 모든 교회들에 이 (결정)들을 보내어 전달하며, (결정들을) 알게 하고, 가르치고 그에 대해서 정보를 제공하는 것이다. 또 신앙과 교회의 제의나 예배에 관해서 결정되고 그밖에 신자들의 평화와 일치를 위해서 규정된 것에 저촉된 자들에게 엄한 교회의 벌, 예를 들면 파문이나 교권정지 아니면 이와 비슷한 벌을 내리는 것이다. 하지만(오직) 공의회의 지시를 따라서 그 권위를 힘입어서이지, 절대로 현 세상의 지위와 관계되고 그 지위에 속한 재산이나 인물에 대해 벌을 부과하는 강제성 있는 권세에 근거해서가 아니다.

원전/번역 : Marsilius von Padua, Der Verteidiger des Friedens (Defensor pacis), bearbeitet von H. Kusch, 2 Bde., 1958, 58-67. 770-775.— 참고문헌 : H. Segall, Der "Defensor Pacis" des Marsilius von Padua, Grundfragen der Interpretation, Wiesbaden 1959; J. Quillet, La philosophie politique de Marsile de Padoue, Paris 1970; J. Miethke, Art. Marsilius von Padua, in: TRE 22, Berlin/New York 1992, 183-190, C. J. Nederman, Cummunity and Consent. The Secular Political Theory of Marsilius of Padova's 'Defensor pacis', London 1995; J. Miethke, De potestate papae. Die päpstliche Amtskompetenz im Widerstreit der politischen Theorie von Thomas von Aquin bis Wilhelm von Ockham, Tübingen 2000, 204-247.

55. 교황권을 상대로 커져가는 황제권의 자율성

바이에른의 루이가 파두아의 마르실리우스 그리고 옥캄의 윌리암과 함께 당시 교황 반대자들 가운데 가장 중요한 사상가들을 뮌헨에 있는 자기 궁정으로 불러들인 것은 결코 우연이 아니다: 처음부터 교황 요한 22세는 제국에 대한 그의 통치의 합법성을 문제 삼았다. 바이에른의 비텔스바흐 성에 거하는 이 사람은 선제후들의 로마 왕 선출 결정이 이중 선출에 이르자, 오스트리아의 합스부르크 가문사람 프리드리히와의 싸움에서 승리하기는 했는데 교황의 인정은 얻지 못했다. 이로 인해서 황제와 교황 사이의 논쟁에 또 하나의 새로운 대립의 문제가 등장한 것이다: 11세기 서임논쟁에서는 누가 주교들을 임명할 수 있는가 하는 것이 문제였다면 이 새로운 논쟁에서는 로마 왕 선출에 대한 교황의 동의가 그 통치권에 본질적인 것인가 하는 질문과 관계된 것이었다. 루이는 오랜 동안 자신을 실제적인 통치자로 자처하였다; 교황의 인정 없이도 선제후들 선거로 로마 왕이 되었다는 그의 법적 위치는 1338년 렌제에서 있은 선제후들의 모임에서 명시적으로 뒷받침되었다. 물론 루이는 그의 통치 말년에 룩셈부르크 사람들과의 경쟁에 힘을 쏟을 때, 1346년 다시 렌제에서 다섯 명의 선제후가 어떻게 칼 4세를 왕으로 선출하는가를 보아야만 했다. 그럼에도 불구하고 루이가 감내한 싸움은 독일 왕권을 구조적으로 교황의 간섭으로부터 영구히 해방시켰다: 이미 루이의 비호 하에서 선거인단 가운데서 결정된 것을 그의 적수이자 후계자인 칼 4세가 황금칙령으로 영원한 법률로 만들었다: 로마 왕은 영적 선제후들과 세속 선제후들로 이루어진 일곱 명의 위원회를 통해서 정해지게 되며 이로써 통치하는 자리에 임명된다; 교황의 참여에 관해서는 황금칙령에서 아무런 언급이 없다.

a) 렌제에서의 선거인단(1338년 7월 16일)

주님의 이름으로. 아멘…… 1338년…… 시골마을 렌제에서……

그리스도 안에 있는 고귀한 지위의 신부이자 주군들—주군들인 마인쯔 교회의 대주교 하인리히, 퀼른의 발람과 트리어의 발두인 —나아가서 제후이자 주군 폐하들—라인란트 제후령의 주군들 루돌프, 또는 루프레히트, 루프레히트와 스테판—또 색슨의 공작 루돌프와 브란덴부르크의 태수 루이—이들이 모여서 제국의 법과 관습에 관한 회담에 직접 출석하였다. 그리고 언급한 제국의 정말 충성된 많은 사람들, 곧 성직자들과 평신도들을 바로 그곳에 불러 동석시키고 나서 우리 세 명의 공식 공증인의 배석과 호명이 있었다. 이들은 한 마음과 한 목소리로 이후에 임명되어서 이들 앞에 선서를 하고는 규정에 맞도록 여기에 참여토록 된 것이다. 이들은 어떤 것을 확정할 때의 제후들의 관습대로 설문한 것으로부터 판단을 내려 말하고 확정하여 선포하였다: 누군가가 제국의 선제후들 또는 이 제후들의 다수에 의해서(a principibus electoribus imperii vel a maiori parte numero eorundem principum) —심지어 분열 시에라도—로마의 왕으로 선출되는 즉시(pro rege Romanorum…… electus) 그는 제국의 재산과 법 관할권을 수여받거나 왕의 칭호를 받기 위해서 사도보좌로부터 그 어떤 임명, 인정, 확증, 동의 또는 수여를 받을 필요가 없다; 나아가서: 때문에 선출된 자는 언급한 보좌를 향하여 갈 필요가 없다; 심지어 그 시작도 더 이상 기억하지 못하는 때부터 아래와 같이 여겨왔고 유지되었고 지켜왔다: 제국의 선제후들로부터 일치해서 또는 위에서 언급한 의미로 다수결로 선출된 자들은 왕의 타이틀을 가지고 제국의 재산과 법을 관할하였다; 이들은 법과 관습에 따라서 허락된 방식으로 이것을 행하며 이후로 이를 위해서 그 언급한 사도보좌의 인정이나 허락을 받지 않고 행할 수 있다.

이런 방식으로 선포하고 확정한 다음에 언급한 주군들인 선제후들은 자기들의 회담과 자기들의 회의에 당시 거기 배석한 제국의 모든 충신들과 봉신들에게 전체로 그리고 따로따로 질문하였다. 곧 제국에 대하여 의무로 또는 이행한 맹세에다 걸고 회담이 되고 확정되고 선포한 제국의 법과 관습과 관련해서 어떻게 생각하는가를 질문하였다. 이들은 전체적으로 그리고 따로따로 동일하거나 비슷한 말로 그 선포와 그 판단과 그 확정에 대해서 위에서 언급한 선제후들이 일치를 이룬 바에 동의하였다.

원전 : Quellen zur Verfassungsgeschichte des römisch-deutschen Reiches im Spätmittelalter (1250-1500), ausgewählt und übersetzt von L. Weinrich, Darmstadt 1983 (Freiherr-vom-Stein-Gedächtnisausgabe, Bd. 33), Nr. 88, 286-291.

b) 1356년의 황금칙령(뉘른베르크 법전, 1356년 1월 10일)

2장 4

…… 로마제국의 왕으로 선출된 자는 신성한 제국의 능력에 힘입어(virtute sacri imperii) 그 어떤 일과 직무를 처리하기 전에 즉시로 잘 아는 바와 같이 신성한 제국의 바로 다음 지체들인 영적 선제후들과 세속 선제후들에게 전체적으로 그리고 따로따로 그들의 모든 특권과 증서들과 권리들과 자유와 봉토와 옛 관습과 모든 지위와 그들이 제국의 선거일까지 소유하고 가지고 있던 모든 것들을 지체 없이 그리고 이의 없이 자신의 증서와 인장으로 인증하고 효력을 발하게 하여야 한다; 그는 황제의 통치권의 상징과 함께 관을 받은 다음에 그들에게 앞에 언급한 모든 것을 갱신해 주어야 한다. 그런데 이러한 인증을 그 관을 쓴 자는(electus) 각각의 선제후들에게 따로따로 먼저는 자기의 왕의 이름으로 하고 다음에는 자기의 황제 지위로 갱신하여야 한다; 그리고 그러는 가운데 이 제후들을 전체적으로나 그들 중 하나에게 개별적으로 절

대로 해를 끼치지 않아야 하며 심지어 악의로 충성을 요구해서는 안 된다.

12장

…… 신성한 제국의 선제후들은[이후로] 제국과 온 세계의 안녕을 위한 회의로 지금까지보다 더 자주 모여야 한다.—이들은 제국의 확고한 주춧돌이며 부동의 기둥들이다; 이들은 자기들 땅이 아주 넓음으로 인해서 서로 간에 떨어져서 살고 있는 바와 같이 이에 걸맞게 자기들에게 알려진 지역에 발발한 폐해에 관해서는 곧바로 연락하고 조언을 할 수 있다. 그들에게는 자기들의 관찰에 따른 이성적인 조언들로 그러한 폐해를 제거하는데 필요한 도움을 주도록 위임되었다.…… 이 선제후들은 이후로 매년 한 번씩 구주의 다시 사신 부활절 이후 넷째 주가 지난 후에 신성한 제국의 한 도시에서 모여야 한다.…… 그밖에도 공공의 안녕과 평화를 협의하는 일이 돕는 것을 거부한다거나 지체한다거나 또는 종종 일어나는 바와 같이 향연을 즐기는 일에 지나치게 힘쓰면서 가로막히지 않아야 한다. 그래서 우리는 이후로 궁정의회나 회의가 진행되는 동안에는 누구도 전체 제후들을 초대할 때 성대하게 준비하는 것을 금하는 것을 명해야 할 것으로 생각한다; 하지만 회의 진행을 방해하지 않는 개별 초대들은 적당히 허락할 수 있다.

원전 : a)에 관해서는 Nr. 94a, 318-361을 보라.—참고문헌: H. Mitteis, Die deutsche Königswahl in ihren Rechtsgrundlagen bis zur Goldenen Bulle, Brünn [2]1944; J. Miethke, u. A. Bühler, Kaiser und Papst im Konflikt. Zum Verhältnis von Staat und Kirche im späten Mittelalter, Düsseldorf 1988 (Historisches Seminar 8); J. Miethke, Die päpstliche Kurie des 14. Jahrhunderts und die "Goldene Bulle" Kaiser Karls IV. von 1356, in: Papst-Geschichte und Landes-Geschichte.

FS H. Jakobs, Köln 1955 (Beih. zum AKuG 39), 437-450.

56. 막데부르크의 메히틸트(약 1207-약 1282), 흐르는 신성의 빛 I, 22

1207년경 기사 가문에서 태어난 메히틸트는 13세기 30년대부터 막데부르크의 베긴회 사택에서 살았다(아래 본문 57을 보라). 어린 시절부터 신비한 체험들에 의해서 감동을 받은 그는 고해신부인 도미니크파 사람인 할레의 하인리히의 권고를 따라서 이 경험들을 1250년경 "흐르는 신성의 빛"이라는 책에 그려 보이기 시작하였다. 이 책은 독일어로 된 여성 신비가의 첫 증언이다; 장르로 본다면 수많은 다양한 문학형태(기도, 대화, 환상 등)를 담고 있는 이 책은 가장 가깝게는 어거스틴의 고백록의 전통에서 '고백서'(Ruh)로 분류되어야 한다. 하나님과 대화하는 가운데 메히틸트가 내적으로 체험한 것들의 기록물이다. 베긴회 수녀로서 그는 다양한 비방에 노출되었기 때문에 메히틸트는 수도회의 신분을 택해서 1270년 여성 씨토회 수도원인 헬프타에 들어갔다; 여기서 그는 학케보른의 메히틸트와 대 게르투르드와 함께 영적으로 닮은 여성 신비가들을 만났다. 거의 앞이 보이지 않자 그는 자기의 일곱 권째 계시의 책을 구술하였다. 이 작품 전체에다가 하인리히의 편집이 그 마무리를 하였다. 1282년경 메히틸트는 헬프타에서 사망한 것이 분명하다.

I, 22: 성 마리아의 소식에 관하여, 그리고 다른 자의 덕성은 어떻게 따라오는지. 어떻게 영혼은 삼중성을 환호하는 중에 만들어졌는지. 성 마리아는 어떻게 성도들을 양육하였고 여전히 양육

하고 있는지.

시작도 없는 삼중성의 달콤한 이슬이 영원한 신성의 샘으로부터 선택받은 동정녀의 꽃 안으로 떨어졌다. 그리고 그 꽃의 열매는 죽음이 없으신 하나님과 죽을 인간이며 영생의 생명력 있는 위로이다. 그래서 우리 구세주는 신랑이 되셨다. 신부는 그 고귀한 눈빛에 취하였다. 최고의 강력함 가운데에서 그녀는 자기 자신을 잃어버렸다(abhanden). 아주 아름다운 빛 가운데에서 그녀는 자기 안에서 눈멀었다. 최고의 눈멂에서 그녀는 최고로 분명하게 보았다. 최고의 분명함 중에서 그녀는 죽으면서도 살고 있다. 그녀가 오래 죽을수록 더 복되게 산다. 복되게 살수록 더 많이 체험한다. 그녀가 작아질수록 더 많이 그녀에게로 흘러들어온다. [……]

아, 어디에서 우리 구세주는 신랑이 되셨나? 하나님께서 더 이상 자기에게 머물 수 없었던 거룩한 삼중성의 환호함 안에서 그분은 영혼을 창조하시고 큰 사랑으로 자신을 그에게 주었다. "영혼아 너는 무엇으로 만들어졌기에 그토록 모든 피조물을 능가하며 거룩한 삼중성 안으로 끼어들고 그러면서도 철저히 너 자신 안에 머문다는 말이냐?" — "너는 나의 시작에 관해서 말하였는데, 이제 내가 진실로 알게 하노라. 바로 같은 곳에서 사랑이 나를 창조하였노라. 그래서 어떤 피조물도 나의 고고한 본성을 보장하지도 못하고 사랑 말고는 아무 것도 내게서 빼앗을 수 없노라." — "성스러운 여인 마리이어, 당신은 이 기적의 어머니입니다. 언제 이것이 당신께 일어났나이까?" — "우리 아버지의 기쁨이 아담의 타락으로 가려져서 그분이 진노할 수밖에 없을 때 전능하신 신성의 그 영원한 지혜가 나와 함께 진노를 막았노라. 아버지께서는 나를 신부로 삼아서 그 사랑의 대상을 가질 수 있게 된 것이니라; 왜냐하면 자기의 신부, 그 귀한 영혼이 죽었기 때문이다. 그래서 그때 나를 그 아들이 어머니로 선택하였고, 그래서 그때 나를 성령께서 최고로 사랑하는 자로 취하셨느니라. 그때 나는 거룩한 삼중성의 유일한 신부요 고아들의 어머니였고 이들을 하나님 앞으로 이끌어서 이들이 서로 망하지 않도록 하였노라, 곧 몇몇에게서는 일어났던 그 일이 일어나지 않도록. 내가 많은 집 없는 아이들의 어머니였을 때 내 젖가슴은 참다우며 아낌없이 내어주는 자비의 그 청결하고 때묻지 않은 젖으로 가득하였도다. 그래서 내가 태어나기 전에 예언자들과 선견자들을 양육하였노라. 그 후 내 어린 시절에 나는 예수를 양육하였노라. 나중 내 유년 시절에 나는 하나님의 신부, 거룩한 교회를 십자가 아래에서 양육하였도다. 그곳은 내가 연약하고 비참하여 예수의 육신적인 고통의 칼날이 영적으로 나의 영혼을 난도질하는 곳이었다."

그때 그의 상처들과 그녀의 가슴이 열렸다. 상처들은 흩뿌리고 가슴들은 흘려주어서 그분이 영혼의 붉은 입 안으로 아주 맑은 붉은 포도주를 흘려 넣을 때 영혼이 살고 아주 건강하게 되었도다. [영혼이] 그렇게 열려진 상처들로부터 태어나고 생기를 갖게 될 때 어린아이 같고 아주 왕성하였다. 영혼이 죽음과 탄생 후에 완전히 강건해야 한다면 하나님의 어머니는 영혼의 어머니요 할머니여야 한다. 이것이 마땅하였고 당연하다. 왜냐하면 하나님은 영혼의 참 아버지이시고 영혼은 그의 정실 신부이기 때문이다. 그래서 영혼은 그와 모든 지체에서 동등하도다.

"여주인이시여, 제단에서 당신은 거룩한 사도들을 당신의 어머니로서의 가르침과 그 권세 있는 기도로 양육하셔서 하나님께서 자기의 영광과 자기 뜻을 그들에게 가르쳐주시게 하였나이다. 여주인이시여, 바로 이와 같이 당신께서는 양육하셨고 여전히 항상 순교자들의 마음을 양육하시며 동정녀들은 당신의 정절로 과부들은 꾸준함으로 혼인한 자들은 자비로 죄인들은 인내로 양육하십니다.

여주인이시여, 더욱이 당신께서 우리를 양육하셔야 하는 것은 당신의 가슴은 거부할 수 없을 정도로 여전히 충만하기 때문입니다. 당신께서 더 이상 양육하기 원치 않으신다면 젖이 당신을 심히 고통스럽게 할 것입니다. 왜냐하면 진실로 내가 보기에 당신의 가슴은 한 가슴에서 한 번에 일곱 줄기가 내 몸과 내 영혼 위로 흐를 만큼 충만해 있기 때문입니다. 이 순간 내게서 어떤 하나님의 친구도 마음의 고통 없이는 감당할 수 없는 고통을 가져가 주소서. 이런 식으로 앞으로도 마지막 날까지 양육하시면 그때 하나님과 당신의 아이들이 품을 떠나 영생으로 완전히 장성하였기에 당신이 마르게 될 것입니다. 아, 그 다음에 우리는 말할 수 없는 즐거움으로 젖과 예수께서 그토록 자주 입 맞추었던 가슴을 보며 알게 될 것입니다.

원전 : Mechthild von Magdeburg, 'Das fließende Licht der Gottheit'. Nach der Einsiedler Handschrift in kritischem Vergleich mit der gesamten Überlieferung hg. v. H. Neumann. Bd. 1, München 1990, 16-19; 번역: Mechthild von Magdeburg, Das fließende Licht der Gottheit. Zweite, neubearbeitete Übersetzung mit Einführung und Kommentar v. M. Schmidt, Stuttgart-Bad Cannstatt 1995 (Mystik in Geschichte und Gegenwart. Texte und Untersuchungen. I, 11), 20-22.—참고문헌: H. Neumann, Beiträge zur Textgeschichte des Fließenden Lichtes der Gottheit und zur Lebensgeschichte Mechthilds von Magdeburg, in: Nachrichten der Akademie der Wissenschaften in Göttingen. Phil. -hist. Klasse 3 (1954) 27-80; S. Buholzer, Studien zur Gottes-und Seelenkonzeption im Werk der Mechthilde von Magdeburg, Berlin 1988; M. Heimbach, 'Der ungelehrte Mund' als Autorität. Mystische Erfahrung als Quelle kirchlich prophetischer Rede im Werk Mechthilds von Magdeburg, Stuttgart-Bad Cannstatt 1989 (Mystik in Geschichte und Gegenwart I, 6); K. Ruh, Geschichte der abendländischen Mystik. 2. Bd., München 1993, 245-295; G. Vollmann-Profe, Mechthild von Magdeburg - auch in 'Werktagskleidern', in: ZDP. Sonder-H. 113

(1994) 144-158; H. Feld, Frauen des Mittelalters. Zwanzig geistige Profile, Köln 2000, 182-199.

57. 교회에 대한 도전으로서의 여성 신비가

이미 막데부르크의 메히틸드 경우에서 드러난 것은 신비적인 움직임이 탈 없이 교회에 동화될 수는 없었다. 이렇게 충돌은 다음 세대들에서 더욱 심화되었다. 베긴회의 여성들의 종교적 움직임은 라인강 하류에서 그 출발을 갖게 되었다. 허락을 받은 수도회에 접근하는 것이 여러 가지 근거로 불가능하게 된 여성들이 이리로 점점 더 많이 모여들었다. 서약은 없이 이들은 "베긴회 사택들"에서 종교적인 삶으로 결속하였고 중세의 쭌프트 질서 밖에서 자기들의 노동으로 먹고 살았다. 이 삶의 형태를 법적으로 이해하기가 어려웠다는 것이 중세 교회적 구조의 틀에서는 이미 하나의 문제를 만들었다. 그런데 이런 틀 속에서 하나님에게 나아감의 직접성을 약속하는 신비한 경건의 형태들이 조장되면서 이 문제는 더욱 첨예화되었다. 이것 때문에 사제들이 구원을 중개하는 시스템이 교회가 수용할 수 없을 정도로 위협을 받게 되었다. 그래서 교회는 이중의 길을 밟아나갔다: 한편으로는 동화정책(본문 b를 보라), 다른 한편으로는 동화가 불가능하게 보이는 곳에서는 이 경건의 새로운 형식들을 아주 엄격하게 몰아냄.

a) 마르퀘리트 포레트, 단순한 영혼들의 거울

발렌시엔느 지역 출신인 것이 분명한 마르퀘리트는 13세기 말 고대 프랑스어로 "단순한 영혼들의 거울"이라는 제목으로 종교교육 서적을 저술하였다. 여기에 들어 있는 하나님과 인간과의 경계를 우회적으로 표현해서 제거시켜 버리는 것과 교회가 구원을 매개함을 노골적으로 문제시함은 곧바로 불상사를 불러일으켰다. 깡브래의 주교는 1296년과 1303년 사이 발렌시엔느에서 이 작품을 공개적으로 불태우도록 하였다. 하지만 마르궤리트는 입 다물지 않고 "거울"에서 명시한 체험들과 인식을 더 고수하였고 확산시켰다. 1307년 그녀는 다시금 이단심문관들 앞에 소환되었고 계속해서 철회를 거부하였다. 1310년 6월 1일 그녀는 파리에서 화형을 받았다. 그럼에도 불구하고 "거울"은 급격하게 퍼져나갔다. 많은 언어로 된 번역들이 확산되었다. 위대한 신비가인 마이스터 엑크하르트도 적어도 마르궤리트의 가르침들의 몇 부분은 수용했던 것으로 보인다.

[70. 그러한 영혼은 얼마만큼 하나님의 은혜로 자기 자신이 되었나.]

이성: 자 우리의 사랑스러운 숙녀분이여!, 이성이 말했다. 이렇게 우리에게 말하는 당신은 누구인가 말하세요!

영혼: 나의 나됨은 하나님의 은혜로 말미암았습니다(고전 15:10)라고 영혼이 말한다. 그래서 나는 유일하고 홀로 하나님께서 내 안에 계시는 자이며 다른 어떤 것도 없습니다. 그리고 하나님도 바로 내 안에 거하시는 분입니다. 왜냐하면 무는 무이지만 있는 것은 있기 때문이지요. 그래서 내가 나 자신인 한에는 하나님이신 바로 그것입니다. 말하자면 하나님 외에는 아무 것도 없으며, 그래서 나는 하나님 외에 아무 것도 찾을 수 없습니다. 어떤 쪽으로 향하더라도 말입니다. 이는 진실을 말한다면 그분 외에는 아무 것도 없기 때문이지요.

청중들에게: 이 영혼은 진리 안에서 곧 하나님 안에서 사랑합니다. 그런데 진리는 이 영혼이 자기 존재를 얻게 된 그분 안에서 사랑하며, 이런 식으로 사랑의 모든 일은 영혼 안에서 완성됩니다.

사랑: 사랑이 말하기를 이것이 진리입니다, 왜냐하면 영혼 빼고

는 다른 모든 것은 아담의 죄로 순결함을 잃었기 때문에 (……)

[87. 어떻게 영혼은 덕을 지배하는 여주인이며 신성의 딸인가.]

사랑: 사랑이 말하기를 영혼은 덕을 지배하는 여주인이며 신성의 딸이요 지혜의 자매이고 사랑의 신부입니다.

영혼: 그렇지요, 틀림없습니다! 라고 영혼이 말한다. 그런데 이성에게는 이 말이 놀라워 보일 겁니다. 그리고 그게 당연합니다! 잠깐의 시한이 지나면 영혼이 더 이상 살아있지 않게 될 것입니다. 영혼은 말하기를 그런데 나는, 나는 존재하며 쇠약해지지 않으면서 항상 존재하게 될 것입니다. 말하자면 사랑은 시작도 없고 끝도 없고 한계가 없습니다. 하지만 내가 바로 사랑일 뿐입니다. 그러니까 내가 어떻게 이것을 가질 수 있겠습니까? 절대로 불가능하지요.

이성: 이성이 말하기를 아, 하나님에게서지요! 어떻게 사람이 그런 식으로 말할 엄두를 낼 수 있나요? 나는 절대로 그런 일을 들을 자신이 없습니다! 진짜로 나는 심장이 약해서, 영혼 양이여, 내가 당신께 귀를 기울이면 내 심장이 거부합니다! 내 생명이 끝납니다.

영혼: 아 가슴아파라! 라고 영혼이 말한다. 왜 벌써 오래 전에 죽지 않았나요? 왜냐하면 내가 당신을 소유하고 있는 동안에는, 이성 양이여, 그 동안에는 나의 유업을 내가 자유로이 처분할 수 없기 때문이지요, 나의 것이었고 현재 나의 것을 말입니다. 그런데 이제 자유로이 관리할 수 있는데, 이는 내가 당신을 사랑을 통해서 죽도록 상처 주었기 때문입니다. 이성은 이제 죽었어요! 라고 영혼이 말한다.

사랑: 사랑이 말하기를, 그래서 이제부터 이성이 아직 살아있다면 말했을 것을 내가 제시하겠습니다. 사랑이 말한다. 이성이 당신에게 물었을 것도, 우리의 친구인 영혼 당신이여. 사랑은 존재

하며 사랑은 사랑일 뿐입니다. 사랑이 자기의 그 신적인 자비로 이성과 덕스러운 행위들을 발아래 던지고 돌아올 수 없도록 죽게 만든 다음부터 말입니다.

[89. 영혼은 어떻게 자기 고상함을 거저 줌으로 말미암아 모든 것을 포기하였는가.]

사랑: 영혼은 삼위일체가 개입함으로 자기의 품위 있는 관대함에서 모든 것을 나누어주었습니다. 이 삼위일체 안에다 영혼은 자기의 순수한 의지를 심음으로 해서 자기가 그곳에서 나오지 않는 한 죄를 지을 수 없게 되었습니다. 그는 죄 지을 가능성을 가지고 있지 않습니다: 곧 의지 없이는 누구도 죄 지을 수 없는 것이지요. 이제 영혼은 의지를 그곳에, 곧 의지를 영혼에게 자신의 자비로 주신 분 안에 놓아두고 있는 한, 죄 앞에서 자신을 보호할 필요가 없습니다. 두 가지의 이유로 그분은 의지를 자기 여자 친구에게서 이 여자 친구에게 이득이 되도록 깨끗하고 간단하게 친구 쪽의 이유는 없이 돌려받으려고 하였습니다: 그분은 의지를 원한다는 이유로 원하였고, 의지가 그것을 벌어들였기에 그분은 원하였던 것입니다. 그래서 영혼은 자기 의지를 완전히 벗어 버릴 때까지 완전하고 영속하는 평강을 누리지 못했던 것입니다.

이 상태에 있는 영혼은 술 취한 자와 방불합니다. 술 취한 자에게는 무엇이 그에게 부딪혔는지 어떤 방식으로 자기의 운명이 자기에게 닥쳐오는지 염려하지 않으며 자기에게 닥치지 않은 이상은 염려하지 않습니다. 와중에 여기에 대해서 염려한다면 그는 완전히 취하지 않은 것이지요. 이 영혼이 아직 원할 가능성을 가지고 있다면 이것이 바로 영혼이 아직 확실하게 뿌리내리지 않았고 불행이나 행운이 닥치면 넘어질 수 있다는 것을 말합니다. 그렇다면 영혼이 아직은 어떤 것을 원할 수 있기 때문에 아직은 아무 것도 아닌 것이 아니기 때문에 영혼은 모든 것이 아닙니다. 왜냐하면 영혼의 가난함과 부함은 주거나 유지하기 원하는 것에 있기 때문입니다. 사랑은 말하기를 내가 좀 더 많은 것을 저 모든 자들에게, 그들이 원하든 원치 않든 말하고 싶네요. 이들은 이성의 노력 안에 있는 완전함을 이루는 일을 하도록 내면에서 나오는 바람으로부터 요구되고 부름 받은 자들입니다: 이들이 자신들다워지기를 원한다면 우리가 다루는 그 상태에 이를 수 있으며 동시에 하늘과 땅을 다스리는 자가 되듯이 자신들을 다스리는 자들이 될 것입니다.

이성: 이성이 묻기를 도대체 어떤 정도로 다스리는 자인가요?

영혼: 이것은 누구도 말할 수 없습니다, 라고 심장 없이 모든 것을 지니고 심장 없이 모든 것을 가진 그 자유로운 영혼이 말한다. 그리고 심장이 여전히 있다면 영혼은 거기에 이르지 못한 것입니다.

원전 : CC.Cont.Med.. 69, 196-198. 246-248. 252-254; 번역: Margareta Porète, Der Spiegel der einfachen Seelen, Wege der Frauenmystik, Übers. u. mit einem Nachwort und Anmerkungen versehen v. L. Gnädinger, Zürich/München 1987, 109-133f.—참고문헌: P. Verdeyen, Le procès d'inquisition contre Marguerite Porète et Guiard de Cressonessart (1309-1210), in: Revue d'histoire ecclèsiastique 81 (1986) 47-94; U. Heid, Studien zu Marguerite Porète und ihrem "Miroir des simples âmes", in: P. Dinzelbacher u. D. R. Bauer (Hg.), Frauenmystik des Mittelalters, Ostfildern 1985, 185-214; K. Ruh, Geschichte der abendländischen Mystik. 2. Bd., München 1993, 338-371; M. Bertho, Le Miroir des âmes simples et anéanties de Marguerite Porète, Paris 1993; H. Feld, Frauen des Mittelalters. Zwanzig geistige Profile, Köln 2000, 200-210.

b) 비엔나에서의 라인 지역 베긴회 정죄(교서 "Ad nostrum")

마르퀘리트 포레트만이 교회적인 통제 감시망에 들어온 것이 아니라 베긴회 움직임 전체가 비판적으로 주시되었다. 게다가 쾰른(1306)과 마인쯔(1310) 교구 공의회의 결정들에는 이상한 생활방식에 대한 비판과 도덕적 및 이단적인 이탈에 대한 비판이 뒤섞여 있었다. 이 두 비판은 그 다음에 1311년 비엔나 총 공의회 교령들에 기록되었다: 교령 "Cum de quibusdam mulieribus"는 베긴회의 생활방식이 과도함을 규범화시키려는 것이었고, 또 아래에 제시하는 교서 "Ad nostrum"에서는 사람들이 베긴회에 있다고 보는 그 기승을 부리는 신비주의 때문에 그 이단들을 정죄하는 결과가 발생했다. 이것으로 사람들이 '무신론자 형제와 자매들'에게 속한 것으로 보는 그 프로그램이 산산조각났다; 이 이름으로 사람들은 하나의 거대하며 널리 퍼진 분파의 현상들로 잘못 해석한 다양한 이단적인 흐름들을 요약하였던 것이다.

사람은 현재의 삶 가운데에서 최소한 죄가 없이 되며 은혜 가운데 있어서 더 이상 진보를 할 수 없을 만큼 그렇게 높고도 그런 단계의 완전에 이를 수 있다: 이는 그들이 말하는 바로는 계속해서 진보를 이룰 수 있다면 그리스도보다 더 완전한 자가 될 수 있기 때문이다.

사람이 그러한 단계의 완전에 이른 다음에는 금식하거나 기도할 필요가 없다; 왜냐하면 그때는 마음먹은 모든 것을 사람이 몸에게 마음대로 제시할 수 있을 만큼 완전히 감성이 영과 이성에게 복종하기 때문이다.

앞에 말한 단계의 완전함과 자유의 영 안에 있는 자들은 인간적인 복종에 매이지 않고 교회의 어떤 계명에도 매이지 않는다; 그들이 말하는 바로는 이는 "하나님의 영이 있는 곳에는 자유함이 있기 때문이다"(고후 3:17).

사람은 완전함의 등급에 따라서 자기가 복된 삶 가운데에서 가지는 그 정도의 궁극적인 복을 현재에 얻을 수 있다.

모든 이성적인 본성은 자기 자신 안에서 본성적으로 복되다. 그래서 영혼이 하나님을 보며 그를 복되게 즐기도록 높여주는 영광의 빛이 필요 없다.

덕 있는 행위로 자신을 훈련하는 것이 완전한 사람의 일이고, 그래서 완전한 영혼은 자기에 관한 덕목들을 가르친다.

여인의 입맞춤은 본성이 그리로 향하지 않기 때문에 죽을 죄이다; 그런데 육체적 행위는 본성이 그리로 향하기 때문에 죄가 아니다, 특별히 이것을 행하는 자가 유혹받는 경우에 그러하다.

예수 그리스도의 몸이 높이 들릴 때 이들은 부활할 수 없고 그에게 자기들의 존경을 돌릴 수 없다: 왜냐하면 이들은 자기들의 명상의 정결함과 고상함에서부터 어떤 식으로든 감사 나눔 및 감사 성례전이나 그리스도 인성의 고통을 생각할 정도로까지 멀리 내려온다면 이것은 자기들에게 불완전의 표시라고 주장하기 때문이다.

원전 : DS [37]1991 Nr. 891-898.―참고문헌: E. G. Neumann, Rheinisches Beginen-und Begardenwesen, Meisenheim am Glan 1961; J. Leclerc, Vienne, Mainz 1965 (GÖK 8); R. E. Lerner, The Heresy of the Free Spirit in the Later Middle Ages, Berkeley 1972; J. Tarrant, The Clementine Decrees on the Beguines. Conciliar and Papst Visions, in: AHP 12 (1974) 300-308.

c) 도미니크파 여수사들의 신비체험들에 관한 보고

통제가 어려운 베긴회는 곧바로 교회의 통제 아래로 들어가야만 했다.

여기에는 이들을 전통 있는 수도회에 소속시키려는 효과 있는 폭넓은 노력이 기여를 하였다. 특별히 도미니크파 수도회는 베긴회를 포획하는 그릇이 되었다. 이 베긴회들을 곧바로 cura monialium 곧 한 형제의 특별한 사목 아래에 놓였다. 이것은 도미니크파 여수사들 안에 신비한 경건이 개화되는 데에 기여를 하였다. 1230년 세워진 키르히베르크 수도원 안에서도 그러하였다. 이곳으로부터 그 여인들의 특별한 신비한 흥분에 관해서도 무엇인가를 짐작할 수 있도록 하는 아래의 본문이 유래하였다: 여러 자매들에게 주어진 특별한 은혜 체험들이 회상의 형식으로 수집되었다; 이러한 수녀들의 서적들은 수도원 교육에 기여하였고 후계자들이 이어지도록 동기를 제공하게 되었다.

우선 우리가 알아야 할 것은 수도원에 들어올 때는 채 아홉 살도 되지 않았던 성 엘스벳의 딸 뒤렌의 성 베렌드라우트는 어린 시절부터 죽을 때까지 허물없고 정결한 사람이었고 자기를 겸손으로 장식하였다는 사실이다. 그녀는 정의를 이루고 사랑이 풍성하며 자비로운 마음을 가졌었고 모든 사람을 아주 정결한 마음과 생각으로 만났으며 변함없이 일생을 우리 주님을 힘써서 섬겼다. 뜨거운 사랑과 열망을 그녀는 덕으로 충만한 가운데에서 하나님을 향해 드렸다. 또 쉬임 없는 열정으로 그녀는 하나님께서 한없이 큰 은혜를 허락해주시는 데까지 이르렀다. 여기에 관해서 몇 가지를 생각해 보려고 한다: 이 넘치도록 경건한 수녀가 실제로 그리고 알아볼 수 있을 만큼 자주 그리고 충만하게 경험했던 그 환호의 은혜에 도달하고 싶은 사람이 있다고 하자. 그렇다면 그는 마음과 생각에서 덧없는 일들에 매이는 것에서 완전히 벗어나야 하며 혼탁하지 않고 줄어들지 않은 맑음을 소유해야 한다는 사실을 알아야 한다. 이것이 바로 이 수녀에게서 완전하게 이루어졌던 것이다. 하지만 무엇이 그 환호의 은혜인가를 눈여겨야 한다. 이것은 바로 한없는 은혜를 말한다. 하지만 어떤 사람도 이것을 충분히 설명할 수 없다. 이 은혜와 결합된 그 편안한 느낌은 마음과 혼과 생각과 사람의 모든 혈관이 형용할 수 없이 기분 좋은 느낌으로 흐를 만큼 한이 없다. 말하자면 이 은혜 안에서는 자신을 절제할 수 있을 정도로 도덕적인 사람은 아무도 없는 그러한 충만함 가운데 있는 것이다. 완전한 사랑, 곧 은혜가 그 안에서 하나님의 빛으로 비추는 완전한 사랑, 이것이 환호이다. 거기에 이어서 높고도 매개가 되는 다양한 은혜가 나타나는데, 어떤 사람에게는 많이 어떤 사람에게는 적게 나타난다. 그녀는 또한 종종 명상의 은혜(genad contemplativa)를 받았다. 이 은혜는 인간의 생각들이 하나님께 고양되며 영원성의 거울 안에서 하나님의 끝없는 기적들을 놀라며 바라보도록 만들어졌다. 이러는 사이에 하나님께서 다시 그 영혼에 내려오셔서 자기 은혜를 그 영혼 안에 흐르게 하시는 것이다. 그러면 그 사람은 그때 하나님을 보며 누워 있고 자기 자신을 주체하지 못한다. 밖으로는 마치 죽은 듯이 누워 있다. 하나님에 대한 이 영적인 관조를 하면서 이 엄청나게 복된 수녀는 한 번은 삼일을 누워있었다; 그때에는 그녀는 결코 자기 자신에게 오지 않았고 음식을 입에 대지도 않았다. 하나님께서 얼마나 이 수녀를 신뢰하였는지, 얼마나 자주 그녀가 하나님을 실제로 자기 안에서 느꼈는지를 나는 말로 표현할 수 없다.

원전 : F. W. E. Roth, Aufzeichnungen über das mystische Leben der Nonnen von Kirchberg bei Sulz Predigerordens während des XIV. und XV. Jahrhunderts, in: Alemannia 21, 1893, 103-148.—참고문헌: O. Langer, Mystische Erfahrung und spirituelle Theologie. Zu Meister Eckharts Auseinandersetzung mit der Frauenfrömmigkeit seiner Zeit, München 1987 (Münchener Texte und Untersuchungen zur deutschen Literatur des Mittelalters 91). - G. Koch, Frauenfrage und Ketzertum im Mittelalter, Berlin 1962 (FMAG 9); H. Grundmann, Religiöse Bewegungen im

Mittelalter. Untersuchungen über die geschichtlichen Zusammenhänge zwischen der Ketzerei, den Bettelorden und der religiösen Frauenbewegung im 12. und 13. Jahrhundert und über die geschichtlichen Grundlagen der deutschen Mystik, Darmstadt [3]1970.

58. 엑크하르트(약 1260-1327/28)와 그의 제자들

여성 수도원들을 목회적으로 돌보는 것을 맡은 자들 중에서 14세기로 넘어가는 때에 마이스터 엑크하르트라는 민족 방언의 설교로 사변적인 신비주의를 표현할 수 있는 인물을 만나게 된다. 자기 생도들인 타울러와 수소와 함께 엑크하르트는 19세기에 "독일신비주의"라는 상위 개념 하에 놓이게 되었다. 이 표현 사용은 오늘날 특별히 그 과격한 애국주의적인 오용 가능성 때문에 거의 이루어지고 있지 않다. 물론 형용사 "독일"만이 문제가 된 것이 아니고 "신비주의"라는 개념도 그러했다. 어떤 경우에서고 이 개념은 스콜라주의의 반대로 보아서는 안 된다: 엑크하르트는 자기 시대에 아주 중요한 스콜라주의자 중 하나였고, 그리고 그의 앞에는 보나벤투라와 같은 위대한 스콜라주의자들이 라틴어 신비주의의 발전에 지대한 기여를 하였다. 신비주의적인 신학자들에게는 이미 현재적인 삶에서 하나님과 인간의 내적인 존재의 일치 또는 의지의 하나됨이 그 중심에서 있었다는 점에서 일치된다. 신학과 경건의 이 중심을 그들은 평신도들의 언어로 그들에게까지도 가깝게 만들려고 하였다. 이로 말미암아 이들은 중세 후기 표준 독일어의 발전에 결정적으로 기여하였다.

a) 마이스터 엑크하르트

1260년경 태어난 엑크하르트는 고타 또는 에르푸르트의 호크하임(Hochheim) 출신이었다; 여기서 그는 도미니크파 수도회에 들어갔고 1296년 튀링엔에서 수도원장과 보좌신부가 되었다. 1302년 파리에서 신학 석사가 되었고, 그래서 "마이스터 엑크하르트"라고 부른다. 1303년 색슨 교구의 교구장, 1307년에는 보헤미아 교구의 교구장 총 대리가 되었고, 1311년부터 1313년까지 다시 파리에서 가르쳤다. 1314년부터 그는 스트라스부르크에서 목회자이며 수도회 교사로 살았다. 아마도 1323년 쾰른에서 대학(studium generale)을 지도하는 자가 되었다. 1326년부터 이단혐의로 고소당하고는 그 사이에 그의 재촉으로 말미암아 아비뇽으로 이관된 그 재판이 마무리되기 전에 죽었다. 엑크하르트 사후에 교황 요한 22세는 1329년 3월 27일 28개의 그의 문장들을 정죄하였다. 그럼에도 불구하고 특별히 그의 설교는 중세 후기 경건에 커다란 영향력을 끼쳤고 그보다는 좀 더 작지만 신학에도 끼쳤다. 그의 생각의 중심점은 인간 영혼 안에서 하나님께서 탄생하시는 가운데 하나님께서 관계를 맺을 수 있는 "영혼의 불꽃"이다. 또는 신비가들이 자기 자신들의 추구로부터 놓여남의 표현들인 "단절"과 "해탈"에 관한 가르침들이다. 그렇다고 모든 행동에서 탈피를 말하는 것이 아니라는 것을 마리아와 마르다 구절에 관한 그의 설교가 지적한다.

1. 명제모음집 서론

존재가 하나님이다. 여기서 세 부분으로 이루어진 책자, 곧 명제들 책자의 첫 부분이 시작한다. 이 책자의 첫 번째 논문은 존재와 존재함(de esse et de ente)과 그 상반된 것인 무를 그 취급 대상으로 삼는다. 이 논문들과 뒤따르는 많은 논문들 안에서 피력한 것들을 이해하기 위해서 도입으로 몇 가지가 사전에 제시되어야 한다.

첫째, 그 철학자 말대로 "오직 성질만 표현된다는 것을 안다"는 것처럼 존재함은 존재만을 표현한다. 마찬가지의 것들이 다른 것에도 해당된다. 예를 들면 하나는 단일성만을 표현하며, '진실하다'는 진리를(존재론적이며 도덕적인 의미에서) '착하다'(에 상응하는)는 선함을, '바르다'는 똑바름을 '의롭다'는 정의 등등을 표현한다; 이와 마찬가지로 상반되는 것들에서도 이와 마찬가지이다: '나쁘다'는 사악함만을 표현하며, '거짓되다'는 거짓됨만을, '바르지 않다'는 바르지 않음을, '정의롭지 않다'는 불의 등등을 표현한다.

두 번째 사전 주의사항. 존재하는 것 자체에 관해서는 이 존재하는 것과 저 존재하는 것과는 다르게 판단 내려야 한다. 존재 자체 그리고 더 세부적인 규정이 없는 존재에 관해서도 이(존재하는 것)와 저(존재하는 것)의 존재에 관해서와는 다르게 그리하여야 한다.……

도입으로 이끌어주면서 그래서 주의를 해야 할 것은: 첫째로 하나님 한 분만이 본래적인 의미에서 존재하는 것, 단일성, 참된 것, 선한 것이다. 둘째로 그분으로부터 모든 것이 존재, 단일성, 진리와 선함을 가진다; 셋째로 모든 것은 그분으로부터 직접 존재하게 됨, 하나가 됨, 참되게 됨, 선하게 됨을 가진다. 넷째로 내가 이 존재하는 것이나 이것 그리고 그 일자나 이것 그리고 그 참된 것을 말한다면 "이것"과 "그"는 존재하는 것, 하나인 것, 참된 것, 선한 것에 아무런 존재의 내용, 단일성, 진리나 선함을 덧붙이거나 보태지 않는다.……

하나님 한 분으로부터만 모든 사물은 존재, 하나의 존재, 참된 존재와 선한 존재를 가진다는 네 문장 중 두 번째 문장은 이미 언급한 것으로부터 뚜렷해진다. 말하자면 어떤 것이 존재로부터가 아니면 어떻게 존재를 가질 수 있겠는가? 아니면 하나로부터나 하나를 통해서가 아니면 어떻게 하나이며, 또는 진리 없이 어떻게 참이 되며, 또는 선함으로 말미암지 않으면 어떻게 선하겠는가? 그런데 모든 하얀 것도 하양으로 말미암아 하얀가……

나아가서 위에서 다루었던 것과 같이, 그 존재하는 것에게나 존재하는 것으로부터는 무나 비존재가 부정될 수 없다. 오히려 그것에게는 존재를 부정함의 부정(negatio negationis esse)이 있다. 이렇게 일자에게는 하나 아님이나 비단일성이 제거될 수 없다. 단일성이나 하나 됨을 부정함의 부정으로가 아니라면 말이다. 참된 것과 선한 것에도 마찬가지이다.

이로써 분명하게 증명된 것은 모든 존재하는 것과 모든 개별적인 것은 하나님으로부터 존재하게 됨, 하나가 됨, 참되게 되고 선하게 됨을 얻는다는 사실이다. 각각의 존재하는 것은 그런데 이 각각의 규정들을 하나님 자신으로부터 가지게 될 뿐 아니라 그에게서 직접적으로도 갖게 된다.

위에서 열거한 네 개 원리의 세 번째 것이 이것이다. 곧 모든 존재하는 것과 각각의 개별적인 것은 자기의 전 존재와 단일성 전체, 자기의 참됨과 자기의 선함 전체를 하나님으로부터 받을 뿐 아니라 직접적으로도 그러니까 그 어떤 중개가 없이(immediate, absque omni prorsus medio) 그분에게서 받는다. 왜냐하면 어떤 것과 존재 사이에 중개하는 것이 있고 따라서 그 어떤 것이 밖에 있고, 물러서 있고, 존재의 외부에 서 있다면 어떻게 존재할 수 있겠는가?

…… 하지만 모든 존재하는 것과 각각의 존재하는 것이 하나님 자신으로부터 직접적으로 자기의 전 존재, 자기의 총체적 단일성, 진리와 선함을 가진다고 말한 것은 다시금 이렇게 설명된다: 어떤 존재나 어떤 차이가 나는 존재 방식이 존재 자체를 가지지 못하거나 멀어지는 것은 불가능하다. 존재를 결여하고 멀어진다는 바로 그것 때문에 그것은 존재하지 않으며 무인 것이다. 그러나 하나님은 존재이시다. 하나 됨에서도 마찬가지이다. 말하자면 하나가 결

여되거나 멀어진 것은 하나가 아니며, 그 어떤 하나의 존재를 발생시키지 못하며 그 어떤 다양한 방식의 하나가 될 수 없다. 참된 것과 선한 것에게도 이런 식으로 결론이 도출되어야 한다.

존재하는 것 자체나 존재 자체에게서는 그래서 존재의 내용이 박탈될 수 없다. 그 때문에 존재하는 것 자체, 곧 하나님에게서는 무가 부정될 수 없다. 존재를 부정함의 부정을 통해서가 아니라면 말이다. 부정의 부정인 일자는 존재하는 것과 아주 직접적인 관계 안에 있다는 것이 이것과 관련이 된다. 그리고 그 존재하는 것들과 관련해서 그 존재하는 것과의 관계는 일자의 그 어떤 방식 때문에 하나가 된 모든 것과 관련해서 그 일자와 가지는 관계와 같다. 또 모든 참된 것과의 관련 속에서 그 참된 것과도 그러하고 모든 선한 것과 개별적으로 그 선한 것과의 관련에서도 그러하다.

이것과 그 존재하는 것, 이것과 그 일자, 이것이나 그 참된 것, 이것이나 그 선한 것들은 이것과 그것이라는 면에서는(존재하는 것, 일자, 참된 것, 선한 것이 되도록 하는 데에는) 아무런 존재의 내용, 단일성, 진리와 선함을 보태거나 담고 있지 않다. 이것이 네 번째로 위에서 열거한 원리이다. 이 주장으로 우리는 사물로부터 존재를 빼앗지 않고 또 그들의 존재를 파괴하지 않고 오히려 그제서야 존재를 올바르게 지탱시켜 준다.

원전/번역 : Meister Eckhart, Die lateinischen Werke, Bd. 1, Stuttgart 1964, 166-168. 170-173. 175f.

2. 누 10: 38-42에 관한 그의 설교에서 보는 열정적인 삶과 명상하는 삶의 관계(Q 86)

성 누가는 복음서에서 우리 주님 예수 그리스도께서 작은 마을로 들어가셨다고 기록하였습니다. 거기서 그분을 마르다라는 여인이 영접하였습니다. 이 여인에게는 마리아라는 이름의 자매가 있었습니다: 그녀는 우리 주님 발 곁에 앉아서 그의 말씀을 들었습니다. 그런데 마르다는 이리저리 다니며 사랑하는 그리스도를 섬겼습니다.……

이렇게 거기에는 마르다도 있었습니다. 때문에 그녀가 아뢰었습니다: "주님, 그녀에게 나를 도우라고 명하소서!"—꼭 이렇게 말하고 싶었던 것 같습니다: "내 여동생은 언니는 자기가 원하는 것을 할 수 있어 라고 생각하면서 자기는 당신 곁에서 위로를 얻으며 앉아 있어요. 그래서: 정말 그러한가 그녀가 보게 하시고, 그녀에게 일어나서 당신에게서 가도록 명령하세요." 나아가서 그녀가 의미 없이[1] 말하지 않았다면 이것은 보드라운 사랑이었습니다. 마리아는 그토록 기대로 가득했었습니다: 그녀는 기대를 했지만 어디를 향해야 하는지 몰랐고, 원하였지만 무엇을 원해야 할는지를 몰랐던 것입니다. 우리는 그 사랑스런 마리아가 영적인 소득보다는 욕구충족을 위해서 거기 있었다고 의심하였습니다. 때문에 마르다가 말하였던 것입니다; "주여 그에게 일어나라고 명하소서!" 왜냐하면 그녀는 마리아가 욕구를 충족하는 데에 머물며 더 나아가지 않을 것을 염려하였기 때문입니다.

그때 그녀에게 그리스도께서 대답하여 말씀하셨습니다: "마르다야, 마르다야, 너는 많은 일을 염려하고 근심하는구나. 그중 하나가 꼭 필요하도다. 마리아는 빼앗길 수 없는 최선의 것을 선택하였도다." 이 말씀을 그리스도께서는 마르다를 책망하기 위해서 하신 것이 아니라 자기의 이 대답으로 마리아는 사모한 대로 그렇게 되었다고 그녀를 위로하신 것입니다.……

모든 피조물은 중개를 합니다. 거기에는 두 종류의 수단이 있습니다. 하나는 그것 없이는 내가 하나님께로 갈 수 없는 것으로 이것은 시간 가운데에서 하는 수고와 애씀이며 이것은 영원한 복을 감소시키지 않습니다. "수고"는 덕행의 사역 가운데에서 외적으로 행하는 것을 의미합니다; 하지만 "애씀"은 정신과 생각 가운데에서 내적으로 노력하는 것을 말합니다. 두 번째 수단은 이것입니다: 이것으로부터 영향을 받지 않고 자신을 유지하는 것입니다. 왜냐하면 우리는 이성으로 밝혀진 사역을 통해서 시간 속에서 하나님께로 더 가까이 나아가서 그를 더 닮아가게 하기 위해서 시간 가운데 놓여 졌기 때문입니다. 성 바울도 다음과 같이 말할 때 이것을 생각하였었습니다: "시간을 아끼라, 때가 악하니라!"(엡 5:6). "시간을 아끼라"는 말은 쉬지 말고 이성으로 하나님께로 올라가되 다양한 생각을 따라서 하지 말고 이성에 걸맞으며 생명으로 가득 찬 진리 가운데에서 하라는 것을 의미합니다. 그리고 "때가(날들이) 악하다"는 것은 아래와 같이 이해됩니다: 날은 밤을 가리킨다. 밤이 없다면 날도 없고 그것에 관한 말도 없습니다. 왜냐하면 모든 것이 빛일 것이기 때문입니다; 이것을 바울이 염두에 둔 것입니다. 빛으로 가득한 삶은 너무도 작기 때문입니다. 거기에는 밝히는 능력으로 가득한 영에게 영원한 복을 가리고 덮는 그 어떤 어두운 곳이 있을 수 있습니다. 그리스도도 다음을 말할 때 이것을 생각한 것입니다: "너희에게 빛이 있는 동안 앞으로 나아가라"(요 12:35). 왜냐하면 빛 가운데에서 일하는 자는 하나님께로 올라가되, 그 어떤 수단도 없이 올라가기 때문입니다: 그의 빛이 그의 애씀이고, 그의 애씀이 그의 빛입니다.……

영혼에게는 하나님께로 가는 세 개의 길이 있습니다. 하나는: 많은 수고와 불붙는 사랑으로 모든 피조물 안에서 하나님을 찾는 것입니다. 솔로몬도 아래 말을 하며 이것을 생각하였습니다: "만물 가운데에서 내가 쉼을 구하였도다"(시락 24:11).

두 번째 길은 길 없는 길이며, 자유롭지만 매여 있으며, 의지도 없고 관념도 없이 자신과 만물 너머로 높게 빨려 올라갑니다. 비록 이것이 아직은 그 어떤 본질적인 내용을 가지고 있지 않지만 말입니다. 그리스도께서도 아래와 같이 말씀하시며 바로 이 길을

마음에 두셨습니다: "복이 있도다, 베드로야! 이것을 네게 알게 한 이는 혈과 육이 아니요 모든 지각에 뛰어나신 내 하늘 아버지께서 네게 알려주신 것이다"(마 16:17). 성 베드로는 하나님을 전혀 가려짐 없이 본 것이 아닙니다; 그는 모든 피조된 깨우침을 넘어서 하늘 아버지의 능력을 통해 "영원의 주변"에 이른 것입니다. 내가 말하는 것은: 그는 엄청난 힘을 가진 하늘 아버지로부터 사랑으로 가득한 안아주심으로 붙잡힘 당했다는 것입니다; 알지도 못하면서 모든 명철을 넘어 하늘 아버지의 권세 안으로 빨려들어 간 그는 영으로 소리친 것입니다. 거기에서 말씀이 성 베드로에게 위로부터 주어졌고, 달콤한 땅의 소리와 함께 아래로, 모든 육체적 즐김과는 관계없이 하늘 아버지의 아들이라는 인물 안에서 하나님과 인간의 하나 됨의 단순한 진리 가운데에서(내려왔습니다). 두려움 없이 나는 말합니다: 성 베드로가 수단이 없이 하나님을 그분의 본성으로 보았었다고 합시다. 나중에 그도 그러하였고 또 삼층 하늘에 들려올라갔던 바울처럼 말입니다(고후 12:2 비교하라). 그렇다면 그에게는 그 가장 높은 천사의 언어가 너무 불분명했었을 수 있습니다. 그러나 그는 사랑스럽게 들리는 많은 말을 하였는데, 그 사랑하는 예수는 전혀 필요로 하지 않았을 말들입니다. 왜냐하면 이분은 마음을 보시며 정신의 근본을 보시기 때문입니다. 이분이 이들의 참 교제의 자유 안에 계신 하나님 앞에 매개도 없이 직접 서 있는 그곳에서 말입니다. 이것을 성 바울도 생각하며 아래와 같이 말했습니다: "한 사람이 하나님께로 들려 올라가서 사람이 말할 수 없는 비밀에 가득찬 말들을 들었다"(고후 12:3f.). 여기서 이해되는 바는 성 바울이 "영원의 주변"에 서 있었지만 하나 됨 안에서 하나님 자신을 보지는 않았다는 사실입니다.

세 번째 길은 "여기에서 떠남"이라고 하지만 여기 있는 것입니다. 말하자면: 하나님을 그 자신 안에서 매개도 없이 보는 것입니다. 사랑의 그리스도께서 말씀하십니다: "내가 길이요 진리요 생명이라"(요 14:6). 하나의 그리스도 안에 한 인격이, 하나의 그리스도 안에 한 분 아버지가, 하나의 그리스도 안에 하나의 영이, 곧 셋이 하나로, "길, 진리, 생명" 셋이 사랑의 그리스도 하나입니다. 그분 안에 이 모든 것이 있습니다. 이 길 밖에는 피조된 모든 것들[2)]을 통한 우회와 중개함이 역사합니다. 하나님 안에서, 곧 이 길 안에서는 그분 말씀의 빛[3)]과 그 두 분의 사랑의 영에 의해서 붙잡힘 받아 인도됩니다: 이것은 사람이 말로 형용할 수 있는 모든 것을 넘어섭니다.

이제 경이로운 것에 대해 외치십시오! 웬 놀라운 안팎으로 서 있음인가, 이해하고 이해되며, 바라보며 바라봄 당한 자로 존재하고 이것을 자기 안에 가지며 동시에 그 안으로 포함됩니다: 이것이 완성이며, 거기에는 쉼으로 가득한 영이 사랑스런 영원성의 하나 됨 안에 머뭅니다.……

마리아는 마리아가 되기 전 먼저 마르다였습니다; 그녀가 우리 주님 발 곁에 앉아있을 때 그녀는 마리아가 아니었기 때문입니다: 물론 이름으로는 그러했지만 존재로는 그렇지 않았었습니다. 왜냐하면 그녀는 쾌락과 달콤함 때문에 거기 있었고 이제 한 번 학교에 받아들여졌고 사는 것을 배웠기 때문입니다. 하지만 마리아는 그렇게 본질적으로 거기 서 있었고 그래서 말했던 것입니다: "주여, 그녀에게 일어서라 명하소서!" 꼭 이렇게 말하고 싶었던 것 같이 말입니다: "주여, 나는 그녀가 쾌락의 충족 때문에 거기 앉아 있지 않기를 간절히 원합니다; 그녀가 사는 것을 배워서 본질적으로 그것을 자기 것으로 가지기를 원합니다! 그녀에게 일어나라 명하셔서 완전하게 되게 하소서!" 마리아가 그리스도의 발 곁에 앉았을 때 그녀는[바른 의미에서] 마리아라고 불린 것이 아니었습니다. 나는 이것을[완전한] 마리아라고 부릅니다: 지혜로운 영혼에 순종하는 잘 훈련된 몸. 이것을 나는 "순종"이라고 부릅니다: 명철이 명하는 것을 의지가 이행하는 것.

그런데 우리 우둔한 사람들은 감각적인 사물들의 현재는 그 의미로 보아서는 더 이상 아무 것도 아니라고 하는 데까지 끌고 가려고 한다. 그런데 그들은 이룰 수 없습니다. 괴로움을 주는 위협이 내 귀에 아름다운 현악 연주처럼 편안하다는 데에는 내가 한 번도 이르지 못합니다. 하지만 이것은 추구해야 합니다: 이성적이고 하나님의 형상을 가진 의지는 모든 본성적인 쾌락을 얻는 것으로부터 영향을 받지 않는 것과 거기에서 돌이킴을 이성이 살피고는 의지에게 명령할 때 의지가 "즐거이 행하겠나이다"라고 말하는 것; 이는 사람이 큰 힘을 써서 얻어야만 하는 것은 그의 마음에 기쁨이 되고 열매를 가져오기 때문입니다.

어떤 사람들은 행함이 없이 빠져나오는 데까지 이르고 싶어 합니다. 이것은 있을 수 없습니다! 제자들이 성령을 받고 나서야 덕을 행하기 시작하였습니다. "마리아는 우리 주님의 발 곁에 앉아서 그의 말씀을 들었고" 그리고 동시에 배웠습니다. 왜냐하면 그녀는 이제야 학교에 받아들여져서 사는 것을 배웠기 때문입니다. 하지만 그 다음에 그녀가 배웠고 그리스도께서 하늘로 올라가시고는 그녀는 성령을 받았는데, 그때 그녀는 가장 먼저 섬기기 시작했고 바다 위를 항해해서 전하고 가르치고 제자들을 위한 봉사자와 빨래하는 자가 되었습니다. 거룩한 자들이 거룩하게 되면 그들은 가장 먼저 덕을 행하였던 것입니다. 왜냐하면 그때에야 영원한 복을 위한 보물을 모으는 것이기 때문입니다. 이전에 이루었던 것은 죄를 청산하며 벌을 탕감합니다. 여기에 관한 증거를 우리는 그리스도로부터 얻습니다: 그분이 인간이 되고는 처음부터 십자가에서 죽는 마지막 순간까지 우리의 영원한 구원을 위해서 행하기 시작하셨습니다. 그의 몸에 있는 지체 중 특유의 덕을 행하지 않았을 지체는 없습니다.

우리가 참다운 덕을 연습하면서 충성되게 그분을 따르도록 하나님께서 우리를 도우시기를 바랍니다. 아멘.

원전 : Meister Eckhart, Die deutschen Werke, hg. v. J. Quint. Bd. 3, Stuttgart 1976, 481-490; 번역: D. Mieth (Hg.), Meister Eckhart, Einheit in Sein und Wirken, München [3]1991, 156-169.—참고문헌: D. Mieth, Die Einheit von vita activa und vita contemplativa in den deutschen Predigten und Traktaten Meister Eckharts und bei Johannes Tauler. Untersuchungen zur Struktur des christlichen Lebens, Regensburg 1969 (SGKMT 15); V. Leppin, Die Komposition von Meister Eckharts Maria-Martha-Predigt, in: ZThK 94 (1997) 69-83.

3. 1329년 3월 27일 요한 22세의 교서 "In agro dominico"에 있는 엑크하르트 문장들의 정죄

종교재판과정에서…… 우리가 경험한 바는 그 엑크하르트의 고백으로부터 그는 아래 내용을 담고 있는 26개 항목을 선포하고 가르치고 기록하였다는 것이 분명하다는 사실이다:

1 언젠가 왜 하나님께서는 세상을 더 일찍 창조하시지 않았느냐는 질문을 받고 그 당시에 그리고 지금도 여전히 하나님께서는 그 어떤 것도 그것이 존재하기 이전에는 만들 수 없기 때문에 더 일찍 만들 수 없었다고 대답하였다. 그러므로: 하나님께서 존재하자마자 그분은 세상도 만드셨다.

2 마찬가지로 세상은 영원부터 존재해 왔다는 것을 인정할 수 있다.

3 마찬가지로: 하나님께서 존재하시고, 그분이 자기와 모든 점에서 동일한 하나님이신 자기 아들을 산출하시고 단번에 또 동시에 세상도 창조하셨다.

4 마찬가지로: 선한 일이든 악한 일이든 모든 일에서 또 허물과 심판에서도 하나님의 영광이 나타나고 동일한 방식으로 밝히 빛난다.

10 우리는 완전하게 하나님으로 변하고 그분으로 변형될 것이다(Nos transformamur totaliter in Deum et convertimur in eum); 성례에서 빵이 그리스도의 몸으로 변한 것과 똑같이 우리는 그분으로 변화되어서 그분 자신이 나를 자기 존재, (말하자면 그분과는) 같지는 않은 하나로 만들어내신다(operatur): 살아계시는 하나님 곁에서는 아무런 차이가 없다.

13 하나님의 본성에 속한 모든 것이 의로우며 신적인 인간에게 속한다; 그러므로 그런 사람은 하나님께서 행하시는 모든 것도 행한다. 그리고 하나님과 함께 하늘과 땅을 만들었으며, 그는 영원한 말씀의 증인이다. 그리고 하나님께서는 그런 사람 없이는 자신이 행하셔야 할 것을 모르실 수 있다.

20 선한 사람은 하나님의 독생하신 아들이다.

21 고귀한 사람은 아버지가 영원으로부터 산출하신 그 독생하신 하나님의 아들이다.

24 그 어떤 차이도(omnis distinctio) 하나님께는 이질적이다, 본성에서도 인격에서도 그러하다. 증명: 그분의 본성은 하나이며 단일한 것이며, 모든 인격은 하나이며 단일한 것이다. 이것이 본성이다.

26 모든 피조물들은 철저한 무이다: 그것들이 사소한 것이거나 그 어떤 것일 뿐이라는 것을 말하지 않고 그것들은 철저한 무라는 것을 말한다.

그밖에도 엑크하르트는 이 말로 또 다른 두 개 항목을 유포시켰다는 문서적인 증거가 있다:

(1) 영혼 안에는 비창조적이고 만들어지지 않은 어떤 것이 있다(Aliquid est in anima, quod est increatum et increabile).……

(2) 하나님은 선하지 않고, 또 더 선하거나 아주 선하지도 않다; 그러니까 내가 만일 하나님을 선하다고 부르면 흰[색]을 검다

고 말하는 것과 같이 사악하게 말하는 것이 된다.

…… 위에 언급한 모든 항목들을 많은 거룩한 신학박사들이 검열하도록 하였고 그들은 우리 형제들과 함께 아주 세밀하게 검열하였다. 결과적으로 우리는…… 언급한 항목들의 처음 열다섯 개와 마지막 두 개는 그 표현으로도 그러하고 그 생각의 맥락으로 보더라도 오류와 이단성을 가지고 있다는 것을 발견하였다.……

우리 교황 임기의 13년인 1329년 3월 27일 아비뇽으로 발송함.

원전 : DS 950-980. 참고문헌: W. Trusen, Der Prozeß Meister Eckhart. Vorgeschichte, Verlauf und Folgen, Paderborn 외 1988; J. Miethke, Der Prozeß gegen Meister Eckhart im Rahmen der spätmittelalterlichen Lehrzuchtverfahren gegen Dominikanertheologen, in: K. Jacobi (Hg.), Meister Eckhart: Lebensstationen. Redesituation, Berlin 1998, 353-375. - K. Flasch, Die Intention Meister Eckharts, in: Sprache und Begriff. FS Bruno Liebrucks, Meisenheim am Glan 1974, 292-318; O. Langer, Mystische Erfahrung und spirituelle Theologie. Zu Meister Eckharts Auseinandersetzung mit der Frauenfrömmigkeit seiner Zeit, München 1987 (Münchener Texte und Untersuchungen zur deutschen Literatur des Mittelalters 91); K. Ruh, Meister Eckhart - Theologe, Prediger, Mystiker, München [2]1989; 같은 이, Geschichte der abenländischen Mytik. 3. Bd., München 1996, 216-353.

b) 하인리히 수소(약 1295/7-1366): Vita 34장

1295/7년 콘스탄츠 아니면 그 인근에서 태어난 수소는 이미 13살에 도미니크파가 되었다. 1323/4-1327년 쾰른에서 수학하였는데 이곳에서는 엑크하르트의 생도이기도 하였다. 그는 "진리의 소책자"에서 이단혐

의에 반대해 엑크하르트를 문서적으로 옹호하였다; 이것이 그 자신까지 유사한 고발을 당하도록 하였다. 생애 내내 그는 자기 선생을 향해서 대단한 충성을 표하였다. 1327년 다시 콘스탄츠에 거하였다; 그곳에 있는 도미니크파 수도원에서 전례문 낭독자로 활동하였고 나중에는 수도원장으로도 있었다. 그 외에도 스위스와 라인 상류지역에서는 목회자로도 활동하였다. 교황청의 아비뇽 포로 기간의 교회적인 혼란은 그를 오래도록 콘스탄츠를 떠나도록 하였다. 1346년 다시 콘스탄츠로 왔을 때에는 그의 명성이 성적인 범죄에 대한 비난 때문에 적지 않게 손상을 입었다. 이 문제가 아직 정확하게 평가되기도 전에 그는 울름으로 전출되었고 거기서 그는 1366년 사망하였다. 신비적인 명상은 수소에게 있어서 특히 그리스도 수난을 함께 겪는 체험에 집중하였다; 동시에 뒤를 따름의 이상이 주도하였다. 수소의 "생애"는 처음에 도미니크파 수녀 엘스벳 슈타겔이 수소의 편지와 동화들을 따라서 시작했는데 나중에는 수소 자신에 의해서 1362년 완성되었다. "생애"는 그의 생애를 강력하게 추상적으로 만드는 해석인데, 이 해석은 거듭거듭 신비적 가르침을 펼치게 하는 동기를 주고 있다.

첫 출발을 하는 사람의 첫 번째 시작에 관해서 종의 영적인 딸 엘스벳 슈타겔에게

"딸아, 거룩한 삶의 시작은 다양하다; 어떤 사람에게는 이러하고 어떤 사람에게는 저러하다. 그런데 네가 질문한 그 시작에 관해서 네게 말해주고 싶다. 나는 그리스도 안에 있는 한 사람을 안다. 그는 시작할 때 먼저 자신의 온 생애를 포괄하는 통회로 자기 양심을 정결케 한 사람이다. 통회를 올바르게 하듯이 그의 온 열심은 모든 자기의 잘못을 정식 고해신부에게 내어 놓으므로 그는 하나님 대신 거기 앉아 있는 이 사람으로부터 맑고도 깨끗한 상태로 떠나고 모든 죄를 용서받았다. 마치 막달라 마리아 그가 깨끗한 마음과 울고 있는 눈으로 그리스도의 신적인 발을 씻고 하나님에게서 그녀의 모든 죄를 용서받았던 것과 마찬가지로 말이다. 이런 식으로 하나님을 향한 이 사람의 길은 시작하였다."

이 예를 그 딸이 아주 소중하게 마음에 담았고 빨리 그를 만족시켜서 그 종이 자기가 고해할 수 있는 최고의 고해신부가 되었으면 하는 바램으로 가득 찼다. 또한 생각한 것은 고해를 통해서 그의 영적인 딸이 되고 이것으로 말미암아 하나님 앞에서 더욱 더 성실한 가운데 그 종에게 맡겨지기를 바랬던 것이다. 이제 관건은 고해를 말로 할 수 없다는 것이었다. 그때 그녀는 실제로 정결하고 맑은 자기의 일생을 훑어보았다. 그리고 자기 마음으로 죄를 범한 것마다 초로 만든 커다란 판에 적어서 말하지 않고 그에게 보내고는 자기 죄를 용시해 줄 것을 간구하였다. 이 종이 이 판을 다 읽었을 때 마지막에 이 말이 있는 것을 보았다: "자비하신 주여, 이 죄인이 당신 발에 꿇어 간구하오니 당신의 그 사랑 많은 마음으로 나를 하나님의 마음 안으로 되돌려주시고 나를 현재와 영원히 자식으로 불러주소서." 이토록 신뢰에 가득찬 경건한 기도는 그를 깊이 흔들어 놓았다. 그는 하나님을 향해 간구하였다: "자비로운 하나님이여, 당신의 종이 여기에 대해 무어라고 말해야 하겠나이까? 거절해야 할까요? 그건 내가 강아지에게라도 하고 싶지 않습니다(마 15:26f.). 이것은 당신 눈에 못되게 행하는 것일 겁니다. 그녀는 주의 종에게 주님의 풍성하심을 구하고 있나이다. 아, 사랑의 주님, 저도 그녀와 함께 당신의 귀하신 발에 무릎 꿇고 그녀에게 귀기울여 주실 것을 간구하나이다. 그녀가 사기 믿음과 자기의 진정한 신뢰를 기뻐하게 하소서. 이는 그녀가 우리를 향해 부르짖고 있기 때문입니다(마 15:22). 당신은 그 이방여인에게 어떻게 행하셨나이까? 아 온유한 마음, 당신의 측량할 수 없는 자비를 우리가 마음으로부터 존귀하게 여기고 있나이다, 비록 아직은 지나치게 많은 것일지라도(그녀를) 용서해 주셔야 하나이다. 아 온화하신 자비여, 그녀에게 당신의 친근한 눈길을 보내시고 그녀에게 한 마디만 해 주소서: 딸아 위로받을지어다. 너의 믿음이 너를 구원하였느니라(마 9:22). 내 대신 이렇게 해 주소서. 저는 저의 것을 행하였고 그녀의 모든 죄를 용서해 주시기를 간구하였으니까요."

바로 그 사절에게 그는 다음의 대답을 함께 주었다: "네가 하나님께 그분의 종을 통해서 간구한 것이 이루어졌느니라; 이것이 그 이전에 하나님으로부터 그에게 보였다는 것을 알지어다."

원전 : Heinrich Seuse, Deutsche Schriften, hg. v. K. Bihlmeyer, Stuttgart 1907 (= Frankfurt/M. 1961), 99-101. 번역: Heinrich Seuse Deutsche mystische Schriften, aus dem Mittelhochdeutschen übertragen und hg. von. g. Hofmann, Düsseldorf 1966, Nachdruck 1986, 108-110.—참고문헌: E. M. Filthaut (Hg.), Heinrich Seuse. Studien zum 600. Todestag 1366-1966, Köln 1966; D. Planzer, Heinrich Seuses Lehre über das geistliche Leben, Freiburg 1960; U. Joeressen, Die Terminologie der Innerlichkeit in den deutschen Werken Heinrich Seuses, Frankfurt a. M. 외 1983; A. M. Haas, Kunst rechter Gelassenheit. Themen und Schwerpunkte von Heinrich Seuses Mystik, Bern 외 1955; K. Ruh, Geschichte der abendländischen Mystik. 3. Bd., München 1996, 415-475.

c) 요한네스 타울러(약 1300-1361): 성체축일 설교

타울러는 1300년 슈트라스부르크에서 태어났다. 청소년의 나이로 그는 도미니크파 수도회에 가입하였다. 제일 먼저 그는 수녀들과 베긴회 여성들의 설교자로 그리고 목회자로 대부분 슈트라스부르크에서 활동하였다. 바이에른의 루이와 요한 22세 사이의 쟁투의 결과로 그는 자기 온 수도원과 함께 몇 년 동안 바젤로 가서 1342/3에야 슈트라스부르크로 돌아올 수 있었다. 거기서 그는 1361년 사망하였다. 타울러로부터 나온 약 80개의 설교가 청중들의 노트필기로 전승되었다. 수소와 마찬가지로 타울러도 주로 엑크하르트로부터 영향을 받았다. 그의 운명을 통해서 경고를 받은 그는 특별한 방식으로 신비주의의 교회적인 성격을 삭제하는 데에 힘썼다. 그래서 그는 가능한 한 문제의 소지가 있는 사변적인 언급을 피하였다. 그에게 가장 중요한 관심은 자기의 설교를 가지고 단순히 예식화한 경건을 대항하며 실제적인 내면화에 영향을 끼치는 것이었다. 교회에 동화하는 이 모습 가운데에서 엑크하르트의 신비주의는 중세 후기의 경건과 더욱이 젊은 루터에게 지속적인 영향력을 행사하였다.

오늘은 우리 주님의 거룩하신 성체 성례의 그 존경스러운 축제가 열리는 큰 축제일입니다.……

이제 우리 사랑하는 주님께서 말씀하셨습니다: "내 몸은 참된 양식이고 내 피는 참된 음료이니라; 그러므로 나를 먹는 자는 내 안에 거하고 나는 그의 안에 거하리라"(요 6:55f.). 이 말씀에서 우리 주님의 바닥까지 내려간 겸손을 봅니다. 그분은 최고로 거창한 것에 관해서는 침묵하시고 아주 작은 것에 관해서(만) 말씀하십니다. 가장 큰 것은 그분의 경배 받으셔야 하는 신성입니다; (그러나) 그분은 자기 신성과 자기의 거룩한 혼도(자기) 몸과 피가 있는 것과 마찬가지로 참으로(현재) 계시는데도 몸과 피에 관해서만 말씀하셨습니다. 형용할 수 없고 모든 것을 넘어서는 사랑이 그분에게서 놀라운 방식으로 나타나되 우리의 형제가 되시는 것으로 만족하지 않으시고 우리의 비참하고 연약하며 부패한 본성을 취하시는 가운데 나타난 것입니다. 그분은 인간이 하나님이 되도록 하기 위해서 인간이 되셨기 때문입니다; 그러나 여기에 만족하지 않으신 것입니다: (나아가서) 우리의 양식이 되기 원하셨습니다. 그러므로 성 어거스틴이 말했습니다: "우리 하나님께서 우리에게 오신 것처럼 자기 신이 기독교인에게만큼 그렇게 가까이 온 족속은 없다." 우리는 우리 하나님을 먹습니다. 그분이 이토록 놀라운 방법을 찾으신 것이 얼마나 놀라우며 말로 형용할 수 없는 사랑이란 말인가요! 이 사랑은 모든(인간의) 개념들을 넘어서 있으며 그래서 우리를 향한 그리스도의 사랑이 그토록 말로 할 수 없도록 크다는 것은 모든 인간의 마음을 놀라도록 합니다.

그러니까 인간의 입을 통해서 들어가는 먹고 마심보다 더 인간에게 가깝고 친숙한 물질적 과정은 없습니다; 바로 그리스도께서 아주 가깝고 친밀하게 우리와 하나 되기를 원하셨기 때문에(자신을 우리에게 주시는) 이 놀라운 과정을 선택했던 것입니다.

이제 육신의 양식에 관해서 말해 봅시다: 이 말은 그리 합당하게 들리지 않습니다,(하지만) 우리 이해를 돕습니다. 성 버나드가 말합니다: "우리가 이 양식을 먹으면 우리가 먹히게 됩니다."[4] 우리가 입으로 가지고 가는 이 육체의 양식을 우리는 먼저 씹습니다; 그러면 편안한 방식으로 식도를 통해서 위에 이르게 되고 거기서 간의 열로 태워집니다. 위는 양식을 소화시키고 좋은 부분으로부터 나쁜 부분들을 분리시킵니다. 사람이 1파운드의 양식을 섭취하면 그중 아주 작은 부분만이 자기 체질에 이르게 됩니다. 남은 모든 것들을 위는 모두 소화시켜서는 여러 위치로 분산시켜 버립니다. 음식이 위에 당도했다면 아직도 세 단계를 넘어야만 인간 체질에 이르게 됩니다. 위가 음식을 자기의 본성적인 열기로 끓이고 소화시키고 나면 하나님께서 이를 위해서 마련해 놓은 더 상위의 영혼의 능력이 개입하여서는 그 양분을 두루 나누기를 머리, 심장 그리고 양분이 살과 또 핏줄을 타고 흐르는 피가 되는 그 지체로 나눕니다. 이와 같이 우리 주님의 몸과도 그러합니다. 육체의 양식이 우리 육으로 변화되는 것과 같이 그것(하나님의 양식)을 합당하게 취하는 자는 그 양식으로 변하는 것입니다.

이와 같이 우리 주님께서 성 어거스틴에게 말씀하셨습니다: "내가 너로 바뀐 것이 아니라 네가 나로 바뀐 것이다."[5] 이 양식을 합당하게 먹는 자에게 이 양식은 그의 내면적인 기초 안으로 들어갑니다.……

성 버나드가 말합니다: "우리가 만일 하나님을 먹는다면 바로 그렇게 우리는 그분에 의해서 먹힙니다. 그가 우리를 먹어치우십니다."

언제 그분은 우리를 먹어치우십니까? 이것을 그분은 우리 안에서 우리의 잘못을 처벌하시며 우리 내면의 눈을 여시고 우리로 하여금 우리 범죄를 깨닫게 하십니다. (말하자면) 하나님께서 우리 양심을 바르게 하실 때 그분이 우리를 먹고 물고 씹으십니다. 우리가 음식을 입 안에서 이리저리로 보내는 것과 같이 인간을 하나님의 심판 아래에서 이리저리, 곧 불안과 두려움, 슬픔과 커다란 쓰라림 안으로 내동댕이치십니다. 그런데 그는 자기에게 이것이 어떻게 일어나는지를 모릅니다.

인내로써 이것이 당신 위에서 일어나도록 하십시오; 당신을 하나님께서 먹고 씹게 하십시오; 거기에서 벗어나지 말고 당신 자신을 씹고, 이로써 당신이 곧바로 고해신부에게 달려가서 하나님의 심판을 피해버리는 일이 일어나지 않도록 하십시오. 그러면 이것은 마치 당신 양심이 하는 책망에 대해서 당신을 방어하기 위해서 당신 안에서 일어나는 그런 일이 되는 것입니다. 그러면 안 됩니다! (당신 잘못을) 먼저 하나님께 고백하십시오; 그렇게 하고, 말하자면 당신의 육체의 연습이나 당신에게 익숙한 작은 기도를 시작하지 마십시오; 오히려 당신 양심의 깊은 곳에서 내적인 한숨을 하면서 고백하십시오: "아, 주님이여 이 가련한 여종에게 자비를 베푸소서!"(눅 18:13) 그리고 당신 안에 머무르십시오. 보십시오, 이게 바로 당신이 속죄에서 벗어나는 수단인 독서나 기괴한 행동들보다 천 배나 나은 것입니다. 오직 악한 원수가 무질서한 슬픔과 함께 끼어들지 못하도록 주의하십시오.…… 심판에 이어서 감정의 잔잔함이 오며 사랑으로 가득한 신뢰와 친숙한 확신과 거룩한 소망이 따라옵니다.……

이렇게 하나님께서 당신을 먹고 삼키면 그때 당신을 그분 안에서 발견하고 당신 안에서는[하나님 외에는] 아무 것도 발견하지 않게 되는 것을 깨닫게 됩니다. 차라리 그분께서는 말씀하십니다: "내 몸을 먹는 자는 내 안에, 나는 그 안에 있으리라"(요 6:56). 그래서 당신이 그분에 의해서 해체되고 요리되기를 원한다면 당신 자신이 없어지고 [당신 안에 있는] 옛 사람을 벗어버려야 합니다. 음식이 인간의 본성으로 바뀌려면 부득이 자기 본연의 존재를 버려야 하기 때문입니다. 자기 본래의 것이 아닌 것이 되어야 하는 그것은 필히 자기가 가지고 있는 온 존재를 버려야 하는 것입니다. 장작이 불이 되어야 한다면 우선 장작이 되게 한 것에서 자유로워져야 합니다. 당신이 하나님으로 변화되고 싶다면 당신 자신을 탈피해야 합니다.

원전 : Die Predigten Taulers aus der Engelberger und der Freiburger Handschrift sowie aus Schmidts Abschriften der ehemaligen Straßburger Handschriften, hg. v. F. Vetter, Berlin 1910 (Deutsche Texte des Mittelalters 11), 292-295; 번역: Johannes Tauler, Predigten, hg. und übers. von G. Hofmann, Freiburg 외 1961, 206. 208-211.—참고문헌: E. Filthaut (Hg.), Johannes Tauler. Ein deutscher Mystiker. Gedenkschrift zum 600. Todestag, Essen 1961; I. Weilner, Johannes Taulers Bekehrungsweg. Die Erfahrungsgrundlagen seiner Mystik, Regensburg 1961; T. Gandlau, Trinität und Kreuz. Die Nachfolge Christi in der Mystagogie Johannes Taulers, Freiburg 외 1993 (Freiburger Theologische Studien 155); L. Gnädinger, Johannes Tauler. Lebenswelt und mystische Lehre, München 1993; K. Ruh, Geschichte der abendländischen Mystik. 3. Bd., München 1996, 476-526.

d) 독일 신학: 옛 사람과 새 사람(15f. 장)

익명의 저자 "Frankforter"는 틀림없이 14세기에 "Theologia Deutsch" 또는 "독일 신학"을 저술하였다. 이것은 타울러와 아주 밀접한 연관 가운데에 전승되었다. 서론에서 말하기를 저자는 사제이며 프랑크푸르트의 독일-귀족저택의 파수꾼이라고 한다. 저자의 신원은 아직까지 밝혀지지 않았다. 저자는 신비가를 표현할 때에 드물지 않은 표현인 참다운 "하나님의 친구"의 마음을 불의하고도 거짓된 무신론의 친구들, 곧 마르가레타 포레트를 따르는 이단적인 베가르회를 상대로 제시하고 싶어 했다. 동시에 그는 자기의 존재론적인 사색을 모든 사람이 자기를 부인하고 고통스러운 순종 가운데에서 뒤를 따라야만 한다는 복음을 전하는 것으로 만들었다. 1516년 그리고 다시 한 번 1518년 마틴 루터는 자기에게 지속적으로 영향을 끼친 "Theologia Deutsch" 본문을 출판하였다.

15장: 어떻게 모든 사람이 아담 안에서 죽고 그리스도 안에서 다시 살게 되었는가, 그리고 참 순종과 불순종에 관하여

아담 안에서 타락하여 죽은 것은 모두 그리스도 안에서 다시 일어나 살게 되었다. 아담 안에서 일어나 살게 된 모든 것은 그리스도 안에서 몰락하고 죽었다. 그런데 그것이 무엇이었고 지금은 무엇인가? 순종과 불순종이었다.

하지만 무엇이 참된 순종인가? 나의 대답은 이러하다: 인간은 자기 자신으로부터 철저히 벗어나 머물러 있어야 한다. 이 말은 자기 자신과 자기의 것을 아주 적게 구하고 모든 일에서 마치 자기가 없는 것같이 생각할 만큼 철저히 자아와 자기됨에서 벗어나야 한다는 말이다; 나아가서[그는] 자기 자신에 관해서 아주 적게 느끼고 자기 자신과 자기 것에—자기 자신과 모든 피조물들—자기는 마치 없는 것처럼 아주 적게 신경을 써야 한다. 그런데 존재하고 있고 사람이 붙잡아야만 하는 것은 무엇인가? 대답: 하나님이라고 부르는 일자가 유일하다. 보라, 이것이 참된 순종과 진리이다. 그 복된 영원 안에서는 사정이 그러하다. 그때에는 일자 외에는 아무 것도 구하지 않고 마음먹거나 사랑받지 않는다. 바로 그렇게 일자에 관해서만 관계를 한다.

여기에서 무엇이 불순종인가를 주목할 수 있다. 불순종은 바로 사람이 자기 자신에 관해서 관계하며 사물 가운데에서 자기 것을 구하고 자기를 사랑하고 하는 그런 것이다.

참 순종 때문에 인간은 창조되어졌고 그렇게 되어 있다. 이것이 하나님에 대한 책임이다. 순종은 아담 안에서 파멸되고 죽었다면 그리스도 안에서 부활하여 살게 되었다; 아담 안에서 불순종은 부활하고 살았는데 그리스도 안에서 죽었다. 그러하다. 인류가 그리스도인이었고 자기 자신과 모든 피조물로부터 벗어나 서 있었다. 전혀 하나의 사람이 아닌 것처럼. 그는 하나님의 집이요 거처일 뿐이었다.……

16장: 옛 사람은 무엇이고 또 새 사람은 무엇인가?

또한 옛 사람과 새 사람에 관해서 말할 때는 구분을 하여야 한다. 보라, 옛 사람은 아담이고 불순종이고 이기심과 자기중심 같은 것이다. 그런데 새 사람은 그리스도이고 순종이다. 때때로 죽음과 타락과 그 비슷한 것들에 관해서 말할 때는 옛 사람은 무가 되어야 한다고 생각하는 것이다; 이것이 참되고 신적인 빛 가운데에서 일어날 때 그리고 그때에 새 사람이 다시 태어나는 것이다.

사람은 자기 자신이 죽어야 된다고도 하는데 이 말은 인간의 자기성과 자아가 죽어야 한다는 말이다. 여기에 관해서 거룩한 바울이 말한다: "옛 사람과 구습을 벗어버리고 하나님으로 만들어지고 지으심 받은 새 사람을 입으라"(엡 4:22. 24). 자기 자신으로 살고 옛 사람을 따라 사는 자는 아담의 자식이라 불리고 그러하다. 그는 그 안에서 더욱 열정적으로 그리고 존재적으로 살 수 있으며, 그는 마귀의 자식이요 형제이다. 하지만 순종과 새 사람 안에서 사는 자는 그리스도의 형제요 하나님의 자녀이다. 보라, 옛 사람이 죽고 새 사람이 탄생하는 곳에 거듭남이 일어난다.……

또한 기록되었다: 죄는 피조물이 창조자에게서 돌이키는 것에 있다. 그런데 이것이 바로 언급한 바와 유사하며 사실 같은 말이다. 불순종 안에 있는 자는 죄 안에 있고, 죄는 순종으로 돌이킴이 아니고는 절대로 속량되거나 나아지지 않는다. 그래서 인간이 불순종 가운데 있는 동안에는 죄가 절대로 나아지지 않고, 곧 자기가 행하는 것을 행하는 것이다.……

사람은 순종 가운데에서 아주 완전히 그리고 더 분명하게 자기 자신과 만물로부터 벗어나는 것도 가능하다. 인간이신 그리스도처럼 말이다. 그 사람은 죄가 없을 수 있고 또 그리스도와 하나일 수 있으며 은혜로 인해서 그리스도께서 본성적으로 그런 분이셨던 그런 자일 수 있다. 그러므로 누구도 죄 없을 수 없다고 말하기도 한다. 하지만 그것이 무엇이 되었든지 그렇게 되어야 한다. 그렇지만 사실은 이러하다: 사람이 순종에 가까울수록 죄는 그만큼 작아진다; 멀어지면 질수록 죄가 더 많아진다. 간단하게 말해서, 사람이 선한지, 더 선한지 아니면 아주 선한지, 악한지 더 악한지 아니면 아주 악한지, 하나님 앞에서 죄인인지 아니면 복된 자인지는 바로 이 순종과 불순종에 달려 있다. 그러므로 기록되었다: 이기심과 자기중심이 많을수록 죄와 악도 많아진다.……

보라, 이제 짐작컨대 어떤 사람도 그리스도처럼 그렇게 철저하고도 분명하게 이 순종에 머물지는 못한다. 그럴지라도 사람이 신적이고 신같이 되었다고 말하고 사실 그럴 수 있을 만큼 그렇게 가까이 다가갈 수 있다는 것은 가능하다. 그런데 사람이 거기로 더 가까이 다가가고 신적이며 신적인 존재가 되면 될수록 모든 불순종, 죄, 불의가 그에게 더 고통스럽고, 그를 더 아프게 하며 그에게는 크고도 쓰라린 아픔이 된다. 불순종과 죄는 하나이다. 불순종과 불순종에서 발생하지 않는 죄는 없다.

원전 : 'Der Franckforter' ('Theologia Deutsch'), hg. v. W. v. Hinten, München 1982 (Münchener Texte und Untersuchungen zur deutschen Literatur des Mittelalters 78), 89-93; 번역: 'Der Franckforter', Theologia Deutsch. Übers. v. Alois M. Haas, Einsiedeln 1980 (= Christliche Mystiker 7), 62-68.—참고문헌: A. M. Haas, Die "Theologia Deutsch", in: FZPhTh 25 (1979) 304-350. - F. -W. Wentzlaff-Eggebert, Deutsche Mystik zwischen Mittelalter und Neuzeit, Berlin [3]1969; A. M. Haas, Sermo mysticus. Studien zu Theologie und Sprache der deutschen Mystik, Freiburg/Schweiz 1979; Große Mystiker-Leben und Wirken, hg. v. G. Ruhbach und J. Sudbrack, München 1984; H. A. Oberman, Die Bedeutung der Mystik von Meister Eckhart bis Martin Luther, in: 같은 이, Dei Reformation. Von Wittenberg nach Genf, Göttingen 1986, 32-44; K. Ruh, Geschichte der abendländischen Mystik, 현재까지 3 Bde., München 1990ff.

1) 문자적으로는 : 의미 바깥에
2) 위 : "영원의 주변"
3) 곧 그리스도
4) 의미로 본다면 71번째 아가서 설교에 이런식으로 나온다.
5) 고백록 I, 7, 10.

59. "그리스도를 뒤따름"

"De imitatione Christi", "그리스도를 뒤따름"은 세상의 책 가운데서는 성경 다음으로 가장 널리 퍼진 책으로 간주된다. 이 책은 단 한 사람에 의해서가 아니고, 오히려 전통적으로 저자라고 알려진 켐피스의 토마스(1379/80-1471)를 일종의 편집한 자로 생각해야 하는 책이다. 그는 1427년 이전에 '현대신심' 언저리에서 나온 다양한 문서들을 묶어냈다. 라인 강 하류에 그 근원을 둔 이 경건한 갱신운동은 사변에서가 아니라 일상생활을 압도하는 것을 목표로 하는 신비주의의 정신에서 출발한 겸손한 삶을 꾸려가는 것에 힘썼다. 이 신비주의는 플랑드르 사람 얀 루브릭(1293-1381)에게서 꽃을 피웠다. 이 사람의 생도이며 친구인 게르트 그로테(1340-1384)는 데벤터에 '공동생활 형제단'을 건립하였다. 영원한 맹세를 통해서 형성한 것이 아닌 공동생활 형태는 내적인 경건의 모습 안에서 그리스도-뒤따름을 애썼다. 여기서부터 '현대신심'은 모습을 갖추었다. 토마스(아켐피스)는 이미 13살 나이에 데벤터에 있는 형제들과 함께 있었다; 1399년 라인강 하류 쯔볼렛에 있는 어거스틴파 – 참사회 수도원인 성 아그네텐베르크에 들어갔다. 여기서 그는 오랫동안 부원장으로 활동하였다. 경건서적인 "De imitatione Christi"에 그는 영적인 삶을 위한 수많은 가르침을 수집하였지만 실용적인 생활 지혜의 감성적 금언도 수집하였다. 이 작품은 네 개의(순서는 다양한) 부분으로 이루어졌다: 1. 겸손과 자비 가운데에서 세상과 인생의 허무함으로부터 벗어남; 2. 외적 삶에서 내적 삶으로 돌이킴과 고통 가운데에서 십사가를 받이들임; 3. 하나님 말씀을 듣고 은혜를 얻음; 4. 성만찬 성례는 인간이 하나님과의 신비한 하나 됨의 절정이다. 이와 똑같이 단순하고 깊은 그 뒤따름의 경건은 종교개혁에 영향을 끼쳤고 가톨릭 개혁에도 그렇게 하였다.

a) 그리스도 본받음과 세상의 모든 헛된 것을 폄하함에 관하여(1권 1장)

1. 나를 따르는 자는 어둠 가운데 행하지 않는다"(요 8:12)고 주님이 말씀하신다. 우리가 경고를 받는 그리스도의 말씀은 이것이다. 우리가 진리 안에서 빛을 받고 마음의 모든 눈멂에서 자유하기 원한다면 우리는 그의 삶과 그의 행하심을 닮아야 한다.

2. 그리스도의 가르침은 성자들의 모든 가르침보다 월등하다; 영을 가진 자는 여기에 감춰진 만나를 발견하게 된다. 그런데 많은 자들이 복음을 자주 듣고는 그것을 향한 열망을 겨우 조금만 느낀다: 왜냐하면 그들은 그리스도의 영을 갖고 있지 않기 때문이다. 그러나 그리스도의 말씀을 완전하게 또 그 달콤함 안에서 이해하려고 하는 자는 자기의 온 삶을 그분의 것과 같도록 만들어야 한다.

3. 네가 만일 겸손하지 않고 그래서 삼중성에는 걸맞지 않는다면 삼중성에 관한 그 고상한 일들을 말하는 것이 네게 무슨 유익을 되겠는가? 진실로, 고상한 말은 거룩하게도 못하고 의롭게도 못한다: 하지만 덕스러운 삶은 인간을 하나님이 흡족히 여기도록 만든다. 내가 원하는 바는 이를 갊의 개념을 이루는 것을 자세히 아는 것이 아니라 내 마음 안에서 그 가시를 느끼는 것이다. 네가 성경 전체와 거기에 대한 모든 철학자들의 가르침들을 암송한다고 하자: 하나님의 사랑과 은혜 없는 이 모든 것이 네게 무슨 도움이 되겠는가? "헛되고 헛되니 모든 것이 헛되도다"(전 1:2): 하나님을 사랑하고 그분만을 섬기는 것을 빼고. 최고의 지혜는 이것이다: 세상을 멸시하고 하늘나라를 바라는 것.

4. 이것을 따른다면 허무한 것은 이것이니 없어질 부를 구하며 거기에 소망을 두는 것이다. 또한 명예를 추구하고 높은 자리에 오르려는 것도 헛되도다. 육체의 욕심에 굴복하여 나중에 심각한 보응을 받아야만 하는 것을 바라는 것이 헛되도다. 오래 살려고 하며 선한 삶에는 조금 밖에 마음을 두지 않는 것이 헛되도다. 헛된 것은 현재의 삶은 주목하고 앞으로 올 삶을 위해서는 마음을 쏟지 않는 것이다. 아주 빨리 사라질 것을 사랑하고 영원한 즐거움이 유지되는 곳을 향해서는 서둘지 않는 것이 헛되도다.

5. 종종 아래의 진실한 말씀을 기억하라: "눈은 봄으로도 만족함이 없고 귀도 들음으로 채워지지 않는다"(전 1:8). 그러므로 너의 마음을 보이는 일에 대한 사랑에서 제거하고 보이지 않는 일들

로 향하도록 노력하라. 왜냐하면 자기 감각을 따르는 자들은 자기들의 양심을 더럽히고 하나님의 은혜를 잃어버리기 때문이다.

b) 내면적인 품행(2권 1장)

1. "하나님의 나라는 너희 안에 있느니라"(눅 17:21)고 주님께서 말씀하신다. 그러니 너를 철저히 하나님께로 돌이키고 이 참담한 세상을 떠나라 그러면 너의 영혼이 쉼을 얻으리라. 외적인 것을 폄하하고 내적인 것을 향해 돌이키라; 그러면 하나님 나라가 네 속에 임하는 것을 네가 보리라. 말하자면 하나님의 나라는 "성령 안에서 평강과 희락"이다(롬 14:17). 그리고 불경한 자들의 몫이 아니다. 만일 네가 그리스도께 내적으로 마땅한 거처를 준비하면, 그가 네게 오시고 네게 자기 위로를 주시리라. "그의 모든 명예와 치장은 내면에 있도다", 거기에서 그가 만족하리라.……

3. 깨어지고 사멸할 인생에게 큰 신뢰를 두지 말라, 아무리 그가 유익하게 하고 사랑스럽다 하더라도. 그가 때로는 저항하고 항변하더라도 거기에 대해서 큰 슬픔을 느끼지 말라. 오늘 너와 함께 한 자들이 내일은 너를 반대하고 마치 바람이 종종 방향을 틀듯 배신할 수 있도다. 너의 모든 신뢰를 하나님께 두어라, 그리하면 그가 너의 열매요 너의 사랑이 되리라. 여기에 대해 그가 대답해줄 것이며 네게 최고로 좋은 것을 만들어주시리라.……

4. 이 장소는 네가 쉴 장소가 아닌데, 여기서 무엇을 찾아 두리번거리느냐? 하늘에 너의 거처가 있어야 하며, 그래서 땅의 일들은 모두 일시적인 것이라고 보아야 한다. 만물이 일시적이며 그러기에 너도 그러하다. 아무 것에도 매이지 않도록 해서 네가 사로잡혀 멸망하지 않도록 예의 주시하라. 너의 생각이 지고한 자에게 있어야 하며, 너의 기도는 끊임없이 그리스도를 향하도록 하라. 네가 만일 고상하며 천상적인 일들을 주목할 수 없다면 그리스도의 고난 안에서 쉬며 그의 거룩한 상처 안에서 즐거이 거하라. 이

는 네가 만일 경건하게 예수의 상처와 고귀한 흉터들로 도피한다면 너는 어려움 중에서 큰 위로를 느끼게 되며 사람을 통한 무시에 너무 많이 근심하지 않고 무시하는 말을 쉽게 감당하게 되기 때문이다.

원전 : Thomas von Kempen, Die Nachfolge Christi, übertragen von F. Braun, Graz-Wien 1948 (처음에는 Leipzig 1935), 1권 1장, S. 3ff.; 2권 1장, S. 67ff.—참고문헌: Thomas a Kempis et la dévotion moderne. Catalogue d'exposition, Bruxelles 1971; Thomas von Kempen. Beiträge zum 500. Todesjahr. 1471-1971; E. Iserloh, Thomas von Kempen und die Devotio moderna, (1976), in: E. Iserloh, Kirch - Ereignis und Institution, Bd. 1, Münster 1985, 137-150; R. Stupperich, Art. Brüder vom gemeinsamen Leben, in: TRE 7, 1981, 220-225; E. Brouette, Art. Devotio moderna, in: TRE 8, 1981, 605-609; G. Ruhbach, Thomas von Kempen, in: C. Möller (Hg.), Geschichte der Seelsorge in Einzelporträts. Bd. 1, Göttingen/Zürich 1994, 341-352.

60. 뤼라의 니콜라우스(약 1270-약 1349)의 Postilla litteralis: 14세기의 문자적인 성경의 뜻 강조

14세기 초에는 성경 해석에서 문자적 또는 역사적 의미가 새롭게 강조되었다. 이 새로운 생각의 중요한 대표자는 뤼라의 니콜라우스였다. 그는 교부들과 유대교의 주석에 익숙했다, 하지만 희랍어는 배우지 않았다. 그는 20년대에 나온 모든 성경에 대한 자기의 폭넓은 주석 "Postilla perpetua"(일반적으로는 "Postilla litteralis"라 불린다)에서 문자적인 의미(sensus litteralis)를 강조하였다. 성경의 사중의미론을 근본적으로 공격하지 않고 그는 하지만 다른 사람들에 의해서도 문제가 지적된 자신의 적용에 들어있는 임의성을 제거하려고 하였다: sensus allegoricus, tropologicus/moralis와 anagogicus. 곧 이것들의 도움으로 성경의 개별 구절들이 새 계약의 구원사실, 그리스도인의 신앙적 삶이나 앞에 올 완성에 대한 암시라고 해석되었었다. 이것들을 그는—이미 그보다 앞서서 이 방향으로 가고 있는 경향을 수용하면서—문자적인 의미에 엄격하게 묶어버렸다. 나중에 인문주의와 종교개혁은 바로 이 중세 내적인 발전과 관계를 맺을 수 있었다.

a) 성경의 머리말 1

이 책(성경)은 모든 단어가 많은 의미를 가지는 특징이 있다. 이 이유는 이 책의 원래 저자가 하나님 자신이기 때문이다; 그의 능력 아래에 있는 것은 그가 무엇인가를 표현할 때 말을 사용할 뿐 아니라—이것은 인간도 할 수 있으며 또한 하고 있다—말로 이미 묘사가 된 사물도 다른 사물을 묘사하기 위해서는 사용한다는 것이다.…… 말을 통해서 이루어지는 첫 번째 묘사는 문자적이거나 역사적 의미(sensus litteralis seu historicus)를 제시한다. 사물을 통해서 이루어지는 두 번째 묘사는 그 반대로 신비적이거나 영적인 의미(sensus mysticus seu spiritualis)를 제공한다. 여기에는 본래 세 종류가 있다: [1] 말을 통해서 묘사가 된 사물이 새 계약에서 사람이 믿어야 하는 것을 가리켜야 하는 경우에는 알레고리적인 의미를 말한다(sensus allegoricus); [2] 그런데 우리가 행해야 할 것을 가리키는 경우는 도덕적이거나 유형론적 의미(sensus moralis vel tropologicus)가 된다; [3] 그런데 앞으로 올 복으로부터 바래야 하는 것을 표현할 때는 아나고기적 의미(sensus anagogicus)이다.…… 아래 시가 이것을 말하고 있다:

문자는 사실을 가르치고, 알레고리아는 신앙을;
도덕적 의미는 행위를, 아나고기아는 목표를.
(Littera gesta docet, Quid credas allegoria,
Moralis quid agas, Quo tendas anagogia.)

이 사중의 성경 의미를 위해서 '예루살렘'이라는 단어를 예로 들 수 있다: [1] 문자적인 의미로는 한때 유다 왕국의 수도였던 한 도시를 말한다.…… [2] 도덕적 의미로는 믿는 영혼을 의미한다.…… [3] 알레고리적 의미는 다시금 투쟁하는 교회를 의미한다.…… [4] 아나고기적 의미로는 승리하는 교회를 말한다.

원전 : PL 113, 28f.

b) 성경의 머리말 2

"보좌에 앉은 이의 오른 손에 있는 안팎으로 기록된 책을 내가 보았다"(계 5:1)…… 이 말은 성경을 말한다: 성경은 문자적 의미와 관계해서는 외적인 책이라고 부르며, 신비적이거나 영적인 의미로는 내적이라고 한다. 내적인 것에는 근본적으로 세 종류를 구분해야 한다.…… 그렇지만 개별적인 경우에서 이 셋은 각각 다시금 많은 신비적인 해석가능성들을 제공한다. 하지만 모두는 문자적 의미를 기초로(fundamentum) 전제하고 있다. 그러므로 자기 기초에서 앞으로 기울어진 건물은 무너지게 되어 있듯이 문자적 의미에서 벗어난 신비적인 해석은 맞지도 않고 마땅하지도 않다. 아니면 더 이상은 그것을 반대해서 말하지 않는다면 덜 맞고 덜 마땅하다고 보아야 한다.…… 더 나아가서 문자적 의미는…… 현재 자주 어두워졌다는 것을 염두에 두어야 한다. 말하자면 부분적으로는 본문의 많은 곳에서 문자의 유사함 때문에 정확하지 않게 필사하는 필사자의 잘못으로 발생한다. 또 교정을 하는 자들의 어떤 미숙함 때문에도 일어날 수 있다. 이들은 많은 곳에서 단어를 분리시키기 위해서 점을 찍는다. 본래 없는 곳에 그렇게 함으로…… 본문의 강조점이(sententia litterae) 달라지게 된다. 또 히브리어 책과는 다른 것을 심심치 않게 가지고 있는 우리 번역 때문이기도 하다.……

또 문자적 의미는 해석 방식으로 말미암아서 여러모로 어두워졌다는 것을 알아야 한다. 이 방식은 좋은 것을 많이 말하기는 하지만 문자적 의미는 아주 사소하게 다룬 사람들에 의해서 확산되는 것이 보통이다: 이들은 문자적 의미가…… 부분적으로 억눌릴 정도로 신비적 의미를 다양하게 하였다. 그밖에도 이들은 본문을 아주 많은 작은 부분으로 나누어서는 자기들의 목적을 위해서 많은 성구들을 일치하는 것으로 만들었다. 그렇게 함으로 이들은 단어의 의미에 주목하지 못하도록 하면서 이해와 기억을 부분적으로 뒤섞어버렸다. 하나님의 도우심으로 나는 이것과 또 비슷한 것을 피하고 싶어서 문자적 의미에 머물면서 아주 소수의 구절에서만 아주 짧은 신비적 해석들이 도입되도록 하였다.

원전 : PL 113, 29f.—참고문헌: H. de Lubac, Exégèse médiévale. Le quatre sens de l'Ecriture, 2 Bde. in: 4, Paris 1959-1964; G. Ebeling, Evangelische Evangelienauslegung. Eine Untersuchung zu Luthers Hermeneutik, Darmstadt [2]1962; B. Smalley, The Study of the Bible in the Middle Ages, Oxford [3]1983.

61. 그레고리 팔라마스(1296-1359)

다마스커스의 요한(위 Nr. 16, Vorspann을 보라) 이후에도 여전히 비잔틴에서는 신학적 움직임과 논쟁들(방법론에 관한 질문들도 포함해서)이 전혀 없었던 것은 아니다.[1] 그럼에도 불구하고 비잔틴 시대의 중기와 말기부터는 오늘날까지 동방교회 신학을 위해서 그레고리 팔라마스만큼 탁월한 역할을 한 사람은 아무도 없다: 그는 아토스의 수도사요, "정적주의"(희랍어 ἡσυχία = [내적] "정적"에서 왔다)와 그 기도 방식(감성적으로 경험이 가능한 "조명"[2]을 목적으로 하였다)의 주창자요 그리고 마지막으로 살로니키(데살로니가)의 대주교였다. 또한 확실한 것은 비잔틴 저자들 중 오늘날까지 자기 독자들(특히 "서방 독자들")을 이 사람만큼 그렇게 양극화시킬 수 있었던 사람은 소수이다.[3] 하지만 가능한 한 치우치지 않고 그의 작품에 몰두한 자는—"세상 지혜"(ἔξω σοφία [각각 παιδεία 각각 φιλοσοφία])를 반대한 모든 격렬한 논쟁은 차치하고—거기에는 광분하면서 단어에 집착하는 징후가 있다는 인상을 받지 않는다. 반대로 저자는 자기 시대의 영적인 흐름에 놀라울 정도로 친숙해 있음을 드러낸다. 그 시대는 분명히 비잔틴에서 정치적인 몰락에도 불구하고 예술과 학문, 수사학과 철학이 다시금 최고조로 꽃을 피우고 있었고("고대인들의 르네상스") 고대가 다시금 열광적으로 수용되던 시대였다. 또한 면밀하게 주시해 보면 팔라마스의 이론들은 확고한 희랍적—교부적 기초 위에 서 있거나 최소한 이들로부터 출발하고 있다는 것이 드러난다. 말하자면 비잔틴 내부에서도 완전히 한쪽으로 치우친 구상을 제시한다는 비난을 받는 것과는 다르게.

a) 영을 넘어서서 하나님을 봄(Triade II, 3, 48)

소위 말하는 "Triade"는 "성스럽게 정적주의적인 태도를 연습하는 자들을 변호해주기 위한" 세 권(각 권은 또 세 부분으로 이루어진)의 책을 말한다. 1338-1341년에 출현한 이 책들은 철저히 우선적으로는 정적주의적인 기도태도를 옹호하는 것으로 형성되었다. 비록 이 책들은 점점 더 높은 기준을 가지고 신적 "에너지"론에 조직적으로 기초를 세우고 그것을 확고히 하는 것에 힘쓰고 있지만 말이다.

영을 넘어선 봄(ὑπὲρ νοῦν ὅρασις)과 관련해서 우리는 이렇게 말하고 싶다: 우리 영(νοῦς)이 자신을 초월할(ὑπερβαίνειν ἑαυτόν) 능력이 없다면 당연히 우리 영적 에너지들을 넘어서는 봄과 사고 행위(ὅρασις καὶ νόησις)가 없을 것이다. 하지만 영은 그 능력을 가지고 있고 거기에 걸맞는다. 하지만 기도시간에 하나님께서 효력을 발하도록 하신다(δι' αὐτοῦ κατὰ τὸν καιρὸν τῆς προσευχῆς προιοῦσαν εἰς ἐνέργειαν). 그러자마자, 정확한 의미로 말해서(κυρίως) 하나님과 하나가 된다. 그러므로 모든 영적 에너지를 넘어서는 봄이 있는데, 이것을 우리는 "영을 넘어선 봄"이라고 표현한다; 이것을 탁월한 의미로 "보지 않음"과 "알지 못함"이라고 아주 잘 표현할 수 있다(ἀορασίαν καὶ ἀγνωσίαν ὑπεροχικῶς). 그런데 알지 못함이기도 하고 앎이기도 한 것이 어떻게 최고의 세계인식(인식 일반)의 한 부분이 되겠는가? 그러한 종류들을 갖춘 것이 어떻게 하나의 공통 한계에 부딪히게 되는가(ἀντιδιαιρεθήσεται)[4]? 하지만 어떤 지혜자도 본질(존재[οὐσία])을 육체, 육체 아닌 것, 본질을 넘어서는 것으로 구분하지 않았고 감각 인식(αἴσθησις)을 다섯 개의 감성과 초감성으로 구분하지 않았다; 본질(존재)을 넘어서는 것을 어떻게 존재에 속한 것으로 간주하고 감각 인식을 뛰어넘는 것을 감각인식에 속하게 할 수 있는가? 그래서 인식(γνῶσις)을 넘어서는 것은 절대로 인식 종류가 아니다. 하지만 영이 자신을 넘어서고 그로 말미암아 자기를 능가하는 자와 하나가 될 능력을 가졌다는 것을 대 디오니시오스[5]도 아주 분명하게 말한다; 그리고 혼자만이 아니다. 오히려 그는 그러한 앎이 기독교인들에게는 아주 필요하다는 것을 부가적으로 지적한다.……(디오니시오스 인용구가 이어 나온다) 이것(곧 이 하나 됨)은 이제 영의 본성을 넘어서기에 모든 영적인 행위(에너지)들을 뒷전에 몰아넣고, 그 어떤 인식도—강화된 의미로는—더 이상 존재하지 않는다(καὶ γνῶσις οὐκ ἔστι καθ' ὑπεροχήν); 하지만 이것이 영이 하나님과 결합되는 것이라면, 하나 됨은 영을 피조물과 결합시키는 능력인 인식을 비교할 수 없을 정도로 넘어선다.

b) 이성적 존재들과 그들의 하나님께 가까움("150장" [1347-1351 사이에])

"물리와 신학, 윤리와 금욕적인 삶의 대상들에 관해서 발람적인 폐해를 제거하려는 목적으로 생각한 150개의 장(번역에 있는 완전한 제목이 이러하다)은 "Triade" 다음으로 팔라마스의 영적인 힘을 가장 잘 드러내는 신학적으로 아주 중요한 작품이다. 그의 가르침("팔라마스주의")이 최종 승리를 거두기도 전에 저자는 여기서 자연철학적-자연과학적인 문제들에 대해 세심한 입장을 취하고 있다. 그래서 그가 "고대인들의 르네상스"를 대표하는 자들에서 제외되곤 했던 것이다. 그런데 두 번째 부분에서는(64-150장) 영적으로 아주 중요한 주된 맞수들인 칼라브리아의 발람(1290년경 세미나라/칼라브리아에서 출생, 1348년 아비뇽에서 사망)과 자기의 한때 제자였던 그레고리오스 아킨디노스(약 1300-1349)를 새롭게 반박하는 데에 몰두하고 있다.

(78장)…… 그래서 누군가가 하나님께 가까이 가면 당연히 그는 하나님의 활동성(에너지) 때문에 그에게 다가갔던 것이다. 어떻게 말인가? 그러니까 거기(곧 이 하나님의 에너지)에 본성적인

참여를 하는 자로서인가(Ὡς μετέχων…… φυσικῶς)? 단지, 이것은 모든 피조물에게 공통적인 것이다. 그래서 자기의 본성적인 속성 덕분이 아니라 자유로운 결단 때문에 부차적으로 주어진 것 덕분에(οὐ τοῖς ἐκ φύσεως προσοῦσιν, ἀλλὰ τοῖς ἐκ φύσεως προσοῦσιν, ἀλλὰ τοῖς ἐκ προαιρέσεως προσγινομένοις) 사람이 하나님께 가까이 가거나 멀어진다. 그런데 이 자유로운 결단은 오직 이성을 갖춘 존재들(λογικά)의 일이다. 모든 다른 것(피조물)들 가운데에서 오직 이들만 하나님께로부터 멀거나 그에게 가까이 있다; 덕이나 허물로 말미암아 그분께 가까이 또는 멀리 있게 된다. 이들만이 가련함(ἀθλιότης)이나 복을 벌어들일 처지에도 있는 것이다. 하지만 우리는 복을 받으려고 서두릅시다.

(91장) …… (하나님께로부터 이성적이고 영적인 삶[λογικὴν καὶ νοερὰν…… ζωὴν]을 받은 자들은) 그분을 향한 자기들의 자유로운 방향잡음(τῇ πρὸς αὐτὸν ἐθελουσίῳ νεύσει)을 통해서 그와 하나 됨을 얻고 신적으로 걸맞으며(신적이며) 자기 본성을 넘어서는 방식으로 살아야 한다(ζῆν οὕτω θείως καὶ ὑπερφυῶς). 하나님의 그 신적으로 만드는 은혜와 활동성(벧후 1:3f. 비교하라)에 합당하게 되어야 한다(τῆς αὐτοῦ κατηξιωμένα θεουργοῦ χάριτος καὶ ἐνεργείας). 왜냐하면 존재하는 것들이 이루어지도록 한 분의 뜻은 이들이 무에서 나오는 것(히 11:3) 말하자면 더 나아지는 것이기 때문이다.……

c) "정통 신앙고백, 데살로니가의 거룩한 수도주교 그레고리 팔라마스의 표명"(1351)

1351년 7월 콘스탄티노플 공의회는 팔라마스주의를 축제적인 형식을 취하면서 정통으로 인정하였고 그레고리의 아래 고백을 "공의회 문서"

안에 수용하였다.

만물에 앞서서 만물과 함께 만물 안에서 또 만물을 넘어서(ὑπὲρ τὸ πᾶν) 계신 하나님께서는 우리에 의해서 성부와 성자와 성령 안에서 영광 받으시고 믿음을 받으신다: 셋 안에서 하나이며, 하나 안에서 셋이 혼합되지 않고 하나 되고 나누어지지 않고 차이가 없다(Μονὰς ἐν Τριάδι καὶ Τριὰς ἐν Μονάδι ἀσυγχύτως ἑνουμένη, καὶ ἀμερίστως διαιρουμένη)[6]...... 성부는 시작이 없으시고(ἄναρχος), 시간에 속하지 않으실(ἄχρονος) 뿐 아니라 모든 면에서 원인이 없으신데(자신이 원인 되시는데[ἀναίτιος]), 그분만이 성자와 성령 안에서 볼 수 있는 신성의 원인이요, 뿌리요, 원천이시다; 그분만이 되어진 모든 것의 원초적 원인이시다; 단독적인 창조자가 아니라 유일하게 한 아들의 아버지요 한 성령을 발출시키시는 자(προβολεύς)이시다; 항상 존재하시며 항상 아버지요 항상 홀로 아버지이며 발현자로 존재하신다; 아들과 성령보다 크시지만(요 14:28 비교하라) 원인자로서만(ὡς ἄιτιος) 그러하시고 다른 모든 면에서는 반대로 그분들과 같으시고 같이 영광 받으신다(ὁμότιμος). 그분의 아들은(오직) 하나이시며(εἷς), 시작이 없으신데, 시간에 속하지 않으시기 때문이지만 아버지를 시작이요 뿌리요 원천으로 가지신 분으로서는 시작이 없으시지는 않으시다...... 하나님의 형상(μορφή) 가운데에 존재하시는 분이신데(빌 2:6f. 비교하라) 하나님과 동등하신 것을 탈취물처럼 움켜쥐시지 않고 때가 찼을 때 벗어버리고 우리의 형상을 취하시고 언제나 동정녀이신 마리아로부터 아버지의 기뻐하심을 따라 성령의 도우심 가운데에서 자연법칙을 따름 같이 잉태되시고,(또 그렇게) 태어나시어 동시에 하나님이며 사람...... 그분은 자기 모습대로 참 하나님으로(θεὸς ἀληθινός) 머무셨고, 혼합되지도 않고 변하지도 않으면서 두 본성, 두 의지, 두 에너지를 하나로 만드셨고(ἑνώσας ἀσυγχύτως καὶ ἀτρέπτως τὰς δύο φύσεις καὶ θελήσεις καὶ ἐνεργείας[7]) 한 위격 안에서 아들로 머물렀다, 인간이 되시고도. 그분은 모든 신적인 것을 하나님으로서 행하셨고 모든 인간적인 것은 인간으로서 하셨다. 책망할 것을 벌어들이지 않는 한에서는 인간적인 격정에도 복종하셨다(τοῖς ἀνθρωπίνοις ἀδιαβλήτοις ὑποκείμενος πάθεσιν).…… 그분이 아버지께 올라가시면서 자기의 거룩한 제자들과 사도들에게 아버지로부터 오는 성령을 보내주셨다; 아버지와 아들과 함께 이분은 동등하게 시간에 속하지 않은 자로서 시작이 없으시다. 반대로 뿌리와 원천과 원인을 가진 분으로서는 시작이 없으신 분은 아니다: 아버지를 물론(그분으로부터) 출생된 자가 아니라(그분으로부터) 발현하신 분으로서(οὐχ ὡς γεννητόν, ἀλλ᾽ ὡς ἐκπορευτόν)…… 가지셨다.…… 곧 아버지로부터 발현되고 아들 위에 내려앉으셨을 때(ἐν Υἱῷ ἀναπαυόμενον [사 11:2 비교하라]) ……; 하나님으로부터 온 하나님이시기도 하며[8], 하나님이시라는 점에서는 다른 분이 아니다, 하지만 보혜사요(자기 자신 안에) 자기 자리를 가진(Πνεῦμα αὐθυπόστατον) 영이신 면에서는 다른 분이시고, 아버지로부터 나오시고 아들로부터 보냄을 받은(πεμπόμενον), 곧 계시된 분이다.…… 이 때문에 성령은 아들로부터만이 아니라 아버지로부터 아들을 통해서 보냄을 받았다; 또 그는 그분의 계시자가 되시면서 오신다(καὶ παρ᾽ ἑαυτοῦ ἔρχεται φανερούμενον). 왜냐하면 성령의 보냄(αποστολή), 곧 계시는 (삼위일체 하나님의) 공동작업이기 때문이다. 하지만 그분은 자기 본질(οὐσία)로 계시되지 않는다—누구도 하나님의 본성(φύσις)을 보거나 말하지 않았기 때문이다(요 1:18; 6:46; 딤전 6:16; 요일 4:12). 오히려 아버지와 아들과 성령에게 공통적인 자기의 은혜, 능력, 활동성(ἐνέργεια)으로 계시되신다. 이분들 각자는 말하자면 자신 고유의 위격(ὑπόστασις)과 그와 관계된 모든 것을 가진다. 그 반대로 이들은 본질을 초월하는 본질(ἡ ὑπερούσιος οὐσία)을 공동으로 가진다. 이것은 모든 이름과 외양(ἔκφανσις)과 참여를 초월하기 때문에 절대로 이름 붙일 수 없고 말할 수 없으며 인간이 참여할 수 없다(ἡ παντάπασιν ἀνώνυμος καὶ ἀμέθεκτος); 이뿐 아니라 은혜, 능력, 활동성(ἐνέργεια), 비추심(λαμπρότης), 통치하심과 불멸하심 또 하나님께서 은혜로 거룩한 천사와 인간들과 함께 가지시며 자기의 단순성(무결합성[ἁπλότης])이 손상되지 않는 한 이들과 자신을 하나로 만드시는 모든 것들도(이들이 공동으로 가진다): 때로는 위격을 나누고 구분함을 통해서, 때로는 능력과 활동성의 나눔과 다양함을 통해서. 이런 식으로 우리에게는 하나의(유일한) 신성 안에 계신 하나의(유일한) 전능하신 하나님이 계신다.……

(나아가서 그레고리는 전통적인 동방의 성상론과 유물론을 고백하고, 존재를 가진 악의 실존을 부인하고 성례, 특히 성만찬론을 "모든 교회의 전승"을 따라서 묘사하고 일곱 개의 "거룩한 에큐메니칼 공의회"와 또한 "하나님의 은혜로 말미암아 다양한 때와 장소에서 경건성과 복음적인 생활을 확고히 하기 위해서" 소집된 모든 공의회들을 수용하고 있다. 여기에는 정적주의 논쟁을 기화로 거행된 마지막 때의 콘스탄티노플 공의회도 포함된다. 이 공의회들은 명시하기를) 칼라브리아의 발람과 그의 사상적 동반자요 계략이 많은 변호자 아킨뒤노스를 반대하고 있다; 이들은 성부 성자 성령의 공동의 은혜 및 의인들이 해처럼 빛나게 되는 나중 세계의 빛(마 13:43)—그리스도께서도 산에서 광채를 발하시면서 미리 짐작할 수 있도록 하셨던 것과 같이—또 세 위격의 신성의 능력과 활동성 그리고 어떻게든지 신적인 본성으로부터 구분되는 모든 것을 피조되었다고 선언하고 또 하나님을 모독하는 방식으로 하나의 신성을 피조된 것과 피조되지 않은 것으로 나누었다; 반대로 경건한 생각을 가진 자들은 저 신적인 빛과 모든 신적인 능력과 활동성을 피조되지 않은 것으로 존경하였는데, 이는 하나님의

본성에 속한 것에 관해서는 아무 것도 말할 수 없기 때문이다(τοῦς εὐσεβῶς ἄκτιστον τὸ θειότατον ἐκεῖνο φῶς, καὶ πᾶσαν δύναμιν καὶ ἐνέργειαν πρεσβεύοντας θείαν, ὡς μηδενὸς ὄντος προσφάτου τῶν τῷ Θεῷ προσότων φυσικῶς). 그런데 그들은 이런 사람들을 이신론자들과 다신론자들(διθείτας ὀνομάζουσι καὶ πολυθέους)[9]이라고 비난하였다. 곧 우리를 유대인이요, 사벨리우스주의자들이요, 아리우스주의자들[10]이라고 비난하고 있듯이. 하지만 우리는…… (그리스도의 거룩한 보편적이며 사도적 교회와 함께 또 특별히 1341년과 1351년 콘스탄티노플 공의회의 결정들과 일치해서) 세 위격으로 계시며 전능하신 하나의 신성을 믿는데, 이 신성은 절대로 능력들이나 위격들 때문에 그 하나 됨과 단순성(무결합성)에 손상을 입지 않는 다 (οὐδαμῶς τοῦ ἑνιαίου καὶ τῆς ἁπλότητος ἐκπίπτουσαν διὰ τὰς δυνάμεις ἢ τὰς ὑποστάσεις). 이 모든 것에 더하여서 우리는 죽은 자의 부활과 앞으로 올 세계에서 있을 끝없는 삶을 기다린다. 아멘.

원전 : J. Meyendorff, Défense des saints hésychastes, Louvain (1959) ²1973 (SSL 31); P. K. Chrestou, Γρεγορίου τοῦ Παλαμᾶ συγγαράμματα I, Thessaloniki 1962 (Triaden); P. K. Chrestou, 같은 곳 V, Thessaloniki 1992 (150장); PG 151, 763ff. = I. N. Karmiris, Τὰ δογματικὰ καὶ συμβολικὰ μνημεῖα τῆς ὀρθοδόξου καθολικῆς ἐκκλησίας, I, Athen 1952 (Glaubensbekenntnis [343-346]).—참고문헌: D. Wendebourg, Geist oder Energie. Zur Frage der innergöttlichen Verankerung des christlichen Lebens in der byzantinischen Theologie, München 1980 (MMHST 4); R. Flogaus, Theosis bei Palamas und Luther. Ein Beitrag zum ökumenischen Gespräch, Göttingen 1997 (FSÖTh 78); A. M. Ritter, Gregor Palamas als Leser des Dionysius Ps.-Areopagita, in: Denys l'Aréopagite et sa Postérité en Orient et en Occident, hg.

v. Y. de Andia, Paris 1997 (Coll. des E´t. Aug. Série Antiquité 151), 565-579.

1) 이와 관계해서는 과거나 현재나 가장 우선적으로 G. Podskalsky, Theologie und Philosophie in Byzanz, München 1977 (Byz. Archiv 15)을 비교하라.
2) 동시에("신신학자" 시므온 [약 949-1022] 이후로 아토스에서 사용된) "예수 기도" ("하나님의 아들 예수여 나를 불쌍히 여겨주소서")가 중요한 역할을 했다.
3) 이것과 관련해서는 특별히 A. de Halleux, Palamisme et tradition, in: Irénikon 48 (1975) 479-493을 비교하라; 두 번째 판은 In: 같은 이, Patrologie et Oecuménisme, Louvain 1990 (BEThL 93), 816-830.
4) 아리스토텔레스, Cat. 1 4b 34; Top. 1, 4 3a 36와 얌블리쿠스, Myst. 9, 7을 비교하라.
5) 곧 위-디오니시우스(위 Nr. 7을 보라)를 말하는 것이고 이어서 그의 "하나님 이름론" 7, 1(PG 3, 865C = PTS 33, 194, 10-12 Suchla)에서 짧은 구절을 인용하고 있다.
6) 칼케돈 신조의 기독론 형식과 유사하다(고대교회 93g를 비교하라).
7) 칼케돈 공의회(451)와 3차 콘스탄티노플 공의회(680)의 교리이다; 고대교회 93g.k를 비교하라.
8) 니케아 신조의 제2항을 비교하라(고대교회 Nr. 56b).
9) 두 신 숭배자들과 다신 숭배자들.
10) 마지막 둘과 관계해서는 고대교회 Nr. 41a. 54 등을 보라. 팔라마스 생각은 유대인들을 단일신론에 대한 잘못된 이해와 결부시키고 있는 것이다. 곧 이 이해는 "고급 기독론" 및 다수의 위격론을 성경의 유일-신-신앙과 맞지 않는 것으로 제외시키는 것을 말한다.

62. 프란체스코 페트라르카(1304-1374)

페트라르카는 인문주의의 첫 번째로 중요한 대표자이다. 1304년 아레초에서 플로렌스의 한 공증가의 아들로 태어나서 1312년부터는 아비뇽 인근에서 자라났다. 1327년부터는 여성 귀족 로라와 실제로는 플라톤적인 사랑으로 맺어진 상태로 1330년경에 하위서품을 받았다; 고대의 이교 저술가들과 기독교 저술가들에 대한 자기의 관심 때문에 많은 도서관에서 필사본을 찾아 나섰다. 키케로 외에 어거스틴, 세네카 또는 테렌츠가 해당되는 고대 연구를 통해서 그는 스콜라주의가 아리스토텔레스에 집중하는 데에서 벗어나려고 고대를 수용함으로 인문주의적인 노력에 결정적인 계기를 제공하였다. 1340년 페트라르카는 로마 원로원과 파리 대학으로부터 동시에 시인의 계관을 받아썼다. 이는 인문주의에서 발달한 박사학위 수여의 상징이었다. 페트라르카는 로마 쪽을 선택하였고 여기서 1341년 관을 썼다; 이후에 페트라르카는 돌아가면서 많은 이탈리아 제후들의 저택에서 살았다.

a) 보카치오에게 보낸 편지(1362)

……

우리는 덕을 향한 경고를 통해서도 다가온 죽음의 그 섬뜩한 모습을 통해서도 학문을 두려워하지 맙시다. 학문이 고귀한 영혼에 수용이 될 때 이것은 덕 사랑함을 낳으며 그래서 죽음에 대한 두려움을 제거하거나 감소시킵니다. 지혜를 얻기 위해 우리가 벌어들인 것은 우리에게 황량한 불신앙의 의심을 끌고 오지 않습니다. 왜냐하면 학문은 이것을 소유한 자에게 방해가 아니라, 오히려 그가 선한 종류의 사람이라면 그를 지탱해주는 것이 됩니다. 음식이 병들고 약한 위에 부담을 주지만 반대로 건강하면서도 허기진 위에게는 선하게 양식이 되듯이 학문에서도 그러합니다. 생명력 있고 건강한 기질에게는 허약한 병에 속한 많은 것이 약이 됩니다. 두 경우에서는 바르게 구별시키는 바로 그 능력이 문제지요. 그렇지 않다고 한다면 그토록 많은 사람이 마지막에 가서 그토록 높게 칭찬할 그 고집스러운 추구를 죽는 순간까지 놓치 않는 것이 절대로 가능하지 않기 때문입니다.……

많은 사람들이 배운 지식이 없이도 이것을 놀라운 성스러움으로 끌고 갔다는 것을 나는 압니다. 하지만 누구도 자신의 배운 지식 때문에 제외되지 않았습니다. 물론 사도 바울이 학문에 몰두함으로 끌어들인 미친 것[1])을 비난하는 것을 내가 듣지만 말입니다—그토록 많은 정당성을 가지고 온 세상은 이것을 알고 있습니다. 어쨌든 내 자신에 관해서 말해도 된다면 나는 그렇게 느낍니다: 어쩌면 평탄하지만 너무 편한 길은 무지를 통해서 덕으로 이끌어줍니다. 모든 선의 최종 목표는 하나이지만 그리로 향하는 길은 다양합니다. 그리고 그것을 향해 추구하는 자들도 대단히 다양합니다. 후자는 천천히 목표에 이르고, 전자는 아주 빨리 이르고, 뒷 것은 더 많이 어둠 가운데 있다면, 앞의 것은 더 밝은 빛 가운데 있습니다; 후자는 더 깊은 자리를 얻게 된다면 전자는 아주 큰 고상함 가운데 있는 자리를 얻게 됩니다. 이들 각자의 순례는 복되지만 분명히 거기를 향해서 더 광채가 나고 더 좋은 길로 가는 자들이 더 영광스러운 명예로 비춰질 것입니다. 이는 순종적이며 아주 경건한 농부의 단순함은 지성인의 경건한 헌신과 비교할 수 없다는 사실 때문입니다.……

원전 : Francesco Petrarca, Le Senili, hg. v. E. Nota u. U. Dotti, Rom 1993, 58. 62; 번역: Briefe des Francesco Petrarca. Eine Auswahl, übers. von H. Nachod und P. Stern, Berlin 1931, 254-256.

b) 논쟁문서 "그의 무지와 많은 사람의 무지에 관하여"

……

아리스토텔레스에게로 돌아가자. 그의 광채는 이미 자주 병들고 허약해진 눈을 멀게 하였고 많은 사람들을 오류의 구덩이로 빠뜨렸다. 그가 한 사람의 통치를 권장하였다는 것을 나는 안다.……:

"많은 자의 통치는 옳지 않고, 그래서 통치자는 한 사람이어야 한다!"…… [아리스토텔레스는] 하나님의 통치를 생각하였다—여기까지는 참의 광채가 그의 마음을 비추어온 것이다. 하지만 이 통치자가 누구인가, 얼마나 중요하고 권세가 있는가, 여기에 대해서 내가 믿기로는 그는 몰랐다. 그래서 그가 의미 없는 일들까지도 세심하게 연구했을 때도 그는 이 하나, 그토록 중요한 것은 몰랐다. 다른 많은 사람들이 배우지도 않았으면서도 파악한 것을 몰랐다; 다른 빛이 그들을 비춘 것이 아니라, 진리를 다른 방식으로 밝히는 그 빛이 비추었던 것이다.……

그런데 다른 문서들 가운데에서 키케로가 "신들의 본성에 관해서"라고 제목을 붙인 지 세 권의 책은 나를 최고로 매료시켰다. 그 영적으로 충만한 저자가 신들에 관해서 다룬 이 책에서 그는 자기 주제, 곧 신들에 관해서 홍겨워하였고, 이들에 관해서 표현하기는 멸시하듯 하고 있는데, 물론 아주 진지하게 한 것은 아니고—어쩌면 그는 성령의 오심 앞에서 사도들도 두려워했던 그 두려움을 심판에 대해서 가졌었다—오히려 그가 아주 종종 사용하는 아주 효과 있는 풍자적인 톤으로 하고 있다; 이렇게 해서 그를 이해하는 자들에게 자신이 다루고 있는 주제를 어떻게 생각하고 있는지가 분명하게 되는 것이다. 나는 그의 글을 읽을 때 종종 그의 운명을 안타까워한다. 그래서 그 사람이 참 하나님을 몰랐던 것을 조용한 가운데 아주 유감스러워한다; 그는 그리스도 탄생보다 겨우 몇 년 전에 죽어 눈을 감았다, 아!—오류와 어둠의 밤이 끝나고 진리, 곧 참된 빛의 여명과 의의 태양이 비추기 직전에…… [그는] 이미 자기 청소년 시절 작품인 발명에서 "진짜 철학자는 많은 신을 믿지 않는다"고 말했던 것이다. 그럼, 참되지, 한 하나님을 아는 것이, 많은 하나님 말고, 첫 번째 것이 바로 참되고 최고의 철학이다—그렇지만 이 앎이 경건과 믿음의 존경과 결합될 때만 그러하다. 그가 나이 먹고 하나의 신이 아니라 신들에 관해서 쓴 그

책에서도 그가 깨닫는 곳에서 자기 정신을 도리깨질함으로 얼마나 높이 올라갔는지, 때로는 이교 철학자가 말하는 것이 아니라 사도가 말하는 것 같은 인상을 받을 정도이다.……

그래서 키케로를 공교회교인으로 간주해야 하겠는가? 그렇게 할 수 있으면 좋겠다. 아, 될 수만 있다면! 그에게 그러한 정신을 주신 분이 자신을 찾도록 하셨던 것처럼 그분 자신을 알 수 있도록 해주셨더라면.

원전/번역 : F. Petrarca, De sui et multorum ignorantia. Über seine und viele anderer Unwissenheit, übers. von K. Kubusch, hg. v. A. Buck, Hamburg 1993, 56-61. 62f. 74f.—참고문헌: P. de Nolhac, Pétrarque et l'humanisme. 2 Bde., Paris 1907; F. Schalk (Hg.), Petrarca 1304-1974, Beiträge zu Werk und Wirkung, Frankfurt a. M. 1975; A. Buck (Hg.), Petrarca, Darmstadt 1976; Ch. Trinkaus, The Poet as Philosopher. Petrarch and the Formation of Renaissance Consciousness, New Haven/London 1979; G. Hoffmeister, Petrarca, Stuttgart 1997.

1) 행 26:24 비교하라.

63. 15세기 이탈리아 인문주의: 로렌초 발라, 마르실리오 피치노, 미란돌라의 피코

15세기에는 북이탈리아의 인문주의와 문예부흥이 최고조에 올랐다. 인문주의와 문예부흥에 관한 정확한 정의에 관해서 치열한 논쟁이 이루어지고 있다; 중세와의 연속성 문제뿐 아니라, 얼마만큼이나 이들에 대해서 기독교적이거나 기독교가 제시하는 특성을 부여할 수 있는가를 말한다. 하지만 인문주의와 문예부흥은 기독교 이전의 고대로부터 새롭게 그리고 그때까지 기독교화하는 방식으로 고대를 수용하는 것을 넘어서면서 영감을 받는 식의 움직임으로부터 영향을 받은 것만큼은 확실하다. 이렇게 변화한 시각의 중요한 특징들은 개별성과 자연에 관한 새로운 의미였다. 문예부흥-인문주의의 중심은 메디치의 플로렌스가 되었다. 곧 코시모 1세(1389-1474)가 1462년 "플라톤의" 아카데미를 세웠던 곳을 말한다. 마르실리오 피치노를 중심으로 일군의 지식인들이 플라톤의 철학을 갱신하여야 했다. 이 철학과 함께 새로운 형태의 지식탐구와 전달이 이루어졌다. 곧 이것을 사회적으로 닻을 내리게 하는 것을 더 이상 성직자가 아니라, 시민계급들이 소유하게 되었다: 수도원, 대학 혹은 통치자의 궁정이 학문을 숭상하는 것이 아니라, 교제를 통해서 형성되는 같은 생각을 하는 자들의 대화에서 이루어졌다.

a) 로렌초 발라: 콘스탄틴 황제 증여의 위조를 증명하는 계획 ("De falso credita et ementita Constantini donatione", 서문)

수사학 선생이며 1447년 이후로는 교황청 서기였던 로렌초 발라(1407-1457)는 무엇보다도 언어학적-비판적인 인문주의를 발전시켰다. 여기에 중요한 것은 콘스탄틴 황제 증여 위조증명 외에 "Adnotationes in Novum Testamentum"(1505년 에라스무스가 편집하였다.)이 중요하다. "De libero arbitrio"에서처럼 몇몇 신학적-언어적 문서들에서 그는 고대와 기독교를 중개하려고 하였다. 동시에 그는 아리스토텔레스로 경도된 스콜라주의를 날카롭게 비판하였다.

최고위 주교들이(세상 지배에 관한) 자기들의 권리를 이끌어내고 있는 이 증여에 관해서는, 내가 드러내게 될 것인데, 실베스타 만큼이나 콘스탄틴도 아는 바가 없었다. 하지만 내가 이 증여와 결합된 개별적인 취급권리(patrocinium)가 거짓이고 효력이 없다는 정도로까지 그 증서를 무효화하기 전에, 논증의 순서는 서론을 요구하고 있다. 첫째로 이 증여는 콘스탄틴과 실베스터의 존재와 상황이 맞지 않는다는 것을 제시하겠다: 콘스탄틴은 증여해서도 안 되고 법적으로도 능력이 없었다. 또한 상응하는 선물을 남에게 넘겨줄 수 있을 만큼 소유로 가지고 있지도 못했다. 하지만 실베스터는 그런 선물을 절대로 기대하려 하지 않았었으며 법적으로도 받지 않았다. 둘째로 절대적으로 참되고 분명한 이 말이 유효하지 않다고 하자. 그렇더라도 황제가 그때 건네주었어야 한다는 그 사물들에 대한 소유권을 실제로 교황은 받지 않았고, 황제는 이것을 이양하지 않았고 언제나 자기 권한에 두었었다는 사실이다. 세 번째: 콘스탄틴은 실베스터에게 그 어떤 것을 주지 않았고, 자기가 세례도 받기 전에 그의 전임자에게 주었다; 그런데 이것은 교황이 생명을 근근히 유지해 갈 수 있는 사소한 선물들이었다. 넷째로: 증여에 관한 이야기는 그라티안의 교령집[1)]에 있거나 교황 실베스터 전설에서 왔다는 것을 주장하는 것은 옳지 않다. 왜냐하면 거기에도 없을 뿐 아니라 그 어떤(다른) 역사서에도 없기 때문이다. 그리고 그 안에는 상충되고 미련하고, 야만적이거나 우스꽝스러운 것이 들어 있기 때문이다.

원전 : Lorenzo Valla, De falso credita et ementita Constantini donatione, hg. v. W. Setz, Weimar 1976 (MGH. Quellen zur Geistesgeschichte des Mittelalters. Bd. 10), 60f.—참고문헌: H. -B. Gerl, Rhetorik als Philosophie. Lorenzo Valla, München 1974; W. Setz, Lorenzo Vallas Schrift gegen die Konstantinische Schenkung. Zur Interpretation und Wirkungsgeschichte, Tübingen 1975 (Bibliothek des deutschen

Historischen Instituts in Rom 44); G. Antonazzi, Valla e la polemica sulla donazione di Constantino, Rom 1985 (Uomini e dottrine 28); P. Mack, Renaissance Argument. Valla and Agricola in the Traditions of Rhetoric and Dialectic, Leiden 1993.

b) 마르실리오 피씨노: "기독교에 관하여"(1474)

마르실리오 피씨노(1433-1499)는 메디치 가문 코시모의 주치의의 아들로서 이 가문의 총애를 받는 그룹 출신이었다. 코시모의 후원을 받아가며 그는 희랍어 공부에 집중적으로 매진하였고 플라톤의 저서들을 번역하였다.—플라톤은 스콜라주의가 희랍 철학을 받아들이는 가운데 철지히 아리스토텔레스의 그늘에 머물러 있었다. 플라톤에 대한 경탄은 그로 하여금 자신을 두 번째 플라톤이라고 생각할 정도까지 발전하였다. 논리적으로 당연히 그는 플로렌스 아카데미의 존경받는 우두머리가 되었다. 그의 목표는 기독교와 플라톤 철학을 보편 종교로 결합시키는 것이었다. 이 때문에 그는 "기독교에 관하여"에서 기독교와 플라톤 철학의 일치를 위해서 힘을 썼다.

비기독교적인 지혜와 종교와 기독교적 지혜와 종교의 단일성

하나님의 영원한 지혜는 명령하기를 신적인 신비한 행위들은 최소한 종교의 반단에서는 참 지혜를 참 사랑하는 자들에 의해서 다루어지게 했다. 이로부터 옛 사람들 중에 이런 자들은 사물의 원인을 연구하고 동시에 사물의 최고 원인에게 드리는 희생을 양심적으로 유지하는 자들이었다는 사실과 모든 민족들에게 철학자들은 동시에 사제들이었다는 사실이 온 것이다. 그리고 이것은 틀린 것이 아니다. 플라톤이 가르치는 바와 같이 우리 혼(animus)이 두 날개, 곧 지혜와 의지로 하늘의 아버지와 아버지의 나라로

되돌아 갈 수 있고 철학자들은 그때 무엇보다도 지혜에 의지한다면 사제들은 의지에 의지하고 이성(intellectus)은 의지를 비춰주지만 의지는 이성을 불타오르게 한다. 그렇다면 이 점에서 일치한다: 우선, 신적인 것을 자기 이성을 통해서(per intelligentiam) 아니면 자기 자신으로부터 발견하거나 하나님의 역사로 말미암아 접하게 된 자들은 신적인 것을 처음에는 의지를 통해서 올바른 방법으로 경배하고 올바른 경배와 그 경배의 근거를 다른 자들에게 전수하였다. 히브리 사람들과 에센파 사람들의 예언자들은 지혜와 동시에 사제권을 동시에 섬겼다. 철학자들은 거룩한 행위를 하였기 때문에 페르시아인들에 의해서 주술자, 곧 사제라고 불렸다.…… 로마인들에게서는 누마 폼필리우스, 발레리우스 소라누스, 마르쿠스 바로와 그밖의 다른 사람들이 지혜와 성스러운 행위에 동시에 진력했다는 것을 누가 모르겠는가? 마지막으로 고대 기독교 주교들과 사제들에게 가르침이 얼마나 중요하고 참되었는가를 누가 모를 수 있겠는가? 오 지혜와 종교의 결합이 무엇보다도 히브리인들과 기독교인들에게서 잘 보존되었던 그 복된 시간이여! 오 결국 팔라[2]와 테미스[3] 사이, 곧 지혜와 존경 사이를 구분함과 그 애석한 나눔이 등장한 아주 불행한 시간이여. 오 슬프도다! 이렇게 거룩한 것을 먹어치우라고 개들에게 던졌도다. 가르침은 대부분 세속인들의 몫이 되어 버려서 대부분 불의와 방종의 수단이 되었고 지혜라기보다는 차라리 악이라고 불러야만 하게 되었다. 반대로 종교의 값진 진주들은 종종 무지한 자들의 수중에 들어가 버리고 돼지들에 의해서처럼 짓밟혀 버렸다. 왜냐하면 어리석은 자들과 게으른 자들의 나른한 노력은 아주 종종 종교라기보다는 미신(superstitio)으로 보이기 때문이다. 그리고 저들[자격도 없는 선생들]은 말하자면 신적인 원천을 가지고 있으며 경건한 자들의 눈에만 보이는 진리를 바르게 이해하지 못한다. 그뿐 아니라 이들 [함량미달인 종교 관리자들]이 신적인 일들과 인간의 일들의 인식은 전혀 없이 성스러운 행위를 하면 자기들의 능력만큼 하나님을 바로 섬기지 못한다. 이 철기 시대의 거칠고 비참한 운명을 우리가 얼마나 더 견뎌내야 하겠는가? 오 너희 하늘 아버지 나라의 시민이고 땅의 거주자들인 인생들이여, 내가 간곡히 부탁한다: 할 수만 있다면 이제는 철학이요, 거룩한 하나님의 선물(sacrum Dei munus)을 불경건의 손아귀로부터 해방시킵시다! 그런데 이것은 우리가 원할 때에만 할 수 있다. 힘써서 거룩한 종교를 저주받아 마땅한 무지의 손으로부터 구원하자! 그래서 모두에게 권면하며 부탁한다: 철학자들은 종교를 더 깊이 파악하고 접하며, 사제들은 세심하게 진짜 지혜에 몰두하라. 나 스스로가 이러는 가운데 얼마나 많이 이루었는지 또는 이루게 될는지 나는 모른다. 하지만 나는 노력하였고 또 그만두지 않을 것인데, 나의 미미한 재능을 믿는 것이 아니라 하나님의 도우심과 능력을 의지해서 할 것이다.

원전 : Marsilio Ficino, De religione christiana, Marsili Ficini …… Opera, Basel 1576 (= Turin 1959 [= Monumenta Politica et Philosophica Rariora I, 7]), I, 1 번역은 G. A. Benrath, Wegbereiter der Reformation, Bremen 1967, 483-485를 따랐다.—참고문헌: P. O. Kristeller, Die Philosophie des Marsilio Ficino, Frankfurt/M. 1972; J. Nolte, Art. Ficino, Marsilio, in: TRE 11, Berlin외 1981, 171-174; P. O. Kristeller, Marsilio Ficino and His Work after Five Hundred Years, Florenz 1987; J. Lauster, Die Erlösungslehre Marsilio Ficinos. Theologiegeschichtliche Aspekte des Renaissanceplatonismus, Berlin 외 1998 (AKG 69).

c) 미란돌라의 피코: "인간의 존엄성"

미란돌라 출신 지오반니 피코(1463-1494)는 자기 가문의 바램을 따라서 볼로냐에서 법학을 공부하였지만 그 다음에는 파두아에서 철학으로 전향하였다. 1483년 그는 플로렌스에 이르러 여기서 피시노의 친구들 무리에 속하였다. 그의 강연 "De hominis dignitate"는 그가 로마에서 하려고 생각했던 논쟁을 일으켜보려는 것이었다; 그런데 이 계획은 피코가 이단 의혹을 받는 것 때문에 좌초되었다. 이 강연은 새로운 인간상에 대한 목표를 제시하는 요약으로 볼 수 있다: 자유는 인간에게 존엄성을 주는 것이었다. 생의 마지막 시절에 피코는 성경 연구에 박차를 가하였다. 이것은 피시노 주변 무리로부터는 분명한 거리를 갖게 하였고 반면에 참회 설교자인 지롤라모 사보나롤라(1452-1498)와 가까워지게 하였다. 이 사람은 피코가 죽는 해에 플로렌스에 대한 종교적 지도부를 세우는 일을 시작하였다. 엄격한 이 윤리적인 통제는 르네상스-도시적 삶의 감정에 깊은 골을 내었다.

이미 하나님 아버지, 최고의 건축가께서는 이 집, 우리가 보는 이 세계를 감추어진 지혜의 법칙을 따라서 신성의 가장 고상한 성전으로 세우셨다. 하늘 위 공간을 그는 영으로 수놓았고, 에테르의 영역은 영원한 혼들로 생기 있게 하셨고 이 아래 세계의 더럽고도 지저분한 부분은 모든 종류의 생물체로 채우셨다. 하지만 이 작업이 완료되었을 때 이 건축가께서는 이 거대한 작품의 법칙성을 정확하게 생각하고 그 아름다움을 사랑하고 그 위대함에 놀라는 어떤 존재가 있기를 원하셨다. 그래서(모세와 티마이오스가 증거하는 바와 같이) 이미 모든 사물이 완성된 때에 마지막으로 인간 창조를 생각하였다. 하지만 원형들 가운데에는 그분이 새로운 자손을 따라서 만들 수 있는 형상이 없었다.……

결국 이 최고의 예술가는 자기 고유의 것은 줄 수 없었던 자에게 각각의 것들이 가지고 있는 모든 것에 참여할 것을 결정하였다. 그래서 이분은 불확실한 형상의 피조물인 이 인간을 만족하게 여기시고 그를 세상 중심에 놓으시고 그에게 말씀하셨다: "아담아 우리는 네게 고정된 거처를 주지 않고 고유의 명예도 또 특별한 재능도 주지 않았다. 이는 네 스스로 선택한 거처와 명예와 재능을 너의 원함과 결정에 따라서 얻고 소유하게 하려는 것이다. 다른 피조물들의 본성은 확고하게 결정되었고 우리가 정한 법칙 안에 국한되었다. 너는 어떤 제한과 좁힘도 없이 내가 네게 맡긴 너의 재량에 따라서 너의 것을 스스로 정해야 한다. 내가 너를 세상 한가운데로 세움으로 네가 거기로부터 아주 손쉽게 세상에 있는 것을 둘러볼 수 있도록 하였다.

우리는 너를 천상적으로도 땅에 속한 것으로도 사멸할 사로도 불멸할 자로도 만들지 않았다. 이로써 존중하는 가운데 자유로이 결정하며 창조적인 너 자신의 조각가로서 네가 우선 선택하는 형상으로 너를 만드는 것이다. 너는 저급한 자, 짐승 같은 자로 전락할 수 있다; 하지만 너의 영혼이 결정한다면 더 높은 것으로, 신적인 것으로 다시 태어날 수 있다.……

사람 안에는 태어날 때 하나님 아버지로부터 모든 삶의 형태로의 많은 씨와 눈이 장착되었다; 각자가 양육하고 보호하는 이것들은 자라나고 그 안에서 열매를 맺는다. 이것들이 식물이라면 그는 식물이 되고, 감각적이라면 짐승이 된다. 그런데 이성의 씨눈이라면 그는 천상의 생명체로 발선하세 된다, 영적이라면 천사와 하나님의 아들이 된다. 그가 피조물의 운명에 만족하지 않고 자기 단일성의 중심으로 되돌아갔을 때 그는 하나님과 함께한 영이 되어서 만물 위에 계시는 아버지의 그 홀로 있는 어둠 가운데에서 모든 것보다 우월하게 되는 것이다.

원전 : Giovanni Pico della Mirandola, De hominis dignitate. Über die Würde des Menschen. Lat. - Dt. hg. v. A. Buck, übers. v. N. Baumgarten, Hamburg 1990, 5-7.—참고문헌: E. Monnerjahn, Giovanni Pico della Mirandola. Ein Beitrag zur philosophischen Theologie des italienischen Humanismus, in: VIEG 20, 1960; H. de Lubac, Pic de la Mirandole, Paris 1974; F. Roulier, Jean Pic de la Mirandole, humaniste, philosophe et théologien (1463-1494), Gent 1989 (Bibliothèque Franco Simone 17); G. C. Garfagnini, Art. Pico della Mirandola, in: TRE 26, Berlin/ New York 1996, 602-606; W. A. Euler, 'Pia philosophia' et 'docta religio'. Theologie und Religion bei Marsilio Ficino und Giovanni Pico della Mirandola, München 1998 (Humanistische Bibliothek 01/48). - J. Burckhardt, Die Kultur der Renaissance in Italien, 처음에는 Basel 1860 (1859), 여러 번 재 인쇄; P. O. Kristeller, Der italienische Humanismus und seine Bedeutung, Basel/Stuttgart 1969; Ch. Trinkaus, In Our Image and Likeness. Humanity and Divinity in Italian Humanis Thought, 2 Bde., London 1970; A. Buck, Der italienische Humanismus und seine Bedeutung, in: Humanismusforschung seit 1945, 1975; L. W. Spitz, Art. Humanismus/Humanismusforschung, in: TRE 15, 1986, 639-661; P. Burke, Die Renaissance in Italien. Sozialgeschichte einer Kultur zwischen Tradition und Erfindung, Berlin 1992.

1) 12세기에 나온 교회법 기본 교재(위 Nr. 36을 보라).
2) 아테네의 팔라스, 희랍의 지혜의 여신
3) 인간이 함께 사는 그 질서를 관장하는 희랍 여신

64. 서방 교회의 대분열(1378-1415)

교황청의 '바빌론 포로'(1309-1377)는 서방교회를 거듭거듭 분열의 언저리로 몰고 갔다. 교황들이 프랑스 왕권에 종속되고 계속되는 교황청과 황제 간의 쟁투는 교황의 보편적 권위에 의문을 갖게 하였다. 이 논쟁 중에 상대를 징계하기 위해 거듭해서 예배행위 금지령을 사용 또는 오용하였던 것은 신자들을 불안하게 하였다. 이들에게서 교회는 이런 식으로 구원으로의 길을 빼앗았다. 많은 사람들은 교황들이 로마에 있는 본래의 교황좌로 돌아감이 상황을 개선할 것이라는 소망을 품고 있었다. 1377년 그레고리 11세(1370-1378)가 이러한 요청을 따랐다. 그가 죽고 분열로 이어졌다. 무장을 한 무리들의 압력 하에 우르반 6세가 문제의 소지기 있는 과정을 거쳐서 후계자로 선출되었다. 프랑스와 이태리 추기경들은 그가 자기들이 결정에 참여할 가능성을 삭제할 것을 두려워하여 그를 거부하고 대신에 클레멘스 7세를 교황으로 선출하였다. 교황들 서로 간의 전쟁에서 우르반 6세의 군대가 승리하였다. 이렇게 하여서 클레멘스 7세는 계속해서 아비뇽에 거하였다. 유럽은 이제 복종지역에 따라 둘로 나누어졌다; 교황들은 상대 교황과 따르는 자들을 서로 파문하였다. 이렇게 서방의 모든 사람은 이쪽 교황 아니면 다른 쪽 교황에 의해서 파문당하였다. 이 상황이 교회의 명성에 끼친 영향은 가히 파괴적이었다. 가능성을 가진 해결책은 'via cessionis'(양쪽 교황의 직임정지) 또는 'via con-ventionis'(우호적 화해) 또는 미지막으로 'via concilii generalis'(공의회를 통한 소환과 결정)인 것 같았다. 1408년 그레고리 12세(로마)와 베네딕트 13세(아비뇽)는 사보나에서 만나고 싶어 하였다. 그런데 이루어지기 전에 이들은 자기들의 일치노력을 포기하였다. 그때 추기경들은 스스로 1409년 공의회를 피사에서 개최하였다. 여기서 알렉산더 3세가 교황으로 선출되었다. 그런데 기존에 있던 교황들이 물러나지 않자 이제는 두 명의 교황이 아니라 오히려 셋이 지배하는 기이한 결말을 낳았다. 물론 장기적으로는 공의회만이 분열을 극복할 처지에 있다는 것이 드러났다.

a) 분열의 시작

1378년: 래타레 일요일[1] 전 토요일 날 교황 그레고리 11세가 로마에서 사망하였다. 그가 죽은 후 우르반 6세가 교황으로 선출되었고, 종려주일[2]에 성직을 받고 부활절[3]에 관을 받았다. 과거에 그는 바리의 대주교였지만 추기경은 아니었다. 우르반은 그의 전임자 고인이 된 우르반 5세의 노선을 따랐다.……

같은 해에 교황과 추기경들 사이에 격렬한 다툼이 있었다. 추기경들 가운데 겨우 몇 명만 그를 따랐다; 다른 자들 중 몇 명은 주장하기를 추기경들이 로마 사람들의 압력 하에서 그를 뽑았기 때문에 그는 교회법적으로 선출되어 교황이 된 것이 아니라고 하였다. 교황은 자기를 선출한 추기경들이 자기를 따르지 않는다고 파면시키고 다른 자들을 임명하였다. 그러자 그를 옹립하였던 모든 추기경들이 일치해서 다른 교황을 선출하였고…… 그를 클레멘스 7세라고 불렀다. 만성절[4]에 그들은 그에게 관을 씌웠다.……

1379년: …… 클레멘스라고 부르는 교황은 과거 추기경들 모두와 함께 아비뇽으로 가서 거기에 거하였다.……

두 교황은 세상 각지로 추기경들을 파송하였다. 그들 중 하나, 곧 우르반 파 추기경은 독일을 찾아 슈파이어, 보름스, 마인쯔와 프랑크푸르트로 갔다; 그는 성 프락세디스의 필레우스라고 한다. 다른 하나, 곧 아그리폴리움의 영주는 멧츠와 프라이부르크에 거하였다. 그의 입장으로 보면 그는 클레멘스 파이다. 둘은 자기 교황들로부터 포괄적인 전권을 받았다.

마리아 탄생일에 선제후들이 주군인 왕의 고문들과 함께 프랑크푸르트에 모여서 거기에서 자기들은 교황 우르반을 참 교황으로 인정하기로 결의하였고, 많은 주교들, 제후들 독일 도시들을 자기들 편으로 모아들였다. 위에서 언급한 성 프락세디스의 필레우스도 회의에 참여하였다.…… 교황 클레멘스와 프랑스 왕의 사절도 브라방의 공작과 함께 이리로 왔지만 교황 클레멘스의 뜻을 따르는 그들의 사절이 거절당했기 때문에 이들은 소득도 없이 길을 떠나야만 했다.……

1380년: 세 번째 세금고지 해[5]의 우르반 6세 교황임기 2년, 그리고 클레멘스 7세 임기 2년에 이 두 교황 간의 분열이 더욱 날카로워졌다. 우르반은 클레멘스 추종자들을 면직하고 파문하였으며 이들에게 가능한 모든 불이익을 행사하였고, 아주 똑같이 클레멘스도 우르반 추종자들에게 응수하였다.

원전 : Chronicon Moguntinum, hg. v. C. Hegel, Hannover 1885 (MGH.SRG 20), 42. 44-46; 독일어 번역: Geschichte in Quelle, hg. v. W. Lautemann und M. Schlenke, Bd. 2: Mittelalter, ^{2}1978, Nr. 714.

b) 1409년 피사 공의회에서의 교황 베네딕트 13세와 그레고리 12세의 폐위

거룩하고도 보편적인 교회회의, 곧 전체 교회를 대표하며(sancta et universalis synodus universalem ecclesiam repraesentans) 알려진 바와 같이 그 책무에는 앞에 제시된 경우를 조사하고 결단하는 것도 갖고 있는 이 공의회는 고귀한 교회 안에 계신 성령의 은혜로 말미암아 피사에서 모여 판단을 내리는 회의를 하였다.…… 그리스도의 이름을 부르는 가운데 공의회는 포고하고, 결의하고, 규정하고 선언하기를…… 루니의 베드로—베네딕트 13세와—안젤로 코라리오—그레고리 12세—곧 저주받아 마땅한 방식으로 교황직을 둘러싸고 쟁투한 이들을 반대하였다.

두 사람은 입증된 분열을 일으킨 자들이었고 지금도 그러하며 또 이들은 옛 분열을 완고하게 부추기고 옹호하고 기회를 제공하고 용인하고 뒷받침해 주었고, 심지어 이들은 믿음에서 벗어난 이단으로 입증된 자들이라고 하였다. 입증된 바대로 이들은 위증과 자기들의 맹세를 파기하는 엄청난 범죄를 저질렀다. 이들은 자기들의 그 알려졌으며 공개적이고도 분명한 개선불가능성, 고집이 셈과 완고함으로 보편적이며 거룩한 교회 안에 입증된 바와 같이 불쾌한 일을 일으켰다. 이 모든 것과 더한 이유들 때문에 이들은 특히 모든 명예와 존귀를 박탈당하며 또 열거한 허물과 범죄와 위증 때문에 이 둘은 하나님과 교회법에 따라 자동적으로(ipso facto) 파문당하며 모든 권리를 상실한다(a Deo et sacris canonibus ipso facto abiectos privatos), 또한 교회로부터 축출되었기에 다스리거나 그 어떤 지도역할을 행할 수 없다. 게다가 교회회의는 문서적인 결정을 통해서 베드로와 안젤로에게서 모든 권리를 박탈하며 이들을 파문하며 축출한다. 이들이 또다시 교황으로 행세하는 것을 금하며 로마 교회는 주교 없이 존재할 것을 신중하게 결정한다.

원전 : Konzil von Pisa, Sessio XV vom 5. Juni 1409, QGPRK Nr. 766.—참고문헌: M. Seidlmayer, Die Anfänge des großen abendländischen Schismas, Münster 1940; K. A. Fink, Zur Beurteiling des großen abendländischen Schismas, in: ZKG 73 (1962) 335-343; J. Holland Smith, The great Schism 1378. The Disintegration of the Papacy, London 1970; W. Brandmüller, Papst und Konzil im Großen Schisma, Paderborn 외 1990.

1) 3월 27일.
2) 4월 11일.

3) 4월 18일.
4) 11월 1일.
5) 중세의 시간 표시로 매 15년마다 이루어지는 세금고지(indictio)를 따른 로마식 셈법에 기초하였다: 셈법은(첫 번째 고지가 주전 3년이었기 때문에) 기독교 시간 계산을 따른 연대에 3년을 더하고 15로 나누는 것이다. 남은 수가 세금고지 햇수이다. 제시한 예는: 1380 +3 = 1383. 1383 : 15 = 92와 3.

65. 존 위클리프(약 1330-1384): 교회론과 교회 개혁프로그램 구상

존 위클리프는 중세 후기 가장 중요한 개혁신학자의 한 사람이었다. 1330년 태어나서 철학과 신학 공부를 마치고 1372년 신학박사 학위를 받았다. 그가 받은 교육은 그를 옛 길의 충실한 대변자가 되도록 하였다. 이는 철학적인 질문들 안에서 보편개념의 실재론(33c, 1을 보라)을 대변하면서 그것을 극단적으로 토마스 아퀴나스와 요한 둔스 스코투스 위에 기초를 두었던 대하 교육의 한 경향이었다; 특별히 이 철학적 배경에 앞서서 그는 광범위하고도 집중적인 성경주석을 실행하였다. 이것은 결국 그가 1374년부터 교수직 외에 루터보르트의 목회직을 받는 결과를 낳았다. 위클리프는 이제 원시 기독교의 교회이상을 향한 개혁 구상을 드러내놓고 펼쳤다. 이것을 그는 자기의 교회 비판 맥락 안에서 발전시켰다. 부유하며 지배하려고만 하게 된 교회를 비판하는데 구속력 있는 기준을 찾는 중에 위클리프는 성경만이 유효하다는 것을 주장하였다. 교회와 또 개별 기독교인들은 성경을 향해야 하는데, 성경은 '하나님의 법' 이다; 그러므로 위클리프의 제자들은 1380년부터 성경을 민족의 언어로 번역하는 일을 시작하였다. 여기서 얻은 생각들은 교회의 부와 지배를 겨냥하고 특히 권세가 있고 부유한 수도회를 향한 날카로운 논쟁으로 몰아갔다. 공격을 받은 자들은 교육 행위를 어렵게 만들면서 반응을 하였다. 실제로 그레고리 9세는 1377년 위클리프의 문서 "De civili domino"("세속 지배에 관하여", 1376)의 몇 개의 주제를 정죄하였다. 영국에서는 귀족들이 해준 방어가 위클리프를 정죄로부터 보호하였다; 하지만 죽기 3년 전 1381년 영국에서 있은 농부들의 봉기에 대한 책임을 뒤집어쓰면서 후원 세력을 잃게 되었다.

위클리프의 "교회에 관한 논문"

1장: …… 성경에서는 교회에 관해서 다양하게 언급하고 있지만 이 구상에서 나는 더 깊은 의미로 이해한다, 곧 모든 예정된 자들의 공동체로…… 이것이 기독교인들이 성령에 대한 믿음을 따라서 직접적으로 고백하는 거룩한 공교회이다. 여기에는 세 가지의 근거가 있다: 첫째로 어거스틴을 따른다면 교회는 최고의 피조물이기 때문에……, 두 번째, 교회는 성령의 사랑을 통해서 그리스도와 항상 혼인으로 묶여 있기 때문에, 세 번째는 삼위일체가 한 번 전제된다면 삼위일체는 거할 성전이나 집을 가져야만 하기 때문에……

여기에서 몇 개의 결론이 도출된다: 첫째로 그리스도의 대리자(vicarius Christi)는 자기가 거룩한 공교회의 머리라고 주장하는 만용을 부려서는 안 된다; 그렇다고 한다면, 그가 어떤 특별한 계시를 받지 않는 한 절대로 자기는 이 교회의 지체라고 주장하면 안 된다.……

두 번째 결론은 어머니인 교회의 존재(ex quidditate)에서 도출된 것으로 단 하나의 공교회가 존재하지 다수가 아니라는 것이다. 이것은 이런 식으로 증명이 된다: 이 교회는 보편적 내지는 공교회(ecclesia universalis sive catholica)라는 사실 때문에 모든 예정된 자들을 포괄한다; 하지만 그러한 교회는 단 한 번만 존재할 수 있다. 그래서 오직 하나의 유일한 보편교회가 있는 것이다; 철학자들을 따른다면 곧 보편적인 것(universale)은 어떤 것도 빼놓지 않은 전체이며 완전한 것이다. 따라서 아리스토텔레스의 "하늘에 관하여"라는 문서 제1권을 따라서 우리는 모든 것의 기초를 우선 셋 위에 두고 있다. 이와 같이 아래 세 부분을 가지고 있는 것만을 공교회라고 부른다: 하늘에서 승리하는 부분, 연옥(in purgatorio)에서 자고 있는 부분, 또 땅 위에서 싸우고 있는 부분……

세 번째 결론은 거룩한 공교회 밖에는 "구원과 죄의 용서가 없다"는 사실이다.[1]……

네 번째 결론은, 말한 교회 안에는 두 개의 검과 두 권세, 곧 육체적이거나 시간적인 것과 영적인 것이 있다는 바로 이 결정이다; 그리고 이 둘은 교회의 머리와 그의 대리자들에게 귀속되어야 한다. 여기서 도출되는 것은 언급한 몸은 자기 스스로 충만하기에 충만한 권세(plenitudinem potestatis)를 가진다는 사실이다. 그래서 이 두 권세는 어머니인 교회의 필수적이기 때문에 이 결론은 명백하다. 또 이것이 누가복음 22장에서 언급된다(눅 22:38). 여기서 그리스도께서 제자들이 "보소서, 여기 두 개의 검이 있나이다"라고 하자, 너무 많다거나 너무 적다고 하시지 않고 "충분하다"고 하셨다. 두 개의 검이 베드로에게 속했다는 것을 간단히 하기 위해서 그리스도께서는 베드로가 대제사장의 종을 쳤을 때 이렇게 말하셨다: "검을 집에 넣으라!"(요 18:11). 이로써 신비적인 의미를 가리키는 것인데, 곧 "두 개의 검은 교회의 권세 아래에 있어야 한다"는 것을 말한다. 곧 육체적인 검은 "교회를 위해서"이지만 평신도들을 통해서 소유해야 하는 것이고, 그러나 영적인 것은 죄인들을 심판하기 위해서 주교들을 통해서 가져야 할 것이다.[2]……

다섯 번째 결론은 "모든 인간 피조물은 자기들의 영원한 복을 상실했기 때문에 교황에게 복종하여야 한다"는 것이다.[3] 여기에서 도출되는 것은 누구도 공로의 방식으로 그리스도께 복종하지 않으면 구원받을 수 없다는 것이다; 말하자면 그는 보편교회와 지체교회의 머리라는 점에서 로마 교황이다; 이 의미에서는 이 결론이 옳다.……

여기에서 나온 [여섯 번째 결론은] 그리스도만이 온 교회의 머리…… 라면 어떤 그리스도인도 보편교회의 머리라고 주장해서는 안 되고 또 두려움도 없고 특별한 계시가 없이 어떤 지체를 교회의 머리라고 주장해서는 안 된다는 것을 인정해야 한다는 사실이다.……

도출되는 일곱 번째, 교황은 예정이 되었고 목자의 직임(pastorale officium)을 이행할 때 전쟁을 하는 교회에서 자기가 다스리는 큰 부분의 머리라는 것이다. 그가 그리스도의 법을 좇아 머리로서 전쟁을 하는 교회를 다스릴 때, 그는 이 교회의 사령관 주 예수 그리스도 다음가는 대장(particularis capitaneus)이라는 말과 같다.……

원전 : Johannis Wyclif Tractatus De Ecclesia, hg. von J. Loserth, London 1885 (= 1964) (Wyclif's Latin Works 10), 2-19. 번역: E. Staehelin, Die Verkündigung des Reiches Gottes in der Kirche Jesu Christi, Bd. 3, Basel 1955, 444- 446.—참고문헌: H. B. Workman, John Wyclif. A study of the English Medieval Church, 2 Bde., Oxford 1926; L. J. Dalay, The political Theory of John Wyclif, Chicago/III. 1962; J. Stacey, John Wyclif and Reform, London 1964; G. A. Benrath, Wyclif und Hus, in: ZThK 62, 1965, 196-216; G. Leff, Wyclif and Hus. A doctrinal comparison, London 1968; W. Farr, John Wyclif as legal Reformer, Leiden 1974; G. A. Benrath, John Wyclif, in: M. Greschat (Hg.), Gestalten der Kirchengeschichte. Bd. 4: Mittelalter II, Stuttgart 외 1983, 219-233; A. Kenny, Wyclif in his Times, Oxford 1986.

1) 키프리안, 편지 73을 비교하라.
2) 교서 Unam Sanctam을 비교하라(위 Nr. 51과 30a를 보라)
3) 교서 Unam Sanctam을 비교하라(위 Nr. 51을 보라).

66. 얀 후스(약 1371-1415): 보헤미아의 교회 개혁

1382년 영국의 리차드 2세는 보헤미아의 안나와 결혼하였다. 이 왕조간의 결합의 결과로 많은 보헤미아 학생들이 옥스퍼드로 갔다. 거기에서 이들은 위클리크의 문서들과 생각을 고향으로 가지고 갔다. 여기에서는 이미 여러 개혁설교자들로 인해서 이들에게 길이 마련되어 있었다. 남부 보헤미아의 후시넥 출신인 얀 후스도 1398년 위클리프 문서를 접하게 되었고 이 생각의 추종자가 되었다. 1402년 이미 몇 년간 프라하의 문예학부에서 활동한 후스는 그곳의 베들레헴 채플, 곧 체코어로 하는 민족설교 중심지의 설교자가 되었고, 그래서 개혁설교자로서 많은 추종세력을 얻었다. 신학적인 논쟁들과 체코 민족에 대한 회상의 결합은 프라하 대학에도 자리를 잡았다. 1409년 이곳에서 대학을 형성하고 있는 네 민족의 권리를 둘러싼 논쟁이 발발하였다. 그 결과 손해를 보고 있다고 생각한 독일 선생들이 프라하를 떠났고, 그래서 라이프찌히대학이 건립되었다. 그런 이후에 후스에게 점점 주목이 집중되어 갔다. 여기에는 교황분열과 맥을 같이 한 논쟁들도 한 몫을 하였다. 대주교 쯔비넥이 후스에게 설교를 금지시켰는데(1410) 그가 따르지 않았다. 위클리프와 관계하여 발전시킨 그의 외부적인 것에 대한 비판은 곧바로 면죄부를 겨냥하게 되었다. 이것은 이제 재정적인 면에서 면죄부에 참여한 왕 벤첼까지도 그를 반대하게 만들었다. 그가 교황청으로부터 파문되었을 때에 후스는 공의회에 호소하였다(1412). 1413년 자기의 "De ecclesia"라는 문서에 교회개혁에 관한 자기의 핵심적인 생각을 기록하였다.

"Tractatus de Ecclesia"(1413)

18장: …… 그래서 사도 보좌는 그리스도의 법을 따라서 가르치고 판단하는 전권을 말한다(Sedes ergo apostolica est auctoritas docendi et iudicandi secundum legem Christi). 이 법을 사도들이 가르쳤다; 여기에는 주님을 두려워하며, 그 안에는 진리가 있고 소유욕을 미워하는 지혜로운 자들이 앉아야 한다.…… 아 그런데 이 보좌에 지금 그런 사람들을 두었더라면! 그런데 어디서 그런 사람들을 볼 수 있는가? 분명히 로마 교황청, 곧 이들이 거룩한 베드로의 보좌에 앉아 있고, 곧 사도들의 전권, 영적인 일들을 판단하고 주 예수 그리스도의 법을 가르치는 전권이 있는 곳에서인데, 그 소유욕, 불의, 건방짐이 몰아내어지고 (그 대신에) 거룩한 삶이 지배한다면 말이다.……

교황으로부터 명령이 나온다면 믿는 그리스도의 제자들은 모두 이것이 분명히 사도나 그리스도 법칙의 명령인지 또는 그 기초(fundamentum)가 그리스도 법칙 안에 있는지를 생각해야 한다; 그런 것임을 알게 되면 그는 경외감을 가지고 겸손하게 이 명령에 복종해야 한다. 그런데 교황의 명령이 그리스도의 명령이나 권고와 상충되거나 교회를 해롭게 한다는 것을 알게 된다면 용감하게 맞서서 괜한 동의로 말미암아 범죄에 가담하는 자가 되지 않아야 한다.……

그러므로 올바른 길에서 벗어난 교황을 대항하여 일어나는 것이 주 그리스도를 향한 순종이라고 하는 것이 분명하다; 이것은 특히 개인적인 배려라는 인상을 주는 (성직)임명의 경우에 해당된다. 때문에 교황의 성직록 하사가 교회 안에 너무나 편만하게 머슴을 심어 놓으며 교황 측에는 대리자의 권세를 너무나 높이 올려놓고, 세상적인 지위에 너무나 많은 가치를 부여하고 또 공상에 기초를 둔 거룩을 추구할 기회가 된다는 것에 대해서 세상을 증인으로 요청한다. 그런데 교황으로부터 세상적인 댓가를 기대하거나 노예처럼 그의 권세를 두려워하면서 그가 무한한 권세를 가졌고 죄도 없고 어떤 비판도 받지 않으므로(quod sit incomprehensibilis potestatis, inpeccabilis, incorrigibilis) 원하는 것은 모두 행하도록 허락받았다고 말하는 그 박사들은 적그리스도의 거짓 선지자들이요 거짓 사도들이다.……

23장: …… 이 세상적인 쓰레기에 의지하고 그리스도의 생명과 가르침을 조롱거리로 만드는 성직자보다 더 멍청한 자가 누구냐고 나는 묻는다. 그러니까 자주 설교를 하며 주 예수 그리스도를 언급하는 자들을 미워하고 누군가가 그리스도를 거명하면 곧바로 그 입을 벌려 증오로 가득한 인상으로 네가 그리스도냐고 말할 정도로 이미 성직자가 타락하였다. 서기관들과 바리새인들의 방식을 따라서 이들은 그리스도를 고백하는 자들을 불명예스럽게 만들고 파문하고 있다.

따라서 나는 그리스도와 복음을 선포하고 적그리스도의 정체를 드러냈고 성직자가 그리스도의 법을 따라 살아갈 것을 원했다. 이 때문에 교회의 지도자들이 특별히 프라하의 대주교인 쯔비넥과 함께 우선 교황 알렉산더 5세로부터 내가 채플에서 하나님의 말씀을 백성들에게 더 이상 선포하지 못한다는 교서를 내리게 했다. 이 교서에 의거해서 나는 호소했지만 한 번도 들어주지 않았다. 때문에 나는 소환되었을 때 합리적인 이유를 근거로 거기에 순응하지 않았다. 이 때문에 이들은 카우시스의 미카엘을 통해서 나의 파문을 결정하였는데, 이미 짜여진 각본대로 이루어진 일치를 따라서 였다; 그리고 특별히 이제는 구금령을 내렸고, 이를 통해서 이들은 그리스도 백성을 허물이 없는데도 고통스럽게 하고 있는 것이다.

원전 : Magistri Johannis Hus Tractatus De ecclesia, hg. von S. H. Thomson, Cambridge 1956, 160-169. 231; 번역: Das hussitische Denken im Lichte seiner Quellen, hg. von R. Kalivod und A. Kolesnyk, Berlin 1969, 177-184. 225f.—참고문헌 : M. Spinka, John Hus' Concept of the Church, Princeton/N. J. 1966; 같은 이, John Hus. A Biography, Princeton/N. J. 1968; E. Werner, Jan Hus. Welt und Umwelt eines Prager Frührefomators, Weimar 1991; F. Seibt (Hg.), Jan Hus - zwischen Zeiten, Völkern, Konfessionen. Vorträge des internationalen Symposions in Bayreuth vom 22. bis 26. September 1993, München 1997 (Veröffentlichungen des Collegium Carolinum 85).

67. 콘스탄츠 공의회(1414-1418)의 causa fidei 처리: 위클리프 파문과 후스의 화형

후스와 그의 주변상황으로 말미암아 처음에는 영국에 제한되었던 위클리프를 둘러싼 움직임은 전 유럽 차원의 현상이 되었다. 보헤미아에서와 마찬가지로 영국에서도 예의주시해야 했던 교회비판적인 표현들과 민족적인 계획들의 결합과 두 나라 안에 있던 몇몇 귀족들에게 이러한 생각들 안에 있는 무시할 수 없을 정도의 유사성들은 여기에 보편교회에 대한 위험이 도사리고 있다는 사실을 뚜렷하게 하였다. 교회는 게다가 교황의 분열(Nr. 64를 보라)로 말미암아 그 기초부터 흔들렸다. 기독교는 한 교황 아래에서 하나가 되지 않아도 존재할 수 있다는 사실이 온 세상에 증명되었다. 그리고 동시에 한 교황에게 한 나라가 속함으로부터 발생하는 문제들이 아주 뚜렷하게 되었다: 서로 대항하며 통치하는 교황들은 각각 자기에게 속한 나라들로부터 가능한 많은 돈을 가져가려고 했고 각

백성들을 외부에서 부과하는 세금에 짓눌리도록 하였다. 교회가 1414-1418에 콘스탄츠에서 공의회로 다시 모였을 때 이제는 분열의 문제(causa unionis)와 교회를 근본적으로 구조개혁(causa reformationis) 하는 문제 외에 causa fidei 문제도 있었다: 위험천만한 가르침은 아주 분명하게 파문되어야 했다. 그래서 관례적인 절차를 따라서 문제를 일으키는 위클리프의 문장들이 제시되고 파문되었다. 후스도 소환되었고 황제인 지기스문트는 그에게 치외법권적인 보호를 약속했지만 그는 곧바로 구금되었다. 이단심문 과정에서 요구된 그 철회에 대한 그의 거부는 예측 가능한 결과를 담고 있었다: 1415년 7월 6일 그는 공개적으로 화형되었다.

a) 콘스탄츠 공의회의 위클리프의 오류 파문(1415년 5월 4일)

1. 빵의 물질적인 본질(substantia panis materialis)과 마찬가지로 포도주의 물질적인 본질(substantia vini materialis)은 성만찬예식에서 그대로 유지된다.

2. 빵의 속성들은 바로 이 성례에서 그 기초가 되는 본질 없이 존재하지 않는다(sine subiecto).

3. 그리스도는 바로 이 성례에서 본래적 몸의 현존과 동일하지도 않고 실제로 있지도 않다.

4. 주교나 사제가 죽을 죄를 범한 상태에 있다면 그는 봉헌도, 축성도 못하고(성례를) 집행하지도 못하고 세례를 베풀 수도 없다.

5. 그리스도께서 미사를 제정하셨다는 생각은 복음서에 근거를 두고 있지 않다.

6. 하나님께서는 마귀에게 복종해야만 한다.

7. 사람이 마땅한 후회하는 마음을 가진다면 어떤 외적인 고해도 그에게는 불필요하고 소용이 없다.

8. 교황이(하나님으로부터 잃어버린 자로) 이미 알려지고 악하고 따라서 마귀의 지체라면 그는 신자들에 대한 전권이 없다. 교

황으로부터 주어지는 전권이 있다면 모를까, 다른 누군가로부터 주어진 전권은 없다.

9. 우르반 6세 이후에는 어떤 교황도 인정해서는 안 되고 희랍인들처럼 자기들의 법을 따라 살아야 한다.

10. 사람이 교회의 소유권들을 갖는다는 것은 성경에 위배된다.

11. 그 어떤 영적인 지도자도 어떤 사람이 하나님께로부터 파문되었다는 것을 알기까지는 파문해서는 안 된다; 그렇지 않은 경우 그는 바로 이것 때문에 이단이든지 아니면 파문된다.

12. 영적인 지도자가 왕이나 그 나라의 공의회 소집을 요청한 성직자를 파문하면 바로 이 이유로 그는 자기 왕과 자기 백성의 배신자가 된다.

13. 사람에 의해서 취해진 파문 때문에 하나님 말씀을 선포하거나 듣는 것을 중단한 자는 파문되고 하나님의 심판에서는 그리스도를 배신한 자로 취급될 것이다.

14. 집사나 사제는 사도보좌나 공교회 주교로 말미암은 전권수여가 없이도 하나님의 말씀을 선포할 수 있다.

15. 죽을 죄의 상태에 있는 동안에는 누구도 세상의 군주(dominus civilis)가 아니고, 누구도 영적인 지도자가 아니고 누구도 주교가 아니다.

16. 일시적인 군주(domini temporales)들은 교회의 세상 재산(bona temporalia)을 그 소유자들이 습관적으로 죄를 범하면, 그러니까 실제로(actu) 범할 뿐 아니라 습관에 의해서(ex habitu) 범하면 그것을 교회로부터 임의로 박탈할 수 있다.

17. 백성들도 지배자들이 죄를 범하면 임의로 책망할 수 있다.

18. 십일조는 순수한 구호금이며, 교구민들은 자기들의 영적인 지도자들의 죄 때문이라면 임의로 이것을 중단할 수 있다.

30. 교황이나 다른 성직자로 말미암은 파문을 두려워해서는 안 된다; 왜냐하면 이것은 적그리스도의 판단이기 때문이다.

원전 : DS Nr. 1151/1168. 1180.

b) 1415년 7월 6일 얀 후스의 화형(믈라도니오비치의 피터가 전함)

선생은 처형장에 도착하자 무릎을 꿇고 손을 넓게 펴고 하늘을 올려다보는 눈으로 정열적으로 시편을 기도하였는데, 특별히 "하나님 내게 자비를 베푸소서"와 "주여 내가 당신을 의지하나이다"를 하였다. "당신의 손에, 오 주여"라는 구절을 반복하면서 곁에 선 자기 사람들에게 그가 얼마나 맑게 그리고 차분한 눈길로 기도하는가가 들렸다.—그 처형장은 그 도시 콘스탄츠를 나와서 하나님 사랑이라는 성을 향해서 가면 만나는 정원들 사이에, 그 도시의 문들과 도시 앞에 있는 무덤들 사이에 있는 어떤 풀밭에 있었다. 거기 서 있는 어떤 평신도들이 말했다: "우리는 그가 이전에 무엇을 했거나 말했는지 모른다. 그런데 지금 그가 거룩한 말을 간구하며 말하고 있는 것을 보고 듣고 있다." 또 다른 사람들이 말했다: "그에게 고해신부가 있어서 그의 소리를 들을 수 있으면 정말로 좋을 텐데." 그런데 빨간 비단으로 가장자리를 두른 초록색 옷을 입고 말에 앉은 사제가 말했다: "그의 소리는 들을 필요가 없다, 그에게는 고해신부를 줄 필요도 없다. 왜냐하면 그는 이단이기 때문이다." 그런데 요한네스 선생은 감옥에 머무는 동안에도 박사이며 수도사인 사람에게 고해를 하였고, 이 사람에 의해서 관대하게 청종되었고 용서를 받았다. 선생이 감옥으로부터 자기를 따르는 자에게 보낸 종이 한 장에 고백한 대로 말이다. 앞에서 말한 대로 지금 그가 이렇게 기도하는 동안에 세 명의 귀신이 빙 둘러서 그려진 앞에서 말한 그 치욕의 관이 그의 머리에서 떨어졌다. 그의 눈길이 거기를 향하자 그는 비웃었다. 그를 둘러싸고 서 있던 용병들이 말했다: "그것을 그에게 다시 씌워서 자기가 섬겼던 주인들, 곧 귀신들과 함께 불태우도록 하라." 그런데 형리의 명령에 따라서 선생은 기도하던 자리에서 일어나서 맑고도 고상한 음성으로 말했고, 자기 사람들에게 잘 들릴 수 있게 되었다: "주 예수 그리스도여! 이 놀랍고 부끄럽고 잔혹한 죽음을 당신의 복음과 당신 말씀의 선포 때문에 제가 최고의 인내로 겸손하게 감당하려고 합니다." 그 다음에 사람들은 그를 둘러 서 있는 자들 모두에게 차례대로 끌고 가고 싶어 했다. 그는 이들에게 거듭거듭 요구하며 부탁하였다. 거짓 증인들을 통해서 자기에게 덮어씌운 목록들을 자기가 고수하고 선포하고 가르쳤다는 것을 믿지 말아달라고 부탁했다. 그들이 그의 옷을 벗기고는 그를 밧줄로 기둥에 묶었다. 그러면서 그의 손은 뒤로 해서 기둥에 묶였다. 그리고 선생이 얼굴을 동쪽을 향하고 서 있을 때 둘러 서 있던 자들 중 어떤 사람들이 말했다: "그는 이단이니까 오른 쪽을 향하도록 하면 안되고 서쪽을 향하도록 하라!" 그렇게 되었다. 그런데 그의 목에 그을린 사슬을 두를 때 그는 이것을 바라보고 코웃음치며 형리들에게 말했다: "주 예수 그리스도, 나의 구원자요 구세주께서는 더 거칠고 더 무거운 사슬로 얽어 매이셨다. 그러니 이 가련한 나는 그분의 이름 때문에 묶인 채로 이 사슬을 감당하는 것을 두려워하지 않는다." 그런데 기둥은 약 반 척 두께의 두꺼운 대들보였다. 이것을 끝을 뾰족하게 해서는 앞에 말한 풀밭 땅에 때려 박았다. 그리고 박사의 발 아래에다가 두 뭉치의 장작을 갖다 놓았다. 선생은 기둥에 묶였을 때 신발을 신었고 또 발에는 사슬이 있었다. 짚과 섞은 언급한 장작더미를 그렇게 서 있는 선생의 몸 주위를 빙 둘러서 그의 턱에까지 닿게 놓았다. 장작은 두 수레나 두 마차 분량이었다.

…… 그러고 나서 형리들이 선생에게 불을 놓았다. 그러자 그는 낭랑한 음성으로 노래를 하였다, 첫 번째로: "그리스도, 살아계신 하나님의 아들이시여 나를 불쌍히 여기소서"; 두 번째: "그리스도,

살아계신 하나님의 아들이시여 나를 불쌍히 여기소서!" 그리고 세 번째로: "동정녀이신 마리아에게서 낳으신 분이시여." 그런데 세 번째 노래를 시작했을 때 바람이 불길을 그의 얼굴에 닿게 하였다, 그래서 그는 혼자 기도하며 입술과 머리를 흔들면서 주님 안에서 사망하였다. 그런데 그 정적의 순간, 사망하기 전 그가 움직이는 것처럼 보였는데 주기도문을 두 번 아니면 아주 빠르게 라면 세 번 할 수 있는 정도 동안이었다.

말한 나뭇단과 밧줄이 타고 목을 두른 사슬이 붙들어 맨 몸뚱어리는 서 있을 때, 형리들이 그 덩어리를 기둥과 함께 땅바닥으로 떨어뜨렸고 불을 다시 피웠는데 세 번째 수레의 나무로 하였고 몸뚱어리를 완전히 불태워버렸다. 그들은 돌아다니면서 막대기로 뼈들에 불을 지피면서 가능한 빨리 재가 되도록 하였다. 그의 머리를 찾았을 때는 막대기로 조각을 내어 불에 다시 던져버렸다. 그런데 내장들 가운데 심장을 발견하자 막대기를 일종의 창처럼 뾰족하게 해서 그 끝에 심장을 묶고 따로 태웠고 불이 아직 붙어 있는 중에 막대기로 털어서 끝내는 몸뚱어리 모두를 재로 만들어 버렸다. 그리고는 명령을 따라…… 형리들은 그의 셔츠를 신발과 함께 불 속에 던지면서 말했다: "보헤미아 사람들이 이것을 마치 유물처럼 가지지 못하도록 우리도 네 값을 네게 쳐주리라." 그들은 그것까지도 해치웠다. 그리고는 재로 된 장작 쪼가리들과 함께 모든 것을 마차에 실어서 가까운 라인강 거기에서 거저 내어 버리고 흩뿌려버렸다.

번역 : Hus in Konstanz. Der Bericht des Peter von Mladoniowitz, übersetzt, eingeleitet und erklärt von J. Bujnoch: Slavische Geschichtsschreiber 3, Graz/Wien/Köln 1963, 249-251. 253-257.—참고문헌: J. Gill, Konstanz und Basel-Florenz, Mainz 1967 (GÖK 9); W. Brandmüller, Das Konzil von Konstanz. 2 Bde., Paderborn 외 1991. 1997.

68. 후스파 운동의 시작: 1420년의 네 개의 프라하 조항

"후스가 죽고서야 그의 사상은 정말 살게 되었다"(레오폴트 랑케): 얀 후스의 화형은 보헤미아에 신호탄이 되었다. 급격하게 이 움직임의 상징이 된 것은 후스 자신이 죽기 직전에 동의를 했던 평신도 분잔 요구였다. 정치적 사건들은 이 전개를 가속화했고 복잡하게 만들었다: 1419년에는 왕 벤첼이 사망하였다. 그의 후계자로서 황제 지기스문트가 보헤미아의 왕관을 썼다. 후스에 대한 충성스러운 추종자들에게 이 사건은 하나의 도발이었고, 이들에게 지기스문트는 후스의 치외법권을 보장하겠다는 자기 약속을 콘스탄츠에서 부끄럽게 깨뜨려 버린 배반자로 여겨졌다. 아주 단호하게 프라하 외부의 일단의 농부와 시민들이 그를 향해 저항하였다. 이들은 얀 치츠카의 통솔하여서 정기적으로 타보르에서 모임을 가졌다; 그러므로 이 과격파들—온건한 '이종배찬파'("sub utraque forma" 두 개의 형태로 라는 데서 온 표현)와 구분된—은 '타보르파'라고 불린다. 이들은 이 저항을 사회개혁적이며 사회혁명적인 요구로 승화시켰다. 1420년 3월 1일 교황 마틴 5세는 보헤미아 이단들에 대한 십자군을 선포하였다. 이 때문에 두 후스파의 흐름은 1420년 프라하 조항에서 최소한의 일치에 이르게 되었다. 물론 타보르파의 그 변경된 프라하 조항 형식은 차이들을 가리켜주고 있고, 이것은 곧바로 다시 심각한 충돌로 이어질 수밖에 없었다. 후스파 전쟁은—대립파들 간에 일어났거나 보헤미아 왕관에 저항하여 일어난—1452년 타보르파의 패배로 이어졌고, 이들은 이제 발도파와 연합체로 바뀌었다. 이종배찬파는 1485년 유럽 역사상 처음으로 백성들에게 신앙의 자유를 허락한 쿠텐베르크 종교 강화를 얻게 되었다.

a) 1420년 네 개의 프라하 조항 공식문건:

제1항이 요구하는 바는 하나님의 말씀이 보헤미아 왕국 안에서 예수 그리스도의 사제들에 의해서 자유롭게 방해받지 않고 설교되고 선포되는 것이다.……

제2항은 빵의 형상 안에 있는 우리 주 예수 그리스도의 몸과 포도주의 형상 가운데에 있는 그의 거룩한 피는 이것을 사모하며 죽을 죄 때문에 제외되지 않는 모든 기독교인들에게 우리 구세주 예수 그리스도의 제정을 따라서 제한되지 않고 방해받지 않고 주어져야 한다는 것을 요구한다.

제3항은 사제들이 그리스도 계명을 거슬러 세상 관직과 또 사제의 품위에 해가 되게끔 소유하고 있는 일시적인 재물과 소유에 대한 세상적인 처분권은 박탈하여 가져갈 것과 사제직은 다시금 사도적 원칙과 자세가 되어야 한다는 것을 요청한다.

제4항이 요청하는 바는 그리스도의 법칙을 이행할 의무가 있는 직분자들은 모든 죽을 죄, 특히 창녀와 몸을 섞음, 하나님의 법을 거스르는 죄와 위반을 철두철미하고 분명하게 박멸하고 제거하여야 한다는 것이다. 사도 바울의 로마서 1장(32절)에서 이렇게 말하고 있기 때문이다: 이런 것들을 행하는 자들은 마땅히 죽어야하지만 이들 만이 아니라 이를 행하는 자들에게 죄가 횡행하도록 하는 모든 자들도 마찬가지이다; 백성들 가운데서 공공연하게 된 것 같은 죄들: 창기들과 몸을 섞음, 식도락, 간음을 계획함, 술 취하기, 도적질, 살인, 위증, 고리대금, 싸움을 즐김, 불화 그리고 또 다른 죄들, 말하자면 수공업자들이 기독교의 유익에 기여하려 하지 않고 완전히 돈만 욕심내는 것. 그리고 사제직에서는 시모니의 이단이다. 시모니의 이단은 세례, 견신, 고해, 성유, 장례, 대축제일 전야제, 30개의 죽은 자 미사들, 30번째 날, 사계절, 그밖의 미사들에 대해 돈을 받는 경우를 말한다. 말한 이러한 이단성에 또 묘지 매매도 속한다. 또 아래와 같은 일을 행하는 주교들도 동일한

심판 아래 있게 된다. 돈을 받고 사제, 교회, 성단, 채플, 배찬, 미사복, 성단보, 세상적인 것들을 축성하며, 특히 거짓 면죄부를 파는 자들, 저주나 꾸며낸 희생제의를 목적으로 백성들에게 불경하게 소환이나 파문을 선언하는 자들, 그밖에 거짓으로 단순한 사람들을 탈취하는 자들을 말한다. 때문에 예수 그리스도의 충실한 종들은 모두 자신과 자기 이웃에게서 보는 이러한 죄를 미워하고 싸워서 모두가 자기 직분과 위치의 질서를 지키도록 해야 한다.

원전 : R. Kalivod, und A. Kolesnyk, Das hussitische Denken im Lichte seiner Quellen, Berlin 1969, 245-248.

b) 1420년 네 조항의 타보르파의 표현

우리는 네 조항을 따라서 볼 때(umb vier artikel) 사악한 모든 기독교인들을 미워한다는 사실을 너희에게 알린다: 첫째로, 하나님의 말씀은 어느 곳에서나 그래서 온 기독교 안에서 선포되어야 한다, 그런데 이루어지고 있지 않다.

두 번째 조항은 우리 주님의 참된 몸과 그의 거룩한 피는 바른 기독교인 노소를 막론하고 모두에게 주어져야 한다는 것이다.

세 번째 조항은 사제의 처분권에—최고 사제인 교황으로부터 아주 미미하고 낮은 사제에 이르기까지—재산이나 이윤이 속하도록 해서는 안 되고 성직자들의 이러한 지배권은 세속권세의 도움으로 제거되어야 한다는 것이다.

넷 째 조항은 공개적으로 알려진 죄는 모두, 그것이 왕의 죄거나 지역의 대 군주들이거나 대머리들[수도사들]이거나 목회자들의 죄거나, 그러니까 영적인 자들이나 세상적인 자들의 죄 모두 제거되어야 한다는 것이다.

원전 : R. Kalivod, A. Kolsnyk, Das hussitische Denken im Lichte seiner Quellen, Berlin 1969, 248f.—참고문헌: J. Macek, Die hussitische revolutionäre Bewegung, Berlin 1958; F. Machilek, Heilserwartung und Revolution der Taboriten 1419/21, in: Festiva lanx, Festgabe für J. Spörl, München 1967, 67-94; H. Kaminsky, A History of the Hussite Revolution, Berkeley 1967; F. Machilek, Art. Hus/Hussiten, in: TRE 15, 710-735; F. Seibt, Hussitenstudien, München [2]1991.

69. 요한네스 게르송(1363-1429): 경건신학과 교회개혁

교회 분열의 그늘 때문에 새롭고도 민족적으로 윤색된 종교적 움직임들만이 꽃이 핀 것은 아니다. 지배적인 교회로부터 등을 돌리는 것 말고도 진정한 내적인 개혁을 향한 노력들도 있었다: 교회는 미래를 위해서 교황 분열과 동반되어서 나타나는 그런 부정적인 현상들로부터 보존될 수 있도록 변형되어야 했다. 이 신학적 개혁논의의 중심은 파리의 소르본느였다: 소르본느는 실제적인 교회개혁을 향해 개방된 대학으로 간주되었다. 이러한 교회개혁을 향한 경향의 가장 중요한 대표자의 한 사람은 파리의 신학자 요한네스 게르송이었다. 1363년 농부의 아들로 태어나 1395년 자기 선생 페트루스 다이(1350-1420)의 후계자가 되었다. 게르송처럼 다이는 극복할 수 없어 보이는 교황분열 앞에서 옥캄의 교회정치적인 생각을 적용하였는데, 교회의 최고 권위는 교황이 아니라 보편 공의회에 주어져야 한다는 의미로 하였다. 게르송의 모든 교회 정치적 개입에는 부분적으로는 신비적으로 해석된 목회적인 실행도 당연히 항상 하나의 역할을 하였다. 또한 신학적 사고도 그 자체가 목적이 되어서는 안 되고 하나님께 걸맞는 삶을 꾸려가는 것에 기여하여야 했다. 이런 식으로 가장 바른 의미로 보는 게르송은 중세 후기의 폭넓은 무리들에게 영향을 끼친 '경건신학' (Hamm)을 향한 경향을 대표하는 자로 간주할 수 있다.

a) 학문하는 자들의 호기심을 반대하여(1402)

어떤 사람이 신학에 전념하는 가운데(theologizans) 인간적인 짐작과 예민한 결론들을 가지고 진일보할 것을 기대한다면 그는 처음부터 옆길로 빠져 자기를 따르는 자들을 오류로 이끌지 않겠는가? 그 높은 하나님을 알게 되는 데에 성경의 사다리가 도움을 주지 않거나 충분한 도움을 주지 않는다면(deficiente …… aut non sufficiente scala scripturarum) 도대체 어떤 다른 사다리를 준비할 수 있단 말인가?

얼마 전 내가 명상에 빠져 있을 때 아래의 비유가 다가왔다: 소경으로 태어난 한 사람이 알 수 없으나 겨우 믿을 수 있는 색상에 관한 진리들, 곧 흰색은 시선을 분산시키고 검은 색은 모은다거나 태양은 그 비춤을 통해서 낮과 밤을 만들어낸다는 것을 어떤 의미에게 경험하는 경우를 상정했다: 이 소경이 이제 큰 열심을 가지고 생각과 상상을 통해서(ratiocinando et phantasiando) 이 작은 진리들로부터 자기에게 주어지지 않은 다른 진리들을 도출하려고 애썼다고 하자. 하지만 내 생각에 그가 모순된 결론으로 말미암아서 자기를 쉽사리 그리고 반복적으로 기만하게 된다는 것은 아무도 부인하지 않을 것이다. 왜냐하면 흰색은 시선을 분산시킨다는 것을 들었기 때문에 그는 곧바로 이것은 촉감으로 분산과 갈라짐을 느끼는 방식과 비슷한 것이라고 생각하게 될 것이기 때문이다.…… 우리가 이제 아주 고상한 신학자의 영적인 능력을 우리에게 하늘로부터 계시되지 않은 그 신적인 지혜와 관련해서 사용한다고 하자. 그러면 색상과 관련한 그 소경보다 이 점에서는 더

한 소경이고 형이상학과 수학에 관해서는 문외한과 똑같은 서툰 사람이라는 것을 누구도 의심할 수 없을 것이다. 때문에 그런 신학자가 높지만 계시되지는 않은 진리들을 자기를 과대평가하거나 모든 질문에 대답을 하지 못한다는 부끄러움 때문에 그 어떤 판단을 내리려고 한다면 모든 사람이 잘 보고 있는 바와 같이 그는 자기와 다른 사람에게 아주 깊은 오류의 구렁텅이를 팔 수 있다. 차라리 그가 많은 일들에서 아래와 같이 겸손하게 대답을 하는 것이 훨씬 확실할 것이다: "모르겠습니다. 하나님이 아시고 하나님께서 알려주기 원하는 자들이 압니다. 복음을 믿으십시오: 족하도다."

물론 나는 호기심(curiositatis inculpatio)을 반대하는 우리의 말이 하나님에 관해서 사람이 알 수 있고 알아야 하는 것을 무관심하게 두어서 그들이 그렇게 할 때 다른 자들을 비방하는 사람들의 그 생각 없는 나태함에 힘을 실어주고 싶지는 않다. 둘 다 잘못이다: 성경의 진리를 가지고 오려고 하지 않음…… 마땅한 이상으로 알려고 하는 것.

원전 : Jean Gerson, Contra curiositatem studentium, in: Jean Gerson, Oeuvres complètes, hg. von P. Glorieux, III L'Oeuvre magistrale, Paris 외 1962, 224/233f.

h) 성경 안에 있는 단어의 의미(1413/4)

우리의 첫 번째 주된 숙고에는 다음의 기본문장들이 기초가 되고 있다:

1. 성경의 문자적 의미(sensus litteralis)는 항상 참되다. 이 문장은 분명하게 알려져 있다; 왜냐하면 어거스틴과 제롬에 따르면 문자적 의미에서만 증명력이 있는 논증(efficax argumentum)을 얻을 수 있기 때문이다. 심지어 이것은 우리가 여기

서 논쟁하고 있는 대적들도 인정해야 한다.……

2. 성경의 단어의 의미는 논리와 변증의 법칙에서가 아니라 수사학적으로 형성된 강연에서는 일반적인 강연방식과 비유적이고 알레고리적으로 말하는 일반적인 관습에서 이해해야 한다; 동시에 문자적인 문장구성의 앞 뒤 문맥도 고려해야 한다. 왜냐하면 윤리적 인식과 역사적 인식(moralis et historalis scientia)과 똑같이 성경도 우리가 수사학이라고 부르는 자기 논리를 가지고 있기 때문이다.

3. 성경의 단어의 의미는 교회가 성령을 통한 영감과 인도함을 따라서 확고하게 제시한 바와 같이 판단되어야 한다; 성경은 어떤 사람의 자유의지와 해석에 자의적으로 맡겨진 것이 아니다.……

4. 성경의 단어의 뜻은 무엇보다도 윤리적인 진술에서는 아주 종종 보편적인 이해에 상응하고 보편적인 것을 위해 존재하는 애매한 표현을 제공한다. 그밖에 이미 말한 바와 같이 알레고리 방식도 나타난다. 때문에 진술을 할 때 이런 애매한 표현방식은 언제나 오류에서 보호해주지 않으며 분명한 구체적인 상황에서는 말할 필요도 없이 그러하다.

5. 신학적 주장의 논리적 엄격성(sensus logicalis verus in assertione theologica)은 그 주장이 신학적인 그 단어 뜻에서 틀렸거나 문제를 불러일으키고, 경건한 귀를 괴롭게 하거나 그밖에 불쾌하게 들릴 때 이 주장을 한 사람이 그것을 취소하지 않아도 되게 해 주지 않는다. 이것은 이미 진술한 바에서 도출된다.

6. 성경의 단어의 의미는 우선 그리스도와 사도들로부터 알려졌고 기적을 통해서 분명하게 되었다; 다음으로는 순교자들의 피를 통해서 입증되었다. 나중에는 거룩한 교사들이 이단들을 반대하여 제시한 그 세밀한 사고를 통해서 이 단어의 뜻을 다양하게 부각시켰고 그것으로부터 더 분명하거나 더 개연성이 있는 결론들을 이끌어내었다. 거룩한 공의회들의 결정들은 이들을 따랐고 그

래서 교사들이 생각했던 것이 이제는 교회에 의해서 교리로 규정되었던 것이다(Quod erat doctrinaliter discussum per doctores fieret per Ecclesiam sententialiter definitum). 마지막으로 교회의 판사들뿐 아니라 세상적인 판사들이 염치도 없는 경솔함으로 교회의 결정들에 순종하려고 하지 않는 자들을 상대로 처벌을 확정지었다. 이것은 필수불가결한 기준이었다; 왜냐하면 그렇지 않은 경우에는 많은 사람들이 진리를 반대하여 논증하고 주장하면 끝이 없기 때문이다.

7. 단어의 의미가 우리 시대에 교회가 이미 명확하게 결정하고 수용한 부분에서 공격당하고 또 그런 상황이 계속되는 때에는 이 내직들을 상대로 잘 구성한 논증을 가지고 나아갈 것이 아니라 확고하게 정해진 벌칙을 적용해야 한다.

8. 성경의 단어의 의미가 법령과 교황의 교령과 공의회 결정에서 확고하게 제시되었고 결정되었다는 것이 드러난다면 신학과 성경을 사도적인 신앙고백보다 덜 관계해서는 안 된다는 사실로부터 출발해야 한다. 때문에 단어의 의미는 겨우 인간적인 확정이나 단순한 가정에 기초를 두고 있는 것처럼 무시하면 안 된다.……

9. 단어의 의미는 물론 많은 질문들 특히 구원에 필수적인 질문에서는 성경책에서 충분한 표현들을 발견하게 된다. 아니면 이 책들에 조예가 깊은 사람들에 의해서 이 책들로부터 명백하게 끄집어낼 수도 있다. 하지만 이 의미는 특정 항목 안에 요약해서 공식적으로 명시한 것은 잘한 일이었나, 말하자면 사도신조와 아타나시우스신조 안에 말이다.

10. 성경의 단어의 의미를 이성적으로 전개시키는 것(rationaliter explicatur)은 학문일반에서와 그밖에 교구들 그러니까 온 교회 안에서 이루어졌다. 그때에 그 결정을 내리는 것은 주교들에게 있는데, 이들은 학문 활동이 이루어지는 곳에 있는 신학 교사들로부터 자문을 받는다.……

12. 어떤 사람이 성경의 단어의 의미는 참되지 않다고 주장하며 말과 행동으로 공격할 때 특별히 그가 스스로 이러한 의미가 성경에 걸맞다는 것을 선언하는 영적인 지도자들과 종교심문관들에게 복종하는 경우에는 혹시 그가 이단인가 하는 강력한 의구심이 종종 일어난다; 이는 그가 이성에서의 자기 오류 또 감정적으로(affectu) 개선 가능성이 없음과 완고함으로 말미암아 완전히 타락되었기 때문이다. 이 판단의 근거는 한편으로는 그가 더 명석하고 지혜로운 자들의 판단보다 자기 자신의 생각을 더 우월하게 여겼고 자기 조상들이 그에게 준 바로 그 한계를 넘었다는 데에 있다. 그밖에 판사들과 또 신앙으로 모인 공의회가 확정하고 선포한 것이 이제는 반박하고 있는 자들에 의해서 뚜렷하게 믿어져야만 한다는 사실에도 그 근거가 있다.

원전 : Jean Gerson, De sensu litterali Sacrae Scripturae, in: Jean Gerson, Oeuvres complètes, hg. von P. Glorieux, III L'Oeuvere magistrale, Paris 외 1962, 333/340. 334-337.—참고문헌: W. Dreß, Die Theologie Gersons, Gütersloh 1931; J. B. Morrall, Gerson and the Great Schism, Manchester 1960; C. Burger, Art. Gerson, Johannes, in: TRE 12, Berlin/New York 1984, 532-538; 같은 이, Aedificatio, Fructus, Utilitas. Johannes Gerson ald Professor der Theologie und Kanzler der Universität Paris, Tübingen 1986 (BHTh 70); M. S. Burrows, Jean Gerson and "De Consolatione Theologiae" (1418). The Consolation of a Biblical and Reforming Theology for a Disordered Age, Tübingen 1991 (BHTh 78); S. Grosse, Heilsungewißheit und Scrupulositas im späten Mittelalter. Studien zu Johannes Gerson und Gattungen der Frömmigkeitstheologie seiner Zeit, Tübingen 1994 (BHTh 85).

70. 공의회주의의 성장과 쇠퇴

a) 콘스탄츠 공의회에서의 위기상태의 공의회주의(교령 "Haec sancta", 1415년 4월 6일)

대분열의 종식에는 요한네스 23세(Pisa)가 대립교황들 중에서 가장 쉽지 않은 자라는 것이 증명되었다. 그는 그레고리 12세(로마)와 베네딕트 13세(아비뇽)를 폐위시키고 자기만 합법적 교황임을 관철하려고 하였다. 물론 공의회가 그의 퇴위를 고집하자, 그는 콘스탄츠에서 도망하였다. 이렇게 함으로써 공의회가 포기하기를 바라는 그의 희망은 이루어지지 않았고, 오히려 반대가 되었다: 1415년 4월 6일 공의회는 법령 "Haec sancta"를 결정하였다. 이것은 이 상황에서 이 공의회를 교회의 기준을 정하는 심급으로 선언하였고, 교황을 공의회 결정에 굴복시켰다. 이 법령에 대한 폭넓은 동의는 원래 공의회주의적인 확신에서 왔다기보다는 첨예한 위기상황에서 온 것이었다. 곧 이 상황에서 명민하지 못한 요한네스 23세가 모든 사람들 앞에서 공의회와 연결되지 않은 교황은 교회를 불행으로 몰아갈 수 있다는 것을 드러내었던 것이다. 당연한 결과로 요한네스 23세는 1415년 5월 폐위되었다; 그레고리 12세는 퇴위하였고, 베네딕트 13세는 1417년 폐위되었다. 1417년 11월 11일 공의회는 새로운 교황으로 마틴 5세를 선출하였다. 이로써 대분열은 극복되었고, 교회의 외적인 일치를 되찾았다. 하지만 오랫동안 바랬던 머리와 지체에 대한 교회의 진정한 내적 개혁은 이 공의회에서 겨우 조금 밖에 이루지 못하였다.

전능하신 하나님을 찬양하기 위해서 성령 안에서 합법적으로 모인…… 이 거룩한 콘스탄츠 공의회(Haec sancta synodus Constantiensis)는…… 아래와 같이 결정하였다. 첫째, 성령 안에서 합법적으로 모인 이 총 공의회가 모여서 이 땅에 있는 공교회를 대표하였는데(generale concilium faciens, et ecclesiam catholicam militantem repraesentans), 그 전권을 그리스도로부터 직접 받았다. 공의회에 대해서는 그 어떤 신분과 위치, 심지어 교황의 지위까지 불문하고 아래와 같은 일들에서 복종하여야 한다. 곧 신앙, 언급한 분열의 종식 그리고 하나님 교회의 머리와 지체에 이르는 개혁에 관한 일들 말이다(his quae pertinent ad fidem et exstirpationem dicti schismatis, ac generalem reformationem dictae ecclesiae Dei in capite et in membris).

또한 공의회는 결정하였다. 그 어떤 위치와 신분과 위엄을 가지든, 심지어 교황의 위치를 불문하고 이 공의회와 합법적으로 모인 또 다른 공의회가 언급한 일들이나 그와 관련된 문제들에 대해서 이미 결정하였거나, 앞으로 결정될 법, 정관이나 명령이나 규칙을 거부하는 자는 누구나, 거기에서 물러서지 않는다면, 그는 상응하는 회개를 하여야 하며, 관련되어서 처벌을 받으며, 동시에 필요에 따라서는 그에게 또 다른 법적 수단을 사용할 수 있다.

원전 : QGPRK Nr. 767.

b) 본래적 의미의 공의회주의의 실패: 바젤 - 페라라 - 플로렌츠 공의회(1431-1449): 총 공의회의 권위(1439년 5월 16일)

콘스탄츠 공의회는 대분열을 종식시킬 수는 있었다. 하지만 새로운 교황과 공의회 사이에도 심각한 긴장이 있었다. 특별히 마틴 5세는 법령 "Hace sancta"에 대한 인준을 거부하였다. 1431년 바젤 공의회가 개최되자마자 그 차이는 명백해졌다: 바로 그때 서임된 교황 유진 4세가 광범위한 개혁 계획들과 후스주의 대표단의 도착에 관해서 알게 되자 공의회를 곧바로 해산하려고 하였다; 하지만 참석자들의 압력 하에 바젤이 고수되었다. 일단 공의회가 우선권을 차지하였다: 몇몇 개혁들이 관철되었고, 후스주의자들과 프라하 조약(1433)을 체결하였다. 물론 평신도의 배찬을 허락했을 뿐이다. 하지만 1437년 유진 4세는 교회일치를 위한 준비가 되어 있는 희랍인들이 오는 것을 용이하게 하기 위해서 다수의 의견과는 반대로 공의회를 페라라로 옮길 수 있었다. 이렇게 공의회는 분열되었다. 바젤의 그루터기만 남은 공의회가 기독교 세계에서 가장 높은 권위를 가진다고 다시 한 번 주장한 것은 새로운 현실과는 상충되었다. 공의회주의는 콘스탄츠에서와 같이 자기의 합법성을 위기 상황에서 끌어올 수 없었고, 근본적 권리라는 것만 주장이 되었다. 이와 함께 공의회주의는 서방 기독교 세계의 눈에 그 정당성을 상실하였다. 여기에다가 1439년 플로렌츠로 다시금 옮긴 교황의 공의회에서 온 결실들이 더 첨가되었다: 공식적으로 교황은 자기와 연합된 공의회가 바젤을 그 능률성에서 훨씬 능가하였다고 주장하였다. 바로 페라라-플로렌츠가 희랍인들과 함께 추구하였던 평화가 결정적이었다. 이 평화는 동방교회에서는 관철될 수 없는 위장된 타협에 근거하였다. 하지만 교황공의회는 우선 타협능력과 실제적으로 일치를 이룬다는 것을 증명하는 것으로 보였다. 이와 반대로 바젤 공의회는 길게 끌며 결국은 스스로 해산하였다.

콘스탄츠 공의회와 이 바젤 공의회에서 나온 많은 결정들로부터 공교회 신앙의 진리가 중요하다는 것이 분명하다. 하지만 이번 거룩한 공의회는 온 공교회인들이 바로 이 진리를 합심하여 고백함에서 아주 확실하고 흔들림이 없도록 도와주기 위해서 아래와 같은 것은 설명하고 결정하였다:

콘스탄츠와 바젤의 총 공의회들이 설명하였던 것과 같이 온 교회를 대표하는 총 공의회는 교황과 모든 다른 사람들 위에 있다는 주장에 공교회 신앙의 진리가 있다.

앞에 말한 문장이나 그 한 부분을 결정하기 위해서 온 교회를 대표하며, 규정에 따라서 소집된 총 공의회를 교황은 그 동의가 없이는 해산도, 다른 시간과 다른 장소로 옮길 수 없다는 진술은 공교회 신앙의 진리를 담고 있다.

이 두 개의 진리에 대해서 완고하게 저항하는 자는 이단으로 간주되어야 한다.

원전 : 1439년 5월 16일 Sessio XXIII; QGPRK Nr. 776.

c) 피우스 2세의 공의회주의 저주(1458-1464)(교서 "Execrabilis", 1460년 1월 18일)

교서 "Execrabilis"로 한때 그 자신이 바젤 공의회의 강력한 일파였던 피우스 2세는 1460년 1월 18일 공의회주의에 치명적 타격을 주었고 확고하게 교황주의적, 다시 말해서 철저하게 교황의 전권에 근거한 교회 이해로 입장을 정하였다.

유감스러우며 전대미문의 폐단이 우리 시대에 등장하였다. 곧 복되신 베드로라는 인물 안에서 "내양을 쳐라", "네가 땅에서 매면 하늘에서도 매일 것이요"(요 21, 25; 마 16, 19) 라는 말씀을 들은 예수 그리스도의 대리자인 로마 교황에게서 일단의 사람들이 이탈하였다. 이들은 소란의 영에 의해서 오도된 자들로서 근거를 분명하게 가진 판단이 아니라 죄에 이끌려서는 앞으로 올 공의회 소집을 요청하려고 하였다. (그러한 행동이) 얼마나 거룩한 기준들(Canones)과 반대되며, 얼마나 그리스도 공동체를 해치는지는 바르게 깨달은 자들이라면 누구나 이해할 수 있다.…… 이 사악한 독을 교회로부터 몰아내기 위해서 그러한 요청을 저주하며 이것은 오류이며 혐오스러운 것으로 배격한다; 공의회 소집요청을 우리는 철저하게 무가치하다고 선언하며, 혹시 다시금 이것이 고개를 든다면, 의미와 내용이 없음을 선언한다.……

원전 : QGPRK Nr. 778.— 참고문헌: H. Diener, Enea Silivio Piccolominis " Weg von Basel nach Rom" , in: J. Fleckenstein (Hg.), Adel und Kirche. FS G. Tellenbach, Freiburg i. Br. 1968, 516-533. - H. Jedin, Bischöfliches Konzel oder Kirchenparlament? Ein Beitrag zur Ekklesiologie der Konzilien von Konstanz und Basel, Basel-Stuttgart 1963; G. Denzler, Zwischen Konziliarismus und Papalismus. Die Stellung des Papstes im Verständnis der Konzilien von Konstanz (1414-1418) und Basel (1431-1437), in: ders. (Hg.), Die Entwicklung des Konziliarismus. Werden und Nachwirkungen der konziliaren Idee, Darmstadt 1976; G. Haendler, Konziliarismus, römischer Primat und Unfehlbarkeit, in: ZhLZ 105 (1980) 865-876; H. Smolinsky, Art. Konziliarismus, in: TRE 19, 1990, 579-586.

71. 플로렌스의 연합(1439)과 그 결과들

페라라-플로렌스의 교황 공의회와 황제(팔래올로고스 요한네스 8세)와 콘스탄티노플 총대주교(요셉)가 이끄는 비잔틴 국가의 사절들에게 결국은 동방과 서방 간의 교회 분열의 극복이 성사되는 것으로 보였다. 이것은 황제 팔래올로고스 미카엘 8세(1259/1282)에 의해서 강요되고 잔인한 강압으로 관철되었던 리옹의 연합(1274)이 실패로 끝난 다음에 거듭거듭 헛되게 애를 썼던 일이었다. 성사되는 것처럼 보였던 것은 무엇보다도 서로 상이한 관심 상황과 관련이 있었다. 비잔틴인들은(진격해 들어

오는 이슬람을 상대로 등을 벽에 대고 싸움하던) 연합(과 서방의 정치적인 후원)이 필요하였다는 사실은 새로운 것이었다. 이뿐 아니라 교황도 희랍인들과의 연합이 필요하였다는 것도 새로운 것이었다; "이 공의회는 공의회주의를 극복하기 위해서 교황이 치러야 할 대가였다: 공의회주의를 극복하기 위해서 동방사람들에게 치른 값이었다"(H. G. Beck).[1] 하지만 1439년 7월 6일 성대하게 공포된 연합교령에 물어본다면 이것은 "눈가림의 타협"(Nr. 70b 서론을 보라) 그 이상이기가 힘들고 "실제적인 중재"[2]이기보다는 "일종의 병렬"이었다; 그래서 하나의 타협인데 동방의 궁지에도 불구하고 교회를 볼때의 동방에는 거의 주선되어서는 안 되었던 타협이었다.

a) 연합교령 "하늘이 기뻐하노라"(Laetentur caeli)

(*§3: 성령의 발출에 관하여 [De processione Spiritus Sancti]*) 그래서 성 삼위의 이름으로…… 우리는…… 성령이 영원부터 성부와 성자로부터 자기 본질(essentiam)과 자기의 독자적인 존재(개체나 인격[esse subsistens]으로서)를 받되 성부와 성자에게서 동시에 받으셨고 영원부터 하나의 원리이시며 하나의 유일한 내쉼이신 이 두 분으로부터 발출하신다(ex utroque aeternaliter tamquam ab uno principio et unica spiratione procedit)고 규정하노라; 동시에 우리는 성령은 성부로부터 성자를 통해서(ex Patre per Filium) 발출하신다는 거룩한 교사들과 교부들의 주장은 성자가 희랍인들의 언어관습으로 볼 때 원인(causa)이시라면 라틴인들의 관습을 따르면 성부와 똑같이 자기(성령)의 독립개체(subsistentia [= 희랍어 ὑπόστασις])의 원리가 된다는 그러한 이해를 목표 삼았다고 선언하노라. 그리고 성부 자신은 자기의 독생자를 낳으실 때 아버지 되심만을 제외하고는(praeter esse Patrem) 성부의 모든 것을 주셨다. 이 때문에 성자 자신은 자신이 영원히 출생된 그 성부로부터 자신이 영원히 받

은 성령이 성자로부터 발출하는 이것을 가지신다. 이를 넘어서서 우리는 "Filioque"라는 단어의 모습으로 된 이 설명은 정당하고도 합리적으로(licite ac rationaliter) 신조에 첨부되었으며 이것은 진리를 명료화하며 당시에 존재하던 시급한 어려운 상황(inaminente tunc necessitate) 때문이었다고 규정한다.

(*§4*) 이와 마찬가지로 그리스도의 몸은 누룩이 없는 빵이든지 넣은 빵(을 사용)이든지…… 모든 자(사제)가 자기 교회 관습, 서방이든지 동방이든지 그것을(따라) 하든지 상관없이 참으로 준비되어 있다(또는 실현되신다)고 (우리는 규정한다).

(*§5-7: 죽은 자들의 운명에 관하여[De sorte defunctorum]*. 온전한 고해가 없이 죽은 자들을 위해서 정결하게 하는 심판이 명령되었다. 이것을 경감하는 데에는 산 자들은 교회의 규정을 따라서 미사의 희생, 기도와 자비 그리고 또 다른 경건의 사역의 모습으로 이루어지는 도움의 간구를 통해서 기여할 수 있다[5]. 죄 없이 또는 죄로부터 깨끗하게 되고나서 죽은 자는 곧바로 하늘로 가서 벌어들인 공력을 따라 다소 간의 차이가 있는 완전한 하나님 관조에 이르게 된다[6]. 반대로 실제적 죽을 죄나 단지 원죄 안에서[peccatum originale] 사망한 자는 곧비로 지옥으로 가며, 거기서 당연히 자기 공력을 따라서 차이가 나는 심판을 겪게 된다[7]).

(*§8. 9: 총대주교좌의 서열; 로마의 수위권*) 이와 마찬가지로 우리는 거룩한 사노 보좌와 로마 주교는 온 세상 위에 있는 수위권을 가지며 로마 주교는 복되신 수석사도인 베드로의 후계자요 그리스도의 대리자이며 온 교회의 머리요 모든 기독교인들의 아버지이고 선생이라고 규정한다(sanctam Apostolicam Sedem, et Romanum Pontificem, in universum orbem tenere primatum, et ipsum Pontificem Romanum successorem esse beati Petri principis Apostolorum et verum Christi vicarium, totiusque Ecclesiae caput et omnium Christianorum patrem ac doctorem existere); 그에게 우리 주 예수 그리스도로부터 거룩한 베드로 안에서 온 교회를 치고 다스리고 이끌 전권(plenam potestatem)이 에큐메니칼 공의회들과 거룩한 법령 안에서 확정된 바와 같이 주어졌다(8). 나아가서 법령에서 전승된 그밖의 다른 존귀한 총대주교들의 서열을 새롭게 한다. 곧 콘스탄티노플 주교는 거룩한 로마 주교 다음인 두 번째이고, 세 번째는 알렉산드리아, 네 번째는 안디옥, 다섯 번째는 예루살렘인데, 당연히 이들의 모든 특전과 권리들은 유지된다(9).

b) 콘스탄티노플 총대주교구로부터 러시아 교회의 단절 (1439/48)

"15세기 말의 모스크바 법전"은 교황의 사절로 플로렌스 연합을 관철하라는 직무를 부여 받았던 키에프와 러시아 전체의 수도주교 이시도르가 자기의 주교구 모스크바로 귀환한 것을 말하고 있다. 하지만 이 연합은 폴란드 지역에서만 포고될 수 있었다; 이 보도는 "정확한 날짜를 가지고 이루어지고 있지는 않지만 날짜 문제 말고는" 이 원전의 "전형적인 형식으로 이루어지고 있어서 우리로 하여금 받아들일 수 있도록 하는 것은" 이 법전에 기초를 이루고 있는 "그 다음 연속으로 이루어지는 연대기적 표기"들이 중요하다는 것이다(P. Nitsche):

48년(1439/1440)에…… 수도주교 이시도르가 로마에서 모스크바로 온 것에 관하여. 이 해 초에 수도주교 이시도르가 로마로부터 왔다; 그는 라틴 십자가[3]를 앞서 들게 하고는 말했다: "이 공의회에서 우리는 동방교회를 서방교회와 일치시켰다." 이런 식으로 그는 정통신앙을 서방 것과 일치시키려 하였다. 하지만 주 하나님께서는 이 늑대에게 정통신앙을 가진 기독교의 수많은 양 무리를 해치도록 허락하지 않으셨고, 그래서 그의 광기가 밝혀졌다. 그러니까 세 번째 금식 주일에 그는 모스크바로 와서 바로 그날 예전을 집전하며 말하였다: "주여[4], 가장 먼저 로마 교황을 기억하옵소서." 그런데 대공[5]이 이 소리를 들었고, 또 그때 모든 러시아 주교들과 모스크바에 있는 다른 많은 정통 기독교인들과 성경을 알고 있는 많은 사람들이 거기 있었다. 전에는 로마 교황의 이름이 우리 땅에서 그가 세례 받은 후에는 한 번도 불려진 적이 없었기 때문에 이 행동은 모든 사람들에게 불경하게 보였다; 하지만 지금 거룩한 예식에서 그가 언급되었던 것이다. 그래서 이들은 이시도르의 진면목을 드러내고 이 문제에 대해서 심문하였고 네 번째 금식 주간 수요일에 그를 체포하고는 쿠도프 수도원에 감금하였다; 거기서 그는 온 여름을 지냈다. 대주교 이시도르가 모스크바로부터 도주한 것에 관하여. 49년 9월 15일 대주교 이시도르는 모스크바에서 트베르로 도주했고 거기에서 리타우엔으로 그리고 크림 지역으로 마귀인 자기의 불경한 교황에게로 갔고 자기 몰락의 길을 갔다.

("모스크바에서 사람들은 이제 불안한 상태에 있었다. 서품된 수도주교는 폐위되었고 콘스탄티노플의 총대주교와 황제도 이시도르와 똑같이 같은 이단에 빠져 있기 때문에 거기에 있는 새로운 인물을 세우지 않았다. 그런데 다른 한편으로는 콘스탄티노플과 공식적으로 단절하는 것을 원하지는 않았다. 그래서 대주교를 스스로 선출할 수 있는 허락을 총대주교에게 공식적으로 청한다는 것을 생각해내었다. 이 청원이 실제로도 언급되었는지는 불확실하다; 마침내 선출이 이루어질 때, 연대기 작가는 이 사태를 은폐시키려고 애를 썼지만 어쨌든 선출은 허락이 없이 이루어졌다"[P. Nitsche]:)

리아잔의 주교 이오나를 러시아 수도주교로 임명함에 관하여. 57년(1448/49). 12월 15일(리아잔의 주교 이오나) 러시아의 주교들 로스토프의 에프렘, 콜롬나의 바를람과 페름의 피티림에 의해서 러시아 전체의 수도주교로 임명되었다. 그런데 노브고로드의 대주교 에피미즈와 트베르의 주교는 리아잔의 주교를 수도주교로 임명한다는 것과 관련해서 이들에게 동의한다는 편지를 보냈다. 하지만 그 전에 그는 짜르그라드[6]의 수도주교구(사건들)를 개선했을 때 가장 거룩한 총대주교와 그의 거룩한 총 공의회로부터 수도주교구의 이시도르의 후계자로 강복을 받았다.……

원전 : DH 1300-1308 (Laetentur caeli); P. Nitsche (Hg.), Der Aufstieg Moskaus, Bd. II, Graz-Wien-Köln 1967, 58-60.—참고문헌: K. Wessel in: HDThG I^2, 394-405(참고문헌 포함).

1) Byzanz und der Westen im Zeitalter des Konziliarismus, in: Die Welt zur Zeit des Konstanzer Konzils, Konstanz-Stuttgart 1965 (Vorträge u. Forschungen 9), 147; 유사한 것으로는 B. Schultze, Das letzte ökumenische Einigungskonzil theologisch gesehen, in: OrChrP 25 (1959) 288-309.
2) K. Schatz, Der päpstliche Primat, Würzburg 1990, 144가 바로 보고 있다. 서방의 수위권에 대한 생각과 동방의 펜트아르키에 관한 생각의 해결되지 않은 관계를 보는 점에서.
3) Crux immissa, 또는 Crux capitata라고 부른다. 이 십자가는 수평 막대가 수직 막대의 윗부분 끝에 겹쳐진다면 희랍식 십자가는 가로 지르는 막대가 수직 막대의 가운데를 통과한다.
4) 성만찬의 대기도를 중단시키는 도고의 간구로 로마의 미사나 동방의 예전은 시작한다; 동방에서는 이 대신에 "Diptychen"(예전에서 사용되는 사람들이 함께 교회 공동체와 성만찬 공동체에 속하게 되는 고위 성직자들의 이름이 적힌 "두 개의[서]판)에서 이름이 호명되는 것도 일반적이었다.
5) 바실리즈 2세(1415-1462).
6) "황제의 도시" = 콘스탄티노플(현재 이스탄불)

72. 피우스 2세의 정정교서

르네상스 교황의 불화는 특히나 피우스 2세(1405-1464)가 대표한다. 퇴락한 시에나 귀족가문 출신인 에네아 실비오 피콜로미니는 빼어난 르네상스-인간이었다. 박식한 그가 독일을 묘사한 것은 그의 시와 마찬가지로 그가 위대한 새 라틴 시인의 한 사람이라는 것을 증명하고 있다. 교회 정치적으로는 바젤에서 그는 공의회파의 대표로 등장하였다. 그러나 몇 년 후에 그는 프리드리히 3세의 관청에서 일하는 자가 되어서는 중립으로 입장을 바꾸었다가 마지막에는 교황파로 넘어가서 페라라-플로렌스에서는 이들과 함께 하였다. 이 입장의 선회는 확고해서 피콜로미니가 후에는 교회 정치적으로 문제가 많으며 도덕적으로 악명이 있는 그의 과거에도 불구하고 교황으로 선출되었다. 선출 이후에 가진 피우스, 경건이라는 이름을 그는 1463년 4월 26일 자기 과거와 관련한 비난에 대해 쾰른대학에서 반박한 아래의 유명한 교서에서 그것은 참 기독교인의 삶을 향한 정책적인 전환이라고 해석하였다.

§2: 사랑하는 아들들이여, 우리는 복되신 어거스틴을 따라가야 합니다. 그는 자신의 문서들에 오류들을 흩뿌려놓았기 때문에 정정서를 편찬하였습니다. 고상한 인격을 가진 겸손한 사람으로서 그는 자기의 어리석음을 후안무치하게 방어하기보다 부끄러움에 가득차서 고백하고 정정하려고 했습니다. 바로 이것을 우리도 해야 합니다: 솔직하고 편안하게 우리의 무지를 고백함으로 우리 소싯적에 썼던 것으로 말미암아서 나중에 사도 보좌에 해가 될 오류가 스며들어오지 않게 하려고 합니다. 첫 번째인 로마의 보좌의 위엄과 명성을 방어하고 드높이는 것이 모든 사람에게 해당된 일이었다면, 그 사람들이 바로 다름 아니고 관대하시고 자비로운 하나님께서 공로도 없이 그분이 사면해주심으로 말미암아서 복되신

베드로의 보좌에 하나님 자신의 극진히 사랑하시는 아들 우리 주 예수 그리스도의 대리자로 불러주신 우리입니다.

§3: 이 상황의 결과로 당신들의 그 사랑이 충만한 노력을 북돋아주며 주님 안에서 권하는 것은 당신들이 그 초기 문서들에 매달리거나 거기에 아주 사소한 신뢰도 하지 말라는 것입니다. 그 문서들은 사도 보좌의 최고 권위를 겨우 고안해 내어야만 하는 모든 방법으로 흔들거나 최고로 거룩한 로마 교회가 인증하지 않는 것을 주장하는 문서들입니다. 당신들 모두는 주님이시며 구세주께서 자신의 대리자들을 세우시고 복되신 사도 베드로와 바울이 자기들의 피로써 봉헌한 이 보좌를 다른 것들보다 우선 영화롭게 하여야 한다는 것을 모든 사람에게 명심시키도록 하여야 합니다. 그리고 모든 것을 다스리시고 창조하신 것에서 어떤 것도 사소하게 여기시지 않으시는 하나님의 섭리가 싸우는 교회를 질서도 없이 버려두셨다는 생각에 빠져서는 안 됩니다. 교회는 그리스도의 신부이기에 참으로 하나님에게서 온 것이 사실입니다. 사도의 말씀대로 하나님으로부터 존재하게 된 것은 질서를 가지고 있습니다. 하지만 하나의 질서는 아래가 위에 의해서 조종되고 마지막에는 아래 있는 모든 것을 통치하고 인도하는 한 분에게 소급되어야 합니다. 기러기들도 한 마리의 뒤를 따라 날고 벌들 가운데에도 하나의 여왕이 있습니다. 이런 식으로 승리하는 교회의 모형인 싸우는 교회 안에도 모두의 지도자요 판단하는 자, 곧 예수 그리스도의 대리자가 있습니다. 머리인 그에게로부터 그에게 복종하는 모든 지체들의 모든 능력과 권위가 나오는데, 이 권위는 우리 주 예수 그리스도로부터 직접 그에게 흘러들어온 것입니다. 당연히 그리스도께서는 처음부터 자기 후계로서의 지도자의 최고 능력을 자기 대리자 아닌 다른 누구에게 주셨을 리가 없습니다. 첫째가 바로 우리가 아는 바와 같이 주님 양떼를 돌보는 책임을 부여받은 베드로였습니다. 그리고 복음서 기자들은 둘 또는 더 많은 베드로를 말하지

않고 주님은 자기 대리자들로 둘 또는 더 많은 자를 머리로 임명하지 않았습니다. 오히려 그분은 한 명을 온 무리의 머리요, 지도자요, 목자로 세우셨는데, 곧 이렇게 말씀하시면서 시몬 베드로를 임명하셨습니다: "너는 베드로라, 이 반석 위에 내가 내 교회를 세우리라. 내가 네게 천국 열쇠를 주리라: 네가 땅에서 매면 하늘에서도 매일 것이요, 네가 땅에서 풀면 하늘에서도 풀리리라, 내 양을 먹이라"(마 16:18; 요 21:16f.). 다른 어디에서도 베드로 한 사람 아닌 다른 어떤 개인에게 이렇게 말했다는 것을 읽어 볼 수 없습니다. 이는 베드로 안에서 일치와 최고의 권위가 자기 자리를 갖게 하기 위함입니다. 또한 시몬을 뺀 다른 누구도 이 반석(pctra) 베드로라고 불린 적이 없습니다. 이는 베드로가 선언한 대로(엡 2:20) 그리스도이신 그 참되고 굳건한 반석, 그의 유일한 대리자는 위험이 닥쳤을 때만 칼을 빼는 시몬 베드라는 것을 우리가 알도록 하기 위해서 입니다. 그러니까 베드로와 그의 후계자들, 곧 로마의 주교들은 교회 안에서 수위권을 가졌었고 오늘은 이것을 우리가 합당하지 않지만 그러나 합당하게 오직 주님의 뜻으로 말미암아 가지고 있습니다. 그리고 교회법의 규정에 따라서 로마 교회의 지도자로 임명된 자는 누구나 거룩한[추기경] 단 안에서 선출된 바와 같이 하나님으로부터 직접적으로 최고의 능력을 얻으며 이것을 질서에 따라 온 교회에 건네줍니다. 그리고 그의 죄를 심판하는 것은 하나님 한 분에게만 속합니다. 혹시 우리의 대화나 우리가 많이 공포한 편지들, 또(우리가 젊은 시절 많이 써댔기 때문에) 우리의 또 다른 작은 저작들에서 이 가르침과 위배되는 어떤 것을 찾게 된다면 끄집어내어서 논박하십시오. 우리가 지금 말한 것을 따르면서 젊은 때의 것이 아니고 노년의 것을 믿으며 주교보다 개인을 더 중요하게 여기지 마십시오. 애네아는 보내고 피우스를 받아들이십시오(Aeneam relicite, Pium recipite). 그 이교적 이름은 부모가 젖먹이에게 주었다면 이 기독교적 이름은 우리의 사도권을 위해서 받았습니다.

원전 : Bullarum, diplomatum et privilegiorum sanctorum Romanorum Pontificum Tauriensis editio. Bd. 5, Turin 1860, 174f.—참고문헌: G. Voigt, Enea Silvio de Piccolomini, als Papst Pius der Zweite, und seine Zeitalter. 3 Bde., Berlin 1856-1863 (= 1967); A. Esch, Enea Silvio Piccolomini als Papst Pius II. Herrschaftpraxis und Selbstdarstellung: AGWG. PH 3/179 (1989) 112-140; E. Meuthen, Art. Pius II.: TRE 26, Berlin/ New York 1996, 649-652.

73. 지기스문트의 개혁(1439): 화평의 황제를 통한 교회개혁과 제국개혁에 대한 소망

1439년 바젤 공의회에서 익명의 저자가 광범위한 기대를 일으키는 공의회 분위기를 일별하게 하는 문서를 작성하였다. 이 문건은 영적인 영역에서와 세속적 영역에서 보이는 포괄적인 변화를 주목하고 있다. 과거 해석과는 달리 폭력적인 전복을 생각하고 있지는 않다. 지기스문트의 개혁은 단지 평화적인 세상내부적인 개혁추진에만 소망을 걸고 있지 않다. 오히려 신적인 질서를 세울 하나의 사제 황제에 대한 예언적인 기대에서 이 개혁은 절정을 이룬다. 황제 지크문트(Sigismund [1410-1437]), 곧 학문적 범위를 넘어서 대중들에게도 다다를 수 있던 독일어 표현을 따른 이 이름을 가진 황제의 나타남이 이 문서를 종교개혁 시기까지 광범위한 유포와 높은 주목을 받게 하였다.

하늘과 땅의 창조자 전능하신 하나님이시여, 능력을 주시고 은혜를 베푸시고 최고로 복된 수준의 깨달음과 실행할 수 있는 지혜를 주시어서 당신의 거룩한 이름과 신성이 알려질 영적이고 세속적 신분 질서를 세우게 하소서. 이는 당신의 진노가 분명하고 당신의 불쾌하심이 우리를 사로잡았기 때문입니다. 우리는 목자 없는 양처럼 진행하며 허락도 없이 초장으로 가나이다. 복종이 죽었나이다. 의로움이 곤경을 겪고 있나이다. 그 무엇도 바른 질서 가운데 있지 않습니다.……

이제 내가 우리 아버지, 교황으로부터 시작하겠다. 여기서 먼저 알아야 하는 것은 그를 거룩하다고 부르는 이유이다. 한편으로는 주 하나님께서 세상에서의 위로로 우리에게 주신 모든 거룩한 일과 거룩한 것들을 그분께 맡기셨기 때문이다: 하나님께서 반박의 여지없이 영적으로 자신을 주신 일곱 성례들. 이것을 교황에게 건네주셨다, 그리고 이분은 그리스도 예수께서 이것을 우리에게 주신 목적인 바로 그 효과와 함께 이것을 모든 사람에게 나누어 주어야 한다; 때문에 그분의 능력은 아주 거룩하다. 다른 한편으로, 이분이 그리스도로부터 받으신 매고 푸는 그 포괄적이고도 거룩한 선물 때문에 그렇게 부르는 것이다. 교황은 하나님으로부터 명령을 받은 모든 행위에서도 거룩해야 한다.……

한 수도사에게 "당신들은 왜 당신들의 규율을 지키지 않습니까"라고 묻는다면 이 대답 말고 무엇이라고 대답할 수 있겠는가: "사람이 거기에서 우리를 면제시켜 주셨습니다." 아, 면제! 교황, 추기경과 종단들이 모두를 지옥으로 면제시키고 있다. 누가 종단의 맹세를 깨뜨리거나 폐기시킬 수 있는가? 이것은 성례이고 특별한 방식으로 하나님과 결합을 시킨다.……

[추기경들은] 기독교가 사도들(zwölffpoten)에게 의지하는 것과 똑같이 의지하고 있는 기둥들이다. 두 번째로 존귀한 사제들에 의지를 하는데, 이들에게는 오늘날에도 지도하는 성직자들에게보

다 훨씬 더 신뢰를 둔다. 이들은 어떤 것을 보고 있다면 지도하는 성직자들은 반대로 보지 못한다. 그러므로 모든 신실한 기독교인들이여, 사도권에 의지하라! ……

그런데 주교들이 올바르게 행하기 원하며 단정하게 살고 하나님께서 자신들에게 명령하신 것을 지켰다면 교구에 있는 모든 사람이 올바르게 행할 것이다. 오늘날 주교들이 행하는 것을 주목해 보라: 이들이 세속 군주들처럼 전쟁과 싸움을 치르고 있다.…… 어떤 주교도 궁전을 소유해서는 안 된다는 사실을 알아야 한다. 오히려 주교는 각자의 교구의 중심 교회에 거하며 영적인 삶을 살므로 모든 성직자들이 그에게서 이러한 모습을 볼 수 있어야 한다. 오늘날 이들은 세속군주들과 같은 세속 복장으로 평신도들처럼 여기저기 말을 타고 다닌다.……

동방과 스페인에 있는 본을 보아야 하는데, 거기서는 사제들이 부인들을 두고 있다; 왜냐하면 그리스도께서 절대로 이것을 금하지 않았기 때문이다.…… 그러므로 모든 세속사제들에게 한 명의 부인을 허락하고 주어야 한다.

교회와 신앙 교육에 조금 밖에 힘쓰지 않는 종단이 하나 이상 있다. 가장 중요한 종단인 베네딕트 수도사들은 주인들이기를 원하며 이와 마찬가지로 버나드파[1)]도 그러하고 카르투지오도 그렇다. 이들은 어떤 교구교회도 소유해서는 안 된다.…… (베네딕트파와 버나드파 = 시토파는) 수도원에 살며 세상에 들어오면 안 된다. 지금은 세상이 이들에게 열려 있고 여기에 집을 짓고 교구교회에서 노래하고 있다. 이들은 말을 타고 세상 어디고 간다. 방탕한 생활을 하며 놀고 먹는다. 자기 종단의 금지를 지키지 않고 세상적인 관심에 몰두한다; 이들은 군주들과 기사들과 태수들처럼, 자유민과 백작들처럼 체포권과 처벌권을 행사한다. 통치권을 사고, 이것을 소유하면 통치자가 되려고 한다.……

왕으로 선출된 자는 교육을 행해야 한다. 그는 율법전문가

(doctor legum)요 법을 파악한 자(iuris peritus)가 되어야 한다. 왜냐하면 그리스도의 적법한 대리자, 교황으로부터 합당한 세상 질서를 위한 율법과 법을 부여받았기 때문이다. 그는 황제의 품위도 얻어야 하며 최소한 집사로(geweyheyt…… zu dem ewangelio), 더한 경우에는 사제로 서품되어야 한다.

이것은 대단히 엄청난 일이다. 그래서 기독교에 눈을 열어주어서 하나님께서 고난 가운데에서 구속하시고 자유롭게 한 사람을 자기 노예로 표현할 만큼 한 인간이 하나님 앞에서 그토록 욕심에 가득하다는 것이 도대체 그 어떤 불의한 일인지를 보게 해야 한다. 하나님께서는 우리를 모든 속박에서 자유롭게 하셨다.…… 그러므로 사람을 자기 소유라고 말하는 자는 결단코 기독교인이 아니라는 것을 모든 사람은 알아야 한다. 거기에서 벗어나서 하나님께 영광을 돌리지 않는 자는 이교도라고 여겨야 한다. 왜냐하면 그는 그리스도를 대적하는 것이고, 그래서 하나님의 계명들이 그에게서 열매를 맺지 못하기 때문이다.……

나아가서 영적인 일에 관해서 세상 재판에서 판단하는 것을 막아야 한다. 왜냐하면 세상 재판과 영적인 재판은 분명하게 구분되어야 하기 때문이다. 모든 세상 재판에서는 황제의 법에 속한 것에 관해서 판단해야 하며, 그리고 교황과 주교권은 건드려서는 안된다, 그리고 반대도 마찬가지이다.

…… 하나님, 주 예수 그리스도의 이름으로: 합당하지 않게 하나님의 종이고 거룩한 제국의 황제라 부르는 지그문트 우리는 우리 마음에 계시된 것을 알리노라. 이 때문에 우리가 극단적으로 슬퍼하노라, 우리가 하나님 앞에서 얼마나 미미한가. 우리는[기독교의] 머리로 임명되었지만, 너희가 몇 마디로 들을 수 있을 정도로 거룩하고 복된 질서를 성취하지 못한다.…… 우리가 여기서 알리는 것은 1413년 헝가리의 프레스부르크에서 부활절 아침, 샛별이 뜰 때 우리에게 일어난 것이다. 그때 한 음성이 울리며 불렀다:

“지크문트 일어나, 하나님을 깨닫고, 하나님 질서를 위해서 하나의 길을 마련하라. 기록된 모든 법에 정의가 없다. 물론 네가 이룰 수는 없다. 하지만 너는 네 뒤에 올 자를 준비하는 자이다. 이 자는 사제이고 하나님께서 그를 통해서 많이 역사하실 것이다. 그의 이름은 란다우의 프리드리히이다. 그는 제국의 문장 상징을 가미할 것이다. 자기 자신의 상징을 그는 제국 상징의 왼쪽에 두고 가운데에는 십자가를 새길 것이다. 그의 존귀함은 경외심을 불러올 것이고, 그 누구도 그를 대적할 수 없다. 그는 하나님의 질서가 힘을 발휘하게 할 것이다. 군주들과 도시들이 그에게 복종할 것이다. 그에게 불의를 심판하는 것이 허락될 것이다; 하나님께서 그를 여러 가지로 여러 염려로 시험하셨지만 그는 항상 인내로 흔들리지 않았다. 그의 희생을 하나님이 기뻐하신다.”

원전 : Reformatio Sigismundi, 1438/1439, Text N, in: MGH, Staatschriften des späteren Mittelalters VI, 1964, hg. von H. Koller, 50, 90-92. 106-108. 126-128. 150-152. 164. 186-188. 242. 276-278. 298. 332-334; 번역(부분적으로): G. A. Benrath, Wegbereiter der Reformation, Bremen 1967, 177-184.—참고문헌: L. Graf zu Dohna, Reformatio Sigismundi, Beiträge zum Verständnis einer Reformschrift des 15. Jahrhunderts, 1960; H. Bookmann, Zu den Wirkungen der Reformatio Sigismundi, in: B. Moeller 외 (Hg.), Studien zum städtischen Bildungswesen, Göttingen 1983, 112-135; H. Koller, Art. Reformatio Sigismundi, in: VerLex2 7, Berlin/ New York 1989, 1070-1074.

1) 씨토회, 클레르보의 버나드의 종단

74. 독일 민족의 Gravamina: 1456년 프랑크푸르트의 Avisamenta

이미 지기스문트의 개혁은 예부터 알려진 개혁을 향한 소망은 단순히 신학적이고 교회적으로만 겨냥하지 않았다는 것을 보여준다. 시작되고 있는 민족적인 자극들도 하나의 큰 역할을 하였다. 아주 눈에 띄게끔 재정적인 부담과 결합되어 있는 로마로부터의 교회 통솔은 점점 더 정치적으로도 다루어지고 표현되어야 하는 문제로 나타났다. 이에 상응하여서 독일 민족의 고통은 거듭해서 제국의회에서 다루는 주제가 되었다. 세속 제후들과 마찬가지로 영적 제후들도 또 제국 도시 대표자들까지도 이 고통들을 모았는데, 이 안에는 교황청의 잘못들도 세 가지 군의 주제들과의 맥락에서 제시되었다: 성직자 배치, 재정적 수탈, 재판개최권 문제. 피사(1409), 콘스탄츠(1414-1418)와 바젤/페라라/플로렌스(1431-1449)의 개혁 공의회들은 아무런 시정을 가져오지 못했다. 프랑크푸르트 제후들의 의회는 1456년 "Avisamenta"를 주문하였다. 여기에는 콘스탄츠와 바젤에서의 개혁 결정의 기초 위에서 작성된 네 개의 문서가 중요하였다. 선제후들 외에 잘쯔부르크와 브레멘의 주교들과 마인쯔, 트리어, 쾰른, 브레멘의 주교좌성당을 불러 모은 이 제후들의 의회에서 처음으로 이 고통들에 대한 총칭으로 'Gravamina'가 사용되었다; 이후부터 독일 민족의 Gravamina는 꾸준히 사용되는 개념이 되었다. 광범위한 목록은 1521년 보름스 제국의회에서 이루어졌고 루터의 사건을 교회개선을 관철시키는 수단으로 삼으려고 하는 공개적인 노력들이 있었다. 이 소망은 이해하기 쉽지만 루터 자신이 여러 고통들을 자기 문서 "기독교인의 신분을 개선함에 관해서 독일 민족의 기독교 귀족들에 보냄"(1520)에 있는 자기의 개혁 제안들에 받아들였다. 그의 관심이 가진 신학적 돌파력은 이미 보름스 제국의회의 의원들이 알아차렸을 수밖에 없는 바와 같이 고통-문제 너머로까지 넓게 발전되었다.

우리는 독일 민족이 도처에서 얼마나 짓눌리고 곤궁에 처했고 아직도 여전하다는 것을 염려스럽게 보고 있다: 여전히 교황청은 아주 사악하게 보편적이고 특수한 은총의 하사(gracien)[1]와 성직 보류들[2]을 처리하고 있고, 분배하고 감정하고 폐지하고 다시금 다른 곳에 설치하고 있다. 정당한 선출들은 효력을 발휘하지 못한다. 고위성직자의 저택, 성당, 성직록들은 무자격자들과 무지한 자들과 외국인들이 차지한다. 이런 자리를 꿰차고 앉은 많은 자들은 자기 임지에 전혀 거주하지 않고 자기들에게 맡겨진 양과 아래 사람들을 모르며 때로는 그들의 언어를 전혀 이해하지 못하기도 한다; 그들의 영혼 구원도 걱정하지 않고 저택과 성당 또는 성직록의 수입, 유익함, 다스림과 정당한 주장들도 걱정하지 않는다. 이 건물들은 퇴락하게 하고 자기들의 지출만 눈여긴다.

그밖에도 아주 일반적으로 영적인 재판과 세속적 재판 모두가 독일에서 빠져나가 교황청으로 끌려간다. 거기서 이것들은 편파적인(geferlich) 위원회나 다른 방식에 의해서 질질 끌려다녀서 벌써 여럿이 가난 때문에 자기 권리를 스스로의 손으로 찾든지, 찾지도 못하든지 아니면 자기 권리를 아주 포기하도록 강요당하였다.

또한 사면들은 마땅하게 나누어지지 않는다. 연례헌금[3]도 합당하게 처리하지 않는다; 이런 식으로 독일 민족이 눈에 띌 만큼 억압당하고 있다. 그밖에도 여러 가지 일들이 생각난다. 곧 최근 교황의 사절이 새로이 프랑스에 명령한 십일조 상향조정은 쾰른, 메츠, 트리어 등의 수도원들에서도 거기 있는 우리 대 주교들과 주교들이나 우리의 다른 고위 성직자들의 동의도 없이 이루어졌다; 그래서 예배를 돌보아야 하고 기독교인들에게 본이 되어야 할 의무를 가진 자들 가운데에 엄청난 싸움이 발생하였다. 독일에서 금을 빼어내고 가난한 자들은 자기들을 후원해 주는 자들과 함께 몰락하도록 만들고 있다. 이 때문에 살인이 일어나고, 예배에는 더 이상 참여하지 않고 사람들이 더 이상 영혼 구원을 염려하지 않고 영적인 삶의 영위가 제재를 받고 기독교인의 경건(andacht)은 축소되었다. 영적인 영주들과 세속 영주들로부터 이들의 봉토, 배분받은 성직록의 권리주장이 박탈당하였다. 신적인 권리와 인간적인 권리 그리고 영혼구원에 대한 많은 위반들이 발생하고 있다.

이로 말미암아 독일은 내적으로 무질서에 빠져서 독일인의 엄청난 강함과 능력이…… 말하자면 법적인 주장들과 제국의 통수권 같은 것이 심하게 억압받고 있어서, 로마제국의 존엄성을 획득하고 그로 인해서 모든 나라에 대한 지배권을 얻었던 독일인들이 이제는 다른 나라들로부터 강력하게 억압받고 무시당하고 별 볼일 없이 취급을 당하게 되었다.

원전 : W. Roßmann, Betrachtungen über das Zeitalter der Reformation, Jena 1858, 403ff.—참고문헌: B. Gebhardt, Die Gravamina der deutschen Nation gegen den römischen Hof, 2판, 1895; H. Scheible, Die Gravamina, Luther und der Wormser Reichstag 1521, in: 같은 이, Melanchthon und die Reformation, Mainz 1996 (VIEG 41), 167-183 (= BPfKG 39 [1972] 167-183); E. Wolgast, Art. Gravamina nationis germanicae, in: TRE 14, Berlin/ New York 1985, 131-134.

1) 승계권(Expektanzen)을 말하는 것이 분명하다; 이로 말미암아 교황청은 교회 직분을 아직 비워지기도 전에, 그러니까 정식으로 수여하도록 공석이 되기 전에 다른 사람에게 확약하였다; 이로써 수많은 직분수여들이 교황청에 매여 있게 되었다.
2) 성직 보류는 특정 직분의 임명을 정식 임명권사를 무시하고 교황 자신에게 유보시키는 교황의 권리를 말한다. 이것이 적당한 성직 배분이 교황에게 집중되는 것을 가능하게 하였다.
3) 연례헌금은 한 성직록에서 온 첫 해 수입의 절반을 성직록을 분배해준 자에게 바치는 것이다. 이것은 성직 보류와 함께 아주 대단한 교황청 수입원을 말해주고 있다.

75. 중세 황혼기의 예언적인 반성직주의: "니클라우스하우젠의 파이퍼"의 설교

종교개혁과 농민전쟁 직전에 있던 종교적 열광주의와 사회적 폐단을 날카롭게 주제화시킴은 소위 말하는 "니클라우스하우젠의 파이퍼"라는 인물에게서 잠시 동안 극단적으로 폭발력을 가진 혼효으로 결합되었다: 단순한 목동이고 음악가인 한스 베헴은 1476년 초에 타우버 계곡의 니클라우스하우젠에서 선동적인 설교로 그곳의 마리아 순례의 중심인물로 등장하였다. 이 등장에 관해서 아래 제시하게 되는 예리한 보도가 하나의 인상을 그려 보여주는데, 이 등장은 교회에게는 처음부터 하나의 선동이었다: "우리 여인들의 소식"으로 마리아의 출현을 내세워 한 평신도가 여기서 예언자의 전권으로 하나님의 뜻을 선포할 수 있다는 것을 주장하였다. 교회와 세상의 상황, 특히 세속화한 성직자들에게서 나타나는 그 상황들에 대한 하나님의 중대한 진노였다. 그의 청중들에게 베헴은 속죄를 요구하고 이들을 임박한 종말로 위협하였다. 특히 농민들에게서, 그러고 장인들에게서도 그리고 하급 귀족의 대리인들에게서 그는 청중을 얻었다. 수천명씩의 사람들이 니클라우스하우젠으로 몰려갔다. 그런데 당국은 점점 더 이 집단 형성이 노골적인 반란으로 변하는 것을 두려워하였고 이 두려워함은 특히 과격한 반성직주의 때문이었다. 이것은 베헴의 추종자들 가운데 나도는 '사제들을 죽여야 한다'는 구호에서 그 정점에 이르렀다. 뷔르쯔부르크의 작위를 가진 주교가 개입하였다. 1476년 7월 19일 짤막한 심문과정 끝에 그는 베헴을 불사르게 하였다.

[1.] 첫째로 그는 감히 쉬지 않고 백성 앞에서 선포하고 다음에 제시하는 방식으로 말하고 있다:

[2.] 그에게 하나님의 어머니인 동정녀 마리아가 나타나셨고 인생과 특별히 사제권을 향한 하나님의 진노를 계시하셨다는 것이다.

[3.] 그래서 하나님께서 벌을 내리려고 하셨다: 십자가를 높이 올리는 축제에서 포도주와 곡식이 얼어버렸어야 했다. 하지만 이것을 그가[베헴이] 기도로 막았다.

[4.] 타우버 계곡에서는 로마나 다른 곳만큼 아니면 더 많은 완전한 면죄(완전한 은혜)가 허락된다. [5] 타우버 계곡에 오는 모든 사람에게는 완전한 면죄가 허락된다; 그리고 그가 죽으면(그의 영혼은) 입을 통해서 하늘로 간다. [6] 교회가 너무 작기 때문에 교회에 들어오지 않는 자도 아주 드물게 이 면죄를 받는다. [7] 자기 충성을 걸고 그는 이미 지옥에 있는 영혼을 자기 손으로 다시 불러오려고 했다는 것을 맹세하려고 한다.

[8.] 황제는 악당이요, 교황은 중요하지 않다. [9] 황제는 제후, 백작, 기사와 종들에게 일반 백성들에 대해서 영적인 또 세속적인 관세와 세금을 받을 권리를 나누어준다, "아 이럴 수가, 너희 가련한 멍청이들아!"

[10.] 성직자들은 많은 성직록은 갖고 있는데, 그래서는 안 된다. 이들은 매 끼니에 필요한 이상으로 가져서는 안 된다. [11] 그들[성직자들]은 때려 죽여야 하고 그래서 곧 사제는 사람들이 자기를 알아보지 못하도록 손으로 머리를 가리려고 하게 될 것이다.

[12.] 바다의 고기와 들짐승은 공동재산이어야 한다.

[13.] 영적인 제후나 세속의 제후, 백작들과 기사들은 한 순간에 단순한 백성의 재산으로 말한다면 우리 모두에게 충분할 정도로 많이 가지고 있다; 바로 이런 일이 벌어져야 한다. [14] 제후들과 군주들이 하루 품삯을 위해 일해야만 하는 일도 올 것이다.

[15.] 교황을 그는 하찮게 여기고, 황제도 그렇게 본다. 말하자면 교황과 또 그와 마찬가지로 황제도 끝까지 경건하다면 이들은 곧바로 하늘로 올라갈 것이다; 그러나 이들이 마지막에 악하게 된다면 이들은 곧바로 지옥으로 갈 것이다. 그래서 그는 연옥은 아무 것도 아닌 것으로 보고 있다.

[16.] 그는 심지어 성직자들과 서기관들보다 유대인들을 개심시키려고 한다, 왜냐하면 한 사제가 그에게 믿음을 선물하게 되면, 그 사제가 돌아가고는 둘 또는 세 명[의 다른 사제들]이 그에게 몰려와서 그의 귀에다가 이전보다 더 심해질 정도로 주절대게 되기 때문이다. [17.] "사제들은 내가 이단이라고 말하면서 나를 불태우려고 한다. 그들이 이단이 무엇인지를 안다면 바로 자기들이 이단들이고 나는 아니라는 것을 알아챌 것이다. 그런데 그들이 나를 불태운다면—그들이 당해 봐야 한다! 그들은 자기들이 무엇을 행했는가를 깨닫게 될 것이고, 그러면 그것이 바로 자기들에게 돌아올 것이다!"

[18.] 나무로 만든 교회에서 한 사람의 백성이 그의 앞에 무릎을 꿇으면, 이 사람에게 그는 면죄를 선언하고 그를 니클라스하우젠의 목사로 파송한다.

[19.] 하나님의 어머니께서 다른 모든 지역에서보다 니클라스하우젠에서 영광받기 원하신다.

[20.] (교회의) 추방은 아무런 효력을 갖지 않으며, 또 사제들이 이혼을 성사시키는데, 이것은 오직 하나님의 몫이다.

이러한 모든 것들과 더 많은 것들을 이름이 알려진 서기들과 증인들이 듣고 기록하였다.

원전 : Arnold, 다음 책 194쪽을 보라.—참고문헌: K. Arnold, Niklashausen 1476. Quellen und Untersuchungen zur sozialreligiösen Bewegung des Hans Behem und zur Agrarstruktur eines spätmittelalterlichen Dorfes, Baden-Baden 1980 (SaeSp 3).

76. 중세 후기의 성례전 경건

오랜 동안 개신교 교회사 서술은 종교개혁을 위한 부정적인 껍데기를 얻으려고 중세 기독교를 아주 검은 색깔로 그리는 것에 익숙하였다. 지난 몇 십 년간의 연구들은 그 반대로 특히 면죄부 제도에서 나타나는 것 같은 피상화와 장삿속의 현상만을 주목하면 이 시대는 불충분하게 파악하는 것임을 보여주었다. 그 외에 교회가 집중적으로 구원을 베풀려고 하는 강렬한 쏠림이 있었다. 1439년 최종적으로 확정이 된 일곱 성례는 남녀 기독교인의 일생을 동반하였다. 게다가 성만찬과 고해는 일생에 단 한 번 주어지는 것이 아니라 그 이행을 꾸준히 반복해야 하는 그런 성례이기 때문에 여기에 특별한 의미가 주어졌다. 성만잔에게는 13세기에 심지어 고유의 축제인 성체축제가 도입되었다. 하지만 믿는 자들에게 더욱 중요한 것은 미사에서 일어나는 것을 이해하는 것이었다; 바로 이 이해하는 믿음의 필요에 대한 대응이 첫 번째 독일어 미사설명이다. 이것은 15세기 말에 나온 것으로 도시에 사는 글을 읽는 대중을 겨냥하였다. 주관적인 고해의 필요성과 객관적인 기준제공의 중개 역할을 하는 것은 참회 안내서들과 여기에서 복사된 1504년에 나온 아욱스부르크 참회서에서 나오는 참회 안내서이다. 고해신학에는 당연히 교황청의 중요한 재정적 방책을 보여주는 중세 후기의 면죄부 제도도 속한다: 수많은 면죄부 설교자들이 유럽을 휩쓸며 헌금으로 연옥에서의 유기한적인 형벌의 경감을 약속하였다. 그 무시무시함에 대한 두려움을 사람들은 떼를 지어서 자기와 죽은 혈육들을 위해서 면죄부를 사는 데로 몰고 갔다. 고해성사의 이폐해는 루터에게 그의 유명한 1517년 면죄부 논제를 위한 동기를 제공하였다. 이 면죄부 제도 뒤에는 철저히 영적인 관심이 있을 수 있다는 것을 어거스틴파 은둔수사요 에르푸르트 신학교수인 팔츠의 요한이 자기의 설교학 교본 “Coelifodina”에서 뚜렷이 드러나게 하였다.

a) 페라라-플로렌스 공의회에서 성례론과 그 수효를 확정지음 (교서 "Exultate Deo", 1439년 11월 22일)

새 계약(Novae Legis)의 일곱 성례가 있다: 세례, 견신, 감사, 고해, 종유, 서품(ordo)과 혼배. 이들은 옛 계약(Antiquae Legis)의 성례와 현저히 구분된다. 왜냐하면 이들은 은혜를 일으키지 않고 은혜는[언젠가] 그리스도의 고난으로 말미암아 주어질 것만을 암시하기만 했기 때문이다(figurabant). 하지만 이 우리의 것[성례]들은 은혜를 포함하고 있고 이것을 마땅하게 받는 자들에게(digne suscipientibus) 나누어준다.

첫 다섯 성례는 모든 사람이 자신 안에서 영적인 완성에 이르게 하기 위해서 제시되었고, 마지막 두 개는 온 교회의 지도와 성장을 위해서이다. 세례를 통해서 우리가 영적으로 거듭난다; 견신을 통해서 우리는 은혜 안에서 자라고 믿음 안에서 강해진다; 그런데 거듭나고 강해진 우리는 감사의 그 신적인 양식으로 말미암아 양육된다. 우리가 죄로 말미암아 영혼의 병을 끌어들였다면 우리는 고해를 통해서 영적으로 치유된다; 영적으로와 마찬가지로 영혼에 유익한 만큼 육적으로도 우리는 종유를 통해서 치유된다; 그러나 서품으로 말미암아서 교회는 지도를 받으며 영적으로 성장한다; 혼배로는 교회가 육적으로 많아진다.

이 모든 성례들은 세 가지를 통해서 실현된다, 말하자면 질료인 물질로, 형식인 말씀으로, 나누어주는 인물을 통해서(minister)인데, 이는 성례를 교회가 행하는 것을 행하고자 하는 목적이 있기 때문이다. 이중 하나라도 없으면 성례는 성립되지 않는다.……

모든 성례에서 첫째 자리에는 영적인 삶의 문인 거룩한 세례가 있다. 왜냐하면 이것을 통해서 우리가 그리스도의 지체가 되며 교회의 몸에 접합되기 때문이다.…… 이 성례의 질료는 진짜 자연의 물로서 찬지 더운지는 중요하지 않다. 그런데 형상은 "내가 성부와 성자와 성령의 이름으로 네게 세례를 주노라"이다.…… 세례의 능력이 나오게 되는 주 원인(principalis causa)은 거룩한 성 삼위이고, 수단적 원인(instrumentalis [causa])은 성례를 외적으로 중개하는 베푸는 자이다.…… 이 성례를 베푸는 자는 사제이다; 그에게 직임 때문에 세례 베풂이 허락되는 것이다. 하지만 위급한 경우에는 사제나 집사뿐 아니라 남성 평신도나 여성도, 심지어는 이교도와 이단도 세례를 줄 수 있다. 교회가 확정한 형태를 지키고 교회가 하는 일을 행하려는 의도에서 행하는 한에서이다. 이 성례의 효력은 모든 원죄와 범죄의 용서인데(effectus est remissio omnis culpae originalis et actualis), 곧 죄가 가지고 오는 모든 벌의 용서이다.……

두 번째 성례는 견신이다. 여기의 질료는 바르는 기름(chrisma)인데, 이 기름은 양심을 광채나도록 함을 상징하는(significat) 기름과 선하신 부름의 향기를 상징하는 향유, 곧 주교에 의해 축성된 향유로 이루어진다. 형상: "십자가 표시로 내가 너를 표시하고 구원의 기름으로 너를 힘 있게 하기를 성부와 성자와 성령의 이름으로 하노라." 진정한 시여자는 주교이다.…… 이 성례의 효력은 그런데 성례 안에서 성령이 마치 오순절에 사도들에게 주어진 것과 같이 이들을 강력하게 만들기 위해서 주어시는 데에 있다. 이는 그리스도인이 용감하게 그리스도의 이름을 고백하도록 강하게 하도록 하기 위함이다.……

세 번째는 감사의 성례이다. 여기의 질료는 밀가루 빵과 포도나무에서 난 포도주인데, 축성되기 전에 물을 조금 섞어야 한다.…… 성례의 형상은 구세주께서 이 성례를 거행하실 때 하신 그 말씀이다. 그러니까 사제는 그리스도의 인격 안에서 말하면서 이 성례를 집전한다. 왜냐하면 이 말씀 자체 때문에 빵의 본질이 그리스도의 몸으로, 포도주의 본질이 피로 변하기 때문이다(convertuntur). 하지만 온전한 그리스도께서 빵의 형상 아래(sub specie), 온전한 그리스도께서 포도주의 형상 아래에 포함되어 있는 방식으로이다. 또한 봉헌된 성체와 봉헌된 포도주가 나누어진 다음에는 각 부분 안에 온전한 그리스도께서 계신다. 이것을 마땅하게 받은 자의 영혼 안에서의 이 성례의 효력은 그리스도와 사람의 하나 됨이다(adunctio hominis ad Christum).……

네 번째 성례는 고해이다. 이 성례의 질료로는 세 단계로 이루어지는 고해하는 자의 행위이다. 첫째는 마음의 후회이다(cordis contritio). 여기에는 자기가 저지른 죄와 아직은 죄를 짓지 않은 의도에 대하여 고통을 느끼는 것이 속한다. 두 번째는 자기 입으로 말하는 고백이다(oris confessio). 여기에는 죄인이 자기 사제에게 기억나는 모든 죄를 온전하게 고백하는 것이 속한다. 세 번째는 사제의 판단에 따른 죄에 대한 보속이다(satisfactio pro peccatis secundum arbitrium sacerdotis); 이것은 물론 무엇보다도 기도와 금식과 자선을 통해서 이루어진다. 이 성례의 형상은 사제가 "내가 너를 용서하노라" 등을 말하는 사죄의 선언이다. 이 성례를 집전하는 자는 직책 때문이든지, 자기 선임자의 위임 때문이든지 간에 죄를 사할 수 있는 전권을 가진 사제이다. 이 성례의 효력은 죄의 사면이다.

다섯 번째 성례는 종유이다. 이 질료는 주교에 의해서 축성된 올리브기름이다. 이 성례는 목숨을 걱정해야 하는 병자에게만 베풀어야 한다. 병자의 이런 곳에 기름을 발라야 한다: 눈에는 보는 것 때문에, 들음 때문에 귀에, 냄새 맡음 때문에 코에, 맛보고 말하는 것 때문에 입에, 접촉을 위해서 손에, 걸음 때문에 발에, 왕성해지는 희열을 위해서 콩팥에. 이 성례의 형상은 아래의 것이다: "거룩한 기름 바름과 그분의 관대한 자비하심으로 주님께서 봄 등등 다른 모든 지체들로 말미암아 네가 죄 범한 모든 것을 용서하시기 원하노라." 이 성례를 베푸는 자는 사제이다. 그런데 효력은 영혼의 치유이며(mentis sanatio), 영혼에 좋으면 몸의 치유……

여섯 번째는 서품 성사이다. 이 질료는 서품이 봉헌되도록 건네지는 것이다. 포도주를 담은 잔과 빵이 담긴 성반을 바치므로 사제직이 시여되고, 집사직은 복음서를 건네줌으로, 부제는 빈 잔과 그 위에 놓인 빈 성반을 줌으로 시여된다.…… 사제 서품의 형상은 이것이다: "교회 안에서 산 자와 죽은 자를 위해서 희생을 바칠 전권을 성부와 성자와 성령의 이름으로 받으라." Pontificale Romanum에 자세하게 정해져 있는 것과 같이 다른 서품들에도 이와 마찬가지로 해야 한다. 이 성례의 정당한 시여자는 주교이다. 효력은 은혜를 더하게 함으로 그리스도의 마땅한 종이 되도록 하는 것이다.

일곱 번째는 혼배성사이다. 이것은 사도의 말씀대로 그리스도와 교회의 결합의 상징이다: "이 비밀(sacramentum)이 크도다. 하지만 내가 그리스도와 교회에 대해서 말하노라"(엡 5:32). 혼인의 효력 발동의 원인은 일반적으로 그 자리와 관련된 말로 표현하는 상호동의이다. 삼중의 선이 결혼에는 주어진다. 첫째는 후손을 얻어 하나님 경외하도록 양육하는 것이다. 둘째는 배우자가 상대 앞에서 지켜야 하는 신의이다. 셋째는 그리스도와 교회 간의 뗄 수 없는 결합을 상징하는 결혼의 불가분리성이다. 음행 때문에 식사와 잠자리를 함께 하지 않을 수는 있어도 다른 혼인으로 옮기는 것은 불가하다; 왜냐하면 이 적법하게 맺어진 결혼의 매듭은 영원하기 때문이다.

원전 : Bulla unionis Armeniorum "Exsultate Deo" vom 22. November 1439; DS 1310-1327.

b) 1264년 우르반 4세로 말미암은 성체축제 제정(교서 "Transiturus")

우리 주 구세주 예수 그리스도께서 세상을 떠나 아버지께로 옮겨가고자 하실 때, 고난의 시간이 임하자 식사 이후에 자기의 죽음을 기억하도록 하기 위해서 최고로 귀하시고 놀라운 그 자기 몸과 피의 성례를 제정하셨다.……

1. 그래서 이 기억의 성례(memoriale Sacramentum)는 매일 매일의 미사에서 거행되어야 한다. 하지만 일 년에 한 번은 이단들의 불신앙과 망상을 부끄럽게 만들기 위해서 특별하게 화려하고 축제적인 기억을 통해서 거행하는 것이 마땅하고도 적절하다고 생각한다.……

2. 교회가 하는 이 매일의 기억을 넘어서 매년 아주 화려하고 독특하게(solemnior et specialior) 기억축제가 거행된다는 것은 공교회 신앙을 힘 있게 하고 고양시키기 위해서는 적당하고 마땅하다고 여겼다. 게다가 특별한 날, 곧 오순절 8일간 다음 목요일을 확정하고 이름을 붙여서 이 목요일에 신자들이 경건한 경외심과 열심을 가지고 교회로 달려와 성직자들과 평신도가 기쁨에 겨워 노래로 찬양하도록 하였다.

원전 : QGPRK Nr. 738.

c) 미사에 대한 독일어 해설

능력이 되는 모든 사람은 매일 작업과 노력 이전에 미사를 듣되 사제가 강복을 나누어 줄때까지 처음부터 끝까지 주목하여(기도로) 들어야 한다. 와중에 그는 우선적으로 일반적인 형식으로 자기 죄를 한탄하고 후회하며 사제와 함께 무릎을 꿇고 Confiteor, 곧 드러난 죄(offne beycht)를 고백하고 사제로부터 용서를 받아야 한다. 그러면서 모든 세상적인 일들에서 벗어나서 전심으로 자기 몸과 영혼이 사로잡힌 자기의 모든 죄 때문에 기도하면서 하나님을 찬양하고 자기 영혼을 구원하기 위해서 영혼을 받아주실 것을 바라고 간구하여야 한다. 미사의 모든 부분을 지니고 있는 전체 본문을 처음부터 끝까지 라틴어 대문자로 아래에 제시하며 그 다음에 각각에 대한 의미 설명과 함께 독일어 번역을 제시한다. 이 목적은 평신도들이 여기에서 또는 이것과 함께 미사를 집전하는 것이 아니라 미사에 정신을 집중해서 따라오는 것을 배우는 것이다; 이와 같이 미사는 하나님께 찬양과 영광과 위로가 될 것이다.

……

(영혼의 양식인 성만찬교제와 올바른 받음에 관해서:) 주의하라! 사도가 말한다: "Probet autem seipsum homo et sic de pane illo edat et calice bibat" 그리고 계속해서 말한다: "사람이 자기 자신을 살피고 그렇게 이 빵을 먹고 이 잔을 마실지어다"(고전 11:28), 그러니까 거룩한 성례를 받기 전에(nyessung). 그러므로 사제는 거룩한 성례를 받으려면 세 가지를 깊이 생각해야 한다: 첫째로 자기가 먹거나 받을 것이 무엇인지, 곧 그리스도 예수의 참된 몸과 그의 고귀한 피를 생각해야 한다. 두 번째로 자기가 이것을 받는 이유, 그러니까 삼중 형태의 교회 안에서 거룩한 기독교의 유익함과 도움과 위로를 받는 것을 생각해야 한다: 여기 투쟁하는 교회 안에 있는 우리를 돕기 위함이고, 연옥에 있는 영혼들을 위로하기 위함이고, 영원한 생명을 이미 얻은 자들을 찬양하고 유익하게 하기 위함이다. 그런데 그는 자기 자신의 인격을 위해서도 받는다.

셋째로 그가 생각해야 하는 것은 이 거룩한 성례를 어떻게, 곧 합당하게 아니면 그렇지 않게 받게 되는가이다. 사도는 말한다: "거룩한 성례를 합당하지 않게 먹거나 마시는 자는 자기를 심판받도록 먹고 마시는 것이니라"(고전 11:29). 이 성례를 여러 이유로 양식이라고 한다. 첫째: 양식과 음료가 몸 및 인간을 강하게 하며 힘을 주고 생명을 유지하게 하듯, 그렇게 그리스도의 몸과 피가 영혼에게 하기 때문이다. 합당하게 먹은 자에게 이것은 새로운 은혜를 허락하며 그에게 이미 그 이전에 주어졌던 것을 증가시키고 모든 선한 일에서 그를 강하게 한다. 두 번째 이유: 양식과 음료가 몸에 있는 생명의 온기를 이끌고 유지시키듯, 이 성례를 통해서 영혼에도 그런 일이 일어나기 때문이다. 합당하게 받은 자의 영혼을 강하게 하고 힘을 주고 인도한다; 영혼을 유지시켜주고 사랑 안에서 영혼을 따뜻하게 하여서 철저히 하나님을 향하도록 만든다(das sie Got anhangen wirt). 세 번째 이유: 양식이 인간의 몸을 완전함에 이르도록 키우고 발전하는 데 기여하듯이 성례를 통해서도 같은 일이 일어난다. 이것을 합당하게 먹으면 이를 통해서 그의 덕이 자라고 이 성례는 덕을 통해서 완성 단계로 인도한다(stant der volkomenheyt). 넷째 이유: 양식과 음료가 육체적인 허기를 달래주고 배를 불려주듯이 이 거룩한 성례를 통해서도 같은 일이 일어난다. 이것을 합당하게 먹으면 그를 영원한 복으로 인도한다; 거기서 사람은 허기와 갈증을 더 이상 겪지 않는다.

그러므로 모든 사람은 이 가장 고귀한 거룩한 양식을 준비하되 이 거룩한 성례를 경건하게(andechtiglich) 합당하게 또 자기가 아는 죽을 죄로부터는 자유로운 상태에서 받아야 한다. 맑은 정신으로 성례에 임하여야 하고 영혼의 양식과 육의 양식을 구분할 수 있을 정도로 충분한 나이가 되어야 한다. 매년 한 번 부활절에 이를 행하여야 한다. 살아계신 하나님 앞, 곧 성단 앞에서 무릎을 꿇고 우리의 사랑하는 주 그리스도 예수의 고난과 죽음의 기념으로 이 거룩한 성례를 사제의 손에서 받아야 한다.

원전 : Die älteste deutsche Gesamtauslegung der Messe. Hg. v. F. R. Reichert, München/ W. 1967 (= CCath 29), 48. 190-192.

d) 고백으로 인도함

네가 이제 고백하고 싶다면 사죄를 선언할(enbinden) 권세를 가진 너의 사제에게 가라. 하나님 때문에 너의 고백을 받아줄 것을 부탁하며 십자 성호를 긋고 사제 앞에 무릎을 꿇고 최고의 겸손함으로 고백하라: "이 가련한 죄인 제가 전능하신 하나님과 하나님의 어머니 마리아와 모든 성인들 앞에서 제가 제 삶에서 자주 또 심각하게 생각과 말과 행동 가운데에서 행함과 불이행으로 죄를 지었음을 고백합니다. 특별히 제가 하나님과 거룩한 기독교회의 계명을 거슬러서 죄를 지었으며, 특히 제 일 계명을 거슬러서 한 잘못이 있음을 고백합니다: 제가 하나님을 모든 것보다 더 사랑하지 않았고 선한 행위에서 드러나는(geziert mit guten wercken) 그 바른 신앙을 갖지 않았습니다. 특별히 마술, 점, 기복, 악령들과 해로운 마술을 믿었습니다."

원전 : F. X. Haimerl, Mittelalterliche Frömmigkeit im Spiegel der Gebetbuchliteratur Süddeutschland, München 1952, 135 각주 833.

e) 팔츠의 요한(약 1445-1511): 사면제도와 효력(Coelifodina [천상의 보물창고], 1500/1)

사면제도(Indulgentiae, quid sint?)

"사면은 고해 성사 후에 남아 있는 것에 해당되는 죄의 용서이다."[1] 이 교사의 이해를 따르면 이 정의를 위해서는 죄에서 네 가지를 주목해야 한다: "1. 모든 행위의 죄(actualis culpa)…… 2. 죄 된 행위 뒤에 남아서는 악으로 이어지는 몸에 밴 습관이 된 흔적…… 3. 악한 행위 뒤에도 남아 있는, 벌 받아야 하는 허물

(reatus ad poenam),…… 그리고 4. 이 의도에 하나님을 불러들이게 만드는 모독"……

사실에 관해서: 사면은 행위의 죄와 관련해서는 죄의 용서가 아니다; 이 죄가 일시적인 것이라면 더 이상 존재하지 않기 때문이다. 하지만 습관적인 흔적과도 관련이 없다; 사면이 유일한 행위로 얻어진다면 경험이 가르쳐주듯이 습관적인 흔적은 악에 대한 준비이기 때문에 단 한 번의 행위로 소멸되지 않는다. 사면은 이와 마찬가지로 하나님 모욕에도 해당되지 않는다; 왜냐하면 이것은 벌써 이전에 후회의 행위나 고해성사에서 용서되었기 때문이다.…… 따라서 사면은 일시적인 심판과 관련된 죄의 용서일 뿐이다.……

하지만 주목해야 할 것은 두 종류의 죄의 처벌과 두 종류의 심판받아 마땅한 죄가 있다. 하나는 영원한 심판으로 이어진다(poenam aeternam). 여기에는 고해 이전에 있는 인간이 속하는데, 이것을 사면이 없앨 수 없다; 왜냐하면 영원한 심판에 처해진 자는 죽을 죄의 상태에(in mortali peccato) 있기 때문에 사면을 받을 수 없기 때문이다. 다른 죄는 유기한적 처벌로 이어진다(poenam temporalem). 이 벌은 고해성사에서나 아니면 연옥에 가서야 부과되는 것이다. 게다가 죄인은 고해 이후에도 최소한 하나의 처벌에 처해진다. 이러한 처벌로 영원한 심판이 통회로 인해서 바뀌어진다; 사면은 이것과 관련되므로 지금은 이 처벌에 관해서이지 영원한 처벌에 관해서 말하는 것이 아니다.……"

좁은 의미로 사면의 능력을 통해서는 누구도 심판과 죄에서 사면될 수 없고 겨우 이 심판만 사면된다. 그러나 성례를 통해서는 죄의 용서가 일어난다, 그렇지 않다면 고해성사는 의미가 없는 것이 된다.……

여기에서 물론 보편적인 이해로 본다면 기념일 사면을 통해서는 심판과 죄의 용서를 받을 수 있다고 반박할 수 있다. 여기에 대해서 아래와 같이 응수해야 한다: 기념일 사면은 단순한 면제 이상이기에 맞다; 이것은 심판을 면해주는 능력 외에도 고해와 사죄의 전권, 곧 고해 성사와 동시에 좁은 의미에서의 사면도 내포하고 있기 때문이다.

더 잘 이해하기 위해서 '사면' 이라는 말이 두 가지 의미를 가지고 있다는 것을 눈여겨야 한다. 첫째로 좁은 의미에서 이 말은 심판을 면제하는 것에만 사용되며 죄의 용서로 확장되지 않는다. 다른 면에서 의미하기를 넓은 의미에서는 기념일 사면이나 이것을 담고 있는 증서를 의미하고 있다. 이런 경우에는 죄와 심판의 면제로도 확대된다; 교황이 기념일 사면을 반포한다면 일반적으로 단순한 면제가 아니라 심판에 해당되는 것도 포함해서 모든 죄에 대한 고해와 사면의 전권도 주는 것이다. 이렇게 처벌이 이 때문에 기념일 사면에 포함된 고해성사를 통해서 죄가 면제되는 것이며 거기에서 허락된 면제를 통해서 심판도 면제된다.……

사면의 기원

"교회는 본질적으로 네 개의 보화를 소유하고 있어서 일반적인 이해를 따른다면 여기에서 사면이 나오게 된다: 1. 그리스도 수난의 넘치는 공로(supcrabundantia meriti), 이것은 그분의 신성 때문에 무한하며 한없이 많은 사람의 용서에 충분하다.…… 2. 최고로 거룩한 하나님 어머니 마리아의 넘치는 고난, 이분은 용서받을 수 있는 죄나 죽을 죄를 범하지 않고도 많은 고통을 감내하시고 특별히 그리스도께서 고난을 겪으실 때 그리하신 분이다.…… 3. 가장 거룩한 순교자들이 벌어들인 보물, 사람들이 말하듯이 이 분들이 흘린 피와 고난은 자기 스스로의 구원에 필요한 것 이상 벌어들이셨다.…… 4. 최고로 거룩한 고백자들이 벌어들인 보물, 이들의 공로는 아주 작은 것이라도 자기들 구원에 충분한 정도로 위대하다.……

이(네 가지의) 보물, 바로 다른 사람이 다른 사람 대신하는 속죄인 이 보물 때문에 교회는 그 능력의 충만함에서(ex plenitudine potestatis) 하나님의 의로우심과 일치해서 사면을 통해 심판을 용서해준다.

원전 : Johann von Paltz, Werke. Bd. 1: Coelifodina, hg. v. C. Burger u. F. Stasch, Berlin/ New York 1983 (Spätmittelalter und Reformation 2), 320-322. 334f.—참고문헌: B. Hamm, Frömmigkeitstheologie am Anfang des 16. Jahrhunderts. Studien zu Johannes von Paltz und seinem Umkreis, Tübingen 1982 (BHTh 65); C. Burger, Volksfrömmigkeit in Deutschland um 1500 im Spiegel der Schriften des Johannes von Paltz OESA, in: P. Dinzelbacher u. D. R. Bauer (Hg.), Volksreligion. Aspekte der Volksfrömmigkeit im hohen und späten Mittelalter, Paderborn 1989, 307-327; B. Hamm, Art. Paltz, Johannes von, in: TRE 25, Berlin/ New York 1995, 606-611. - O. Clemen, Die Volksfrömmigkeit des ausgehenden Mittelalters, 1937; B. Moeller, Frömmigkeit in Deutschland um 1500, ARG 56 (1965) 5-31 (= 같은 이, Die Reformation und das Mittelalter. Kirchenhistorische Aufsätze, hg. v. J. Schilling, 73-85); E. Delaruelle, La piété populaire au Moyen A'ge, Turin 1980; A. Angenendt, Geschichte der Religiosität im Mittelalter, Darmstadt [2]2000, 351-658.

1) 이 인용문은 프란시스쿠스 마이로니스(1328년 이후 사망)의 사면에 관한 논문에서 왔다.

77. 성모학에 관한 문서들

고대로부터 성자숭배의 중심에는 예수의 어머니 마리아가 있었다. 마리아 묘사, 마리아 순례와 마리아 형제단이 종교적인 삶의 중요한 부분을 차지하였다. 마리아와 함께 인간인 자신을 동일시하지만 동시에 천상의 여왕인 그녀 안에서 하나님께 특별한 가까워짐을 소망할 수 있었다. 노래들에서 하나님의 심판을 고려하며 그녀의 자비로운 도움의 간구를 얼마나 사모했는가가 드러난다. 이 경건은 교리적인 보장도 필요하였다. 특별히 그녀의 죄가 없이 잉태되심의 문제는 거듭해서 논의되었다. 이 생각은 그녀의 특별한 거룩함을 그녀의 인생 전체로 확장시켰다: 하나님의 어머니는 동정녀로 자식을 낳았을 뿐 아니라 그녀 자신이 원죄가 없이 잉태되셨어야 했다. 토마스 아퀴나스는 무흠수태('immaculata conce-ptio')를 수용하기를 반대하였다. 하지만 둔스 스코투스는 자기 신학의 테두리 안에서 하나님으로 말미암은 인상성의 깨어짐을 오히려 수용하고 이에 상응해서 주저 없이 마리아의 무흠수태설을 주장하였다. 이 논쟁이 첨예화하는 과정에서 프란시스파는 무흠수태설을 곧바로 교단의 원리로 만들었고, 도미니크파는 이 반대로 이 가르침을 문제시한 전통을 수호하는 자로 자처하였다. 식스투스 4세는 바젤에 남아있던 그루터기공의회(70b를 보라)가 했던 것처럼 1483년 이 질문에 대한 자기의 칙서로 이 논쟁을 종식시키려 하였다. 그는 식스틴 성당 건립뿐 아니라 자기 친척들에 대한 거침없는 후원('족벌주의') 때문에 철저히 전형적 르네상스 교황의 대표였다. 하지만 이 일은 인문주의자들 쪽으로부터 격렬한 비판을 가져오게 했다. 최종적으로 이 가르침은 1854년 피우스 9세로 말미암아 가톨릭 교리가 되었다.

a) 중세 후기의 마리아 찬양

천상의 여인이신 당신을 내가 부르나이다
이 엄청난 나의 곤고함 가운데에서.
하나님 앞에 내가 저지른 것이나이다,
간구하나이다, 당신의 종이 되기를,
당신의 아들에게!

마리아여, 가라앉혀주소서
나를 향한 그분의 진노를!
나의 피난처는 오직 당신께만 있나이다.
속히 도와주소서, 겁나나이다, 죽음이 경각간에 오는 것을.

마리아 나를 보호하는 여인이여,
하나님 어머니요 순결한 동정녀시여,
이렇게 나의 모든 정신이 어두워졌나이다,
생각하게 될 정도로, 죽음이 오는 것을
두려움으로 죽는 것을,
또 내게 아주 오래도록
할당되었다고
생각하는 것이, 내 영혼을 스치는 것을
나를 자유로운 의지가 이끌지 않는다는 것을.

그러므로 여겨주소서, 정결한 시녀시여,
죄의 사면을 나 위해 얻어내셔야겠다고!
당신의 아들이 당신을 거절하지 않으심으로,
그리고 나는 모르기도 합니다, 내가 언제 죽을지,
이런 식으로 하지만 내가 지겠나이다
통회의 멍에를
그리고 간구하겠나이다 은혜도
바른 고해와 보속을 내게 지우겠나이다,
도우소서 내 몸이 영혼을 해치지 못하도록!

원전 : Deutsche Mariendichtung aus neun Jahrhunderten, hg. u. erläutert v. E. Haufe, Frankfurt/ M. 1989, 160f.

b) 마리아의 무죄성에 관한 교령(1439)

우리는 영광이 가득한 동정녀이며 하나님을 낳으신 분(Dei genitricem)인 마리아는 하나님 뜻의 그 유일한 은혜가 사전에 오심과 역사하심으로 말미암아 원죄에 빠지지 않으셨고 언제나 그 원초적인 허물과 실제적인 허물과 관련이 없으시고 거룩하며 무흠하시다(immunem…… sanctamque et immaculatam)는 가르침은 경건하다고 모든 공교회인들로부터 인정받고 교회의 관습과 공교회 신앙과 바른 이성과 성경으로 일치해서 비준되어야 한다는 것과…… 이와 반대로 설교하거나 가르치는 것은 허락되지 않음을 결정한다.

원전 : Konzil zu Basel Sessio XXXVI vom 17. September 1439; DS 1400 (서론).

c) 식스투스 4세(1471-1484)가 내린 마리아의 무흠수태 교서

거룩한 로마 교회가 공개적으로 그리고 성대하게 훼손되지 않고 항상 동정녀이신 마리아의 잉태 축제를 거행하며 이를 위해서 특별한 하나의 예배를 규정했음에도 불구하고 우리가 듣기로는 여러 교단에 속한 어떤 설교자들이[이를 반박했다고 한다]: 이들은 벌써 오랫동안 부끄러움도 없이 여러 도시와 지방에서 백성들을 향한 자기들의 설교에서 공개적으로 주장했고 계속해서 매일 변함없이 주장하고 있다고 한다. 곧 명예롭고 흠 없는, 하나님을 출산하신 분은 원죄의 흠이 없이 잉태되셨다는 생각을 가지거나 주장하는 자들은 모두 죽을 죄를 지은 것이거나 이단이다; 바로 이 무흠 수태를 위해서 예배를 거행하는 자들과 이분은 그런 흠이 없이 잉태되셨다고 주장하는 자들은 중죄를 범하였다.……

이런 경박한 건방짐을…… 제지하려는 목적으로 우리는 자발적

으로(motu proprio) 이와 관련해서 우리에게 온 어떤 청원서를 통해서가 아니라 오직 우리의 생각과 확실한 지식에 근거해서 이렇게 결정하였다: 언급한 그런 설교자들과 또 다른 어떤 설교자들의 그러한 주장을…… 우리는 거짓되었고 잘못되었으며 말할 필요도 없이 참이 아니라고 우리의 사도적 권위에 입각한 이 교서로 비난하고 정죄하노라.

원전 : Constitutio "Grave nimis" vom 5. September 1483, DS 1425f.— 참고문헌 : W. Delius, Geschichte der Marienverehrung, München/ Basel 1963; G. Söll, Mariologie, Freiburg 외 1978(HDG III/4); W. Beinert/ H. Petri (Hg.), Handbuch der Marienkunde, Regensburg 1984; U. Horst, Die Diskussion um die Immaculata Conceptio im Dominikanerorden, Paderborn 외 1987 (Veröffentlichungen des Grabmann-Institutes. N. F. 34); H. Grote, Art. Maria/ Marienfrömmigkeit. II. Kirchengeschichtlich, in: TRE 22, Berlin/ New York 1992, 119-137; R. Bäumer/ L. Scheffczyk (Hg.), Marienlexikon. 6 Bde., St. Ottilien, 1988-1994; K. Schreiner, Maria. Jungfrau, Mutter, Herrscherin, München 1994; H. Haag, Maria. Kunst, Brauchtum und Religion in Bild und Text, Freibur 1997.

78. 중세 후기 죽음의 운명을 다룸

14세기 40년대에는 '흑사', 곧 '페스트'가 전 유럽에 창궐하였고 인구의 대부분이 급사하였다. 아무런 대안을 제시할 수 없어 보이는 이 죽음의 돌연함과 보편성은 개별 죽음을 집단적인 소멸의 숙명으로 만들었다. 이 경험은 사람들의 종교적 자세나 이해에도 변화를 몰고 올 수밖에 없었다. 곧 보카치오가 묘사한 죽음 다룸의 야만성이라든지, 아니면 공공연하게 진노하시는 하나님 앞에서 고해 행태를 강화하면서든지 아니면 1260년에 처음으로 이탈리아에서 공적 참회의 극단적 형태로 나타난 집단적인 자기 채찍질이 되살아나는 모습에서 볼 수 있다. 아주 오랜 시간 동안 죽음은 중세 후기 경건성에서 결정적인 주제의 하나였고, 특히 페스트도 그런 주제였다. 이것과 결합된 갑작스러운 죽음에 대한 황당한 체험은 죽음을 예비하는 설교와 문학이 목회적으로 필요함을 심화시켰다. 그 뿌리는 물론 이미 중세 전성기에 있던 'artes moriendi'가 그 고전적인 표현이었다.

a) 보카치오의 데카메론 서론이 말하는 페스트 묘사

이웃과 친구와 친척인 병자들이 곤경에 빠졌는데 돌보아주는 자가 드물기 때문에 이전에는 전혀 없었던 관습이 생겨났다: 병이 난 어떤 부인네도 아직 우아하고 아름답거나 귀족적이었다해도 자기를 돌보는 사람이 남자인지 그가 젊은지 아니면 늙었는지 신경 쓰지 않았다. 혹시 그 병이 필히 그렇게 하게 만든다면 어떤 부인에게 했었을 모습과 똑같이 자기 몸의 어떤 부위도 그 남자에게 보이는 것을 부끄러워하지 않았다. 어쩌면 이것이 다시 건강해진 여인들이 나중에 윤리적으로 덜 엄격하게 된 이유일 수 있다. 또 다른 결과는 많은 사람들이 돌봐주기만 했다면 살 수 있었는데 죽었다. 병자들이 치료를 받을 수 없었고 페스트는 엄청난 힘이 있었기 때문에 도시에서는 매 시간 죽는 사람들의 수가 치솟아서 그것을 들은 사람들과 그것을 본 사람들이 경악하였다. 여기서 나온 거의 필연적인 결과는 살아남은 사람들에게는 전통과 상충되는 윤리가 등장했다는 사실이다.

오늘날도 여전히 볼 수 있는 관습이 생겼는데, 곧 죽은 자의 친척 되는 부인들과 이웃 여인들은 죽은 자의 집에 모여 거기서 친척 부인들과 함께 울고 반면에 죽은 자의 집 밖에서는 이웃 남자들과 많은 시민들이 모이는 것이었다. 죽은 자의 신분에 따라서 더 많은 성직자가 오거나 더 적은 수가 왔다; 동년배 사람들이 어깨에 죽은 자를 메고는 그가 죽기 전에 장례를 위해서 택한 교회로 가져갔다. 성대한 애도행렬 속에 찬송가를 부르며 손에는 초를 들고 갔다. 페스트가 기승을 떨수록 이 관습들은 아주는 아니지만 대부분 사라졌고 새로운 다른 관습에 자리를 내주었다. 많은 사람들이 부인이 임종하지 않는 가운데 죽었다; 이뿐 아니라 많은 사람들이 전혀 아무도 곁에 없는 채로 생을 마감하였다. 아주 적은 수의 사람에게만 친척들의 경건한 애도와 비통한 눈물이 베풀어졌다. 아주 종종 심지어는 조롱과 농담과 즐거운 축제가 그 자리를 대신했다. 대부분의 부인들은 자기 자신의 건강을 생각했기 때문에 부인의 동정심도 버리고 새로운 습관에 적응하였다. 드물게 열 명 또는 열두 명의 이웃사람들이 교회까지 동행하는 시신들이 있었다; 이 사람들은 절친하거나 명망 있는 시민들이 아니라 무덤을 파는 새로운 종류의 인부들이었다. 이 사람들은 아주 평범한 시민 중에서 왔는데 자기들을 "베키니"라고 부르며 돈을 받고 노동을 제공하였다. 이들은 급히 들것을 잡고는 종종걸음으로 가는데 죽은 자 본인이 죽기 전에 정한 그 교회까지 들고 가지 않고 제일 가까운 교회로 갔다. 겨우 네 명이나 여섯 명의 성직자들이 이들 앞에서 걸어갔다. 사람들은 겨우 몇 개의 초를 보았거나 때로는 전혀 보지 못했다. 성직자들은 겨우 하나의 빈 무덤자리가 보이기만 하면 베키니들에게 시신을 가능한 빨리 묻도록 하였다.

가난한 사람들, 그런데 중산층 대부분의 사람들로 더 한층 비참한 그림을 보여준다. 이들을 가난이나 자기 집에서 살아남으려는 소망이 떠날 수 없게 붙들어두면 이들은 부근에 머물며 매일 수천 명씩 병들어 갔다. 아무도 이들을 돌보지 않았고 아무도 치료해주지 않았다. 그래서 아무런 도움을 받지 못했기 때문에 이들 모두가 죽었다. 이들 중 많은 사람들은 낮에도 밤에도 길바닥에서 생을 마감했다. 다른 사람들은 집에서 죽었지만 이웃들이 썩은 시신의 냄새를 맡고서야 죽은 것을 눈치챘다. 도처에서 죽어갔고 어디나 시신으로 넘쳐났다. 이웃들은 거의 모두 비슷하게 대하였고, 이들을 움직인 것은 죽은 자에 대한 사랑이 아니라 썩은 시신으로부터 전염되는 것을 두려워함이었다. 이들은 시신들을 자기들 집에서 멀리 있는 문 앞에 놓았는데 직접 그렇게 하든지 아니면 운반하는 사람들을 발견하면 이들의 도움으로 하였다. 어떤 사람이 특히 아침에 도시를 이리저리 배회해 본다면 집문 앞마다 셀 수 없이 많은 시신들이 있는 것을 볼 수 있을 것이다. 죽은 자를 위한 들것을 가져오게 하지만 때로는 이것도 없었다. 그래서 죽은 자들을 판자 위에도 놓았다. 종종 한 들것에 동시에 둘 또는 세 명의 죽은 자가 있는 것을 보았다; 또 같은 들것에 여인과 그 남편, 둘 또는 세 명의 형제들, 아버지가 아들과 함께 또는 다른 쌍들이 있었다. 두 명의 사제가 한 십자가를 앞세우고 한 명의 죽은 자를 가져 오려고 가면 이들에게 셋 또는 네 명의 운반하는 사람들이 자기들 들것을 들고 합류하는 일이 종종 끝도 없이 일어났다; 이 사제들은 죽은 자 한 명만을 매장해야 한다고 생각했겠지만 이제는 여섯 또는 여덟 때로는 더 많은 자를 그렇게 했다. 이런 죽은 자들에게는 눈물도 초도 장례행렬도 없었다. 사람들이 오늘날 죽은 염소를 위해 슬퍼하는 정도로나 죽은 자들을 위해 슬퍼하였다

원전 : G. Boccaccio, Poesie nach der Pest, hg. v. K. Flasch, Mainz 1992 (excl 10), 225-231.—참고문헌: G. A. Brucker, Florence and the Black Death, in: M. Cottino-Jones u. E. F. Tuttle (Hg.), Boccaccio, Secoli di Vita, Ravenna 1977, 21-30; M. Cottino-Jones, Order from Chaos. Social and Aesthetic Harmonies in Boccaccio's Decamerone, Washington 1982.

b) 채찍 행렬을 묘사함

사람들은 1349년 6월 14째의 밤이라고 생각한다. 그때 200명 정도의 채찍질 하는 사람들이 슈트라스부르크로 왔다.…… 이들은 아주 값지며, 또 거칠고도 반질거리는 사멧천과 발덱천[1]들 중에서 최고급으로 된 깃발들을 들고 있었다. 이들은 들어간 도시나 마을로 이것들을 앞세우고 들어갔고, 사람들은 이들을 맞아 모든 종을 울려댔다.…… 둘 또는 네 명이 라이히[2]를 불렀고 나머지가 따라 불렀다. 이들은 교회 안으로 들어와서는 무릎을 꿇고 찬송을 했다:

예수는 쓸개즙으로 힘을 얻었고,
그래서 우리는 십자 모양으로 누워야 합니다.

이 말과 함께 이들이 모두 십자로 땅에 눕자 굉음이 났다. 이들이 한동안 이렇게 누워 있다가 선창하는 자가 일어나 노래를 했다:

이제 너희 손으로 일어나라,
하나님께서 역병을 막으시도록.

그리고는 일어나서 이것을 두 번 반복하였다. 사람들은 식사자리로 이들을 안내하였다. 채찍질은 도시 앞에 있는 들판에서 일어났다. 채찍질하는 자들이 속죄[3]하고자 하면 바지 위에까지 벗고는 허리띠에서 발까지 이르는 가운이나 흰 천으로 자기들을 둘렀다. 이들은…… 넓은 원으로 누워서…… 지도자가 원하는 때 시작하였다. 한 사람씩 넘어가며 채찍으로 몸을 때리고는 말하였다:

정결한 고난의 명예로움을 통해서 일어나라,
그래서 죄가 늘어나는 것에서 너를 보호하라.

채찍질 당한 자는 지도자와 합류해서 그 대열이 한 바퀴 다 돌았다. 그 다음에는 둘씩으로 원을 그리고는 끝에는 못이 박혀 있는 매듭을 가진 가죽채찍으로 자신들을 채찍질했고, 등을 채찍질해서 몇몇은 많은 피가 났다. 그리고는 이들 모두는 무릎을 꿇고 자기들의 팔을 십자로 뻗치고는 찬양하였다:

쓸개즙으로 힘을 얻은 예수여,
그래서 우리는 십자로 누워야 합니다.

그리고는 십자로 이들 모두가 땅에 누웠고 노래하는 자들이 높여 노래할 때까지 얼마간 거기 누워있었다:

이제 너희 손으로 일어나라,
하나님께서 이 큰 역병을 막으시도록.
이제 너희 팔로 일어나라,
하나님께서 너희에게 자비를 베푸시도록.

예수여, 당신의 이름 세 개로,
우리를 주님이시여 죄에서 자유하게 하소서!
예수여, 당신의 붉은 상처에 힘입어,
우리를 급작스런 죽음에서 보호하소서.

채찍행렬은(그때마다 항상 많은 사람들을 몰고 다니며) 석 달 이상 지속되어서 주일마다 채찍질하는 자들을 동반한 어떤 무리들이 왔다. 그 다음에는 부인네들도 들고 일어나서 온 땅에 걸쳐 몰려다니며 채찍질하였다. 그래서 슈트라스부르크에서 일어난 것처럼 라인 지역 온 도시에서 일어났고, 같은 것이 슈바벤, 프랑켄, 제국 서쪽과 독일 땅 곳곳에서 있었다.

원전 : Fritsche Closeners Straßburger Chronik, hg. von A. Schott, 1842. Neuhochdeutsche Fassun in: Th. Humpert, Klösterliches Leben und volkstümliche Frömmigkeit im Mittelalter, Stuttgart 발행연대 없음, 37ff.—참고문헌: K. Lechner, Die große Geißelfahrt des Jahres 1349, in: HJ 5 (1884) 437-462; M. Erbstösser, Sozialreligiöse Strömungen im späten Mittelalter. Geißler, Freigeister und Waldenser im 14. Jahrhundert. Berlin 1970 (FMAG 16); P. Segl, Art. Geißler, in: TRE 12, Berlin/ New York 1984, 162-169; F. Graus, Pest - Geißler - Judenmorde, Göttingen 1987.

c) 카이저스베르크의 가일러가 말하는 죽음(1482)

카이저스베르크의 가일러(144501510)는 신학적으로는 "Via moderna"의 영향을 받았고 요한네스 게르송의 경건신학(위 Nr.69)과 관계를 맺었다. 그는 아주 잠깐 브라이스 가우에 있는 후라이부르크 대학에서 교수직을 가지고 있었다(1476/7). 그는 슈트라스부르크 주교좌성당 설교자로 활동하는 것을 더 좋아하였다. 여기서 그는 중세 후기 가장 중요한 설교자 중 하나가 되었고, 거듭해서 사람들에게 하나님의 사랑과 그리스도 고난을 통한 구원을 가르쳤다. 이 목회적인 의도로부터 1482년 저술한 ars moriendi도 생산된 것이다.

죽어가는 사람 앞에서 어떻게 행동해야 할는지:

상기시킴
질문함
죽어가는 사람 앞에서는 갖가지로 주의해야한다: 기도함
굳게 붙들어줌

기꺼이 죽는 것
감사함으로 이러한 것을
인내로 상기시켜야 한다.
염려를 떨쳐버릴 것

기꺼이 죽음이라는 첫 번째 상기시킴을 다음과 같이 말하라:

"사랑하는 형제여, 우리 모두는 하나님의 능력 있는 손과 그분의 뜻 아래에 있음을 생각하세요: 우리 모두는 황제, 왕, 군주나 제후라고 불릴 수도 있는 우리는 부하거나 가난하거나 간에 죽음에 걸맞는 경의를 표해야 합니다. 나그네로 우리는 이 땅에 왔고 여기서는 영원한 체류를 하거나 거처를 가지지 않고 통과해 갈 따름입니다; 우리가 여기서(곧 도덕적으로) 잘 살아 공로를 얻으면

(공로가 있는 삶을 살면) 우리는 하나님의 종들로서 지옥의 참혹한 고통을 피해 영원한 복을 얻을 수 있습니다."

감사에 대한 두 번째 상기:

"감사함으로 하나님께서 당신에게 허락하신 모든 것을 주목해 보십시오. 그분은 당신의 마지막 순간까지도 자기 자신을 알도록 하시며 아무 것도 모르고 죽도록 하시지 않습니다. 이런 것과 셀 수 없이 많은 그분의 베푸심에 대해서 마음으로부터 감사하십시오. 그분의 그 마르지 않는 자비에 매달려서 당신이 저지른 죄에 대한 심판에서 용서해 주시기를 겸손하게 간구하세요(bit demuttiglichen ablosz der sunden so du begangen hast)."

인내에 내한 세 번째 상기:

"사는 동안 당신은 많은 죄를 저질렀고 그 때문에 벌을 벌어들였음(darumb du stroff wurdig bist)을 기억하십시오. 그러므로 병과 죽음의 고통을 인내로써 감당하십시오. 이 고통의 쓰라림이 당신을 죄에 대한 벌을 용서함으로 이끌고 속죄(genuog thuon) 역할을 하도록 간구하시고 그분께서 자신의 자비하심으로 당신의 지금의 이 고통을 통해서 당신이 연옥의 그 무서운 고문을 감당하는 것으로 간주해 주실 것을(dz cr die gruszlich pin des fegfuwers…… dir verwandel in diesen deinen schmertzen) 간구하세요. 왜냐하면 거기에서보다 여기 이 땅에서 심판받는 것을 감당해야 하기 때문입니다. 할 수 없이 겪어야 할 고난과 심판(pen)을 불평 없이 기꺼이 감당하면 하나님께서 죄와 형벌을 면제해 주시며, 그러면 당신은 분명히 낙원에 들어가게 될 것입니다. 그런데 당신이 이를 감당할 준비가 되어 있지 않다면(durch ungedult) 영원한 저주에 떨어지게 될 것입니다."

염려를 떠나보낼 것에 대한 네 번째 상기:

"사랑하는 친구여, 이 마지막 순간에 무엇보다도 당신의 영혼구원을 생각하십시오—어쩌면 이럴 기회가 다시는 없는 일도 일어날 수 있습니다. 당신이 버리고 가야 할 세상적인 재물에 대한 모든 염려를 떨쳐버리세요. 이것들은 당신을 도울 수 없고 지옥으로부터 당신을 막아주지 못합니다. 당신의 모든 신뢰를 하나님께 두세요. 그래서 전능하시고 선하시고 지혜로우신 분께서 당신과 당신의 모든 것을 인도하시도록 하십시오. 당신의 모든 생각을 그분께로 돌리세요. 당신 주변에 있는 모든 것과 당신이 버리게 될 모든 것이 오직 당신을 위해서 하나님 앞에서 중보의 역할을 할 수 있기만을 간구하세요."

	믿음에 관해서
	후회에 관해서
여섯 가지의 일을 죽어가는	선한 결심에 관해서
사람에게 물어야 한다	참회에 관해서
	용서에 관해서
	되돌려줌에 관해서

믿음에 관한 첫 번째 질문: "사랑하는 자 또는 사랑하는 여자여, 당신은 하나님과 우리 주 예수 그리스도에 대한 확고한 기독교 믿음 안에서 거룩한 어머니 기독교의 참되고 충성되고 순종하는 아들로 죽기 원하십니까? 여기에 대해서 그는 네, "원합니다"라고 답해야 한다."

"당신이 행함이나 행하지 않음으로 저지르고 또 하나님의 사랑이 많으신 위엄과 자비를 마땅할 만큼 존경하지 않음으로 말미암아 저지른 죄에 대한 심판을 그분께서 용서해주시는 것을 하나님으로부터 받기 원하십니까? 그는 대답해야 한다: '그것을 원합니다.'"

선한 결심에 관한 세 번째 질문: "당신은 하나님께서 당신의 생명을 허락하신다면 전심으로 당신을 개선하겠다고 확실하게 결심하십니까? 그는 대답해야 한다: "그렇습니다." "이 결심을 실행하고 다시 타락하지 않고 진정한 고해를 하는 그 은혜를 그분께서 당신에게 허락하실 것을 간구하십시오!"

참회에 대한 네 번째 질문: "당신이 아직까지 통회하지 않은 죽을 죄가 기억나지 않습니까? 하나님께서 당신이 잊어버린 죄가 생각나도록 당신의 속을 비춰주실 것을 원하시지 않습니까, 그리고 혹시 생각이 나면 기꺼이 고해하기를 원하십니까?"

용서에 관한 다섯 번째 질문: "당신에게 고통을 준 모든 사람들을 당신도 그분의 은혜를 소망하고 있는 하나님, 우리 주 예수 그리스도 때문에 진심으로 용서하십니까? 그리고 마찬가지로 당신이 말로나 행동으로 상처를 준 모든 사람들이 당신을 용서해주는 것도 원하십니까?"

되돌려줌에 관한 여섯 번째 질문: "당신이 불법으로 얻은 모든 소유는 당신의 잘못에 충분할 정도로 가치를 따져서 되돌려주되 다른 방법이 없이 모든 재산을 포기해야 한다고 할지라도 그렇게 되기를 원하십니까? 그리고 당신은 하나님과 사람 앞에서의 당신의 모든 벌을 탕감 받는 것을 소망하십니까?" 이 모든 질문에 그는 "원합니다"라고 답해야 한다.

원전 : Die ältesten Schriften Geilers von Keysersberg, hg. von L. Dacheux, Freiburg 1882 (= Amsterdam 1965), 115-121.—참고문헌: A. Hoch, Ceiler von Kaysersbergs Ars moriendi aus dem Jahr 1497, Staßburg 외 1901; M. C. O'Connor, The Art of Dying Well. The development of the ars moriendi, New York 1966; E. J. D. Douglass, Justification in Late Medieval Praeching. A Study of John Geiler of Kaisersberg, Leiden 1966; F. Rapp. Art. Geiler von Kaysersberg, in: TRE 12, Berlin/ New York 1984, 159-162; U. Israel, Johannes Geiler von Kaysersberg (1445-1510). Der Straßburger Münsterprediger als Rechsreformer, Berlin 1997. - P. Ariès, Geschichte des Todes. Aus dem Französischen v. H. -H. Henschen u. U. Pfau, München 1980; R. Rudolf, Art. ars moriendi I. Mittelalter, in: TRE 4, Berlin/ New York 1979,

143-149; N. Ohler, Sterben und Tod im Mittelalter, München 1990; A. Borst 외 (Hg.), Tod im Mittelalter, Konstanz [2]1994 (Konstanzer Bibliothek 20); K. Bergdoldt, Der Schwarze Tod. Die Große Pest und das Ende des Mittelalters, München 1994; P. Dinzelbacher, Angst im Mittelalter. Teufels-, Todes- und Gotteserfahrung: Mentalitätsgeschichte und Ikonographie, Paderborn 1996; A. Angenendt, Geschichte der Religiösität im Mittelalter, Darmstadt 22000, 659-683.

1) 발닥(바그다드)에서 온 값진 천으로 비단과 금실로 짰다; 이 말에서 Baldachin (용개)이라는 개념도 관계된다.
2) 중세적인 노래형식인데, 그 구조 원리는 연에 있지 않고 짧은 단어에 있다.
3) 곧: 채찍질.

79. 교회에서 몰아냄: 마녀 망상과 반유대주의

a) 슈테른베르크 "성체모독"에 관한 보고

반셈족주의는 완전하고도 생물학적인 의미로는 19세기에 발달하였다. 하지만 기독교적이고 신학적으로 동기를 부여받은 반유대주의의 길고 긴 역사가 그 앞에 있었다. 고유의 현실을 사는 유대인들은 바로 토마스 아퀴나스로부터 예수 죽인 책임을 지게 되었다. 이 신학적 동기들이 사실상 유대인 적대감의 유일한 원인이 아니었고 사회적이고 경제적 동기와 특별히 이방인으로 느끼는 소수 앞에 기독교적 다수가 가지는 불안감도 있었다. 이 모든 것은 법적인 제한들, 특별히 거듭해서 박해와 추방에서 표출되었다. 기독교적인 경건과 반유대주의의 긴밀한 결합은 성체모독에 대한 전설 안에서 이루어졌다. 이 전설 안에서 한편으로는 거듭거듭 시행되어야 했던 유대인들이 비행들에—말하자면 페스트가 창궐할 때 연못을 중독시킴 같은—책임이 있는 것으로 만드는 시도들이 표출되었다. 이 이야기들에 주어진 신빙성은 그런데 극단적인 경건의 표현이기도 하다. 곧 중세 전성기에서부터 나타난 변화된 성체와 그 안에 현존하시는 그리스도를 향한 경건이었다. 이 이야기들은 계속해서 같은 범례를 따라서 여러 지역에서 그리고 다양한 첨가들과 함께 계속 새롭게 회자되었다—예를 들면 1492년 슈테른베르크에서처럼 말이다. 여기에 관해서 여러 번 기록된 보고는 그와 같은 전승들이 거듭해서 유대인 박해와 처형의 동기를 제공했다는 것을 가리켜준다.

그리스도 탄생 1492년 세베루스와 세베린 일[1]에 비열한 유대인들이 거룩한 기독교를 대적해서 하나의 특별한 행동(vervolgung)을 공개적으로 고백하였다. 이것을 자기들의 극단적인 사악함 때문에 저질렀던 것이다; 그들은 이렇게 함으로 전능하신 하나님을 모독하고 조소했으며 거룩한 기독교회를 멸시하였다. 아주 명백하게 이들은 폭력적이고 심각하며 끔찍한 범죄와 비행을 고백하였는데, 곧 우리 주 예수 그리스도의 그 값지고 거룩하며 참된 몸(성체)에 저지른 것인데 아래에 보고하는 것같이 하였다.

엘르아사르의 부인도 자기 남편이 다른 유대인들의 도움과 조언을 따라서 네 개의 축성된 성체를 사서 집으로 가지고 왔다고 고백했다. 그중 두 개를 야코비[2] 전 토요일 아침 8시에 붙잡고는…… 그들 중 여섯 명이 바늘로 찔러서 거기서 피가 흐르게 하였다. 게다가 엘르아사르의 부인이 고백하기를 다른 두 개의 성체는 —이것은 유대인 야곱도 인정하였다—저녁마다 촛불로 비추는 가운데 엘르아사르의 집 현관에서 칼에 찔려서 상처를 입었다고 한다; 여기에 대해서도 그녀가 알고 있었다.

…… 또한 야곱이라는 유대인도 인정하기를 슈테른베르크의 엘르아사르가 펜츨린에서 거기 사제로 일하는 한 수도사와 계약을 맺었다는 것이다. 그에 따르면 그 수도사는 그에게 성체를 건네주어 슈테른베르크로 가져가기로 했다. 그는 유대인들 야곱과 미골의 인지 하에 이것을 엘르아사르에게 팔았다. 이들은 그에게 1굴덴을 주기로 약속하였다. 그 수도사가 거룩한 성체를 슈테른베르크로 가지고 오기로 한 그 시간에 유대인 야곱은 말을 타고 거기로 갔다. 그 수도사는 진짜로 왔고 두 개의 조각을 가져다주었다. 이것을 엘르아사르, 야곱과 미골이 받았다. 이 일은 부활절과 오순절 사이에 발생하였다.……

또 야곱은 엘르아사르와 미골이 그 수도사가 슈테른베르크로부터 가져온 거룩한 성체를 받았다고 인정하였다. 그리고 이 세 유대인은 각각 자기 칼로 성체를 찔렀다. 성체는 수건이 놓여 있는 엘르아사르의 상에 놓여 있었다. 그런데 거룩한 성체가 피를 흘리기 시작하자 이들 모두는 놀라 수건을 말았다. 그 안에 있는 성체와 함께 이들은 그 수건을 엘르아사르의 부인에게 주었다. 그 다음에 야곱은 슈베린에 있는 우리의 자비로우신 주군인 메클렌부르크의 공작 마그누스에게로 돌아갔다. 그리고 지나가면서 그는 파르킴, 말킨, 테테로우, 슈베린, 펜츨린, 브란덴부르크, 후리틀란트와 코벨에서 유대인들의 행동을 보고하였다. 저주받은 유대인들은 그리스도의 몸에 그러한 일이 일어났다는 것을 모두 함께 즐거워하였다, 그리고는 자기들이 소기의 목적을 달성했다고 생각하였다.

…… 이 저주받고 불운하고 완고하며 눈먼 유대인들의 고백을 근거로 25명의 유대인 남성과 두 명의 여성이 화형을 받았다. 어린 아론만은 두 개의 성체가 브란덴부르크에 있는 자기들의 회당에 묻혀 있고 자기가 찾을 수 있다고 했기 때문에 불에서 다시 빠져나올 수 있었다. 그런데 246명의 젊고 늙은 유대인들은 이 범죄와 비행에 관해서 몰랐었기 때문에 다시 풀려났다. 그럼에도 불구

하고 자기들의 동족을 위해서 그 공개적인 비행을 속죄해야만 했다. 그래서 이들은 메클렌부르크의 공작 마그누스와 그의 영주인 형제의 허락 하에 그 땅에서 추방되었고 자기들의 모든 소유는 두고 가야만 했다. 이 일은 시몬과 유다[3] 이전 수요일에 일어났다.

원전 : Von der mishandlung des heiligen Sacraments von den juden zu Sterenberg, 발행지, 발행연도 없음 [Bamberg ……]— 참고문헌: P. Browe, Die Hostienschändungen der Juden im Mittelalter, in: RQ 34 (1926) 167-197; F. Backhaus, Die Hostienschändungsprozesse von Sternberg (1492) und Berlin (1510) und die Ausweisung der Juden aus Mecklenburg und der Mark Brandenburg, in: Jahrbuch für brandenburgische Landesgeschichte 39 (1988) 7-26; A. Döring, Art. Hostie/ Hostienwunder, in: TRE 15, Berlin/ New York 1986, 604-606; V. Honemann, Die Sternberger Hostienschändung und ihre Quellen, in: H. Bookmann (Hg.), Kirche und Gesellschaft im Heiligen Römischen Reich des 15. und 16. Jahrhunderts, Göttingen 1994, 75-102. - J. Poliakov, Geschichte des Antisemitismus. 8 Bde., Worms 외 1977-1989; W. P. Eckert, Art. Antisemitismus V. Mittelalter, in: TRE 3, Berlin/ New York 1978, 137-143; K. H. Rengstorf, Kirche und Synagoge. Handbuch zur Geschichte von Christen und Juden. 2 Bde., München 1988; G. Czermark, Christen gegen Juden. Geschichte einer Verfolgung - von der Antike zum Holocaust, von 1945 bis heute, Reinbek bei Hamburg 1997; J. Heil, "Antijudaismus" und "Antisemitismus". Begriffe als Bedeutungsträger, in: Jahrbuch für Antisemitismusforschung 6 (1997) 92-114.

b) 요한 하르트립의 "모든 금지된 재주들의 책"(1456)

완전한 두드러진 현상으로라면 겨우 현대 초기의 현상인(가톨릭 교인들과 마찬가지로 개신교도들에 의해서도 시행된) 마녀박해는 이미 후기 중세에 기정사실화되었던 생각들과 연관될 수 있다. 이때 그 기본 소재는 해를 끼치는 마술이었고, 마술적인 행위를 아주 정확하게 파악하는 시도들의 하나가 바이에른의 공작 알브레히트의 주치의인 요한 하르트립의 "모든 금지된 재주, 불신앙과 마술 책자"이다.

불길한 재주는 금지된 재주 중 최고로 금지된 재주이다. 이 재주는 마귀 예배와 마귀 희생과 관계가 있는 가장 사악한 것이다. 이 재주에 관여하고자 하는 자는 마귀들에게 가지가지의 제물을 드려야 한다. 그는 마귀들에게 충성도 맹세하고 이들과 계약을 맺어야 한다. 그러면 그에게 마귀들은 자원해서 봉사를 하고 하나님께서 이들에게 부과한 한계 내에서 자기들 주인의 뜻을 이행한다 (als ferr in das von got verhengt wird).······

이 재주에는 우박과 비를 만드는 것이 속한다. 왜냐하면 여기에 몰입하는 자는 자신을 마귀에서 넘겨줄 뿐 아니라 하나님과 세례와 그리스도의 모든 은혜를 버려야 하기 때문이다. 이 재주는 하나님을 전혀 신뢰하지 않는 늙은 여성들이 하고 있다. 대단히 칭송받는 제후께서 그리스도 탄생 1446년에 나에게 일어난 사건을 들으시고 주목하였다. 당시 하이델베르크에서 몇 명의 여인들이 마술 때문에 화형되었다: 그런데 그들의 주동자(lermaistrin)는 화형을 피했다. 이듬해 나는 뮌헨 사절로서 하나님께서 긍휼히 여기실 그 존경하옵는 전하이신 영주인 공작 루이에게 왔다. 그러니까 어떤 제후가 자기 충성 때문에 구원을 받게 된다면 루이는 분명히 하나님 곁에 있을 것이다. 마녀들의 주동자가 잡혔다는 소식을 들은 것은 이 시기였다. 나는 자비로우신 제후께 그녀를 보게 해 달라고 간구하고, 그분은 허락해 주셨다. 그분은 괴챰이라는 이름의 작은 도시의 이단 재판장과 함께 그 부인을 내게 인도해오라고 명했는데, 영지의 집사 탈하임의 피터의 집에서 였다.

나는 제후에게서 그녀가 어떻게 소나기와 우박을 만드는가를 내게 가르쳐준다면 살려주겠다는 동의를 얻어냈다; 그 여인은 당연히 불 속으로 들어가야만 했던 것이다. 그래서 나는 그 여인과 이단 재판장만 있는 방으로 가서 내게 가르쳐주라고 청했다. 그러자 그녀가 말하기를 자기가 내게 가르쳐주는 모든 것을 실제로 내가 행할 준비가 되어 있다는 조건 하에서만 가르쳐줄 수 있다고 했다. 그래서 나는 그게 도대체 무어냐고 물었다. 나는 하나님의 진노를 내게 가져오고 기독교 신앙에 죄가 되지 않는 것은 모두 하기 원한다고 하였다. 그녀는 한 다리를 쇠로 만든 덫에 끼인 상태로 내게 말했다: "사랑하는 아들이여, 제일 먼저 네가 하나님을 부인하고 어떤 위로나 도움도 그에게서 기대하면 안 된다. 다음으로 너는 세례와 또 기름 바름과 상징으로 받은 모든 성례들을 포기해야 한다. 다음으로 모든 하나님의 성인들을 버리고 특히 너의 어머니 마리아를 버려야 한다. 마지막으로 몸과 마음을 다해서 내가 네게 그 이름을 불러줄 세 마귀에게 너를 바쳐야 한다. 이들이 네게 한 뼘 정도의 생명을 건네줄 것이고 그 시간 동안에는 너의 뜻에 복종할 것이다."

내가 응수하였다: "그리고 무엇을 내가 더 해야 하는가?" 그 여인이 대답하였다: "더 이상은 없다. 네가 이 일을 할 수 있기를 바란다면 어떤 비밀스러운 장소로 가서 영들을 부르고 그들에게 'N'[4]을 바치라. 그러면 그들이 와서 네게 한 시간 안에 네가 원하는 곳에 우박을 만들 것이다."

그래서 나는 그 여인에게 말하기를 나는 그 모든 것 중 어떤 것도 하고 싶지 않다고 하였다. 왜냐하면 하나님의 분노를 내 자신에게 불러들이지 않고 기독교 신앙에 죄를 범하지 않는 그런 재주들을 그녀에게서 배울 수 있게 되는 경우에는 자유를 허락하려고 했다는 것을 벌써 말했기 때문이라고 했다. 그녀는 다른 경우에는 자기는 절대로 할 수 없다고 밝혔다. 그리고는 다시 그녀는 탈하임의 한스에게 건네졌다. 그는 그 여인을 불태우도록 하였다.

원전 : Quellen und Untersuchungen zur Geschichte des Hexenwahns und der Hexenverfolgung im Mittelalter, hg. v. J. Hansen, Bonn 1901, 130-133.—참고문헌: J. Hansen, Zauberwahn, Inquisition und Hexenprozeß im Mittelalter und die Entstehung der großen Hexenverfolgung, neu bearb. v. M. Bauer. 2 Bde., München 1912 (= Darmstadt 1972); G. Schormann, Art. Hexen, in: TRE 15, Berlin/ New York 1986, 297-304; A. Blauert, Frühe Hexenverfolgungen. Ketzer-, Zauberei und Hexenprozesse des 15. Jahrhunderts, Hamburg 1989; 같은 이, (Hg.), Ketzer, Zauberer, Hexen. Die Anfänge der europäischen Hexenverfolgungen, Frankfurt/ M. 1990; B. P. Levack, Hexenjagd. Die Geschichte der Hexenverfolgungen in Europa, München 1995.

1) 이 문서 끝에 있는 날짜를 따르면 이따금씩 12월 2일로 표기되는 세베루스일과 세베린일이 아니라 10월 22일 세베루스일이라고 생각해야 한다. 이 날은 세베린일 하루 전날이고 1492년에는 수요일이 된다.
2) 7월 25일.
3) 10월 28일.
4) 'N'은 "nego", 곧 "나는 부인한다" 때문에 온 것으로 적그리스도의 표시로 간주되었다.

80. 쿠스의 니콜라우스(1401-1464)

모젤 강가에 있는 쿠스의 한 선장 아들로서 출생했으며 데벤터에 있는 공동생활을 하는 형제단에서 자란 니콜라우스는 공부를 마치고 사제서품을 받은 후 1432년부터는 트리어 대주교의 대사로서 바젤 공의회에서 공의회적 개혁파의 중요한 인물이었다. 그의 신학적 개혁문서인 "De concordantia catholica"(1433)는 특별한 영향력을 행사했다. 1436년 그는 교황 유진 4세 파로 옮기고 교황의 명을 따라 이듬해에 희랍인들과의 연합 협상을 하기 위해서 콘스탄티노플로 갔다. 1446년 추기경이 되었고, 1452년에는 브릭센의 주교가 되었다; 당연히 그는 자기 권위를 자기 교구에서는 거의 발휘하지 못했고, 자기 영향력을 계속해서 우선적으로 밖을 향해 펼쳤다. 1458년 교황 피우스 2세로부터 교구장 총대리가 되어 로마로 부름을 받았다. 이러한 유동적인 교회정치적인 삶의 배경에 앞서서 그는 엄청난 저술활동을 전개하였다. 그 활동의 토양은 중세의 대다수 다른 영향력 있는 철학자나 신학자들의 경우처럼 대학이나 수도원은 아니었지만, 신비주의의 양분을 받았기에 격심한 세속의 추구에 거리를 두는 특징을 띠었다. 그의 관심은 개별적인 교리적 주제들보다는 근본적 질문들과 관계되었다. 곧 도대체 하나님은 어떻게 알 수 있으며, 그에 관해서 어떻게 말해야만 하는지 같은 것들이다. 앎이란 그에게는 겨우 "Docta ignorantia", 곧 배운 무지함으로 존재하였는데, 이것이 1440년 그의 주저의 제목이다. 신비주의 전통으로부터 그는 긍정적으로 확실하게 제시하는 신론이란 인간에게 불가능하다는 깨달음을 얻었다. 왜냐하면 우리 이성이 파악한 세계 내적인 다양함은 하나님 안에서는 의미가 없는 차이와 상충에 근거를 두고 있기 때문이라는 것이다; 이러한 것들은 그분 안에서 결국은 사라지거나 항상 단일함을 형성하게 된다. 우리의 개념들은 절대로 하나님을 충분하게 파악할 수 없다는 바로 이 확신은 니콜라우스에게 하나의 이론적으로 성찰하는 단계에서 종교를 아주 자유로우며 하나 됨을 추구하는 것으로 이해하는 데에 이르는 자유도 주었다; 그렇다고 이것이 그의 교회정치적인 역할에서 콘스탄티노플 함락 후에는 이슬람을 아주 극도로 비판하는 것을 막지는 않았다.

a) 감추어진 하나님에 관한 이교도와 그리스도인의 대화

이교도: 나는 당신이 얼마나 경외심에 가득차서 절하고, 마음

깊은 곳으로부터 우러나오는 사랑의 눈물을 위선이 없이 흘리는지를 보았습니다. 당신이 누구인지 내게 말해주십시오! 그리스도인: 나는 그리스도인입니다. 이교도: 무엇을 숭배하십니까? 그리스도인: 하나님입니다. 이교도: 당신이 숭배하는 하나님은 누구신가요? 그리스도인: 그것은 모릅니다. 이교도: 어떻게 당신은 그러한 진정성을 가지고 당신이 모르는 것을 숭배할 수 있습니까? 그리스도인: 바로 내가 그분을 모르기 때문에 그를 숭배합니다. 이교도: 사람이 자신이 모르는 것에 붙들린다는 것은 희한한 일입니다. 그리스도인: 더욱 희한한 것은 사람이 자기가 안다고 생각하는 것에 붙들리는 것이지요.…… 안다는 것으로 나는 이것을 말합니다: 진리를 파악함(apprehensionem veritatis). 어떤 사람이 자기가 안다고 말할 때 그는 자기가 진리를 파악했다는 것을 주장하는 것입니다. 이교도: 나도 그렇게 생각합니다. 그리스도인: 그런데 사람은 어떻게 진리 자체로 말미암지 않고 진리를 파악할 수 있나요? ……

이교도: 오직 하나의 진리가 있나요, 아니면 많은 진리들이 있나요? 그리스도인: 오직 하나만 있습니다. 이는 오직 하나의 단일성이 있으며, 그래서 오직 하나의 단일성만이 있다는 것은 참이기 때문에 진리는 단일성과 일치하기 때문입니다. 숫자에서는 오직 유일한 단일성만을 발견하는 것과 같이 많은 사물 중에서는 유일한 진리를 얻는 것입니다. 그러므로 단일성에 이르지 못한 자는 숫자들을 모르며, 단일성 안에 있는 진리에 이르지 못한 자는 참으로 모르는 것입니다.…… 하지만 이제 모든 것은 알게는 되었지만 알게 되도록 하는 그 앎을 가지고 알게 된 것은 진리 안에서 알게 된 것이 아니고 다른 방식으로 알게 된 것처럼, 진리를 모르면서 진리 가운데에서 어떤 것을 알게 되는 것이라고 믿는 모든 사람은 감각으로부터 아는 것입니다.……

이교도: 사람이 아무 것도 알 수 없다면 어떤 사람이 아는 사람

인가요? 그리스도인: 자기가 무지하다는 것을 아는 자(qui scit se ignorantem)를 아는 자라고 할 수 있지요. 그리고 진리를 높이는 자만이 자기가 그 진리 없이는 존재도 삶도 이해도 아무 것도 파악할 수 없다는 것을 압니다. 이교도: 아마도 당신을 숭배로 인도하는 것은 이것일 겁니다: 진리 안에 있으려는 열망. 그리스도인: 그렇습니다. 바로 그것입니다. 나는 하나님을 공경하는데, 당신들 이교도들이 하나님이라고 잘못 이름 붙이고 안다고 믿는 것 말고는 형용할 수 없는 진리(veritas ineffabilis)인 바로 그 하나님을 말입니다.…… 이교도: 형제여, 당신에게 청하노니 나를 당신이 당신의 하나님에 관해서 아는 바를 직시할 수 있도록 이끌어주십시오. 내게 대답해주세요: 당신은 당신이 공경하는 하나님에 관해서 무엇을 아십니까? 그리스도인: 내가 아는 모든 것은 하나님이 아니며, 내가 이해하는 모든 것이 그분에게 견줄 수 없으며 그분은 그것을 오히려 능가하신다는 것을 나는 압니다.

이교도: 그러니까 무가 하나님인가요? 그리스도인: 그는 무가 아닙니다. 왜냐하면 이 무는 바로 "무"라는 이름을 가지기 때문입니다. 이교도: 하지만 그가 무가 아니라면 그 어떤 것인가요? 그리스도인: 그분은 그 어떤 것도 아닙니다. 왜냐하면 그 어떤 것은 모든 것이 아니지만 하나님은 모든 것 아닌 그 어떤 것은 아니기 때문입니다. 이교도: 희한하군요. 당신은 당신이 공경하는 그 하나님이 무도 아니고 그 어떤 것도 아니라고 주장하고 있으니 말입니다. 어떤 이성도 이것을 이해할 수 없습니다. 그리스도인: 하나님은 무 너머에 있으며 그 어떤 것 너머에 계십니다. 그분께 무가 복종하여 그 어떤 것이 되는 것입니다. 이것이 그의 전능입니다.…… 이교도: 사람이 그분을 부를 수는 있습니까? 그리스도인: 부를 수 있는 것은 작은 것입니다. 그 크기를 잴 수 없는 그분은 부를 수 없는 분입니다. 이교도: 그러니까 그분은 부를 수 없습니까? 그리스도인: 그분은 부를 수 없는 것이 아니라, 오히려 모든

것 너머에서 부를 수 있습니다. 그분은 부를 수 있는 모든 것의 근거입니다. 다른 것에게 이름을 주는 분이 어떻게 이름이 없이 존재할 수 있겠습니까? 이교도: 그렇다면 부를 수 있으며 동시에 부를 수 없나요? 그리스도인: 아닙니다. 그것도 맞지 않습니다. 왜냐하면 하나님은 모순의 뿌리(radix contradictionis)가 아니라 모든 뿌리 앞에 있는 단순함이기 때문입니다. 그러므로 사람이 그분은 부를 수 있으며 또 부를 수 없다고도 주장할 수 없습니다. 이교도: 그러면 당신은 그분에 관해서 무엇을 말하려고 합니까? 그리스도인: 그분은 부를 수도 없고 부르지 않을 수도 없지만, 부를 수 있으면서 동시에 부를 수 없는 것도 아닙니다. 언표될 수 있는 모든 것, 그것이 구분하는 것이든 연결시키는 것이든, 일치하든 아니면 상충하는 것이든, 어떤 것도 그분의 무한성의 그 독특함 때문에 그분께는 걸맞지 않습니다. 그분은 만물의 원리(principium)이며 그분에 대해서 인간이 그릴 수 있는 모든 생각 앞에 계십니다. 이교도: 이렇게 그분께는 존재가 없으십니까? 그리스도인: 맞습니다.

원전 : Dialogus de deo abscondito, 출처: Nikolaus von Kues, Philosophisch-theologische Schriften. Studien-und Jubiläumsausgabe Lateinische-Deutsch. Hg. u. eingeführt v. L. Gabriel. 번역 v. D. und W. Dupré. Bd. 1, Wien 1964, 299-309, 여기는: 300-307.

b) 다양한 예전, 종교의 단일함에 관하여

육신이 되신 말씀이 질문하셨다: 너희가 진리를 사랑하는 자라는 이유로 너희가 절대 진리를 인정한다면, 진리를 사랑하지 않지만 건강한 생각을 가지고 있는 사람들이 있다는 것을 믿느냐? 아랍인들: 모든 사람은 본성적으로 진리를 갈망한다(omnes homines natura appetere sapientiam)는 것을 나는 분명히 믿습니다. 왜냐하면 진리는 영의 삶이고, 이 삶은 진리와 생명의 말씀 또는 진리인 영적인 빵 외에 어떤 음식을 통해서도 영위될 수 없기 때문입니다. 모든 존재하는 것은 자신이 존재할 수 있도록 하는 모든 것을 갈망하는 것처럼 그렇게 영적인 삶은 진리를 갈망합니다. 말씀: 모든 인생은 따라서 너와 함께 자기들이 전제로 하였던 그 절대적 진리가 있다는 것을 고백한다. 이것이 바로 유일하신 하나님이시다. 아랍인들: 그렇습니다. 어떤 인간도 다른 것을 주장할 수 없습니다. 말씀: 그러므로 살아있는 영에 속한 자들 모두에게는 오직 하나의 종교와 하나의 하나님 경배만이 있을 뿐이다. 이 종교는 예배와 관습의 그 모든 다양함 가운데에서 전제되어야 한다.

원전 : De pace fidei. Der Friede im Glauben, 출처: Nikolaus von Kues, Philosophisch-theologische Schriften. Studien-und Jubiläumsausgabe Lateinisch-Deutsch. Hg. u. eingefährt v. Leo Gabriel. 번역: Dietlind und Wilhelm Dupré. Bd. 3, Wien 1967, 705-797, 여기는 722-725.—참고문헌: R. Weier, Das Thema vom verborgenen Gott von Nikolaus von Kues zu Martin Luther, 1967; R. Haubst (Hg.), Der Friede unter den Religionen nach Nikolaus von Kues. Akten des Symposions in Trier vom 13. bis 15. Oktober 1982, Mainz 1982; E. Meuthen, Nikolaus von Kues, in: TRE 24, Berlin/New York 1994, 554-564; J. Hopkins, Glaube und Vernunft im Denken des Nikolaus von Kues. Prolegomena zu einem Umriß seiner Auffassung, Trier 1996; K. H. Kandler, Nikolaus von Kues. Denker zwischen Mittelalter und Neuzeit, Göttingen ^{2}1997; K. Flasch, Nikolaus von Kues, Geschichte einer Entwicklung. Verlesungen zur Einführung in seine Philosophie, Frankfurt/M. 1998.

81. 15세기 말의 어거스틴적인 경건신학

15세기에는 당시 상황에 대해서 비판하는 가운데 어거스틴의 은혜론 정신으로부터 신학적인 갱신을 모색하는 발단들이 있었다. 이러한 발단들을 그저 말기적 사건들이라는 관점에서만 받아들이고 단순히 종교개혁 준비 정도로만 이해한다면 그 의미가 축소되고 만다. 루터가 나중에 고흐의 푸퍼와 베셀 간스포르트와의 자신의 공통점을 강조하였더라도 이 사람들의 위치는 그래도 우선은 바로 15세기였고, 그들은 여기에서 절대로 동떨어진 주변인들이 아니었다. 그들은 신앙적인 삶을 외적인 것으로 만들려는 경향, 이것이 때로는 죄와 사면을 수학적으로 계산하는 데로 몰고 가는 경향들을 상대로 하면서 모든 것의 기초가 되는 은혜의 사건을 돌이켜 생각하려고 애를 썼다.

a) 고흐의 요한 푸퍼(1415-1475): 오직 하나님의 자유로운 받아주심으로 말미암는 공로

라인 강 하구에 있는 고흐 출신 요한 푸퍼는 우트레히트 교구에 속한 세속사제였으며 동시에 메켈른에 있는 어거스틴파 수녀원인 타보르의 영적인 책임자였다. 그는 자기 문서들에서 옥캄에 의해서 특징을 갖게 된 via moderna의 노선에 서 있는 교육을 어거스틴의 은혜론과 결합시켰다.

하나님께서는 구원 받게 될 자들의 구원을 위해서 일련의 덕스러운 사역들을 요구하신다. 이것들은 영원한 대가를 벌어들이는데, 자격(ex condigno)을 벌어들인다는 의미가 아니다: 하지만 이것들은 구원 받게 될 사람을 하나님이 자유로 받아주심(acceptatione) 때문에 하나님의 뜻을 흡족하게 하도록 만든다. 이것은 아래 제시하는 비유로 분명해진다: 한 부자가 가난한 자에

게 말한다고 하자: "이번 한 번 내 집 바닥을 청소하시오, 그러면 당신을 내 모든 재산의 상속자로 삼겠소." 이 일은 분명히 그 엄청난 재산에 대한 충분한 이유가 될 수 없다. 그렇지만 그 부자는 자기가 그 일과 가난한 자를 자유롭게 받아줌 때문에 그것들을 주는 것이다; 바로 그 자유로운 받아들임 때문에 그자의 행위는 그를 만족스럽게 하는 것이다. 바로 이렇게 하나님 앞에 있는 우리의 모든 선한 것[행위들]도 마찬가지이다. 따라서 우리는 우리 자신들의 선한 사역의 특성에 근거한 공로는 없고, 이것들을 하나님께서 받아주신다는 사실과 그렇게 행하는 것이 그분의 자비하심 안에서 그분을 흡족하게 한다는 사실 때문에 공로가 있는 것이다. 이것은 다음 말씀 때문에 인정받게 된다: "내가 아버지 당신께 감사합니다.……, 이것이 아버지의 뜻이었기 때문입니다"(마 11:25f.; 눅 10:21).

모든 공로는 단순히 그리고 절대적으로 하나님으로 말미암은 받아들임에 있다(Omne meritum consistit simpliciter et absolute in acceptatione divina): 오직 그 받아들임으로 평가되는 것이지 결코 인간 행위로 평가되지 않는다, 그 행위가 아무리 도덕적이라고 할지라도 말이다. 첫 번째 문장은 이렇게 증명된다: 어떤 사람이 어떤 것을 주고 말고는 간단히 그리고 타협의 여지가 없이 그 사람의 마음에 달려 있다면, 얼마나 줄 것인가도 말할 필요 없이 그의 임의적인 수용에 달려 있다. 하지만 인간을 만들고 구원하며 영화롭게 함과 관계된 모든 것은 말할 필요 없이 확실하게 하나님의 임의의 뜻에 달려 있다; 그러니까[이 관점에서] 발생하고 발생할 수 있는 모든 것은 그분의 자유로운 받아들임에 달려 있다. 딸린 문장은 분명하다; 하나님께서는 자기가 원하는 모든 것을 하늘과 땅에 이행하셨는데, 말하자면 하늘과 땅 위에 만들어진 모든 것은 하나님 뜻에서 나왔기 때문이다.

원전 : J. Pupper van Gogh, Fragmenta aliquot, De merito, sequuntur conclusiones notabiles, hg. von Dr. F. Pijper, 's-Gravenhage 1910 (BRN 6); 게재 in: G. A. Benrath (Hg.), Refomtheologen des 15. Jahrhunderts, Gütersloh 1968 (TKTG 7), 32.—참고문헌: R. R. Post, Johann Pupper von Goch, in: NAKG 47 (1965/66) 71-97; L. Abramowski, Die Lehre von Gesetz und Evangelium bei Johann Pupper von Goch im Rahmen seines nominalistischen Augustinismus, in: ZThK 64 (1967) 83-98; H. McScorley, Thomas Aquinas, John Pupper von Goch and Martin Luther, in: Our Common History as Christians. FS A. C. Outler, New York 1974, 97-129; C. A. van Calveen, Johann Pupper van Goch en de Broeders des Gemeinen Levens, in: AGKKN 20 (1978) 103-113.

b) 베셀 간스포르트(1419-1489): 고해성사의 새로운 이해

그로닝엔의 베셀 간스포르트는 쯔볼레에 사는 공동생활 형제단의 학생이었다가 나중에는 교사가 되었다. 자기의 결정적인 영적 특징을 그러니까 Devotio moderna에서 체험하였다. 영적으로 그는 우선 스콜라주의의 교육방향 안에서는 Via antiqua에서 하나님의 전능에 대한 강력한 이해를 갖춘 Via moderna로 바꾸었다; 하지만 점차 스콜라주의 철학과 신학의 의미가 그에게는 점점 작아졌다. 그는 점점 인문주의의 영향 아래로 들어가서, 벌써 1449년 쾰른에서 공부를 시작하였고, 나중 1470년부터는 이태리에 거주할 정도로 깊어졌다. 1478년 자기 고향으로 돌아와 거기서 문서 활동에 전념하였다.

고해의 과정에 있는 사죄의 선언에서 특별히 죄인은 사제가 부과하지 않은 사슬에 묶여 있다는 사실을 생각해야 한다. 왜냐하면 인간은 오직 하나님께만 죄를 짓기 때문에 죄는 그를 하나님으로부터 갈라놓기 때문이다; 그래서 만일 다시금 하나님과 하나가 되면 즉시 죽음의 사슬에서 풀려나고 자유롭게 되어서 자기 품위에 걸맞는 사랑과 거룩한 경외 행위를 하게 된다(liber…… in actum amoris honoris et sancti timoris). 모든 사람, 곧 주님의 이름은 강력한 산성이시다(잠 18:11)라는 것을 경건하게 믿는 사람(credendo cum pietate)은 모두 예수와 삼위일체와 주님의 이름으로 이 자유에 이르게 된다. 왜냐하면 예수를 믿는 자는 영생을 얻기 때문이다(요 6:47); 그는 바른 질서 가운데서 성장하고 진보를 이룰 수 있도록 살기 때문이다. 그런데 사실은 믿음이 진실한 삶을 이끄는 것이다. 하지만 나는 사람이 고해를 어려움이 없이 행할 수 있을 때는 행하지 않아야 한다고(말하고) 싶지는 않다; 왜냐하면 이미 그 삶을 가져다주는 그 깨달음을 가진 자는 더 깨달을 수 있으며, 이미 진실하게 사는 자는 더욱 완전하게 살 수 있기 때문이다. 사람이 성례들을 경건한 마음으로(cum pietate) 사용한다면 아주 큰 은혜이다; 하지만 때로는 성례들이 경건의 깊어짐을 방해한다. 그러니까 고해신부의 귀에 하는 고백에 너무 깊이 몰두하여서 더욱 큰일들, 곧 율법을 사랑함, 내면적인 마음의 평강, 시편 찬양을 뒤로 미루는 자들에게 이런 일이 일어난다. 이런 사람들에게는 그것이 성례라기보다는 해가 된다, 그러므로 이들은 일정 기간 성례들을 금지해야 한다.

원전 : Wessel Gansfort, De sacramento poenitentiae et quae sint claves ecclesiae. De potestate ligandi et solvendi, Abschnitte: De duplici sacerdotio, in: M. Wesseli Gansforti Groningensis Opera, Groningen 1614, 775f.; 게재 in: Reformtheologen des 15. Jahrhunderts, hg. von G. A. Benrath, 1968, 66.—참고문헌: E. W. Miller, Wessel Gansfort, Life and Writings, 2. Bde., New York/London 1917; M. H. Ogilvie, Wessel Gansfort's Theology of Church Government, in: NAKG 55 (1975) 123-150; G. A. Benrath, Die sogenannten Vorreformatoren in ihrer Bedeutung für die frühe Reformation, in: B. Moeller (Hg.), Die frühe Reformation in Deutschland als Umbruch, Gütersloh 1998 (SVRG 199), 157-166.

82. 가브리엘 빌(약 1410-1495)에 의한 Devotio moderna와 Via moderna의 결합

중세 후기의 스콜라주의는—그 모든 변천 단계에서 개별 사항들마다—두 개의 거대한 교육 방향의 양립과 상충에 의해서 그 특징을 갖게 되었다: 한편으로는 대부분을 옥캄에게 근거를 두고 있는 당시의 Via moderna 다른 한편으로는 13세기 철학, 특별히 토마스의 철학에 아주 강하게 기울어져 있는 Via antiqua를 말한다. 그 차이는 몇몇 대학들이 철저하게 이쪽 방향 또는 저쪽 방향으로 쏠리는 식으로 나타났다. 물론 튀빙엔에는 두 방향이 나란히 공존하였다. 1484년 청빙된 빌은 여기서 Via moderna를 대표하였다. 그러면서도 그가 목표로 하는 것들은 대학에만 관련 있는 것들이 아니었다: Devotio moderna의 그 정신에 대한 의무감을 가지고 그는 자기의 학식을 실천적인 경건한 삶을 지향하는 데에 힘을 쏟았다. 그의 우선적인 관심은 미사교령 해설에 있었다. 1488년 그는 자기의 "미사 교령 해설(Canonis Missae Expositio)"을 완성했는데, 여기에서 그는 미사를 예수의 십자가 희생의 가시적 형상이며, 성만찬은 그리스도 고난을 현재화 하는 식사라고 서술하였다. 같은 시간대(1486ff)에 그는 자기의 명제집 주석인 Collectorium이라고 부르는 모음집을 저술하였다. 이 책에서 문자적인 인용을 방대하게 활용하면서 옥캄과 Via moderna의 다른 대표자들의 명제집들을 요약하고 또 쉽사리 파악할 수 있는 형태로 옮겨보려고 하였다. 종교개혁 시기에 신학적으로 논쟁이 되는 문제제기들을 간단하게 중세 저자들에게 전가시키려는 것이 얼마나 조금 밖에 성공하지 못했는가는 절대적 능력(potentia absoluta)과 규정된 능력(potentia ordinata)의 구분을 그가 은혜론에 적용하고 있는 사실이 보여준다: 바로 여기에 펠라기우스의 가르침으로의 가능성과 펠라기우스에 대한 적대적 가르침으로의 가능성이 강조점에 따라서 아주 밀접하게 나란히 존재하고 있다. 빌의 모음집은 그 시대 다른 절충적인 작품들과 마찬가지로 오늘까지도 거의 주목받지 못할 수 있다. 거기에서는 루터가 들고 스콜라주의를 보았던 안경을 만져 볼 수 없다: 1517년 루터의 논제들인 "Contra scholasticam theologiam"은 가장 먼저 빌을 거냥하였고, 그후에도 루터의 스콜라주의-이해에 나타나는 많은 편견들은 빌에 의해서 형성되었다.

a) 성만찬의 성례전적 작용(Canonis Missae Expositio[1488] Lect. 47T)

그리스도께서 한 여인이 자기 옷깃을 만졌을 때 고쳐주었다고 한다(마 9:18-22). 그가 옷깃에다가 여인의 치료를 일으킨 그 어떤 능력을 흘려보냈을까? 아니다; 그 여인이 믿음으로 옷깃을 만졌을 때 그분 자신이 직접 건강함을 주었던 것이다. 여기서도 그렇게 하나님께서는 이 목적을 위해서 제정하신 그 말씀을 사제가 발설할 때 하나님이 빵의 본질을 그리스도의 몸으로 변화시키신(convertit) 것이다. 이때 그분은 빵의 변화를 함께 일으킬 그 어떤 부가적인 능력을 주시지 않으신다. 오히려 사제가 말씀을 규정에 맞게 발설할 때 그분 자신이 그 변화를 온전하게 일으키시는 모든 원인이 되신다.……

복되신 베드로는 사도행전(행 5:12-16)에 말하고 있는 것처럼 자기 그림자로 병자들을 고쳤다. 건강하게 만드는 능력이 그 아무 것도 아니고 그저 빛이 없을 뿐이며 따라서 아무 것도 할 수 없었던 그 그림자에 있었다고 누가 주장하려 하겠는가? 왜냐하면 행위는 존재를 전제로 하기 때문에, 따라서 본성으로는 무에 불과한 것은 행할 수 없기 때문이다. 오히려 하나님께서는 베드로가 선포한 믿음의 진실을 증명하려 하셨던 것이고 그 때문에 베드로가 지나갈 때 약한 자들과 병든 자들에게 자신이 건강을 다시 주셨던 것이다.……

바로 그렇게 여기서도 성만찬 제정의 말씀에는 성례전적 작용, 곧 빵이 그리스도의 몸으로 본질이 변하는 것에 그 제정 말씀이 능동적으로 참여하도록 하는 그 어떤 초자연적인 능력이 있는 것이 아니다; 그게 아니라 그리스도께서 자신이 자기 신부인 교회와 맺은 약속에 근거해서(ex pacto) 상징과 함께 하시며, 그렇게 효력을 일으키시는 것이다. 때문에 그저 상징이라고만 부르지 않고 효력 있는(efficax) 상징이라고 한다. 이는 그리스도께서 틀림없이 그것과 함께 하시며 그 효력을 이루어내시기 때문이다.

원전 : Gabriel Biel, Canonis Missae Expositio. Bd. hg. v. H. A. Oberman und W. J. Courtenay, Wiesbaden 1965, 226.

b) 인간과 인간의 공로를 받으심에서 나타나는 하나님의 절대적 능력과 규정된 능력(Collectorium[1486ff] I d. 17 q. 1)[1]

두 번째 항에 대한 첫 번째 결론 도출은 이러하다: 하나님의 절대적 능력에 근거해서 *어떤 사람은 하나님께로부터 받아들여지며(acceptus), 자기 안에 있는 그 어떤 틀도 없이(sine omni forma sibi inhaerente) 기쁘게 여김(carus) 받을 수 있다.* 이 결론은 아주 특별한 만족함 때문에 받아들여주심에도 해당되는데, 여기서는 그 점에 대해서만 말하고 있다.

증명: *그러한 틀이 없이* 어떤 사람은 공로가 되는 행위를 할 수 있다(habere actum meritorium). 이는 하나님께서는 그 행위를 영생으로 인정할 때 부득이하게 받으신 것이 아니며, 그러기에 모든 도덕적인 선행(actum moraliter bonum)을 이러한 방식으로 받으신다.…… 하나님을 사랑함(actus diligendi Deum)은 그러한 틀을 앞선 사랑과 틀을 뒤따르는 사랑이 동일한 방식이라는 사실이 덧붙여져야 한다. 그러니까 하나님께서 후자를 영생으로 받으실 수 있다면 그분은 전자의 경우에도 그렇게 하실 수 있다.

또한 하나님께서—그를 마땅한 이유로 막지 않는다면—영생을 줄 수 있는 그런 수준에 이른 어떤 사람은 그를 기쁘게 할 수 있다. 하지만 하나님께서 원한다면 그분은 어떤 사람에게 정결한 자연 상태에서(in puris naturalibus)도, 그러니까 그 어떤 틀 없이 복을 허락할 수 있다. 왜냐하면 복되게 함 자체는 굳이 어떤 틀에 매일 필요가 없기 때문이다. 그러니까 어떤 사람은 하나님께서 그의 죄로 인해서 막지 않는다면 복되게 될 수 있으며, 그래서 상응하게 그가 하나님을 기쁘시게 할 수 있다.

또한 사람이 하나님께 미움을 사기 위해서는 그 어떤 특별한 체질과 틀이 필요 없듯이 그를 기쁘시게 하기 위해서도 마찬가지이다. 이 결론은 요지부동이다. 왜냐하면 상반되는 경우에 상반되는 것이 관계되듯이 문제가 되어 언급되고 있는 경우도 마찬가지이기 때문이다. 전제의 정당성(antecedens)은 태만으로 인해서 사망에 이르는 죄를 범한 사람을 주목해 보면 분명해진다. 이 사람은 회개하지 않는 한 처벌받도록 규정되어 있기에 하나님께 미움 받는 것이다. 하지만 그를 그렇게 만들어낸 어떤 행위도 사전에 이루어지지 않았기 때문에 그에게는 아무런 나쁜 기질도 없는 것이다. 그리고 당연하게 그가 자기 행위로 죄를 범했다면, 그러한 하나의 행위는 어떤 기질도 만들어내지 못한다; 그러므로 등등.

두 번째 항목에 대한 두 번째 도출된 결론은 이러하다: 누구도

규정된 법에 따라서(de lege ordinata) 하나님을 기쁘게 하지 못하며 그분에 의해서 영생으로 받아들여질 수 없다. *자신 안에 부어주신 성질, 곧 사랑(caritas)이나 은혜를 가지고 있지 않다면 말이다.* 이 문장은 자연적인 이성으로는 증명되지 않는다; 왜냐하면 이 이성은 절대로 습성이 부어졌다는 결론에 이르지 못하기 때문이다.……

두 번째 항에 대한 세 번째 결론은 이러하다: 하나님께는 *초자연적인 틀을 자기 안에 가지고 있는* 영혼을 영생으로 받아들이지 않으실 자유가 있다. 증명: 틀은 하나님으로 하여금 그 틀이 존속하고 유지하기 위해서 필요한 그 어떤 다른 것을 일으키도록 강요하지 못한다. 그러니까 하나님께서는 그 습성이 존재하는 경우에 행복을 선물할 필요가 없다.……

여기로부터 도출되는 결론은 하나님께서 어떤 사람이 행복하도록 할 때 그 어떤 부득이함도 없이 자유로우면서도 순수한 자비심으로(mere contingenter, libere et misericorditer), 곧 자기의 은혜 때문이지 그 어떤 틀이나[사전에] 주신 선물 때문에 그렇게 하시지 않는다. 동시에 그분은 이것을 자기의 자비하심으로 그러한 선물을 가진 자가 영생을 벌어들이도록 작용하셨다.

이 해석은 *펠라기우스의 오류와는 아주 동떨어진 것이다*; 왜냐하면 그는 하나님께서는 어떤 사람에게 영생을 은혜로 주시지 않고 그 사람이 도덕적으로 선한 행위를 하면 부득불 주셔야 한다는, 그러니까 그렇게 하시지 않으면 하나님께서 불의하시게 된다는 입장을 가지고 있었기 때문이다.

원전 : Gabrielis Biel Collectorium circa quattuor libros Sententiarum. Bd. 1, hg. v. W. Werbeck u. M. Hofmann, Tübingen 1973, 415-417.—참고문헌: L. Grane, Contra Gabrielem, Kopenhagen 1962; H. A. Oberman, Spätscholastik und Reformation. Bd. 1: Der Herbst der mittelalterlichen Theologie, Zürich 1965; U. Käpf u. S. Lorenz (Hg.), Gabriel Biel und die Brüder vom gemeinsamen Leben, Stuttgart 1998 (Contubernium 47).

1) 기울어진 모습의 본문과 본문 조각들은 옥캄과 또 다른 사람들 저서를 문자적으로 인용한 것이다.

인명색인 및 내용색인

ㄱ

ㅌ

ㅍ

번역된 원전색인